轨道交通寿命周期费用理论与应用

董锡明　王华胜　编著

中　国　铁　道　出　版　社

2019年·北京

内容简介

本书针对轨道交通装备系统寿命周期费用理论、方法和运用技术进行了详细的论述。主要内容包括寿命周期费用基本概念、费用模型、影响因素、估算方法、分析方法、评价方法、管理和控制技术、实例应用等，并对其中涉及的经济学进行了深入浅出的解析。

本书从技术和经济综合权衡的角度为各级管理人员提供了一种全新的思维模式和管理理念，不仅可作为高校教学用书、科研人员工作参考书，也可作为寿命周期费用方法实践应用的指导用书。

图书在版编目(CIP)数据

轨道交通寿命周期费用理论与应用/董锡明，王华胜编著．—北京：中国铁道出版社，2019.1
ISBN 978-7-113-25130-7

Ⅰ.①轨… Ⅱ.①董… ②王 Ⅲ.①轨道交通-设备时间利用率-研究 Ⅳ.①U2

中国版本图书馆CIP数据核字(2018)第259035号

书　　名：轨道交通寿命周期费用理论与应用
作　　者：董锡明　王华胜　编著

策划编辑：赵昱萌
责任编辑：赵昱萌　田　甜　　**编辑部电话**：010-51873626
封面设计：郑春鹏
责任校对：苗　丹
责任印制：高春晓

出版发行：中国铁道出版社(100054，北京市西城区右安门西街8号)
网　　址：http://www.tdpress.com
印　　刷：中国铁道出版社印刷厂
版　　次：2019年1月第1版　2019年1月第1次印刷
开　　本：787 mm×1 092 mm　1/16　印张：33.25　字数：733千
书　　号：ISBN 978-7-113-25130-7
定　　价：98.00元

前言

现代轨道交通系统要求系统装备在使用期内安全、可靠、易于维修,以较高的完好率成功、顺利地完成运输任务。同时,至关重要的还有费用问题,从获取系统装备开始,就要考虑费用问题。系统装备是否购买不仅受其采购费用的影响,而且还取决于它们在使用期内的运用和维修费用。为了使用户满意,系统装备的制造厂家必须设计出可靠而且在费用上有竞争力的产品。这里所说的费用,不仅包含装备的购置费用,还包括装备的运用维修保障费用,也就是在整个寿命周期内发生的全部费用,称为寿命周期费用(life cycle cost,LCC)。现代技术装备的经济目标是在保持装备效能不变的情况下,尽可能降低LCC,这种最佳费用的理念应当贯穿产品从设计直至退役的整个寿命周期。因此,需要对系统装备进行LCC分析,其意义在于:

(1)LCC是衡量装备经济性最合理的指标,只有在LCC最小时装备才是最经济的。装备整个寿命周期中的耗费,购置费只占较小的比例,运用维修费用则占较大的比例。实践表明,购置费用是一次性投资,而运用维修费用则是若干年内的连续性投资,因此在装备研制过程中增加一些投资来改善可靠性和维修性,将会换来LCC的较大节省。

(2)LCC是产品寿命周期各个阶段进行决策的重要依据。LCC分析为产品设计、开发、运用维修等过程的各种决策,诸如:不同设计方案的比较选择,产品的经济可行性评估,费用主导因素的鉴别,产品不同运用、维修、试验、检查等方法的比较和评价,质量保证的验证和评估等,提供了重要的经济依据。

(3)LCC是制造厂家优化产品质量、控制系统装备费用、参与市场竞争的有力武器。可以应用LCC分析,对产品进行设计优化,实施“费用设计”,实现投标合同中对LCC做出的承诺。在设计阶段就对运用维修方案、保障资源的配置进行筹划和评估，以达到优化产品总寿命周期费用的目的，从而提高产品在市场上的竞争力。

(4)LCC是用户谋求最佳经济效益的有力保证。用户在购置装备时不再像过去那样，只注重装备的性能和购置费，还要对装备进行LCC分析。在购置合同中要求供货商对产品的LCC做出承诺，并在产品交付使用后进行验证。另外，还要通过LCC分析，对产品的运用维修方案进行比较评估，对产品运用维修阶段内的技术决策和资源配置进行优化。

近些年来，我国轨道交通技术装备发展迅猛。铁路运输掀起了高速化、重载化的新高潮，迎来了高速铁路和重载运输的新时代；全国各大城市都在大规模地建立或扩展城市轨道交通网，兴建地下铁道；磁悬浮、自动导轨等各种形式的轨道交通运输系统得到了研究、应用和发展，我国轨道交通展现出一派生机勃勃的景象。尤其是高速铁路及高速动车组数量逐年增长，运营里程、运用速度、车组数量均为世界领先。随着我国铁路产品对外经济技术交流的不断扩大，寿命周期费用理论和方法逐渐引起人们的高度关注。为使高速铁路及轨道交通产品更好地与国际要求接轨并参与竞争，国内多家科研单位和生产厂商已经开始关注和研究其产品的寿命周期费用问题，设计、生产出性价比更优的产品，以便赢得更大的市场。

在这种形势下，急需全面介绍轨道交通LCC理论和技术的专业参考书。但遗憾的是，全面、详细介绍轨道交通系统LCC的专著却很少，特别是结合轨道交通系统保障技术、RAMS(可靠性、可用性、维修性、安全性)详细论述LCC技术的书籍，市场还未见到。基于这种背景，撰写了这本轨道交通系统LCC理论和技术的专著，对轨道交通系统相关的LCC理论、方法及技术做了详细的介绍，并列举了大量实例说明LCC的应用。

本书共分十章。第一章为概述，介绍了LCC技术的目的和意义，LCC的发展简史、主要内容、应用和发展趋势；第二章简述了LCC的基本概念，论述了寿命、寿命周期的概念及其管理，寿命周期费用的定义、分布及RAMS影响，并介绍了LCC经济学概念；第三章论述了LCC模型，介绍了LCC模型概况，费用分解结构，工作分解结构(WBS)，以及常用的几种LCC模型，其中包括轨道交通系统

LCC模型；第四章阐明了LCC的时间价值和影响因素，论述了费用的时间价值，通货膨胀的影响，学习曲线的概念与计算，费用不确定性和敏感性分析；第五章介绍了LCC估算方法，其中包括费用单元估算，费用数据的收集与处理，费用估算关系类型，制造费用的评估；第六章论述了LCC分析，概述了LCC分析特点、要求和目的，介绍了LCC分析工作内容与过程，寿命周期中的费用处理，LCC与RAMS的关系；第七章阐明了LCC的评价，概述了LCC评价的意义、作用和程序，介绍了LCC评价方法，论述了LCC经济评价方法和费用—效能分析法，最后介绍了价值工程的概念与方法；第八章介绍了LCC管理，概述了LCC管理的主要内容、管理大纲和计划，阐明了LCC管理组织机构与关系，合同及其费用管理，最后论述了装备费用风险管理，包括费用风险概念、识别、分析、评价与决策，以及减少风险的途径；第九章阐明了LCC控制，概述了系统装备LCC控制对策，控制思想、控制方针与类别，介绍了按费用设计（DTC）、将费用作为独立变量（CAIV）的设计方法，技术方案的综合权衡分析，持续采办与寿命周期保障（CALS），装备的获取费用及其控制，运用和保障费用及其控制；第十章介绍了LCC应用及其案例，其中包括：我国高速动车组LCC分析评价，地铁车辆LCC评价，我国内燃机车LCC建模与分析，瑞典X2000型高速动车组采办过程中LCC的应用，LCC在德国高速动车组ICE研究中的应用。

本书的素材一方面来自作者及其同事们近年来在这一领域内的研究成果；另一方面来自国内外的许多文章、资料和书籍，在此对他们表示诚挚的谢意。

感谢中国铁道科学研究院集团有限公司机车车辆研究所维修理论研究室的同志们在编写这本书过程中所给予的支持与帮助，特别要感谢杨帆和李昊两位同志的帮助。最后，还要感谢黄厄文女士，她帮助进行了大量的图表文整工作，使本书得以顺利完成。

由于水平所限，遗漏、谬误恐所难免，对所提出的批评指正，谨表谢意！

编　者

2018年4月于北京

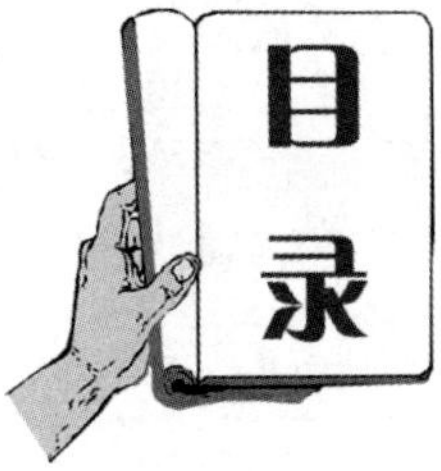
目
录

第一章 概 述

第一节 LCC 技术的目的和意义

产品寿命周期是指系统或设备从论证开始到退役为止所经历的全部时间，产品寿命周期费用(LCC)则是指是设备或系统在其寿命周期内所支付的全部费用，包括产品的论证与方案、设计与研制、制造与安装、运用与维修、退役与处理所发生的费用总和。寿命周期费用是系统或设备"一生"的全部费用投入，是重要的经济性参数，已成为现代产品质量观念的重要内涵和要素，是产品各种关键活动决策的重要依据，其英文缩写为 LCC(life cycle cost)。LCC 在国内有多种译名，最常用的名称有：寿命周期费用、生命周期费用、生命周期成本和全寿命费用等。本书将 LCC 译为寿命周期费用。

一、LCC 技术的主要目的

1. 提高装备全寿命经济性

过去人们往往只追求采购费用的节省而较少考虑运用、维修费用问题，常常导致在运用阶段支付大量的运用、维修费用，从而造成寿命周期费用过高。随着科技的不断进步，设备的性能日趋完善，结构日益复杂，运用维修要求日益提高，不仅使采购费用大幅增加，运用维修费用也迅猛增加，造成用户"买得起、用不起"。因此，现代大型、复杂技术装备的供应商，宜采取措施提高设备在整个寿命周期各个阶段的经济性，达到 LCC 最小的目标。

2. 适应现代技术装备发展经费紧张的趋势

随着我国经济建设规模快速增长，产品品种迅速增加，技术含量越来越高，使得费用急剧增长。因此，各行各业的建设投资常常出现捉襟见肘的局面，使建设需求与费用支持之间的矛盾日益突出。因此，只有重视和加强寿命周期费用分析的研究，才能以最小的经济代价，取得最佳的经济建设效果。

3. 改变传统的经济决策观念

传统的"重性能、轻费用"的装备研制原则和"最低价格"的装备采购观念，一直在我国技术装备发展中占据着主导地位。技术装备采办过程的管理分散在政府和企业的多个职能部门，装备的全寿命管理理念尚未在技术装备的建设中得到体现，以成本为核心的全寿命周期管理理念还很薄弱。只有加强寿命周期费用分析和管理，才能从全系统、全方位和全寿命的角度去正确认识技术装备的发展问题，改变传统的经济决策概念，以适应社会主义市场经济体制的变化。

4. 为用户的装备采办过程提供指导

技术装备采办过程中需要多项决策，诸如装备发展规划的制定、装备的论证和各类采购合同的制定等，其中的费用问题是决策的重要因素。如何科学合理地确定装备立项费用需求？如何确认供货商产品报价的正确性？如何正确地确定费用目标值？只有深入研究寿命周期费用，才能对上述问题做出正确的回答和决策。否则，用户作为采购方就难以与承制方进行费用协商，在谈判中提出理由和根据；也难以为费用目标控制和过程控制提供强有力的论据，最终难以避免装备费用的急剧增长。

5. 推动装备 RAMS 的提高

寿命周期费用分析是对产品的采购和运用维修总体费用进行评估的经济分析方法，这种方法的最基本目标是在满足产品性能、可靠性、可用性、维修性和安全性(RAMS)和其他要求的基础上评价和优化其寿命周期费用。研究表明，在装备的寿命周期费用中，运用和保障费用是主要组成部分，而可靠性和维修性又是影响运用和保障费用的关键因素，RAMS 提高会使系统装备效能进一步增长。因此，开展装备寿命周期费用分析，不仅可使人们从全局角度提高对设备 RAMS 的重视程度，也可以推动技术装备 RAMS 水平的提高。

二、LCC 技术的重要意义

1. LCC 是衡量装备经济性的最合理指标

在进行系统装备的各种分析时，只有 LCC 才能真实地反映装备的经济性，即只有 LCC 最小时装备才是最经济的。在装备整个寿命周期的耗费中，采购费只占较小的比例，运用维修费用则占较大的比例，而且两者间是彼此密切相关的。表 1-1 列出了某些装备采购费与运用维修费的对比。从表 1-1 可以看出，机车车辆的 LCC 大约是采购费的 3～8 倍，其中运用维修费在 LCC 中的占比高达 66％～88％。因此，如果人们在机车车辆采购或研制时，只注重机车车辆的性能和采购费，对影响 LCC 的运用维修费重视不够，会使采购或研制出来的机车车辆运用维修费用高昂，完好率和效能却不高。图 1-1 LCC 冰山图就是对这种现象的形象比喻。采购费只是冰山露出水面的部分，所占比例较小，而水面下的运用维修费却大得多。如果船长(决策者)看不到这一点，那么他驾驶的航船(整个项目)就会撞到冰山上，付出惨重的代价。装备设计研制阶段，在保证性能的前提下提高装备的 RAMS 要求，则会增加投资费用，导致运用维修费用减小。实践表明，采购费用是一次性投资，而运用维修费用则是使用期间的连续性投资，因此通常在装备研制过程中适当增加投资改善 RAMS，将会换来 LCC 的较大压缩。

表 1-1　装备采购费和运用维修费的对比

装备名称	采购费(％)	运用维修费(％)	LCC/采购费
机车车辆	12～34	66～88	2.9～8.3
战斗机	30～50	50～70	2.0～3.3

续上表

装备名称	采购费(%)	运用维修费(%)	LCC/采购费
装甲车辆	20～30	70～80	3.3～5.0
驱逐舰	25～40	60～75	2.5～4.0
空调装置	30	70	3.3
通风装置	21	79	4.8
彩色电视机	51	49	1.9
洗衣机	27.5	72.5	3.6
冰箱	29	71	3.4

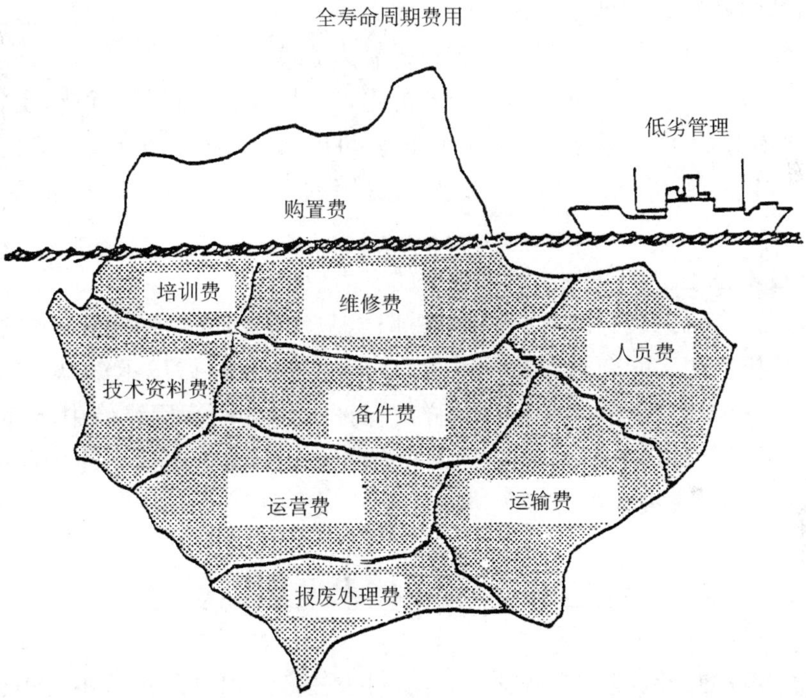

图 1-1 LCC 冰山图

2. LCC 技术是改变我国技术装备决策观念和发展的必然要求

技术装备“重性能、轻费用”“重采购费用、轻运用维修费用”的传统决策观念，一直在我国技术装备的发展中占有主导地位。只有深入进行 LCC 技术研究，才能彻底摒弃这些观念，从全系统、全寿命的角度去认识装备发展的一系列问题。随着我国技术装备规模日趋壮大，品种越发丰富，技术愈来愈高，所需费用也急剧增大，项目经费却越来越紧张，造成装备需求与有限费用之间的矛盾日益突出。因此，重视和加强寿命周期费用的分析研究、节约运用费用，才能以最低的经济代价，取得最优的经济效益；才能保持技术装备持续稳定的发展，以适应国民经济发展的需要。

3. LCC 是产品寿命周期各个阶段进行决策的重要依据

LCC 技术为产品设计、开发、运用维修及其他过程的各种决策提供重要依据，涉及的主要决策方面有：

(1)比较和评价不同的设计方案；

(2)产品或项目的经济可行性评估；

(3)对影响费用的主要因素进行鉴别，并对投资效益进行改进；

(4)对产品不同的运用、维修、试验、检查方法等进行比较和评价；

(5)对产品延长寿命或报废方案进行比较和评价；

(6)对开发或改进产品的资金进行配置；

(7)对产品的质量保证进行验证和评估；

(8)对长期财政资助计划进行评估。

4. LCC 技术是制造厂家参与市场竞争的有力武器

制造厂家可以应用 LCC 技术和性能分析比较，对产品进行设计优化，实施费用设计，实现投标合同中对 LCC 的承诺。在设计阶段就可以对运用维修方案、保障资源的配置进行筹划和评估，以达到优化产品总寿命周期费用的目的，从而提高产品在市场上的竞争力。

5. LCC 技术是用户谋求最佳经济效益的有力保证

现阶段，用户在采购装备时不再像过去那样，只注重装备的性能和采购费，还要对装备进行 LCC 分析。在采购合同中要求供货商对产品的 LCC 做出承诺，规定 LCC 的具体指标，并在产品交付运用后进行验证。这样就保证了用户在运用维修中能够取得最佳的经济效益。另外，还可以通过 LCC 技术，对产品的运用维修方案进行比较评估，对产品运用维修阶段内的技术决策和资源配置进行优化。

第二节　LCC 技术发展简史

近代技术装备的采购理念逐渐发生变化，过去往往只追求采购费用最小，很少考虑或没有仔细计算装备在投入运用以后的运用维修费用问题。随着科学技术的发展，技术装备日益精良，结构日趋复杂，采购费用大幅度上涨，运用维修费用也迅猛增加，使用户不堪重负，于是产生控制和降低费用的需求，并开始进行寿命周期费用的研究。但寿命周期费用分析真正发展成一门学科，还是在 20 世纪 60 年代以后。

一、国外 LCC 工作发展概况

国外寿命周期费用分析发展大致经历 4 个阶段，将标志性事件罗列如下。

1. 第一阶段：寿命周期费用的酝酿和研究阶段(1970 年以前)

(1)1904 年，瑞典铁路部门首先提出寿命周期费用的概念。

(2)1929 年，美国总会计署规定，政府部门在签订合同时，必须考虑总费用，而不只考虑采办费用。

(3)1947 年,美国通用电气公司 GE 的麦勒斯(Miles)首先提出价值分析(value analysis)法。该方法提出,在使商品具有规定性能的前提下,要尽可能使采购费和运用维修费用的总和达到最佳化。可以说,这正是寿命周期费用的目标。

(4)1950—1960 年,美国进行了大规模的装备费用支出情况调查,结果表明很多产品在 5 年中运用维修费用达到采购费的 10 倍以上。美国国防部提出的报告指出,维修费用在国防预算中所占的比例至少在 25%以上。

(5)1960—1965 年,美国国防部委托后勤管理研究所(LMI)进行寿命周期费用研究。从此开始使用寿命周期费用分析(life cycle costing)这个词。在此期间,寿命周期费用分析在费用效果分析(CEA)的基础上得到了进一步的发展。随后美国国防部又颁发了许多指导性文件,例如《综合后勤保障(ILS)》等,有力地推动了寿命周期费用分析方法的发展。

(6)1963 年,美国国防部开始执行国防部资源宏观管理系统 PPBS。在项目采办管理上,统一采用总的采购策略(TTP),并在各种装备的整机和重大部件采购中积极进行试点;同时,还组织对武器系统寿命周期费用概念、估算方法和管理程序的研究。

(7)1964 年,美国国防部长发布 3200.9 号命令,要求美国陆海空军所有研制的主要武器系统型号均需进行权衡分析,以得出系统总费用、进度和作战效能之间的最佳权衡;进行费用—效能分析,来证明所研制的系统费用—效能关系具有竞争力,否则不予审核批准。

(8)1970 年,美国国防部颁布了指导性文件《设备全寿命费用临时采购指南》(LCC-1)和《设备全寿命费用计算案例书》(LCC-2),对武器系统寿命周期费用的定义、构成、估算方法和计算模型等做了统一、规范的规定。这两个文件综合形成了“按费用设计”(design to cost)的概念,从此寿命周期费用方法得到迅速推广。

2. 第二阶段:寿命周期费用管理准备实施阶段(1971—1975 年)

该阶段的工作重点是解释产品设计中按费用设计的正确含义,制定按费用设计的实施办法和程序,颁布一系列法规文件。

(1)1971 年,美国国防部颁布指令《DoDD5000 重大武器系统的采办》,明确提出了按费用设计(design to cost,DTC)的思想和要求。国防部长办公厅和各军兵种专门成立了费用改进和分析小组。

(2) 1971 年,英国丹尼斯·帕克斯(Dennis Parkes)提出设备综合工程学,以设备的寿命周期费用最经济为研究目标,综合了与设备相关的工程技术、组织管理、财务等各方面的内容,提出了进行设备可靠性、维修性设计的理论和方法,充分发挥设备使用寿命各阶段的作用,全面考虑设备一生机能,强调设计、使用效果及费用信息反馈在设备管理中的重要性,要求建立相应的信息交流和反馈系统,使该工程学成为全过程、综合的管理科学。在 1974 年 8 月,在其相关著作修订版中,提出的最新定义为:“设备综合工程学是管理、财务、工程技术和其他各种应用于有形资产的实际活动的综合,其目标是追求经济的寿命周期费用。”

(3)1975 年,美国国防部颁布了指导性文件《武器系统采办的 LCC 分析和估算指南》(LCC-3)和三军联合指南,为实施寿命周期费用管理从法规、程序和工作流程上做好了准备。同时,还颁布了一系列标准和指令,规范了寿命周期费用的定义、估算、分析评价方法和管理程序等,以推行寿命周期费用技术及其应用。

(4)1975 年美国内布拉斯加州以法律形式规定,对于造价超过 5 万元的州建筑物必须进行寿命周期费用评价。其他许多州也都做出了相应的规定来贯彻实施寿命周期费用法。

3. 第三阶段:寿命周期费用管理的试行和完善施阶段(1975—1985 年)

该阶段的主要工作是对设备的运用和保障费用进行深入细致的分析。例如美国军用部门对武器系统的作战运用和保障费用进行了研究。在按费用设计的研究过程中,初期由于运用和保障(O&S)费用难于估计,所以只能对研制和制造费用进行费用设计。以后随着 LCC 工作的进展和成果的不断丰富,按费用的设计逐渐发展成为按寿命周期费用设计。同时,寿命周期费用的概念、方法和程序进一步得到完善和改进。其显著的标志有:

(1)至 1978 年,由全世界各图书馆收集到的费用模型已超过 1 200 个。因此可以认为,这一时期为 LCC 快速发展时期,并且 LCC 的应用已从军事部门推广到民用产业部门,美国许多州都制定了相关法律,强制推行寿命周期费用技术。

(2)1981 年,美国国防部发布《国防采办改进计划》,规定在武器系统和重大设备采办中,必须进行寿命周期费用分析。

(3)1983 年 4 月,美国国防部颁布指令《DoDD4245.3 按费用设计》,要求设立费用目标,进行系统寿命周期费用分析与预计,并据此进行系统的技术评审、实施寿命周期费用管理。

4. 第四阶段:成熟与创新阶段(1985 年至今)

20 世纪 80 年代中期以来,美国和其他西方发达国家的寿命周期费用管理已达到成熟阶段,其主要技术装备都是通过寿命周期费用分析、设计和控制来研制和生产的,从而为经济建设节约了大量资源、费用和时间。在高技术、高风险的状况下,保证了装备建设计划的相对稳定,因此寿命周期费用管理已经成为装备采办的重要手段。

(1) 20 世纪 80 年代中期,寿命周期费用方法已得到国际公认,并将其纳入国际标准。1985 年国际电工委员会(IEC)委托其可靠性和维修性技术委员会拟定草案,于 1987 年 11 月颁布了标准草案《寿命周期费用分析—概念、程序及应用》,并于 1993 年 1 月建议在国际上应用。1996 年 9 月颁布了国际标准《IEC 300-3-3 寿命周期费用分析》。

(2) 20 世纪 90 年代,美国国防部提出“以费用为独立变量(CAIV)”方法,并在国防采办项目中开始实施,在实践中不断取得经验,完善和发展 CAIV 理论。十余年来,已应用于多个采办项目,取得良好的业绩。

(3) 1996 年 6 月,美国总统发布指令,规定“在制定有关产品、服务、建造和其他项目的投资决策中,应采用寿命周期费用分析”,其目的是“减少政府费用以及能源和水资源的消耗”。

(4) 目前随着技术经济全球化的发展,世界各国对寿命周期费用的研究日趋科学化、统一化。日本东京大学拥有世界上研究全寿命周期模式最权威的组织 AGS,其对全世界各种产业进行了关于全寿命周期模式的测算,结果表明:全寿命周期模式相对传统模式而言,商品生产过程的投入高,商品使用过程中的投入极低。因此全寿命过程的总投入要大大低于传统模式。日本的研究认为寿命周期费用在设计阶段已决定了 95%。据美国军方的研究,在典型产品的寿命周期费用中,方案论证阶段和研制阶段的费用虽然只占 15%,但该阶段的决策决定了约 90%~95%的寿命周期费用。所以目前国外十分重视项目的前期管理,全寿命周期设计、设备资产管理 EAM(equipment asset management)等新概念也应运而生。

(5) 1997 年 11 月欧洲铁路工业联盟(UNIFE)颁布了《寿命周期费用指南 第一部分:机车车辆寿命周期费用术语和定义》;2001 年 11 月和 12 月又颁布了《寿命周期费用指南 第二部分:铁路总系统寿命周期费用术语和定义》《寿命周期费用指南 第三部分:寿命周期费用接口软件模型 UNILIFE 和 UNIDATA》和《寿命周期费用指南 第四部分:寿命周期费用验证和现场数据的评估》。

二、我国 LCC 工作发展概况

20 世纪 80 年代,我国开始应用寿命周期费用方法,最早由我国军事部门开展这方面的工作,随后逐渐推广到民用单位。1987 年,中国设备管理协会建立了设备寿命周期费用委员会,作为社会学术团体推动我国寿命周期费用方法的研究和应用。这些年来,在政府有关部门、企业、研究单位、高等院校有关专家的支持和参与下,通过引进吸收、制定法规、学术交流、宣传培训等活动,取得了不少成果。可以认为,LCC 技术已经迈入广泛接受和全面应用的阶段。

1. 引进吸收

翻译、编纂了相关的国外 LCC 资料,并跟踪国外相关的情报资料。

(1)1984 年,翻译出版了日本学者日比宗平编著的《寿命周期费用评价法——方法及实例》。

(2)20 世纪 90 年代初,在大量查阅国外 LCC 文献资料的基础上,编纂了《设备寿命周期费用专题文献目录/文摘》,共 530 条,对全面了解 LCC 技术很有帮助。

(3)1991 年,出版了由金祖平主编的专题资料书籍《外国海军舰船寿命周期费用分析》。

(4)1992 年,出版了罗云等编著的专著《设备寿命周期费用——方法及其应用》。

2. 制定法规

(1)1987 年 7 月,国务院颁发了《全民所有制工业交通企业设备管理条例》,强调设备设计、制造与运用相结合,技术管理与经济管理相结合等原则,以及提高经济效益等要求,直接推动了寿命周期费用技术在我国的应用。2002 年,组织进行了修订工作,其中明确规定了

LCC 理论与方法是设备使用单位应积极采用的先进方法和手段,设备资产管理单位对设备资产采购、建造和改造等投资活动应进行 LCC 评价等,有力地推动了 LCC 技术的应用。

(2)1990 年,总参谋部发布两项国家军用标准《军用雷达寿命周期费用估算手册》和《电子对抗装置寿命周期费用估算》。

(3)1992 年 2 月,颁布了国家军用标准《GJB 1364 装备费用—效能分析》。规定了装备寿命周期中费用—效能分析的通用要求和分析程序,其中的费用就是指寿命周期费用。

(4)1993 年,国防科工委发布《武器装备可靠性与维修性管理规定》,明确提出:武器装备从论证开始就应当进行质量、进度和费用之间的综合权衡,以取得武器装备最佳的效能和寿命周期费用。

(5)1995 年,颁发了国家标准 GB/T 19000 质量标准族,其中包括等同采用的国际标准《IEC 300-3 LCC 评价实施指南》。

(6)1996 年,颁布了国家标准《GB/T 19829 石油天然气工业寿命周期分析》。

(7)1998 年 8 月,颁布了军用标准《GJB/Z 20517 武器装备寿命周期费用估算》。

3. 学术交流

迄今,设备寿命周期费用委员会已举办过 12 次学术会议,发表了大量有价值的论文,均系我国 LCC 方面的理论和实践应用成果。会议已经成为学术研讨、成果交流、启迪思维、促进发展的平台。

4. 宣传培训

我国许多高等院校设备工程管理和经济类专业的教学中均讲授了 LCC 课程或内容。大批企事业单位和行业协会都举办研讨班,并邀请专家讲授 LCC 技术。30 余年来,设备寿命周期费用委员会出版了专著,举办了多层次、多目标的各类培训班共 50 多班次,参加人数 5 千余人次,多次组织全国性 LCC 研讨会交流成果及经验,起了积极推动寿命周期费用工作的作用。此外,还在《中国设备管理》杂志上开辟了 LCC 专栏讲座,也起到了宣传、普及的作用。

第三节　LCC 技术的主要内容、应用和发展趋势

一、LCC 技术的主要内容

寿命周期费用分析是一门追求装备"一生"耗费最少的技术经济方法,在大型、复杂的轨道交通装备建造中,它是一种优化装备质量、控制装备费用、谋求最佳费用—效益的重要手段。寿命周期费用分析技术的主要内容包括:LCC 的分解、估算、分析、评价、管理与控制。

1. LCC 分解

LCC 分解的目的是建立费用的分解结构,将 LCC 的各个组成部分分解至可以进行估算的费用单元层次上。费用分解结构可以全面地反映系统 LCC 的构成及其相互关系。

2. LCC 估算

LCC 估算是将装备的不同方案和各项管理措施所需发生的费用进行估算并进行比

较分析，为费用决策、费用计划和费用控制等提供科学依据。费用估算通常在费用发生之前进行，其内容主要包括：费用估算过程、步骤、方法等。

3. LCC 分析

LCC 分析是对装备各种方案的 LCC 及费用单元的估算值进行对比分析，确定关键项目（高费用项目）及其影响因素、费用风险项目和费用效能的影响因素等，为控制和降低 LCC 的决策管理提供依据，以提高费用的使用效益。

4. LCC 评价

LCC 评价是以 LCC 为准则，对不同的方案进行权衡决策，从而为产品设计、开发、运用、维修和更新改造等活动所涉及的费用决策提供有效信息。

5. LCC 管理

LCC 管理是从全系统、全寿命来考察装备的管理工作，它把装备不同阶段的各项管理工作都量化为与费用的关系，在性能、费用和时间之间进行综合权衡，达到装备 LCC 最小的目的，保证装备采办不超出经济承受能力。

6. LCC 控制

在装备寿命周期过程中，不同阶段费用控制的重点也不一样。在装备生产阶段以前，通过控制设计来控制装备的 LCC；生产阶段中的重点是对承包商成本进行控制，保证供应商按照计划和合同要求使用经费；运用维修阶段的费用已经在研制、设计阶段通过按费用设计进行了严格的控制，在此阶段主要通过计划管理、维修决策分析、供应保障配置、运用维修人员培训和装备经济寿命分析与控制实现。

本书主要针对轨道交通领域装备的 LCC 方法进行研究，按照章节顺序，主要包括以下内容：

（1）LCC 基本概念；

（2）LCC 模型；

（3）LCC 的时间价值和影响因素；

（4）LCC 估算方法；

（5）LCC 分析；

（6）LCC 评价；

（7）LCC 管理；

（8）LCC 控制；

（9）LCC 应用及其案例。

二、LCC 技术的应用

1. LCC 分析目标

LCC 分析的最基本目标是在满足产品性能、RAMS 和其他要求的基础上，评价或优化一个产品的 LCC。它的目的就是在产品的所用寿命周期阶段，尤其是产品的早期阶段，为决策提供依据。LCC 分析是对产品进行重要决策的前提，例如：

(1)评价和比较不同的设计方案;

(2)产品或项目的经济可行性评估;

(3)对费用主导因素进行鉴别和投资效应的改进;

(4)对产品不同的运用、试验、检查和维修等方法的评价和比较;

(5)对产品不同的报废、重造(增加寿命或延长报废期限的手段)方案的评价和比较;

(6)对重点开发或改进产品的资金配置;

(7)对通过试验和比较研究所得到的产品质量保证标准进行评估;

(8)长期财政资助计划的评审依据。

2. LCC 技术的应用范围

LCC 技术应用广泛,实践表明可用于:

(1)产品 LCC 的早期估算,以便作为立项、经费预算、制定费用目标、控制费用使用等的依据;

(2)以 LCC 最小为准则,抉择出最优的设计、生产、运用、维修、更新、报废方案,以及其他与费用相关的备选方案;

(3)识别产品费用的昂贵项目,以便有针对性地控制、降低费用风险;

(4)为招标、签约、选择合同单位和供货商提供依据;

(5)为决策提供所需的未来费用信息;

(6)为待开发的产品积累经验,提供降低费用的实践信息;

(7)为其他各种类型的经济分析方法提供费用分析技术。

值得指出的是,应用 LCC 技术做决策时,费用的累积未必要从寿命的零点开始。在寿命周期的任何时刻,此前发生的费用可作为已支出的费用来处理,没有必要再行考虑。也就是说,在寿命周期的任何点上,都可通过 LCC 技术提供决策信息。这样,不仅简化了问题,同时也极大地拓宽了技术的应用范围。当今的重大决策与费用紧密关联,只要是决策与未来相关的费用,LCC 概念和技术就能够为设计提供科学的依据和方法。因此,在装备全系统、全寿命管理中,了解和掌握 LCC 技术是十分重要的。

三、LCC 技术在轨道交通系统上的应用

(一)国外铁道机车车辆 LCC 技术及应用

1. 瑞典

瑞典国家铁路公司最早提出 LCC 概念,其一贯重视铁路装备的 LCC 分析。例如,在采购机车车辆时非常重视 LCC 和可靠性要求,1986 年 8 月瑞典铁路公司订购了第一批 20 列 X2000 型高速动车组,在合同中不仅有明确的性能要求,而且要求给出可靠性、维修性指标值和 LCC 的预测结果,并在列车交付运用后对其合同规定的 LCC 指标进行了严格验证,验证结果表明 X2000 型列车的可靠性、维修性和 LCC 指标完全满足合同要求。开展的具体工作包括:

(1)建立或选择 LCC 模型。在建立或选择 LCC 模型时对模型适用性做预先研究,并

根据标书要求，制定可靠性和 LCC 评估标准。

(2)确定运用剖面。运用剖面是指列车运用时间内所经历的事件和环境的时序描述。由于运用剖面是研究列车的可靠性和维修性的重要前提，因此在采购列车时必须清晰刻画列车将来的运用剖面。如果供应商不能达到运用剖面要求，则将来列车在运用中难以达到预定的 LCC 承诺，应该取消其投标资格。

(3)公开招标。在采购中，应用 LCC 方法进行评标，要在标书附件中明确：产品的可靠性和维修性要求，供应商提供的质量保证，产品的运用剖面，用户当前的维修组织状况，LCC 计算模型和计算机所需的初始参数值。

(4)合同实现。鉴于合同中对 X2000 型高速列车可靠性和 LCC 的严格要求，制造商在设计阶段就必须综合考虑可靠性和 LCC，为此专门成立了一个工作组，监控和保障可靠性、维修性和 LCC 工作的开展。

(5)合同验证。在 X2000 型高速列车交付运用后，进行了为期 6 个月的验证。在此期间，将实际运营数据与设计预测数据进行比较，图 1-2～图 1-4 分别为 X2000 高速列车可靠性、维修性和 LCC 的验证结果。结果表明，所有验证参数均满足合同规定要求。

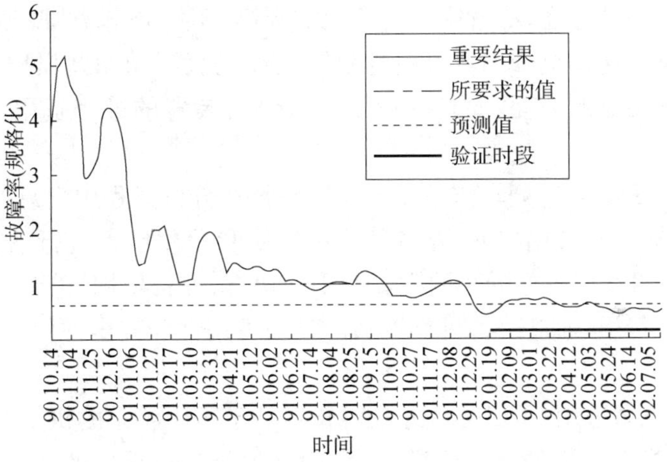

图 1-2 瑞典 X2000 型高速列车可靠性指标(故障率)的验证

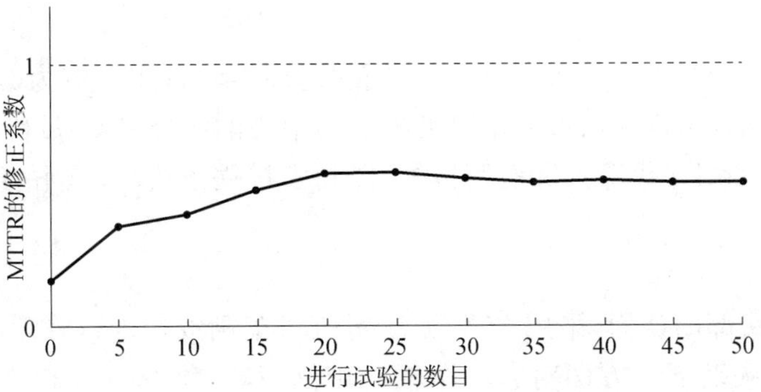

图 1-3 瑞典 X2000 型高速列车维修性指标(平均修复时间 MTTR)的验证

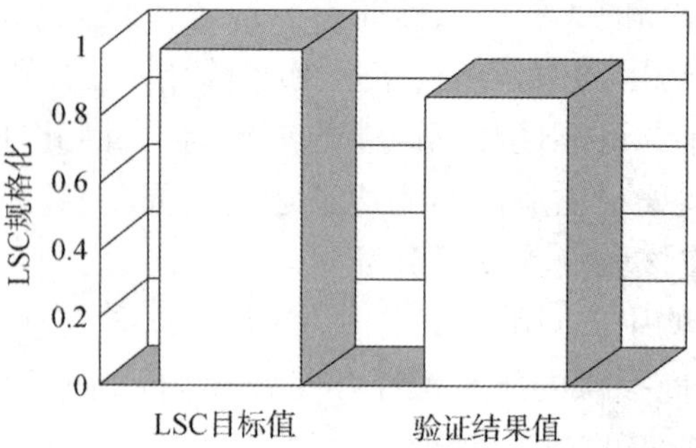

图 1-4　瑞典 X2000 型高速列车 LCC 指标(LSC)的验证

2. 德国

德国铁路公司已将 LCC 方法作为机车车辆设计方案的决策工具，在新型列车开发和简统化决策方面均采用了 LCC 评价。以下举几个典型例子：

(1)ICE3 型高速列车制动系统的 LCC 决策。德国铁路公司最初认为比较现实的 ICE3 制动方案是列车采用两个制动系统，即空气制动(盘形制动)和电阻制动，但最终决定增加第三种涡流制动方案，尽管它使投资成本提高、车体质量增加。由于列车制动时所需的制动功率在整个速度范围内均可由电阻制动和涡流制动无磨损地提供，不仅明显降低了制动闸片和制动盘的消耗，而且减少了空气制动装置的维修费用，使列车整个 LCC 获得很大节约。

(2)德国对 ICE2 型高速列车进行了 LCC 分析，在分析过程中把总费用结构分解为主费用模块、子费用模块及费用单元，并对各费用模块和费用单元进行估算，分析主要费用因素。研究认为，ICE2 型高速列车的主要费用模块有：准备费用、采购费用、运营费用、行车线路费用及维修费用，通过改善可靠性、维修性、可用性和安全性使这些费用得到优化，从而降低 LCC。

(3)德国铁路公司采用 LCC 分析方法对长年处于运用状态的机车车辆系统进行可用性分析，计算近郊机车车辆的运用天数，对可用性评价具有重要的意义。同时指出，LCC 的降低并非必须通过采购价格的降低来获得，也可以通过采用先进机车车辆实现。由于这些机车车辆具有高的可用性和低的运用维修成本，因此具有较大的市场竞争力。

3. 奥地利

在国际竞争日趋激烈的形势下，机车车辆的运用维修费用已成为欧洲铁路竞争的决定性因素。奥地利联邦铁路通过采用以可靠性为中心的维修(RCM)和 LCC 分析的综合策略框架，合理权衡机车可靠性和费用目标，重新安排铁道机车车辆的维修，使机车的运用维修既经济又可靠。

4. 澳大利亚

澳大利亚铁路部门认为，采用 LCC 方法对机车车辆资产进行管理，对于铁路的成功运营至关重要。从以下 3 方面对客车车辆的维修策略、维修方式和改造方案进行比较研究。

(1)维修承包形式:自己维修还是承包出去;

(2)维修策略:方案选择;

(3)升级改造:新造还是翻新。

上述问题对机车车辆的成本和性能都将产生重大影响,研究结果为客车维修工作提供了重要经济性依据。

5. 瑞士

瑞士铁路部门规定了机车的 LCC 模型和计算步骤,采用运营模拟方法分别计算出大功率通用型客运机车和货运机车的 LCC,从采购费、能耗费、维修费及总 LCC 方面,对多种变流器机车进行比较分析,通过 LCC 技术给出了费用分解结构及各费用单元在 LCC 中的比例,指出能量费用占整个 LCC 的 50%~75%,是影响 LCC 的最主要因素。因此,建议在机车设计中采用先进的电子技术和相应的控制方法,以减少机车的能量耗费,从而使机车运营费用大幅度下降。研究同时指出,系统供应商在设计阶段了解运营模式和维修策略是非常重要的,通过优化机车车辆的结构和功能,降低产品 LCC,使合同双方共同受益。

(二) 我国铁道机车车辆 LCC 技术及其应用

随着我国铁路产品对外经济技术交流的不断扩大,LCC 理论和方法逐渐引起人们的高度关注。为使机车车辆产品更好地与国际需求接轨并参与竞争,国内多家机车车辆生产厂商已经开始关注和研究其产品的 LCC 问题,设计、生产性价比更优的产品,以便赢得更大的市场份额。

1. 国内科研院所 LCC 研究工作进展

在国内铁路科研院所中,中国铁道科学研究院集团有限公司机车车辆研究所(以下简称铁科院机辆所)是较早开展可靠性和 LCC 研究工作的单位之一,相关研究工作包括:

(1)科研课题研究。开展机车车辆维修、可靠性、LCC 相关科研课题研究 30 余项,分别针对机车、客车、动车组开展寿命周期费用建模、计算、分析、评价研究工作。例如,对广州地铁 4 号线地铁车辆,开展直线电机转向架全寿命周期成本研究;针对 25G 型铁路客车,开展 LCC 分析研究;针对高速动车组,开展关键部件全寿命周期管理研究。

(2)发表学术成果。铁科院机辆所董锡明研究员自 2002 年以来,陆续出版与机车车辆维修、RAMS、LCC 相关的学术专著 12 部;相关的研究团队在各类学术期刊和会议发表与机车车辆 LCC 相关的论文 10 余篇,包括:内燃机车 LCC 模型与分析、客车 LCC 模型研究、动车组 LCC 模型及影响因素分析等,上述研究成果对于宣传和推动铁道机车车辆 LCC 工作起了重要作用。

(3)开发计算分析软件。铁科院机辆所王华胜研究员在深入研究 CRH 系列各型动车组设计、运用和维修特点的基础上,开发了一款兼容不同车型动车组的 LCC 计算分析软件,软件具有数据输入、费用计算、费用分析、费用评价、分析报告输出等功能。该软件多次用于动车组运用、维修策略和方案的分析评价,取得很好效果,并取得国家版权局计算机软件著作权登记证书(软著登字第 0402732 号)。

2. 国内铁路机车车辆厂家 LCC 工作进展

近些年来，我国铁路技术装备发展迅猛，实现了从既有机车、客车到和谐型大功率交流传动机车、高速动车组的扩充，尤其是高速动车组数量逐年增加，运营里程、运行速度、车组数量均为世界第一，在动车组和新型机车的研发和管理中，LCC 技术得到广泛重视和应用。

(1)中车青岛四方机车车辆股份有限公司以生产高速列车、高档客车车辆及城市轨道车辆为主，产品出口多个国家，为了满足国际用户要求，10 年前就成立了相关机构，开展机车车辆可靠性和 LCC 方面的研究工作。相关工作包括：针对承造的广州地铁车辆开展可靠性和 LCC 研究；针对 25G 型客车开展 LCC 研究，通过收集大量费用数据并计算分析，得出该型客车研发、生产、运用、维修等各方面的费用单元；针对高速动车组开展 LCC 优化研究。

(2)中车戚墅堰机车车辆有限公司以生产内燃机车和货车车辆为主，曾针对国产东风 8～11 型内燃机车开展 LCC 研究，指出燃油费用是内燃机车 LCC 中占比例最大的主费用单元，提出针对既有内燃机车燃油系统进行电喷改造，但因改造方案造价高昂，LCC 评价未能通过，后续相关工作有待进一步开展。

(3)中车永济电机有限公司以生产牵引电机、牵引变流器等机车车辆电气产品为主，多年前公司就按照 IRIS 标准要求成立了专门研究机构，对机车车辆电气部件开展可靠性和 LCC 研究，包括对各类电器产品开展 FMEA 工作；针对电气元件开展寿命及可靠性规律研究；收集产品设计、制造、运用、维修数据，开展 LCC 技术评价工作，为新产品设计方案的选择提供参考依据。

(三)城市轨道交通系统 LCC 工作进展

近年来，为了缓解城市交通运输的紧张，大城市纷纷兴建城铁和地铁工程。这些工程的主要特点是投资大、寿命周期长、技术含量高、系统结构复杂等，必须从全系统、全寿命、全费用的角度进行考虑，采用 LCC 分析方法对设计方案、采购方案、维修策略进行评价，以便在满足运营性能、可靠性、安全性的前提下获得最低的 LCC。

(1)基于全 LCC 对城市轨道交通工程设备的选择进行了分析，指出在城市轨道交通工程中设备投资约占总投资的 35%，是最大的一次性投资项目，其中运用维修费在运营费中占有很大比例，应从全 LCC 最优的原则出发合理选择设备，并从车辆、信号、供电、其他系统等几方面做了具体分析，给出一些有价值的建议。

(2)采用 LCC 法对城轨车辆车体材料的选择进行了探讨。对普通钢、不锈钢和铝合金车辆的采购费、运用和维修费进行了分析和比较，得到三种不同材料城轨车辆的 LCC，并建议在我国城市轨道交通系统中尽快立项，进行车辆和机电设备产品 LCC 的分析研究。

(3)对地铁供电系统设备选择与全 LCC 的关系进行了研究。由于地铁供电系统一方面具有子系统多、设备种类多等特点，另一方面又必须满足高可靠、高安全、高度自动化、少维修、低消耗等要求，因此在设备选择时，应充分权衡效能和经济性的关系，在满足系统可靠性、维修性、安全性的前提下，使 LCC 最低。

(4)广州地铁集团有限公司针对 4 号线采用的直线电机地铁车辆的电机悬挂方式开展 LCC 评价。评价结果表明，与架悬方式相比，由于电机体悬方式气隙增加造成电机效率下降，导致能耗成本明显高于架悬方式，最终选取了电机架悬设计方案，使直线电机地铁车辆有更好的经济性。

四、LCC 技术的发展趋势

纵观国内外技术装备 LCC 分析的发展历程，LCC 技术是随着世界范围内科学技术的进步、装备建设的迫切需求和费用的急剧增长而发展起来的。当前，技术装备 LCC 技术的发展趋势有：

1. LCC 技术成为大型复杂系统建造和运营的核心工作项目

现代技术装备正朝着大型化、复杂化、自动化和智能化的方向发展，其中最具有代表性的就是作为国民经济支柱的大型复杂系统(large complicated systems，LCS)。它们对国民经济的发展起着举足轻重的作用。在轨道交通领域内，作为运输装备的高速动车组和重载列车，作为轨道交通技术保障系统的机车车辆和高速列车的大型维修基地，作为轨道交通路网及其设施的干线铁路网和城市轨道交通网及其设施等都属于这种系统。这种系统庞大、复杂，建造成本高，具有较高的采购(获取)费用；这种系统技术含量高、使用寿命长，为保持稳定良好的技术状态，运用维修耗费巨大，每年都发生的(再现)费用往往是采购费用的几倍甚至十几倍。现代 LCS 每年发生的总费用，不但使用户面临巨大的经济压力，而且给国民经济造成巨大的冲击。因此，LCS 的寿命周期费用引起格外的重视，LCC 技术成为 LCS 建造和运营的核心工作项目。

2. LCC 技术应用范围不断扩大

LCC 技术起源于美国军方。其为了满足现代战争的需要，对武器装备提出了更高的要求，使其复杂程度日益提高，致使 LCC 大幅度提高。20 世纪 60 年代以来，美国国防部开展了 LCC 分析，对武器装备的 LCC 进行控制，取得了明显的成效和宝贵的经验。20 世纪 70 年代开始，LCC 技术由军用向民用部门推广。目前，国内外已经颁布、实施了许多部有关 LCC 的国际标准、国家标准、军用标准和手册，LCC 思想、方法及其应用已深入到军事和国民经济的各个行业。

LCC 分析技术能够受到广泛的重视和推广，主要在于它从系统工程的观点出发，在有限费用和资源条件的约束下，寻求装备"一生"性能、费用的最优化，有效地克服了"重性能轻费用""重采购费轻运用维修费""重技术轻经济"等传统思想的缺点，能够在装备设计初期就将 LCC 作为设计参数，与性能、进度和 RAMS 进行综合权衡分析，进而开发出 LCC 低廉、运营安全可靠的装备，带来巨大的经济效益和社会效益。

3. LCC 技术的新观念、新技术和新方法不断涌现

装备的 LCC 是指：从论证、研制、生产、运用维修，直至退役、处理的全过程所发生的费用总和。但是，随着人们环保意识的增强及全球市场竞争日益激烈，必须对 LCC 所涵

盖的范围予以扩展，扩展应包括两方面的内容：一是环保及生态费用，主要指装备在运用过程中排弃物的处理费用、装备回收处置费用、严重污染引起的税收及罚款等费用；二是交易成本费用，主要是指装备制造完成后，交易双方为达成交易所花费的广告费、价格协商费、包装运输费等。

LCC 技术起源于费用—效益分析（cost-benefit analysis，CBA），1936 年美国治水法案采用 CBA 法取得巨大成功，使得该法得到广泛的应用，并于 20 世纪 50 年代被美国国防部采用，以解决庞大的军事需求与有限的国防预算之间的矛盾。通过对 CBA 方法的不断扩展，形成了一套完整 LCC 技术体系，20 世纪 70 年代初期又颁布了大量文件和标准，大大促进了它的应用，并迅速推广到政府民用项目及各个产业部门。以后的主要 LCC 分析方法有：价值工程（value engineering，VE）、装备费用—效能分析（cost-effectivenesss analysis for materiel）、按费用设计（DTC）和综合后勤保障（contractor logistics support，CLS）等方法。其中 DTC 法对军方和民用装备都产生了重大影响，并带来巨大效益，仅 F16 战斗机一项就为美国军方减少 42 亿美元的支出。但随着并行工程、柔性生产、敏捷制造等先进制造技术的广泛应用，DTC 法对费用预估精度要求过高、对各方合作强调不够的局限性也凸显出来。20 世纪 90 年代，美国军方提出了以费用为独立变量（cost as an independent variable，CAIV）的装备费用评价管理方法，克服了以前费用评价管理方法的缺陷，从各个方面、全方位地降低装备的 LCC。

另外，在进行 LCC 分析过程中，还出现了许多 LCC 的估算模型与方法，例如美国兰德公司的 DAPCA 模型、美国格鲁门航空公司的 MLCCM 模型、美国计划研究公司的 PRC547 模型等。在装备费用估算中，应用神经网络技术、灰色系统理论、统计学习理论等，将遗传算法、模糊技术和活动网络技术等应用到费用、进度的优化上。

4. LCC 技术成为装备可信性综合评价的重要环节

可信性概念是人们在对产品质量认识逐渐深化过程中提出和发展起来的。1987 年，在制订产品质量国际标准 ISO 9000 第一版时，对“质量”中可靠性、维修性地位和作用的认识还没有今天深刻。另外，可靠性工程这门学科发展很快，1965 年国际电工委员会 IEC 成立了可靠性和维修性技术委员会，开始了国际性的标准化活动。在 20 世纪 70 年代末至 80 年代初，制订《IEC 300 可靠性、维修性管理》系列标准时，维修性工程还是作为可靠性工程的从属提出来的，如今，维修性工程已成为一门独立的学科；维修性中的测试性也在形成测试性工程；维修保障工程也有脱离维修性工程而独立的趋势。面对这种形势，显然我们再用可靠性概括这些状况已不恰当，因此，在 1994 年 ISO 9000 系列标准的新版中采用了美国军方的术语“可信性（dependability）”，将可靠性、维修性、维修保障性，以及测试性、安全性……，这些影响可用性的有关因素一起概括进去。如果产品的经济性用 LCC 来衡量，则可信性常常还须考虑产品的 LCC。

1990 年，可信性在国际上正式成为术语。国际电工词汇 IEV 191 章中，把广义可靠性称为可信性之后，已有相关工作和标准做了相应修改。国际电工委员会的第 56 委员会（IEC/T56）的名称也由可靠性、维修性技术委员会改为可信性技术委员会，国际标准《IEC

300 可靠性、维修性管理》(国标 GB 6992 等同采用)的名称,在修订中改为《IEC 300 可信性管理》。

综上所述,现代产品的质量观念实质上就是提高产品的可信性,从而提高产品的可用性;保证产品的安全性;改善产品的保障性;降低产品的 LCC。因此,LCC 技术应该成为装备可信性综合评价的重要环节。

5.“以费用为独立变量(CAIV)”方法成为 LCC 管理的必然发展趋势

随着现代技术装备向大型化、复杂化、自动化和智能化发展,不仅采购费用越来越高,而且运用维修费用在装备整个寿命周期费用中所占比例也日益增大,企业面临的装备费用压力也日趋加大。实践证明,采用降低装备性能指标的方法不但不能提高装备的可用性,而且也不能很好地降低 LCC,必须采用 CAIV 方法,将费用作为独立变量,与装备的效能、RAMS、寿命周期与进度等因素进行综合权衡分析。据以全面提高装备费用评价管理水平,已经成为装备 LCC 管理的必然发展趋势。

第二章　寿命周期费用基本概念

第一节　寿命及其管理

在讨论寿命周期费用(LCC)时,首先涉及到的概念是寿命、寿命周期,这两个概念密切相关,但又是相互区别。

设备寿命是指设备从交付使用开始,直至退役的整个时期,它包括常用的使用寿命概念,表征了设备被用户使用时间的长短。设备的使用寿命与设备的可靠性息息相关,它是设备可靠性的一个特殊参数,表明设备工作的耐久性。

设备寿命周期是指设备由立项论证直到退役的全过程。它可分为两个时期:寿命周期前期和后期,即设备的前半生和后半生。前半生称为设备的获取时期,即由论证和方案、设计和开发、生产和安装阶段组成;后半生称为设备的使用时期,即是指设备从制作完成、交付使用开始,经历运用、维修,到不能继续服役的报废处理阶段。因此,寿命周期获取时期的工作主要由制造商负责,在生产厂家度过;寿命周期使用时期的工作主要由用户负责,在运用维修场所度过。

一、寿命的概念

1. 寿命与寿命单位

在许多领域,特别是工程技术和生物医学界,都会涉及到寿命的概念。寿命就是"生存的年限,比喻使用的期限或生存的期限"(《现代汉语词典》)。

寿命的度量单位称为寿命单位,它可以是时间单位,年、月、日、小时、分、秒等;可以是长度单位,千米、米、厘米、毫米等;对于循环工作的产品(例如内燃机的曲轴),可以是循环次数;对于开关产品(例如电气开关),可以是开关次数等。

2. 技术装备的寿命问题

轨道交通系统是复杂技术系统装备。理论上说来,复杂技术装备的可靠性与时间无关。装备只要不存在惯性故障,且发生故障以后能够及时更换故障件,那么这个装备就能无限期地运用下去,似乎就意味着复杂系统装备无需讨论寿命问题。但实际情况并非如此,这是由于不同的用途、不同的情况有着不同的寿命定义,对于不可修复的产品(例如橡胶圈、电子元器件等),第一次失效就报废,因此发生失效前的工作时间就成为其寿命,即所谓物质寿命或报废寿命。对于可修复产品则有不同的寿命情况:如果产品的故障率超出了允许的规定值,需要大修,此时所经历的工作时间是一种寿命,即所谓大修间隔期;有的产品虽可以继续使用,但其性能达不到要求,也可能由于技术落后,舒适性或美观程度满足不了需要等，必须进行改造、维修，这也是一种寿命情况，即所谓技术寿命。另外，还有可能由于经济方面的原因不值得维修而被淘汰，则涉及到经济寿命，等等。总之，一个技术系统装备总有到达使用期极限的时候，组成系统装备的分系统、组件、零部件和元器件等都有寿命问题，需要我们对技术装备的寿命及其管理进行深入的研究。

3. 寿命的重要性

在产品的整个寿命周期中，许多工作需要已知设备或零部件的寿命值，例如：

(1)在产品设计中，零部件寿命的估计往往是很重要的，设计者应尽量使零部件的寿命同步。特别是现代并行工程中的设计，对寿命知识的需求更加迫切、广泛和准确。

(2)在产品运用维修中，实施寿命管理和换件修时需要预先得知产品的寿命。

(3)配件的生产规划以及技术装备维修中备件的管理与库存，都需要得知备件的寿命值。

(4)在确定系统寿命周期费用(LCC)时，寿命是先决条件。

(5)在进行环境评估和产业生态学研究时，作为新的环境管理工具的寿命周期评价(LCD)方法，也需要将产品的寿命作为前提。

(6)在产品耐久性评估中，需要得知产品的寿命值。常作为耐久性参数的寿命值有：可靠寿命、使用寿命、经济寿命、储存寿命、总寿命、大修间隔期等。

因此，产品的定寿工作直接关系到许多任务的完成，关系到产品的运用维修和经济性，特别是对于复杂系统装备，科学合理地确定系统设备及主要零部件的寿命，对于提高工作能力和经济效益都有着十分重要的意义。

二、寿命的定义

产品寿命的类别是多种多样的，各个行业由于技术装备的用途和使用习惯不同，都有自己的产品寿命定义。即使同一行业，世界各国采用的寿命参数也有不同，对各类产品选用的寿命参数也不一样，但其基本概念和理论基础则是相同的。产品寿命的选择除考虑安全性、可靠性、维修性、保障性和经济性以外，主要考虑产品在什么时候达到临界状态。这里的“临界状态”是指产品在此状态下不能继续使用，例如磨损超限或裂纹损伤超过容限等；或者继续使用已不划算，例如经济性降低到不能容许的程度；或者对于可修复产品恢复其完好性能和工作能力已不可能或不划算。在产品进入这种“临界状态”时，将暂时或永远地停止使用。对于不可修复产品发生失效则将报废；对于可修复产品则需进行修理或报废。产品出现临界状态的主要特征有：出现无法排除且影响安全的故障或规定参数值偏离了使用极限已无法纠正；经济性低于规定值且无法提高；产品技术状态落后，不能满足使用要求，须更换淘汰等。如何判定这些“临界状态”，分清什么样的“临界状态”属于什么样的寿命类型，对于我们确定寿命是十分重要的。但是，迄今我国技术装备寿命值的概念还比较模糊和混乱，需要梳理，以达到统一认识的目的。

表2-1列出了技术装备常用的寿命类型及定义。由表2-1可见产品寿命类型繁多，在选择寿命参数时要考虑产品的类型和特点，产品的维修方式，产品是否可修复，产品发生故障时对系统安全的影响程度，产品的工作状态以及产品运输和存储状态等。对于一般

的复杂技术系统装备来说,常用的寿命类型有:使用寿命、总寿命(物质寿命、自然寿命)、经济寿命、技术寿命和大修间隔期等。

表 2-1　产品寿命类型及定义

序号	寿命类型	定　　义
1	使用寿命	产品从制造完成到出现不可修复的故障或不能接受的故障率时的寿命单位
2	储存寿命	产品在规定的条件下存储时,仍能满足规定质量要求的时间长度
3	经济寿命	产品从使用开始到因经济效益原因而被淘汰的寿命单位
4	总寿命 (物质寿命)	产品从开始使用到按规定报废的寿命单位
5	安全寿命	采用大分散系数所获得的具有极低疲劳开裂概率的使用寿命,即结构的无裂纹寿命
6	γ 百分比寿命 (可靠寿命)	产品未达到其极限状态的概率为 γ(百分数)的总寿命,即给定可靠度对应的寿命单位
7	大修间隔期	产品两次连续大修间的寿命单位
8	技术寿命	产品从开始使用到因技术落后而被淘汰所经历的寿命单位
9	疲劳寿命	承受疲劳负载的产品从使用到出现疲劳破坏临界裂纹时的总寿命单位
10	全寿命周期	产品从构思论证到被淘汰的全部过程时间
11	首次大修间隔	产品从使用开始到首次大修的间隔寿命单位
12	不拆卸寿命 (相当 MTBF)	产品在不拆卸情况下的使用寿命单位

1. 使用寿命

使用寿命的定义是:产品从开始使用到出现不可修复的故障或不能接受的故障率时的寿命单位。此处的寿命单位是指使用时间的度量,可以是工作小时、日、月、年,可以是运行公里,也可以是循环次数、开关次数等。使用寿命主要根据产品的故障情况(可靠性)来决定,常用故障率 $\lambda(t)$ 曲线来表示。对于简单类型(纯机械类型)、有耗损期的产品,影响其寿命的主要因素是磨损型故障,诸如磨损、疲劳、腐蚀和老化等。图 2-1 为这类产品的典型故障率曲线(浴盆曲线),可以根据耗损期故障率曲线的上升点 a 来确定其使用寿命。但是对于复杂装备来说,若没有占支配地位的耗损型故障模式,则没有明显的耗损故障期,因此寿命就不能单凭故障率来确定。一般常用安全寿命、经济寿命或技术寿命作为复杂系统装备的使用寿命。

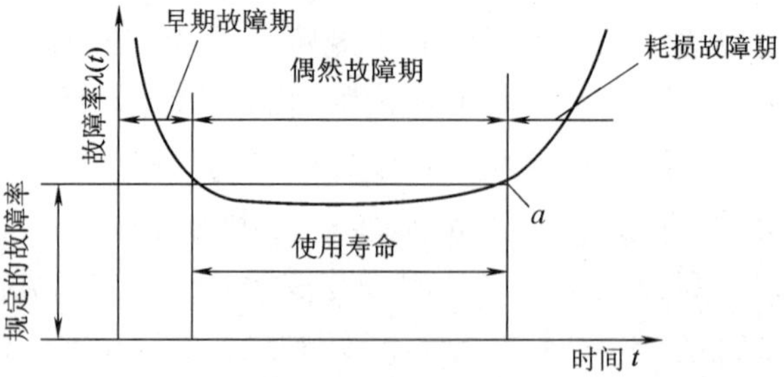

图 2-1　浴盆曲线

2. 总寿命(物质寿命或自然寿命)

总寿命也称为物质寿命、自然寿命或物理寿命,是指产品从开始使用到按规定报废的寿命单位。对于有耗损期的产品来说,其总寿命如图 2-2 所示。总寿命可以包括一个或多个大修间隔期。如果开始阶段产品处于库存状态,则该寿命还应包括产品的储存寿命。产品的总寿命和产品的全寿命周期是不同的,总寿命只是全寿命周期的后半生(从产品开始使用直至报废的时间),而全寿命周期还要包括产品的前半生(从产品开始论证直至报废的全部时间)。

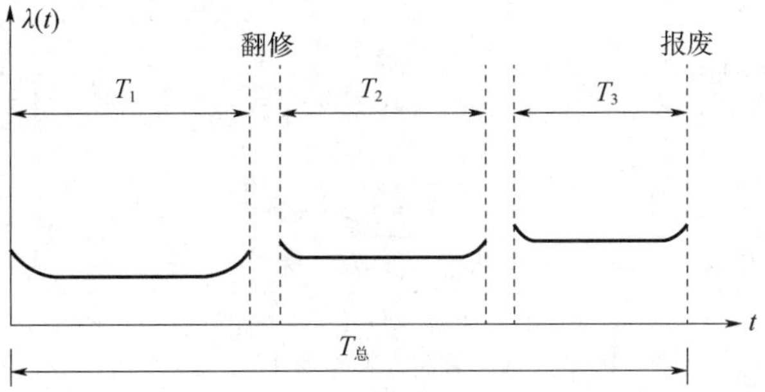

图 2-2　产品总寿命示意图

3. 经济寿命

经济寿命是指产品从投入使用直至由于经济效益原因(继续使用已不经济)而被淘汰的寿命单位。在产品的 LCC 中,按年度折算的采购费随服役时间的增加逐年减少,使用维修费用则由于磨损、疲劳、老化等原因而逐年增加,作为两者之和的年度总费用是使用时间的函数,其最小值为产品的经济寿命,如图 2-3 所示。

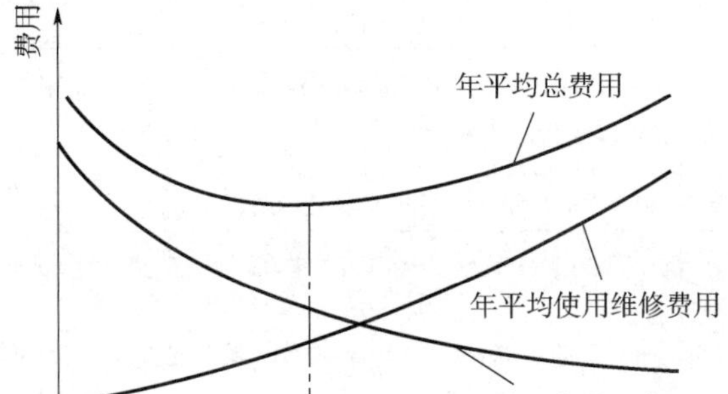

图 2-3　产品的经济寿命

4. 大修间隔期

大修间隔期表示产品两次连续大修之间的寿命单位。这是技术装备最常用的寿命称谓。表 2-2 列出了我国各种铁道机车车辆的大修间隔期。

表 2-2　我国铁道机车车辆的大(厂)修间隔期

机车车辆类型		大(厂)修间隔期
动车组	高速动车组 CRH 系列	480 万 km 或 12 年
内燃机车	干线机车	(70～90)万 km
	调小机车	8～10 年
	交流传动机车 HXN 系列	180 万 km 或 10 年
电力机车	交流传动机车 HXD 系列	200 万 km 或 12 年
	干线机车	(160～200)万 km
	调小机车	不小于 15 年
客车	22(23)型、22B 型:硬座车、硬卧车、软座车、软卧车、行李车、邮政车、餐车,上述车种的合造车等	240 万 km 或 8 年
	22(23)型:部属客车、公务车、文教车、试验车、维修车、特种车等不常用车	
	双客:硬座车、硬卧车、软座车、软卧车、行李车、餐车,上述车种的合造车等	
	19K、19T、25、25A、25B、25C、25G、25K、25T、25Z 型:硬座车、硬卧车、软座车、软卧车、行李车、邮政车、餐车,上述车种的合造车、发电车	
货车	酸碱类罐车、液化石油气罐车、液氯罐车、普碳钢冰冷车等	4 年
	P_{60}、P_{13}、P_{61}等普碳钢棚车、C_{16}、C_{16A}、C_{62A}(车号为 44 字头)敞车、K_{13}、K_{18}、K_{18F}、KF_{60}等普碳钢矿石车、其他型罐车、U_{15}、U_{60}、U_{60W}水泥车、平车(含 NX 系列)、家畜车、粮食车、守车、长钢轨车、60 t 的凹型车	5 年
	P_{65}、P_{65S}行包快运棚车、P_{62}棚车、C_{61Y}、C_{63}、C_{63A}、CF、C_{5D}、C_{62A}(车号为 45 字头开始)敞车、耐候钢冰冷车、集装箱平车	6 年
	C_{61}、C_{76A}、C_{76B}、C_{76C}敞车、其他型耐候钢矿石车、其他型不常用专用车、载重 90 t 以上的车辆	8 年
	其他型耐候钢棚车、其他耐候钢敞车、U_{61W}、U_{61WZ}水泥车、1996 年以后生产的 D_{22G}、D_{12}、D_{70}、D_{10}(经轴承密封改造)	9 年
	毒品车、厂修和段修周期分别为 9 年、1.5 年的不常用专用车	10 年

注:1. 货车专用车指:救援车、机械车、线桥工程车、宿营车、发电车、检衡车、磅秤修理车、生活供应车、战备车等;
2. 毒品车厂修为扩大段修;
3. 因装用转向架型式的变化而引起的车型变化(在车型编码尾部加注 K、T、H 的车辆),原检修周期不变。

5. 技术寿命

技术寿命是指产品从开始使用到因技术落后而被淘汰所经历的寿命单位。现代,在技术装备的维修制度中出现了一个新的维修等级——重造,或称为翻新、再制造或现代化改造,就是依据技术寿命的概念。重造的定义是:对经过多年使用和多次大修的技术装备,利用大修的时机进行彻底修理和现代化改造,以满足不同服务目的的需要。尤其对于长寿命的技术装备,在其漫长的寿命周期中,科学技术有了很大的发展,几十年前设计的产品对当今来说技术已经落后,出现功率太小(牵引力小、速度较低),能耗较高(运营成本较高),舒适性较差等缺点,不能满足市场的需要。解决的办法有两种:一是报废整个装备，购买新装备；另一种方法是报废其中的某些技术落后的零部件，例如内燃机车中的柴油机，对旧装备进行现代化改造，也就是重造。这些报废的旧设备或零部件从开始使用到因技术落后而被淘汰所经历的寿命单位（运行公里或时间等）就是它们的技术寿命。

例如，目前世界上铁路机车重造的时间距开始使用大约为 16～25 年。图 2-4 为美国和加拿大铁路内燃机车的大修周期结构简图。从图 2-4 可以看出，它们的重造周期为25 年，这也就意味着某些由于技术落后而被报废的零部件（例如柴油机）的技术寿命为 25 年。

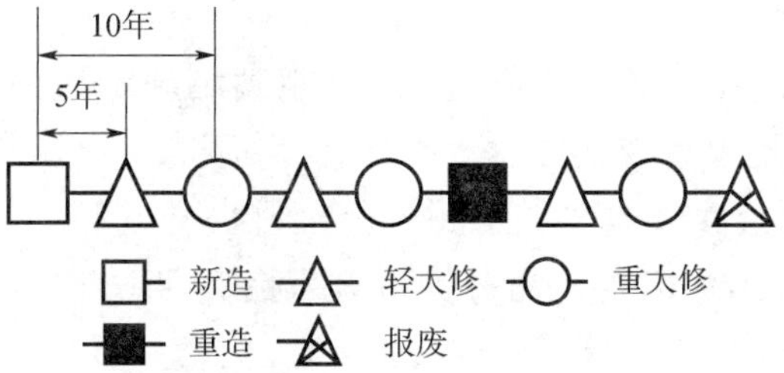

图 2-4　美国和加拿大内燃机车大修周期结构简图

三、寿命分类

1. 按照使用期限分类

按照使用期限，技术装备的寿命分为总寿命、经济寿命和技术寿命，其中的最小值取决定作用。

（1）总寿命

技术装备的总寿命又称为物质寿命、报废寿命、自然寿命或物理寿命，它是指技术装备从投入使用到由于磨损、疲劳、变形、劣化等原因导致不能保持完好状态而报废的寿命单位。

（2）经济寿命

经济寿命又称价值寿命，它是指从开始使用到创造最佳效益所经历的时间，或者从经济角度来讲的最佳使用年限。

（3）技术寿命

技术寿命是指从开始使用到因为技术落后而淘汰所经历的时间。科学技术的进步加快了产品的更新换代，使技术装备的技术寿命趋于缩短。

现代，经济寿命和技术寿命常大大短于物质寿命，因此经常会出现系统装备物质寿命虽未到期，但出于经济寿命和技术寿命的综合考虑，对系统装备做出升级改造和更新的决策。

2. 按照不同的寿命周期阶段分类

按照不同的寿命周期阶段可以把寿命分为设计寿命和使用寿命，在寿命周期的前半段预计的产品寿命称为设计寿命；产品投入运用以后的寿命称为使用寿命；产品贮存时的寿命称为储存寿命。

（1）设计寿命

设计寿命是在设计研制阶段预计的产品寿命。设计寿命一般由用户提出，列入研制合同，作为产品耐久性设计的依据。设计人员根据设计寿命和产品用途，制定出产品的载荷谱和环境谱，从而进行结构设计，并预估设计寿命。

(2)使用寿命

使用寿命是产品实际可使用的平均寿命，是产品从制造完成到出现不可修复的故障或不能接受的故障率时的寿命单位。通常指的是：产品两次大修间的平均寿命、规定的更换时间或总寿命，即从产品开始使用到被淘汰所经历的寿命单位。

(3)储存寿命

储存寿命是产品在规定的条件下贮存时，仍能满足规定质量要求的时间长度。这种寿命对于许多军用产品是很重要的。

3. 按照可靠性和安全性分类

按照可靠性和安全性，可以将寿命分为可靠寿命、γ百分比寿命和安全寿命。

(1)可靠寿命

可靠寿命是在满足规定可靠度规定时产品的工作时间。

(2)γ百分比寿命

γ百分比寿命是产品未达到其极限状态的概率为γ(百分数)的总工作时间。

(3)安全寿命

安全寿命是规定的产品寿命极限，在此极限之前，产品必须改装或退出使用，它由可能发生的与使用时间有关的故障决定。

4. 按照失效(故障)间隔期分类

(1)平均失效前时间(MTTF)

平均失效前时间是不可修复产品从投入使用到失效所经历的平均寿命单位，它是不可修复产品寿命的基本度量。其度量方法是：在规定的条件下和规定的时间内，产品寿命单位总数与故障产品总数之比。

(2)平均故障间隔时间(MTBF)

平均故障间隔时间是可修复产品平均两次故障之间的时间。其度量方法是：在规定的条件下和规定的时间内，产品的寿命单位总数与故障总数之比。

5. 按照维修间隔期分类

按照维修间隔期分类，常用的产品寿命有首次大修(翻修)期、大修(翻修)间隔期和无维修使用期(不拆卸寿命)。

(1)首次大修(翻修)期

首次大修(翻修)期是在规定的条件下，产品从开始使用到首次大修(翻修)的寿命单位。

(2)大修(翻修)间隔期

大修(翻修)间隔期是在规定的条件下，产品两次连续大修(翻修)之间的寿命单位。

(3)无维修使用期

无维修使用期又称为不拆卸寿命，是指产品无故障地工作而无需拆下来进行维修的使用期限。

6. 按照故障模式分类

按照故障模式分类，常用的产品寿命有疲劳寿命、磨损寿命和腐蚀寿命等。

(1)疲劳寿命

疲劳寿命是指承受疲劳负载的产品，从开始使用到出现大裂纹的总寿命单位。

(2)磨损寿命

磨损寿命是指承受磨损负载的产品，从开始使用到磨损至规定的限度所经历的寿命单位。

(3)腐蚀寿命

腐蚀寿命是指遭受腐蚀的产品，从开始使用到腐蚀至规定的限度所经历的寿命单位。

四、寿命分布

设备寿命是指设备从交付使用开始直至退役的整个时期，它表征了设备在用户手中使用时间的长短。设备的使用寿命与设备的可靠性息息相关，它是设备可靠性的一个特殊参数，表明设备工作的耐久性。

在一个系统的研制或运用阶段，通过试验或使用现场，我们可以收集到失效(故障)数据，利用统计方法对这些数据进行处理可以获得有用的可靠性参数，如可靠度、平均故障率等，为设计、制造、维修和管理提供有价值的决策依据。例如可以用于预测系统的可靠性、安全性水平，判断系统能否成功地完成预定的功能；可以用来设计合理的检测方案，决策维修方案等。根据这些数据估计系统平均寿命就是其中的重要工作。

在研究寿命的随机规律时，通常用特定的分布函数来描述，我们称之为寿命分布。最常用的分布函数有指数分布、Weibull 分布等。这些分布都由其参数唯一确定。如何利用寿命数据(一组样本)进行统计分析，确定这些数据服从什么样的分布形式，以及如何进行参数估计等，在系统寿命的确定中具有重要意义。

一个产品在使用过程中，何时发生故障是未知的，其可工作的时间长短也是未知的，因此产品故障前的工作时间和经过修复后的工作时间都是未知的。对于不可修复产品，其寿命为故障前工作时间；对于可修复产品，寿命就是故障之间的工作时间。产品的寿命取决于设计、制造以及运用维修中的各种随机因素，服从一定的统计规律，是一个随机变量，一般用寿命的分布函数(也称累积分布函数或累积概率密度函数)来描述。运用现场或可靠性试验中得到的故障数据，采用数理统计方法可以推断出产品的寿命分布，由此可计算出产品的可靠性指标，如可靠度、故障率、概率密度函数和各种寿命特征量。已知产品寿命分布，对于预测产品故障、确定检修周期、制定维修及保障策略、提高产品运用可靠性都具有重大意义。

1. 常用的寿命分布类型

产品故障分布又称为产品寿命分布，是指产品失效时间的分布。产品故障分布的研究是技术装备可靠性工程中的一项基础工作，因此要对产品的故障及故障时间进行研究。

设故障时间为 t，则要研究随机变量 t 的概率分布。技术装备常见的几种故障分布有：指数分布、正态分布、对数正态分布和威布尔分布。

(1)指数分布

指数分布是最重要和最常用的概率分布之一，它描述的是故障率为常数的情况，其优点是表达式简单，参数估计方便，容易进行数学处理，适用性强，具有可加性等。指数分布的故障率为常数，表明产品在使用期中出现的故障是随机的，质量是相对稳定的，工作过程中累积损伤的效应不明显，因此新、旧产品出现故障的概率是相同的。指数分布适用于电子设备或电子元件，也适用于多部件综合而成的复杂系统及某些软件的故障模型；指数分布也是寿命试验中出现故障的最常用分布模型。如果故障不是由于磨损、老化等原因，而是由于偶然因素引起的，故障率几乎为一个常数，则指数分布是一个合适的模型。

指数分布的分布函数为

$$F(t)=1-e^{-\lambda t} \tag{2-1}$$

指数分布的概率密度为

$$f(t)=\lambda e^{-\lambda t} \tag{2-2}$$

指数分布的故障率为

$$\lambda(t)=\frac{1}{\theta}=\lambda \tag{2-3}$$

式中　λ 为与时间无关的常数；θ 为平均寿命。

指数分布的可靠度为

$$R(t)=e^{-\lambda t} \tag{2-4}$$

(2)正态分布

正态分布是研究随机现象发生概率时使用最广的一种分布，它是德国数学家高斯(Gauss)在 18 世纪研究偏差理论时发现的，故又称为高斯分布。

在自然现象和社会现象中，大量的随机变量都服从或近似服从正态分布。在机械产品和结构工程中，正态分布是研究应力和强度分布一种最常用分布形式。在非寿命情况下，约 80%以上的问题是正态分布；在产品寿命分析中，它也起着重要的作用，尤其是磨损型零件和磨损性故障，如齿轮、密封环、轴承、活塞环等的故障模式都近似于正态分布；对于质量过程比较稳定的产品，其尺寸和性能的度量，如某长度误差、电阻值及半导体材料的性能指标及材料强度等都服从正态分布。实际中，由许多作用相当而又相互独立的因素叠加而引起的随机变量大多服从正态分布。对于一些寿命问题，如果故障出现的时间对称地分布在平均寿命附近，则也服从正态分布。

正态分布的分布函数为

$$F(t)=\frac{1}{\sqrt{2\pi}\sigma}\int_{-\infty}^{t} e^{\frac{-(t-\mu)^2}{2\sigma^2}}\mathrm{d}t \tag{2-5}$$

式中　μ、σ 为大于 0 的常数。

正态分布的概率密度为

$$f(t)=\frac{1}{\sqrt{2\pi}\sigma}e^{\frac{-(t-\mu)^2}{2\sigma^2}} \qquad -\infty<t<+\infty \tag{2-6}$$

正态分布的故障率为

$$\lambda(t)=\frac{f(t)}{R(t)} \tag{2-7}$$

正态分布的可靠度为

$$R(t)=1-F(t) \tag{2-8}$$

(3)对数正态分布

虽然正态分布应用广泛，但其概率密度函数为全对称分布，在使用中受到一定的限制，因为许多工程实际问题中，某些事件发生概率往往不是对称分布的，例如某些材料的疲劳寿命分布、由于暴露而造成的腐蚀、机械维修时间分布等都是不对称的，因此不能用正态分布来描述。对数正态分布是不对称概率分布中的一种。对数正态分布是指随机变量的对数 $\ln x$（自然对数）或 $\lg x$（常用对数）呈正态分布，它是一种重要分布，适用于机械疲劳寿命的研究，在维修性分析中常用于对维修时间数据进行分析。

对数正态分布的分布函数为

$$F(t)=\frac{1}{\sqrt{2\pi}\sigma}\int_0^t \frac{1}{t}e^{\frac{-(\ln t-\mu)^2}{2\sigma^2}}dt \tag{2-9}$$

对数正态分布的概率密度为

$$f(t)=\frac{1}{\sqrt{2\pi}\sigma t}e^{\frac{-(\ln t-\mu)^2}{2\sigma^2}} \qquad t>0 \tag{2-10}$$

对数正态分布的故障率为

$$\lambda(t)=\frac{f(t)}{R(t)} \tag{2-11}$$

对数正态分布的可靠度为

$$R(t)=1-F(t) \tag{2-12}$$

(4)威布尔(Weibull)分布

威布尔分布在可靠性工程中得到广泛应用，由瑞典人 Weibull 在研究链强度时由最薄弱环节模型导出。这个模型如同一根链条，两端受拉力时，其中最薄弱的环节断裂失效。从广义上说来，整体中任何一部分失效则整体失效，即属于最弱环节模型。这种现象很多，机械中疲劳强度、磨损寿命、腐蚀寿命及由许多单元组成系统的寿命多服从威布尔分布。这种分布特别适用于机电产品磨损累积故障的分布形式。由于它可以较容易地推断出分布参数，所以常被应用于寿命试验的数据处理。由于它对各种故障分布特性有较大的适应性，因此常常用于滚动轴承的疲劳点蚀、链条压簧的疲劳断裂、齿轮轮齿的接触疲劳以及自润滑轴承的磨损等寿命分布。还有许多机电混合装置或存在最弱环节的串联装置故障也服从威布尔分布，例如易断的机械构件、因老化而引起的电气元件故障及具有单调故障率的简单装置等。

威布尔分布的分布函数为

$$F(t)=\begin{cases}1-e^{-\left(\frac{t-\gamma}{\eta}\right)^m} & t>0\\0 & t\leqslant 0\end{cases} \tag{2-13}$$

式中　m 为形状参数(威布尔斜率);γ 为位置参数;η 为尺度参数(特征寿命)。

威布尔分布的概率密度为

$$f(t)=\begin{cases}\dfrac{m}{\eta}\left(\dfrac{t-\gamma}{\eta}\right)^{m-1}\cdot e^{-\left(\frac{t-\gamma}{\eta}\right)^m} & t>0\\0 & t\leqslant 0\end{cases} \tag{2-14}$$

威布尔分布的故障率为

$$\lambda(t)=\frac{m}{\eta}\left(\frac{t-\gamma}{\eta}\right)^{m-1} \tag{2-15}$$

威布尔分布的可靠度为

$$R(t)=\begin{cases}e^{-\left(\frac{t-\gamma}{\eta}\right)^m} & t>0\\1 & t\leqslant 0\end{cases} \tag{2-16}$$

威布尔分布的位置参数 γ 表征威布尔分布曲线的位置,形状参数 m 表征威布尔分布曲线的形状特征,尺度参数 η 表征威布尔分布曲线下主要面积占有区间的大小。调整 m 和 η 值可得到各种形状的分布曲线。当 $m<1$ 时,故障率呈下降趋势,对应图 2-1 的早期故障期;当 $m=1$ 时,威布尔分布简化为指数分布,故障率为常数,对应图 2-1 的偶然故障期;当 $m>1$ 时,故障率呈上升趋势;$m>2$ 对应图 2-1 的耗损故障期。

2. 寿命分布的应用

对产品进行寿命分析时,需要通过可靠性试验或现场数据的统计推导得出其概率分布和数值特征。但对于某种产品选择哪一种概率分布来进行数值拟合与分析,是一个比较困难的问题。我们需要确定不同故障对应的寿命分布,然后才能根据某一产品的故障特征来进行寿命分布的选择。

(1)产品寿命分布类型

寿命分布类型是多种多样的,但每种寿命分布往往与产品本身关系不大,而是与产品的故障模式和故障机理有关,即取决于产品的内部结构、物理机械性能、工作环境和受力状况等,因此可以说,某种类型的寿命分布可以适用于具有共同故障模式和故障机理的特定产品。在技术装备产品中,一个产品往往是由多个零部件或分系统组成,因此不仅要研究某一故障模式和故障机理对应的寿命分布,还要研究不同故障组合对寿命分布的影响。由于问题的复杂性这方面还没有进行过全面、系统的研究,所以目前还不能对一个产品,根据其发生的故障特征来准确地预告其寿命分布类型,只能根据经验来估计某些产品类型的寿命分布。常用寿命分布的应用范围见表 2-3。

表 2-3　常用寿命分布的应用范围示例

分布类型	应用范围
指数分布	对于元件,适用于偶然失效与使用时间无关的情况。常常适用于电子设备、电子元件、多个部件组成的复杂系统、某些软件的故障模型;具有恒定故障率的零部件,经试验并定期维修的部件

续上表

分布类型	应　用　范　围
正态分布	在机械产品和结构工程中用于研究强度和应力分布；磨损型的零件和故障，如齿轮、密封环、轴承、活塞环等故障模式分布；质量过程稳定时产品尺寸和性能的度量；电阻值、半导体材料性能指标及材料强度等；许多作用相当而又互相独立的因素叠加引起的随机变量
对数正态分布	事件集中发生在端部时的不对称情况，且观测值的离散程度很大，例如电机绕组绝缘，半导体器件、硅晶体管、锗晶体管、风扇叶片、车体结构、金属疲劳等
威布尔分布	适用于有薄弱环节的模型，诸如机械中的疲劳强度、磨损寿命、腐蚀寿命等。许多机械、电气元件，诸如滚动轴承、传动齿轮箱、电动机、发电机、电缆、蓄电池、继电器、开关、电子管、电位器、电阻、电容等的寿命及材料疲劳等

指数分布是一种非常重要的寿命分布，电子产品和复杂系统装备的故障间隔时间均可用指数分布来描述。在可靠性工作开展初期或未知寿命分布的情况下，常常将其作为指数分布来处理。但经研究分析发现，将指数分布作为产品通用寿命分布来处理是不适宜的，如果产品寿命分布为非指数分布，而按指数分布来处理则会带来显著的推断误差。近年来，威布尔分布在可靠性工程中得到了广泛的应用，研究分析表明，威布尔分布是一种适应性较强的分布，在寿命研究中具有较强的生命力。

(2)分布类型的选择

在得知产品的故障模式、故障机理和性质后，根据前述的宏观线索(例如表2-3)，可以大致得知相应的寿命分布类型，如一个产品的故障是由随机原因引起的，与其工作时间的长短无关，则大致可以判断其寿命分布为指数分布。要表示产品无效维修概率或产品的早期失效，则采用超指数分布；产品磨损或性能衰减则可表示为正态分布；反映疲劳模式或修复时间的状况，则选择对数正态分布；如果产品某一薄弱环节出现故障会导致整个产品失效，威布尔分布可以很好地描述。但实际中的故障要复杂得多，所发生的故障状况很难找到一一对应的分布类型。因此前述有关故障所对应分布类型的结论并不能覆盖全部故障状况。选择和确定分布类型的另外一种方法就是采用图示分析法和经验分布函数法，根据得出的经验分布趋势，确定其经验分布类型，然后利用分布的拟合优度检验方法来检验这种经验分布与理论分布之间的符合程度。但以上方法运用时也会出现分辨不准或无法分辨的情况，因此用上述两种方法来选择分布类型均有缺陷，实际中常常将两种方法结合使用。在用数理统计方法分析检验以后，还须应用历史信息和产品的历史故障模式及故障机理判断所选择的分布是否符合过去的实际，如果发现两者的结论不一致，则应慎重对待，要反复检查数据的来源和可信程度，使数据的宏观分析结果符合故障表现形式和故障机理的分析。

(3)分布参数估计和检验

在产品寿命分布类型已知的情况下，数据分析的主要任务就是根据样本来估计总体的分布参数，从而对产品的可靠性和寿命进行分析和评价。这种根据样本观测值估计总体参数值的过程就称为参数估计。参数估计有两种方式：一种是用样本参数作为总体参数的估计值，称为点估计；另一种只要求估计参数的一个范围，并指出参数落入这个范围的可信程度，称为参数的区间估计。点估计和区间估计的方法可参考文献[1]。最后，还要对选择的寿命分布类型进行检验，检验所选择的假设分布类型是否与真实的分布相符，以判断是否接受假设。

五、寿命的确定方法

技术装备及其主要零部件的寿命是技术装备设计制造和运用维修中的一个重要问题。在设计制造中应保证技术装备主要零部件的寿命尽可能同步，采取各种设计和工艺措施来提高技术装备及其零部件的寿命；在运用维修中应制定合理完善的维修策略，保持和改进技术装备及其主要零部件的可靠性并延长它们的寿命。面对这些任务，技术装备工作者在许多情况下需要了解技术装备及其主要零部件的寿命。但遗憾的是，技术装备的制造商和运用者往往不能给出的寿命值。我国许多技术装备行业存在这一问题，一方面技术装备及其主要零部件的寿命估计值非常急需，另一方面却又拿不出实用的成果，因而寿命的确定方法应该引起格外的重视。

寿命值对于制造者和用户都是非常重要的。确定复杂系统装备及其组件和零部件的寿命确实是一个比较复杂的问题。如前所述，对于轨道列车来说，在各种各样的寿命称谓中，常用的寿命有：使用寿命、总寿命、经济寿命、技术寿命和大修间隔期，其中使用寿命确定以后，总寿命和大修间隔期也就可以得知；技术寿命与人为因素有较大关系，它取决于用户和制造者的观点，诸如产品性能是否先进，外表是否美观，乘坐是否舒适，对环境是否友好等等，不同的人看法有所差异，无法严格界定。因此，只对使用寿命和经济寿命加以论述。

1. 使用寿命的确定方法

对于有耗损故障期的产品，即可靠性随时间延长而降低的产品来说，使用寿命大致与大修间隔期相同；产品的总寿命可以包括一个或多个大修间隔期。因此使用寿命的确定方法，同样适用于总寿命和大修间隔期的确定。目前，确定使用寿命的主要方法有：

(1)经验法

对于常年生产某一产品的制造厂商来说，基于多年的生产经验和大量数据的积累以及用户的反馈信息，能够确定其寿命值。对于新研制的产品，也能够根据同型老产品的经验，对寿命值做出正确的估计。因此从制造商处获得产品的寿命值是一种可行的方法。

如果生产厂家无法或无力提供产品的寿命值，则可应用专家评估法，即聘请专业知识丰富、有实践经验的专家，根据现场经验来确定寿命。为了提高预测精度可采用美国兰德公司的德尔菲(Delphi)预测法。这种方法由组织者把装备及其主要零部件寿命预测的要求及有关的背景材料分别寄给各位专家，要求他们在规定的时间根据经验对寿命进行估计，再由组织者把各位专家的预测结果进行归纳整理，并将归纳结果再次寄给各位专家，要求在规定时间内进行第二次评估，再由组织者综合归纳。若干次后，各位专家意见趋于一致，预测精度也随之提高。最后采用统计方法对专家意见进行处理，得出最终预测结果。在没有寿命值的情况下，德尔菲法不失为确定寿命值的一种简单、实用的方法。

(2)计算法

随着近代计算技术和力学，特别是断裂力学的发展，计算预测装备及其零部件寿命值的方法得到更多的应用，特别是对于那些结构比较简单、受力状况不太复杂的零部件。但是对于技术装备结构复杂、故障模式多样和受力状况不稳定的零部件，要准确地计算出其寿命值，主要困难在于边界条件的准确描述和处理。目前计算法只是一种确定寿命值的辅助手段，随着科学技术的进一步发展，寿命的计算法将会得到更多应用。

(3)试验法

为了得到零部件在真实受力状况下的寿命值，常常通过试验确定其寿命值。有关试验数据的处理与寿命评估可参考文献[1]。这种方法比较可靠，但存在试验周期长、耗费大等问题，尤其对于那些疲劳或磨损破坏的零部件。现代开发出的薄层同位素示踪法，虽然解决了磨损周期过长的问题，但由于设备昂贵、测试程序复杂等问题而无法广泛应用，只能作为科学研究的一种手段。另一个问题是模拟试验时所加负载及工况的真实模拟比较困难。因此试验法只对某些关键零部件(如机车车辆车轴等)和简单件(如弹簧、杆件等)采用。

(4)数理统计法

随着可靠性工程学科的发展，通过对试验室或现场故障数据的处理，判断其分布函数的类型，利用可靠性工程的理论，计算出包括寿命在内的可靠性特征参数值。这种方法确定出的寿命值符合实际情况，具有较好的精度。但这种方法可用的先决条件是所提供的信息数据要真实可靠，即需要一个完善的数据信息系统和严格的数据收集和处理制度。因此建立技术装备可靠性维修信息系统，对技术装备及其零部件进行质量跟踪已经成为当务之急。有关可靠性数据收集、分析与寿命评估方法可参考文献[1]。

2. 经济寿命的确定方法

对于大型复杂产品，例如轨道列车，其寿命通常是按照经济寿命来计算的。产品经济寿命一般根据使用时的总收益来确定。此处介绍一种常用的计算经济寿命的方法。

若装备的采购费为 A，装备可使用 t 年，则装备的年采购费为

$$C_a = A/t \tag{2-17}$$

在运用维修费中，一部分为与年限无关的固定支出费用 a；另一部分则为运用维修增长费用 b。因此每年的运用维修费用依次为：

$a+b$　装备第一年的运用维修费；

$a+2b$　装备第二年的运用维修费；

⋮

$a+tb$　装备第 t 年的运用维修费；

因此，装备使用 t 年的年平均运用维修费为

$$\frac{(a+b)+(a+tb)}{2} = a + \frac{b}{2}(t+1) \tag{2-18}$$

装备的年平均总费用为装备的年采购费与运用维修费之和，即

$$C(t)=\frac{A}{t}+a+\frac{b}{2}(t+1) \tag{2-19}$$

式中　A 为装备采购费(假设无利息);t 为装备使用年限;a 为固定支出;b 为装备运用维修费的增长值。

求经济寿命则需使装备年平均总费用最低,故令$\frac{\mathrm{d}C(t)}{\mathrm{d}t}=0$,求得的 t 值即为最经济的寿命点,则有

$$\frac{\mathrm{d}C(t)}{\mathrm{d}t}=\frac{\mathrm{d}}{\mathrm{d}t}\left[\frac{A}{t}+a+\frac{b}{2}(t+1)\right]=0$$

得

$$t=\sqrt{\frac{2A}{b}} \tag{2-20}$$

可根据式(2-20)确定产品(例如机车车辆)的经济寿命。

此外,也可根据一次性大修费用占设备现行价格的比例来规定经济寿命的,例如美国陆军规定,设备大修费用超过设备现行价格的35%则予以报废。我国铁路《机车报废管理办法》(铁运〔1999〕8号)规定,一次修理费用超过该型新车现价的60%,则应办理报废申请手续。

六、寿命管理

1. 寿命管理基本概念

目前,技术装备中的寿命管理,一般是指在运用维修中对技术装备零部件按照寿命所进行的活动,例如跟踪、检测和更换等。现代寿命管理的概念是广义的,是指装备在整个寿命周期内与寿命有关活动的管理与决策。寿命管理从广义上来说是三维动态的,如图2-5所示。图2-5中时间坐标 $T(t)$ 表示寿命周期,即装备状态随时间的变化过程;效能坐标 $F(t)$ 表示效能,即装备的技术状况随时间的变化;费用坐标 $V(t)$ 表示费用,即装备的价值状况随时间的变化。

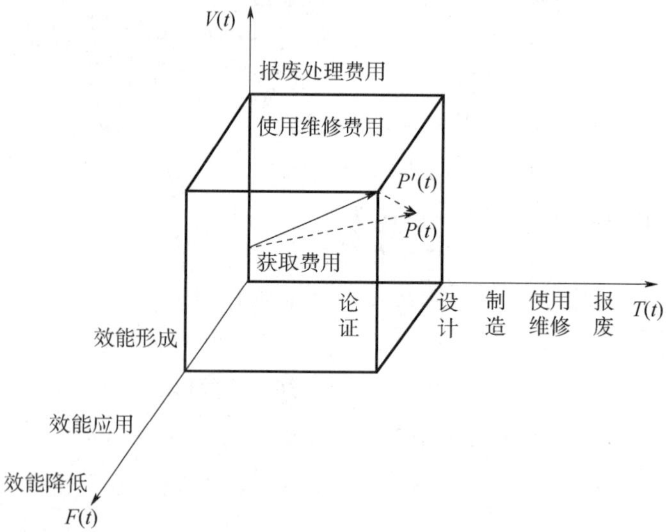

图2-5　寿命周期状况的三维空间图

设备的时间坐标轴 $T(t)$ 通常分为五个阶段:技术论证、设计与研制、制造与安装、运用与维修和报废处理。

装备的效能坐标轴 $F(t)$ 通常分为三个阶段:效能形成、效能应用和效能降低,直至报废,效能丧失。

装备的费用坐标轴 $V(t)$ 通常分为三个阶段:采购(采办)费用、运用维修费用和报废处理费用。

在装备寿命状态空间图中,当状态由 $P(t)$ 变化到 $P'(t)$ 时,形成一条曲线 PP'。曲线 PP' 在 $F(t)-T(t)$ 坐标面上的投影反映出装备效能随时间的变化关系,也就是对装备进行动态效能分析;曲线 PP' 在 $V(t)-T(t)$ 坐标面上的投影反映装备费用随时间的变化关系,也就是对装备进行 LCC 分析;曲线 PP' 在 $V(t)-F(t)$ 坐标面上的投影反映出装备效能与费用间的关系,也就是对装备进行效能费用分析。

由上可见寿命管理及其分析是一项复杂的系统工程,应该根据装备寿命状态空间图上各维及各维间的关系,既从可靠性、经济性和技术性三方面对装备进行寿命管理与分析。由于篇幅限制,本书仅从与寿命本身有关的几个方面进行阐述。

寿命管理是计划预防维修制度的主要方法,是定期维修方式的基础,只有通过对装备主要零部件的寿命管理才能合理地掌握维修时机,制定正确的维修计划,实施正确的维修。否则,过早的维修不能发挥机件的寿命潜力,造成极大的浪费;过晚的维修会降低产品的可靠性,给安全带来危害,甚至造成重大事故。因此,在计划预防维修体制中,作为主要维修方式的定期维修,一定要掌握好寿命管理这把利器。

同样,在视情维修和修复性维修这两种维修方式中,寿命管理也起着重要的作用。对主要零部件进行寿命管理,合理地制定检测间隔,正确地选择检查时间,才能适时地发现故障、监测故障和隔离故障。

2. 定寿工作

科学合理地确定设备的寿命对于提高设备效能和减少耗费具有重大的意义,在实践中采用什么方法来确定设备的寿命要根据设备的类型、用途以及具体的运用情况来决定。一般说来,产品的寿命值应该由制造厂家给出,在设备的采购合同中应该有明确的寿命指标和承诺,以后再由用户来考核和验证。但遗憾的是,许多工厂至今拿不出一份准确详尽的技术装备及其主要零部件的寿命值明细。

3. 寿命分析

寿命管理的另一项重要工作是寿命分析工作。在装备及其主要零部件的寿命初步确定以后,需要对它们进行寿命分析和管理,尤其对于那些具有成千上万个零部件的复杂系统装备,需要对零部件进行分类管理。根据产品的结构特点和维修的具体任务,从寿命的角度考虑,可以把技术系统装备的零部件分为三大类:

(1)现场维修件

这种零部件属于短寿命件,其寿命小于一个大修期。此类零部件必须在现场(例如铁路的机务段和车辆段内)进行更换或修理。最好将这类零部件设计成现场可更换单元

(LRU),即利用现场的维修保障资源可以更换或修复的单元。LRU 若不能在现场修复,也可委外修理。

(2)大修件

在规定的运用和维护条件下,该件在大修期内能满足可靠性指标要求,即在一定的置信度下,其单侧寿命均值大于装备的使用寿命(大修期)。从宏观上讲,装备的使用寿命能够反映这种大修件的故障规律,或者说这种件的寿命也决定了装备的使用寿命。

(3)全寿件

在规定的运用和维修条件下,该件在总寿命期内能够满足可靠性指标的要求,也就是说在一定的置信度下,其单侧寿命均值大于装备的总寿命。

因此在进行维修保障设计时,应该明确和解决如下问题:

① 确定装备及其零部件的使用寿命、总寿命、大修间隔期和大修次数;

② 明确哪些零部件是一次性失效(不修复)或可修复的?哪些零部件是现场维修件、大修件或全寿件?其中哪些是现场可更换单元(LRU)?

③ 不同类型的零部件应有不同的设计要求。对于现场维修件,一方面要提高其可靠性和寿命,使其逐渐变成大修件;另一方面要将其设计成 LRU 件,至少利于更换(维修性好)。对于大修件,其寿命应满足装备使用寿命周期内可靠度和可用度的要求;结构设计要满足大修时进行修理的要求。当然,对于接近全寿件的大修件也应尽量提高其耐久性,使其转变为全寿件。全寿件基本上是不准备翻修的,因此其寿命和耐久性要有充分的保障。

④ 制定维修计划的框架。

上述寿命分析为我们制定装备的维修计划打下了坚实的基础,尤其是对于那些需要定期维修(定期更换、定期报废)的零部件,以上分析明确了维修数量、维修等级、维修场所和配件库存等一系列规划。

4. 寿命追踪

装备的寿命追踪是指对装备及其零部件寿命历程中的所有活动信息进行实时收集和记录。严格说来,它应该属于装备维修信息系统中的一个重要环节。它的任务一方面是根据所收集的信息数据为寿命的确定打下基础,通过反复循环校正得出装备及其重要零部件的准确寿命;另一方面根据装备寿命追踪信息为维修决策提供依据。

寿命追踪所得信息可分为:

(1)基本信息:指反映装备基本情况的一些信息,如装备名称、型号、类型、生产厂家、生产日期、批次、序号等;

(2)使用信息:指反映装备使用情况的信息,如使用单位、使用时间(寿命单位)、使用强度、役龄、使用环境等;

(3)储存信息:指装备储存情况的信息,如储存条件、时间、质量变化等;

(4)故障信息:指反映装备在使用、储存等过程中的故障信息,如故障时间、故障部位、故障模式、故障原因和故障影响等;

(5)维修信息:指反映装备故障修复或预防维修的有关信息,如维修时间、维修级别、维修地点、维修类型和维修资源等;

(6)备件信息:指反映备件的品种、需求、储存和消耗数量等;

(7)费用信息:指反映装备运用维修中的费用预算和实际收支情况的信息,如维修费、使用费等。

5. 寿命监视

在技术装备中引入寿命监视系统,主要目的是充分利用技术装备及其主要零部件的固有寿命,保证技术装备运行安全和节约运营成本。初步的寿命监视系统是记录技术装备及其主要零部件的寿命单位(工作时间或运行里程等),再根据它们寿命的预定值来监视其寿命消耗和剩余寿命。技术装备的主要零部件可分为三类:限制寿命的关键件(其故障可能危及运行安全);限制寿命的重要件(其故障会严重影响性能、可靠性或使用费用)和不限制寿命件(其故障的影响较小,可修理或更新)。依据寿命监视系统的指示,在达到寿命极限前将这些零部件退役更换或维修处理。零部件的寿命极限取决于它们的寿命消耗和剩余寿命。对技术装备的寿命消耗历程进行监视,特别是对于限制系统装备寿命的零部件进行监视是非常重要的,它可以提高技术系统装备运行的安全性和经济性。

除了对整个技术系统装备进行寿命监视以外,还应对限制技术系统装备寿命的重要零部件,特别是关键零部件进行监视和管理。实践表明,实施使用寿命监视可以使技术装备的主要零部件的寿命得到充分的利用,缩短维修时间,提高技术装备的安全性。

第二节 寿命周期及其管理

一、寿命周期概念

(一)寿命周期定义

根据国际电工委员会标准《IEC 300-3-3 寿命周期费用分析》,寿命周期的定义为:"从产品的论证到产品报废的整个时期。"

根据国际标准化组织标准,并转化为我国国家标准 ISO 15663-1:2000、《GB/T 19829.1—2005 寿命周期费用分析 第 1 部分:方法论》,寿命周期的定义为:"一项设备或一项功能从研究开始到废弃的全部发展阶段。"

(二)寿命周期阶段的划分

由上述寿命周期定义可知,产品的寿命周期是从论证开始到报废为止所经历的全部时间。按照国家标准《GB 6992—1986 可靠性与维修性管理》的规定,寿命周期分为五个阶段,即概念与定义、设计与研制、制造与安装、使用与维护及处理阶段。1997 年,我国将该标准作废,并将国际标准《IEC 300-2:1995, Dependability management-Part2: Dependability programme elements and tasks》转换为国家标准 GB/T 6992.2—1997,译名为《可信性管理-第 2 部分:可信性大纲要素和工作项目》。按照 IEC 国际标准的规定,将寿命周期分为六个阶段:概念与定义、设计和开发、制造或建造、安装、运用与维修、报废与处理阶段。至此,我国国家标准对寿命周期的划分与国际标准同步。

图 2-6 为产品的寿命周期。产品寿命周期各阶段的划分与任务见表 2-4。设备寿命周期可分为两个:寿命周期前期和后期,即设备的前半生和后半生。前半生称为设备的获取时期,即由论证和方案、设计和开发、生产和安装阶段组成;而其后半生称为设备的使用时期,即是指设备从制作完成、交付使用开始,经历运用、维修,到不能继续服役的报废处置阶段。因此,寿命周期获取时期的工作主要由制造商负责,在生产厂家度过;寿命周期使用时期的工作主要由用户负责,在运用维修场所度过。

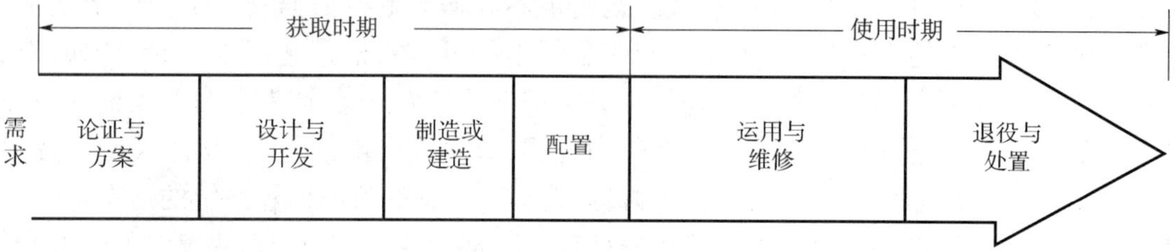

图 2-6　产品寿命周期

表 2-4　产品寿命周期阶段划分与任务

阶　段	任　　　务
概念与定义	确定产品的需求,并以产品规范的形式规定其基本要求
设计与开发	研制出能完成规定功能的产品硬件和软件,包括样机及其试验;制订出硬件的详细制造规范、软件编写规范和其他产品文件,如使用和维修说明书等
制造或建造	生产或建造产品,配置相应软件,装配产品,完成交付用户之前的验收试验
安装	安装产品,对于大型复杂产品,在特定场所的安装也可以认为是制造过程的延伸
运用与维修	使用产品,并进行维修和保障
报废与处理	当产品已达到寿命终点,须退役、撤离、销毁或回收利用

(三)寿命周期过程

寿命周期过程是指装备在寿命周期中的各种主要活动经历,如图 2-7 所示。其中包括:需求定义、概念与论证、方案与规划、研制与开发、制造与安装、运用与保障、退役与处置。它可以根据系统的特殊需要进行“裁剪”和“增添”,以适合系统的工程等级进行系统开发。裁剪或增添得过多或过少,都会造成不必要的耗费。因此,图 2-7 的每个活动(方框图)都应该认为是一个小的过程,都对应着所需要的广度和深度。

不管系统的形式和尺寸如何,都要对需求进行识别,并完成可行性研究,根据结果,进行系统功能分析和配置,对于子系统、单元和低层次的系统应分配适当的系统等级要求。

系统分析应该完成各种可行方案的研究,以满足规定的要求。研究结果的输出须反映系统的结构状况。否则,需根据后面步骤的结果进行反馈修正,如图 2-7 中具有深色背景的方框所示。例如,在方框(3)中的“系统/样机设计”,需根据“系统样机开发”和“系统样机试验和评估”的结果进行反馈、验证与修改。

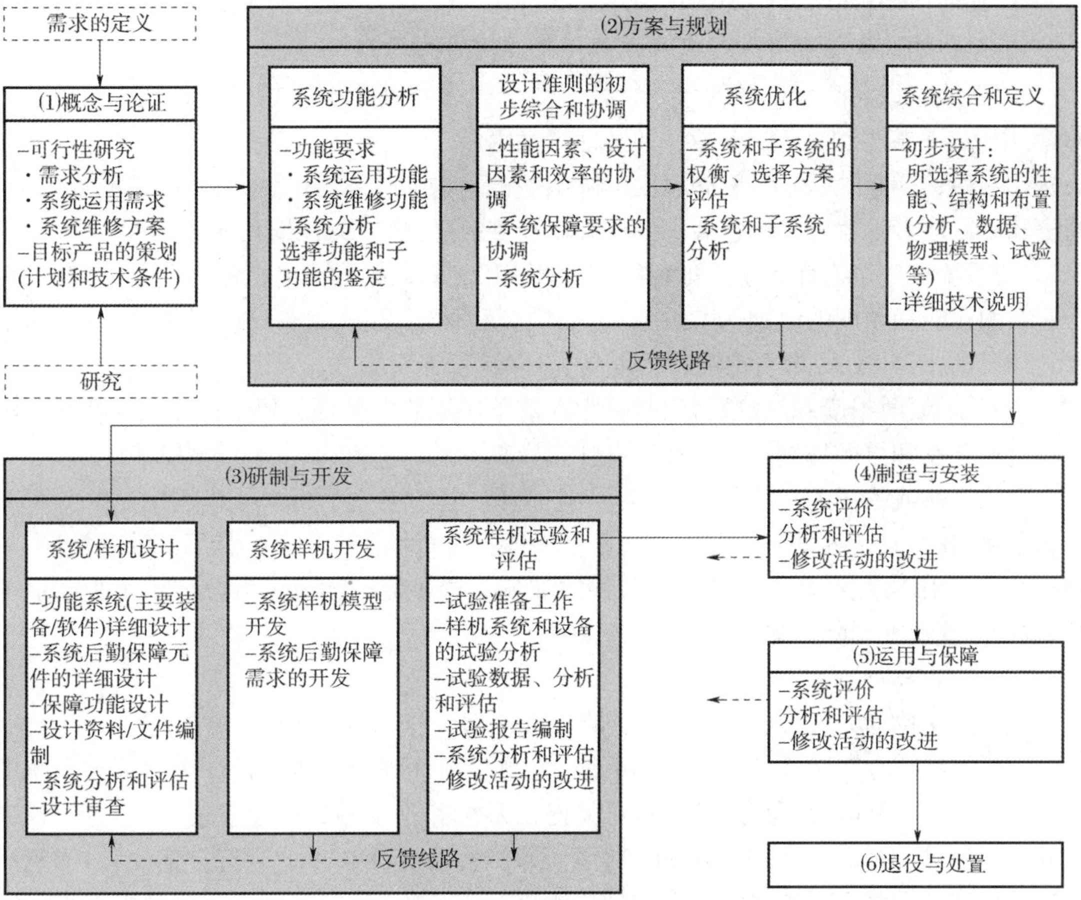

图 2-7 系统寿命周期过程

1. 需求的定义

对于系统寿命周期方法来说，首先应该了解产品的需求，即用户对产品的需求。这种需求可能是用户根据自身业务发展的需要提出来的，需要用户对需求定义、招标，由承包商研制；也可能是制造商通过市场调研，研制出满足用户需求的产品，供用户采购。此种产品研制时需要制造商对产品需求进行定义。

2. 概念与论证

该阶段也称为产品的论证阶段。该阶段主要进行需求分析和可行性研究，以及确定系统的总体要求、技术条件和计划，明确系统的运用计划、初始维修计划、关键分系统和重要设备。初步分析系统的效能、费用和进度，选择费效比低的优化方案，形成系统的基本功能规范，编制出《产品研制总要求》和《论证工作报告》。

在概念与论证过程中，应注意如下的问题：

(1)完成规定特性(诸如运营范围、速度、功率、每月生产的零部件数量等)的系统是什么样的装备？

(2)要求何时使用该装备？用户的需求是什么？预期的使用寿命是多少？

(3)如何使用该装备,每天运用的小时数,或每月的开关循环数等?

(4)系统如何配置和开发?各种零部件须在何处被检查、诊断?

(5)系统应该具有什么样的效率特性?要求效率特性能够包括:费用—效能、系统效率、可用性、可靠性、维修性、保障性和其他特性因素。

(6)对系统的环境要求(例如温度、湿度、冲击和振动等)是什么?是否在严寒或酷热、高山和平原地带等运行?对包装、运输、维修和/或存储模式的预期是什么?

(7)系统在整个寿命周期内如何得到保障,由谁负责保障?包括维修等级的定义、每个等级的功能和预期的后勤保障设备,例如试验和保障设备、备件/配件、人员培训,运输和处理设备、工具仪表、软件和技术资料等。

(8)系统何时报废和/或项目何时从库存清单中剔除?处理的要求是什么?特殊的项目能否再开发和再循环利用?对环境有什么影响?

无论产品或系统的尺寸和型号(大或小、机械、电气或电子、化学、或军用)如何,都会遇到上述问题,只是程度和情况不同而已。一般在可行性研究中就开始回答这些问题,一直延续到运用需求、维修方案和技术条件的准备。这些活动构成了系统装备工程方面的原始资料,反映在图2-7概念设计方框(1)中。

3. 方案与规划

该阶段又称为方案/初步设计或前期开发阶段。该阶段的活动如图2-7方框(2)所示。主要是进行方案选择,对系统、子系统、关键零部件进行初步设计。大型复杂系统的这个过程,一般要以形象化方案开始,对关键子系统和主要零部件建立模型,通过对模型的分析,将设计对象进行一定的简化,利用计算机辅助设计(CAD)进行方案比较,或利用样品模型进行试验。对选定的方案进行功能分析与分配,确定分系统和关键零部件的定性和定量要求,在效能、费用和进度之间进行协调,并在RAMS和综合保障诸要素之间进行权衡。然后进行初步设计,选择系统的性能、结构和布置,编制技术资料说明,形成《研制任务书》。

在初步设计过程中,设计师应该根据系统型号和需求范围来决定各种功能,如图2-7中方框(2)所示。主要包括:

(1)完成功能分析和配置,以便识别系统所需实现的主要运用和维修保障功能。

(2)建立系统设计准则,即数量和质量方面的技术参数、范围和约束。

(3)通过费用—效能分析,对各种方案进行权衡研究。

(4)在可靠性、可用性、维修性、安全性(RAMS)和综合保障性之间进行权衡。

(5)对可选择的初步设计方案进行评价和选择。

(6)编制技术资料说明和《装备研制任务书》。

4. 研制与开发

该阶段又称为详细设计和开发阶段。该阶段的活动如图2-7方框(3)所示,主要是对功能系统进行详细的工程设计,完成生产所需的成套图纸和技术文件,提供交付使用所需综合保障,诸如备件、试验设备、技术操作手册、人员培训等。对设计进行审查,修改初始样机，形成生产型样机，对分系统和装备进行试验验收和评价，确定系统的使用效能，形成产品、工艺和材料的技术规范。

详细设计和开发过程中的主要活动包括：

(1)准备功能设计详细规划，完成整套图纸、材料明细和标准等技术文件，通过编制文件，详细定义产品或过程的目标。

(2)选择或推荐系统零部件的供应商，准备供应商技术条件和合同文本，促进签约和采购。

(3)通过预测、分析对设计进行评价。

(4)对功能试验、工程模型和样机进行开发，以便进行系统试验和评价。

(5)编制系统软件(计算机程序)和技术文件，建立综合数据库，以便对系统进行定义、设计、试验、生产、运用和维修。

(6)开发系统和零部件的试验技术，完成专门试验，以验证所有设计要求都已得到满足。

(7)保障系统的设计和开发。

(8)对设计进行定期审查，对设计进行修改，以改正设计的不足。

5. 制造与安装

该阶段又称为生产与部署阶段，其主要的管理活动是组织好装备的硬件和软件以及综合保障设备的生产、检验和验收；编制检查和验收技术条件、制造设备的操作规程、维修指南等技术资料；组织运用维修人员的培训。保证主装备和保障设备的配套和同步生产；组织好用户对装备的接收、包装和运输工作，保证相关技术资料与装备一并交付给用户。

实际上，从系统方案设计开始就应该对制造与安装过程予以考虑，包括总的物流、原材料的采购、成品的交付评价和最终消费者的使用。同样，还要考虑产品的生产流程，包括库存、材料采购和供应的控制、工具和试验设备、运输和处理方法、工厂、人员等。在生产能力的设计和开发中，就直接要求进行制造与安装方面的考虑，对于大型建造项目，还要求对所需的资源做出规定。

制造与安装过程主要包括的活动有：

(1)产品制造、组装和试验设备的设计，这包括确定制造和存储设备的生产能力和场地，公共事业设备和大型装备的需求，以及材料处理设备的供应。

(2)制造过程的选择(例如工序的安排、人-机操作、过程的技术要求等)。

(3)选择材料和确定库存要求。

(4)专用工具、数控(NC)设备、试验设备和运输及处理能力的设计。

(5)建立工作方法和过程、时间和成本的相关标准，以便能够根据所建立的参数对生产/建造结果做出后续评价。

(6)监督和评价生产/建造运行过程，以确保产品性能、质量、可靠性、维修性、安全性和其他特性在整个生产/建造过程中得以保持。

这些活动反映在图 2-7 的方框(4)中。强调这些重点是为了确保在程序的早期阶段所设计的系统特性能够在生产/建造整个过程中得到满足。

6. 运用与保障

该阶段又称为运用维修阶段。该阶段的主要活动是装备的运用、维修和保障，以保证系统的可用性得到满足。现代装备使用周期较长，运用和保障系统日益复杂，耗费巨大，必须确保运用、保障效率和经济效益不断提高。该阶段还应根据运用维修中出现的问题，对系统装备进行科学、准确的评价，并提出修改意见。

另外，制造商在运用与保障阶段，还须做好售后服务，对用户提供如下帮助：

(1)在系统装备即将投入运用的准备工作中，提供系统的初始配置；在安装和检查中提供指导。

(2)为制造商的现场或售后服务工程师提供合适的场所，在每天运用和维修保障中，为用户提供帮助。

(3)在设计及其系统修改和随后的系统审查中提供支持，以确保装备正常运用。

(4)掌握装备在现场运用中的状况，进行数据搜集和分析，对专门试验的处理和系统运用的评价提供指导。

对于图 2-7 中的方框(5)(运用与保障阶段)，系统工程活动的主要内容包括：顾客服务，对装备在使用环境中的状况进行全面评价，根据装备在使用期间的经验反馈对原来的设计进行修改和校正。

7. 退役与处置

该阶段又称为退役处理阶段。装备退役时机需要对多种因素进行综合考虑。该阶段的主要管理活动是对主装备和保障设备进行认真的分类清理，对还能应用的零部件和仪器仪表要做到物尽其用；对有些通过修理、再造技术可恢复性能，仍可继续使用；对不能使用的，送到指定地点进行废物回收；对一些可能对环境造成污染的退役装备和设施，要严格按照国家规定进行处理。该阶段还有一项重要的管理工作，就是组织好对装备运用情况的总结和归档工作，为今后新装备的研制提供借鉴和科学依据。

装备停止使用并进行特别处置，可能是一种耗费时间和人力的活动。处置准备可以包含在产品设计中。产品的处置常常可以通过产品和系统零部件的回收利用和再循环而获得经济效益。处理的经济前景和费用常常是生产者，有时也是消费者的额外收益。

二、寿命周期工程方法

寿命周期工程方法是指以寿命周期为基础的一些工程方法，其中重要的有：产品经济竞争的策划、以消费者需求为主导的寿命周期过程、寿命周期的并行设计、寿命周期的环境设计、寿命周期的系统工程及分析、RAMS 的寿命周期活动等。

1. 产品经济竞争的策划

现代科学技术的发展为世界范围内的产品竞争提供了良好的手段，其中经济竞争是产品竞争的重要方面，它为产品向更好的费用—效能方向发展提供了机遇。现代产品的经济竞争，出现了以寿命周期为基础的新思想、新概念，将工程经济扩大到系统寿命周期的各个阶段，使可供选择的设计方案得到极大的扩展，提高了生产者开发更具经济竞争力产品的热情。当今国际竞争日益激烈，生产者一直在寻求保持市场经济竞争优势的途径。兼并和广告活动似乎并不能对公司的长远健康发展产生本质的推动作用，要使自身的产品具有强大的经济竞争力，必须在设计和分析工程活动中下功夫。

设计和分析工程活动的目的是决定如何能够使选择的物质因素，以最小费用(包括产品成本、产品保障成本和社会成本)创造出最大的价值。最高的目标是获得高质量的产品和系统，以满足规定的要求。在国防范围内，这就意味着要开发性能和 LCC 两方面都具有竞争力的武器系统；在民用领域内，则意味着所获取的产品在全球市场上，不但质量优秀而且在价格方面具有竞争力。因此，必须考虑产品寿命周期所要达到的目标及其相关因素，采用寿命周期的工程方法来提高经济竞争力。

2. 以消费者为主导的寿命周期过程

寿命周期工程方法具有“消费者—消费者”的寿命周期过程，体现了“顾客就是上帝”的思想。由图 2-6 可以看出，产品寿命周期起始于消费者(用户)对产品的需求，终止于消费者(用户)对产品的停止使用，可以说这是一个消费者—消费者的过程，如图 2-6 和表 2-5 所示。这个过程始终贯穿着“顾客就是上帝”的思想，在产品的获取时期，设计和制造目标是在效能、费用、进度等方面很好地满足用户的需求；在产品交付给用户后的使用时期，要具有良好的可信性(RAMS 和 LCC)，最后要由用户来评价产品是否满足了要求。

表 2-5 消费者—消费者过程

身份类别	功能需求	内容
消费者	识别要求	系统“想要或愿意要的”(对于明显的缺陷/问题，或已经做了基础性研究)
生产者	系统策划功能	销售分析；可行性研究；系统的前期策划(系统选择、技术条件和计划、获取计划的研究/设计/生产/评估计划、系统运用和后勤保障计划)；策划审查；投标
	系统研究功能	基础研究；应用研究(确定需求)；研究方法；研究结果；由基础研究对系统设计和开发的评估
	系统设计功能	设计要求；概念设计；初步系统设计；详细设计；设计支持；工程模型/样机开发；工程试验；由设计向生产过渡
	生产和/或建造功能	生产和/或建造需求；工业工程和运用分析(工厂工程、制造工程、方法工程、生产控制)；质量控制；生产运行
消费者	系统评估功能	评估需求；试验和评估类别；试验前期阶段(策划、资源要求等)；型式运行试验和评估；数据收集、分析、编写报告和修改，复试
	系统应用和后勤保障功能	系统的配置和运营；后勤和寿命周期维修保障元件；系统评估；改进；产品退役；材料处理、回收和/或再利用

寿命周期工程的应用基础应该理解为一个消费者—消费者的过程，这个过程开始于对用户需求的识别，然后是策划、调研、设计、生产或建造、评价、消费者应用、维修保障和最终退役。从本质上说来，这个过程是普遍的，它表现出绝大多数产品的寿命周期活动。虽然这些活动可能对不同的产品在程序上有所不同，但总体说来，它们反映了寿命周期过

程的共同思想——“顾客就是上帝”，以用户的需求为目标，以是否满足用户需求为产品质量的评价准则。

通常，工程师们大多把注意力放在产品寿命周期的获取时期（包含早期设计和分析活动），将产品的性能作为主要目标。但是，近几十年来的经验表明，功能适宜、在市场上具有竞争力的产品，需要工程师在产品开发的早期阶段就考虑其运用结果，预估寿命周期工程的可信性，这在过去基本上是被忽略的。

3. 寿命周期的并行设计

寿命周期的设计方法，除了必须考虑产品本身的寿命周期以外，还必须同时考虑制造过程和产品保障系统的寿命周期。因此，有三个坐标系的寿命周期设计活动并行进展，如图 2-8 所示。这就是现代设计工程中并行工程的概念。并行工程改变了传统的“需求—设计—制造—使用”的串行工作模式（图 2-6），而是在产品设计时，将整个寿命周期中的各个过程平行进展、综合考虑（图 2-8），包括产品的市场需求和投资分析、设计与开发、加工工艺、装配与检测、销售与服务、运用与维修保障等。在产品开发的各个阶段，由设计师、工艺师、可靠性工程师、质量管理师、经管人员和操作工人，重要产品还有用户代表和维修保障人员等组成团队进行工作，可综合利用各种专门知识和各类信息相互沟通、协调工作。除可缩短产品开发周期外，采用并行工程还可提高产品质量和降低成本。

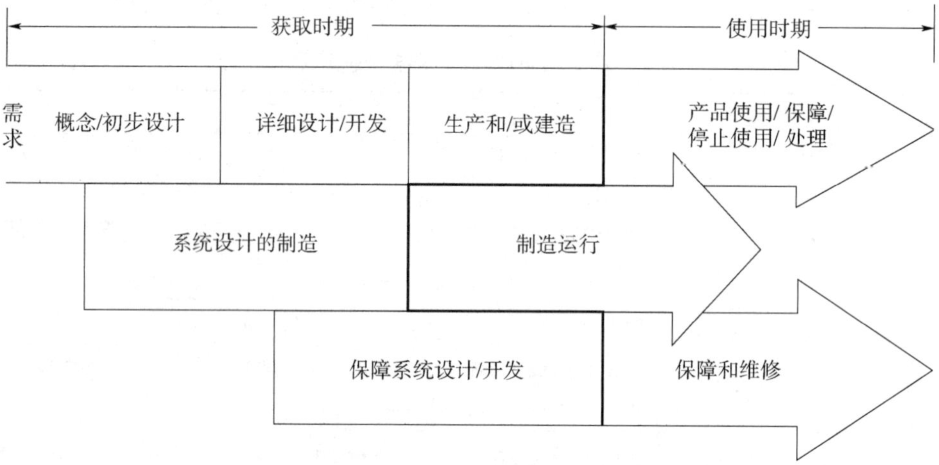

图 2-8　寿命周期并行设计

由图 2-8 可以看出，产品设计的这种并行进展，首先出现在概念设计活动中。为了满足需要，在产品的概念/初步设计阶段，应该同时考虑产品制造是否容易，生产能力是否存在问题，需要进行许多与生产相关的活动，以便为制造过程做准备。

图 2-8 还表示出另一个非常重要的寿命周期阶段，直到产品和生产设计完成时它还容易被忽略。这就是保障系统设计开发阶段，这种后勤保障活动的寿命周期对于使用期间的产品售后服务和维修保障是非常重要的。因此，后勤和制造需求的计划应该在概念/初步设计阶段就予以考虑。寿命周期工程的目的是确保从一开始就考虑系统的整个寿命周期，工程设计应该不仅将用户的需求传输给规定的产品结构，而且还应该确保设计与相

应的物理要求和功能需求相适应。另外,还应考虑将寿命周期的输出结果作为性能、效率、制造性、可靠性、维修性、保障性、质量和成本的度量尺度。

军用部门对于整个寿命周期是极其关切的,这是由于军事部门的采购系统是由国防部门掌控,而且自己负责产品的运用和维修。军用装备的制造工厂一般是国防部门的承包商,必须按照国防部门的指令、技术条件和标准进行设计和开发。在获取重点国防武器系统时,对LCC分析的要求必须建立在国防部门指令的基础上。同时,还须在制造工厂驻有代表,以监督武器装备的生产过程和质量。我国铁路部门不但许多重要规范和标准与军用标准相仿,对技术要求有着严格的规定,而且也在运输装备的生产厂家设有验收室或监造项目部,监督生产过程,验收最终产品,以保证产品质量。

许多为民用市场领域服务的制造商,在对民用产品进行决策时也须考虑用户的利益,即从寿命周期的立场来考虑问题。例如,在水加热器和空气冷凝器的设计中,现在一般都要进行能量效率的设计;燃油效率和耗电状况则是内燃和电动列车必需考虑的设计特性。机车车辆制造商必须对LCC做出承诺,寿命周期维修要求也须列入保证的范围。生产者在开发时往往会忽视潜在的运用问题,结果可能是故障引起的损失最终由产品的使用者承受。因此,随着大型复杂系统技术的发展,使用者对制造商提出的要求也越来越广泛(往往包括产品的性能、RAMS、LCC、进度和风险等),指标也愈来愈严苛。

对于其他因素也是一样,用户通过价值工程的评估,要求得到最佳的费用—效率比率和良好的售后服务来满足其需求。这个比率可以在工程实践中,通过对资源的良好利用来提高,也必须通过图2-8所示的寿命周期并行设计方法来实现。

4. 寿命周期的环境设计

产品寿命周期的环境设计要求是以预防污染和节约资源为核心的,对寿命周期环境设计要素的控制关键是将环境与资源效益的分析方法运用到产品设计中去,同时权衡法规、性能、环境、文化和成本的设计要求,实现产品功能性、环境友好性和成本的协调,以达到最佳的环境效应与经济效益。

产品寿命周期的环境设计要素与传统的产品设计要素不同,区别在于寿命周期环境设计在寿命周期的各个阶段加入了一些环境方面的要求。主要表现在:

(1)参加设计人员。在参加设计的人员中,还需增加环境管理工程师、法规管理人员。

(2)产品设计目标。在产品设计目标中,还需增加符合环境法律、法规的要求。

(3)产品设计规范。在产品设计规范中,要求产品有合适的耐用性、持续的适用性;产品可靠性受环境影响小,材料可回收、再生和再造。

(4)材料的选择。在材料的选择上,使用对环境和人体无害的材料,避免使用枯竭和稀有的原材料,还要求化学品供应商回收处理包装材料和容器,尽量采用可回收再生的原材料,采用易于提取、可循环利用的原材料,使用环境可降解的原材料。

(5)产品设计过程。实施绿色设计,要考虑产品制造、使用过程中尽量减少排污、包装材料要对环境影响最小,废弃物最少,以及包装材料的回收设计;产品的储存、销售、运输方式还要考虑节能和防止环境污染、废弃产品的回收途径和处理方法。

(6)生产管理。在生产现场的管理上,要进行合理的生产周期设计,采取节能、节水措施,创造安全的生产环境,防止环境污染。

(7)人员培训设计。在人员培训上,要进行产品环境影响与环境管理知识的培训,重视产品影响评价方法的培训教育、产品 LCC 分析和设计的培训教育。

采用产品寿命周期环境设计是十分必要的,它是清洁生产的基础,是可持续发展环境保护的重要战略,是发展循环经济的需要。从产品设计入手,采用环境友好的方式设计,已经成为一次工业变革——生态工业革命。采用寿命周期环境设计方法,开展产品生态设计是一项复杂的系统工程,不仅需要企业技术人员认真调研分析,掌握专门知识,更需要领导的支持参与,政府有关部门的通力协作与政策推动,以及社会消费者的环境意识和采购需求的支持。大家共同努力,推动绿色生产、绿色消费,减轻环境污染,才能创立与自然环境和谐、友好的可持续发展模式。

5. 寿命周期的系统工程和分析

产品寿命周期的系统工程管理是指产品(系统、装备)的全系统、全寿命周期的管理,实质上是系统工程原理在产品管理中的应用。

装备的系统工程主要与设计和开发活动有关(图 2-6、图 2-8、表 2-5),需要特别指出的是,系统工程是一个过程,它基本上是对人为系统的有序评价。它通过功能分析、综合、优化、定义、设计、试验和鉴定的反复迭代过程,将用户需求变换为系统性能参数和系统结构的描述;它通过相关技术参数的综合,确保功能和程序界面的兼容性,从而优化整个系统的定义和设计;它将产品的性能、制造性、可靠性、维修性、人为因素、保障性、质量和其他的技术特性综合权衡为一个完整的系统工程成果。

从技术特点的表达来说,系统工程实际上是在确定需求时,通过消费者对系统的使用,来对生产和部署的系统进行评价的过程。从逻辑意义上来讲,这个过程包括一系列的步骤,并且直接涉及到有效产品或系统的开发环境,通过正确的顺序、全面的观点和寿命周期的远景来对系统进行全面观察。由于不可能将许多工程专家集中在一个或多个传统工程领域中(例如航空工程、土木工程、电气/电子工程),即不能确保所有单元都能得到充分的协调、及时的考虑,因此而要对系统工程方法提出要求,必须成立多学科的综合团队,对产品的研制、生产、验证、训练、部署、使用、保障和退役处理阶段的全部活动进行综合保障权衡,达到综合优化目的。

装备系统工程的主要观点有:

(1)装备的全系统观点

轨道交通系统除了主装备(例如机车车辆、轨道线路等运输装备)以外,还必须有综合保障系统,主要是指与主装备相配套的保障设施(如机务段、车辆段、动车段)、保障设备(列车装备和维修设备等)、人力资源、技术资料、人员培训等。主装备与综合保障系统共同构成了轨道交通系统装备,它们之间有密切的联系,是一个不可分割的整体,如果失去某一要素,轨道交通系统装备就不能完成其预定的功能。如果在产品论证、设计、研制时,只注意主装备,忽视综合保障诸要素,造成它们之间不匹配,必将制约轨道交通运输系统装备效能的发挥。

因此，在系统装备研制时，两者要同步考虑，即在主装备的方案设计阶段就要考虑系统装备的综合保障诸要素，并随着研制工作的深入细化，反复分析、综合权衡，使主装备与各综合保障要素之间相互协调、完好匹配，保证轨道交通系统装备交付使用后尽快投入运营。

(2)装备的全寿命周期过程

全寿命周期过程是指装备从立项论证开始直到退役处置的整个过程。不同类型的轨道交通装备，其寿命周期过程有所不同，但一般的寿命周期过程如图 2-6 所示。装备全寿命周期过程的各阶段之间有着密切的联系。传统的装备管理工作存在重设计制造、轻运用保障的现象，在主装备获取期间忽视综合保障工作，在装备生产定型以后，甚至在装备投入使用后，才考虑各种综合保障问题。在当今装备复杂程度大为提高的情况下，必然对装备的运营产生极大的影响，使其不能发挥预期的效能。

装备的获取时期(图 2-6)的各个阶段，特别是早期阶段，对系统装备的研制尤其重要。早期的努力将会在后期产生更大的效益。早期的决策将对系统的效能、费用和进度产生深远的影响。一旦进入生产和安装部署阶段，发现问题再返工、修改设计，会付出极大的代价，不仅费时、费钱，有时甚至难以更改，只能把问题留在使用中，造成严重的后果。

(3)以设计为核心的思想

一个型号的装备研制成功，往往需要经历研究、设计、试制和试验的反复迭代过程。这个过程是以设计为中心的，因此应以设计为主导。研究是为了给设计提供成熟可用的技术成果；试制是为了实现设计意图，证明设计的可行性；试验是为了检验设计是否符合要求。因此，整个研制过程都是为了确定一个符合要求而又可行的设计。通过研究、设计、试制和试验的反复迭代过程，及早发现和暴露设计中的薄弱环节，把设计问题尽量解决在文件和图纸上。传统的设计方法是进行样机试验，但是依靠样机试验发现问题，不仅造成损失，而且延误进度，甚至难以纠正。因此，以设计为中心，在投入生产以前，及早发现、纠正错误是一种经济有效的方法。

(4)多学科专业的综合权衡

图 2-9 表示出传统设计和现代设计过程概念的对比。传统的设计和研制过程(图 2-9 左方路线)主要采用按“需求—设计—制造—运用”的串行工作模式，该过程使装备获得规定的功能，但无法做到系统的整体优化，因而不能获得优良的效能。系统工程出现以后，可以将彼此不相关的众多学科、各行各业的专家和单位联系在一起，进行多学科专业(诸如机械、电子、电气、结构、RAMS 等)的综合权衡(图 2-9 右方路线)，创造出效能高、费用低的系统装备来。20 世纪 80～90 年代出现的并行工程(CE)、产品综合团队(IPT)、产品和过程综合开发(IPPD)等概念，均是运用系统工程理论来促进多学科专业的综合权衡。

由于传统产品的开发环境是分离的，它仅强调开发过程的某个阶段，各专业的开发部门以各自局部的要求为中心进行工作，而没有从整体寿命周期的角度来考虑，因此很难做到产品的整体优化。因此，这种多学科专业的权衡只有在并行工程(CE)和产品和过程综合开发(IPPD)的开发环境下，才能得到解决。另外，与后期工作有关的工作人员，例如维修保障人员必须在开发初期就参与设计，从而容易发现过分昂贵或特别费时的维修项目，使大部分后期的问题尽早地暴露在早期设计阶段并得到解决，以便使后期的运用维修取得良好的成果。

传统的产品开发方法需要发布大量的“工程更改指令”，主要是由于设计缺陷所造成的。如果在产品研制的最初阶段，建立由不同专业人员组成的产品综合团队（IPT），开展头脑风暴，发挥集体智慧，找出问题，就可以避免设计错误，甚至做到一次设计就成功。

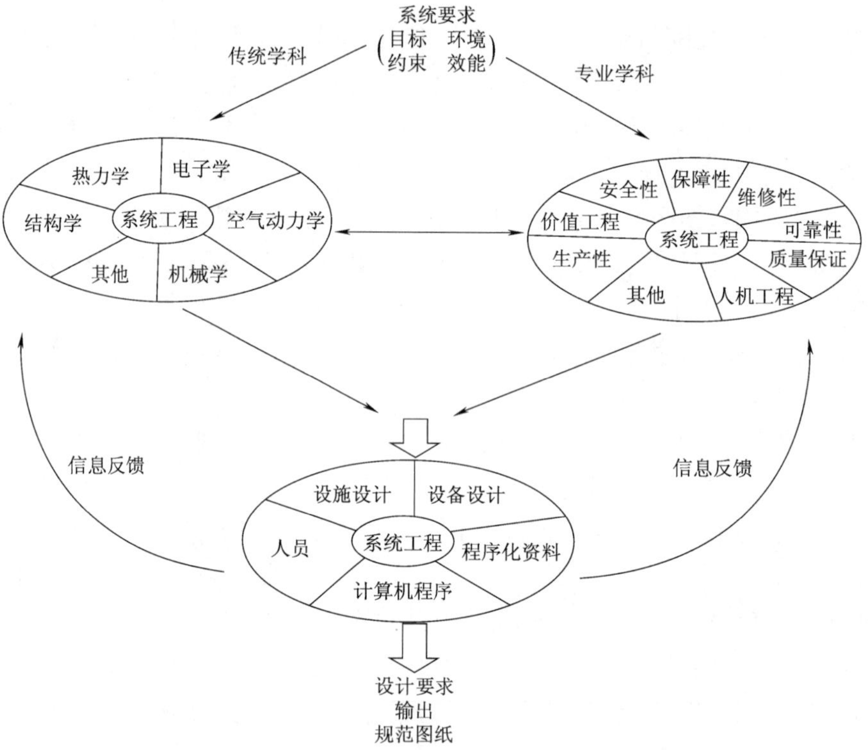

图 2-9　传统设计和现代设计过程的概念

6. RAMS 的寿命周期管理

系统寿命周期包括系统从初始方案到退役处置的全部寿命阶段，它是一个连续的时间区段，在每一时间段都包含了规定的任务。寿命周期为系统各方面（包括 RAMS）的计划、管理、控制和监控提供了时间框架，并在系统的各个阶段中不断完善，以便在规定的时间内以合适的价格交付合格的产品。因此，寿命周期概念是成功保证 RAMS 的基础。

（1）系统 RAMS 寿命周期及任务

根据国际标准 IEC 62278（GB/T 21562），常见的系统 RAMS 寿命周期表示在图 2-10 中，寿命周期各个阶段的主要任务表示在表 2-6 中，其中的阶段是指按照 RAMS 工作需要划分的时间区段；其中的主要任务是指与 RAMS 有关的任务，它是一般项目工程任务的组成部分。

（2）寿命周期 RAMS 责任

现代，在采购运输装备时，在采购合同中几乎都毫无例外地提出列车 RAMS 要求，诸如轨道列车平均故障率(机破率和临修率)、平均修复时间、完好率等,改变了过去只提性能(最大牵引力、最高运行速度、经济性等)和价格要求的状况。采用寿命周期 RAMS 要求的概念和方法,通过一系列综合性的 RAMS 工作,为轨道交通系统的采购提供了保障,为采购合同中 RAMS 的依据打下了基础。

完成一系列综合性 RAMS 工作的责任取决于所研究的系统和适用的合同条件。国际标准 IEC 62278—2002(GB/T 21562—2008)附录 E 中规定了整个寿命周期 RAMS 过程中的责任。

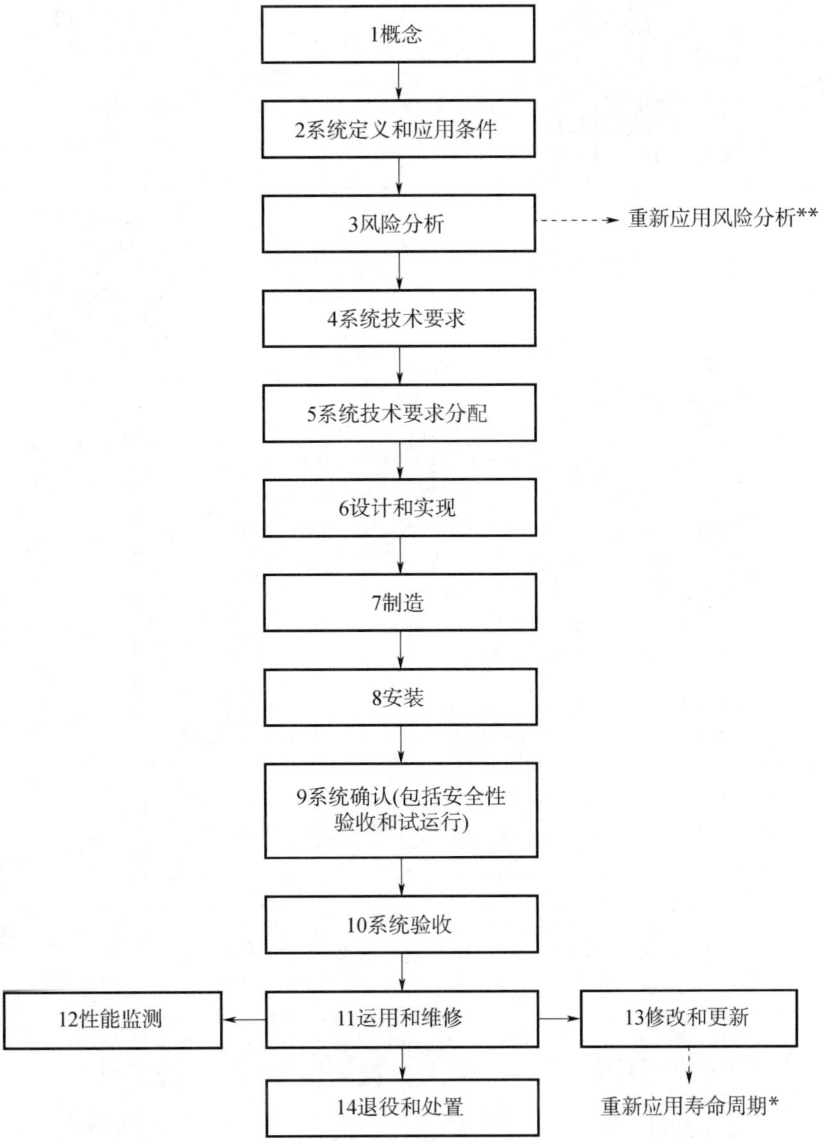

图 2-10　系统 RAMS 寿命周期

注：* 改进的寿命周期阶段取决于所改进的系统和特定的改进方案；

* * 风险分析可在寿命周期的几个阶段上反复进行。

表 2-6　各寿命周期阶段的 RAMS 任务(国际标准 IEC 62278 和 GB/T 21562)

寿命周期阶段	一般工作	RAM 工作	安全性工作
1. 概念	确立轨道交通项目的范围和目的； 定义轨道交通项目概念； 进行费用分析和可行性研究； 建立管理机构	对以往获得的 RAM 进行评审； 考虑项目中 RAM 的关系	对以前获得的安全性能进行评审； 考虑项目中安全性的关系； 评审安全性策略和安全性指标
2. 系统定义和应用条件	建立系统任务剖面； 准备系统描述； 鉴定运行和维修策略； 鉴定运行条件； 鉴定维修条件； 鉴定现有基础设施约束的影响	评价以往的 RAM 经验数据； 完成初步 RAM 分析； 制定 RAM 策略； 鉴定长期的运用和维修条件； 鉴定现有基础设施约束对 RAM 的影响	评价以往的安全性经验数据； 完成初步危险分析； 制定全面的安全性计划； 定义安全性容忍准则； 鉴定现有基础设施约束对安全性的影响
3. 风险分析	开展风险分析相关项目		完成系统危险性和安全性风险分析； 建立危险日志； 完成风险评价
4. 系统技术要求	承担技术要求分析； 确定系统全面技术要求； 确定环境； 定义系统全面技术要求的验证和验收准则； 建立确认计划； 建立管理、质量和组织技术要求； 推行动态的控制方法	确定系统全面 RAM 要求； 定义全面的 RAM 验收准则； 定义系统功能结构； 建立 RAM 规划； 建立 RAM 管理	确定系统全面安全性要求； 定义全面的安全性验收准则； 定义安全性相关的功能要求； 建立安全性管理
5. 系统技术要求分配	分配系统技术要求： (1)确定子系统和零部件技术要求； (2)定义子系统和零部件验收准则	分配系统 RAM 技术要求： (1)确定子系统和零部件 RAM 技术要求； (2)定义子系统和零部件 RAM 验收准则	分配系统安全性指标和要求： (1)确定子系统和零部件安全性技术要求； (2)定义子系统和零部件验收准则。 修订系统安全性计划
6. 设计和实现	编制计划； 设计和开发； 设计分析和试验； 设计验证； 实施和确认； 后勤保障资源的设计	通过评审、分析、测试和数据评估实现 RAM 方案，包括： (1)可靠性与可用性； (2)维修与维修性； (3)最优维修策略； (4)后勤保障。 承担方案控制，包括： (1)RAM 方案管理； (2)子合同商或供应商的控制	通过评审、分析、测试和数据评估实现安全性计划，包括： (1)危险日志； (2)危险分析和风险评价； (3)论证与安全性相关的设计决策； (4)开展方案控制，包括： ·安全性大纲管理； ·子合同商或供应商的控制。 (5)准备通用安全性论证报告； (6)若可能，准备通用的应用安全性论证报告

续上表

寿命周期阶段	一般工作	RAM 工作	安全性工作
7. 制造	编制生产计划； 制造； 零部件生产和试验； 准备文件； 建立培训	完成环境应力筛选试验； 完成 RAM 增长试验； 启动故障报告和纠正措施系统(FRACAS)	通过评审、分析、试验和数据评估实施安全性计划； 使用危险日志
8. 安装	组装系统； 安装系统	开始维修人员培训； 建立备件和工具供应	建立安装程序； 实施安装方案
9. 系统确认(包括安全性验收和试运行)	试运行； 完成运用试运行阶段； 承担培训	完成 RAM 验证	建立试运行计划； 执行试运行方案； 准备应用特定的安全性论证报告
10. 系统验收	根据验收准则实施验收程序； 编撰验收依据； 投入运用； 继续试运用考核(如果需要)	评价 RAM 验证工作	评价应用特定安全性论证报告
11. 运用和维修	系统长期运行； 进行计划内维修； 完成计划内培训	备件与工具的计划内采购； 完成计划内以可靠性为中心的维修与后勤保障	承担以安全性为中心的维修； 完成计划内安全性能监测与危险日志所要求的维修
12. 性能监测	收集运行性能统计资料； 数据的采集、分析和评估	性能及 RAM 统计资料的收集、分析、评估和应用	性能和安全性统计资料的收集、分析、评估和应用
13. 修改和更新	实施修改请求程序； 实施修改和更新程序	考虑修改和更新后 RAM 间关系	考虑修改和更新后安全性关系
14. 退役和处置	制定退役和处置计划； 执行退役工作； 进行处置工作	无 RAM 活动	建立安全性计划； 进行危险分析和风险评价； 执行安全性计划

注：1. 更改的控制或结构管理活动应用于所有项目阶段。
2. 验证和确认活动应用于大部分寿命周期阶段。
3. 对于 RAM，本标准使用名词“RAM 方案”；对于安全性，本标准使用名词“安全性计划”。
4. 注意本标准的应用范围仅限于 RAMS，不涉及系统的其他保证活动。但是，从 RAMS 角度看，保持 RAMS 阶段与相应项目阶段的同步性以及使各阶段间过渡条件一致是必要的。
5. 阶段 9 和 10 的活动可一起进行，这取决于所研究的系统。
6. 风险分析可在几个阶段上反复进行。

对于典型的轨道交通项目，RAMS 责任的内容应包括：

① RAMS 技术要求通常由用户或管理(法定)部门来确定；

② 批准和验收同样由用户或管理部门来完成；

③ 解决方法及其结果和验证通常由承包商详细说明或执行；

④ 对 RAMS 工作的确认一般共同完成。

寿命周期 RAMS 责任的通用规则取决于各方在合同和法律方面的关系。因此，在各种情况下，都要求对不同寿命周期阶段各种任务的责任加以规定，并征得各方同意。表 2-7给出一种典型的责任协议示例。

表 2-7 寿命周期 RAMS 责任示例

阶段	用户/运营者	批准权限	(主)承包商	分包商	供货商
概念阶段	√				
系统定义和应用条件	√				
风险分析	√		√		
系统需求	√	(√)			
系统需求分配	(√)		√		
设计和完善			√	(√)	
制造			√	√	√
安装			√	(√)	
系统确认	√	√	√	(√)	
系统验收	√	√			
运行和维修	√		(√)	(√)	
性能监测	√		(√)	(√)	
修改和更新	√		√	√	
退役和报废	√		(√)		

注：√完全责任并参与；(√)特定责任和/或部分参与(例如根据分合同或备用文件)。

(3)系统寿命周期各阶段的关系

系统寿命周期各个阶段以什么样的方式联系，常用所谓的寿命周期模型来表示。过去经常采用的是串联模型，或称为序贯模型，即按照各个阶段的时间顺序推进 RAMS 工作。而现代一般常采用寿命周期 V 模型，如图 2-11 所示。图 2-11 中由上至下为时间顺序，相同的高度表示相同的时间。由图 2-11 可见，左侧从上至下的分支称为开发阶段，这是一个随着时间推进的过程，以系统制造为终点；右侧从下到上的分支是一个安装、调试、验收和整个系统运用维修直至退役报废处理的过程。V 模型表示出两个过程有密切的联系，在寿命周期的前半生(开发阶段)就要考虑寿命周期后半生(运用维修阶段)的状况，例如产品的验收工作在产品开发阶段就应该予以考虑，在设计阶段就要规划产品的检验和验证工作，因为所设计的产品最终都要按照技术要求进行检查验收，各阶段的验收工作都是基于系统的技术条件。因此这些验收和验证工作应该在寿命周期早期阶段(开发阶段)做规划。

图 2-12 表示出不同寿命周期模型的验证和确认工作，图 2-12(a)为寿命周期顺序模型的验证和验收；图 2-12(b)为寿命周期 V 模型的验证和验收。验证的目的是证明在规定的输入条件下，每个阶段所交付的成果在各个方面都满足本阶段的要求；确认的目的是证明所审查的系统在其开发的各个阶段和安装后也同样满足各个方面的要求。在寿命周期的每个阶段都有验证和确认工作，它们与整个系统的验证工作是一个整体。因此，每个阶段的验证和确认工作是整个系统 RAMS 工作的保证。

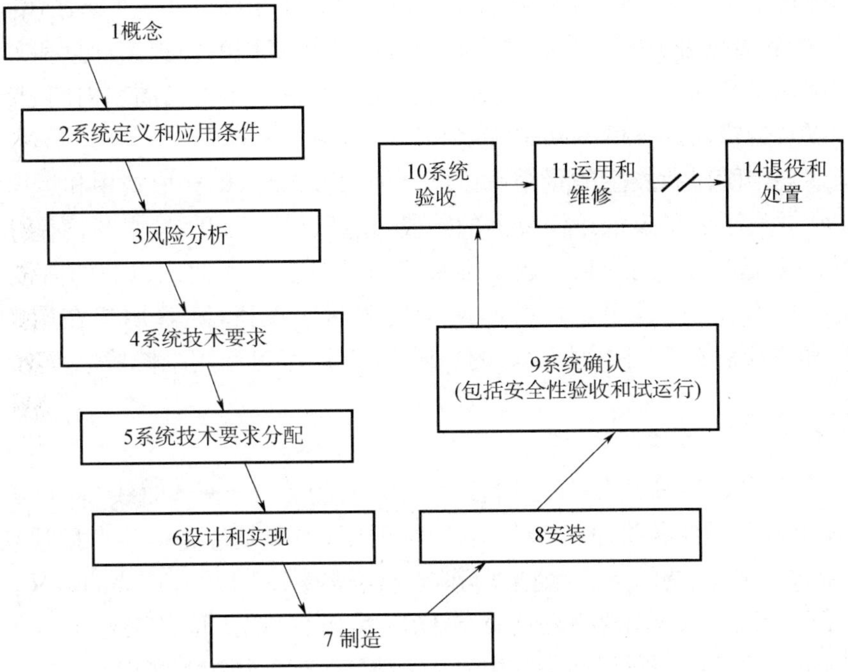

图 2-11　寿命周期 V 模型

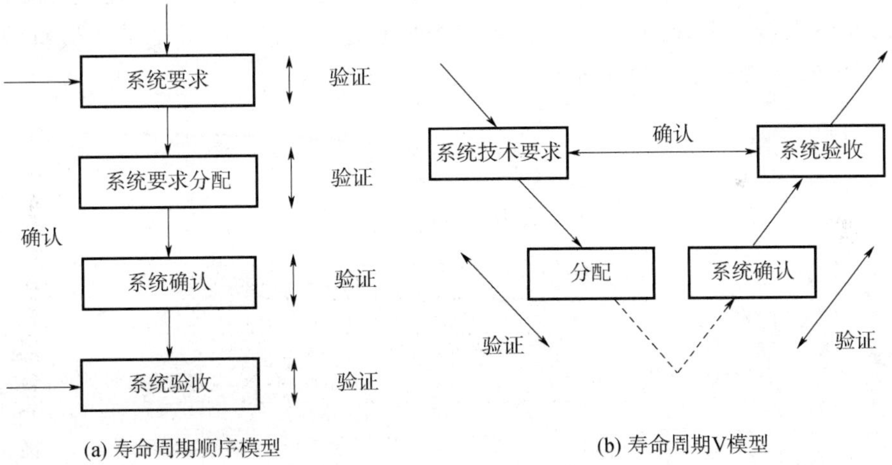

图 2-12　寿命周期的验证和确认模型对比

第三节　LCC 概念

一、LCC 定义

根据国际标准 IEC 300-3-3，寿命周期费用(LCC)的定义是："产品在寿命周期内发生的所有费用之和"。

根据国际标准 ISO 15663-1:2000 和国家标准 GB/T 19829.1—2005,LCC 的定义是:“某一具体功能和设备在其整个寿命周期内所发生全部费用的贴现累计总和”。

国家军用标准 GJB/Z 91—97 中 LCC 的定义是:“在装备寿命周期内用于研制、生产、使用与保障以及退役所消耗的一切费用之和”。

寿命周期各个阶段所发生的费用也可以分为两大部分,即获取费用和运用维修费用。获取费用通常发生于装备投入运用以前的阶段(论证、设计和开发、生产、安装),这是用户和制造商都非常关心的费用项目。运用维修费用是装备投入使用以后的阶段(运用和维修、报废)发生的费用,这是用户最关心的费用项目。现代,随着用户在采购合同中对 LCC 的要求和供应商在合同中对 LCC 的承诺,制造厂家对运用维修费也逐渐重视起来。

二、LCC 分布

图 2-13 表示出在寿命周期各个阶段发生活动的累计 LCC 曲线(取自美国军方资料)。实线表示寿命周期各阶段对 LCC 的影响程度;虚线是装备一生各阶段所发生费用的累计值。此处需要强调的是,早期策划和设计阶段对 LCC 具有重要的意义。如图 2-13 所示,方案探索阶段结束时,虽然只花费了 LCC 的极少部分,但却决定了装备整个 LCC 的 70%;到全面工程研制之前,所花费用只占 LCC 的 3%,却决定了整个 LCC 的 85%;到研制结束,几乎全部 LCC 都被确定了下来,此后的各种决策,对降低 LCC 的作用已微乎其微了。这条曲线表现出了决策对最终 LCC 影响的趋势。因此,必须在装备寿命周期的早期阶段,充分重视 RAMS 的论证、设计和验证,这是降低 LCC 最基本和最有效的途径,并已被国内外装备建设的实践所证明。

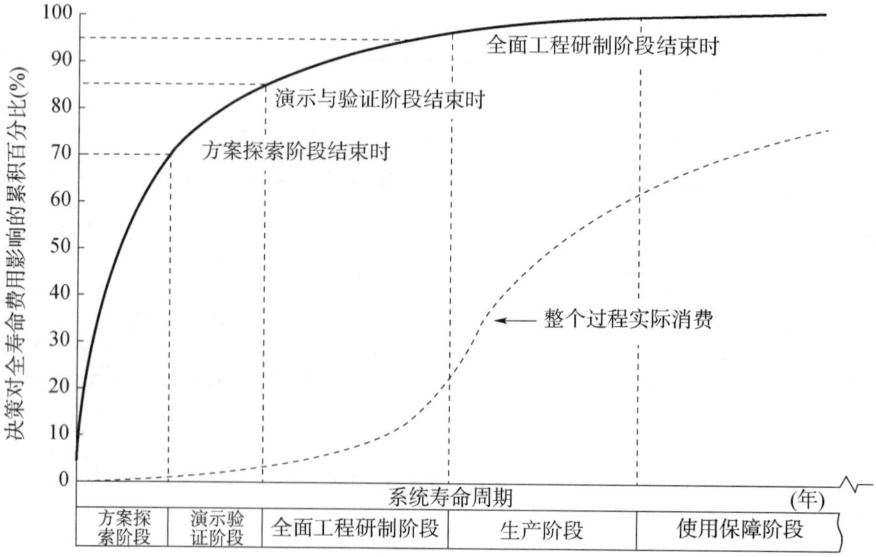

图 2-13　寿命周期阶段对 LCC 的影响

经济方面的考虑在系统工程、所涉及系统存在的过程中是非常重要的。对于已经存在的系统,经济考虑常常为系统运用、保障和退役的分析提供基础。许多的结构、过程和系统的例证表明，优秀的物理设计很少有经济方面的优越性。成功工程应用的重要前提是经济的可行性。

工程师面临着两个重要的互相关联的环境：物理的和经济的。在物理因素变化中，它们的成功取决于消费者和生产者对物理定律方面知识的良好掌握。但是，这些产品和系统的价值在于经济项目中它们的最终度量。工程经济对于成功的工程应用来说，是一项重要的组成部分。

工程经济始终与时间紧密相关：货币、收款和支付等等，随着时间的推移而具有时间价值。因此，工程经济和产品/过程寿命周期处于相同的"尺度"上。但是，在工程经济的许多工作中缺乏对整个寿命周期的考虑。像许多功能一样，工程经济只是在详细设计以后才起作用，被最后定案就太晚了。

寿命周期经济分析是一种方法，它应该在产品寿命周期的开始，即在概念/早期设计阶段就进行。经济考虑对于最终结果的输出具有重要的意义。这种结果不能在设计完成以后被过多地影响，如图 2-13 所示。此外，经济考虑必须在制造系统设计和保障系统设计期间，按照图 2-8 所示的结构来应用。

由产品、系统和结构的寿命周期过程可以找到更有效地应用工程经济的机会，促进这个过程为帮助工程经济研究提供了很大的希望，在设计、制造和运用中发挥充分的作用。本书就是为达到这种期望的结果而介绍相关的概念、理论和方法。

三、RAMS 对 LCC 的影响

除上述寿命周期各个阶段对 LCC 的影响以外，产品的 RAMS(可靠性、可用性、维修性和安全性)对 LCC 有着最重要的影响。这主要是由于 RAMS 不但对装备的获取费用有重要的影响，而且对装备的后期费用(主要是运用维修保障费用)有更重要的影响，尽管较高的 RAMS 指标可能导致较高的获取费用。也就是说，在产品的设计研制阶段，为了保证在今后的运用中具有较低的故障率和维修成本，而采用可靠性高、维修性好的设计方案，虽然表面上看是提高了研制费用，使用户增加了采购费，但实质上是降低了运用维修费用，从整体上降低了 LCC。图 2-14 表示出可靠性与 LCC 的关系。由图 2-14 可见，在保持其他条件不变的前提下，提高可靠性会使采购费用增加，而运用维修费用将减少，作为两者之和的总 LCC 则有一最佳值，使 LCC 最小。

可靠性工程的实践表明：

(1)产品的可靠性是设计出来的、制造出来的、管理出来的；

(2)对可靠性的投资是十分值得的，它可以换来产品后期费用的降低，最终可节约几倍甚至几十倍的费用，效益良好，可靠性投资越早，效果越好。

过去，许多系统和产品被策划、设计、生产和应用，但极少考虑其 LCC。虽然，各种费用的观念在开发新系统时被考虑，但这些费用的考虑常常是支离破碎的。这些费用与各种活动有关，诸如研究、设计、试验、生产或建造、消费者使用和保障，他们分别处于系统寿命周期的各个阶段，由于没有整体考虑而使整体费用无法降低。经验表明，许多系统总费

用中的绝大部分是与其运用和保障活动相关的，这些费用的发生是系统寿命周期早期阶段所做决策的结果。此外，寿命周期各个阶段发生的费用是相互关联的。因此，应注意系统的经济状况，必须考虑整个寿命周期各阶段之间的总费用，特别是概念设计的早期阶段和相关系统的规划期间。因此，在系统开发过程中，LCC 为作为一个参数，能够为经济可行性设计提供广阔的机会。

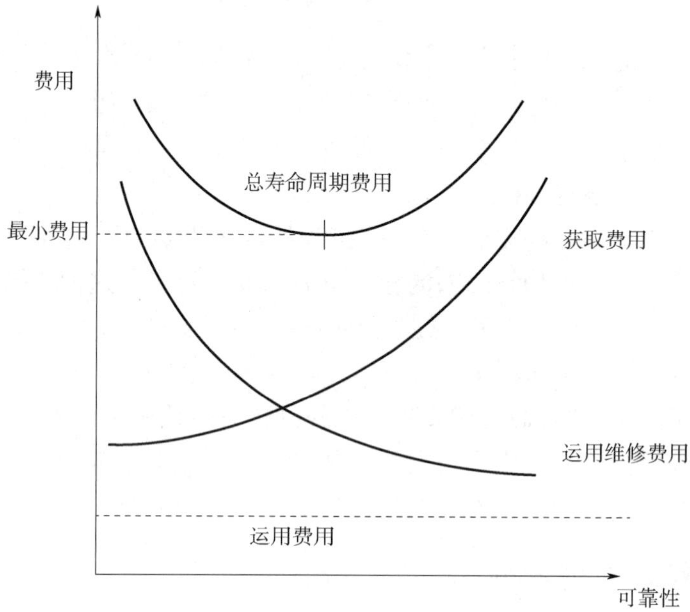

图 2-14　可靠性与 LCC 的关系

第四节　LCC 经济学概念

一、费用的概念与分类

(一)费用与成本概念

在《现代汉语规范词典》中，费用的定义是："花费的钱"。在工业领域中，根据我国标准《GJB 1364—92 装备费用—效能分析》，费用是指："消耗的资源(人、财、物和时间)，通常用货币度量。"

英语单词 Cost 还常常被翻译成中文词汇"成本"。费用和成本两者密切相关。在《现代汉语规范词典》中，成本的定义是：生产产品的费用，包括生产过程中所消耗的生产资料费用和付给劳动者的报酬等。一般将生产阶段的消耗称为成本；将研制、运用等阶段的耗费称为费用。

(二)费用的分类

1. 初始费用和运用维修费用

如前所述，寿命周期可以划分为早期和后期。早期发生的费用称为初始费用或投资费用或获取费用;后期发生的费用称为运用维修费用或使用时期费用。

(1)初始费用

初始费用是为一个活动或项目的启动投入的费用。这种分类方法的主要优点是提醒人们重视一个新活动启动时的相关投资费用。初始费用由许多费用元素组成,这些费用在项目投入使用以后就不再发生。对于设备采购而言,初始费用包括采购价格,加上运输、安装和培训费用。对于制造完成的装备和系统,初始费用还包括工程设计和开发费用、试验和评估费用以及建造或生产费用。

(2)运用维修费用

初始费用仅仅发生在一个活动启动时的一次,而运用和维修费用则在项目的使用寿命内连续发生。它包括运用和维修人员的劳务费用、燃料和动力费用、运用和维修保障费用、备件和修理零件费用、保险费和税款等,间接费用也包括其中。这些费用常常超过初始费用,其各种费用元素发生的时间常常是不一样的,但是其中运用和维修费用发生是从服务开始直至系统或设备退役为止。

许多复杂的系统和设备都需要有完善的后勤保障活动以维持其正常的运用。运用和维修费用都包括在这些保障系统发生的费用中,并且应该在初始活动中得到筹划保障。但遗憾的是,不但备件和修理零件的库存费用、运输和后勤费用以及通信和协调费用,这些被包括在保障系统中的费用经常被忽略,通常的劳务、能源、材料和日常费用也未得到应有的重视。仅在近些年来,保障系统才被单独地作为重要的复杂系统和装备的运用维修项目而得到关注。

2. 固定和变化的费用

(1)固定费用

固定费用通常是指:在整个运营活动范围内,投入进行活动的各种费用中,在总体上始终保持相对不变的费用。固定费用的概念得到了广泛的应用。例如,发动机运行中的一些损失(如一定转速时的驱动风扇、气门机构、润滑油泵和燃油泵所消耗的功率)在一定程度上与功率输出无关。同样,制造过程中也包含固定费用,固定费用与产出的大小无关。

从系统、装备的 LCC 来看,获取费用也属于固定费用。固定费用是为将来做准备工作而产生的,现在采购设备是为了将来劳务费用的减少。固定费用的预计有可能存在风险,例如可能永远也不需要的材料被大量采购、大量存储;由于生产停滞可能造成人员闲置的风险;一些着眼于长远但不能马上取得效益的研究等。现代,增加固定费用投资是希望减少变化费用、增加收益,从而获得效益。

固定费用由多项费用元素组成,诸如折旧、维修、税款、保险、租赁、投资资金的利息、销售程序、某些管理耗费和研究等费用。这些费用是由于过去的决策而发生的,一般不会快速变化。但是另一方面,运用活动可能在宽广范围内快速变化,因此每个单元的固定费用可能比较容易脱离控制,这可能就是造成活动不成功的主要原因。对于一些人来说,由于有远见,能够将系统目前的状况调节到适应将来的要求,达到合理的状况。对于系统或装备的 LCC 而言,由于固定费用已经不能改变,因此必须将思考集中于如何保持和改善系统的运行状况和特点，以达到满意程度。

(2)变化费用

变化费用一般是指：与运用活动等级有关的某些变化的费用。例如发动机的燃油消耗可能与输出的功率成比例；油漆的总量可以预计，与油漆的面积成正比等。在生产中，每个产品单元所需的材料总量可以预计为保持不变，则材料费用将直接随生产单元的数量而变化。一般说来，诸如直接劳务、直接材料、直接功率等所有费用，以及可以准备分配给每个产品单元的费用都要考虑可变费用的组成，而且企业费用的平衡也认为是固定的。总费用的固定和可变部分表示在图 2-15 中。

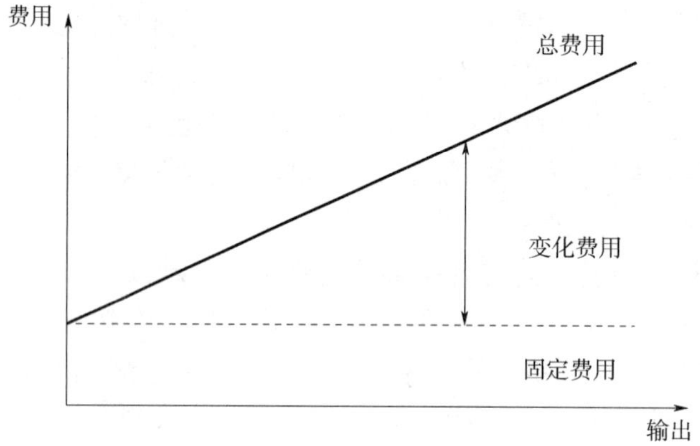

图 2-15　固定、变化和总费用

3. 递增费用

项目递增费用和材料费用基本上是相同的概念。递增一词意味着增加，而递增费用则意味着费用的增加。通常，增加的费用涉及到相关的计量单位，最终会表达为每吨、每升或每生产单元的递增费用等。项目材料费用则专门归属于输出费用的递增，其仅仅包括由其产生出的货币收益。图 2-16 表示出固定和变化费用与单元输出之间的函数关系。若生产 10 单元的递增费用为 8 元，则可以计算出每单元的递增费用为 8 元/10＝0.80 元。

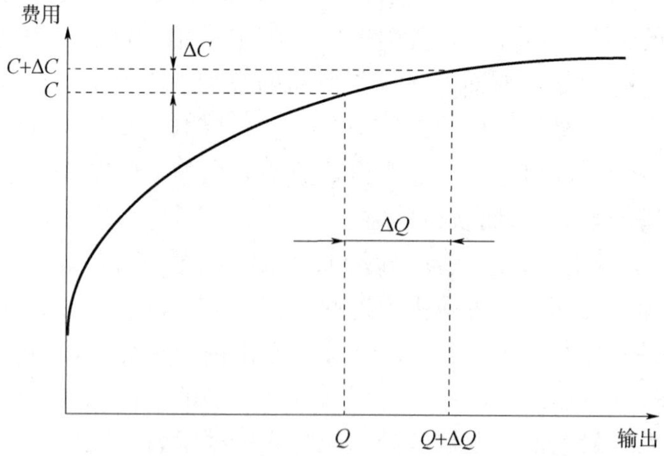

图 2-16　由输出增量 ΔQ 引起的费用增量

通常确定递增费用是困难的，递增费用可能估计过高或过低，递增费用的过高估计可能使收益的可能性变得模糊不清；过低估计可能导致活动安排的缺失，因此准确的信息对于做出正确的决定是非常必要的。

4. 直接和间接费用

一个项目的制造费用或提供服务的费用由直接费用和间接费用组成。直接费用可分为：直接材料、直接劳务和直接消耗；间接费用由间接材料、间接劳务和间接消耗组成。

(1)材料费用

材料是制造产品的物质基础。直接材料费用的确定不但需要得知产品的加工过程，而且还需要材料清单。词头"直接"是指直接与产品有关的材料，而间接费用则不是。

(2)劳务费用

劳务费属于为工作人员支付的工资。工资通常包括两种类型的支付：按年、月支付和按小时支付。按年月支付的人员包括维修人员和绘图人员。小时工则一般归类为直接劳务；而监控、检查、技术和维修工作则属于间接劳务。劳务费用反映工作酬劳，其中具有非常重要意义的部分是附加收益的费用，包括：奖金、集体保险、养老计划、休假日和看病报销、分红和社会安全防护等。这些附加收益属于间接费用。

(3)其他费用

除了劳务和材料费用以外，还有一些其他的耗费，诸如税款、保险、租赁、动力、利息、折旧和维修等间接耗费。

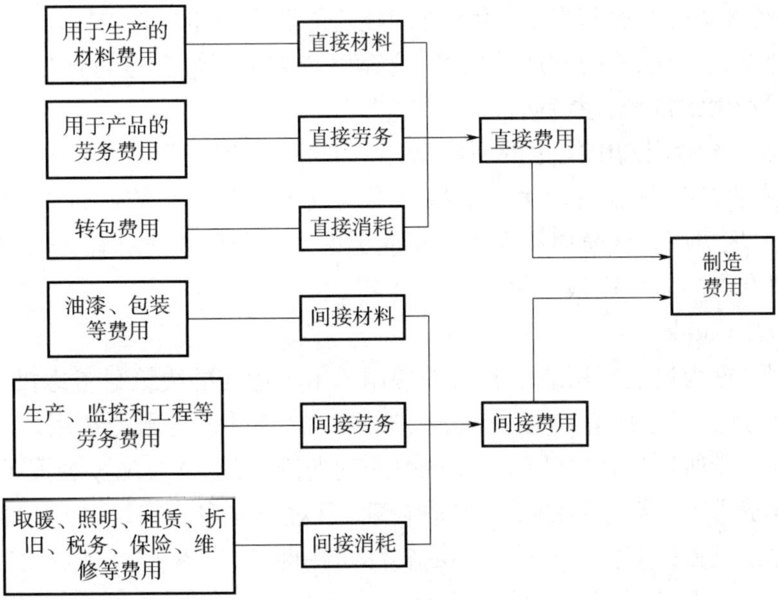

图 2-17　制造费用的种类

5. 总费用和单元费用

(1)总费用

总费用实质上是指产品的寿命周期费用(LCC)，LCC 技术的目的就是在满足用户需求的前提下，努力寻求最低的 LCC，从而可以用最低的资源消耗为社会创造更多的财富和收益；可以提高产品在市场上的竞争力，保证企业的生存；可以生产出物美价廉的产品，满足用户的需求。因此，生产厂商不能只注意生产成本，不注意使用成本；用户不能仅仅以采购费作为选择产品的唯一标准，而不顾运用维修费用是否昂贵，能否承担得起。应该将总费用作为选择设计方案及其相关费用因素的依据，实现用户所需的功能，努力达到产品 LCC 最低的要求。

(2)单元费用

单元费用是总费用的基础单元，可以表示为每个生产项目的费用、每个人员的费用、每个效率(例如可靠性)增量的费用、每个单位输出生产量的费用、每个时间间隔的费用等等。实际上，单元费用应该表达为对实现 LCC 最小值目标最有意义的度量。

6. 再现费用和非再现费用

(1)再现费用

再现费用是指：费用从一个时间段到下一个时间段或者按照指定的时间间隔发生。例如，生产周期中反复出现，且受采购量支配的费用；与消耗补充、运用维修相关的费用；按照计划进行的管理活动费用；贯穿于所计划的生产/建造阶段中所需的日常保障费用；与重要的劳务和材料有关的重复活动费用；在整个寿命周期内系统或产品的日常顾客服务活动费用。

(2)非再现费用

非再现费用是指一次性费用，不具有重复的特征。例如，工程设计和开发、产品鉴定试验分析、制造设备的获取和安装、新装备的建造等费用为非再现费用。

在对计划发生变化、不同的产品数量、选择生产方案等情况进行评估时，将费用分为再现和非再现费用常常是有益的。

LCC 包括了寿命周期中发生的所有费用，即寿命周期内发生的非再现和再现费用。在获取阶段，发生的是非再现费用。这种费用构成了装备或系统的首次费用；在使用时期，发生的是再现费用。寿命周期经济分析应考虑寿命周期中的所有费用，并寻求其包括货币时间价值在内的总费用最小值。

7.沉没费用(sunk cost)

沉没费用又称为过去费用或已支出的费用。由于近代的决策只考虑投资选择对将来结果的影响，因此经济学研究中的一个重要原则是忽略过去支出的费用。过去费用或沉没费用是一种不能通过将来的活动恢复或改变的费用，因此是与现今决策无关的费用。

虽然沉没费用应该被忽略的原则看似合理，但对于许多人来说，应用起来却很困难。沉没费用在评估过去的某些活动或产品的实际费用时，对于其是否有效地完成某种功能具有特别的意义。因此，沉没费用是预测将来费用的基础，它不再面临有意义的选择，不是将来要长期发生的实际费用。如前所述，LCC 分析仅仅涉及将来的费用，因此重要的问题在于所选择的将来费用。

现代，我们研究系统或装备的 LCC，是为了指明未来费用发生的最佳途径，它们总是从现有的状态或从未来某个时间点的状态出发，使该点能够受到当前决策的足够影响。

以前的决策及相关的费用是无法改变的，所以在确定未来最佳方案时，不必考虑这些已支出的费用，除非它们还将作为预测未来事件的参数出现。由此可见，研究系统或装备的寿命周期费用问题时，其起始点不一定选在寿命的始点，也可以选在寿命周期内需要决策的任意点上，把此前的费用作为已支出的费用来处理。这样就大大拓宽了LCC分析方法的应用范围，并简化了问题。

二、费用的分解结构(CBS)

LCC分解的目的在于将费用的各组成部分分解至所需要的层次，以建立费用的分解结构。费用的分解结构(CBS)是一个逐级细化的树状结构，它包括所有相关的费用单元，不应遗漏和重复，需分解到可以进行估算的基本费用单元为止。

CBS被用来作为评估LCC的基础，将目标、活动与资源连接起来，构成一个由功能活动范围、系统主要元素和细分为不同的等级的局部单元的组合体。CBS通常还要满足每个项目或程序的需求，因此应具有如下的特点：

(1)所有的LCC都应该被考虑，并在CBS中予以识别，包括研究和开发费用、生产和建造费用、运用和保障费用以及退役和处理费用。

(2)费用一般按照活动的重要等级或主要的材料项目来分类。CBS中的费用分类必须很好地定义，且管理者、工程师、会计和其他人员必须对分类中每种费用包含的内容达成共识。

(3)费用必须被分解到管理所需要的等级，并在对系统设计和开发、生产、运用和保障等各个方面的评价中得到明确，能够识别高费用零部件的范围及其因果关系。

(4)CBS的分类编制，应该能使收益分析变得容易，因此只以一种方式进行，而忽略实际的其他领域。例如，分析者希望调查研究所提供的保障费用，只作为工程设计的函数，或者所分配的费用只作为制造的函数，而与系统的其他方案无关。

(5)CBS的分类编制，应该以一种高效的方式进行，例如以类似于生产者费用、供应者费用和消费者费用的方式。

(6)当涉及一个项目程序时，费用构成应该直接与计划文件、工作分解结构、工作包、组织机构、安排网络计划、甘特(Gantt)图表等的结构相一致(例如，可通过索引、代码等进行查询)。各种管理信息系统报告中的费用必须与CBS中相应的费用因素相一致和兼容。

有关费用分解结构(CBS)的详细介绍见本书第三章第二节的内容。

三、费用的时间价值

1. 费用的时间价值

装备的费用在不同的时刻发生，相同的资金在不同的时刻支付，其价值是不相同的。这种因时间不同引起费用价值的变化，称为费用的时间价值。例如，100万元的资金在年初一次性支取，还是在年底一次性支取，或者逐月每次按10万元支取，尽管资金总额均为100万元，但其时间价值却不相同。如果年初得到100万元，可以存在银行产生利息，以年利率10%计算，到年底可得110万元，比年底支取可多得10万元。可以看出，以利率形式表示费用的时间价值在整个时间货币流中具有重要的意义。由于费用可以获得一定的利率，因此可清楚地得知，当前持有的资金在将来的时间价值可以增值。出借者可以将所得利息考虑为增益或收益，而借款人通常须将利息考虑为成本。

由于货币可以在一定的时间区段内，通过投资挣得一定的利率，而使当前的费用在将来的某些时间内得到与目前手头的费用不一样的价值。这种利息和时间之间的关系就形成了费用时间价值的概念。

现在手头的一块钱人民币的价值要比 n 年后得到的一块钱要多，这是因为现在的一块钱如果转换为 n 年后的人民币，要比 n 年后得到的一块钱人民币要多。可见，费用具有收益动力。在 n 年以后，原始的人民币加上它的利息将是一笔比当时费用值大的款数。因此费用具有时间价值的事实意味着，相同的费用在不同的时间点具有不同的值，只要利率大于0就能够使收益大于0。

费用会由于货币随时间变化引起的购买动力而具有时间价值。在社会经济处于通货膨胀期间，购买时会使货物的总价值降低。因此，在考虑费用的时间价值时，认清费用收益动力和购买动力的关系是非常重要的。

有关费用的时间价值将在本书第四章中详细论述。

2. 收益动力

为将来获取收益而借贷的资金，一般会转换为货物、服务或生产设备，这就导致了费用收益动力的考虑，从而能够进行可获利的借贷。

以王先生的工作为例，他的工作是为铺设电缆进行手工挖沟。每挖1 m长沟的收入是0.40元，平均每天挖200 m。出于天气条件的限制，这种工作每年只能做180天。因此，他每工作日收入为80元，每年收入14 400元。一则广告使他注意到可以花8 000元采购一台小型动力挖掘机，于是他以14%的利息借贷8 000元购买了这台挖掘机。这台机器每天平均掘进800 m，在每米价格减少到0.3元时，王先生仍然能够在天气许可的条件下保持机器运行，充分地完成工作。估计挖掘机的运用和维修费用为每工作日40元，年终机器将因磨损而报废。风险的汇总表示在表2-8中。

表2-8 动力挖掘机采购和运用费用 元

交易名称	收　入	支　出
借　贷	8 000	
挖沟所得	180×800×0.30=43 200	
挖掘机采购费		8 000
机器运用和维修费		180×40=7 200
借贷所付利息		8 000×0.14=1 120
借贷偿还		8 000
总　计	51 200	24 320
收　益	26 880	

由上述案例可以得知，与人工挖沟相比，王先生由于借贷购买机器挖沟而多获得的收益为 26 880－14 400＝12 480 元。由此可以看出费用收益动力通过一个生产工具（挖掘机），可以使王先生的收入增加。借贷的费用使得应用生产工具成为可能。另外，生产者在生产商品时也获利，尽管挖沟价格从每米 0.40 元降至 0.30 元社会也获益，税务收入也将增加。王先生自己也获得了更大的纯收益。通过使用设备增加了生产率，而使这些收益成为可能。

3. 货币的购买动力

通货膨胀和通货紧缩是经济学中与价格水准变化有关的术语。本书不讨论价格水准变化的原因，而是将焦点集中于确定价格水准的变化率，并将这些变化反映在 LCC 分析中。

经济学者的大量工作因素驱使商品和服务的价格向上或向下浮动。例如商品生产性和可用性的增加使价格降低，而政府诸如价格支持的政策方针和财政亏损将导致价格增长。

在等价计算中对费用的时间价值进行评估，最重要的是使费用的收益动力和购买动力得到正确的反映。

四、经济投入和产出

（一）物品的价值与效用

1. 价值

价值是指人对物品或服务在交换中的评估。因此，一个物品的价值不在于物品的本身，而在于人们对它的关注和评价。价值不应该与成本或价格混淆。不应将价值只归因于一个物品或服务的成本，它们之间可能只有很小的关系或根本没有关系。也就是说，一个高成本/价格的物品或服务，不一定具有高价值；而一个低成本/价格的物品或服务也不见得一定是低价值的。

2. 效用

效用一词的通用经济学含义是推动人们满足欲望的动力。一个物品对于一个人的效用是由人来确定的。因此，一个物品的效用像其价值一样，不在于物品自身，而取决于人对它的态度。效用和价值在此处应是密切相关的。一个物品对于一个人的效用依赖于人的满意程度。

各类项目的效用评估常常是随着时间改变的。每个人也都拥有一种物品或服务，以便能够进行交换，从而形成交换时人的效用。同样的物品或服务，还可能是另外一种样子，可能将其归属于完全不同的效用。当两个人都拥有理想的效用时，就存在交换的可能性。

（二）经济投入和产出

所有与效用相关的物品都显示出它们的物理特性。这种论点对于具有效用的物理对象是容易接受的，诸如汽车、拖拉机、房屋，或一顿丰盛的午餐。而且，这种论点对于多数不能触摸的东西也同样是真实的。例如人们非常喜爱的音乐被演奏出来，是由于演奏的空气波冲击人的耳膜所致；美术作品被呈现出来是由于光波；甚至友谊也是通过人的五官实现的，也必须具有其物理的外貌。由此可见，效用必须通过生产和/或建造改变物理因素来创造。

1. 生产过程

任何项目或活动的进行都需要输入设想、工作计划、材料及实施的其他因素。在一个有目的的活动中，放弃某些有价值的输入是希望获得具有更大价值的输出，此处项目的输入和输出具有同样重要的意义。

生产过程可以被描述为输入的某些组合转换为一种或多种输出形式的系统。这种转换可能很简单，但是一般说来是非常复杂的。这个过程的主要特点是，通过一些物理因素的变化使输入发生转换，从而产生一个效用增长的输出。这种概念可以用图 2-18 来表示。

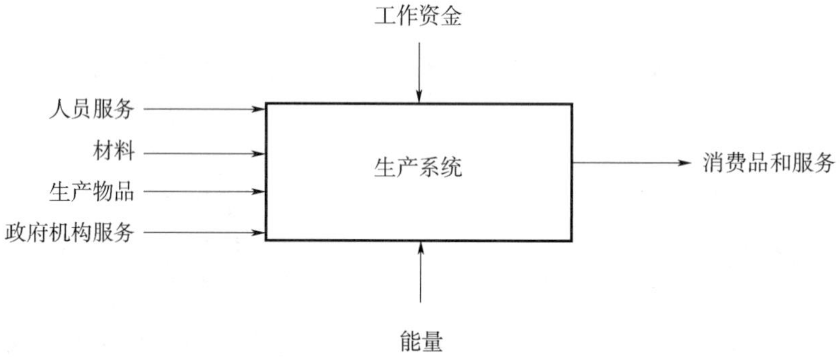

图 2-18　经济和物理投入和产出

许多工程项目的目的是确定如何使一些物理因素通过生产和/或建造，在最低成本的情况下获得最大的效用。通过这种经济投入和产出之间的关系，来确定出一个经济项目活动的结果。这个结果能够通过寿命周期经济分析的方法，考虑货币的时间价值来评估。将这些输出和输入列入表格，则属于经济分析的第一个基本步骤。

2. 经济产出

对于现代工程项目，在结构、过程、系统和活动的规划与设计中，首先应该考虑的就是输出，输出结果要满足用户的需求。输出是否满足了需求，则要用效益、效能、价值等概念和指标来描述。

工业组织和政府机构的输出始终处于变化中。工业输出与政府输出不同，这是由于工业输出一般可以准确地进行评价，而政府输出则不行。一个工业组织向社会提供它的产品，每一项输出的好坏都须由购买者来评价。因此，工业企业过去和现在输出消费品和服务的费用价值都是可以逐项得知的。为了得出完整的结论，必须得知两方面的信息，其中一方面是物理方面的输出，它能够由给定的输入得出，这属于工程分析方面的工作；另一方面是对输出的经济度量，它可以表达为货币收入。

货币收入与两个因素有关：输出的多少和每个输出单元的货币价值。货币收入数值的确定必须建立在预估的基础之上。市场调研和类似的技术措施已经广泛地应用于工业企业对将来输出的评估。在大型系统或项目中，承包商的货币收入通过合同契约来确定。在某些情况下，例如由于在产品制造过程中进行了持续的改进，而使成本节约，则收入的评估就很容易。但是，对于新产品的收益进行合理准确的评估则很困难。市场调研和在有经验的领域从事销售活动都可能需要确定规模。当按照合同工作时，收入评估的要求可以被取消，因为在这种情况下所得到的收入已经在合同中提前约定了。

确定工业组织内部的中间输出有很大的困难，一般是通过审查进行评估。例如，一个工程师、一个维修技术人员或最后一道输出的工长所起作用的价值是已知的，但要想确定绝大多数中间活动对最终结果价值的影响也是困难的。

由于许多政府活动的输出与接收者的赋税总数无关，而且在每个交接点处都不一定设置检查，因此几乎不可能对许多政府活动进行评审。一个人能够识别国防部门、林业局或公共健康部门活动的必要性，但却不能证明它们在货币方面的价值。然而，某些政府活动的输出，特别是被限定在一定领域，诸如高速公路、水利工程和电厂等项目，可以通过计算费用的降低和带给使用者收入的增长，来评价其中货币方面的价值。

3. 经济投入

属于经济投入之列的主要是生产用品，例如投资巨大的自动化基本设备。从长远来看，生产用品一般是长寿命设备，它用来生产供人们消费的消费品和服务。这些物品的使用常常处于满足需求过程的中间阶段。生产用品本身并不是满足需求的最终产品经济投入主要是：

(1)最重要的经济投入是支付有关人员的工资和薪酬。在工业组织中，在给定的时间周期内，人员服务的总投入由支付的费用来衡量。人员服务的投入可以分为直接劳务、间接劳务、研究与开发的费用。其中，只有直接劳务项目的总额是可以准确得知的，成为输出的一部分。为了输入而进行调查和研究，确定对于输出有特殊意义的项目是比较困难的。许多项目在研究开始时，并没有想到它具有特殊的技术目的，也没有看出其中的许多结果将来具有明显的效益。但是，在这类服务之前的某些时间区段，耗费在研究和开发中的人力、物力，对于输出结果有具体的影响。成功的研究可以在将来相当长时间内，对输出产生持续有利的影响。

间接劳务的监控和管理，虽然具有与直接劳务、研究与开发相同的特性，但是，将间接劳务的输入与时间或产品种类方面的输出联系起来是很困难的。同样，将确定的输入与最终可度量的输出联系起来也是困难的，这就像产品单元在市场上的销售一样，输入一般被认为与中间结果关系密切，而这种中间结果在具体项目中可能无法进行测量。

(2)第二类主要投入是材料费用。材料费用的产生是为了满足工业和政府部门规定的目标。为了方便，材料费用可以分为直接材料、间接材料、设备、土地和建筑物方面的费用。

① 直接材料的投入直接配置给最终、可度量的产出。材料方面投入的度量是材料的采购价格与上运输、存储等费用之和。这类投入可以比较准确地测量，并与最终的输出具

有非常明确的关系,因此比较容易得知。

② 间接材料和动力的投入大多可以用与直接材料及动力投入相同的方法测量,其精度基本相同。一种重要的测算方法是将实际项目中的这类投入划拨给输出项目或输出方面,一般可以得到合理的精度。

③ 设备需求方面的投入属于直接消费,但是它对于输出的影响是变化的,会在设备的整个寿命周期内逐渐体现出来。设备的投入是可以准确测算的,不仅可以反映在总体上,而且常常可以准确地分摊给规定的输出项目。这方面的限制在于:任何设备的输出数量和种类的分摊,直到多年后还常常是未知的,许多产品又是分散的。对于所配置设备的投入到产出,必须具有一种测算折旧的方法。

④ 土地和建筑物的投入主要采取与设备投入相类似的方式来处理。但其难点在于如何分配到输出,因为它们寿命较长,而且往往是一个单独的项目,就像建筑物能够同时归属于一个大的、多输出项目,分配到输出还须考虑折旧和实际的费用的计算。

间接材料、设备、建筑物和土地投入的分配,最终依据测算和判断。这方面的关系常常不是很清晰,需要依靠对日常运用的实践进行统计计算,在进行 LCC 研究时也是需要的。

货币形式的投资是一种主要投入,这一般是交换生产物品时必需的,以便对产出进行分配。所用货币产生的利息一般作为一种投入来考虑。它对输出的影响必须与人员的服务、材料和设备的货币投入联系起来。

税款主要是对企业的要求。自从商业活动必须缴税以来,它们已成为一种必需的投入。税款有许多种,诸如按价格计税、消费税、销售税和收入税。总税额可以准确地得知,因此被称为精确的投入。但是,将税款分配到输出常常也是困难的,特别是产生利润以后缴税的情况。

第三章　LCC 模型

第一节　LCC 模型概况

一、LCC 模型的特点

与其他模型一样，LCC 模型也是一种简化的表达方式，它应该能够真实、准确、精练地表达出产品的主要费用特性和状况，并可以由费用数字表示。为了模型的真实性，它必须具有如下特点：

(1)能够表示出产品的特性，包括其使用环境、维修方案、运用和维修保障系统以及其他约束和限制条件；

(2)具有全面性，应该包括与 LCC 有关的所有因素；

(3)模型要尽可能简单、易懂，便于决策、升级和修改；

(4)能够对 LCC 的独立特定因素进行评价。

LCC 模型应该是基于统计结构建立起来的一个简单模型，它能够对组成 LCC 的任一费用因素进行评价。

二、LCC 模型要求

如今已开发出大量的 LCC 模型，每个模型都有其灵活性和适用范围。为了选择准确适用的 LCC 模型，了解模型所包含的内容和条件是非常重要的，并要明确需从中得到哪些信息和结果，仔细考虑该模型是否对 LCC 分析有效，从计算结果与已知案例费用因素和参数的对比中，可以对模型的适用性进行评价。

对 LCC 模型的要求是多种多样的，取决于应用模型的目的和想要达到的精度。尽管迄今 LCC 模型软件的数量达上千种，但仍然满足不了使用者针对具体产品设计或运用维修方面的要求，因此使用者可能需要对模型进行修改。不同的模型适合不同的用途，例如：

(1)如果为了得知产品的开发和制造成本，则模型参数和结构必须做相应的规定，得出系统装备(所属部件或整个系统)的计算结果，它们分别由各种费用组成，诸如论证、设计、开发、样机、材料、加工和试验等费用。

(2)如果是为了用于投标 LCC 计算，则系统装备的 LCC 应包括固定费用部分，不必将其进一步细分，但运用和维修保障费用要非常精细地分解、确定。

(3)用于投标的 LCC 计算应该不考虑那些与供应商无关的费用，如司机或线路费用等。

(4)如果想预测系统装备在其使用寿命期间所发生的费用,则可以将固定费用从模型中省略,但是这种模型必须将维修费用分解得很细。

(5)以比较为目的进行分析时,要对两个方案进行 LCC 计算,则不需要包括两个方案中费用相同的部分。但是,当要了解、评价所选择的两个方案的费用相对于总费用的差别时,则相同部分的费用是重要的。

(6)如果想评价投资支出和运营费用,则模型必须包括与此有关的一切费用。

上述分析表明,一个能够同时满足所有要求的标准 LCC 模型是不存在的。如果有,这种"通用"模型必须包含每一个可能的影响因素,包含那些在特殊情况下可以忽略的因素。这时,不但创制这种模型困难,而且应用这种模型也相当困难。因此极为重要的是,创造或选择一种能够紧密联系实际又能反映系统特征的模型软件并进行分析,这种模型规模应该不大,且便于应用。

三、LCC 分解

为了计算总 LCC,必须将其细分为各种费用单元。根据 LCC 分析的目的和范围,单独地确定和评价这些费用单元,将这些费用单元累加起来得出总 LCC 值。这种分解过程就称为 LCC 分解。按产品的硬件、软件和寿命周期各阶段的工作项目,将 LCC 逐级分解,直至基本费用单元,所构成的、按序分类排列的费用单元体系称为费用分解结构(CBS)。

为了确定和评价这些费用单元,将产品分解为三种类型:费用的分解、结构的分解和寿命周期的分解,可以用一个三维矩阵来表达,如图 3-1 所示。该矩阵包括如下产品分解特性:

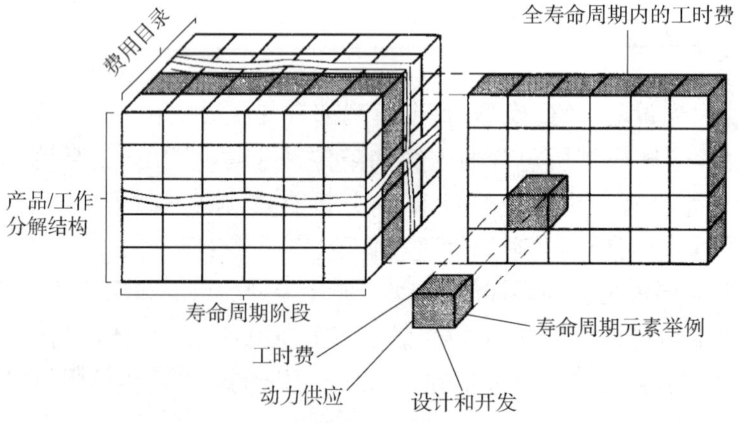

图 3-1 费用因素的三维矩阵

(1)费用分解结构。例如,人工费、材料费、燃料/能源费、杂费、运输/交通费等。费用分解结构的的详细论述参见本章第二节的内容。

(2)产品/工作分解结构。产品分解结构(PBS)是关于产品(硬件、软件、信息等)的层次分解,例如高速列车物理结构分解:高速列车的车体、转向架、制动装置、牵引传动系统、环境控制及排污系统、列车控制及诊断装置等。工作分解结构(WBS)是对完成项目所需开展工作的层次分解。工作分解结构包括产品分解结构。工作分解结构的详细内容参见本章第三节的论述。

(3)寿命周期阶段分解。可分解为:认证和论证、设计和开发、制造和安装、运用和维修、报废处理阶段。

三维矩阵的每一维代表上述分解类型中的一种类型。这种方法具有很好的系统性和顺序性,因此能够把所有的费用因素都包括进去。

第二节 费用分解结构(CBS)

为了估算装备的 LCC 总值,需要将其分解成为各种费用单元,这样才能对各个单元的费用进行估算,通过累加得出总费用值,这种分解过程就称为费用分解,分解后得到的结果就是 CBS。将装备 LCC 的各个组成部分层层分解到所需的层次,才能建立 CBS。CBS 是一个逐级细化的倒置树状结构,它包括所有相关的费用单元,由粗到细一直分解到可以进行估算的基本费用单元为止。

一、LCC 分解结构的编制及其原则

对系统装备的 LCC 进行分析时,首先要明确装备 LCC 所包括的费用单元,也就是必须列出 LCC 构成体系,即费用分解结构(CBS)。在计算装备的 LCC 时,不应遗漏重要的费用项目,也不容许有重复的费用项目。因此,明确各项费用的内容与范围,以及它们在费用构成体系中的相互关系是十分重要的。

CBS 是理论上的结构。实际上,可以根据装备的寿命剖面所包含的主要事件,以及各项费用的重要性及其性质对费用的具体结构进行编制。

CBS 的编制应遵循如下原则:

(1)必须考虑全系统、全过程的所有相关费用。

(2)各类费用的项目可以按照各阶段的工作及其类别和等级,或按硬件的组成部分来划分。每个费用单元必须有明确的定义,并为费用分析人员、项目主管、制造厂家和用户相关人员所共识。应对费用单元进行汇总,包括所有相关费用,既不能遗漏,也不许重复。

(3)为便于应用,费用单元应以一定的符号表示。这些符号应便于区分各种费用,不致混淆。根据费用估算和分析进行的时机和目的不同,CBS 的粗细程度可以有所不同。CBS 应与管理部门的财会类目相协调一致。

(4)由于技术装备的发展,不同时期其 CBS 及费用元素会有所不同,但一般应以最新文件规定为准,不宜标新立异,以便于未来预测模型的建立、推广和应用。

二、典型的 LCC 分解结构

如前所述,不同产品和用途所选择和建立的 LCC 模型一般是不同的。此处举例几种比较通用的典型 LCC 分解结构。

(一)典型的 LCC 分解结构例 1

国际标准《IEC 300-3-3 寿命周期费用分析》附录 A 介绍了一种常用的 LCC 费用分解结构例。寿命周期每一阶段发生的主要费用为：

1. 认证和论证

认证和论证费用表示产品可行性分析中的各种费用行为，主要包括以下活动费用：(1)市场研究；(2)项目管理；(3)系统论证和设计分析；(4)产品技术要求说明书准备。

2. 设计和开发

设计、开发费用用于满足产品的技术要求，并提供可行性证据，主要包括以下活动费用：

(1)项目管理；(2)系统和设计工程，包括可靠性、维修性和环保行为；(3)设计文件；(4)样机生产；(5)软件开发；(6)试验和评估；(7)制造工程和计划；(8)供应商的选择；(9)验证和批准；(10)质量管理。

3. 制造和安装

制造和安装费用用于生产装备及其必要的备件和提供售后服务。这个阶段的费用包括重复性费用(再现费用)和非重复性费用(固定费用)。主要有：

(1)非重复性费用

① 企业管理和运行分析；② 工厂的建造；③ 生产工具和试验设备；④ 专门的保障和试验设备；⑤ 初始备件和维修件；⑥ 人员培训；⑦ 文件资料；⑧ 软件；⑨ 试验及资格认证。

(2)重复性费用

① 生产管理和工程；② 设备维修；③ 生产(劳动力、材料等)；④ 质量控制和检查；⑤ 装配、安装和检验；⑥ 包装、贮存和运输；⑦ 人员培训。

4. 运用和维修

系统和设备的运用、维修保障费用应贯穿于产品或系统的寿命周期内，主要包括：

(1)运用

① 劳动力/培训；② 材料和消耗；③ 能源；④ 设备和设施；⑤ 设备改造；⑥ 软件开发。

(2)维修

① 劳动力/培训；② 设备；③ 合同商服务；④ 软件维护。

(3)供应

① 劳动力/培训；② 备件和维修材料；③ 仓库设施；④ 包装运输。

5. 报废处理

这部分费用包括产品的更新换代费用或其最后的报废处理费用。在某些服务性企业，如化工厂或核工厂，产品的报废处理费用包括防污染处理费用，这是一项很重要的费用因素，处理不当可能面临巨额罚款。

产品的报废处理费用主要包括：

(1)系统停工损失费用；(2)分解拆卸费用；(3)回收利用或安全处理费用。

(二)典型的 LCC 分解结构例 2

我国军标《装备费用—效能分析》附录 A 介绍了另一种常用的 LCC 费用分解结构，如图 3-2 所示。寿命周期每一阶段发生的主要费用为：

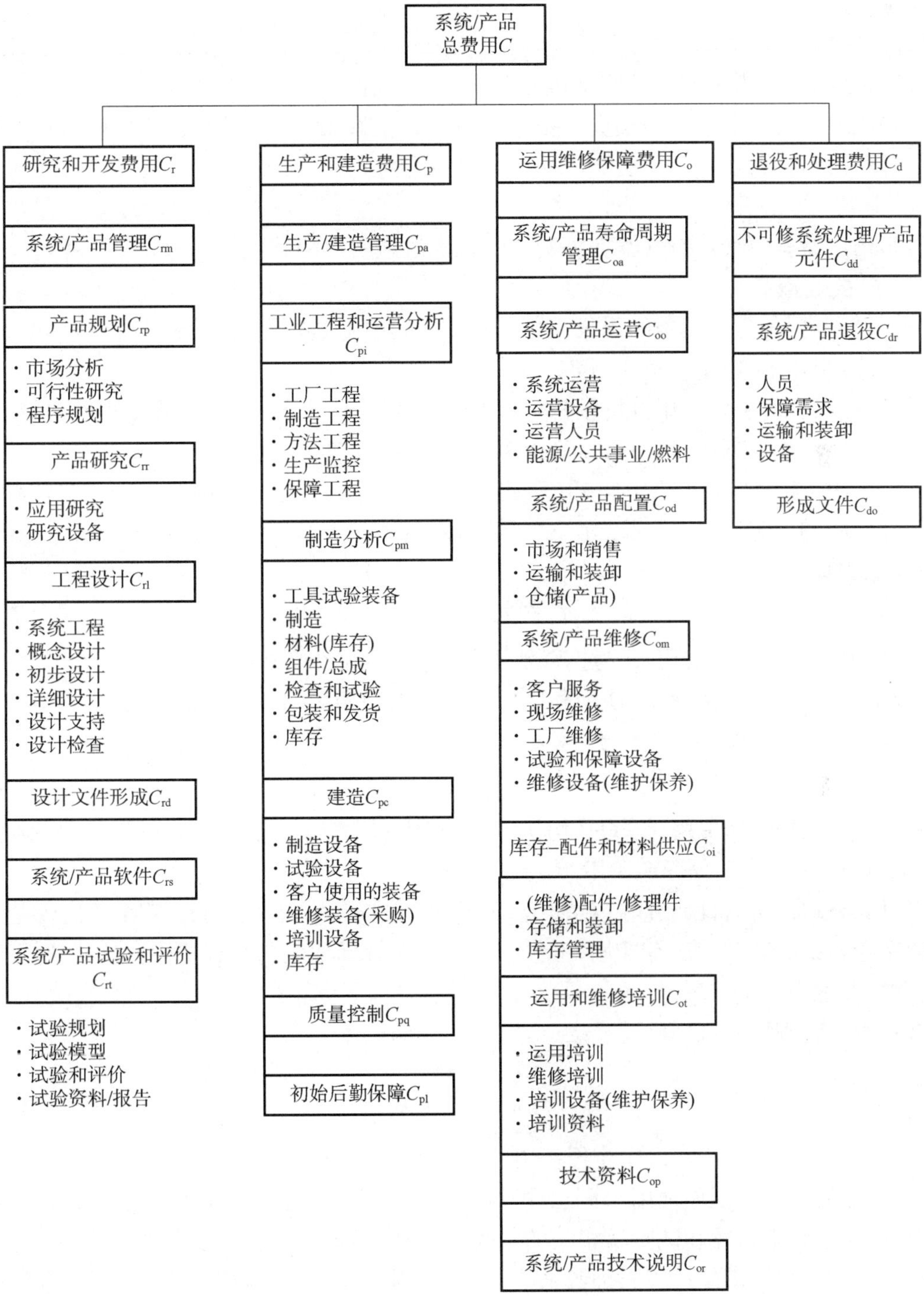

图 3-2 典型的 LCC 分解结构例 2

1. 装备研制费

装备研制费是指论证和研制装备所支付的费用与分摊的保障费用之和，包括：

(1)论证和方案研究费；(2)设计与试制费；(3)试验与鉴定费；(4)分摊的保障费；(5)其他费用。

2. 装备采购费

装备采购费是指采购装备所支付的费用之和，包括：

(1)主要装备采购费；(2)辅助设备采购费；(3)安装费；(4)初始人员培训费；(5)初始部署保障费；(6)其他。

3. 运用与保障费

(1)运用费；(2)维修费；(3)保障费；(4)技术改造费；(5)其他。

4. 退役处置费

退役处置费是指为装备的退役支付的费用，可能用残值予以部分补偿。

(三)典型的 LCC 分解结构例 3

另一种典型的装备费用分解结构，如图 3-3 所示。通过调查研究，可以得到对许多变量的评价，在典型 LCC 分析中必须给予重视。

图 3-3 中的每种费用按矩阵形式表述，即以三种形式表述：(1)用符号表示费用种类；(2)每种费用的确定方法(公式表示)；(3)最后是费用种类的说明和理由。

1. 总系统费用(C)

$$C = C_{\mathrm{r}} + C_{\mathrm{i}} + C_{\mathrm{o}} \tag{3-1}$$

式中　C_{r}为研究和设计费用；C_{i}为投资费用；C_{o}为运用和维修费用。

包括与系统/设备的获得、使用和以后发生的处理相关的所有终值费用。

2. 研究和开发费用(C_{r})

$$C_{\mathrm{r}} = C_{\mathrm{rm}} + C_{\mathrm{rr}} + C_{\mathrm{re}} + C_{\mathrm{rt}} + C_{\mathrm{rd}} \tag{3-2}$$

式中　C_{rm}为程序管理费用；C_{rr}为平均研究和设计费用；C_{re}为工程设计费用；C_{rt}为设备开发和试验费用；C_{rd}为工程资料费用。

包括与概念/可行性研究、基础研究、改进研究和开发、工程设计、工程样机模型(硬件)的制造和试验有关的所有费用，也包括相关程序管理功能的所有费用。这些费用基本不会重复发生。

(1)程序管理费用(C_{rm})

$$C_{\mathrm{rm}} = \sum_{i=1}^{N} C_{\mathrm{rm}_i} \tag{3-3}$$

式中　C_{rm_i}为专业活动 i 的程序管理费用；N 为活动的数量。

活动管理费用可全面地用于概念/可行性研究、调查研究、工程设计(包括设计过程中的后勤保障)、设备开发和试验及相关的数据/文件。这些费用关系到程序的管理者及政府机构的工作人员、市场销售、合同、采购、配置管理、后勤管理、数据管理等。管理功能与C_{rr}、C_{re}、C_{rt}和 C_{rd}相关。

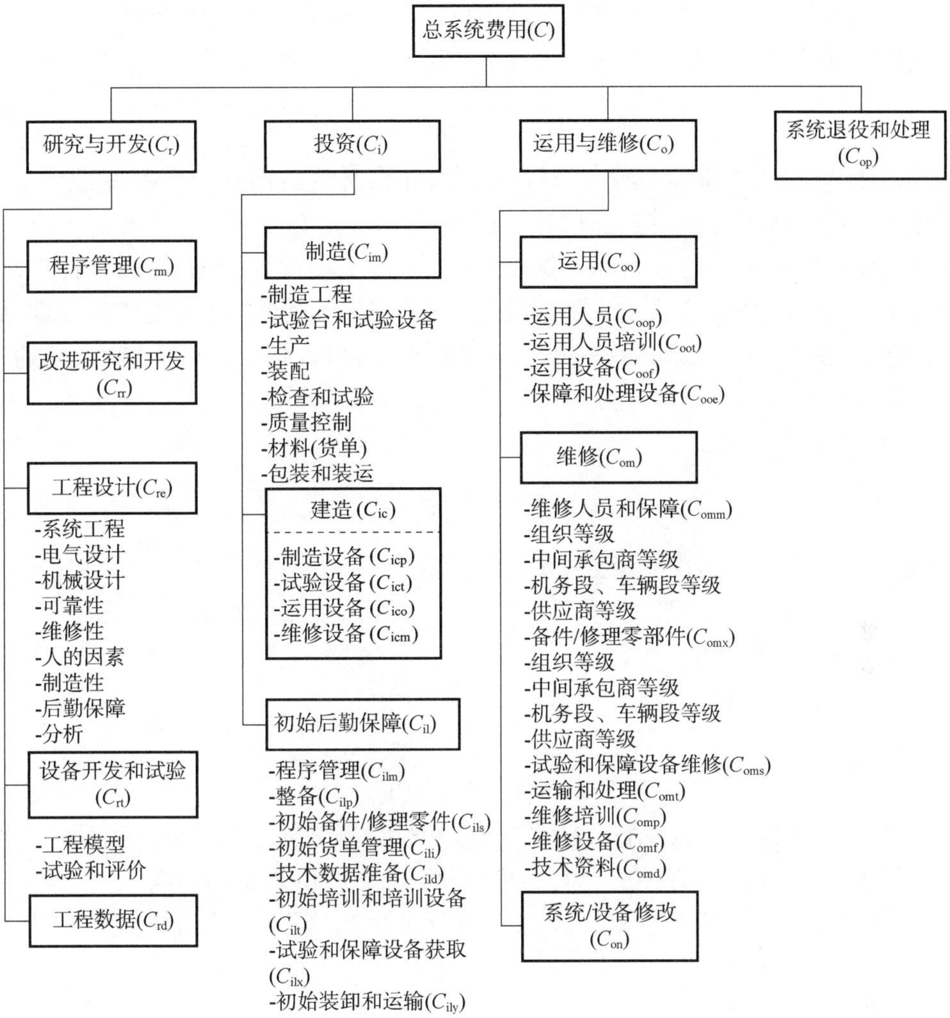

图 3-3 典型的 LCC 费用分解结构例 3

(2)改进研究和开发费用(C_{rr})

$$C_{rr} = \sum_{i=1}^{N} C_{rr_i} \tag{3-4}$$

式中 C_{rr_i} 为专业活动 i 的改进研究费用。

改进研究是为了确定和/或证实专业需求而进行的概念/可行性研究,包括针对程序初期所要完成的任务、系统运用需求、初步的维修方案等所进行的工作。

(3)工程设计费用(C_{re})

$$C_{re} = \sum_{i=1}^{N} C_{re_i} \tag{3-5}$$

式中 C_{re_i} 为专业设计活动 i 的工程设计费用。

包括与系统/设备定义和开发相关的所有初始设计工作,其专业领域涉及:系统工程、设计工程(电气、机械、草图)、可靠性和维修性工程、人机因素、功能分析和配置、后勤保障分析、零部件、制造性、标准化、安全性等。与改进相关的设计包含在 C_{on} 中。

(4)设备开发和试验费用(C_{rt})

$$C_{rt} = C_{rdl} + C_{rdm} + \sum_{i=1}^{N} C_{rdt_i} \tag{3-6}$$

式中　C_{rdl} 为样机制造和装配的劳务费用;C_{rdm} 为样机材料费用;C_{rdt_i} 为与专业试验 i 相关的试验运营和保障费用;N 为鉴定试验的数量。

包括工程样机模型的制造、装配、试验和评估(在工程设计费用 C_{re} 的支持下)。应特别指出的是,这还包括制造和装配、测试设备、质量控制和检验、材料生产和处理、后勤保障(人员、培训、备件、设备、保障设备等)、资料收集、样机评估。运营系统/设备的初始后勤保障包括在 C_{il} 中。

(5)工程数据费用(C_{rd})

$$C_{rd} = \sum_{i=1}^{N} C_{rd_i} \tag{3-7}$$

式中　C_{rd_i} 为专业数据费用;N 为数据项目的数量。

这类费用包括:与 C_{rm}、C_{rr}、C_{re} 和 C_{rt} 相关的所有数据/文件的准备、印刷、出版和发行的费用。还牵涉到程序计划、研究和开发报告、设计数据、试验计划和报告、分析、开始运用和维修步骤方法,以及与专业文整需求有关的所有工作。

3. 投资(C_i)

$$C_i = C_{im} + C_{ic} + C_{il} \tag{3-8}$$

式中　C_{im} 为系统/设备制造费用;C_{ic} 为系统建造费用;C_{il} 为初始后勤保障费用。

包括与系统/设备获取有关的所有费用(一整套设计和开发的一次性费用)。应特别指出的是,投资 C_i 包括制造(重复发生和不重复发生)、制造管理、系统建造和初始后勤保障。

(1)制造(C_{im})

$$C_{im} = C_{in} + C_{ir} \tag{3-9}$$

式中　C_{in} 为不重复发生的制造费用;C_{ir} 为重复发生的制造费用。

包括与多种数量原始系统/设备的生产和试验有关的重复发生和不重复发生的所有费用。主要结构、重大设备和设备维修费用记在 C_{ic} 中。

① 不重复发生的制造费用(C_{in})

$$C_{in} = C_{inm} + C_{int} + C_{ina} + C_{inp} + \sum_{i=1}^{N} C_{inq_i} + \sum_{j=1}^{N} C_{ins_j} \tag{3-10}$$

式中　C_{inm} 为制造工程费用;C_{int} 为工具和工厂试验设备费用(主要设备除外);C_{ina} 为质量保证费用;C_{inp} 为制造管理费用;C_{inq_i} 为鉴定试验 i 的费用;C_{ins_j} 为生产抽样试验 j 的费用;N 为各次试验的数量。

包括与运用系统/设备生产和试验相关的所有固定不重复发生的费用。应特别指出的是,此费用涉及制造管理、制造工程、初始加工和工厂试验设备、质量保证、首批鉴定试验(可靠性试验、维修性验证、保障设备兼容性、技术数据检验、人员试验和评估、互换性、环境试验)及相关保障、生产抽样试验及相关保障。每次单独鉴定和抽样试验的后勤保障包含在单独试验的费用中。

② 重复发生的制造费用(C_{ir})

$$C_{ir}=C_{ire}+C_{irl}+C_{irm}+C_{iri}+C_{irt} \tag{3-11}$$

式中 C_{ire}为重复发生的制造工程保障费用;C_{irl}为生产设备和汇集劳务费用;C_{irm}为生产材料和物资费用;C_{iri}为检验和试验费用;C_{irt}为包装和初始运输费用。

C_{ir}涉及所有重复发生的生产费用,包括:生产、部件和装配、材料和物资控制、检验和试验、包装和装运到第一次指定地点,也包括重复发生所需的支持工程保障。费用涉及原始设备的生产。运用试验和保障设备、培训设备和备件/修理零件的材料费包含在C_{il}中,制造管理费用包含在C_{in}中。

(2)建造费用(C_{ic})

$$C_{ic}=C_{icp}+C_{ict}+C_{ico}+C_{icm} \tag{3-12}$$

式中 C_{icp}为生产设备费用;C_{ict}为试验设备费用;C_{ico}为运用设备获取费用;C_{icm}为维修设备获取费用。

对式(3-12)中的每一项都应该做如下考虑。

$$C_{ic}=C_{ica}+C_{icb}+C_{icu}+C_{icc} \tag{3-13}$$

式中 C_{ica}为建造劳务费用;C_{icb}为建造材料费用;C_{icu}为公共事业费用;C_{icc}为主要设备费用。

包含与制造、试验、运用和维修相关的设备(物主拥有的车间和设备)和公共事业(燃气、电力、水、通信、热力、空调等)。设备费用涉及新建项目的开发、现有设备及改进、工作区及家庭住宅的考虑。这类费用包括预先考察、实际状况、建筑物的建造、道路的铺设、铁路旁轨等。费用项目包括建造劳力、建造材料、主要设备和公共事业装备的费用。

① 制造设备运用保障费用包含在C_{in}、C_{ir}中,包括初始和维持费用;

② 试验设备涉及一些特殊的试验评估要求;

③ 要求运用设备满足整个寿命周期内的使用;维持费用包含在C_{oof}中;

④ 要求维修设备满足整个寿命周期内系统装备的维修保障需求。维持费用包含在C_{omf}中。

(3)初始后勤保障费用(C_{il})

$$C_{il}=C_{ilm}+C_{ilp}+C_{ils}+C_{ili}+C_{ild}+C_{ilt}+C_{ilx}+C_{ily} \tag{3-14}$$

式中 C_{ilm}为获取程序管理费用;C_{ilp}为整备费用;C_{ils}为初始备件及零件修理的材料费用;C_{ili}为初始货单管理费用;C_{ild}为技术数据准备费用;C_{ilt}为初始培训和培训设备费用;C_{ilx}为运用试验和保障设备获取费用;C_{ily}为初始运输和装卸费用。

包括与系统保障要求有关的开发,及为满足这些需求从供应商处运输到运用现场所需的所有综合保障费用。主要涉及:

① 后勤程序管理费用。管理、控制、报告、修正活动所需的系统、预算和规划等费用。

② 数据准备费用。为获取备件/修理零件和试验及保障设备所需的数据准备费用。

③ 初始备件/修理零件的材料费用。用以保证原始设备、试验和保障设备以及培训设备的维修需求的费用。补充的备件费用包含在 C_{oms} 中。

④ 初始存货管理费用。计入存货单中备件的分类、列表、编码等的费用。

⑤ 技术数据准备费用。运用和维修说明书、试验程序、维修卡片、磁带等的开发费用，还包括可靠性和维修性数据、试验数据等与生产和试验运行相关的数据准备费用。

⑥ 初始培训和培训设备费用。培训设备、仪表/数据的设计和开发，以及开始被分配用于运用和维修用的原始设备、试验和保障设备，培训设备人员的培训费用。在系统整个寿命周期中完成培训所发生的费用包含在 C_{oot} 和 C_{omp} 中。

⑦ 试验和保障设备获取费用。设计、开发和获取试验、保障设备，现场运用和维修原始设备所需的处理设备费用。在系统整个寿命周期中试验和保障设备的维修费用包含在 C_{ode} 和 C_{oms} 中。

⑧ 初始运输和装卸费用。后勤保障单元首次从供货商分配运输到运用现场所需的费用。初始设备费用包含在 C_{ic} 中。

专业后勤保障要求在后勤保障分析（LSA）中规定，在工程设计期间完成。

4. 运用和维修费用（C_o）

$$C_o = C_{oo} + C_{om} + C_{on} + C_{op} \tag{3-15}$$

式中 C_{oo} 为系统/设备寿命周期运用费用；C_{om} 为系统/设备寿命周期维修费用；C_{on} 为系统/设备改进费用；C_{op} 为系统/设备退役和处理费用。

费用包括：系统设备交付给现场后与运用和维修保障有关的所有费用。专业种类涉及系统运用、维修、后勤保障、设备改进、以及系统/设备退役和处理的费用。费用一般按照整个寿命周期中每年发生的相关费用来确定。

（1）运用费用（C_{oo}）

$$C_{oo} = C_{oop} + C_{oot} + C_{oof} + C_{ooe} \tag{3-16}$$

式中 C_{oop} 为运用人员费用；C_{oot} 为运用人员培训费用；C_{oof} 为运用设备费用；C_{ooe} 为保障和处理设备费用。

该费用包括：在系统整个寿命周期中与实际运用（不含维修）有关的所有费用。专业种类涉及系统/设备运用人员、运用者的正式培训以及系统运用所需的运用、保障和处理设备。

① 运用人员费用（C_{oop}）

$$C_{oop} = T_o \cdot C_{po} \cdot Q_{po} \cdot N_{po} \times u \tag{3-17}$$

式中 T_o 为系统运用小时数；C_{po} 为运用者劳务费用；Q_{po} 为运用者/系统的数量；N_{po} 为运用系统的数量；u 为配置比例（%）。

费用涉及配置给系统运用人员的费用，包括：基础薪酬或工资和津贴、附加效益（保险、医疗和退休）、差旅、衣服津贴等费用，包含直接和间接费用。

② 运用培训费用（C_{oot}）

$$C_{oot} = T_t C_{top} Q_{so} \tag{3-18}$$

式中 T_t为培训程序的持续时间(周);C_{top}为运用者培训费用(每个学员、每周);Q_{so}为学员数量。

初始运用者培训费用包含在C_{ilt}中。这种费用涉及系统运用人员的正式培训。这种培训可能会产生人员更换,在整个寿命周期内定期进行。总费用包括教课时间、监管、学员在校期间的交付和津贴、培训设备(正式培训所需的设备配置)、培训方法、设备和数据、接受学员时的运输等费用。

③ 运用设备费用(C_{oof})

$$C_{oof} = (C_{ppe} + C_u) \cdot u \cdot N_{os} \tag{3-19}$$

式中 C_{ppe}为运用设备保障费用(每个地点);C_u为公共事业费用(每个地点);N_{os}为运用地点的数量。

对于每个项目

$$C_{oof} = C_{ppf} \cdot N_{os} \cdot S_o \tag{3-20}$$

式中 C_{ppf}为运用设备占地费用(每个地点、单位面积的费用),包括公共事业费用配置;S_o为设备要求的占地面积。

运用设备的初始获取费用包含在C_{ico}中。这种费用涉及系统整个寿命周期中与运用设备的占用和维修(修理、油漆等)相关的、每年重复发生的费用,也包括公共事业费用。设备和公共事业费用按比例分摊在每个系统中。

④ 保障和处理设备费用(C_{ooe})

$$C_{ooe} = C_{ooo} + C_{oou} + C_{oos} \tag{3-21}$$

式中 C_{ooo}为运用费用;C_{oou}为设备修复性维修费用;C_{oos}为设备预防性维修费用。

设备修复性维修费用为

$$C_{oou} = (Q_{ca} \cdot M_{mhc} \cdot C_{ocp} + Q_{ca} \cdot C_{mhc} + Q_{ca} \cdot C_{dc}) \cdot N_{os} \tag{3-22}$$

式中 Q_{ca}为修复性维修活动的数量;M_{mhc}为修复性维修工时;C_{ocp}为修复性维修劳务费用(每个工时);C_{mhc}为材料处理/修复性维修费用;C_{dc}为修复/维修文件费用。

设备预防性维修费用为

$$C_{oos} = (Q_{pa} \cdot M_{mhp} \cdot C_{opp} + Q_{pa} \cdot C_{mhc} + Q_{pa} \cdot C_{dp}) \cdot N_{os} \tag{3-23}$$

式中 Q_{pa}为预防性维修活动的数量;M_{mhp}为预防性维修工时;C_{opp}为预防性维修劳务费用(每个工时);C_{mhp}为材料处理/预防性费用;C_{dp}为预防性维修文件费用。

运用保障和处理设备的初始获取费用包含在C_{ilx}中。这种费用包括整个寿命周期中保障系统运用所需的年度运用和维修费用(例如发射装置、小机车、车辆等)。该费用尤其与设备运用、设备修复性维修和预防性维修相关。备件和消耗品的费用包含在C_{omx}中。修复性维修和预防性维修要求由后勤保障分析(LSA)得出。

(2)维修费用(C_{om})

$$C_{om} = C_{omm} + C_{omx} + C_{oms} + C_{omt} + C_{omf} + C_{omd} \tag{3-24}$$

式中 C_{omm}为维修人员和保障费用;C_{omx}为备件/修理零部件的费用;C_{oms}为试验和保障设备的维修费用;C_{omt}为运输和处理费用;C_{omf}为维修设备费用;C_{omd}为技术数据费用。

该费用包括：为满足原始设备在其整个寿命周期中的维修需求，保证所有的维修劳动力、备件/修理的零部件、试验和保障设备、运输和处理、补充培训、保障数据和维修需求的费用。这些需求包括在所有其他地方（组织、中间级、维修基地和工厂）进行的修复性和预防性维修的需求。

① 维修人员和保障费用（C_{omm}）

$$C_{omm} = C_{oou} + C_{oos} \tag{3-25}$$

式中 C_{oou}为设备修复性维修费用；C_{oos}为设备预防性维修费用。

总费用是每个维修等级 C_{omm}值之和，包括修复性和预防性维修劳动力、相关的材料处理和支持的文件。当一个系统/设备发生故障或一个计划维修活动被执行时，需要消耗人员工时，备件和相关的材料数量将发生变化，并且将完成维修活动报告。这种类型的费用包括所有直接费用。

② 修复性维修费用（C_{oou}）

$$C_{oou} = (Q_{ca} \cdot M_{mhc} \cdot C_{ocp} + Q_{ca} \cdot C_{mhc} + Q_{ca} \cdot C_{dc}) \cdot N_{ms} \tag{3-26}$$

式中 Q_{ca}为修复性维修活动的数量；M_{mhc}为修复性维修工时；C_{ocp}为修复性维修劳务费用（每个工时）；C_{mhc}为修复性维修材料处理费用；C_{dc}为修复性维修文件费用；N_{ms}为运用地点的数量。

每种维修方法等级都需确定 C_{oou}。

该费用包括完成修复性维修相关人员活动的费用。相关的备件、试验和保障设备、运输、培训和设备费用分别包含在 C_{omx}、C_{oms}、C_{omt}和 C_{omp}中。总费用包括每次维修活动各种费用之和乘以整个系统寿命周期内预期的维修活动数量。维修活动包括由于突然失效、故障缘故、运用/维修故障、制造缺陷等引起的修复性维修。每次维修活动费用考虑为直接任务（定位、故障隔离、移动和更换、修理、检验）所耗费的人员劳务、相关的行政机构/后勤耽误的时间、材料处理和维修文档（故障报告、备件结果报告）费用。修复性维修劳务费用 C_{ocp}随任务执行所要求的人员熟练水平而变化，包括直接劳务和日常管理两方面的费用。

③ 预防性维修费用（C_{oos}）

$$C_{oos} = (Q_{pa} \cdot M_{mhp} \cdot C_{opp} + Q_{pa} \cdot C_{mhp} + Q_{pa} \cdot C_{dp}) \cdot N_{ms} \tag{3-27}$$

式中 Q_{pa}为预防性维修活动的数量；M_{mhp}为预防性维修工时；C_{opp}为预防性维修劳务费用（每个工时）；C_{mhp}为预防性维修材料处理费用；C_{dp}为预防性维修文件费用；N_{ms}为维修地点的数量。

对于每种维修方法等级都需确定 C_{oos}。

该种费用包括完成预防性维修或计划维修相关人员活动的费用。相关的备件/消耗件、试验和保障设备、运输、培训和设备费用分别包含在 C_{omx}、C_{oms}、C_{omt}和 C_{omf}中。总费用包括每次预防性维修活动各种费用之和乘以系统寿命周期内预期的维修活动数量。维修活动包括维护保养、润滑、检查、大修、校准、定期系统检查、定期关键项目更换。每次维修活动费用考虑为预防性维修任务所耗费的人员劳务、相关的行政机构/后勤耽误的时间、材料处理和维修文档。预防性维修劳务费用C_{opp}随任务执行所要求的人员熟练水平而变化，包括直接劳务和日常管理两者的费用。

④ 备件/修理零部件费用(C_{omx})

$$C_{omx} = C_{so} + C_{si} + C_{sd} + C_{ss} + C_{sc} \tag{3-28}$$

式中 C_{so}为备件/修理零部件组织费用；C_{si}为中间级备件/修理零部件费用；C_{sd}为基地级备件/修理零部件费用；C_{ss}为供应商备件/修理零部件费用；C_{irt}为消耗件费用。

$$C_{so} = \sum_{N_{ms}} (C_a \cdot Q_a + \sum C_{mi} \cdot Q_{mi} + \sum C_{hi} \cdot Q_{hi}) \tag{3-29}$$

式中 C_a为材料购货单的平均费用(每个购货单)；Q_a为购货单的数量；C_{mi}为备件项目i的费用；Q_{mi}为i项目需要或要求的数量；C_{hi}为维持货单中备件项目i的费用(每个货单)；Q_{hi}为货单中项目i的数量；N_{ms}为维修地点的数量。

以类似的方法确定C_{si}、C_{sd}。

初始备件/修理零部件费用包含在C_{ils}中。该费用包括所有补充的备件/修理零部件和消耗品材料(例如油类、润滑剂、燃料等)的费用，它们与原始设备、运用保障和处理设备(C_{ooe})、试验和保障设备(C_{oms})和各种维修等级(组织、中间级、基地级、供应商)中的培训设备相关，是保障维修活动所需的。该类型的费用涉及采购费用、材料本身的实际费用和货单中的保养和维修项目的费用。由于采用的维修等级而造成的费用。对于备件的特殊要求(Q_m)是由后勤保障分析(LSA)得出的。

⑤ 试验和保障设备费用(C_{oms})

$$C_{oms} = C_{seo} + C_{sei} + C_{sed} \tag{3-30}$$

式中 C_{seo}为组织试验和保障设备费用；C_{sei}为中间级试验和保障设备费用；C_{sed}为基地试验和保障设备费用。

$$C_{seo} = C_{oou} + C_{oos} \tag{3-31}$$

式中 C_{oou}为修复性维修设备费用；C_{oos}为预防性维修设备费用。

修复性维修设备费用为

$$C_{oou} = (Q_{ca} \cdot M_{mhc} \cdot C_{ocp} + Q_{ca} \cdot C_{mhc} + Q_{ca} \cdot C_{dc}) \cdot N_{ms} \tag{3-32}$$

式中 Q_{ca}为修复性维修活动的数量；M_{mhc}为修复性维修工时；C_{ocp}为修复性维修劳务费用(每个工时)；C_{mhc}为修复性材料处理费用；C_{dc}为修复性文件费用；N_{ms}为维修地点的数量。

预防性维修设备费用为

$$C_{oos} = (Q_{pa} \cdot M_{mhp} \cdot C_{opp} + Q_{pa} \cdot C_{mhp} + Q_{pa} \cdot C_{dp}) \cdot N_{ms} \tag{3-33}$$

式中 Q_{pa}为预防性维修活动的数量；M_{mhp}为预防性维修工时；C_{opp}为预防性维修劳务费用(每个工时)；C_{mhp}为材料处理/预防性费用；C_{dp}为文件/预防性维修费用；N_{ms}为维修地点的数量。

以类似的方法确定C_{sei}、C_{sed}。

试验和保障设备的初始获取费用包含在C_{ilx}中。这种费用包括在每级维修中年度重复发生的试验和保障设备的寿命周期维修费用。保障设备运用费用实际上是通过执行任务而包含在C_{omm}中。维修是由修复性和预防性维修两者组成，其费用是在与原始设备类似的基础上得出(C_{oou}和C_{oos})。备件和消耗件包含在C_{omx}中。

⑥ 运输和处理费用(C_{omt})

$$C_{omt}=(C_t \cdot Q_t+C_p \cdot Q_t) \tag{3-34}$$

式中　C_t为运输费用;C_p为包装费用;Q_t为一种装运方式的数量。

$$C_t=W \cdot C_{ts} \tag{3-35}$$

式中　W为项目自重;C_{ts}为单位自重的装运费用,随装运的距离的变化而变化。

$$C_p=W \cdot C_{tp} \tag{3-36}$$

式中　C_{tp}为单位自重包装费用,根据是否可重复使用而变化。

初始(首次目的地)运输和处理费用包含在C_{ily}中。这种费用包括在维修运用保障的组织、中间级、基地级和供应商工厂之间,所有维持运输和处理(包装或装运)的费用。这种费用包括有缺陷的材料项目返回较高级别的维修处,以及为了到较高的维修地进行预防性维修(大修、校准)和备件/修理零部件、人员、资料等从供应商向上一级维修处的装运。

⑦ 维修培训费用(C_{omp})

$$C_{omp} = Q_{sm} \cdot T_t \cdot C_{tom} \tag{3-37}$$

式中　Q_{sm}为维修学员的数量;C_{tom}为维修培训费用(每个学员、每周);T_t为培训程序持续时间(周)。

初始维修培训费用包含在C_{ilt}中。这种费用涉及原始设备、试验和保障设备和培训设备的维修人员的正规培训。这种培训有可能产生人员更换,在整个寿命周期内而定期进行。总费用包括教课时间、监管、学员在校期间的交付和津贴、培训设备(为正式培训所需的设备配置)、培训方法、设备和资料、接受学员时的运输。

⑧ 维修设备费用(C_{omf})

$$C_{omf}=(C_{ppm}+C_u) \cdot u \cdot N_{ms} \tag{3-38}$$

式中　C_{ppm}为使用费用(每个地点);C_u为公共事业费用(每个地点);N_{ms}为维修地点的数量。

对于每个项目

$$C_{omf}=C_{ppo} \cdot N_{ms} \cdot S_o \tag{3-39}$$

式中　C_{ppo}为维修设备占地费用(每个地点、单位面积的费用),包括地点的使用费用;S_o为设备要求的占地面积。

确定每个合理的维修等级处的C_{omf}。

维修设备的初始获取(建造)费用包含在C_{icm}中。这种费用涉及整个系统寿命周期中所有维修等级处所维修车间占有的场地和保障(修理、修改、油漆等)有关的年度重复发生的费用。

⑨ 技术资料费用(C_{omd})

$$C_{omd} = \sum_{i=1}^{N} C_{omd_i} \tag{3-40}$$

式中　C_{omd_i}为专业资料项目i的费用;N为资料项目的数量。

初始技术资料准备费用包含在 C_{ild} 中。涉及特殊维修活动的各个数据报告包含在 C_{ooe}、C_{omm} 和 C_{oms} 中。这种费用包括一些系统在整个寿命周期中运用和维修保障所需要的其他资料。

(3)系统/设备改进费用(C_{on})

$$C_{on} = \sum_{i=1}^{N} C_{on_i} \tag{3-41}$$

式中 C_{on_i} 为专业改进 i 的费用;N 为系统/设备改进的数量。

在整个系统寿命周期中,当设备交付现场以后,还经常打算修改,以改善系统性能、效率或两者的综合。这种费用包括设计、材料、试验说明、人员和保障资源的修改,技术数据改变的文件说明,与新型配置相关的正式培训(需要时)和备件等。修改可能影响所有的后勤单元。

5. 退役和处理费用(C_{op})

$$C_{op} = F_c \cdot Q_{ca} \cdot (C_{dis} - C_{rec}) \tag{3-42}$$

式中 F_c 为报废因素;Q_{ca} 为修复性维修活动的数量;C_{dis} 为系统/设备处理费用;C_{rec} 为再生价值。

这种费用涉及一个项目遭到废弃或处理时,其可靠性或价值的降低。这种因素适用于整个系统/设备寿命周期终止时。此时费用的个别单元可能成为负值,即导致项目终了时的再生价值大于处理费用。

三、轨道交通系统 LCC 分解结构

如前所述,对于不同的产品和用途,所选择和建立的 LCC 模型及其分解结构是不一样的。图 3-4 为欧洲铁路工业联盟 LCC 工作组提出的用于铁路系统的 UNILIFE LCC 模型,图 3-5 为北欧铁路系统的 LCC 模型,是北欧 SINTEF 受欧盟委托执行项目 REMAIN 而提出的。

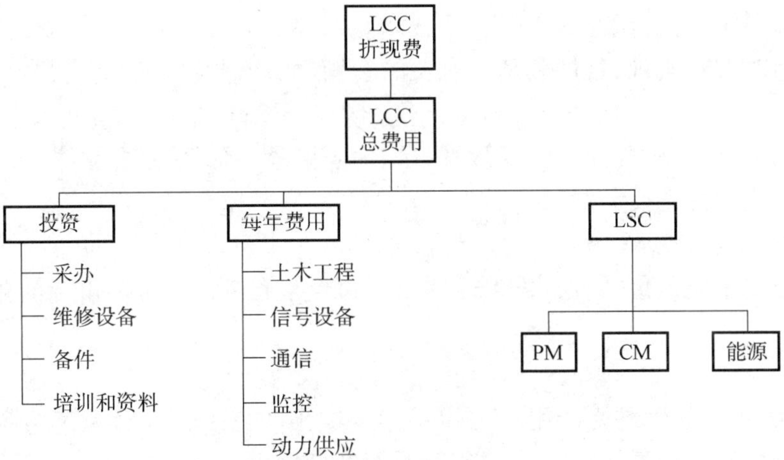

图 3-4 欧洲铁路工业联盟的 UNILIFE LCC 分解结构

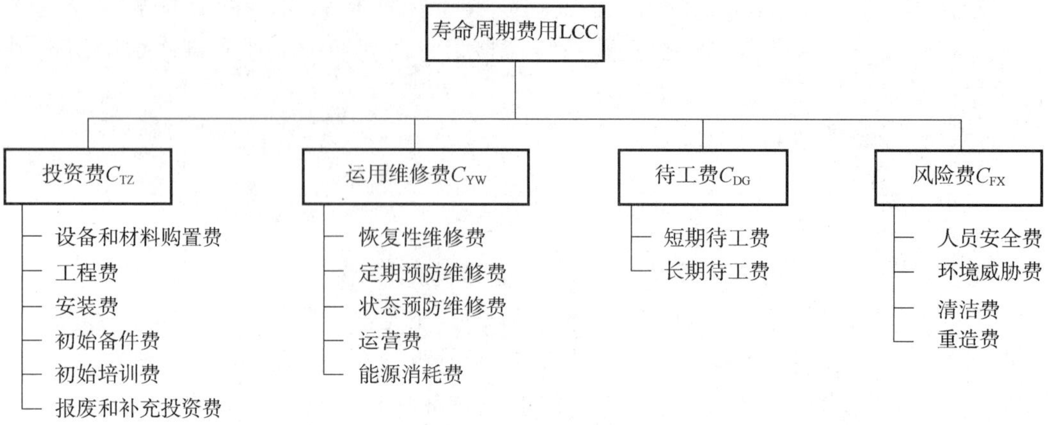

图 3-5　北欧铁路的 REMAIN LCC 分解结构

本章将重点介绍这种专门为铁路系统建立的北欧铁路的 REMAIN LCC 模型。它将总 LCC 划分为四个单元，即投资费用、运用维修费用、待工费用(拖延生产费用)和风险费用。其中待工费用一般是指不可用性费用，即装备无法使用所发生的费用；风险费用是由于风险事件(可能是事故或其他意外事件)而发生的费用。则

$$C_t = C_{tz} + C_{yw} + C_{dg} + C_{fx} \tag{3-43}$$

式中　C_t为寿命周期费用；C_{tz}为投资费用；C_{yw}为运用维修费用；C_{dg}为待工费用；C_{fx}为风险费用。

也可将待工费用并入风险费用，则 LCC 分成了三部分：投资费用、运用维修费用和风险费用。实际上，国际标准 IEC 中也将 LCC 分解为两种类别：获取费用(投资费用)和再现费用。则有：

$$C_t = C_{tz} + C_{zx} \tag{3-44}$$

式中　C_{zx}为再现费用，$C_{zx} = C_{yw} + C_{dg} + C_{fx}$。

1. 投资费用分解

一个技术系统的投资费用，不但包括技术系统本身，而且还包括维修所需的设备、技术资料、工程和安装、培训、备件和其他有关的费用(如运输费)。因此，投资费用 C_{tz} 为

$$C_{tz} = C_{tsc} + C_{tgc} + C_{taz} + C_{tbj} + C_{tpx} + C_{tcb} \tag{3-45}$$

式中　C_{tsc}为设备和材料费；C_{tgc}为工程费；C_{taz}为安装费；C_{tbj}为初始备件费；C_{tpx}为初始培训费；C_{tcb}为处置和补充投资费。

2. 运用维修费用分解

运用维修费用应该包括装备投入运用以后每年度的运用、维修和后勤费用。年度运用维修费用 C_{yyw} 为

$$C_{yyw} = C_{yxf} + C_{ydq} + C_{yzt} + C_{yhq} + C_{ynh} \tag{3-46}$$

式中　C_{yxf}为每年修复性维修费用；C_{ydq}为每年定期预防修费用；C_{yzt}为每年状态预防修费用；C_{yhq}为每年后勤管理费用；C_{ynh}为每年能源消耗费用。

上述费用中的前三项(C_{yxf}、C_{ydq}和 C_{yzt})是维修费用，还应该进一步细分为：工时费、备

件消耗费、后勤保障费。

所有后勤费用和与各种维修活动有关的培训费以及不包含在前三项中的工时费，都应包含在后勤管理费用 C_{yhq} 中。

(1)修复性维修费用

年度修复性维修费用分为：修复性维修工作所消耗的工时费、备件消耗费用和后勤保障费用。年度修复性维修费用 C_{yxf} 的计算公式为：

$$C_{yxf}=N_{yxf}\cdot(T_{xgs}\cdot c_{gs}+C_{xbj})+C_{yxh} \tag{3-47}$$

式中　N_{yxf} 为每年需要修复性维修的次数；T_{xgs} 为每次修复性维修所需的平均工时总数，包括运输、故障查寻和试验等所花费的时间(h)，$T_{xgs}=MTTR\cdot R$，其中 $MTTR$ 为平均修复时间(h)，R 为修复性维修平均所需的人员数目；c_{gs} 为每个维修工时的人工费，其中包括维修人员每个工时的所有费用，诸如工资、纳税、保险和设备使用等费用；C_{xbj} 为每次修复性维修的备件费用；C_{yxh} 为每年修复性维修的后勤保障费用。

(2)定期预防修费用

年度定期预防修费用包括工时费、备件消耗费和后勤保障费。年度定期预防修费用 C_{ydq} 的计算公式为

$$C_{ydq}=N_{ydq}(T_{dgs}\cdot c_{gs}+C_{dbj})+C_{ydh} \tag{3-48}$$

式中　N_{ydq} 为每年需要定期预防修的次数；T_{dgs} 为每次定期预防修所需的工时总数；c_{gs} 为每个维修工时的人工费；C_{dbj} 为每次定期预防修的备件费用；C_{ydh} 为每年定期预防修的后勤保障费用。

这里要注意的是，定期预防性维修有不同的维修等级和维修活动，对应着不同的维修间隔和维修工时，因此要将各个维修等级和维修活动的年度维修费用加到总费用中。

(3)状态预防修费用

年度状态预防修费用同样也包括工时费、备件消耗费和后勤保障费。年度状态预防修费用的计算公式为

$$C_{yzt}=T_{yzg}\cdot c_{gs}+C_{yzb}+C_{yzh} \tag{3-49}$$

式中　T_{yzg} 为每年状态预防修的工时数；c_{gs} 为每个维修工时的人工费；C_{yzb} 为每年状态预防修的备件费；C_{yzh} 为每年状态预防修的后勤保障费，其中包括状态检测设备的运用维修费用。

(4)后勤管理费用

年度后勤管理费用包括每年的后勤、运用和培训费用。因此年度后勤管理费用 C_{yhg} 的计算公式为

$$C_{yhg}=C_{yhq}+C_{yyy}+C_{ypx}=T_{yhq}\cdot c_{hgs}+T_{yyy}\cdot c_{ygs}+T_{ypx}\cdot c_{pgs} \tag{3-50}$$

式中　C_{yhq}、C_{yyy}、C_{ypx} 为每年的后勤、运用、培训费用；T_{yhq}、T_{yyy}、T_{ypx} 为每年的后勤、运用、培训工时数；c_{hgs}、c_{ygs}、c_{pgs} 为每个后勤、运用、培训工时的人工费。

要注意的是，这个费用包括维修中的后勤和培训费用，不包括维修活动中的所有工时费。

(5)能耗费用

年度能耗费用 C_{ynh} 为每年的能源消耗费用，例如内燃机车的燃油费和电力机车的电费。

(6)处置费用

在 REMAIN LCC 模型中不包括报废处置费和再投资费用。

3. 待工费用模型

装备发生故障需要计划外维修，使装备不能继续运用(称为装备的不可用性)而发生的费用即为待工费用。假定预防性维修不发生待工费用。

将不可用性费用分为两类：

(1)短期待工费用

在装备进行修复性维修时，造成短时间的待工(例如小于 30 min 的列车停运)而发生的费用。这种短期待工费用主要是对铁路的信誉造成损失，影响未来旅客的多少。这种费用可以通过预测每年由于故障而需要进行修复性维修且延误时间大于 5 min 的列车数量求得。

(2)长期待工费用

在装备进行修复性维修时，造成长时间的待工而发生的费用。这种费用需要对铁路运输收益进行可靠的测算而求得，包括诸如列车停运所造成的收益损失，对旅客的经济赔偿，以及由于列车延误而让旅客选择其他运输方式所花费的费用。这种费用的发生是由于装备故障而引起的偶发事件所致。须估计每年发生这种事件的频率和每起事件所预期的长期待工费用。

年度待工费用 C_{ydg} 的计算公式为

$$C_{ydg}=N_{ydd}\cdot C_{ddg}+N_{ycd}\cdot C_{cdg} \tag{3-51}$$

式中　N_{ydd} 和 N_{ycd} 为每年装备故障所引起的短期和长期待工次数；C_{ddg} 和 C_{cdg} 为每次的短期和长期待工费用。

此处要注意的是，这种年度待工费用应按其时间价值进行贴现。

4. 风险费用分解

装备的故障或不可用性也可能是由于风险事件(事故或偶然事件)造成的，因此发生的风险费用包括：(1)人员风险费用(例如人员的伤亡)；(2)环境风险费用；(3)可能发生的维修重造费用。

风险费用是否包含在 LCC 中至今还有争议。有些人认为，对于那些关系到人类生命安全的问题，应该另行计算(例如事故频率)。在进行决策时，应基于 LCC 和事故频率两方面的考虑。但也有另一种不同的看法，认为风险费用是 LCC 中重要的一部分，应该予以考虑。REMAIN LCC 模型对风险费用做了简单的考虑，提出了一种比较粗糙的风险费用模型。估计出每年(或每千年)风险事件或事故的次数，然后乘以每个事件的估计费用。

因此，年度风险费用 C_{yfx} 的计算公式为

$$C_{yfx}=N_{yfx}\cdot C_{fx} \tag{3-52}$$

式中 N_{yfx}为每年装备故障引起的风险事件或事故的次数；C_{fx}为一次风险事件或事故所发生的费用。

此处要注意的是，年度风险费用应按其时间价值进行贴现。

第三节 工作分解结构（WBS）

一、工作分解结构（WBS）概念

1. WBS 定义

工作分解结构（work breakdown structure，WBS）的定义是：以可交付成果为导向，对项目要素进行的分组。它归纳和定义了项目的整个工作范围，每下降一层，代表对项目工作的 WBS 定义得更详细。

由上述定义可知，工作分解结构（WBS）是工程项目管理中的一种方法和工具。它是按照项目发展的规律，根据一定的原则和规定，进行系统化的、相互关联和协调的层次分解，把项目可交付成果分为更小的、更便于管理的组成部分。结构层次越往下分，则项目组成部分的定义越详细。最后构成一份层次清晰的工作分解结构图。

2. WBS 表达形式

工作分解结构（WBS）的表达有不同的形式，常用的有层次结构图和锯齿列表，如图 3-6 所示。在实际应用中，表格形式的 WBS 应用比较普遍，特别是在项目管理软件中；层次结构图的 WBS（分级的树型结构）层次清晰、非常直观、结构性强，但不易修改，很难表示出大型复杂项目的全景，一般适用于中、小型项目。

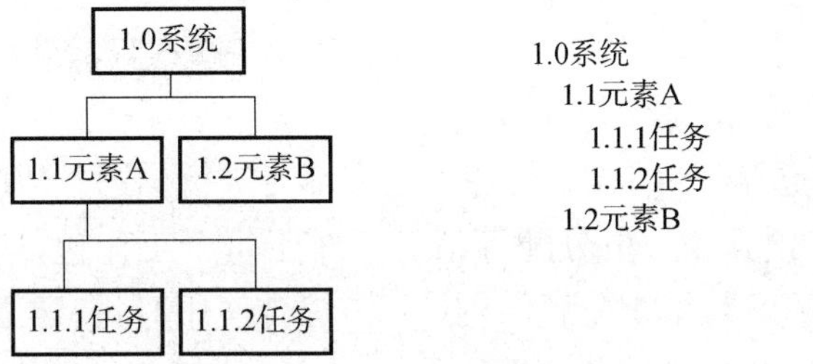

(a) 层次结构图 (b) 锯齿列表

图 3-6 工作分解结构的表达形式

3. WBS 分解方式

WBS 的分解可以通过多种方式进行，包括：

（1）按产品的物理结构分解；

（2）按产品或项目的功能分解；

（3）按照实施过程分解；

（4）按照项目的地域分布分解；

(5)按照项目的各个目标分解;

(6)按部门分解;

(7)按职能分解。

4. WBS要求

创建WBS时需要满足以下基本要求:

(1)分解后的活动应结构清晰、一目了然;

(2)某项任务应该只在WBS中的一处出现,且只能在一处出现;

(3)WBS中某项任务的内容是其下属所有WBS项的总和;

(4)一个WBS项只能由一个人负责,即使许多人参加,也只能由一个人负责,其余人只能是参与者;

(5)WBS必须与实际工作中的执行方式一致;

(6)应让项目团队成员积极参与创建WBS,以确保WBS的一致性;

(7)每个WBS项都必须文档化,以确保准确理解已包括和未包括的工作范围;

(8)WBS必须能够适应不可避免的变更。

5. WBS工作包

WBS最低层次的项目可交付成果称为工作包,具有以下特点:

(1)工作包可以分配给另一位项目负责人进行计划和执行;

(2)工作包可以通过子项目的方式进一步分解为子项目的WBS;

(3)工作包可以在制定项目进度计划时进一步分解;

(4)工作包可以由一个部门负责,或分包给另外的供货商;

(5)工作包的定义应考虑80 h法则或两周法则,即任何工作包的完成时间不应超过80 h。每80 h或少于80 h结束时,只报告该工作包是否完成。通过这种定期检查的方法,可以控制项目的变化。

6. WBS词典和编码

对于WBS,需要建立WBS词典对其各个工作部分进行描述。WBS词典通常包括:工作包描述、进度日期、成本预算和人员分配等信息。对于每个工作包,应尽可能地包括有关工作包的必要信息。当WBS与组织分解结构(OBS)综合使用时,要建立账户编码系统。账户编码是唯一识别WBS每个组成部分的编码系统。这一系统包括成本和资源的编码结构。

二、工作分解结构(WBS)的用途和意义

(一)WBS的用途

工作分解结构(WBS)的主要用途:

(1)WBS是描述项目规划和设计的工具,它帮助项目负责人和团队有效地确定和管理项目工作。

(2)WBS能够清晰地表达各项目工作之间的工作责任和相互联系。

(3)WBS可以全面地展现项目的全貌,详细地说明项目所必须完成的各项工作计划。

(4)WBS定义了项目的里程碑事件，可以向高级管理层和客户报告项目完成情况，作为项目状况的报告工具。

(5)防止项目的可交付成果被遗漏。帮助项目负责人关注项目的目标，澄清项目的职责。

(6)建立可视化的项目可交付成果，以便估算工作量和分配工作。

(7)帮助改进项目完成时间、成本和资源估计的准确度。

(8)帮助项目团队建立、获得项目人员的承诺，为绩效测量和项目控制规定一个衡量基准。

(9)为其他项目计划的制定建立框架。

(10)帮助分析项目的最初风险。

(二)WBS的意义

1. 为工作定义提供更有效的控制

WBS能够更有效地控制所规定的项目工作，主要表现在：

(1)使用WBS可以通过设施的结构化分解来进行管理。

(2)通过WBS可以清晰地表明项目管理要实现的目标是什么，不论这个目标如何实现。

(3)通过WBS可以使技术与项目的人员、系统和组织之间产生联系，并在项目可交付结果之间进行平衡，从而避免了计划的误区，即只在一个详细的层次上定义工作。以一个结构化的方式来定义工作可以得到更好的结果。

(4)通过可交付成果进行工作定义，在项目向前进行时，只有那些对生产设施有必要的工作才做，因此计划也变得更加固定。

(5)在环境不断变化的情况下，项目所需的工作可能发生变化，但不管怎么变化，一定要对最终结果产生有益的影响。

2. 给予项目工作以相应的授权

WBS可以把工作分配到相应的工作包中去。由于WBS的目的是生产产品，因此须将产品/工作层层分解，最终分解到底层工作包。在分配责任的同时，也将每个产品或服务分配到相应的部门。如果工作只是在一个详细的层次上定义，不分配到工作包，那么就不能让相关部门独立地去完成工作。

3. 便于找到控制的最佳层次

WBS便于人们寻求控制项目工作的最佳层次。当人们在较低层次上对项目工作进行控制时，所花费的时间要比完成工作所需的时间更多；而在较高层次上进行控制，则会对有些重要情况造成疏漏。通过WBS，我们可以找到控制的最佳层次。一般情况下，控制活动的长短应该与控制会议召开的频度相一致。

4. 有助于限定风险

在实际中，WBS的分解层次不一定是固定不变的，WBS的最低层次可根据风险的水平来确定。在风险较低的项目中，工作分解的最低层次可以是工作包，而在一个风险较高的项目中，我们可以继续将项目分解到一个最低的层次上。项目负责人在规划和控制一个工程项目时，WBS 是一种非常有用的工具。编制完成了 WBS，确定了工程项目的总目标，就确定了各项工作(部分)与整个项目(整体)的关系。

5. 作为信息沟通的基础

在现代大型复杂项目中，一般要涉及大量的资源，关系到许多公司、承包商和供应商，有时还会有政府部门的高技术设施或资金投入，因此所要求的综合信息及需要沟通的数量非常大。这些大项目往往涉及巨资并历时数年，因此初始设想的项目环境会随着项目的进展而发生很大的变化，即项目早期阶段的不确定性。这就要求建立一个可为所有相关单位共用的信息平台，从项目开始到最后完成都能用于沟通信息。应用该平台的相关单位有：承包商、供应商、项目管理人员、设计人员、政府有关部门等。一个正确的 WBS，能够成为这些单位或用户信息沟通的连接器，成为相互交流信息的共同平台。将 WBS 作为基础来编制预算、进度和描述项目的各个方面，能够使所有与项目有关的人员或单位都明了完成项目所需要做的各项工作及其进展情况等。

6. 为系统综合与控制提供了有效手段

典型的项目控制系统包括费用、进度等不同的子系统。这些子系统在某种程度上是相互独立的，但是各个子系统之间的系统信息转换是不可缺少的，因此必须对这些子系统进行汇总，才能够真正达到项目管理的目的。而 WBS 的应用则可以提供一个这样的手段。

在 WBS 应用中，各个子系统都利用 WBS 来收集数据，它们都在 WBS 词典和编码结构的共同基础上接受信息。通过 WBS 代码的应用，使进入到系统的所有信息都通过一个统一的定义呈现，从而确保所有收集到的数据都能够与同一基准比较，使项目工程师、会计师以及其他项目管理人员都参照相同的信息，这对于项目控制具有重要的意义。例如，许多项目的一个典型问题是会计系统和进度控制系统采用不同的分类或编码，这就需要有一个共同的 WBS 基础，对成本和进度做出统一的解释、分析和预测，以提升对于项目的有效管理。此外，各个子系统在 WBS 基础上的共同联系越多，对项目控制就越有益，因为这样可以减少或消除分析中的系统差异。

(三)WBS 的创建过程和注意事项

1. WBS 的创建过程

WBS 创建过程非常重要，因为在项目分解过程中，项目负责人、项目成员和所有参与项目的职能人员都必须考虑该项目的各个方面。制定 WBS 的过程主要是：

(1)得到项目范围说明书。

(2)召集有关人员，集体讨论所有主要项目工作，确定项目工作分解的方式。

(3)分解项目工作。如果有现成的模板，应该尽量利用。

(4)画出 WBS 的层次结构图。WBS 较高层次上的一些工作可以定义为子项目或子寿命周期阶段。

(5)将主要项目可交付成果细分为更小的、易于管理的工作包。工作包必须详细到可以对该工作包进行估算(成本和历时)、安排进度、做出预算、分配负责人员或组织单位。

(6)验证上述分解的正确性。如果发现较低层次项没有必要,则修改组成成分。如果有必要,则建立一个编码系统。随着其他计划活动的进行,不断地对 WBS 更新或修正,直到可以覆盖所有工作。

2. WBS 创建要求

对 WBS 创建过程提出如下要求:

(1)WBS 应当包括:与该系统有关的全部硬件、软件、劳务和数据等,不应漏掉任何项目。

(2)WBS 的每一方框代表一个工作单元,每个工作单元都有自己的代号。该代号应采用十进制代码,使每个工作单元都具有可跟踪性,以便对其进行费用、进度和效能的综合监控。

(3)每个工作单元都应建立《工作单元工作说明》,其中应包括:

① 该工作单元的代号、名称和在 WBS 中所处的层次;

② 该工作单元的任务;

③ 来自较低层次工作单元的输入;

④ 来自较高层次工作单元的输出;

⑤ 该工作单元的负责部门及负责人;

⑥ 完成该工作单元任务所需的时间(进度)、费用、工时和人员的要求。

3. WBS 创建过程的注意事项

(1)将项目的产品结构划分、项目的阶段划分和项目的责任划分有机地结合起来。

(2)最低层的工作包应该便于完整无缺地分派给项目的内外组织或个人,各个工作包之间必须具有明显的界面,界面清楚将有利于减少实施过程中的协调工作量。

(3)最低层的工作包应该非常具体,以便承担工作的组织或个人都能明确自己的任务、努力的目标以及承担的责任,有利于监督和业绩考核。

(4)WBS 的每个分支不一定需要分解到相同的层次。

(5)逐渐分解项目或其主要可交付成果的过程,实际上就是分派角色和职责的过程。

(6)WBS 中包括管理活动和次承包商的活动。

(7)分解后的任务应该是:可管理的、可定量检查的、可分配任务的、独立的。

(8)决定 WBS 详细程度和层次的主要因素包括:

① 为完成项目工作任务而分配给每个小组或个人的责任和这些责任者的能力。责任能力强,层次可以减少;反之就需要分解得多一些层次。

② 在项目运行期间管理和控制项目预算、监控和收集费用数据水平。

③ 控制能量(水平)越高,层次可以越少;反之,就需要分解得多一些层次。因为分解得越细,项目就越容易管理,因此要求的能力就相对低一些。

实践经验表明,分解层次最多使用 20 层,多于 20 层是没有必要的。对于一些较小的项目 4～6 层已足够。WBS 中的支路也没有必要全都分解到同一层次,即不必把结构强制做成对称的。在分解的任意支路上,当达到的层次已经可以做出所要求的准确性估算时,就可以停止了。

(四)WBS在LCC分析中的应用

在轨道交通系统的LCC分析中,最常用的WBS形式是按照产品的物理结构分解。图3-7表示出按照产品结构分解的一个例子,其整个LCC分解单元的数目列入表3-1中。

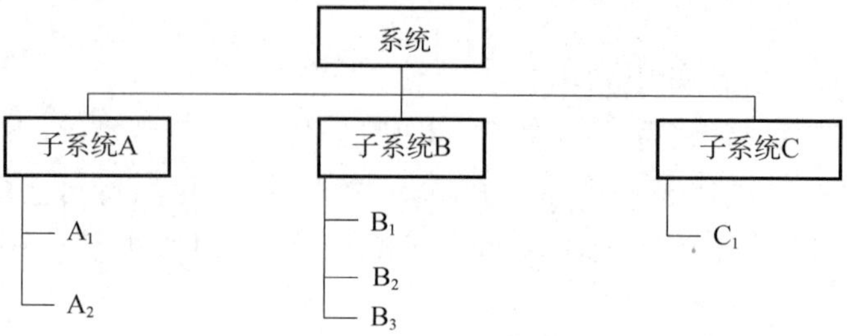

图3-7　按产品结构分解案例

表3-1　按照费用和产品结构分解(分解单元的数目)

费用类别	按照产品分解			总　计
	子系统A	子系统B	子系统C	
C_{TZ}	10 000	2 000	500	12 500
C_{YW}	5 000	1 100	400	6 500
C_{DG}	1 000	400	100	1 500
C_{FX}	500			500
总　计	16 500	3 500	1 000	21 000

轨道交通系统按照工作项目的分解结构表示在图3-8中。这个WBS只作为示例,不代表任何某个具体项目的完整范围,也不意味着此类项目仅此一种WBS分解方式。

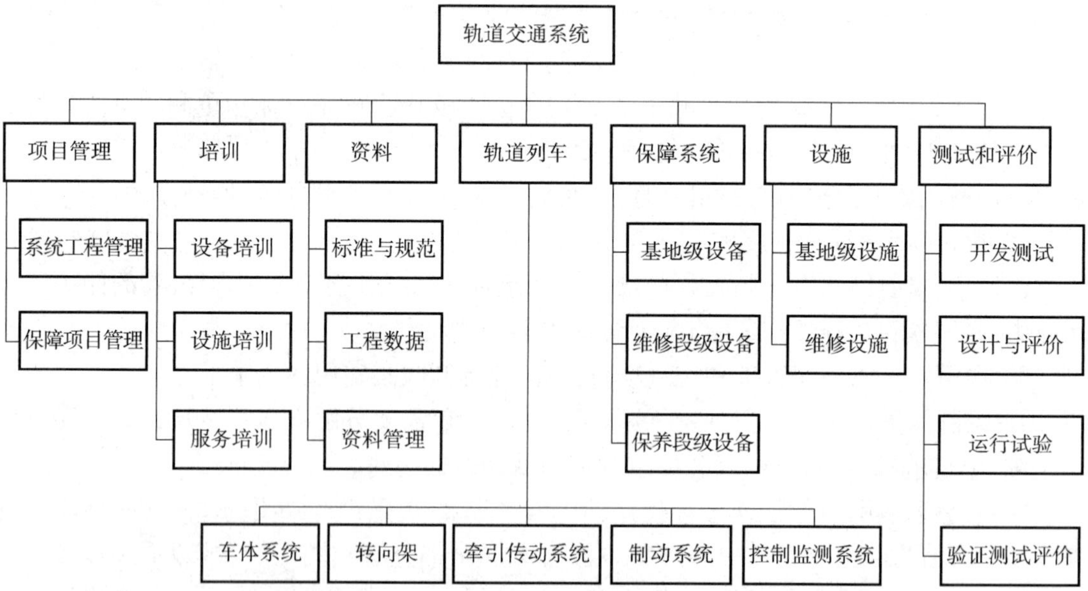

图3-8　轨道交通系统的工作分解结构示例

第四章　LCC 时间价值和影响因素

第一节　费用的时间价值

一、费用的时间价值及相关概念

装备的各种费用在不同的时刻发生，相同的资金在不同的时刻支付其价值是不相同的，这种因时间变化而引起费用价值的变化，称为费用的时间价值。不考虑费用的时间价值所进行的 LCC 估算称为静态估算。考虑费用的时间价值，对发生在不同时刻的费用，按照利率进行折算，化成同一时刻发生的费用，这样进行的 LCC 估算，称为动态估算。在决策中，通常需要考虑费用的时间价值。将有关费用时间价值的常用术语和概念介绍如下。

1. 利息与利率

利息是指占用资金所付出的代价，或是放弃使用资金所得到的补偿。如果将一笔钱存入银行，这笔资金就称为本金。经过一段时间之后，储户可在本金之外得到一笔利息，可表示为

$$F=P+I_n \tag{4-1}$$

式中　F 为本利和；P 为本金；I_n 为利息；n 为计算利息的周期数，如“年”“月”等。

利率是在一个计息周期内所得到的利息额与本金之比，一般用百分数表示，即

$$i=\frac{I_1}{P}\times 100\% \tag{4-2}$$

式中　I_1 为一个计息周期的利息。

由上可见，利率是单位本金经过一个计息周期后的增值额。利率是由于投资而得到的收益比率。通常，这种收益的比率以年为单位计算。因此 10%的利率表明所用的每一元人民币都须附加返还 0.10 元，作为使用这笔钱的报酬。这个利率取决于供给和需求方决定的市场驱动力。货币的价格（利率）取决于借钱人（债方）和出借人（贷方）之间的契约，因此而被称为市场利率。

对于债方来说，利息是由于投入资金而获得的货币总计，投入的资金被贷款或用于购买材料/劳务或设备，在这种关系中所得到的利息是收益或利润；而对于贷方来说，利息是由于借用资金而支付的货币总计，此时利息是花费。

通货膨胀对利息的市场利率有影响。一般说来，在通货膨胀增长时借款人有利；相反，当利率很可能大于通货紧缩率时，则会增加借款资金的负担。此处的关键概念是与其

时间价值有关的未来货币的购买动力。

2. 单利和复利

利息的计算分为单利计息和复利计息。

(1)单利计息

单利计息指仅用本金计算利息，利息不再生利息，即

$$I_n = P \cdot n \cdot i \tag{4-3}$$

n 个计息周期后的本利和为

$$F_n = P(1 + i \cdot n) \tag{4-4}$$

(2)复利计息

复利计息是用本金和前期累计利息总额之和进行计息，即除最初的本金计息之外，每一计息周期的利息都要并入本金，再生利息。因此复利计算的本利和为

$$F_n = P(1 + i)^n \tag{4-5}$$

【例 4-1】 假设贷款 1 000 元，每年单利率为 12%，试计算三年终点时的单利和复利情况。

【解】

(1)对于单利的情况

由式(4-3)仅用本金计算利息，则三年终点的总利息为：

$$I_3 = P \cdot n \cdot i = 1\ 000 \times 3 \times 0.12 = 360(\text{元})$$

三年贷款期限终点时所支付的本金加利息总计为 1 360 元。

(2)对于复利的情况

按复利计息，由式(4-5)计算，得每年付 3 年贷款 1 000 元的 12%的利息见表 4-1。

表 4-1 每年付利息时的复利计算 元

年	年初欠款总计	年终应付利息	年终欠款总计	年终应付借款总计
1	1 000.00	120.00	1 120.00	120.00
2	1 000.00	120.00	1 120.00	120.00
3	1 000.00	120.00	1 120.00	1 120.00

如果借款人在每个期限终了不支付所得的利息，并将利息计到总计(本金加利息)中去，过去一些年所欠的利息都变成了这年所欠总款项的一部分。利息计入过去所得利息的账目中，则在三年期限内所产生的结果表示在表 4-2 中。

表 4-2 当利息允许累计时的复利计算 元

年	年始时欠款总计	年终应付利息	年终时欠款总计	年终应付借款总计
1	1 000.00	1 000×0.12=120.00	1 120.00	0.00
2	1 120.00	1 120×0.12=134.40	1 254.40	0.00
3	1 254.40	1 254.40×0.12=150.53	1 404.93	1 404.93

表 4-1 和表 4-2 中利息结算的方法步骤都要求按照未付的余额对利息进行计算，但是

由于支付方式的不同而使计息方案产生不同的效果。在表 4-1 的付款方式中，所得款项中不计利息产生的利息。在表 4-2 的付款方式中则相反。因此，复利的效果取决于支付的规模和时间。

对单利和复利进行比较：在单利的情况下，三年终了可得利息 360 元，本金加利息总计为 1 360 元；而当利息按每年复利被累计，则三年可得利息 404.93 元，本金与利息总计为 1 404.93 元，两者相差 44.93 元。

复利计息比较符合资金在生产过程中的实际运动状况，因此在技术经济分析中一般采用复利计算。

3. 名义利率与实际利率

在技术经济分析中，复利的计算通常是以年为计息周期，但在财务安排上实际的复利计息周期可能更短，例如半年、一个季度或一个月等，此时的利率 i（指实际计息周期时利率）与年利率是不同的，称之为实际利率 i；而并未发生计息的年利率则称为名义利率，以 i_n 表示，它是实际利率 i 与一年计息次数 n 的乘积，即

$$i_n=i\cdot n \text{ 或 } i=i_n/n \tag{4-6}$$

例如，按月计算利息，月利息为 1%，则年利率（名义利率）为月利率（实际利率）1%与每年计息 12 次的乘积，即 $i_n=i\cdot n=1\%\times 12=12\%$。若按单利计息，名义利率与实际利率是一致的；但按复利计算，名义利率与实际利率则不相等。

由式（4-5）和式（4-6）可得一年后的本利和为

$$F=P(1+i)^n=P\left(1+\frac{i_n}{n}\right)^n \tag{4-7}$$

名义利率与实际利率的换算公式为

$$i=\frac{F-P}{P}=\left(1+\frac{i_n}{n}\right)^n-1 \tag{4-8}$$

由上述公式可见，当 $n=1$ 时，名义利率等于实际利率。当 $n>1$ 时实际利率大于名义利率，且 n 越大，即一年中计算复利的次数越多，则年实际利率相对于名义利率就越高。

【例 4-2】 采购一个零件，向银行借贷，其本金为 1 000 元。若按年利率 12%、每年计息一次和按月利率 1%、每月计息一次，试计算按照单利和复利计息，一年后的利率与本利和。

【解】

（1）单利计息

若按年利率 12%，每年单利计息 1 次。一年后的本利和按式（4-3）计算为

$$F=P(1+i\cdot n)=1\ 000\times(1+12\%\times 1)=1\ 120(\text{元})$$

若按月利率 1%，每月单利计息 1 次。一年后的本利和按式（4-3）为

$$F=P(1+i\cdot n)=1\ 000\times(1+1\%\times 12)=1\ 120(\text{元})$$

可见，若按单利计息，名义利率与实际利率计算结果相同。

（2）复利计息

若按年利率 12%，每月复利计息 1 次。一年后的本利和按式（4-7）计算

$$F=P\left(1+\frac{i_n}{n}\right)^n=1\ 000\times\left(1+\frac{0.12}{12}\right)^{12}=1\ 126.8(\text{元})$$

实际年利率 i 可由式(4-2)计算

$$i=\frac{I_1}{P}\times100\%=\frac{(F-P)}{P}\times100\%=\frac{(1\ 126.8-1\ 000)}{1\ 000}\times100\%=12.68\%$$

可见,若按复利计息,每月计息 1 次,实际年利率计算结果与名义利率计算结果不相同,实际利率(12.68%)高于名义利率(12%)。

表 4-3 给出了名义利率为 12%,不同计息周期的实际年利率值。由表 4-3 可见,计息周期越短,年实际利率越高。

表 4-3　不同计息周期的年实际利率值(名义利率 $i_n=12\%$)

计息周期	一年内计息次数 n	各计息周期利率 i_n/n (%)	年实际利率 i(%)
年	1	12.000	12.000
半年	2	6.000	12.360
季	4	3.000	12.551
月	12	1.000	12.683
周	52	0.230 8	12.734
日	365	0.032 9	12.747

4. 间断计息与连续计息

复利计息有间断计息和连续计息之分。如果计息周期有一定的时间,如年、半年、季、月,并按复利计息,则称为间断计息;如果计息周期极短,短到任意长的时间均可,当周期无限缩短时则称为连续复利。由上述讨论可知,对同一个年利率,计息次数越多,也就是计息周期越小,实际利率就越高。

在极端情况下,利息每年可被复合无穷多次,而成为一个连续数。在这种假定前提下,对连续复利的年实际利率定义为

$$i_a=\lim_{n\to\infty}\left(1+\frac{i_n}{n}\right)^n-1 \tag{4-9}$$

$$\left(1+\frac{i_n}{n}\right)^n=\left[\left(1+\frac{i_n}{n}\right)^{n/i_n}\right]^{i_n}$$

当

$$\lim_{n\to\infty}\left(1+\frac{i_n}{n}\right)^{n/i_n}=\text{e}=2.718\ 2\cdots$$

则

$$i_a=\lim_{n\to\infty}\left[\left(1+\frac{i_n}{n}\right)^{n/i_n}\right]^{i_n}-1=\text{e}^{i_n}-1 \tag{4-10}$$

代入式(4-5)得连续计息的本利和为

$$F=P\text{e}^{i_n n} \tag{4-11}$$

从理论上说来,资金是在不停地运动,每时每刻都会在生产和流通环节中增值,应采

取连续复利来计算资金的时间价值。但是，在实际经济活动中，计息周期不可能无限缩短，通常都采取较简便的间断计息法来计算利息。

【例 4-3】 某地向世界银行贷款 100 万元，年利率为 12%，试用间断计息法和连续计息法计算 5 年后的本利和。

【解】

(1)间断计息

按式(4-5)计算　　$F=P(1+i)^n=100\times(1+0.12)^5=176.23$(万元)

(2)连续计息

按式(4-11)计算　　$F=Pe^{i_n n}=100\times e^{0.12\times5}=182.21$(万元)

5. 现金流量图

一个项目的实施往往需要持续一段时间，在项目寿命周期内，各种现金流入或流出的数额和时间都不尽相同。为了便于分析，通常采用图的形式表示特定系统在一段时间内发生的现金流量，称为现金流量图。作为备选方案识别和记录的费用模型，可以应用每种备选方案的现金流量图来表示。它提供了分析方案所需的费用信息。现金流量图通过位于时间区间终点向上的箭头(货币增加)表示时间区间内的收入(年收益或成本节约等)，称为现金流入，箭头的长度可以与区间收入的数量呈正比。同样，时间区间内的支出(投资、成本和耗费等)通过一个位于区间终点的向下箭头(货币减少)表示，称为现金流出。在同一时间点上现金流入与现金流出的代数和称为净现金流量。现金流入、现金流出和净现金流量统称为现金流量。

现金流量图的一个例子表示在图 4-1 中，它与表 4-1 中的贷款情况相对应。在此图中，借款人收到 1 000 元，这个款项在借款人的现金流量图中表示为正向流。每年借款人支付 120 元的利息，这些款项加上偿还所借的 1 000 元都表示为负向流。图 4-1 还表示出出借者的现金流量图。出借者经历了一个 1 000 元的负向流，接着是利息收益和偿还原始贷款的正向流。

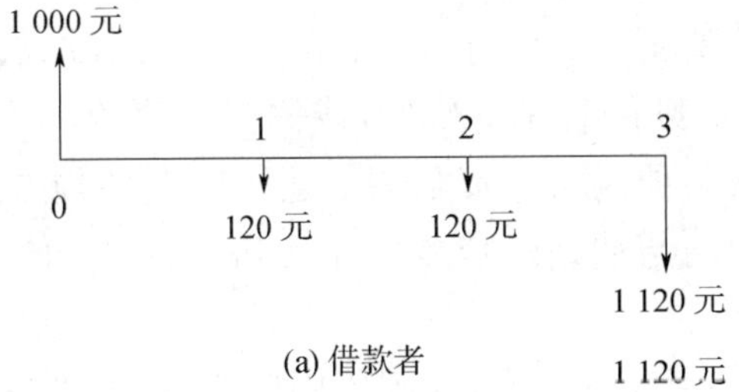

(a) 借款者

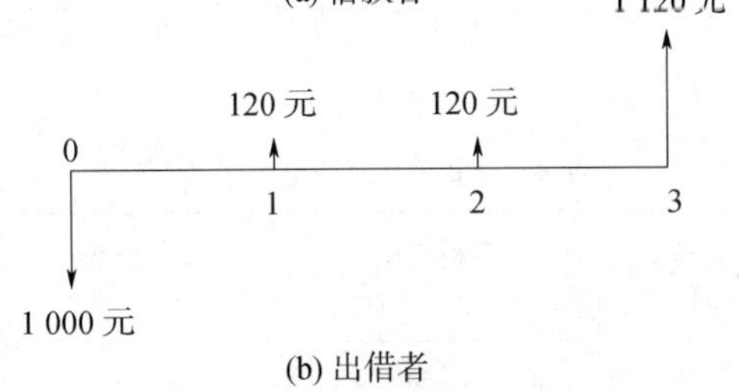

(b) 出借者

图 4-1　现金流量图(表 4-1 的情况)

对于表 4-2 的情况，借款者和出借者的现金流量图表示在图 4-2 中。借款者收到 1 000元(正向流)，三年后作为负向流，支付 1 404.93 元。出借者的现金流量图表示出相反的流动方向。

当一个活动有收入和支出同时发生时，则可计算纯现金流量。纯现金流量是发生在相同时间点的收入(正现金流量)和支出(负现金流量)之和。在项目开始时，必须考虑启动一项活动的开支。在项目寿命周期中发生的收入和支出一般都假定发生在年终或利息期限的终点。这种"年-终"的习惯在描述随时间变化的现金流和开发可用的现金流量图时采用。

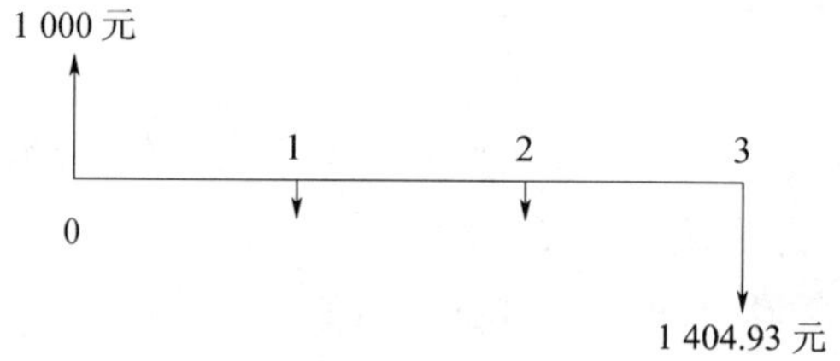

(a) 借款者

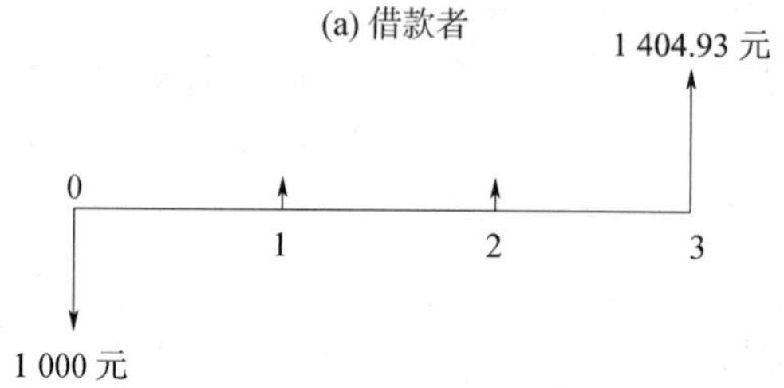

(b) 出借者

图 4-2　现金流量图(表 4-2 的情况)

二、资金等价概念

资金等价是指在考虑时间因素的情况下，不同时点发生的绝对值不等的资金可能具有相等的价值。例如现在的 1 000 元与一年后的 1 060 元，在数值上并不相等，但如果将其存入银行，年利率为 6%，则两者是等价的，或称为等值的。

企业向银行贷款采购某项设备。资金的偿还可以有各种方式。每次偿还的金额和时间不同，其总额也不同，但均与初始的贷款额是等价的。下面以借款、还本付息的例子来进一步说明等价的概念。

【例 4-4】 某人现在借款 1 000 元，在 5 年内以年利率 6%还清全部本金和利息，则有 4 种偿付方式，计算结果见表 4-4。

表 4-4　四种典型的等价形式　　元

偿还方案	年　数(1)	年初所欠金额(2)	年利息额(3)＝(2)×6%	年终所欠金额(4)＝(2)＋(3)	偿还本金(5)	年终付款总额(6)＝(3)＋(5)
1	1	1 000	60	1 060	0	60
	2	1 000	60	1 060	0	60

续上表

偿还方案	年　数(1)	年初所欠金额(2)	年利息额(3)＝(2)×6%	年终所欠金额(4)＝(2)＋(3)	偿还本金(5)	年终付款总额(6)＝(3)＋(5)
1	3	1 000	60	1 060	0	60
	4	1 000	60	1 060	0	60
	5	1 000	60	1 060	1 000	1 060
	合计		300			1 300
2	1	1 000	60	1 060	0	0
	2	1 060	63.6	1 123.6	0	0
	3	1 123.6	67.4	1 191.0	0	0
	4	1 191.0	71.5	1 262.5	0	0
	5	1 262.5	75.8	1 338.3	1 000	1 338.3
	合计		338.3			1 338.3
3	1	1 000	60	1 060	200	260
	2	800	48	848	200	248
	3	600	36	636	200	236
	4	400	24	424	200	224
	5	200	12	212	200	212
	合计		180			1 180
4	1	1 000	60	1 060	177.4	237.4
	2	822.6	49.4	872.0	188.0	237.4
	3	634.6	38.1	672.7	199.3	237.4
	4	435.3	26.1	461.4	211.3	237.4
	5	224.0	13.4	237.4	224.0	237.4
	合计		187			1 187

由表4-4可见：

(1)第1方案：在5年中每年年底仅偿付利息60元，第5年末同时还本付息；

(2)第2方案：在5年中对本金和利息均不做任何偿还，只在第5年末将本利一次付清；

(3)第3方案：将所借本金分期均匀返还，每年年末偿还本金200元，同时偿还到期利息。由于所借本金逐年递减，故利息也逐年递减，至第5年末全部还清；

(4)第4方案：将所借本金分期返还，但每年偿付的本金额不等，而每年偿还的本息总额却相等，即所谓的等额分付。

从例4-4可以看出，如果年利率6%不变，4种不同偿还方案与原来的1 000元本金是等价的。从贷款人立场来看，4种方案中的任何一种都可以还清所贷之款1 000元，因此他愿意提供1 000元贷款。从借款人立场来看，他如果同意以这4种方案中的任何一种来偿付借款，就可以得到这1 000元的使用权。

利用等价的概念,可以把一个时间点的资金换算成另一时间点的等价金额,这一过程叫资金等价计算。与此相关的术语有:

(1)贴现:把将来某一时点的资金金额换算成现在时点的等价金额称为贴现或折现。在资金等价计算中,反映资金时间价值的参数叫贴现率,例如以银行利率作为贴现率。

(2)现值:将来时点上的资金贴现后的金额称为现值。现值是一个相对的概念,是指某一时点折现到近期时点的等价金额。

(3)终值:与现值等价的将来某时点的资金金额称为终值或将来值。

一般说来,将$(t+k)$个时间点发生的资金贴现到第t时间点上,所得到的等价金额就是第$(t+k)$时间点上资金金额的现值。进行资金等价计算中使用的反映资金时间价值的参数被称为贴现率。例4-4中是以银行利率作为贴现率的。

三、资金等价计算

在工程经济分析中,由于资金存在时间价值,在不同时刻发生的资金支出或收入是不能直接相加的,为了达到资金时间可比性要求,必须对项目寿命周期内不同时间发生的费用进行资金等价计算,将它们换算到同一时间点上进行分析。例如,在年利率为6%的条件下,现在的1 000元在一年后将增值为1 060元,即现在的1 000元与一年后的1 060元是等价的。可见两者时间和金额均不相同,但其价值相等。而现在的1 000元与一年后的1 000元,在利率为6%情况下,虽然数额一样,但其发生的时间不同,其价值不相等。

因此,资金的等价是考虑了资金时间价值后的等价。资金数额相等,发生的时间不同,其价值不一定相等;而资金数额不等,但发生的时间不同,其价值却可能相等。决定资金等价的因素有三个:资金数额、资金发生的时间和利率。其中利率是关键性因素。在考察资金等价问题时,一般都是以相同利率作为依据进行比较计算的。资金等价计算是以资金时间价值原理为依据,以利率为杠杆,结合资金的使用时间和增值能力,对工程项目和技术方案的现金流量进行折算,以期找出共同点上的等价金额来进行比较、计算和选择。资金等价计算要借助普通的复利利率进行,其计算公式与复利公式也相同。

(一)一次性支付类型

一次性支付又称为整付,是指分析系统的现金流量时,现金流入或流出均在一个时点上发生,如图4-3所示。

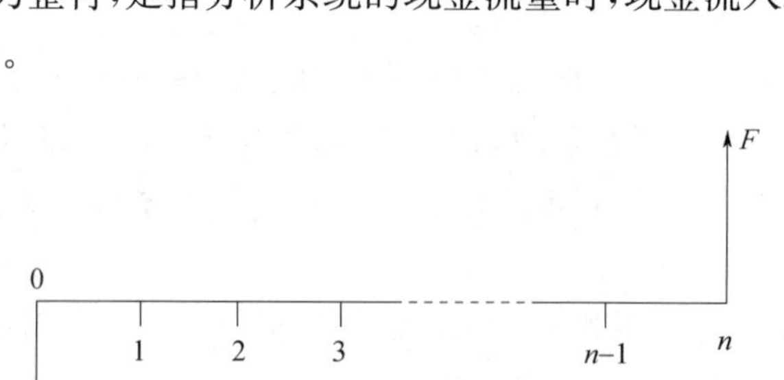

图4-3 一次性支付现金流量图

对于所考虑的系统，在考虑资金时间价值的条件下，如果现金流入恰恰能补偿现金流出，则 F 与 P 就是等价的。

1. 一次性支付终值公式

一次性支付终值公式为

$$F=P(1+i)^n \tag{4-12}$$

此式与复利本利和计算式(4-5)相同。但在等价计算中，称 F 为 n 年末的终值(本利和)，P 为现值(本金)，i 为贴现率(利率)，n 为计息周期。系数 $(1+i)^n$ 为一次性支付终值系数，也可用 $(F/P,i,n)$ 表示，因此公式又可写成

$$F=P(F/P,i,n) \tag{4-13}$$

$(F/P,i,n)$ 系数可以从相应的复利表中查到。其中斜线右方字母表示已知参数，左方表示待求的等价现金流量(图4-3)。

【例4-5】 某企业向银行贷款100万元，年利率为12%，期限5年，假定按复利计息，5年后应向银行偿还的本利和是多少？

【解】

已知：$i=0.12$，$n=5$，$P=100$ 万元，则

$$F=P(1+i)^n=100\times(1+0.12)^5=100\times1.762\ 3=176.23(\text{万元})$$

或者，查复利系数表(本书附录B中附表6)，当 $(F/P,i,n)$ 为 $(F/P,0.12,5)$ 时，一次性支付终值系数(整付本利和系数)为1.762，故

$$F=P(F/P,i,n)=100(F/P,0.12,5)=100\times1.762=176.2(\text{万元})$$

2. 一次性支付现值公式

一次性支付现值公式是已知终值 F 求现值 P 的等价公式，是一次性支付终值公式的逆运算。由式(4-12)可直接导出

$$P=F\left[\frac{1}{(1+i)^n}\right] \tag{4-14}$$

式中符号与终值公式相同。系数 $1/(1+i)^n$ 称为一次性支付现值系数，也可用 $(P/F,i,n)$ 表示，其值可由本书附录复利系数表查得。它与一次性支付终值系数 $(1+i)^n$ 互为倒数。

【例4-6】 某企业5年后需用款100万元，银行年利率为12%，假定按复利计息，现在应存入银行多少资金？

【解】 已知：$i=0.12$，$n=5$，$F=100$ 万元，现在多少资金与5年后的100万元等价？

由式(4-14)可得

$$P=F/(1+i)^n=100/(1+0.12)^5=100\times0.567\ 4=56.74(\text{万元})$$

或者，查复利系数表，当 $(P/F,i,n)$ 为 $(F/P,0.12,5)$ 时，一次性支付现值系数为0.567 4，故

$$F=P(F/P,i,n)=100(F/P,0.12,5)=100\times0.567\ 4=56.74(\text{万元})$$

即该企业现在须存入银行56.74万元。

（二）等额分付类型

对于系统的现金流量，可以只发生在一个时点上，一次性支付类型所涉及的就是这种情况。但现金流入和流出也可以发生在多个时点上，而且其数额大小可以是不等的，也可以是相等的。下面介绍4个等价计算公式。

1. 等额分付终值公式

对于一个系统，在每一个计息周期末均支付相同数额的资金 A，当年利率为 i 的情况下，则 n 年末资金的本利和 F 相当于等额年值序列的终值。

图4-4为等额序列的现金流量图。

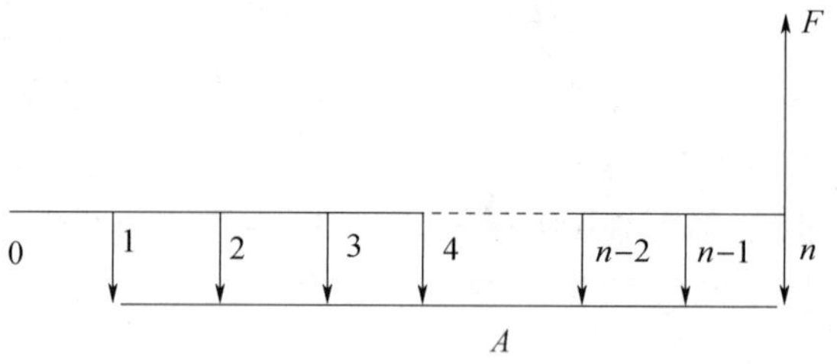

图4-4　等额分付序列的现金流量图（等额流出）

由图4-4可见，第 n 年末资金的终值总额 F 等于各年存入资金 A 的终值总和，即

$$F = A + A(1+i) + \cdots + A(1+i)^{n-2} + A(1+i)^{n-1} =$$

$$A[1 + (1+i) + \cdots + (1+i)^{n-2} + (1+i)^{n-1}] \tag{4-15}$$

上式中括号中为等比级数，其公比为 $(1+i)$，根据等比级数求和公式可得等额分付终值公式

$$F=A\left[\frac{(1+i)^n-1}{i}\right] \tag{4-16}$$

式中 $\frac{(1+i)^n-1}{i}$ 称为等额分付终值系数，也可以用 $(F/A,i,n)$ 表示，其值可由本书附录复利系数表查得。

使用等额分付终值计算公式应满足：①每次支付金额相同；②支付周期相同，如1年；③每次支付都在支付周期末端，终值与最后一次支付同时发生。

【例4-7】 某人参加养老保险每年年末缴纳保险费200元，若年利率10%，问20年后退休时可获得多少养老保险金？

【解】 本题为等额分付终值计算问题。已知：$A=200$ 元，$i=0.1$，$n=20$。

由式（4-14），有

$$F = A\left[\frac{(1+i)^n-1}{i}\right] = 200\left[\frac{(1+0.1)^{20}-1}{0.1}\right] = 200 \times 57.3 = 11\ 460（元）$$

2. 等额分付偿债基金公式

在年利率为 i 的情况下，欲将第 n 年年末的资金 F 换算为等价的 n 年中每年年末的等额资金，这就是等额分付偿债基金的计算问题。显然，等额分付偿债基金的计算是等额分付终值计算的逆运算，则可得

$$A=F\left[\frac{i}{(1+i)^n-1}\right] \tag{4-17}$$

式中 $\frac{i}{(1+i)^n-1}$称为等额分付偿债基金系数，也可记为$(A/F,i,n)$，其值可由本书附录复利系数表查得。

【例 4-8】 某企业计划进行一项技术改造，预计 5 年后进行这项改造需用资金 300 万元，银行利率 8%，每年末应存款多少？

【解】 本题为等额分付偿债基金计算问题。已知：$F=300$ 万元，$i=0.08$，$n=5$。

由式(4-17)，有

$$A=F\left[\frac{i}{(1+i)^n-1}\right]=300\left[\frac{0.08}{(1+0.08)^5-1}\right]=300\times0.1705=51.15(\text{万元})$$

需要指出的是，利用式(4-16)和式(4-17)进行等价计算，只适用于从第 1 年年末开始有现金流入或流出的情况。若是从第 1 年年初就有现金流入或流出的情况，则需将每一年年初的发生值考虑到年末进行计算，将本金当年的时间价值计入，折算成年末的等价金额，即公式右边项乘以$(1+i)$。

3. 等额分付现值公式

对于一个工程项目，在第 1 年年初投资额为 P，并于第 1 年年末取得效益。考虑资金的时间价值，在年利率为 i 的情况下，已知 n 年中每年末所获效益均为 A，从第 1 年到第 n 年的等额现金流入总额等价于最初的现金流出 P，此时求投资 P 就属于等额分付现值计算问题。

图 4-5 为等额分付现值公式所依据的现金流量图。

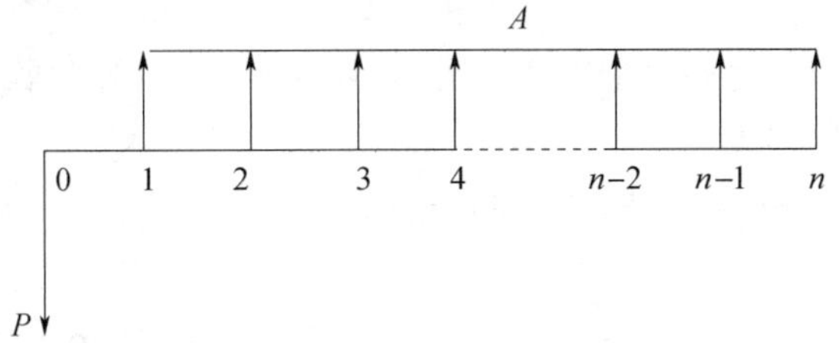

图 4-5　等额分付序列的现金流量图(等额流入)

利用一次性支付现值公式(4-13)和等额分付终值公式(4-14)，并两边各乘以 $1/(1+i)^n$，则可得等额分付现值公式

$$P=A\left[\frac{(1+i)^n-1}{i(1+i)^n}\right] \tag{4-18}$$

式中 $\frac{(1+i)^n-1}{i(1+i)^n}$称为等额分付现值系数，也可记为$(P/A,i,n)$，其值可由本书附录复利系数表查得。式(4-18)表示贴现率为 i 时，n 个等额年值 A 与计息周期初现值 P 之间的等价关系，适用于已知 A 求 P 的情况。该公式应满足：每期支付金额(A)相同；支付间隔相同(如 1 年)；每次支付都在对应的期末。

【例 4-9】 一辆轿车每年的维护费为 1 000 元，轿车使用寿命为 15 年，若从购车之日起每年末支付维护费，在年利率 7%的情况下，现应预存多少钱？

【解】 本题为等额分付现值计算问题。已知：$A=1\ 000$ 元，$i=0.07$，$n=15$。

由式(4-18)，有

$$P=A\left[\frac{(1+i)^n-1}{i(1+i)^n}\right]=1\ 000\times\left[\frac{(1+0.07)^{15}-1}{0.07\times(1+0.07)^{15}}\right]=$$

$$1\ 000\times 9.107\ 9=9\ 107.9(\text{元})$$

4. 等额分付资本回收公式

对于初期投资 P，当年利率为 i 时，在 n 年内每年末以等额回收资金 A，当所有的回收额等价于初期投资 P 时，每年末应回收多少资金？这就是等额分付资本回收计算问题。可见，它是等额分付现值计算的逆运算，即已知现值 P 求与之等价的等额年值 A。

由式(4-18)直接导出

$$A=P\left[\frac{i(1+i)^n}{(1+i)^n-1}\right]=P(A/P,i,n) \tag{4-19}$$

式中 $\frac{i(1+i)^n}{(1+i)^n-1}$ 称为等额分付资本回收系数，也可记为$(A/P,i,n)$，其值可由本书附录复利系数表查得。在对工业项目或技术方案进行经济技术分析时，常常根据计算出的单位投资值，在考虑资金时间价值的前提下，应用等额分付资本回收系数核定在项目生产期或回收成本期内每年至少应返还多少资金。若项目实际返还的资金小于根据单位投资的等额分付资本回收系数所求得的资金数额，则说明该项目在指定期间无法按要求收回投资。

资本回收系数与偿债基金系数的关系为

$$(A/P,i,n)=(A/F,i,n)+i \tag{4-20}$$

【例 4-10】 一套运输设备价值 2 000 万元，拟在 5 年内等额收回全部投资，若年利率为 8%，每年至少应回收多少？

【解】 本题是等额分付资本回收计算问题。已知：$P=2\ 000$ 万元，$i=0.08$，$n=5$。

由式(4-19)，有

$$A=P\left[\frac{i\ (1+i)^n}{(1+i)^n-1}\right]=2\ 000\times\left[\frac{0.08\ (1+0.08)^5}{(1+0.08)^5-1}\right]=$$

$$2\ 000\times 0.250\ 5=501(\text{万元})$$

（三）资金等价计算基本公式汇总

将上述介绍的 6 种资金等价计算公式汇总于表 4-5 中。

表 4-5　常用资金等价计算公式

类别		已知	求解	公式	系数名称及符号
一次性支付	终值公式	现值 P	终值 F	$F=P\ (1+i)^n$	一次性支付终值系数 $(F/P,i,n)$
	现值公式	终值 F	现值 P	$P=F\left[\frac{1}{(1+i)^n}\right]$	一次性支付现值系数 $(P/F,i,n)$

续上表

类别		已知	求解	公式	系数名称及符号
等额分付	终值公式	年值 A	终值 F	$F=A\left[\frac{(1+i)^n-1}{i}\right]$	等额分付终值系数 $(F/A,i,n)$
	偿债基金公式	终值 F	年值 A	$A=F\left[\frac{i}{(1+i)^n-1}\right]$	等额分付偿债基金系数 $(A/F,i,n)$
	现值公式	年值 A	现值 P	$P=A\left[\frac{(1+i)^n-1}{i(1+i)^n}\right]$	等额分付现值系数 $(P/A,i,n)$
	资本回收公式	现值 P	年值 A	$A=P\left[\frac{i(1+i)^n}{(1+i)^n-1}\right]$	等额分付资本回收系数 $(A/P,i,n)$

应用表4-5中6个基本公式可以在考虑资金时间价值的情况下，进行资金的等价计算，这些公式广泛地应用于财务管理、投资决策、资产评估等领域。在计算时，可参照本书附录的资金因素等价核算表(复利系数表)，根据给定的年利率 i 和年计息次数 n，查阅相应的表格，就可以直接得出结果。

四、轨道交通系统费用时间价值的计算

1. 轨道交通系统费用时间价值的计算公式

在轨道交通系统运输装备的LCC分析中，必须对装备寿命周期内不同时间发生的全部费用进行计算和分析。在考虑资金时间价值的情况下，不同时间发生的费用是不能直接相加的，只能通过资金等价计算将它们换算到同一时间点上进行分析。最常用的方法是把各年度发生的费用看作是当年的终值，进行贴现计算，换算为基准年的现值，然后累加得到总现值，即可进行比较。

最常用的贴现计算公式为

$$P=\sum_{n=0}^{T}F_n(1+i)^{-n}=\sum_{n=0}^{T}F_n\cdot f \tag{4-21}$$

式中 P 为总寿命周期费用的现值；F_n 为第 n 年费用的名义值(终值)；i 为贴现率，可从有关手册中查得；n 为某一指定的年份；T 为考虑的时间长度(年)。设运用前的一年为基准年 t_0，运用起始年为 t_1，运用年的数目(全寿命)为 m，则 $t_0=t_1-1$，$T=t_1-t_0+m$；f 为现值系数，$f=(1+i)^{-n}$。

在设定运用前的一年为基准年的情况下，所有的投资均发生在0年份，即为开始运营前的一年。这就意味着公式(3-43)中的投资费用 C_{tz} 无需贴现，可直接用于LCC的计算。

如果认为所有其他费用(C_{yw}、C_{dg}、C_{fx})在全寿命内每年都不变，则可由式下式得出全寿命内其他费用现值

$$P = F_n \cdot \sum_{n=1}^{m} (1+i)^{-n} = F_n \cdot \frac{1-(1+i)^{-m}}{i} = F_n \cdot f \tag{4-22}$$

式中　F_n为每年发生的费用；i为贴现率；m为全寿命(年)；f为等额分付现值系数，$f=\frac{1-(1+i)^{-m}}{i}$。

式(4-22)即是常用的复利公式中等额多次支付时的现值计算公式。

2. 轨道交通系统费用贴现的简化计算

如前所述，费用必须贴现到基准年t_0。REMAIN LCC 模型提出了一种简化的 LCC 计算方法。令开始使用年份$t_1=t_0+1$，认为总投资费用C_{TZ}直接发生在“0 年”(t_0)，即较开始使用年份t_1提前一年。装备的全寿命为m年(从第 1 年 1 月 1 日至第m年 12 月 31 日)，并认为每年发生的运用维修费用C_{YYW}、待工费用C_{YDG}和风险费用C_{YFX}均相同，将这些费用乘以式(4-22)中的现值系数f，即可得到这些费用在基准年t_0的现值。因此计算总寿命周期费用C_t的公式(3-43)可由下式代替。

$$C_t = C_{tz} + (C_{yyw} + C_{ydg} + C_{yfx}) \cdot [1-(1+i)^{-m}]/i \tag{4-23}$$

式中　C_{tz}为总投资费用；C_{yyw}为年度运用维修费用；C_{ydg}为年度待工费用；C_{yfx}为年度风险费用；i为贴现率；m为装备全寿命。

这就是 REMAIN LCC 模型计算中采用的简化贴现公式，其中($C_{yyw}+C_{ydg}+C_{yfx}$)等于用户每年发生的费用，称为年度再现费用或年度寿命保障费用。

由式(4-23)可以看出，这种方法较简便，具有较大的实用价值，尤其对于产品招标或设计阶段进行方案对比时，可以避免较大的工作量，因为方案的对比与决策的目的主要在于估计各方案的费用差别，而不在于得到费用的准确数值。

在方案比较时，为了清晰合理地判断和考虑安全性，REMAIN LCC 模型中包含风险费用的做法也是十分必要的。虽然安全性可以单独考虑，但是在方案对比中，由于安全方面的原因而产生的经济效应常常被低估。REMAIN LCC 模型中不仅能够显示出安全性降低引起的风险费用，而且还能够考虑由此导致寿命的减少。此方法还允许对具有不同全寿命m的方案进行对比，首先要计算出年度 LCC，再进行对比。

第二节　通货膨胀的影响

一、通货膨胀和通货紧缩

产品和服务所必需支付的价格是持续波动的。纵观历史，价格最经常发生的是向上变动(通货膨胀)；价格向下的变动(通货紧缩)较少发生。当价格上涨时，货币的购买力下降；价格下降对货币的购买力起相反的作用。图 4-6 表示出美国 20 世纪前半叶所经历的通货膨胀和通货紧缩状况。可以看出，在数十年中，一个国家产品和服务价格的变化是剧烈的。

为了测量和提供消费品和生产品价格水平的变化，需要计算价格指数。可以由价格指数推导出可用的通货膨胀率，从而估计未来的货币购买力。

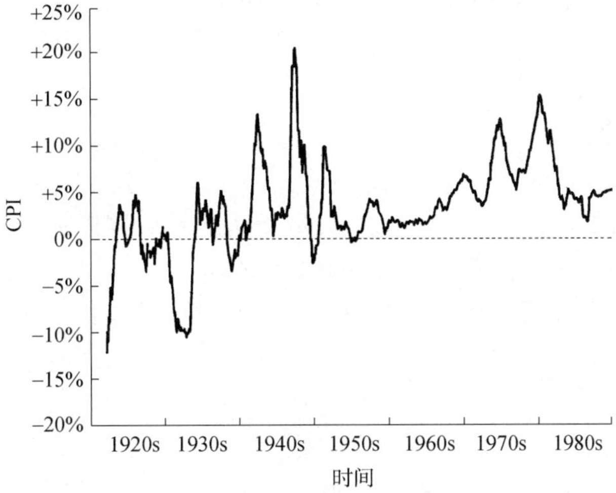

图 4-6　美国消费价格指数的变化

1. 消费和生产价格指数

价格指数是某时间点的价格与某早期时间点价格的比值。这个早期的时间点通常是选择一个基准年，由该基准年可以计算价格指数，也可以计算其他指数。

有关价格指数开发的数据由商务部门和劳务部门负责。这些价格指数用于各种商品和生产等级以及消费和生产价格的综合评价。表 4-6 给出美国 1984—2014 年的生产价格指数(PPI)和消费价格指数(CPI)，以 1984 年作为基准。

表 4-6　美国生产和消费价格指数

年份	PPI	CPI	年份	PPI	CPI
1984	100.0	100.0	2000	128.05	165.74
1985	99.51	103.56	2001	129.45	170.45
1986	96.63	105.49	2002	126.49	173.15
1987	99.18	109.34	2003	133.25	177.09
1988	103.16	113.86	2004	141.49	181.81
1989	108.28	119.35	2005	151.84	187.97
1990	112.18	125.79	2006	158.93	194.03
1991	112.42	131.09	2007	166.56	199.56
1992	113.05	135.03	2008	182.93	207.22
1993	114.71	139.08	2009	183.39	206.48
1994	116.20	142.64	2010	186.22	209.87
1995	120.35	146.68	2011	193.42	216.50
1996	123.17	151.01	2012	196.97	220.98
1997	123.09	154.48	2013	199.64	224.21
1998	120.04	156.88	2014	202.88	227.85
1999	121.04	160.35			

为了能够在 LCC 分析研究中，准确地反映价格水平的变化，所用的指数应该适应当时的状况，对于消费品应该使用 CPI。对于生产品则应使用 PPI，尽管这些综合指标没有区分各种产品之间的差别。

2. 通货膨胀率的选择

(1)年通货膨胀率 r

代表一年时间内价格增长(或降低)的百分数被认为是通货膨胀(或紧缩)率。给定某年的通货膨胀率一般是基于上一年的价格，因此通货膨胀率具有复合(复利)效应。

年通货膨胀率可以由任何可用的指数计算。对于表 4-6 中的 PPI 指数，第$(t+1)$年的通货膨胀率 r_{t+1} 为

$$r_{t+1}=\frac{PPI_{t+1}-PPI_t}{PPI_t} \tag{4-24}$$

例如，2004 年 PPI 的年通货膨胀率 r_{2004} 为

$$r_{2004}=\frac{PPI_{2004}-PPI_{2003}}{PPI_{2003}}=\frac{141.49-133.25}{133.25}=0.0618$$

即 2004 年通货膨胀率为 6.18%。

(2)平均年通货膨胀率 $\bar{r}$

在进行经济分析时，常常需要平均年通货膨胀率。这就需要确定一个单独的平均比率 $\bar{r}$，以综合表示各年的平均比率。例如，从 2004 年末生产品价格指数 PPI_{2004} 和 2014 年末生产品价格指数 PPI_{2014} 可求得平均年通货膨胀率 $\bar{r}$，即 $PPI_{2004}(1+\bar{r})^{10}=PPI_{2014}$，代入数据可得这 10 年间平均每年的通货膨胀率 $\bar{r}=3.67\%$。

平均年通货膨胀率的概念使计算更加简单，在绝大多数情况下被采用，这是由于估算每一年的通货膨胀率较费时。有时为了得到比较精确的计算结果，也采用按费用单元逐年考虑通货膨胀的方法。

大多数 LCC 分析研究都依赖于对未来通货膨胀率的估算，其应该建立在对过去的经济状况的了解和对将来经济状态预测评估的基础之上。

3. 货币购买力

当价格上涨或降低时，一定数量货币所能购买的物品和服务的总数量也随之下降或增加。在通货膨胀条件下，货币购买力下降。美国货币购买力的这种流失现象表示在表 4-7 中(将 1984 年作为基准)。

表 4-7　美国货币购买力流失情况

年份	生产价格	消费价格	年份	生产价格	消费价格
1984	1.000	1.000	1988	0.969	0.878
1985	1.005	0.966	1989	0.924	0.838
1986	1.035	0.948	1990	0.891	0.795
1987	1.008	0.915	1991	0.890	0.763

续上表

年份	生产价格	消费价格	年份	生产价格	消费价格
1992	0.885	0.741	2004	0.707	0.550
1993	0.872	0.719	2005	0.659	0.532
1994	0.861	0.701	2006	0.629	0.515
1995	0.831	0.682	2007	0.600	0.501
1996	0.812	0.662	2008	0.547	0.483
1997	0.812	0.647	2009	0.545	0.484
1998	0.833	0.637	2010	0.537	0.476
1999	0.826	0.624	2011	0.517	0.462
2000	0.781	0.603	2012	0.508	0.453
2001	0.772	0.587	2013	0.501	0.446
2002	0.791	0.578	2014	0.493	0.439
2003	0.750	0.565			

【例 4-11】 假定一个人现在可以投入资金 100 美元，此时可购买两个汽车轮胎。试计算如果将其存入银行，8 年后该资金价值如何？

【解】 预期存入银行后 8 年每年赚得的利润为 6%。第 8 年末的累计资金为

$$100(F/P,6,8)=100\times1.594=159.40(\text{美元})$$

这个人 100 美元当初可购买两个汽车轮胎。如果轮胎价格每年上涨的率为 9%，则在第 8 年末时购买两个轮胎的价格将为

$$100(F/P,9,8)=100\times1.993=199.30(\text{美元})$$

因此，经过 8 年，在利率和通货膨胀率的共作用下，这个人存入的 100 美元将不足以支付两个轮胎。如果在决定时忽略了购买力的损失，则这个人购买轮胎的计划将落空。

二、实际货币和不变货币的分析

在 LCC 分析研究中关于货币时间价值的考虑，必须对收益能力和购买力分别单独处理。常用的处理方法有两种：一种是假定现金流以实际货币的项目来测量；另一种方法则是建立在不变货币概念的基础上。我们先来介绍两种货币流的概念，即实际货币和不变货币的货币流。

1. 实际货币和不变货币的货币流

货币流可以表示为实际货币和不变货币的货币流。

(1)实际货币

实际货币表示在任何时间点上收入的货币或支出的货币。这种资金用货币支出或收入的货币总计来度量。这种货币表示的货币流反映了费用发生在不同时间点的实际情况，因此称为实际货币。它考虑到货币的时间价值和货币流的流动性，因此一般说来实际货币是指货币终值，或称为货币的将来值。

(2)不变货币

不变货币表示将各个时间点的货币(终值货币)转换到基准时间点(基准年)的现值货币,由于所有货币都换算到一个不变的时间点,因此称为不变货币。它是指时间点不变,而不是金额不变。不变货币以某个基准年货币购买力计量,它表征终值货币资金的假定购买力。尽管通常假定项目开始的时间为0,基准年仍可任意选择。因此,不变货币又称为零日期货币。

2. 实际货币和不变货币之间的关系

货币流可以表达为实际货币,即直接发生费用时间点处的货币,或将不变货币转换为实际货币。同样,如果将货币流确定为以不变货币来表示,则这些货币可以采用贴现的方法直接预测,或这种预测可表示为实际货币,再采用贴现的方法转换成不变货币。绝大多数有效的方法取决于终值货币流相关的数据特性,或取决于分析的需要。在考虑费用的通货膨胀时,常常需要将一个特殊时间点的实际货币转换成相同时间点处的不变货币(基于n年前的购买力)。当采用平均年通货膨胀率$\bar{r}$时,则这种转换为

$$\text{不变货币}=\frac{1}{(1+\bar{r})^n}(\text{实际货币}) \tag{4-25}$$

相同情况下,将不变货币转换为实际货币,由式(4-25)可得

$$\text{实际货币}=(1+\bar{r})^n(\text{不变货币}) \tag{4-26}$$

【例 4-12】 利用历史数据,将2010年的实际货币(终值)转换为基准年为1984年的不变货币(现值)。

【解】 利用表4-6的消费价格指数,求出2010年1美元的不变货币值(现值)P_{2010}。

$$P_{2010}=\frac{CPI_{1984}}{CPI_{2010}}P_{1984}=\frac{100}{209.87}\times 1=0.476(\text{美元})$$

不变货币值0.476美元可由表4-7检验。

本例中还可采用平均年通货膨胀率的方法,关系式$2.0987=(1+\bar{r})^{26}$中的$\bar{r}$为1984—2010年间的通货膨胀率的几何平均值。每年的通货膨胀率是不一样的,其26年的乘积为

$$(1+r_{1985})(1+r_{1986})(1+r_{1987})\cdots(1+r_{2010})=(1+\bar{r})^{26}$$

假设1 000美元、10%的5年存款,持有直至到期。以实际货币表示的货币流见表4-8。在现值($t=0$)处不变货币的货币流建立在货币购买力的基础上,表示在最后一行。此货币流假定5年中每年的通货膨胀率为8%。

表 4-8 实际货币流转换为不变货币流

时间(年)	货币流(实际货币)	转换因子	货币流(不变货币)
1	100	$1/(1.08)^1$	92.59
2	100	$1/(1.08)^2$	85.73
3	100	$1/(1.08)^3$	79.38

续上表

时间 (年)	货币流 (实际货币)	转换因子	货币流 (不变货币)
4	100	$1/(1.08)^4$	73.50
5	1 100	$1/(1.08)^5$	748.64

通过对表 4-8 中不变货币流的观察，存款者可知以今天购买力存入的 1 000 美元，5 年后仅能购买当今 748.64 美元的东西，也就是 5 年后的 1 美元收入，只相当于今天 0.681 美元的购买力。

如果在规定的时间内保持相同的活动等级，通过建立不变货币(现值)的计算方法则常常很容易确定相关的费用。例如，一列高速动车组每年使用相同小时数，则显然可以预测其每年消耗的能源总数相同，因此今年的能源费用与明年的年能源费用相同。如果需要将这些不变货币成本转换成实际货币，则可通过转换因子$(1+\bar{r})^n$，应用式(4-25)进行计算。

三、费用的贴现及通货膨胀

1. 贴现

费用的贴现是把将来某一时间点的资金金额换算成现在时间点的等价金额。它是货币时间价值的一种度量。今天的 1 元经过 10 年后的价值就比 1 元高，因为将 1 元投资，每年会得到利息。例如，今天将 1 元存入银行，利率为 6%，10 年后连本带息为 1.79 元。同样，从现在起 10 年后将来值(终值)为 1 元的货币，如果贴现率(银行利率)为 6%，则其现值为 1/1.79 元或 0.558 元。

在 LCC 分析研究中，可以采用费用贴现的方法对其通货膨胀进行考虑。通常，费用贴现的计算是将货币流中的终值货币(实际货币)转换为现值货币(不变货币)，即

$$P = F\left[\frac{1}{(1+i)^n}\right] \tag{4-27}$$

式中　F 为终值货币(实际货币)，表示任何实际时间点上的流入货币或流出货币。这种资金用货币的支出或收入总计来度量；P 为现值货币(不变货币)，表示以某个基准时间点(年)计的货币购买力，即以将来货币计的资金购买力，其基准年可任意选择，但通常假设项目开始的时间为 0；i 为贴现率(利率)。

计算资金流动贴现后的现值时，须将每年的费用乘以该年的现值系数，按照当年所用的贴现率，求出贴现后的使用费用之总和。再将采购费加到这个总数上，便得到所有费用贴现后的现值，采购费在第 1 年没有贴现。对所考虑的各种备选方案都要重复这个过程，才可以对这些现值进行比较，以便做出决策。应当注意的是，这个过程要求每年的费用精确地按时间分阶段计算，而不是计算每年寿命期的平均值。

贴现率应是多少？专家们对此意见不一。但是，一般在研究中多采用 6%～10%的贴现率。表 4-9 为美国军方给出的典型贴现后的现值计算。采用的贴现率为 10%，得到

某一系统的贴现值为 96.4 万元，而非贴现值为 127 万元。

表 4-9 典型贴现后的现值计算

年份	非贴现费用(万美元)	贴现系数	贴现费用(万美元)
0(投资)	50	1.000	50
1	7	0.909	6.4
2	6	0.826	5
3	9	0.751	6.8
4	6	0.683	4.1
5	6.5	0.621	4.0
6	11	0.565	6.2
7	6.5	0.513	3.3
8	7	0.467	3.3
9	8	0.424	3.4
10	10	0.386	3.9
总计	127		96.4

2. 不同利率(i、i_w和 r)的定义

为了研究实际货币(终值货币)和不变货币(现值货币)之间的关系，需要定义几种不同的利率。可按照货币的表现形式分为市场利率、无通货膨胀利率和通货膨胀率。

(1)市场利率(i)

市场利率(i)表示盈利的可能性，它由经济学中可用的实际利率来表示。这个比率是投资者在市场中运营活动的函数。自从提出了货币盈利的动力和通货膨胀带来的坏影响以来，利率就被用来表示货币流的状况，包括货币的盈利动力和购买力两者的影响。当通货膨胀率上升时，利率就会相应地向下移动。因此，市场利率常常被称为实际利率。

(2)无通货膨胀利率(i_w)

无通货膨胀利率(i_w)表示没有通货膨胀时的利率，它表示除去通货膨胀影响的货币收益动力。这种利率只是一种抽象概念，由于它一般不在财务中使用，因此必须通过计算才能得到。无通货膨胀利率不被银行家或投资者引用，因此一般也不被公众所知。如果在一项经济分析中没有通货膨胀，则无通货膨胀利率与市场利率是相同的。

(3)通货膨胀率(r)

通货膨胀率(r)表示货币流动中通货膨胀的影响，表征物价的上涨程度。正如贴现表示费用受时间的影响一样，通货膨胀代表了物价水平变化与时间的关系。根据现有价格估算将来每年的费用，是做了没有通货膨胀的假设。这种“恒定货币”的假定显然对于许多利用权衡预算分析来了解将来的资金状况是不能令人满意的。例如在进行系统维修性改进，比较手动检测和自动诊断设备两个方案时，我们必须假设系统寿命周期中人工费用(工资和奖金)的增高，以便得知仅由于购买自动诊断设备而获得的费用节省。这种计算

方法将每年逐步增长的费用与不增长的费用分开来，采用通货膨胀率计算每年总费用的增长，然后再利用贴现系数进行计算。在计算中以物价指数（通货膨胀率 r 或平均年通货膨胀率 $\bar{r}$）来考虑费用的通货膨胀。

3. i，i_w 和 r 的关系

在理想的情况下，计算终值货币（实际货币）或现值货币（不变货币）是一样的，重要的是理解它们之间的关系。图 4-7 表示出距离基准年 n 年的一个时间点上收支现金的状况。这种收支在实际货币领域中表示为 F，而在不变货币领域内则为 F'。

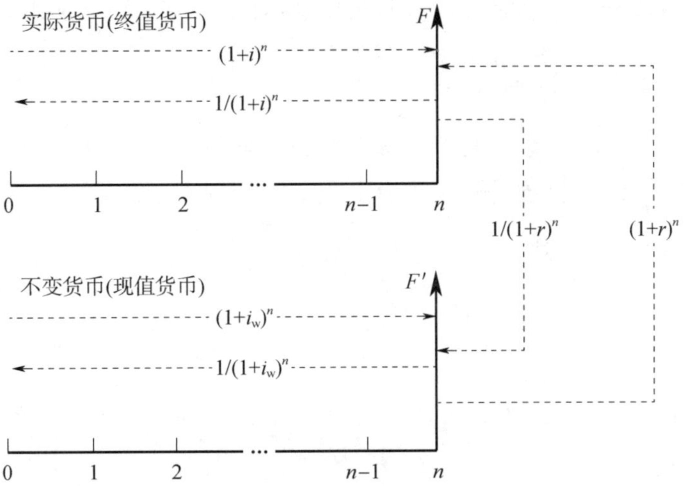

图 4-7　i、i_w 和 r 的关系

如果预测的年通货膨胀率为 r，则这个过程的因子 $(1+r)^n$ 将变化。因此，通货膨胀率 r 需要将货币从一个区域转换到其他区域的同一个时间点。如果基准年没有选择在当前（譬如说，发生在距今两年前），那么当实际货币转换到距离当今 n 年的不变货币时，因子将变为 $1/(1+r)^{n+2}$。

为了将货币转换到实际货币领域中与其等效的另一时间点，则采用市场利率（i）。因子 $1/(1+i)^n$ 将在 $t=n$ 处的实际货币转换到 $t=0$ 处的实际货币。因子 $(1+i)^n$ 将较前时间点处的实际货币转换为将来时间点上与其等效的实际货币。

由图 4-7 可见，无通货膨胀利率是不变货币领域中计算等效性的基础。因子 $1/(1+i_w)^n$ 给出了 $t=n$ 处不变现金流中 $t=0$ 处不变货币的等效性，因此计算不变货币领域中的有效性时，应用适当的比率作为无通货膨胀利率。这样处理的原理是将通货膨胀的影响从不变货币领域的货币流中去除。因此，货币的收益动力计算应该使用一个没有通货膨胀效应的利率。

设定不变货币基准年的时间为 0，则在图 4-7 中的 $t=0$ 处，实际货币和不变货币具有相同的购买力，即在基准年的实际货币将与不变货币一样，可购买相同的物品或服务。而在其他的时间点上则不存在这种实际与不变货币之间的一一对应关系。

为了在实际货币或不变货币领域进行分析，必须使两者一致，在两个领域中时间为

0 处的等效金额必须相同。从具有 F 的实际货币领域 $t=n$ 处开始，计算其在 $t=0$ 的有效性可以有两种方法。第一种方法是利用实际货币，由式(4-14)将其转换为 $t=0$ 处等价值。

第二种方法是将实际货币转换为不变货币，并利用下式求得 $t=0$ 处不变货币的等价值

$$F'=F/(1+r)^n \tag{4-28}$$

$$P=F'/(1+i_w)^n=F/[(1+i_w)^n(1+r)^n] \tag{4-29}$$

由于 P 值在基准年处必须相等，则令计算等价值的两种方法所得结果相等，故有

$$F/(1+i)^n=F/[(1+i_w)^n(1+r)^n]$$

解得

$$i_w=(1+i)/(1+r)-1 \tag{4-30}$$

【例 4-13】 给定每年的通货膨胀率为 10%，市场利率已知为每年 15%。如果1 000 元的存款，经过 12 年单利金额在 $t=0$ 处的现值总计是多少？

【解】 由式(4-30)，得

$$i_w=(1+i)/(1+r)-1=1.15/1.10-1=4.55\%$$

由式(4-14)，有

$$P=1\ 000(P/F,15,12)=1\ 000\times0.186\ 9=186.90(\text{元})$$

或由式(4-29)，有

$$P=1\ 000(P/F,10,12)(P/F,4.55,12)=1\ 000\times0.318\ 6\times0.586\ 6=186.90(\text{元})$$

可见，两种方法求得的 P 值相同，采用哪种方法取决于现金流是以实际货币(终值货币)表示，还是以不变货币(现值货币)表示。

四、考虑通货膨胀的费用时间价值计算

费用时间价值计算的通常做法是选取一个基准年，将各年度费用进行贴现，向基准年转换。在转换过程中考虑费用的时间价值和通货膨胀因素。

由式(4-29)可知，同时考虑费用时间价值和通货膨胀因素的费用现值计算公式为

$$P=F/[(1+i_w)^n(1+r)^n] \tag{4-31}$$

式中　P 为基准年的现值；F 为 n 年后的终值；i_w 为贴现率(年利率)；r 为通货膨胀率(或物价指数)，或平均年通货膨胀率 $\bar{r}$；n 为年数。

计算时应注意以下几点：

(1)由于通货膨胀对 LCC 具有重要的影响，因此要充分考虑。在项目寿命周期较长的情况下，通货膨胀的计算是必不可少的。特别是对于大型复杂系统，从开始规划到投入使用需要经历相当长的时间，通货膨胀的计算更为重要，通货膨胀的开始年度选在哪一年也要充分考虑。

(2)确定通货膨胀的影响范围，明确哪些费用项目需要考虑通货膨胀，是做出决策时的重要问题，诸如设备采购费、维修费、动力费、人工费等均属必须考虑之列。此外，确定

系统效率相关的附加价值和界限利润时，设备售价、原材料费、外委加工费等也须考虑通货膨胀的影响。

(3)在 LCC 评价中，对整个寿命周期中的费用和系统效率常常按照费用开始时的价格进行估算，这种方法称为贴现，或不变货币的估算。然后再计及必要的通货膨胀，按年度计算出 LCC。

(4)通货膨胀率可用物价指数代替。由于物价指数随项目对象不同而异，因此应按不同的费用项目分别考虑通货膨胀率。例如，人工费按 8%、器材费按 6%、动力费按 10%等来考虑。另外，在系统全寿命周期内，各年的物价指数也不尽相同，有时还可能有物价降低的情况，这时物价指数为负值，因此应逐年估算通货膨胀值。但是，这样做较复杂，常常采用寿命周期内平均年通货膨胀率 $\bar{r}$ 的简化方法。

第三节 学习曲线

一、学习曲线的概念

学习曲线(learning curve)又称熟练曲线，用于描述产品制造工时随制造数量增加而减少的规律。随着产品制造时间加长，所生产的产品数量增多，人员熟练程度逐步提高，使产品制造工时缩短，制造费用降低。这种现象称为学习效应，在产品寿命周期费用估算中应予以考虑。

学习的任务发生在一个个体或一个组织的内部，是所生产产品数量的函数。一般认为，完成一项给定任务或一个产品批量所需的总时间，是每个较小执行任务单元的时间之和。后续单元生产时间将按一个比率降低，该比率称为递减率，其将随一个可预测的曲线而减少，如图 4-8 所示。以产品的序号为横坐标，所需的工时为纵坐标，图 4-8 中曲线称为熟练曲线。熟练曲线不仅适用于计算生产所需的劳务时间，也适用于产品运用、维修等所需工时的计算，只需选择合适的递减率。

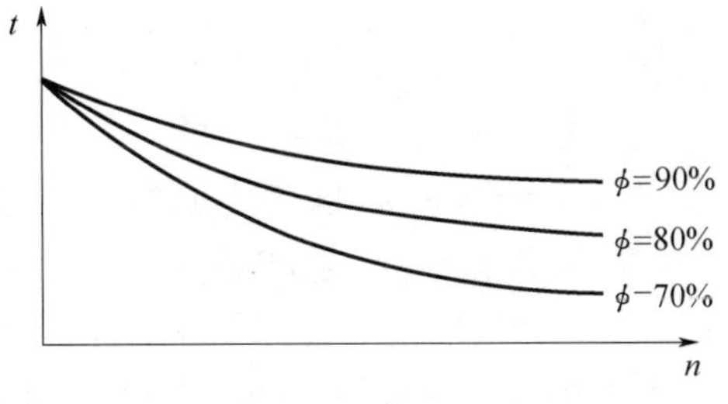

图 4-8 熟练曲线

学习曲线理论是美国康奈尔大学莱特博士于 1936 年提出的，首先在美国航空工业中得到证明，并被应用于其他工业领域，作为校正生产费用的一种措施。

二、学习曲线的计算

绝大多数的学习曲线是建立在假定的基础之上。该假定认为，在不变的时间内，由于完成一个产品所需的直接工时数减少，而使产品生产数量增加。在飞机工业领域中，产品生产数量提高的典型比率为 20%，这就对应于 80%的学习函数递减率，表示建造第二架飞机所需的直接工时为建造第一架飞机所需工时的 80%；第四架为第二架飞机工时的 80%；第八架为第四架所需工时的 80%等。这种关系列在表 4-10 中。

表 4-10　产品数量与直接工时的关系（ϕ=80%）

产品数量 n	产品直接工时	直接工时累计值	平均直接工时累计值
1	100.00	100.00	100.00
2	80.00	180.00	90.00
4	64.00	314.21	78.55
8	51.20	534.59	66.82
16	40.96	892.01	55.75
32	32.77	1 467.86	45.87
64	26.21	2 392.45	37.38

为了建立学习曲线的解析表达式，可以假设数量以一个不变比率成倍增加，则直接工时以一个不变比率减少，则此比率称为学习曲线的递减率，通常以百分数来表示。故有

$$\begin{cases} t_n=t_1\phi^0 & \text{其中 } n=2^0=1; \\ t_n=t_1\phi^1 & \text{其中 } n=2^1=2; \\ t_n=t_1\phi^2 & \text{其中 } n=2^2=4; \\ t_n=t_1\phi^3 & \text{其中 } n=2^3=8。 \end{cases} \tag{4-32}$$

式中　n 为产品的序号；t_n 为生产第 n 件产品所需直接工时数；t_1 为生产第 1 件产品所需直接工时数；ϕ 为学习曲线的递减率。

因此

$$\begin{cases} t_n=t_1\phi^m \\ n=2^m \end{cases} \tag{4-33}$$

式中　n 为单元数量；t_n 为生产第 n 单元所需直接工时数；t_1 为生产第 1 单元所需直接工时数；ϕ 为学习曲线的递减率；m 为熟练指数，是产品件数序号的函数。

【例 4-14】　制造一个产品，首次制造（单元序号为 1）所用直接工时数为 100。以后建造该产品是按照单元 1 直接工时的 80%作为递减函数，求解建造第 8 个单元所需的直接工时数 t_8。

【解】　已知：$t_1=100, n=8, \phi=0.8$。

$$m=\lg n/\lg 2=\lg 8/\lg 2=3$$

由式（4-33），得

$$t_8=t_1\phi^m=100\times0.8^3=100\times0.512=51.2$$

由学习曲线得出的信息，可以通过劳动比率的多次重复扩展到劳务费用的评估中。此时，分析者必须考虑到后续产品可能在首件产品之后的几个月或几年内才能完成。劳动比率提高的校正须与学习曲线的校正一起进行，而且这种学习校正值在学习曲线应用中是固定不变的。

第四节　费用不确定性和敏感性分析

一、不确定性基本概念

1. 不确定性的定义

不确定性是描述某件事物的不确定状态或在观察中可变化的程度，用来反映某一对象测量值与真实值之间的差异。不确定性有时可以采用结果的概率分布来表示，概率分布的宽度越大，结果的不确定性也越大。费用的不确定性表示待定费用估算值不确定的程度，即费用结果的变化范围。在进行LCC分析时，必须对设备的设计、制造、试验、培训、运用与保障等进行详细的描述和分析。在LCC估算和评价中，各种费用单元和元素，诸如设备的采购费、运用维修费和使用寿命等数据多是建立在对未来的预测和判断的基础之上。虽然，对各变量的概率分布有一定的预测，但由于存在着一系列的随机因素，缺乏足够的信息，不能准确地掌握事件发生的统计规律，使费用的估算和分析的可靠性受到很大的影响，给决策带来风险。因此，需要采取措施来完善所做的描述与分析，通过研究分析预测设备各种因素变化对费用的影响；进行各种因素的敏感性分析，及早发现敏感性因素，设法弥补和缩小结果的误差，对可能出现的各种不利因素，制定出各种管理和应变的对策，尽量减少风险，增加决策的科学性。

2. 不确定性的来源

产生不确定性的原因很多，主要有：

(1)设备需求的变化

设备LCC的绝大部分都已经在论证和设计阶段确定，在制造或建造过程中如果设计发生变化，则必将引起费用的改变，诸如：

① 客观条件变化。例如，原定工作参数、性能要求或配套设备变更，原设计随之改变。

② 发现原设计的不足。在研制、生产过程中，发现原设计的缺陷和不足，需要修改设计。

③ 原计划的进度要求发生改变。

④ 原设计的技术要求不合理，必须修改等。

上述各项变化引起费用改变，导致设备LCC变化。此时，应对LCC进行复核，或在性能、进度与费用之间进行权衡，估算这些变化对费用的影响。

(2)技术原因

由于原材料供应、加工条件和技术水平等原因，造成额外的开支，使费用发生变化。

(3)费用估算不准确

在建立 LCC 模型时有些因素被忽略,或模型本身不准确,费用估算时原始数据不准确,以及算法、模型或数据的修改,导致费用不确定。

(4)其他原因

由于其他原因引起的项目投资超支和建设工期拖长等。

此外,由于劳动熟练程度提高,使所需工时缩短,物料节省;利率变化使折算金额改变;通货膨胀率的变化引起物价变化等,都会使实际费用与估算值有差异。这些都属于费用的不确定性。

3. 不确定性分析方法

不确定性分析主要是指各种外部条件发生变化或者估算数据产生误差对方案经济效果的影响程度,以及方案本身对不确定性的承受能力。常用的不确定性分析方法是盈亏平衡分析和敏感性分析。

二、盈亏平衡分析

各种不确定因素,诸如投资、销售量、产品价格和项目寿命周期等的变化都会影响投资方案的经济效果。盈亏平衡分析的目的就是通过分析产品产量、成本和盈利之间的关系,找出方案盈利和亏损在产量、单价和成本等方面的临界点,以判断不确定性因素对方案经济效益的影响程度和方案实施的风险大小。这个临界点则被称为盈亏平衡点(BEP),可以由盈亏平衡方程式导出。

1. 销售收入、成本与销售量的关系

设企业产品销售价格 P(完税价格)不变,则销售收入 B(税后)取决于产品销售量 N。即

$$B=PN \tag{4-34}$$

产品的总成本 C,包括固定成本和变化成本,即

$$C = C_f + C_v \cdot N \tag{4-35}$$

式中 C_f 为固定成本;C_v 为单位产品变化成本;N 为产品销售量。

2. 盈亏平衡点的确定

当盈亏平衡时,由式(4-34)和(4-35),得

$$PN_b = C_f + C_v \cdot N_b \tag{4-36}$$

式中 N_b为盈亏平衡点的产品销售量。

将上述关系表示在图 4-9 中。图中横坐标表示产品销售量 N,纵坐标表示销售收入 B 和成本 C。销售收入线和总成本线的交点称为盈亏平衡点 BEP,也就是项目盈利和亏损的临界点。该点左方总成本大于销售收入,项目亏损;该点右方,销售收入大于总成本,项目盈利;在 BEP 点上,项目不亏不盈。

由式(4-36)可得盈亏平衡产量

$$N_b=C_f/(P-C_v) \tag{4-37}$$

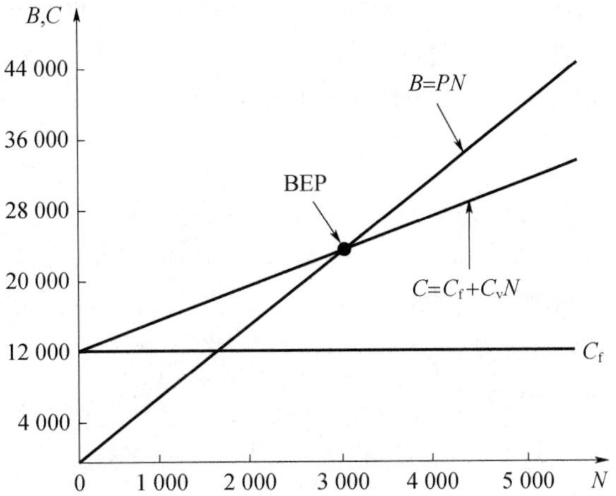

图 4-9　亏损平衡分析图

若项目设计生产能力为 N_0，BEP 也可用生产能力利用率来表示，即盈亏平衡生产能力利用率 E_0 为

$$E_0=\frac{N_b}{N_0}\times 100\%=\frac{C_f}{(P-C_v)N_0}\times 100\% \tag{4-38}$$

因此，E_0 越小，项目盈利的可能性越大，造成亏损的可能性越小。

如果按照设计生产能力进行生产和销售，BEP 还可以用盈亏平衡价格 P_0 表示，即由式(4-36)可得

$$P_0=C_v+C_f/N_0 \tag{4-39}$$

【例 4-15】 某工程方案设计生产能力 12 万 t/年，单位产品售价(不含税)510 元/t，总固定成本 1 500 万元，单位产品变化成本 250 元/t，并与产量成正比关系，求产量、生产能力利用率和价格表示的盈亏平衡点。

【解】 已知：$N_0=12$ 万 t/年，$P=510$ 元/t，$C_f=1\,500$ 万元，$C_v=250$ 元/t。

由式(4-37)，得盈亏平衡产量

$$N_b=C_f/(P-C_v)=1\,500\times 10^4/(510-250)=5.77 \text{ 万 t}$$

由式(4-38)，得盈亏平衡生产能力利用率

$$E_0=\frac{N_b}{N_0}\times 100\%=\frac{5.77}{12}\times 100\%=48\%$$

由式(4-39)，得盈亏平衡价格

$$P_0=C_v+C_f/N_0=250+1\,500/12=375 \text{ 元/t}$$

由上述结果可知：

产量允许的降低率 λ_c 为

$$\lambda_c=1-E_0=1-48\%=52\%$$

价格允许的降低率 λ_j 为

$$\lambda_j=1-P_0/P=1-375/510=26\%$$

通过盈亏平衡点状态的计算,可以对方案发生亏损的可能性做出大致的判断。在其他条件不变的情况下,只要产量降低幅度不超过生产能力的 52%,项目就不会发生亏损。同样,在销售价格上也可降低 26%而不致于亏损。

三、敏感性分析

盈亏平衡分析是通过盈亏平衡点 BEP 来分析不确定性因素对方案经济效果的影响程度,敏感性分析则是分析各种不确定因素变化幅度对方案经济效果的影响程度,将其中影响较大的因素称为敏感性因素。显然,在进行不确定性分析时有必要及时把握敏感性因素,并从其变化的可能性和造成的估算误差,分析方案的风险大小。因此,可以说敏感性分析是经济决策中常用的一种不确定性分析方法。

1. 敏感性分析的步骤

敏感性分析的主要步骤有:

(1)确定主要分析指标

在进行敏感性分析时,首先需确定分析指标,一般应根据经济评价深度和项目特点进行选择。应注意的是,选定的分析指标必须与系统装备的经济评价指标相一致,以便于进行对比分析。最常用的敏感性分析指标主要有:投资回收期、方案净现值和内部收益率。

(2)选定不确定因素及其变化范围

影响技术项目经济效果的因素很多,不可能也没有必要对全部不确定因素进行逐个分析。在选定需要分析的不确定因素时,可以从如下方面考虑:

① 这些因素在可能的变化范围内,对投资效果影响较大;

② 这些因素发生变化的可能性较大;

③ 对其在 LCC 评价中所用数据的准确性把握不大。

通常设定的不确定性因素有:产品价格、产销量、项目总投资、年经营成本、项目寿命期、建设工期和达产期、基准贴现率、主要原材料和动力价格等。

(3)计算因素变动对分析指标的影响

计算各不确定因素在可能的变动范围内,发生不同幅度的变动所导致的方案经济效果指标的变动结果,然后采用敏感性分析计算图表的形式,把不确定性因素的变动与分析指标的对应关系反映出来。

(4)确定敏感因素

敏感因素是指其数值变动能显著影响分析指标变化的因素。判别敏感因素的方法有两种:

① 相对测定法。设定要分析的因素均从基准值开始变动,且各因素每次变动幅度相同,比较各因素的变动对经济效果指标的影响,就可以判断出各因素的敏感程度。

② 绝对测定法。将各因素向对方案最不利的方向变动,并计算方案的经济效果指标,看其是否达到使方案在经济上不可取的程度。如果方案已不能接受,则该因素就是敏感因素。方案是否被接受的判据是各经济效果指标能否达到临界值,例如净现值是否等

于或大于 0，内部收益率是否达到基准贴现率。绝对测定法的一个变通方式是先设定指标为临界值，令净现值为 0、内部收益率为基准贴现率，然后求得因素的最大允许变动幅度，如果超过最大允许变动幅度，则表明该因素是方案的敏感因素。

(5)结合确定性分析进行综合评价

根据敏感因素对方案评价指标的影响程度，结合确定性分析的结果进行综合评价，寻求对主要不确定性因素变化不敏感的比选方案，这种方案抵御风险的能力较强，获得满意经济效益的潜力较大，优于敏感方案，应优先考虑接受。有时，还需根据敏感性分析的结果，采取必要的相应对策。

2. 敏感性分析方法

敏感性分析可以分为单因素和多因素敏感性分析。

(1)单因素敏感性分析

单因素敏感性分析假定只有一个不确定性因素发生变化，其他因素不变，分别计算其对分析指标的影响程度。

【例 4-16】 假定当前投资 10 000 元，预期 5 年后回收 20 000 元。试进行相关的敏感性分析。

【解】 由上可知，$P=10\ 000$ 元，$F_5=20\ 000$ 元。

① 回收率 i 对资金回收 F 影响的敏感性分析

投资所期望的回收率 i 可以由 F 和 P 的关系式(4-5)来计算，即

$$F_n=P(1+i)^n$$

由此式得

$$i=\sqrt[n]{\frac{F_n}{P}}-1$$

对于所述例，期望的回收率为

$$i=\sqrt[n]{\frac{F_n}{P}}-1=\sqrt[5]{\frac{20\ 000}{10\ 000}}-1=0.148\ 7=14.87\%$$

表 4-11 给出了 F_n 值的可能范围和导致的回收率大小，以及对应的 F 和 i 的变化率。由表 4-11 可以推断，回收率 i 对于 F 估计是非常敏感的，对于低估 F 时的敏感度要比高估时大。图 4-10 为任意选择 F 的最大值和最小值时的情况。

表 4-11 i 对 F 的敏感性(给定 P 和 n)

年份 n	F_n(元)	i(%)	F 变化率(%)	i 变化率(%)
1	16 000	9.86	−20	−33.7
2	18 000	12.45	−10	−16.3
3	20 000	14.87	0	0
4	22 000	17.08	+10	+14.9
5	24 000	19.14	+20	+28.7

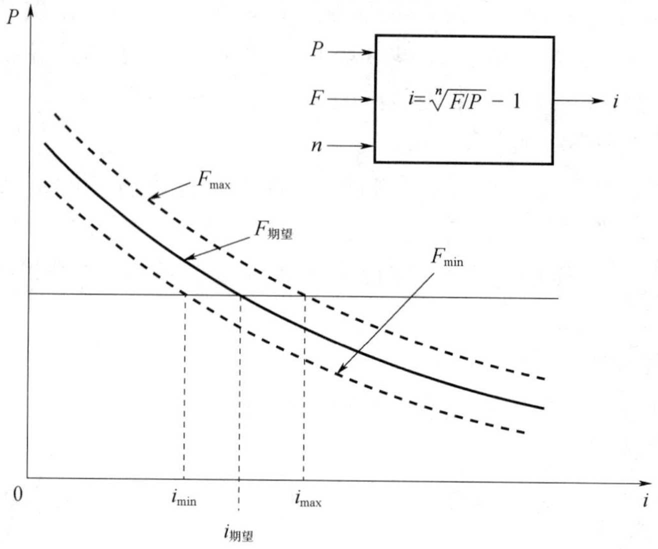

图 4-10　i 对估算值 F 的敏感性

② 两个参数一起变化的单因素敏感性分析

单因素敏感性分析也可用于两个输入参数一起变化的情况。将【例 4-16】中一个输入参数扩展为两个参数 F 和 n，通过两个参数的变化对回收率进行考察。假定 F 在与前面相同的范围内(16 000～24 000 元)变化，n 则取为 4、5 和 6，所得出的回收率数值列于表 4-12 中。此类信息在方案的决策中是非常有用的。

表 4-12　不同 F 和 n 数值时的回收率 i　　%

n \ F(元)	16 000	18 000	20 000	22 000	24 000
4	12.47	15.83	18.92	21.79	24.47
5	9.86	12.45	14.87	17.08	19.14
6	9.15	10.29	12.75	14.04	15.71

多输入参数的单因素敏感性分析可以通过一次仅变化一个输入参数，但需要对所有参数进行综合考虑。单因素备选方案的考察可以通过图 4-11 的货币流来描述。

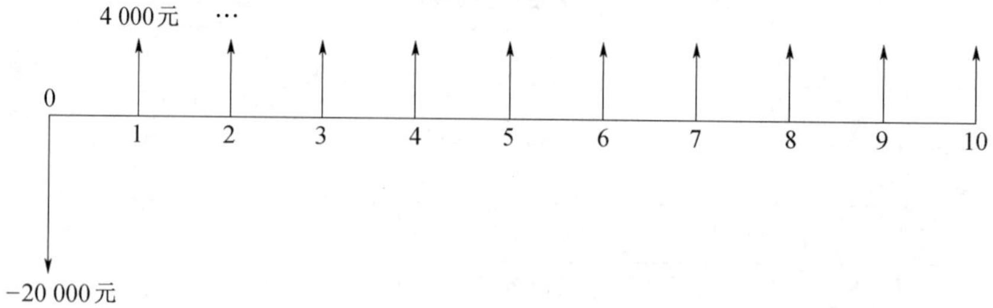

图 4-11　单因素备选方案的货币流

假设利率为 10%，货币流的等价现值总计为

$$PE(10)=-20\ 000+4\ 000(P/A,10,10)=4\ 578\ (\text{元})$$

只有在所有参数的估算都是正确的情况下，这个结果才是正确的。但是，在评估一个或多个参数时，大多会出现错误。为了说明它们对等价现值总计的影响，假定 A、i 和 n 可以在其期望值或估算值的 −50%～50%变化，利率 i 的估计值不修正，A 和 n 须修正，则该投资的等价现值可以表达为 i 的一个函数，即

$$PE(i)=-20\ 000+4\ 000(P/A,i,10) \tag{4-40}$$

i 在 −50%～50%变化对 PE 的影响表示在表 4-13 中。

表 4-13 *PE* 的敏感性随 *i* 的变化（给定 A 和 n）

i(%)	PE	i(%)	PE
5	10 887	11	3 557
6	9 440	12	2 601
7	8 094	13	1 705
8	6 840	14	864
9	5 671	15	75
10	4 578		

如果 A 的估算值不修正，而 i 和 n 修正，则此投资的等价现值可以表示为 A 的一个函数，即

$$PE(A)=-20\ 000+A(P/A,10,10) \tag{4-41}$$

A 在 −50%～50%变化对 PE 的影响表示在表 4-14 中。

表 4-14 *PE* 的敏感性随 *A* 的变化（给定 i 和 n）

A	PE	A	PE
2 000	−7 711	4 400	7 036
2 400	−5 253	4 800	9 494
2 800	−2 795	5 200	11 952
3 200	−337	5 600	14 401
3 600	2 121	6 000	16 868
4 000	4 578		

如果 n 的估算值不修正，而 i 和 A 修正，则此投资的等价现值可以表示为 n 的一个函数，即

$$PE(n)=-20\ 000+4\ 000(P/A,10,n) \tag{4-42}$$

n 在 −50%～50%变化对 PE 的影响表示在表 4-15 中。

表 4-15　PE 的敏感性随 n 的变化(给定 A 和 i)

n	PE	n	PE
5	−4 837	11	5 980
6	−2 579	12	7 255
7	−526	13	8 414
8	1 340	14	9 467
9	3 036	15	10 424
10	4 578		

当 A、n 和 i 变化时，总等价现值的敏感性可用图表示，如图 4-12 所示。由表 4-13～表 4-15 中的信息，可绘制出 A、n 和 i 的估算值随误差率变化的等价现值。图 4-12 可用于备选方案适用性的决策。首先，对于所有利率低于 15%(超过估计值 10%的 50%)的情况，PE 皆为正。对于计划超过大约 7.5 年(低于估计值 10 年的 25%)的时期，PE 为正。最后，对于年度回收超过大约 325 元(低于估计值 400 元的 18.75%)的情况，PE 为正。

通过多输入参数的联立敏感性分析，可以使决策者对所计划的活动有深刻的理解。同时，分析还能够确定出年度等价或决策者感兴趣的其他准则的敏感性。

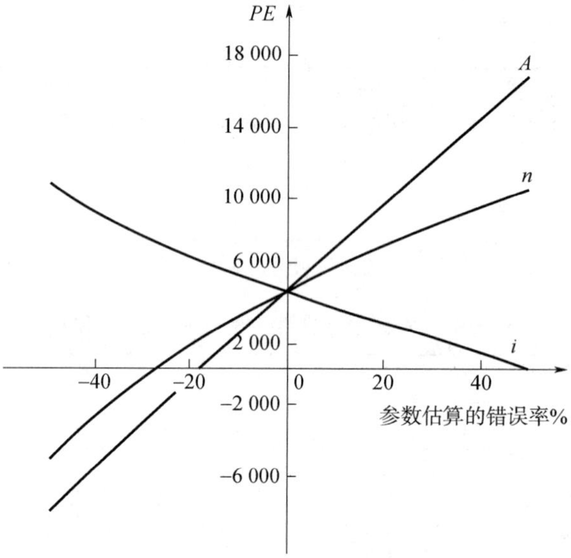

图 4-12　PE 敏感性与 A、n 和 i 的估计值之间的关系

(2)多因素敏感性分析

单因素敏感性分析方法适用于分析项目方案的最敏感因素，但它忽略了各个变动因素综合作用的可能性。无论哪种类型的技术项目方案，各种不确定因素对方案经济效益的影响都是相互交叉综合发生的，且各个因素的变化率及其发生概率都是随机的。因此，分析经济评价指标受多个因素同时变化的综合影响(多因素敏感性研究)更具有使用价值。

在多因素敏感性分析时，要考虑可能发生的各种因素不同变动幅度的多种组合，计算起来要复杂得多，在此不过多介绍，只以一个实例简单说明。

【例 4-17】 本例考虑了 3 个不同的备选方案，列于表 4-16 中。每种方案的初期费用已准确得知。同时，假定预估的使用寿命为 10 年，货币的年利率定为 10%。年度维修和运用费用不确定，但其期望值列于表中。试估算备选方案的敏感性状况。

表 4-16　三种不同方案的费用　　元

经济单元	A	B	C
初期费用 P	30 000	44 000	50 000
运用维修费用 C_m	18 000	14 500	13 500

【解】 由上已知：A、B、C 三种方案的初期投资 P 分别列于表 4-16 中；$i=10\%$，寿命 $n=10$ 年。在计算时应该考虑到资金的时间价值，进行资金的等价计算。本题属于每年末以等额回收资金 A 的货币流动状况。

总费用包括两部分：初期投资费用 A_c 和运用维修费用 A_m。

① 初期投资费用

对于初期投资 P，当年利率为 i 时，在 n 年内每年末以等额回收资金 A。

根据式(4-19)，有

$$A=P\left[\frac{i(1+i)^n}{(1+i)^n-1}\right]=P(A/P,i,n)$$

$$A_c=P(A/P,i,n)=P(A/P,10,10)=0.162\ 8P$$

② 运用维修费用

为了反映 A 的变化，将其作为运用维修费用期望值 C_m 偏差 Δ 的函数。

因此，有

$$A_m=C_m(1+\Delta)$$

对于表 4-16 中三种方案 A、B、C，运用维修年度等价费用 A_m 作为偏差 Δ 的函数线表示在图 4-13 中。

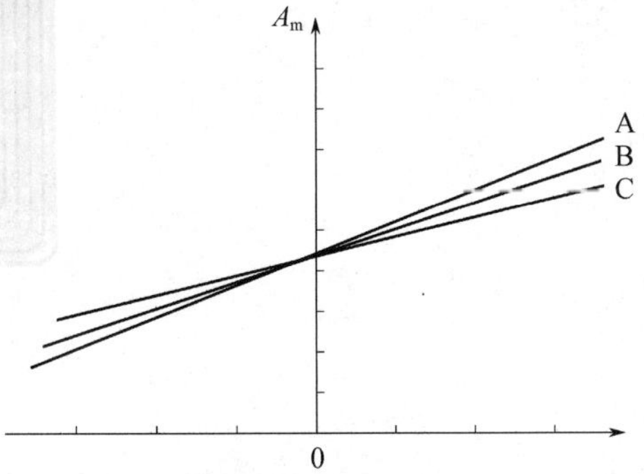

图 4-13　年度等价费用对 M&O 变化的敏感度

③ 年度等价费用 AE

年度等价总费用 AE 为初期费用 A_c 和运用维修费用 A_m 之和，其一般表达式为

$$AE = A_c + A_m = P(A/P,10,10) + C_m(1+\Delta)$$

将各个备选方案的已知数据代入上式中，其中

对于 A 方案　　$AE_A = 30\,000(A/P,10,10) + 18\,000(1+\Delta)$

对于 C 方案　　$AE_C = 50\,000(A/P,10,10) + 13\,500(1+\Delta)$

由于年度等价费用公式为线性式，方案 B 的参数介于方案 A 和方案 C 之间，因此可不计算，只在方案 A 和 C 之间进行决策。计算在整个运用维修费用偏差(%)变化范围内进行。为了求得偏差百分数 Δ 的临界点，利用方案 A 和 C 之间的盈亏平衡点（或决策变更点）可准确求得。令方案 A、C 的 AE 相等，即 $AE_A = AE_C$，则有

$$30\,000(A/P,10,10) + 18\,000(1+\Delta) = 50\,000(A/P,10,10) + 13\,500(1+\Delta)$$

其中　$(A/P,10,10) = 0.162\,8$

经计算　　$\Delta = \dfrac{3\,256}{4\,500} - 1 = -0.28 = -28\%$

因此，如果运用维修费用比期望总计低 28%，则选择的优先权将从方案 C 变为方案 A。

第五章　LCC 估算方法

第一节　概　　述

系统装备寿命周期费用(LCC)的估算,对于系统装备的优化设计、权衡决策和选型具有重要意义。通过系统装备 LCC 的估算,使用户和研制生产方能够清楚地得知系统装备在整个寿命周期内所发生的费用及其分布。在论证阶段,用户在进行效能—费用分析时,通过费用估算可为装备效费指标的确定提供决策依据;在方案阶段,通过费用估算可帮助用户和设计者对各种方案进行比较和分析,以确定最佳的效费方案;在工程研制阶段,通过详细的费用估算,能够使设计人员明确影响费用的主要因素,有效地促使研制方改进装备的可靠性、可用性、维修性和安全性(RAMS),以有效降低装备的全 LCC;在生产和使用阶段,费用估算可用于寻求现有系统装备的改进方案,同时通过获取过程的有关数据,来提高未来系统的 LCC 估算能力。

一、LCC 及其组成

LCC 是在预期的系统/装备寿命周期内,为论证、研制、运用、维修和保障所需的直接、间接和其他费用之和。来自一切渠道的相关费用均包括在内。如前所述,LCC 一般包括:装备研制费、采购费、运用与保障费、退役处理费。

二、LCC 估算

(一)LCC 估算程序

目前较为通用 LCC 估算程序如图 5-1 所示。

1. 提出问题,确定目标

首先要明确 LCC 分析的任务和要求,以便界定 LCC 分析工作的范围。根据估算任务确定估算目标。不同阶段和时机对估算目标的范围和精度要求不同。

2. 系统描述

任何一个项目负责部门都须对费用估算的系统特征进行详细描述,以便作为 LCC 的估算基准。应该系统描述系统/设备的技术和纲要性信息,为估算人员建立一个通用的系统或项目基线。

3. 明确假设和约束条件

假设和约束条件一般包括:进度、装备数量、使用方案、使用年限、维修要求、利率、物价指数、科技发展水平和可供参考的资料等。随着研制的深入,原有假设和约束条件可能

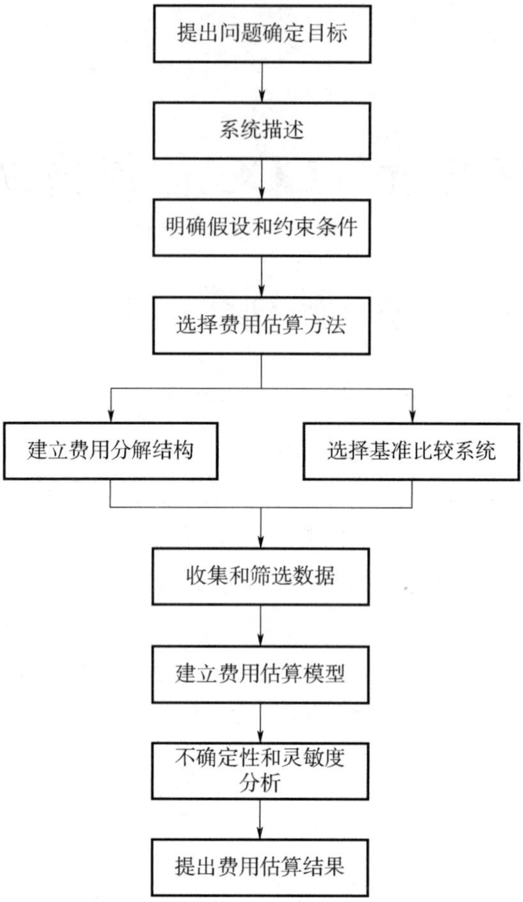

图 5-1　费用估算一般程序

发生变化,应及时纠正。

4. 选择费用估算方法

费用估算方法的选择取决于装备费用的估算目标、时机和掌握的信息。常用的估算方法有类比估算法、参数估算法、工程估算法和实际推算法。

5. 建立费用分解结构

根据估算的目标、假设与约束条件,确定费用单元,建立费用分解结构。一般要求包括:必须考虑装备在整个估算范围内的所有费用;费用分解应由上到下逐级分类展开,一直分解到可进行估算的费用单元;应与财会费用分类相协调;每个单元须有明确的定义和代号,并为各有关单元所共识。

6. 选择类似装备或基准的比较系统

若采用参数估算法应选择多种类似装备,主要要求是:任务、性能和技术指标基本类似,估算所需的相关费用已知。

若选择类比估算法应选择基准比较系统,其要求为:任务、性能、技术体制和技术指标基本类似;装备运用、保障要求和使用寿命已知;研制费、采购费和运用维修费用已知。

7. 收集和筛选数据

按费用分解结构收集费用数据，对得到的数据进行分析，并筛选出有用的数据。

8. 建立费用估算模型

费用估算模型定量地表达了 LCC 中的各个费用组成要素，在估算过程中必须为各个费用要素选择合适的费用模型。建立费用模型实质上就是找出输入数据与费用要素之间的关系表达式。如果存在能够准确估算费用要素的模型，那么就可以利用该模型估算出相应的费用要素；如果不存在，则需要建立一个或多个新模型来估算费用要素。建立一个装备费用模型，通常需要从多个方面考虑，例如可靠性、维修性、后勤保障、风险、人员因素等。

9. 不确定性和灵敏度分析

不确定性因素包括：经济、资源、技术、进度等限制因素，估算方法和估算模型的误差因素，以及有关资料数据对估算可能引起的误差等因素。对于不确定性应进行灵敏度分析，目的是找出主要的不确定性因素。

灵敏度分析是研究某些因素对费用估算结果的影响，通过灵敏度分析可以确定哪些因素及其在多大程度上影响 LCC，以提高决策的准确性。

10. 提出费用估算结果

整理分析估算内容，提出费用估算结果，并向决策者提供一些合理化建议。

(二)费用估算注意事项

1. 不需考虑的费用

应考虑对方案的评价有影响的费用。可以不考虑以下几类费用：

(1)在决策前已支付的费用，且其对现在的决策没有直接影响；

(2)各备选方案的该类费用数值相等或基本相等，在等效能或等费用决策准则下，对评价备选方案无影响；

(3)该类费用的绝对数值过小，以致对决策几乎无影响。

2. 费用估算中应注意的问题

在费用估算中，应特别注意以下几个问题：

(1)装备退役时可能具有一定的残值，需要用一定的方法计算，该计算方法应该是公认合理的。

(2)当需考虑较长时间内的费用消耗时，为保证各方案的可比性并提供可信的费用信息，应考虑货币的时间价值。应慎重确定货币的贴现率，对贴现率应做灵敏度分析。

(3)当需考虑一个较长时间内的费用消耗，而在这段时间内可能存在通货膨胀时，应考虑物价上涨对费用消耗的影响。应慎重确定合理的物价上涨指数(也可能是负值)，对物价上涨指数应做灵敏度分析。

(4)由于有关人员熟练程度和实践经验的提高，单个产品所需费用可能随产品的数量增加而减少，在费用计算中应当考虑此因素的影响，进行学习曲线的计算。

(5)不仅需要计算各备选方案所需费用的绝对数值,还应指出在今后各年度内各方案对费用的需求。

第二节 费用单元估算

费用单元的估算方法一般有四种:类比估算法、参数估算法、工程估算法和实际推算法。

一、类比估算法

类比估算法是一种利用相似产品已有的经验和数据进行费用估算的方法。估算时要考虑到彼此之间的异同及时间、条件上的差别,以便做出适当的修正。

在对相似产品之间的差异进行分析时,要根据历史上的费用数据对这些差异的影响进行估算。估算的准确性取决于对产品差异的洞察能力和合理分配费用的能力。要求论证人员对估算的产品具备相当的经验和专门的知识,且由于估算的产品在时间上存在差异,还必须考虑产品的时间价值,对发生的费用进行调整,以补偿通货膨胀、估算技术、地域、技术状态、规范、使用环境、数量和进度等的差异,从而得出新项目所需的费用。

类比估算法的缺点是不适用于相似度不高的产品,例如对于新技术含量较高的全新产品,特别是对使用条件不同的产品,其费用的不确定性较大,估算精度不高。另外,对于费用的修正主要取决于费用分析人员的主观意识,常常发生较大的偏差,容易修正不适度而引起较大的误差。类比法得到的估算值易于关联,也易于理解,可在方案论证时比较迅速地估算出各方案的费用。由于此方法使用便捷,除开发研究的初期阶段以外,在其他的寿命周期阶段也有应用。

(一)类比法的估算程序及方法

类比法有两种,一种是将正在研制的系统直接与特征类似的系统进行对比估算,例如用已知民用车辆的费用来估算军用车辆的费用;另一种是将正在研制的系统与具有类似费用特征的不同系统进行比较,并估算其费用。

使用类比法进行费用估算,主要利用历史数据,程序如下。

1. 明确研制系统情况

首先应该明确新研制系统如下情况:

(1)系统的任务和性能;(2)系统要实现的技术指标及实现的难度;(3)装备的技术结构和主要原材料的供应情况;(4)使用条件和保障要求;(5)研制期和使用年限;(6)可能的生产量;(7)其他。

2. 选定基准比较系统

基准比较系统与研制系统的相似性要求:

(1)任务和性能基本相似;(2)技术体制和技术指标基本相似;(3)装备使用、保障要求和寿命已知;(4)研制、采购和运用保障费用已知。

确定基准比较项目以后，应仔细收集费用及其相关数据资料。

3. 确定类比项目

根据科学技术进步的影响，研制装备和相似装备的具体情况，将影响装备研制费用和LCC的主要因素作为类比项目。类比项目有：

(1)综合技术性能，包括功能差异；(2)技术实现难度；(3)基本结构，包含设备数量、关键器材和原材料；(4)使用环境条件；(5)使用条件；(6)研制期限；(7)运用保障要求；(8)维修保障要求；(9)生产量。

4. 计算费用因子 η

根据类比项目，估算新研制装备的费用因子，找出对费用影响较大的项目。若项目相互影响，则应对项目进行合并，以减少计算费用的重复。

(1)类比项目的费用因子 η_i

以基准类比项目(费用因子 $\eta_0=1$)为比较基准，考察研制项目的费用因子 η_i，有3种可能性：

① 两者相同或相差极小，则 $\eta_i=1$。

② 两者有差异，且对费用影响呈上升趋势，则 $\eta_i>1$。具体数值按照费用上升程度估计。

③ 两者有差异，且对费用影响呈下降趋势，则 $\eta_i<1$。具体数值按照费用下降程度估计。

(2)研制装备的费用因子 η

新研制装备费用因子 η 按式(5-1)计算。

$$\eta=\prod_{i=1}^{n}\eta_i \tag{5-1}$$

式中　n 为类比项目数量。

5. 新研制装备的费用估算

(1)等同费用估算

新研制装备的等同费用是指：以基准比较系统费用的时间为基准，来估算新研制装备的费用。其计算公式为：

① 研制周期等同费用

$$C_{\mathrm{yd}}=\eta_{\mathrm{y}}C_{0\mathrm{y}} \tag{5-2}$$

② 寿命周期等同费用

$$C_{\mathrm{sd}}=\eta_{\mathrm{s}}C_{0\mathrm{s}} \tag{5-3}$$

式中　C_{yd}为研制周期等同费用；η_{y}为研制费用因子；$C_{0\mathrm{y}}$为基准比较系统研制费用；C_{sd}为寿命周期等同费用；η_{s}为寿命周期费用因子；$C_{0\mathrm{s}}$为基准比较系统的LCC。

(2)实际费用估算

新研制装备的实际费用是指：以贴现基准年为准，将等同费用结果贴现后的新研制装备费用。计算公式为

$$C_{\mathrm{y}}=(1+i)^m(1+\beta)^mC_{\mathrm{yd}} \tag{5-4}$$

$$C_s=(1+i)^m(1+\beta)^m C_{sd} \tag{5-5}$$

式中　C_y为研制装备的实际研制费用；i为年利率；m为贴现年数；β为年物价上涨指数；C_s为研制装备的实际LCC。

（二）在寿命周期各阶段类比法的估算

鉴于这种估算方法在寿命周期的各个阶段都有应用，下面将对类比法在寿命周期各阶段如何估算所发生的费用进行简单的讨论：

1. 研究与开发费用

在准备工作开始时，或产品相关信息不多的情况下，类比法是估算研究与开发费用最简便的方法。在类似系统或部件的历史费用数据能够得到，并能得知计算中相关因素或计算途径的差异时，就能使用类比法进行估算。必须注意的是，应该对当前技术发展状况和技艺水平予以充分的考虑。

2. 投资费用

当对类似产品过去的投资费用进行了货币时间价值等的全面考虑和调整，并已经能够可靠地成为当前的费用基准时，最好采用类比法来估算生产和部署阶段发生的费用。在这种情况下，应该对以前工作和现在工作费用单元之间的差异进行分析，必要时进行调整。

3. 运用和保障费用

由于运用和保障费用常常是产品LCC中份额最大的部分，因此在其尚不清楚的情况下，类比法是估算重复发生费用的有效工具。运用和保障费用估算是一个不确定的过程，可通过与已知产品的部署方案、维修规程、供应计划、训练要求和保障设备要求等方面进行比较，来减少其不确定性。在采用类似的设施和人力资源来使用和保障类似产品时，这种方法就更加高效。类似产品在运用和保障阶段所汇总的费用数据与其他的历史费用数据相比，可能还需进行换算，但由于其主观成分较少而相对可靠。但是，对产品采用先进技术而引起的变化，需要重点考量，因为它会严重影响维修保障（如微电路的维修能力），应慎重将其换算为保障设备、训练和人员的费用估算值。

二、参数估算法

参数估算法以产品的某些变量特性与费用之间的关系为依据。这些变量表明了产品的物理特性（如质量、体积和尺寸）和性能特性（如速度、功率、牵引力、里程和故障间隔时间）与费用之间的关系，还可以表明其他费用单元之间或与系统费用之间的关系。这些费用估算关系通常以线性或非线性数学函数的形式表示，只要可能都采用数学公式，以便于费用估算。对于新产品来说，由于在寿命周期的早期阶段能得到的费用信息较少，因此参数法提供了一种极有价值的估算方法。参数法以历史数据作为估算的基础，应注意确保历史数据对所分析产品的适用性。承包商费用数据报告是产品生产费用历史数据的极好来源。一些标准和军用手册（如美国军用手册DoD1 7000，11）规定了某些产品费用数据报告的要求，很多现存的历史费用数据库是费用估算的主要数据来源。技术上比较独特的项目，可能找不到相应的数据库，此时通过参数法进行费用估算则是不现实的。因此，了解了参数法估算的优缺点，分析人员能够在采办的所有阶段正确应用这种方法进行系统装备费用的估算。

随着科学技术的发展，许多建模技术被应用到系统装备费用的参数估算法中，诸如回归分析法、灰色系统理论、神经网络技术、各种统计学习算法、遗传算法、模糊技术等，最常用的参数估算方法主要有两种：一种是回归分析方法，适用于大样本数据的情况；另一种方法是灰色系统理论的关联度分析法，适用于小样本数据的情况。在小样本情况下，后者比前者有更高的准确度。将两种方法简介如下。

(一)回归分析法

回归分析法是根据一个或一组自变量的变化情况，预测与其相关的随机变量的未来值。进行回归分析需要建立描述变量间相互关系的回归方程。根据自变量的个数，分为一元回归和多元回归；根据所研究问题的性质，分为线性回归和非线性回归。非线性回归方程一般可以通过对数运算化为线性回归方程进行处理。本节只介绍一元和多元线性回归分析法。

1. 一元线性回归分析法

一元线性回归分析法适用于受一个变量影响，且两者呈线性关系的预测问题。一元线性回归的工作程序如下。

(1)建立一元回归模型

设有一组样本数据：

$$x_1, x_2, \cdots, x_i, \cdots, x_n$$

$$C_1, C_2, \cdots, C_i, \cdots, C_n$$

根据经验判断或观察分析(例如通过图 5-2 的离散点观察)，费用和时间之间有明显的线性关系，则可建立一元线性回归模型

$$C = a + bx \tag{5-6}$$

式中 C 为费用；x 为时间，一般以年为单位；a、b 为回归系数。

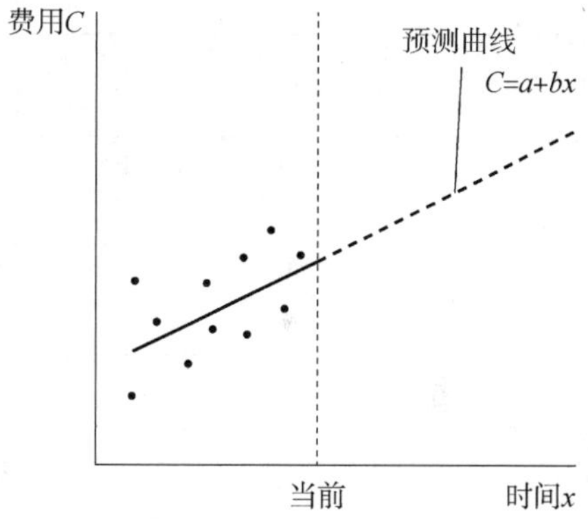

图 5-2 根据历史数据预测费用与时间关系的趋势

(2)求回归系数

由已知样本数据，根据最小二乘法求回归系数。

$$a = \frac{\sum_{i=1}^{n} C_i - b\sum_{i=1}^{n} x_i}{n} \tag{5-7}$$

$$b = \frac{n\sum_{i=1}^{n} x_i C_i - \sum_{i=1}^{n} x_i \sum_{i=1}^{n} C_i}{n\sum_{i=1}^{n} x_i^2 - (\sum_{i=1}^{n} x_i)^2} \tag{5-8}$$

式中 n 为历史数据的样本数，最好不少于 20；x_i、C_i 为样本数据。

样本数据应经过分析筛选，去掉不可靠和明显不正常的数据。

(3)计算相关系数

相关系数的计算公式为

$$r=\frac{n\sum_{i=1}^{n}x_iC_i-\sum_{i=1}^{n}x_i\cdot\sum_{i=1}^{n}C_i}{\sqrt{\left[n\sum_{i=1}^{n}x_i^2-\left(\sum_{i=1}^{n}x_i\right)^2\right]\cdot\left[n\sum_{i=1}^{n}C_i^2-\left(\sum_{i=1}^{n}C_i\right)^2\right]}} \tag{5-9}$$

(4)进行相关检验

为了检验所得回归方程的可信程度，则需对变量 x 和 C 的相关性进行检验，需要先计算相关系数 r，利用计算出的 r 进行相关性检验。计算出的 r 绝对值在 0 与 1 之间，即 $0\leqslant|r|\leqslant1$，$|r|$ 愈接近于 1，则说明 r 与 C 的相关性愈大，预测结果的可信程度愈高。一般可用计算出的相关系数 r 与相关系数临界值 r_0 相比较。r_0 是由样本数 n 和显著性水平 α 两个参数决定的，其可由相关系数临界值 r_0 表查得(表 5-1)。α 表示用线性方程在一定区间描述 x 与 C 相关关系的不可靠概率。$1-\alpha$ 为置信度，表示用线性方程在一定区间描述 x 与 C 相关关系的置信程度。只有 $|r|>r_0$ 时，预测模型(回归方程)在统计范围内才具有显著性，用回归方程描述 C 和 x 才有意义。

表 5-1　相关系数临界值 r_0

$n-2$ \ α	0.05	0.01	$n-2$ \ α	0.05	0.01
1	0.997	1.000	21	0.413	0.526
2	0.950	0.990	22	0.404	0.515
3	0.878	0.959	23	0.396	0.505
4	0.811	0.917	24	0.388	0.496
5	0.754	0.874	25	0.381	0.487
6	0.707	0.834	26	0.374	0.478
7	0.666	0.798	27	0.367	0.470
8	0.632	0.765	28	0.361	0.463
9	0.602	0.735	29	0.355	0.456
10	0.576	0.708	30	0.349	0.449
11	0.553	0.684	35	0.325	0.418
12	0.532	0.661	40	0.304	0.393
13	0.514	0.641	45	0.288	0.372
14	0.497	0.623	50	0.273	0.354
15	0.482	0.606	60	0.250	0.325
16	0.468	0.590	70	0.232	0.302
17	0.456	0.575	80	0.217	0.283
18	0.444	0.561	90	0.205	0.267
19	0.433	0.549	100	0.195	0.254
20	0.423	0.537	200	0.138	0.181

(5)求置信区间

由于回归方程中的自变量 x 和因变量 C 之间的关系不是确定性的，因此对于任意的 $x=x_0$ 都无法确切地得知 C_0 值，只能通过求置信区间来判定在给定概率下 C_0 实际值的取值范围。在样本数为 n、置信度为 $1-\alpha$ 的条件下，C_0 的置信区间为

$$\hat{C}_0 \pm t(\alpha/2, n-2) \cdot S(C) \tag{5-10}$$

式中 $\hat{C}_0$ 为由回归方程计算得到的与 x_0 相对应的 C_0 估计值；$t(\alpha/2, n-2)$ 为自由度为 $n-2$，置信度为 $1-\alpha$ 时 t 分布的临界值，可参考有关文献由 t 分布表查得；$S(C)$ 为经过修正的因变量 C 的标准差。

$$S(C) = \hat{\sigma} \cdot \sqrt{1 + \frac{1}{n} + \frac{(x_0 - \overline{x})^2}{\sum_{i=1}^{n} (x_i - \overline{x})^2}} \tag{5-11}$$

式中

$$\begin{cases} \hat{\sigma} = \sqrt{\dfrac{\sum_{i=1}^{n} (C_i - \hat{C}_i)^2}{n-2}} \\ \overline{x} = \dfrac{1}{n} \cdot \sum_{i=1}^{n} x_i \end{cases} \tag{5-12}$$

实际中，如果样本数足够大，则式(5-11)中的根式近似等于1。当置信度取 $1-\alpha=0.95$ 时，$t(\alpha/2, n-2)$ 约等于2，C_0 的置信区间近似为 $\hat{C}_0 \pm 2\sigma$。这就意味着，C_0 的实际值发生在 $(\hat{C}_0 - 2\sigma, \hat{C}_0 + 2\sigma)$ 区间内的概率为95%。当置信度取为 $1-\alpha=0.99$ 时，$t(\alpha/2, n-2)$ 约等于3，C_0 的置信区间近似为 $\hat{C}_0 \pm 3\sigma$。

(6)分析与预测

回归方程是根据历史数据建立的，利用回归方程做预测的前提是：能够确认预测对象与所选自变量的关系，以及影响预测对象的环境条件未来没有重大变化。因此，必须对变量间的关系和环境因素的变化做认真的分析，必要时应对预测模型做适当的修正。在此基础上，才可根据求得的回归方程进行预测。

【例 5-1】 用一元线性回归分析法对我国卫生陶瓷的销售费用进行预测。

为了简化问题，认为销售费用取决于销售量。因此对我国卫生陶瓷的销售量进行预测。根据搜集到的数据分析，历年卫生陶瓷的销售量与全国竣工城镇楼房住宅面积有相关关系，经筛选后的19对历史数据见表5-2。

表 5-2 不同年份的卫生陶瓷销售量

序号	卫生陶瓷销售量 y_i（万件）	竣工楼房住宅面积（m^2）	序号	卫生陶瓷销售量 C_i（万件）	竣工楼房住宅面积（m^2）
1	46.6	939.4	5	79.9	1 849.4
2	61.3	928.9	6	102.9	2 272.2
3	46.3	1 012.2	7	141.1	2 285.3
4	53.4	1 971.2	8	109.1	963.9

续上表

序号	卫生陶瓷销售量 y_i（万件）	竣工楼房住宅面积（m^2）	序号	卫生陶瓷销售量 C_i（万件）	竣工楼房住宅面积（m^2）
9	49.2	537.6	15	146.5	2 055.2
10	51.4	706.2	16	222.1	2 215.2
11	71.2	1 073.9	17	202.4	2 178.0
12	111.4	1 209.3	18	242.0	2 880.0
13	59.5	1 440.0	19	227.8	3 377.3
14	105.8	2 164.0			

【解】 设卫生陶瓷销售量为 y，同期全国竣工城镇楼房住宅面积为 x，回归方程为 $y=a+bx$。

(1)求回归系数：

由式(5-7)和式(5-8)，有

$$a=\frac{\sum_{i=1}^{n} y_i-b\sum_{i=1}^{n} x_i}{n}=-3.622\ 3$$

$$b=\frac{n\sum_{i=1}^{n} x_i y_i-\sum_{i=1}^{n} x_i\sum_{i=1}^{n} y_i}{n\sum_{i=1}^{n} x_i^2-\left(\sum_{i=1}^{n} x_i\right)^2}=0.068\ 6$$

已知 $n-2=17$，取 $\alpha=0.05$，由表 5-1 可查得相关系数临界值 $r_0=0.456$，$r>r_0$，表明本例中的回归模型具有显著性，可用于预测。

(2)求置信区间：

由式(5-12)，有

$$\hat{\sigma}=\sqrt{\frac{\sum_{i=1}^{n}(y_i-\hat{y}_i)^2}{n-2}}=40.964\ 5$$

由上述回归方程和置信区间的计算公式，根据全国城镇楼房住宅建设规划，即可对未来若干年内我国卫生陶瓷的销售量做出预测。例如，按照规划某年全国城镇楼房住宅竣工面积为 $x_0=7\ 500$ 万 m^2，代入回归方程，可求得

$$\hat{y}_0=-3.622\ 3+0.068\ 6x=-3.622\ 3+0.068\ 6\times 7\ 500=510.88(\text{万件})$$

对于给定的 $x=x_0$，由式(5-11)，有

$$S(y)=\hat{\sigma}\cdot\sqrt{1+\frac{1}{n}+\frac{(x_0-\bar{x})^2}{\sum_{i=1}^{n}(x_i-\bar{x})^2}}=40.964\ 5\times\sqrt{1+\frac{1}{19}+\frac{(x_0-1\ 687.326\ 3)^2}{11\ 031\ 139.8}}$$

$$=40.964\ 5\times 2.03=8.31$$

置信度取为 $1-\alpha=0.95$ 时，y_0 的置信区间近似为

$$\hat{y}_0 \pm 2S(y) = 510.88 \pm 166.2$$

这就表明，有95%的可能性，该年份卫生陶瓷的销售量为(510.88±166.2)万件。

【例 5-2】 预测火炮费用与其质量之间的参数关系。

利用已知数据库中所积累的各种火炮(诸如榴弹炮、高射炮和坦克炮等)的费用与质量的数据，整理出火炮特征参数(质量)与费用之间的关系曲线(图 5-3)，然后用回归方法推导出火炮的质量与费用的关系式。

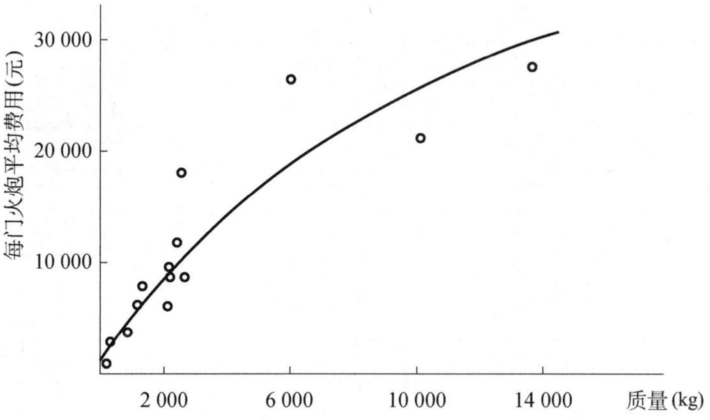

图 5-3 火炮费用与质量的关系

【解】 按照图 5-3 所示的曲线，采用曲线拟合的方法得到火炮费用与质量的函数关系式

$$\overline{C} = a_0 W^{a_1}$$

式中 $\overline{C}$ 为在 1 000 门火炮中，每一门火炮的平均费用(元)；a_0，a_1 为待定回归系数；W 为火炮质量(kg)。

对上式两边取对数，可得

$$\ln\overline{C} = \ln a_0 + a_1 \ln W$$

令

$$y = a + a_1 x$$

其中 $Y = \ln\overline{C}$；$a = \ln a_0$；$x = \ln W$。

利用一元线性回归公式

$$a = \frac{\sum_{i=1}^{n} y_i - a_1 \sum_{i=1}^{n} x_i}{n}$$

$$a_1 = \frac{n\sum_{i=1}^{n} x_i y_i - \sum_{i=1}^{n} x_i \sum_{i=1}^{n} y_i}{n\sum_{i=1}^{n} x_i^2 - (\sum_{i=1}^{n} x_i)^2}$$

及表 5-3 中的原始数据，即可求得费用与质量的回归公式。

$$\overline{C} = e^{4.02} W^{0.658} = 55.7 W^{0.658}$$

表 5-3　费用与质量回归关系式计算表格

n	$\overline{C}$	W_i	$y_i=\ln\overline{C}$	$x=\ln W$	运算过程
1	686	40	6.53	3.69	$n=14$ $\sum_{i=1}^{n}x_i=105.85$ $\sum_{i=1}^{n}y_i=125.92$
2	7 951	1 590	8.98	7.37	
3	6 442	1 352	8.77	7.21	
4	9 449	2 370	9.15	7.77	
5	11 829	2 650	9.38	7.88	
6	2 648	365	7.88	5.90	
7	8 639	2 485	9.06	7.82	
8	6 465	2 370	8.77	7.77	$a_1=0.658$ $a=4.02$
9	3 800	1 064	8.24	6.97	
10	25 839	6 280	10.16	8.75	
11	8 581	2 790	9.06	8.00	
12	18 000	2 840	9.80	7.95	
13	27 288	13 800	10.21	9.53	
14	20 545	10 350	9.93	9.24	

2. 多元线性回归分析法

一元线性回归方程可以用一条直线表示。一个多元线性回归方程组则可用 n 维直线组成的平面来近似地表示。

设变量 y 与自变量 $x_1,x_2,\cdots,x_p$ 呈线性关系，则其第 i 组数列为

$$(y_i,x_{i1},x_{i2},\cdots,x_{ip}),i=1,2,\cdots,n$$

则有下列多元线性回归方程组

$$\begin{cases} y_1=a_0+a_1x_{11}+a_2x_{12}+\cdots+a_px_{1p}+e_1 \\ y_2=a_0+a_1x_{21}+a_2x_{22}+\cdots+a_px_{2p}+e_2 \\ \quad\vdots \\ y_i=a_0+a_1x_{i1}+a_2x_{i2}+\cdots+a_px_{ip}+e_i \\ \quad\vdots \\ y_n=a_0+a_1x_{n1}+a_2x_{n2}+\cdots+a_px_{np}+e_n \end{cases} \tag{5-13}$$

式中　$a_0,a_1,a_2,\cdots,a_p$ 为 $(p+1)$ 个待定系数；$x_1,x_2,x_3,\cdots,x_p$ 为 p 个特征量（如质量、速度、产量等）；$e_1,e_2,e_3,\cdots,e_n$ 为 n 个相互独立、服从正态分布的随机变量。

上述方程组以矩阵形式表示，则有

$$\boldsymbol{Y}=\boldsymbol{aX}+\boldsymbol{e} \tag{5-14}$$

式中

$$\boldsymbol{Y}=\begin{bmatrix} y_1 \\ y_2 \\ \vdots \\ y_n \end{bmatrix},\boldsymbol{X}=\begin{bmatrix} 1 & x_{11} & x_{12} & \cdots & x_{1p} \\ 1 & x_{21} & x_{22} & \cdots & x_{2p} \\ \vdots & \vdots & \vdots & & \vdots \\ 1 & x_{n1} & x_{n2} & \cdots & x_{np} \end{bmatrix},\boldsymbol{a}=\begin{bmatrix} a'_0 \\ a'_1 \\ \vdots \\ a'_n \end{bmatrix},\boldsymbol{e}=\begin{bmatrix} e_1 \\ e_2 \\ \vdots \\ e_n \end{bmatrix}$$

可用最小二乘法估计参数 $\boldsymbol{a}$,则

$$\boldsymbol{a}=(\boldsymbol{X}^{\mathrm{T}}\boldsymbol{X})^{-1}\boldsymbol{X}^{\mathrm{T}}\boldsymbol{Y} \tag{5-15}$$

便可求得多元线性回归方程为

$$\hat{y}=a_0+a_1x_1+a_2x_2+\cdots+a_px_p \tag{5-16}$$

【例 5-3】 建立飞机寿命周期费用(LCC)参数关系式。

本书第三章论述了系统装备 LCC 模型,列举了典型的系统装备和轨道交通系统 LCC 模型及其费用的分解结构,相关内容不再赘述。此处对飞机系统的 LCC 模型及其参数关系式加以介绍。

【解】 如果飞机费用模型中的设计参数选择为质量 W、速度 V_{m}和生产架数 N,则飞机的费用模型为

$$C=C(W,V_{\mathrm{m}},N)$$

可表示为

$$C=a_0W^{a_1}V_{\mathrm{m}}^{a_2}N^{a_3}$$

上式两边取自然对数

$$\begin{aligned}\ln C&=\ln(a_0W^{a_1}V_{\mathrm{m}}^{a_2}N^{a_3})\\&=\ln a_0+a_1\ln W+a_2\ln V_{\mathrm{m}}+a_3\ln N\end{aligned}$$

回归系数 a_0,a_1,a_2,a_3可由最小二乘法估算出。

建立飞机寿命周期费用(LCC)参数关系式的内容分为两部分,一部分是建立飞机研究、开发和生产费用的参数关系式,这一部分内容取自美国兰德(RAND)公司建立的飞机研究、开发和生产费用模型;另一部分是飞机的运用和保障费用模型及其参数关系式。

(1)飞机研究、开发和生产费用的参数关系式

美国兰德(RAND)公司建立了飞机研究、开发和生产费用模型 DAPCAⅣ。该模型适用于歼击机、轰炸机、运输机。可估算研究、开发和生产阶段所需的工时,包括研制工时、工具工时、制造工时和质量保证工时。将工时乘以每小时的工时费用即可得到费用数值。发展保障费用、试飞费用和器材费用则直接以费用来估算。

① 研制工时 H_{e}

研制工时包括机体设计和分析、试验工程、技术状态控制和系统工程等方面工作的工时,其费用关系式为

$$H_{\mathrm{e}}=4.86W^{0.777}V_{\mathrm{m}}^{0.394}N^{0.163} \tag{5-17}$$

式中 W 为飞机质量;V_{m}为最大平飞速度;N 为飞机架数。

② 工具工时 H_{t}

工具工时包括所有生产准备工作、工夹具设计制造、模具和样板准备、数控加工程序编制、生产测试设备的研制和生产等费用。其费用关系式为

$$H_{\mathrm{t}}=5.99W^{0.777}V_{\mathrm{m}}^{0.696}N^{0.263} \tag{5-18}$$

③ 制造工时 H_{m}

制造工时即制造飞机所耗费的直接劳动工时,其中包括成形、机械加工、部件制造、对

接、总装、管路(液压、气压和电气管路)敷设和组件(发动机、航空电子设备及其他分系统)安装。其费用关系式为

$$H_{m}=7.37W^{0.82}V_{m}^{0.484}N^{0.641} \tag{5-19}$$

④ 质量控制工时 H_{q}

质量控制工时包括产品验收检验、生产检验和最终产品检验,其费用关系式为

$$H_{Q}=\begin{cases}0.076H_{m}(\text{运输机})\\0.133H_{m}(\text{其他飞机})\end{cases} \tag{5-20}$$

⑤ 开发保障费用 C_{d}

开发保障费用是在研制阶段中用于生产方面的非重复性费用,包括样机制造、结构试验件和其他在研制阶段供开发试验所用的试验件,其费用关系式为

$$C_{d}=45.42W^{0.630}V_{m}^{1.3} \tag{5-21}$$

⑥ 试飞费用 C_{f}

试飞费用包括制定试飞计划、测试设备、试飞、数据处理及试飞研究费用、生产和保障费用。其费用关系式为

$$C_{f}=1\,234.03W^{0.325}V_{m}^{0.822}FTA \tag{5-22}$$

式中　FTA 为试飞飞机架数,一般为 2～6 架。

⑦ 制造器材费用 C_{m}

制造器材费用即原材料、外购件和设备费用,其中包括结构原材料和电气、液压、气压系统、环境控制系统及紧固件、安装支架、标准件等。制造器材费用中还包括机载设备(航空电子设备除外)的费用。因此这部分费用包括除发动机和航空电子设备以外的每一组件。其费用关系式为

$$C_{m}=11.0W^{0.921}V_{m}^{0.621}N^{0.799} \tag{5-23}$$

⑧ 发动机费用

在 DAPCA 模型中认为发动机费用是已知的,若未知,则可用下式计算

$$C_{eng}=1.548(0.043T_{m}+243.25M_{m}+0.969T_{ti}-2.228)K_{e} \tag{5-24}$$

式中　T_{m} 为发动机最大推力;M_{m} 为最大飞行马赫数;T_{ti} 为发动机涡轮进口温度;K_{e} 为修正系数。对涡轮喷气式发动机 $K_{e}=1$;对涡轮叶片式发动机 $K_{e}=1.15$～1.20。

⑨ 航空电子设备费用

在 DAPCA 模型中,一般也不包括航空电子设备费用,这笔费用可以通过同类飞机航空电子设备的价格外推估算(参阅本节后面的实际推算法)。据统计,航空电子设备的费用约占飞机出厂费用的 25%～40%。所占比例的大小取决于设备的先进程度。

⑩ 飞机的总出厂费用

由上述各项费用之和可以求得飞机的研究、开发费用(RDC)和生产费用(PC)之和为

$$RDC+PC=H_{e}R_{e}+H_{t}R_{t}+H_{m}R_{m}+H_{q}R_{q}+C_{d}+C_{f}+C_{m}+C_{eng}N_{eng}+C_{AV} \tag{5-25}$$

式中　N_{eng} 为飞机产量 N 与每架飞机安装的发动机数的乘积;C_{av} 为航空电子设备费用;R_{e}、R_{t}、R_{m}、R_{q} 为研制工时、工具工时、制造工时、质量控制工时所对应的每工时费用,其中

包括工作人员的工资、行政管理费、间接费用等。

上述费用再加上飞机制造企业的利润就是买方应支付的采购价格，一般还需将此费用乘以投资费用因子 k_{inf}，得出真正的采购价格。通常取 $k_{inf}=1.10\sim1.20$。

应当指出的是，上述 DAPCA 模型由美国兰德公司建立，是根据美国各类飞机的统计数据采用回归方法得出的。此处引用该模型是作为参数费用方法的一个实例，旨在展示一个完整系统装备参数费用方程组的表达方式。若用于其他的装备，则必须根据实际情况予以修正，并注意进行各参数单位的转换，即国际单位与英制单位之间的转换。本节公式中，采用美国英制单位，例如质量的单位为“磅”，速度单位为“英里/小时”，发动机推力单位为“磅”，发动机涡轮进口温度单位为“华氏绝对温度（$R=F+459.7$）”，费用单位为“美元”，并以 1986 年的不变美元价格计算。

由上可见，在参数费用方法中最重要的环节是建立费用数据库。费用数据库必须满足某些特定要求。例如，应当反映与正在研制的系统装备相类似的技术，包括类似的设计、生产方法和程序、类似的材料等。若在研制系统的数据库中得不到技术改进的反映，将导致费用估算的误差。

(2)飞机运用和保障费用的参数关系式

美国兰德（RAND）公司建立的 DAPCAⅣ模型提供了飞机研究、开发和生产费用的估算方法和关系式。为了得到系统的 LCC，还需要估算出系统的运用和保障费用。

一个系统装备的运用和保障费用主要由以下费用部分组成：能源费用、维修保障费用、劳务费用、折旧费用和保险费用。

① 能源费用 C_{NY}

能源费用 C_{NY} 包括燃油费用 C_f 和润滑油费用 C_o。

$$C_{NY}=ACR\cdot AFQ\cdot FP \tag{5-26}$$

式中 ACR 为飞机使用率（飞行小时/年）；FP 为燃油价格（元/kg）；AFQ 为平均油耗量(kg/h)，$AFQ=N_{eng}\cdot T(g_{ef}+g_{eo})$；$N_{eng}$ 为每架飞机的发动机台数；T 为发动机推力(kg)；g_{ef} 为平均推力、时间的燃油消耗率[kg/(kg·h)]；g_{eo} 为平均推力、时间的润滑油消耗量[kg/(kg·h)]。

根据各类飞机每年飞行的小时数、平均燃油和润滑油消耗量、油价，可计算出每架飞机每年消耗的燃油和润滑油费用 $C_{NY}=C_f+C_o$。一般认为，润滑油费用 C_o 等于或小于燃油费用 C_f 的一半。

② 维修保障费用 C_{ms}

维修保障费用主要包括两部分：维修人员劳务费用和工程系统装备的维修保障费用。

a. 维修工时 H_{fm}

维修分为定时维修和非定时维修。定时维修取决于维修计划规定的定时维修项目的数量、频度及单位费用，非定时维修取决于飞机的故障率及其修复的平均费用。维修通常是根据累计的飞行时间（例如每 100 飞行小时）或飞机的起落次数（循环周期）计的。一般，可以用飞行每小时所需的平均维修工时 H_{FM} 作为飞机维修性的基本度量。降低 H_{FM}

值是飞机设计，特别是维修性设计的主要目标之一。

H_{FM}基本上可以认为与飞机的质量 W 成正比，因为飞机的部件数目和系统的复杂性随着飞机质量的增加而增加。表 5-4 为国外各类飞机 H_{FM}的统计表。应当指出的是，我国各类飞机设计中对维修性不够重视，因此 H_{FM}值明显高于表中所列数值。

表 5-4　国外各类飞机 H_{fm}统计表

飞机类别	飞行时间[小时/(年・架)]	H_{FM}(维修工时/飞行小时)
轻型飞机	500～1 000	1
商务喷气飞机	500～2 000	3～6
喷气式教练机	300～500	6～10
歼击机	300～500	15～20
轰炸机	300～500	25～50
军用运输机	700～1 400	20～40
民航机	2 500～4 500	5～15

根据 H_{FM}和飞机每年飞行小时数，即可估算出飞机每年的维修工时数。

b. 劳务费用 C_{LW}

劳务费用主要包括：使系统装备正常运行所需的操作人员和维修保养人员的费用，诸如飞机机组人员、地勤人员和管理人员的劳务费用。由从事每种维修工作的维修人员工时费用即可估算出每架飞机每年的维修劳务费用。根据国外统计，对于军用飞机来说，维修所用的器材、部件和保障费用大致等于其维修劳务费用。而在我国，由于劳务费用较低，故维修及保障所用的器材、部件等费用显著高于劳务费用。

c. 装备的维修保障费用 C_{ZB}

装备的维修保障费用主要包括：装备中各种故障零部件维修、更换，备件和资料等的费用。

③ 折旧费用 C_{ZJ}

折旧费是使用费用的一部分，实际上是将产品的采购费用分摊到它的使用寿命中去。不同产品的折旧方法不同，一般可用下式表示折旧费用 C_{ZJ}。

$$C_{ZJ}=(C_{CG}-V_{CZ})/T_{SM} \tag{5-27}$$

式中　C_{CG}为采购费用；V_{CZ}为残值；T_{SM}为使用寿命。

以飞机为例，飞机机体与发动机的使用寿命不同，残值也不一样，故其折旧费应分别计算。

a. 机体折旧费

飞机机体的使用寿命一般为 10～15 年，残值(即最终旧飞机出售的价格)为机体采购价格的 10%。因此，飞机机体每年的折旧费 C_{ZJJT}为

$$C_{ZJJT}=(C_{CGJT}-V_{CZJT})/T_{SMJT}=0.9C_{CGJT}/T_{SMJT} \tag{5-28}$$

式中　C_{CGJT}为机体采购费用，可近似认为机体采购费用等于飞机总采购费用与发动机采购费用之差，即 $C_{CGJT}\approx C_{CGFJ}-C_{CGENG}$；$V_{CZJT}$为机体残值；$T_{SMJT}$为机体使用寿命，一般为

10～15 年；C_{CGFJ}为飞机总采购费用；C_{CGENG}为发动机采购费用。

b. 发动机折旧费

发动机使用寿命一般为 4 年左右，其残值可忽略不计。因此，每台发动机的每年折旧费大约是发动机采购费用的 1/4 左右。

④ 保险费用 C_{BX}

保险费用 C_{BX}是产品采购价格 C_{CG}与保险费率 B 的乘积，即

$$C_{BX}=C_{CG}\cdot B \tag{5-29}$$

保险费率 B 应采用当年的保险费率。

对于一般商用飞机，保险费约占运用保障费用的 1%左右。

(二)关联度分析

统计学与实践经验表明，费用可以较为准确地与性能、质量、尺寸、产量、软件程序等特征量或属性相关联。只要在工程开发中积累了历史数据，形成了同类产品的数据库，就可以建立起费用和相关特征量之间的数学关系式，从而只需要输入少量的相关特征参数，即可估算出新产品研究、开发和生产阶段的软硬件和管理费用。再根据系统的 RAMS 参数、人员技术水平及维修参数等估算出运用保障费用，这样即可得出系统 LCC 的估计值。

由此可知，建立费用参数关系式是参数估算法的首要任务，要确定出费用与系统的哪些特征参数相关。灰色系统理论中的关联分析技术就是达到该目的的较佳途径。

1. 关联度概念

关联度是指曲线之间的相似程度，关联度分析是根据曲线之间的相似程度判定它们的相差关系。如图 5-4 中所示的 3 条曲线，曲线 1 与曲线 2 较相似，曲线 3 与曲线 1 相差颇大，故认为曲线 1 与曲线 2 的关联度较大，曲线 1 与曲线 3 关联度较小。

关联度大的参数，表示其曲线相似程度高，相互之间可以代表；关联度小的参数，表示其曲线之间的独立性高，不宜相互代表。通过关联度分析可以删去大量的次要参数。最后在参数费用方程中剩下少数几个对费用影响大、相互独立的特征量。从而在保证计算精度的前提下，得到便于计算的简化参数方程组。

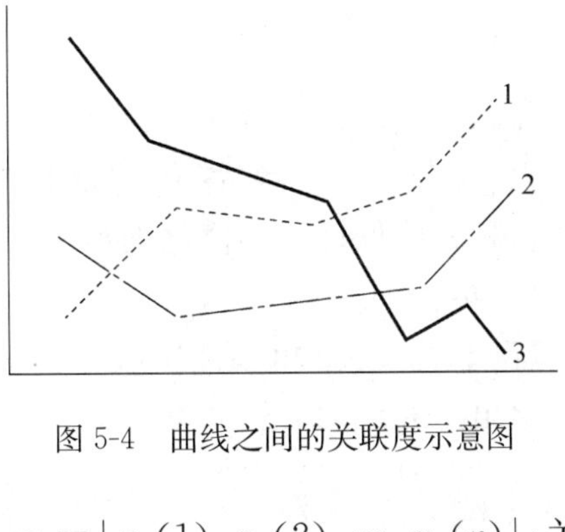

图 5-4 曲线之间的关联度示意图

2. 关联度分析计算

(1)数列的表示法

进行关联分析首先要指定参考数列，常记为 x_0，$x_0=|x_0(1),x_0(2),\cdots,x_0(n)|$；关联分析中被比较的数列采用类似的表示法，即 $x_i=|x_i(1),x_i(2),\cdots,x_i(n)|$，$i=1,2,\cdots,N$。

(2)关联度系数计算公式

对于一个参考数列 x_0，有 N 个比较数列 $x_1,x_2,\cdots,x_N$的情况，可用下面这些关系式表达各比较数列与参考数列在各 k 点(时刻)的不同差值：

① 令 $\delta_i(k)=|x_0(k)-x_i(k)|$，表示 x_0 与 x_i 在 k 点之差的绝对值；

② $\min_k|x_0(k)-x_i(k)|$ 为一级最小差值，表示在第 x_i 曲线上的各点与 x_0 曲线上相应点的最小差值；

③令 $\delta_{\min}=\min_i\min_k|x_0(k)-x_i(k)|$ 为二级最小差值，表示在各条曲线中找出最小差值的基础上，再按照 $i=1,2,\cdots,N$ 找出所有曲线 x_i 中的最小差值；

④ 令 $\delta_{\max}=\max_i\max_k|x_0(k)-x_i(k)|$ 为二级最大差值，其定义方法与二级最小差值 $\delta_{\min}$ 相同。

至此，定义曲线 x_0 与 x_i 在 k 点的关联度系数 $\xi_i(k)$ 为

$$\xi_i(k)=\frac{\min_i\ \min_k|x_0(k)-x_i(k)|+\rho\max_i\ \max_k|x_0(k)-x_i(k)|}{|x_0(k)-x_i(k)|+\rho\max_i\ \max_k|x_0(k)-x_i(k)|} \tag{5-30}$$

将 $\delta_i(k)$、$\delta_{\min}$ 和 $\delta_{\max}$ 代入式(5-30)，可得

$$\xi_i(k)=\frac{\delta_{\min}+\rho\delta_{\max}}{\delta_i(k)+\rho\delta_{\max}} \tag{5-31}$$

式中　ρ 为分辨系数，一般在 0～1 之间选取。

虽然两级最大差值 $\delta_{\max}$ 和最小差值 $\delta_{\min}$ 容易求出，但一般仍不能计算出关联度系数，这是由于关联度系数的计算数列要求相同的量纲，当量纲不同时要转化为无量纲，并要求所有数列有公共交点。因此，在计算关联度系数之前，要首先对数列进行初值化处理，即用每个数列的第一个数 $x_i(1)$ 除其他数 $x_i(k)$，这样既可使数列无量纲化，又可得到公共交点 $x_i(1)$。

关联度系数的数值很多，信息过于分散，不便于比较，为此有必要将各个时刻的关联度系数集中为一个值，求它们的平均值便是其中的一种方法。综合各点的关联度系数，便可得到曲线 x_i 与参考曲线 x_0 的关联度，即

$$r_i=\frac{1}{n}\sum_{k=1}^{n}\xi_i(k) \tag{5-32}$$

无量纲化的常用方法有：初值化和均值化。初值化是用第 1 个数值除数列的各个数据，得到一个新数列，即各个不同时刻的数据相对第一时刻数值的百分比，经济序列常常采用这种方法处理。均值化则是用数列的平均值除所有的数据，得到一个占平均值百分比的新数列。

【例 5-4】 关联度系数计算。

给出初值化的数列如下：

$$x_0=(1,1.1,2,2.25,3,4)$$
$$x_1=(1,1.166,1.834,2,2.314,3)$$
$$x_2=(1,1.125,1.075,1.375,1.625,1.75)$$
$$x_3=(1,1,0.7,0.8,0.9,1.2)$$

【解】 (1)求差值数列

各个时刻 x_i 与 x_0 数列差值的绝对值见表 5-5。

表 5-5 例中 x_i 与 x_0 数列差值的绝对值

序号 / $\delta_i(k)$	1	2	3	4	5	6
$\delta_1(k)=\|x_0(k)-x_1(k)\|$	0	0.066	0.166	0.250	0.686	1.000
$\delta_2(k)=\|x_0(k)-x_2(k)\|$	0	0.025	0.925	0.875	1.375	2.250
$\delta_3(k)=\|x_0(k)-x_3(k)\|$	0	0.100	1.300	1.450	2.100	2.800

(2)求两级最大差值 $\delta_{\max}$ 和最小差值 $\delta_{\min}$

由表 5-5 可知：

二级最大差值 $\delta_{\max}=\max_i\max_k|x_0(k)-x_i(k)|=2.8$；

二级最小差值 $\delta_{\min}=\min_i\min_k|x_0(k)-x_i(k)|=0$。

(3)计算关联度系数

由式(5-31)，并选取分辨系数 $\rho=0.5$，得

$$\xi_i(k)=\frac{\delta_{\min}+\rho\delta_{\max}}{\delta_i(k)+\rho\delta_{\max}}=\frac{0+0.5\times2.8}{\delta_i(k)+0.5\times2.8}=\frac{1.4}{\delta_i(k)+1.4}$$

令 $i=1$，则有 $\delta_1(k)$ 数列，见表 5-6。

表 5-6 $\delta_1(k)$ 数列

$\delta_1(1)$	$\delta_1(2)$	$\delta_1(3)$	$\delta_1(4)$	$\delta_1(5)$	$\delta_1(6)$
0	0.066	0.166	0.250	0.686	1

因此

$$\xi_1(1)=\frac{1.4}{\delta_1(1)+1.4}=\frac{1.4}{0+1.4}=1$$

$$\xi_1(2)=\frac{1.4}{\delta_1(2)+1.4}=\frac{1.4}{0.066+1.4}=0.955$$

$$\xi_1(3)=\frac{1.4}{\delta_1(3)+1.4}=\frac{1.4}{0.166+1.4}=0.894$$

$$\xi_1(4)=\frac{1.4}{\delta_1(4)+1.4}=\frac{1.4}{0.25+1.4}=0.848$$

$$\xi_1(5)=\frac{1.4}{\delta_1(5)+1.4}=\frac{1.4}{0.686+1.4}=0.679$$

$$\xi_1(6)=\frac{1.4}{\delta_1(6)+1.4}=\frac{1.4}{1+1.4}=0.583$$

求关联度系数 $\xi_1(k)$ 在各个时刻的数值集合，得关联度系数序列：

$$\begin{aligned}\xi_1(k)&=(\xi_1(1),\xi_1(2),\xi_1(3),\xi_1(4),\xi_1(5),\xi_1(6))\\&=(1,0.955,0.894,0.848,0.679,0.583)\\\xi_2(k)&=(\xi_2(1),\xi_2(2),\xi_2(3),\xi_2(4),\xi_2(5),\xi_2(6))\\&=(1,0.982,0.602,0.615,0.797,0.383)\\\xi_3(k)&=(\xi_3(1),\xi_3(2),\xi_3(3),\xi_3(4),\xi_3(5),\xi_3(6))\\&=(1,0.933,0.52,0.49,0.40,0.34)\end{aligned}$$

【例 5-5】 建立战斗机研制费用 C 的关系式。

【解】 经统计得出某战斗机研制费用 C 与飞机特征参数(质量 W、最大平飞速度 V_m、最大过载 N_m 关系,见表 5-7。表 5-7 中数列已做了无量纲化处理,样本数 $k=5$。

表 5-7 战斗机费用 C 与其质量 W、最大平飞速度 V_m 和过载 N_m 的关系

k	1	2	3	4	5
费用 C	1.0	0.869	0.833	0.857	0.465
质量 W	1.0	0.993	1.230	1.220	0.893
最大平飞速度 V_m	1.0	1.000	0.554	0.559	0.484
最大过载 N_m	1.0	1.000	1.070	1.140	1.140

由表 5-7 可知

$$\text{二级最大差值 } \delta_{\max}=\max_i \max_k |x_0(k)-x_i(k)|=0.067\ 5$$

$$\text{二级最小差值 } \delta_{\min}=\min_i \min_k |x_0(k)-x_i(k)|=0.0$$

根据式(5-31)求得关联度系数 $\xi_i(k)$。计算时取分辨系数 $\rho=0.10$,结果见表 5-8。

表 5-8 关联度系数 $\xi_i(k)$ 计算表

k	1	2	3	4	5
$\xi_1(k)$	1.0	0.341	0.196	0.181	0.781
$\xi_2(k)$	1.0	0.353	0.146	0.161	0.137

根据式(5-32)可得

$$r_1=\frac{1}{n}\sum_{k=1}^{n}\xi_1(k)=\frac{1}{5}\sum_{k=1}^{n}\xi_1(k)=0.500$$

$$r_2=\frac{1}{n}\sum_{k=1}^{n}\xi_2(k)=\frac{1}{5}\sum_{k=1}^{n}\xi_2(k)=0.359$$

计算表明,飞机机体质量与研制费用的关联度为 0.50,而最大平飞速度与研制费用的关联度为 0.359。

利用上述关联度计算方法,即可进行系统装备各设计特征量之间的关联度分析,以及各设计特征量与费用之间的关联度分析,从而建立起合理的参数费用模型。

每个系统装备都有许多表征其属性的设计特征量。例如战斗机的主要设计特征量有机体质量 W、最大平飞速度 V_m、最大爬升率 V_y、最大航程 L、作战半径 R、起飞滑跑距离 L_{tq}、着陆距离 L_l、最大法向过载 N_m、实用升限 H 和发动机最大推力 T_m 等。显然,要将这些参数都包含在费用关系式中,则会使公式的推导和计算十分复杂。通过关联度分析可以方便地找出与费用相关程度最大的若干独立变量,然后建立起这些特征量和费用的关系式。

(1)各设计特征量之间的关联度

对 5 种飞机的 10 项性能参数进行了统计,并进行了无量纲处理和关联度计算,得到了飞机性能参数(设计特征量)的关联度矩阵,结果列于表 5-9 中。

表 5-9　飞机性能参数关联度矩阵

项目	V_m	W	N_m	R	T_m	L	V_y	L_{tq}	L_l	H
V_m	1	0.407	0.374	0.412	0.385	0.403	0.660	0.446	0.373	0.366
W	0.346	1	0.354	0.428	0.309	0.425	0.410	0.403	0.372	0.481
N_m	0.396	0.450	1	0.573	0.335	0.578	0.392	0.622	0.789	0.620
R	0.410	0.506	0.535	1	0.299	0.968	0.365	0.593	0.499	0.666
T_m	0.417	0.399	0.335	0.329	1	0.329	0.482	0.353	0.351	0.339
L	0.401	0.503	0.541	0.968	0.299	1	0.361	0.596	0.502	0.671
V_y	0.646	0.456	0.361	0.356	0.437	0.353	1	0.456	0.368	0.343
L_{tq}	0.470	0.499	0.623	0.629	0.353	0.632	0.487	1	0.628	0.675
L_l	0.393	0.464	0.786	0.534	0.348	0.537	0.397	0.623	1	0.645
H	0.370	0.547	0.592	0.674	0.315	0.678	0.359	0.649	0.621	1

分析表 5-9 可知：

①表中第 1 行表示最大平飞速度 V_m 与其他性能参数的关联度。其中最大平飞速度 V_m 与最大爬升率 V_y 的关联度最大，为 0.660。从物理概念上来看这也是正确的，最大平飞速度的飞机，其最大爬升率一般也是最大的。在两个参数中取一个作为代表即可，一般取 V_m 为代表。

②从表中第 3 行可知，最大法向过载 N_m 与起飞滑跑距离 L_{tq}、着陆距离 L_l 的关联度较大，分别为 0.622 和 0.789，故在这 3 个参数中取一个作为代表即可，一般取 N_m 为代表。

③表中对 4 行表明，作战半径 R 与最大航程 L、实用升限 H 的关联度较大，分别为 0.968 和 0.666，对战斗机可取 R，对民航机可取为 L。

④从表中第 5 行可看出发动机最大推力 T_m 与其他参数的关系，发动机最大推力 T_m 与发动机的研制、生产费用密切相关，在推导飞机机体费用关系式时，一般可不予考虑。

综上所述，在 10 个飞机的性能参数中，只需选择四个参数 W、V_m、N_m、R 作为飞机机体费用模型的参数即可，即

$$C=C(W,V_m,N_m,R)$$

(2)费用与设计特征量之间的关联度

统计了五种飞机的 7 项费用：型号开发费用 C_1、工装费用 C_2、制造费用 C_3、试验费用 C_4、器材费用 C_5、管理费用 C_6、劳务费用 C_7，统计了这些费用与上述 10 个性能参数之间的关系，见表 5-10。

表 5-10　费用与性能参数的关联度矩阵

性能参数 \ 费用	型号开发费用	工装费用	制造费用	试验费用	器材费用	管理费用	劳务费用	合　计
V_m	0.500	0.558	0.621	0.446	0.531	0.542	0.470	3.668
W	0.359	0.635	0.682	0.376	0.863	0.613	0.606	4.134

续上表

性能参数＼费用	型号开发费用	工装费用	制造费用	试验费用	器材费用	管理费用	劳务费用	合　计
N_m	0.369	0.424	0.484	0.356	0.345	0.339	0.444	2.761
R	0.409	0.453	0.580	0.379	0.534	0.511	0.665	3.531
T_m	0.437	0.432	0.636	0.384	0.639	0.710	0.338	3.576
L	0.413	0.454	0.593	0.388	0.591	0.501	0.637	3.577
V_y	0.485	0.575	0.632	0.514	0.528	0.519	0.473	3.726
L_{tq}	0.480	0.503	0.302	0.465	0.250	0.263	0.556	2.819
L_l	0.374	0.445	0.542	0.378	0.390	0.399	0.463	2.991
H	0.594	0.511	0.510	0.392	0.360	0.374	0.594	3.335

分析表5-10可知费用与性能参数的关联度矩阵：

① 质量与费用的关联度最大，为4.134。

② 最大平飞速度V_m、最大爬升率V_y与费用的关联度也较大，分别为3.668和3.726。但由前述性能参数之间的关联度分析可知，两者在计算费用时可互为代表，一般取V_m为费用模型参数。

③ 飞机作战半径R、最大航程L与费用的关联度也较大，分别为3.531和3.577，两者在计算费用时也可互为代表，对战斗机可取R，对民航机可取为L。

④ 最大法向过载N_m与费用的关联度较小，仅为2.761。

⑤ 发动机最大推力T_m在计算费用时可不予考虑。

综上所述，根据上述关联度分析结果，最后选择质量W、最大平飞速度V_m和作战半径R为费用模型中的设计参数。此外，还有一个重要的特征量——飞机生产架数N，它虽非性能参数，但对费用会产生重要影响。因此，最后可得飞机的研制费用模型为$C=C(W,V_m,N,R)$，在某些费用模型中，为了使费用关系式更简单，常将作战半径R也删略，得$C=C(W,V_m,N)$

（三）寿命周期各阶段参数法的应用

寿命周期各阶段费用参数法的应用情况如下。

1. 研究与开发费用

参数法是估算研究与开发费用最有效的方法。它依据产品物理特性或性能特性的历史数据形成函数，对研究与开发阶段发生的费用进行估算。对于小样本数据情况，估算可能有困难。因此对于一些独特的设计工程和需独特剪裁的试验事件，研究与开发费用一般不采用参数法。虽然费用估算关系对于设计更改（如频率、使用要求、范围等）的费用是敏感的，但制定函数关系并进行更改费用的估算，可能比取得所需信息要花费更大的代价。因此，用参数法求得研究与开发费用的关系，一般应用于样本量足够大的情况。

2. 投资费用

参数法可用来估算各种类型的投资费用，包括制造、工装和质量控制等费用。根据数据的可用性，它还可用于估算原材料、外购件和外购设备的费用。对于投资费用，通常还假定器材费用、间接费用与所要求的直接劳务费用呈某些比例关系，因此生产总费用与保障生产所要求的直接总人工费用是相关的。这就使得利用这种费用估算关系对投资费用进行估算成为可能。根据企业状况，直接人工费用既可以按照产品的质量或体积、电子元器件的密度等函数进行计算，也可以按照所要求的加工量来估算。对于这种基本费用估算方法进一步细化，可得到与诸如生产数量、性能指标、生产进度与电子设备的复杂程度等因素的费用关系。

3. 运用和保障费用

应用参数法来估算运用、后勤保障费用是一项较困难的工作。在全面研制阶段后期，当承包商已经能够为工程模型或早期使用的费用模型收集相关零部件的故障率、修理费用和其他后勤方面的初步数据时，用参数法来估算运用和保障费用仍是可行的。但是，当采办处于早期阶段时，利用参数法来估算运用和保障费用仍然是困难的，这是由于缺少有效的运用和保障历史费用的数据采集程序，使得无法找到早期阶段的设计参数与运用保障方面的参数的关系。虽然，对于低层次项目数据，诸如零件需求率、维修活动次数和其他等后勤元素等数据的采集，已有比较完善的方法，但这些孤立方法只能支持特定的后勤管理职能，无法提供费用估算关系方面可使用的数据库。美国海军建立了“运用和保障费用的共用与管理”数据库，使该问题得到改善。

（四）参数法中的数据库建设

参数法中最重要的环节是数据库。因此，必须建立比较完善的产品历史数据库，建立数据库时应注意以下两方面。

1. 数据库必须满足某些特定要求

数据库必须满足某些特定要求，例如：

(1)应当反映与系统装备相类似的技术。包括：类似的设计、生产方法和程序及材料等。

(2)应当反映系统装备的技术改进。若系统的先进技术在数据库中不能得到反映，则将导致费用估算产生误差。

(3)不应采用以电子管为元件的电子系统数据库来估算以集成电路为元器件的电子系统。

(4)产品研制费用不仅与产品硬件本身的技术有关，还与其制造技术相关。例如在印刷电路板中的装配工作中，采用自动化程序，就会使劳动量大幅度降低，从而明显节省费用。

2. 数据库建设必须针对相类似的产品

每个类似的数据库单元应当由类似的部件组成，并采用同一种方法加以处理。例如，火箭发动机的数据库中的发动机质量单元，对于每个输入系统都应该由同样的部件组成，并以同样的方式度量，如每个发动机质量单元均应由壳体、衬套、喷管等部件组成，应用相同的单位(例如 kg)度量。否则，没有可比性，将会导致费用估算关系式产生显著偏差，甚至造成不可信的后果。

三、工程估算法

这种方法是按照产品工作分解结构和费用分解结构，逐一对费用单元进行直接估算，然后自下而上地逐项累加，得出总 LCC 的估算值。另外，在估算时还要考虑费用的时间因素，通过计算每年的贴现率和升降因子把过去可用的估计值转化为当前的估算值。

显然，采用这种方法必须对整个系统有详尽的了解，不仅要知道产品结构，而且还应详尽了解它的生产过程、使用方法、维修保障方案等资料，才能将费用单元分得精细和准确，估算得合理。可以看出，工程估算法，常常需要进行较细致的计算。因此，工程估算法可以得到较为详细和准确的费用概算，并能指出哪些项目费用最高，提供节省费用的合理建议。因此这种方法目前应用仍较多，如果对费用单元进行编码和规范化，利用计算机进行估算，则会更加方便。

（一）工程法的应用

与类比法和参数法“自上而下”的费用估算方式相反，工程法是“自下而上”地进行费用估算，是一种详细的费用估算方法。材料费、人工费、直接费用、间接费用和利润均被看作是影响采办费用的费用单元。这些费用单元的估算值一般是从历史数据库推算出来的，该数据库也用于确定采办工作中 LCC 单元的相互关系。工程法对数据的要求不同于类比法和参数法，其详细的估算值通常是针对特定形式的人工费和材料费推算出来的。在这种情况下，设计细节及材料和人工的期望值被用来估算费用。由于总的生产数量是已知的，或是能够估算出来的，因此最终的费用估算结果比其他两种方法更为详尽。工程法优于其他两种方法的优点是可使特定细节的费用一目了然。因此，该方法能够单独用于各种零件、组件、分系统和采办的各个阶段。该法得出的估算值对敏感性分析来说更为有效。在费用单元层次方面，综合专家的意见，使得研究与开发和投资费用的估算更加容易。采用工程估算法的主要难点是：需要得到详细的信息，导致耗资和耗时均比类比法和参数法高。另外，实践发现，该法在很多场合的估算精度要低于统计估算，其估算出的总值常常小于各个部分相加总和。虽然该法对寿命周期的各个阶段具有同等的适用性，但它在预算方面的潜力，将会使其成为验证阶段评估费用极有价值的工具。

（二）采用工程法估算费用的步骤

以某一军用飞机为例，阐述工程法估算费用的具体步骤。图 5-5 为某军用飞机的工作分解结构（WBS）示意图。根据统计数据得到标准的工程费用因子后，便可利用 WBS 计算出总的工程费用。费用的计算步骤如下。

1. 确立 WBS

确立该工程系统的 WBS，将 WBS 的工作单元分解到便于计划和控制的工作包一级，如图 5-5 所示的第 6 层次工作包（天线、发射机和接收机）。再把这些工作包的研制任务分派给相应的职能部门，如电气设计和机械设计等部门。

2. 编码

对 WBS 中的每个工作单元进行编码，将此编码作为每个工作单元费用的汇总号码。

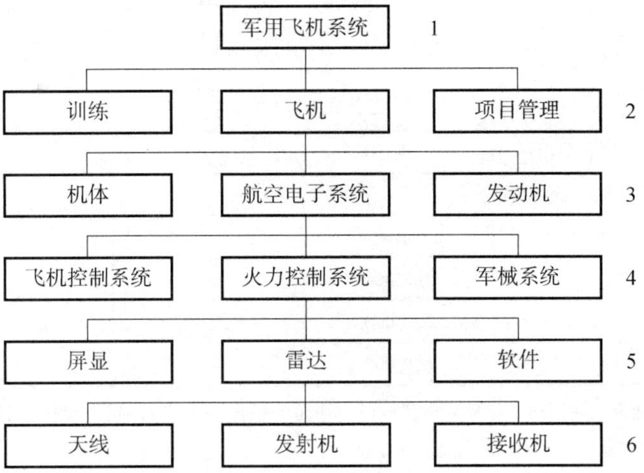

图 5-5 某军用飞机系统的工作分解结构(WBS)

3. 建立费用账号

对 WBS 中每个工作单元相应的职能部门建立费用账号，例如图 5-5 中接收机的工作单元编码为 112313，该接收机中的电气设计部分的费用账号为 112313-1。

4. 估算费用

估算每个工作包的费用，一般由如下部分组成：

(1)工时费用，包括设计、制造和试验工时等；(2)材料费用；(3)动力、设施和设备费用；(4)间接费用，如管理费用等。

表 5-11 列出了发射机工作包的累积费用。

表 5-11 发射机工作包的累积费用

项目名称：发射机 工作包编码：112312 日期：________										
费用账号	任务	工时		单位工时费(元/月)	工期(月)	工时费(元)	材料费(元)	动力费(元)	间接费(元)	总计(元)
		人员类别	人·月							
112312-1	电气设计	工程师	10	3 000	1	42 000	30 000	20 000	9 000	101 000
		技师	6	2 000						
112312-2	机械设计	工程师	10	3 000	1	40 000	30 000	20 000	9 000	99 000
		技师	5	2 000						
112312-3	制造	技术员	5	1 500	2	63 000	150 000	60 000	30 000	303 000
		工人	20	1 200						
112312-4	测试	技师	6	2 000	1	18 000	50 000	50 000	11 000	129 000
		工人	5	1 200						

5. 累积总费用

将费用估算得出的各个工作包的费用汇总到上一层次，得到第 5 层次工作单元的费用汇总。该层次所属的各工作包费用之和，再加上这些部件的组装费用、管理费用等形成了该层次工作包的总费用。以此类推，将 WBS 各工作单元的费用，由下而上逐层累加，便可得到工程的总费用。表 5-12 列出了上述军用飞机第 5 层次中雷达的累计费用。

表 5-12　雷达各工作单元的累计费用

项目名称：雷　达　　工作单元编码：112310　　日期：________					
下属层次的工作单元			组装费（元）	管理费（元）	累计费用（元）
工作单元	编　码	费　用（元）			
天　线	112 311	303 000	545 000	600 000	2 580 000
发射机	112 312	632 000			
接收机	112 313	500 000			

注：表中组装费用包括将下属层次工作单元组装成该工作单元所需的接口、连接件、组装工具、设备、人工、质量保证、测试等费用。

6. 费用的分配

将累计的费用分派给不同的职能部门，以便于各职能部门独立核算。

凡涉及各职能部门的工作单元费用，分别汇总到各部门的费用账号中，如电气设计部门的费用账号为“1”，则在与该部门有关的每个工作单元的费用账号后面标上“1”，如“112313-1”表示接收机费用中与电气设计部分相关的费用。此外，再加上该部门的间接费用（如行政管理费用等），即可累计出各个职能部门的费用，见表 5-13。表 5-13 各工作包中相应各职能部门的费用可由表 5-11 得到。其他工作单元相应各职能部门的费用均包含在组装费用中，其估算方法与费用估算中估计各工作包费用的方法相类似。

表 5-13　职能部门费用的累计

部门和费用 / 单元	电气设计部		机械设计部		制造部		测试部	
	费用账号	费用（元）	费用账号		费用账号		费用账号	
112311	112311-1		112311-2		112311-3		112311-4	
112312	112312-1	101 000	112312-2	99 000	112312-3	303 000	112312-4	129 000
112313	112313-1		112313-2		112313-3		112313-4	
112310	112310-1		112310-2		112310-3		112310-4	
…	…		…		…		…	
110000	110000-1		110000-2		110000-3		110000-4	
…	…		…		…		…	
100000	100000-1		100000-2		100000-3		100000-4	
费用总计								

通过上述步骤，便可累计出系统装备（本例为军用飞机）的总费用和各个职能部门在该系统装备研制中所需的费用。

（三）寿命周期各阶段工程法的应用

采用工程法计算费用时，可根据技术管理部门拟定的初步设计清单，参照试验计划和生产计划，确定出设计、开发和生产阶段所需的硬件费用。根据软件模块的规模可估算出编程的行数，便可以确定开发和试验软件的费用。运用保障费用则由后勤工作人员及相关的工程专业人员确定。根据可靠度计算值，可以确定所需的备件数；由维修人员确定保障设备、培训及资料方面的需求；由人因分析人员确定对运用人员的需求；还需确定使用期限内所需的物资储备和器材等。这些项目费用的总和即为研制和运用保障的总费用。

利用工程法计算每个寿命周期阶段相关费用，做如下简要讨论。

1. 研究与开发费用

研究与开发费用由设计和研制的非重复性费用和生产、试验硬件的重复性生产费用而组成。只要能清楚地描述某组织指定的研制任务，并制定出适用的工程估算法，这种方法就可以成为一种估算研究与开发费用的方法。这些估算应该从规定的初始任务，诸如确定性能规范、资料要求、试验准则、要求的训练和初始的工作进度等事项推算出来。每个组织按照任务估算出的费用总和，即代表总的研究与开发估算费用。

2. 投资费用

与研究与开发费用一样，按照任务估算出的各项费用之和，就代表估算的总投资费用。估算通常以过去工作所形成的数据为依据，这些数据须适用于现在的任务应用。虽然，从原理上估算与类比法估算出的投资费用十分相似，但该方法要详细得多。例如，适用于某些装配和试验操作的直接工时，可按照执行这些操作的标准工时数、完成率和熟练曲线来计算。质量保证工时可以按照直接制造工时的某一比例估算。其他如工程保障和试验等类型的直接工时也可估算。在最终费用估算中可能占较大比例的生产间接费用，可以单独地按照历史情况和预测的工作量单独进行估算。此外，杂项费用(一般被认为是重复性发生费用，包括加班费、管理费和利润)也应该包括在内。总的投资费用还应包括主要的非重复性发生费用的工程估算值，诸如初始训练、验收和现场鉴定试验、首次交付运输及初始设施配备费等。

3. 运用和保障费用

要求运用和保障费用估算分析人员必须了解各种运用维修和后勤保障方法。运用和保障费用的确定是一个以运用计划为依据的反复迭代过程，该计划规定了使用、综合、运用环境、工种构成、部署进度和人员等要求。在方案探索阶段和验证确认阶段，通常只制定出初步的综合后勤保障计划(ILSP)。在这两个阶段中，工程估算法可做的事情较少。虽然在验证确认阶段的后期，硬件的设计、制造和试验已经开始，但直到全面研制阶段这些工作才能够确定下来，才使工程估算法开始成为一种切实可行的费用估算方法。因此，运用和保障工程估算法应在全面研制阶段和生产与部署阶段使用。

四、实际推算法

该法是从类比法发展出来的，可能是一种最准确的费用估算方法，因为它利用的是所研制系统的真实数据。在寿命周期的研制阶段即将结束时，对产品的特性及使用方案已经有了详细的了解，研制性和生产性原型机已生产出来并已改进完成，甚至试生产型样机也已制造完成，也就是说设计已经固定了下来，很多费用单元的信息也都变成了实际数据，这样，分析人员就应该采用这些数据，对LCC进行推算，得到最符合实际的结果。与类比法相似，实际推算法的不确定性主要取决于新系统与原系统之间不同技术特性的估计，这些技术差异导致了费用差别。

【例5-6】 利用实际推算法估算一种新型越野汽车的费用。

要求利用一辆1982年越野汽车的费用，采用实际推算法来估算1989年新研制车的费用。1982年旧型越野车的价格为20万元。新车与旧车的主要差别是增加了电控系统。经过分析，新车由于增加了电控系统而使车的复杂度 d 比旧车增加了30%。为此，费用分析人员假定：费用与车的复杂程度成正比。也就是说，复杂度增加30%相当于费用也增加30%。

【解】 在1982—1989年间，电子系统的价格平均每年降低率5%，而物价上涨指数 i 为每年8%。以此估算新车的费用。

(1)电控系统价格下降率 a 为

$$a=1-bN=1-0.05(1989-1982)=0.65$$

式中 b 为电子系统的价格平均每年降低率；N 为年数。$N=1989-1982=7$(年)。

(2)计及复杂度增加的新车价格估算

由于复杂度增加而使新车价格提高为

$$C_{xf}=C_j+adC_j=20+0.65\times0.3\times20=23.9(\text{万元})$$

(3)计及物价上涨新车价格的换算

由于物价上涨而使新车价格最终上涨为

$$C_x=(1+i)^N\cdot C_{xf}=(1+0.08)^7\times23.9=40.96(\text{万元})$$

五、费用估算方法的选择和应用

费用预估是建立在分析和判断产品、系统或结构成本的基础之上的。这种评估可以采用多种方法，所有方法都是在良好的经验基础之上进行预测的。在大多数情况下，过去经验和将来结果之间的关系是清晰、直接和明显的；但在另外一些情况下，它们可能又是不清晰的，这是由于新产品或系统，与原型的某些重要方面存在差异。

费用估算法中的每一种方法都有其优缺点。当有相似的产品可以对比时，类比估算法是有用的。在取得实际数据以前，参数估算法可能是最精确的，但要求有合适的数据库。工程估算法提供了有用的细节，但通常不考虑工程的更改和重新设计，类比法和参数法一般要考虑工程的更改和重新设计。实际推算法是最可信的，但有关数据要到研制结束时才能得到。可以看出，费用估算方法的选择取决于很多因素，其中最关键的是在估算时所能得到数据的详细程度。事实表明，随着寿命周期的不断进展，数据的数量和质量会随之提高，采用更详细的估算方法就变得更加切实可行。但是我们也应该认识到，更详细的估算方法不一定能得到更精确的估算结果，估算所依据的数据精度和范围对结果的影响，要比方法本身更大。

(一)各种费用估算方法的评价

1. 对类比法的评价

当着手于一个新活动时,采用相似方法进行预估可能是非常有效的。一个零部件所需的直接劳动时间可以参照类似工作所需的时间来评估。评估的基础是已知项目与所建议的零部件之间的相似性。具有机械、电工、电气和电子技术背景的某些评估者,常常能够准确地评估所需的劳务时间。

直接劳务费用有时还与直接材料费用有关。这些关系应根据不同的活动类别予以分辨。例如,铺设 1 000 块砖的劳务费大致等于砖和所需砂浆的费用。

在所有集合的等级中,许多评估都采用近似法。例如,项目 A 需要 10 000 个直接工时和 4 000 个设备小时,如果给定项目 A 和所建议的项目 B 之间的相似性和差别,则可估计直接工时和设备小时数。在采用当前工时率和设备小时率以及采用总比率的情况下,可以确定总项目的成本。或者,评估者可以找出项目 A 与项目 B 中相类似的单元,来评估项目 B 的费用。在此例中,相似性成为预估工程方法的一部分。

由于相似方法的评估费用较低,因此可用作对其他方法的检查。若产品、系统或服务仅仅处于开发的初始阶段,类比法通常是可用的唯一方法。

类比法在费用估算中有较强的适用性,特别是在系统装备寿命周期早期阶段较为有用,尤其是历史数据不足,而采用其他方法又有困难的情况下。但是,类比法的估算精度主要取决于估算者的判断,因此要求估算者具有丰富的识别和处理相似性的能力以及较强的专业水平,能及时发觉差别并进行调整。另外,类比法难以建立装备技术参数与经济参数之间的直接关系,因此无法直接进行定量分析。

2. 对参数法的评价

费用的参数估算法可以使用统计技术,从单个图形曲线的拟合到多种关系的分析均可应用。其目标是寻求与费用相关的变化因素,诸如生产率、质量、批尺寸等的函数关系。

虽然费用的参数评估技术较好,但是在不存在系统数据库的情况下,也需要采用工程方法或类比法,可以利用某些新的制造方法得到的数据作为统计的基础。

虽然总是存在需要采用类比法或工程法的情况,对于长远规划来说,基于统计方法的参数法能够满足费用估算的需要。系统的总费用可以直接作为功率输出、质量、面积、容积等的函数而被评估。工业范围内的数据或维修经验以及能量消耗都可做统计学处理,结合项目自身的状况,做统计学方面的费用评估。

参数评估技术根据研究目的和信息的可用性而变化。在概念设计中,希望有一个给出产品或系统总期望费用的程序,并允许对不得不进行的意外变改采取补偿措施。在概念设计后的详细设计中,希望有一个对其零部件进行评估的过程,以便找到对总费用有较大贡献的零部件(费用驱动因子)。

当费用数据库足够丰富时,在工程系统研制早期阶段参数法是最适用的费用估算方法,特别是在计划、概念设计和初步系统设计阶段。由于该模型仅依靠物理和其他参数的描述,对系统的详细设计参数没有过多的要求,就可以提供最简便和直接的费用估算关系式，因此可以重复、快速和廉价地使用。同时，参数法采用系统性能、结构方案等参数作为输入，因此客观性较好，准确性较高。另外，它可以在系统研制初期提供费用价格的建议，对系统经济性进行评估，因此参数法受到格外的重视。但是，由于参数法是建立在数据库积累丰富的基础之上，对于新型、技术含量很高的系统一般不能直接应用。另外，参数法一般用于系统级的费用估算，不宜用于分系统以下各级的费用估算。

3. 对工程估算法的评价

采用工程估算法对费用的估算，应该包括低等级重要零部件的试验研究。工程估算方法与另外几种方法相比，需要更多的工作量和数据。但是将上千种详细结构分解单元综合在一个总预估系统中，可能导致错误的结果。因此，详细预估中的小错误，可能引起总费用预估中的大错误。

预估中错误的其他来源是工程方法的重要变化，这些变化是成熟的单元在生产中发生的。常用模型的生产运行可能被限制在一定的持续时间内，并常常受到设计更改的影响。在一些军事防务系统中，生产率变化频繁并且常常意想不到。制造者为使产品适应市场的需要而采用新型零部件的比例在逐年提高。有时，受这些驱动力的影响，数学和统计函数可能在描述技术过程中被采用。

在系统研制早期，由于设计参数和结构均未确定，因此使用工程估算法会产生较大的不确定性，随着研制的进行，系统数据逐渐增多，工作分解结构中各个单元的费用关系也逐渐明朗，将这些分解单元的细节费用方程联系起来，则可反映出系统研制、生产、运用和保障的相互关系，与实际情况更接近，可得到较准确的费用估算值，因此该种方法可以应用于除早期以外的寿命周期各阶段，并可单独地应用于系统的各个部分。但是，这种方法工作量较大。

4. 对实际推算法的评价

实际推算法由类比法发展出来，是一种比较准确的估算方法。与类比法相似，实际推算法的不确定性取决于新研制系统与其基准系统技术特性之间的差异估计，以及这些技术差异导致费用之间的差异。在绝大多数情况下，只要存在可靠的费用数据，实际推算法将比其他估算方法更可能得出准确的费用估算结果。这是由于同类的基准系统总是比历史上的任何其他类似的系统更接近于所研究的系统。显然，所研究的新型系统与原基准系统的特性越接近，费用估算的不确定性范围就越小，所得出的费用估算准确度也就越高。

应当注意，将一个型号系统的样机与其生产型相比时，必须考虑到它们在制造装配方面的差异，并在费用估计上应加以适当的调整。在大多数情况下，样机是由试制工厂高度熟练的工人制造的，而生产型的产品则是在制造部门的生产线上由普通工人制造的。此外，样机的产量很小，而生产型的产量较大，这些差异可以利用设计和生产部门的历史数据，用费用因子加以修正。

（二）各种费用估算方法的应用与选择

1. 由统计出版物得到项目费用的粗略估计

在计划时，工业劳力和总价格可以从统计出版物得到，并应用于给定项目费用的粗略估计。当这个项目接近设计周期的投标时刻，数据对于各个契约人和各种定位都可以应用，具有特殊的意义。当得知的数据越多，可以应用的特殊统计数据越多，则在生产中应用的产品越广泛。在产品的这个阶段，账目记录可以以一个相对准确的费用状态应用于生产。

2. 费用估算方法的选择

在费用数据的开发过程中，费用的估算应该有多种考虑，主要取决于程序阶段、系统/产品的定义范围和类型、分析所达到的深度等。在系统开发的早期计划期间和概念设计阶段，可用的数据是受限的，费用分析首先取决于费用数据开发过程中所使用的各种费用参数的评估技术，如图 5-6 和表 5-14 所示。随着系统设计进程的发展，更多的设计信息可用，通过新系统特性与相似系统历史费用数据的比较，将分析结果应用于费用评估。费用数据的产生基于相似估计。最后，当系统设计方案确定后，设计资料（包括图样、说明书、零部件清单、预测等）产生，供详细工程开发、制造和后勤保障评估使用。

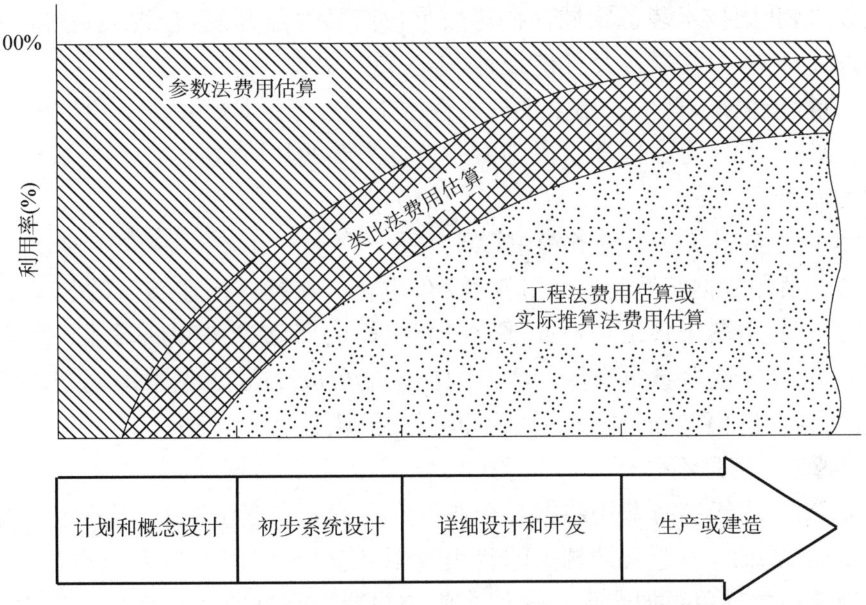

图 5-6　各种费用估算方法在不同寿命周期阶段适用性的比较

表 5-14　各种费用估算方法在不同寿命周期阶段的适用性

周期阶段 / 费用估算方法	计划和概念阶段	初步设计阶段	详细设计和开发阶段		生产或建造阶段
			早　期	后　期	
类比法	较适用	适用	较适用	较适用	较适用
参数法	适用	适用	较适用	不适用	不适用
工程法	不适用	较适用	适用	适用	适用
实际推算法	不适用	较适用	适用	适用	适用

第三节 费用数据的收集与处理

数据是LCC分析的基础。在进行费用的估算、分析和评价过程中，如果没有确切的数据做基础，就不可能得到正确结果，甚至会导致错误的决策。

一、我国费用数据采集状况

数据看起来似乎简单，然而要想获得正确、充分的数据却十分困难。经验表明，数据收集工作量占全部LCC工作量的绝大部分，达80%～90%以上，而且采集难度大。目前，从整体上来看，我国技术装备费用数据的采集基本上处于无序状况。无论宏观上还是微观上都缺乏一套符合信息化要求的管理机制。费用数据采集存在的主要问题如下。

1. 重性能、轻经济

长期以来，我国技术装备领域存在片面重视产品性能开发，轻视装备经济性的现象。在产品开发设计中，只注重产品性能设计，不注重产品费用设计；在产品生产、运用和保障中，过去只有性能数据，现代开始重视可靠性数据，但仍不重视装备费用数据的积累和保存，即便有也只是某个寿命周期阶段为财务核算需要的片段数据，而不是基于装备费用管理与控制的需求。

2. 没有建立全国统一的装备费用管理体系

我国装备费用数据零散、分布面广。没有建立全国统一行业领域的装备费用管理体系，费用数据往往散落于各个企业或部分研究机构内部，成为其内部资源，缺乏必要的数据交流和共享；由于这些数量有限的零散数据未能形成庞大的数据库，对费用估算的帮助有限，因此所构建的模型和研究成果也不能得到公认。

3. 数据保密，信息不公开

对企业来说，由于装备费用数据与企业生产经营成本密切相关，因此企业大多将其作为商业机密加以维护，不愿公开相关的费用数据，使原本费用数据累积不足、无法发挥企业费用管理效益的现象更加严重。这就需要加强费用数据收集工作的强制性，使费用数据取得的成果共享，形成良好的互动沟通机制，提高费用数据的管理效益。

4. 费用历史数据匮乏、数据缺失严重

系统装备费用数据是费用估算的前提和基础，没有大量、准确的费用数据作为支撑，构建再好的费用估算方法和模型也是徒劳的。当前我们所面临的突出问题是我国装备费用历史数据匮乏，装备费用数据缺失严重，特别是维修保障费用的缺失更加严重，各个行业基本上没有一套完整的基础费用搜集体系和采集平台，费用数据奇缺。如果解决不好这一问题，我们对设备费用估算的研究也只能是空中楼阁、井中之月，不会产生大的现实效果。因此，装备费用的分析人员和管理人员所面临的任务是非常艰巨的，但意义是重大的。我们应该与各方相关人士积极合作，从实践出发，探索一条装备费用数据体系的建设之路，为构建我国各行业和跨行业的费用基础数据库平台而努力奋斗。

二、费用数据要求

通过适当的方式获得正确的数据类型，是整个 LCC 分析过程中最重要的步骤之一。在使用了太多、太少或错误类型的数据以后，我们就可以得知，必须对费用数据进行严格仔细地规定，否则会使整个费用分析前功尽弃、不能得到合理的决策，给长期项目造成巨大的浪费。

费用数据的分析目标和规定应与专门的评价准则相结合，即提出分析要求和规定数据格式。在费用数据分析输出的要求被规定以后，应确定费用分析的方法和关系，以便得到所要求的结果。这需要通过费用分解结构的开发和费用模型的选择、系统参数及其关系的评估以及费用因素的判别来完成。这些步骤完成后输入数据的识别才算完成，这是费用分析所必需的。

出于系统费用分析的需要，在收集费用数据时应满足的要求如下。

1. 数据应足够多

收集到的基本数据应当足够多，以便为各种系统特性和费用参数提供足够大的样本，从而提高分析结果的置信度。同时，应尽力将系统置于使用环境中进行观察，通过观测取得足够多的数据。否则须借助相应的小样本估计技术。

2. 数据应全面

所收集到的数据应当能够反映系统装备当前的状况，能够反映出系统各主要因素对研制、采购、运用和维修费用的影响。考虑到这些因素对费用的影响都是动态的，在估算费用时，应随时能够调整。

3. 数据应准确无误

所收集到的基本数据应是准确无误的。当然，在论证阶段不能过分强调所用数据的准确性，而应该将对准确数据的迫切要求与数学方法的实施联系起来。在系统费用分析中，由于要进行多种费用项目的运算，费用数据的任何误差都应在费用模型中加以综合并处理。

4. 数据应真实可靠

由于系统的使用和维修环境将影响系统的费用特性，因此收集到的基本数据应能代表系统的使用环境。在确定系统的各种影响因素以前，应当从费用分析的特殊使用环境中收集相关的数据。

三、数据收集的步骤和程序

为了快捷、准确、全面地收集装备的费用数据，需要按照以下步骤进行：

(1)熟悉系统的费用结构和费用估算模型，明确数据收集的内容和目的，清楚地了解所需的数据。

(2)构建数据收集体系，一般将数据分为三个层次：原始数据、二次数据和顶层数据。

对原始数据的收集要以手工收集为主；对二次数据要根据统计报表数据、原始凭证等进行统计整理；对财务报表或汇总报表等形成的顶层数据，要根据需要进行拆分或分配，例如将制造费用在不同零部件间进行分配等。

(3)确认潜在的数据来源。总体来说，数据来自论证、设计、制造和运用维修等几个方面。大量数据在各阶段所形成的文件、报告和各种报表存放在有关机构、资料室、信息中心和各有关人员手中，应当广泛搜寻。

(4)设计数据收集表格，提出开发各种数据来源的策略，诸如采访、信访或电话查询。对于制造商而言，设计、制造费用方面的数据可在本单位收集，而用户资料的收集则较困难，可以建立必要的信息反馈系统来获取有关的数据。

(5)获取可用数据。通过查阅文件、报告或专门采访，获取大量有用的数据。许多费用发生在研制与生产、采购或运用维修过程，数据收集人员需要深入以上过程收集数据。

(6)提取数据。从所获得的大量数据中，提取进行估算所需的费用数据。该工作与费用估算模型分析相结合，按照估算需要进行。

(7)将数据分为确定和不确定两类。确定的数据进入费用模型可得到确切的费用，不确定的数据可能发生变化，使所估算的费用也随之变化。必要时须进行不确定性分析。由于资源缺乏，有些费用在估算时难以准确得出，只能参照类似的系统选择，这种数据也应作为不确定性数据。

(8)确认遗漏的数据，并进一步收集。对数据进一步精确化或做必要的修正，以得出所需要的有效数据。

由上述步骤可以看出，数据收集工作是一项很复杂、涉及面很广的工作。费用数据收集人员对各项数据要全面了解，对于不熟悉或不直接相关的费用也要下功夫收集。此外，还要根据费用估算目的不同，确定合适的费用收集范围。若收集的费用范围不是针对整个 LCC，而只是针对某一阶段、某个方面的费用，则这些费用作为已知费用而不必计算，这时的数据收集工作也应进行。

四、费用数据的来源

为了 LCC 分析而收集费用数据时，费用分析者应该首先调查所有可能的数据来源，以便确定什么数据是可以直接应用的；什么数据是不可以直接应用而需要处理、校正的；什么数据是不能使用而需要剔除的。如果没有可用的数据或可用数据不足需要补充，则须考虑使用费用估算技术，对费用数据进行正确的评估。

费用数据的来源是多种多样和变化的，如图 5-7 所示。费用数据能够从现有的数据库、原始系统计划数据、供应商的文件资料、可靠性和维修性预测、后勤保障分析、试验数据和现场数据中得到。本节对 5 个以 LCC 分析为目的的主要数据来源加以简述，以便为分析者提供一个费用数据来源的概况。

1. 现有的数据库

已有系统中的历史信息，如方案和函数与所开发的项目相似，则可加以利用。分析中

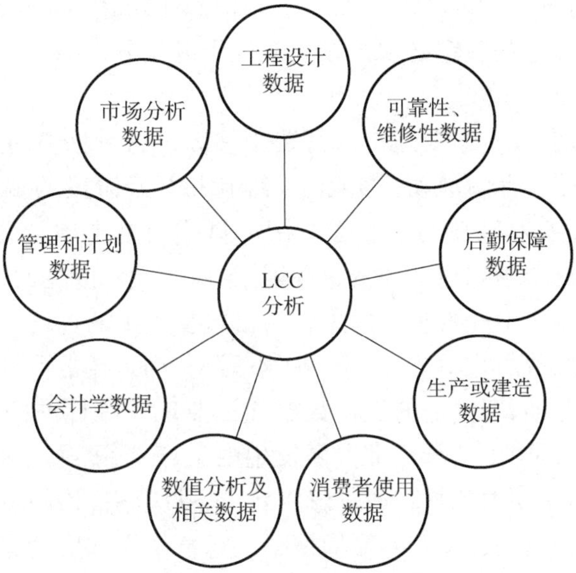

图 5-7　寿命周期费用分析数据的一些来源

经常有可以使用同样的数据并利用校正因素的情况，此时必须对技术、配置、设想的运用环境和时间框架上的差别进行修正。在现有数据范围内，根据历史经验可以得出标准费用因素，可将其应用于专门的函数或活动中。标准费用因素可以包括和分布在如下的范围内：

(1)工程劳务费：主任工程师、高级工程师、技术人员等的工时费用；

(2)分等级的制造劳务费：各级工人的工时费；

(3)管理费：每种直接劳务费的管理费用(或费率)；

(4)培训费：每个学员培训 1 周的费用；

(5)运输费：单位质量和距离的费用；

(6)燃料费：每单位燃料消耗量的费用；

(7)维修清单费用：每年维修清单中设备价值的费率；

(8)设备费：每立方米占用空间的费用；

(9)材料费：每单位质量或单位长度的费用。

这些实际的数量和费率，通常是由市场上已知的费用和比率得知的，并直接输入到分析过程中。但是，这些数值须按照年一年的基础进行换算，以确保进行了通货膨胀和通货紧缩方面的考虑。

2. 预先提出的产品计划数据

对预先提出的系统或产品计划数据进行评价，通常包括：市场分析数据，系统运用要求和维修方案的规定，技术可行性研究的结果和程序管理数据。费用分析需要下列相关的信息：所建议系统的物理配置和主要性能特征、所执行的预期使命和相关的使用因素、系统的有效性参数、系统的地理位置和环境状况、维修方案和后勤保障策略等。这些信息作为基线，引出所有后续的计划活动。如果基础信息不可用，则分析者必须做某些假定，使分析得以继续进行。这些假定必须被相关文件予以充分证明。

3. 各种费用的估算和预测

在整个计划的早期阶段，需要经常进行费用估算。这种估算可能包括系统的研制和开发、生产或建造、运用及保障活动。实际上，研制和开发阶段的费用估算活动原则上不是任何时间都发生，一般发生在初始工程费用估算或与整个项目费用相关的估算阶段。这些项目主要反映劳务费用并包括通货膨胀因素、由于设计改变而使费用增长的情况等。

生产费用估算有费用不经常重复发生和经常重复发生两种情况。不经常重复发生的费用按照与研制和开发费用相似的情况来处理；另一方面，经常重复发生的费用则常常建立在单独的生产费用标准、有价值的工程数据和工业工程等标准的基础之上。需要注意的是，每种标准费用因素用于估算经常重复发生的生产费用，须分别形成文件予以证明，并定期修正，以便反映劳动力和材料通货膨胀效应、供应商价格的改变和学习效应等。

系统运用和保障费用是建立在寿命周期整个运营使用和后勤保障阶段项目活动的基础上。一般说来，它的估算是最困难的。运用费用是系统或产品任务要求和使用因素的函数；保障费用基本上是系统设计和后勤要求中固有可靠性和维修性特性的函数，它是整个计划寿命周期中支撑所有计划和非计划维修活动所必需的。后勤保障要求包括：维修人员和培训、供应保障（备件、修理零件和库存清单）、试验和保障设备、运输和装卸、工厂设施、计算机资源和技术数据等的相关方面。这些单独系统的保障费用建立在预测的维修频率或平均维修间隔时间（MTBM）因素和维修活动发生时所要求的后勤保障资源的基础之上。这些费用是由可靠性和维修性预测数据、后勤保障分析（LSA）和其他保障信息得出的。所有的这些信息都是被系统/产品工程设计数据支持的。

4. 供应商文件和数据

建议、目录、设计数据和报告，包括供应商（或潜在供应商）从事的专门研究，在适用情况下都可作为数据的来源。这些数据通常被采用的方式，是通过某形式的转包合同来处理。无论对于现役或者新开发的系统，都可以通过这种方法获得其主要元素。潜在的供应商也将受到建议的影响，这些建议不仅包括获得费用，还包括 LCC 计划（在某些情况下）。如果采用供应商的费用数据，则费用分析者必须知晓费用数据包含的内容，避免发生费用遗漏和/或重复的现象。

5. 工程试验和现场数据

在系统开发和生产的最后阶段，系统或产品进行试验或投入运用时，所取得的经验是实际分析和评价的最好数据来源。这些数据应该被收集并用作 LCC 分析的输入。同时，在对原始设备、软件、和/或后勤保障零部件提出的某些修改建议中，现场数据也可能在评价 LCC 影响中得到一定程度的利用。

五、费用数据的处理

要使数据用于评估过程，它们必须具有可比性。但数据格式的不一致性常常是费用数据的固有特性，面对这些特性，通常须对费用数据进行处理。

数据处理就是对收集来的原始数据进行加工和分析。在为解决特定的费用估算问题而收集原始费用数据时，必须创造一定的技术，借以整理数据或实现数据规范化，使这些数据能够满足分析的需要。

1. 费用数据的类别

实际中数据格式的不一致性使我们必须对基础数据进行调节校正。各种组织机构以不同的格式记录费用，还需经常向政府机关，以不同类别来报告费用。这些类别也随着时间而变化。为消除这些数据定义的差异，在费用估算的第一步就应该对所定义的全部数据进行校正。

在定义物理和性能特性时也须考虑它们的不一致性。项目的质量与其包含的内容有关，例如质量、净重、车辆车体质量等，每种项目的准确意义是不一样的。速度也可以有许多定义，诸如设计速度、最高运营速度、极限速度、旅行速度、最高试验速度等。这些差别可能导致错误的费用评估。当费用数据是由不同的途径收集而来时，对物理和性能特性定义的理解与对费用元素方面的理解具有同样重要的意义。

费用的其他领域也需要清晰地定义，例如，判别其是否是重复发生。重复发生的费用是生产单元数量的函数，而非重复发生的费用则不是。新产品的研制和开发计划费用与常规生产的费用不一样，这是新产品常有的现象。新产品的初始费用就是在这种情况下被得出的，如果将这些费用用于现有产品的费用估算，则不合适。将非重复发生的费用和重复发生的费用区分开来，意味着将现有产品的生产费用向下调整，并且完成了一次新产品研制和开发费用的收集工作。

除了构造和生产一个新的结构或系统所需的首次费用以外，还有大量与运用、维修和报废处理相关的重复发生的费用。动力、燃料、润滑剂、备件、日常供应、工作人员培训、维修工作和后勤保障是重复发生费用的一部分。许多复杂系统的使用寿命很长，如果将这些非重复发生的费用算作重复发生的费用，则会导致 LCC 大幅增加，从而导致寿命周期总费用大幅增加。将限定的费用评估结果应用于运用维修类型的费用，对于系统的 LCC 来说也是不适宜的。

2. 价格水平的变化

商品、服务、劳力、材料和能源的价格在生产中随时间变化。通货膨胀压力使绝大多数项目的价格增长。近些年来，这些增长引起费用的提高是十分明显的，而价格的降低则是非常短暂的。表 5-15 列出了美国 1965—1989 年间从事各种工作的产业工人平均每小时收入的变化。1970—1990 年间制造业的小时工资增长了约 3.0 倍。幸运的是，在这 20 年中汽车工业生产率的增长大致保持了与劳务费同样的增长率。

由于费用价格的变化，在估算较长时期内的费用时，需要对不同年度的费用数据进行校正，常常采用价格指数平均值的方法。将某一年的数据作为基础，该基础年的价格作为 100，其他年份的价格表达为该基础年的百分数。通过此法，可将 1965—1990 年美国工人的小时收入换算为一系列价格指数。表 5-16 将 1967 年作为基础年。

表 5-15　美国工人平均小时收入(1965—1989 年)　　美元

年＼行业	建筑	制造	服务	运输和公共事业	所有私营
1965	3.70	2.61	2.05	3.03	2.46
1966	3.70	2.71	2.17	3.11	2.56
1967	4.11	2.82	2.29	3.32	2.68
1968	4.41	3.01	2.42	3.42	2.85
1969	4.79	3.19	2.61	3.63	3.04
1970	5.24	3.35	2.81	3.85	3.23
1971	5.69	3.57	3.04	4.21	3.45
1972	6.06	3.82	3.27	4.65	3.70
1973	6.41	4.09	3.47	5.02	3.94
1974	6.81	4.42	3.75	5.41	4.24
1975	7.31	4.83	4.02	5.88	4.53
1976	7.71	5.22	4.31	6.45	4.86
1977	8.10	5.68	4.65	6.99	5.25
1978	8.66	6.17	4.99	7.57	5.69
1979	9.27	6.70	5.36	8.16	6.16
1980	9.94	7.27	5.85	8.87	6.66
1981	10.82	7.99	6.41	9.70	7.25
1982	11.63	8.49	6.92	10.32	7.68
1983	11.94	8.83	7.31	10.79	8.02
1984	12.13	9.19	7.59	11.12	8.32
1985	12.32	9.54	7.90	11.40	8.57
1986	12.48	9.73	8.18	11.70	8.76
1987	12.71	9.91	8.49	12.03	8.98
1988	13.01	10.18	8.91	12.32	9.29
1989	13.37	10.47	9.39	12.57	9.66

表 5-16　美国工人平均小时收入指数

年＼行业	建筑	制造	服务	运输和公共事业用	所有私营
1965	90	93	90	94	92
1966	95	96	95	96	96
1967	100	100	100	100	100
1968	107	107	106	106	106
1969	117	113	114	112	113
1970	128	119	123	119	121

续上表

年 \ 行业	建筑	制造	服务	运输和公共事业用	所有私营
1971	138	127	133	130	129
1972	147	136	143	144	138
1973	156	145	152	155	147
1974	166	157	164	168	158
1975	178	171	176	182	169
1976	188	185	188	200	181
1977	197	201	203	216	196
1978	211	219	218	234	212
1979	226	238	234	253	230
1980	242	258	256	275	249
1981	263	283	280	300	271
1982	283	301	302	320	287
1983	291	313	319	334	299
1984	295	326	331	344	311
1985	300	338	345	353	320
1986	304	345	357	362	327
1987	309	351	371	373	335
1988	317	361	389	381	347
1989	325	371	410	389	360

价格水平的变化与所讨论的地区有关，在一个给定的地区内可能还存在某些差别。表5-17列出一组工业化国家平均小时劳务费用的比较，以美国为1.00。

表5-17 平均小时劳务费的比较(美国＝1.00)

国别	工业	1981	1982	1983	1984	1985	1986	1987	1988
美国	1	1.00	1.00	1.00	1.00	1.00	1.00	1.00	1.00
	2	1.00	1.00	1.00	1.00	1.00	1.00	1.00	1.00
	3	1.00	1.00	1.00	1.00	1.00	1.00	1.00	1.00
加拿大	1	0.72	0.72	0.72	0.67	0.63	0.64	0.68	0.74
	2	0.88	0.91	0.88	0.83	0.76	0.76	0.81	0.88
	3	0.99	0.99	0.85	0.79	0.73	0.71	0.80	0.85
英国	1	0.58	0.53	0.48	0.40	0.47	0.51	0.59	0.72
	2	0.58	0.50	0.50	0.42	0.51	0.55	0.63	0.79
	3	0.45	0.37	0.37	0.33	0.38	0.41	0.48	0.59

续上表

国 别	工业	1981	1982	1983	1984	1985	1986	1987	1988
日 本	1	0.72	0.59	0.66	0.62	0.70	0.99	1.00	1.22
	2	0.72	0.60	0.66	0.62	0.70	0.96	0.98	1.20
	3	0.53	0.42	0.48	0.48	0.53	0.74	0.77	0.94
德 国	1	0.81	0.74	0.67	0.56	0.63	0.86	0.94	1.05
	2	0.90	0.84	0.77	0.65	0.75	1.02	1.13	1.28
	3	0.70	0.63	0.59	0.51	0.57	0.74	0.85	0.93
瑞 典	1	NA	NA	NA	NA	NA	NA	NA	NA
	2	0.88	0.84	0.64	0.64	0.72	0.85	0.95	1.14
	3	0.89	0.78	0.59	0.59	0.67	0.84	0.96	1.13

注:① 除1987年和1988年以外,所有年份均取10月份的数据。1987年和1988年取12月份数据。

② NA表示不可用。

③ 1为化学工业制造;2为不包括电力工业的机械制造;3为建筑业。

表5-18为各个国家工厂建筑物费用的价格指数案例,设美国为1.00。这个例子表示出如何将劳务、材料和其他项目的费用综合到一个复合指数中。

表5-18 不同国家工厂建筑费用比较(美国=1.00)

国别	1980	1981	1982	1983	1984	1985	1986	1987	1988
美国	1.00	1.00	1.00	1.00	1.00	1.00	1.00	1.00	1.00
加拿大	0.90	0.90	0.92	0.92	0.86	0.81	0.76	0.80	0.84
英国	0.94	1.08	0.86	0.79	0.68	0.59	0.70	0.81	0.92
日本	0.79	0.77	0.73	0.60	0.62	0.58	0.65	0.94	0.99
德国	1.20	1.13	0.88	0.85	0.76	0.64	0.73	1.01	1.09
瑞典	1.26	1.29	0.99	0.90	0.76	0.70	0.79	1.03	1.16

注:所有指数均发生在1月1日。

任何时候都须注意价格水平的变化,应该考虑生产率增长抵消劳务费增加的事实。对于生产率的增长,各个公司是不一样的,甚至在个别集团内部都不一样。但是,众所周知的经济事实是,对工资增长的最高限制受到所达到的生产率增长的制约。工资增长超过生产率增长,将导致利润降低和/或价格增长,反过来使通货膨胀增加。

3. 数据分析和检验

数据的质和量对费用估算结果有着直接的影响。在实际费用收集过程中,可能由于技术和管理方面的原因,数据存在着不确定性。面对收集到的大量数据,需要对其准确性、完整性和有效性进行分析检查,以检验数据中存在的各种问题。通常,数据分析和检验的内容包括以下方面:

(1)在记录系统范围内,数据的标准化情况。数据标准化有助于减轻数据处理的负担,便于费用分析。

(2)数据的时效性。检查数据是否已经过时。在采集某些数据,例如可靠性和维修性数据时,应该选择界定年限内的数据。选择历年记录的全部数据,往往既费时又费力。

(3)数据的可靠性。由于各种人为因素和环境因素的影响,必须对数据来源的可靠性和数据本身的可靠性进行分析。

(4)数据的规律性。通过对比发现数据发展变化的规律及其原因,根据规律对一些缺失的数据进行弥补,对异常数据进行剔除,对其原因进行分析,以探寻降低费用的方法。

(5)数据偏差情况。根据实践经验可以判断出数据是否偏差过大,对于偏差过大的数据应做出标记,分析其产生的原因并进行剔除或修正。

(6)有关系统的数据状况。对于一些费用单元没有数据或者数据一时无法得到的情况,应单独列表说明,为费用分析提供参考。

(7)检查收集到的数据表格。查看表格中的数据有无错误或遗漏等。如果有错误应对照原始凭证进行修正,如果原始凭证本身有误,则要根据统计规律进行修正。对遗漏项要想办法弥补,对于确实难以搜集到的数据,要及时采用专家调查法或其他方法补充。

(8)分析费用影响因素。特别是分析新技术、新工艺、新管理方法等对装备费用的影响程度时,对影响较大者应予以重点分析跟踪。

4. 数据整理

原始数据往往杂乱无章,难以看出其中的规律,不便于利用,因此要对其进行整理。数据整理的内容如下。

(1)统一费用元素

由于我国没有统一的装备费用数据的搜集管理制度,装备费用基础数据的搜集多停留在某一行业、企业,甚至单位的某一部门内,各种费用元素的名称、划分和内涵具有较大的随意性,因此在数据整理时应注意费用元素的统一和转换。

(2)统一计量单位和数据精度标准

在装备费用相关单位中,各种参数的计量单位和表现形式千差万别,诸如速度、功率、质量等,因此必须将其统一为国际或国内统一的标准形式。计量单位要尽量用规范化的消耗量表示,如燃油消耗率用“L/h”,维修工时用“标准工时”或“运行小时”,此处还需对“标准工时”的含义和标准做出统一规定。针对不同的费用计量单位和费用元素的本身属性,还需要确定不同的数据精度标准,如费用元素为钢材等金属消耗量,且其单位为“t”时,则可保留4位小数,而当其单位为“kg”时,则可保留两位小数。只有将这些费用计量单位和精度标准统一时,才能进行后续的数据整理工作。

(3)费用的折算

由于费用具有时间价值,而且大型复杂装备的寿命周期较长,不同年度的利率、汇率和通货膨胀水平的影响较大,因此不同利率、汇率水平和通货膨胀条件下的费用折算就显得十分重要,在费用数据整理时必须将其折算到统一核算年度时的水平。

(4)个别异常数据的处理

对费用数据中的个别异常数据,要重点处理、区别分析。对于与实际情况有明显出入的数据,在剔除过程中要注意分析其异常的原因,要判断是否由于数据本身可靠性原因造成;要分清是由于环境政策的变化造成的,还是由于装备某项指标的变化造成的。针对不同的原因,分析异常数据是否还可以进行调整或剔除,或者作为指标变动的重要费用诱因来进行分析,以便于优化设计新的系统装备。

(5)缺失数据的弥补

由于人为、统计或原始数据凭证丢失等原因造成装备费用数据缺失,而缺失的数据又是装备费用估算中必不可少的,此时必须对缺失的数据进行弥补,这就要根据统计规律或调查和试验等方法得到补充的数据,以保证数据的连续性。

(6)分析数据的规律性

对某一部分数据,主要是对可靠性数据和维修性数据进行统计分析,以便发现数据的统计规律。

(7)不同经济管理体制下装备费用的调整

由于我国市场经济改革的现状,对装备费用有较大影响的法律法规和产业政策复杂多变,因此对实际数据的处理也要不断地调整,以便能够客观地反映装备费用的真实构成。数据整理结果的质量直接影响 LCC 分析的效率和有效性。良好的标准化数据是费用分析过程中极为重要的资源,其作用在于能够准确地反映各个方案之间的费用关系,有效地支持费用分析工作;同时,它还有助于实现费用文件和数据库的标准化工作。

第四节　费用估算关系类型

对一个系统进行估算时,为了得到比较精确的结果,往往需要将估算建立在与其相关因素评估的基础之上。

费用估算方法常常需要采用数学拟合的方法,这种数学拟合函数称为费用估算关系式(CER)。费用估算关系式是一种数学函数模型,它是对一个结构、系统或服务的数学描述,是一个或多个独立变量的函数。自然,它们必须是费用变量的一个逻辑或理论关系,而且变量也须是相互独立的。

一、参数估算函数

费用的参数估算关系基本上是一种经验法则性质的关系,它们有表达出系统费用与相关参数之间的直接关系。这些相关参数变量通常表达出系统性能、物理特征、有效因素或其他费用元素的特性。费用估算关系式可以有不同的形式,即连续性的或非连续性的、解析性的或非解析性的、线性的或非线性的等。包含的函数形式如下。

1. 单个线性函数

单个线性估算函数表示为

$$y=a+bx \tag{5-33}$$

式中 y 和 x 为因变量和自变量；a 和 b 为常数。

线性函数通常是指以这种形式存在的许多费用关系。这种线性关系常常使用曲线拟合技术（即最小二乘法）或一般的回归分析得出，如图 5-8(a)所示。另外，这种线性函数还可用于两种以上费用因素的线性关系，如图 5-8(b)所示，能够使一种费用与另一种费用、一种费用参数与另一种非费用参数、一种非费用参数与其他非费用参数相关联。

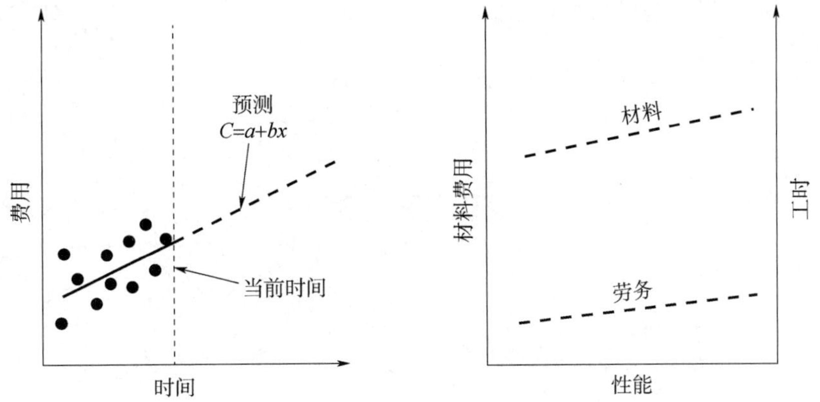

(a) 根据历史数据预测现值费用趋势　(b) 两种因素的线性关系

图 5-8　单个线性费用评估关系

2. 单个非线性函数

并非所有的费用函数都是线性的，某些费用关系可能呈指数、双曲线特性，等等。非线性函数包括

$$y=ab^x\text{（指数）} \tag{5-34}$$

$$y=a+bx-cx^2\text{（抛物线）} \tag{5-35}$$

$$y=1/(a+bx)\text{（双曲线）} \tag{5-36}$$

图 5-9 为出两个非线性应用例，(a)图为采用专家评估法（Delphi 法）对费用的预测；(b)图为两个参数与费用的非线性关系。

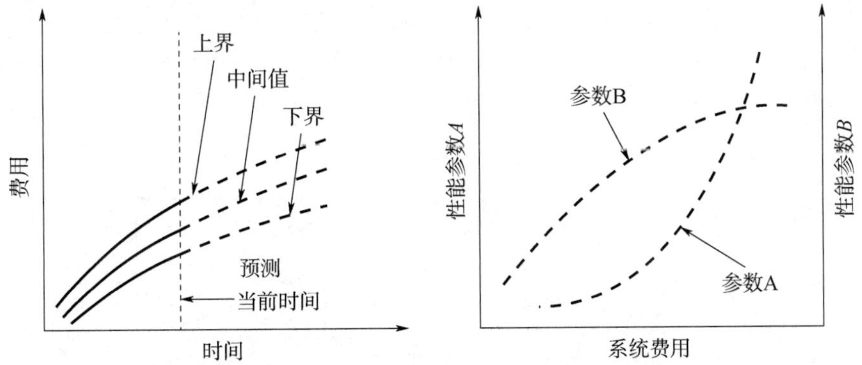

(a) 利用Delphi估算法对费用预测　(b) 两个参数的非线性关系

图 5-9　单个非线性费用评估关系

3. 非连续阶梯状函数

这种评估关系的引入，意味着一个包括费用和其他变量的连续函数。但是在许多情况下，费用在一个特殊的自变量范围内是常数，然后在某一点突然增加到一个较高的水平，并在一段时间内保持稳定。之后，再增加到另一水平，依此规律发展。这种类型的关系就像一个阶梯函数，如图 5-10 所示。这种函数通常描绘生产、保障活动中所发生费用的定量状态，例如价格一数量之间的稳定状况。

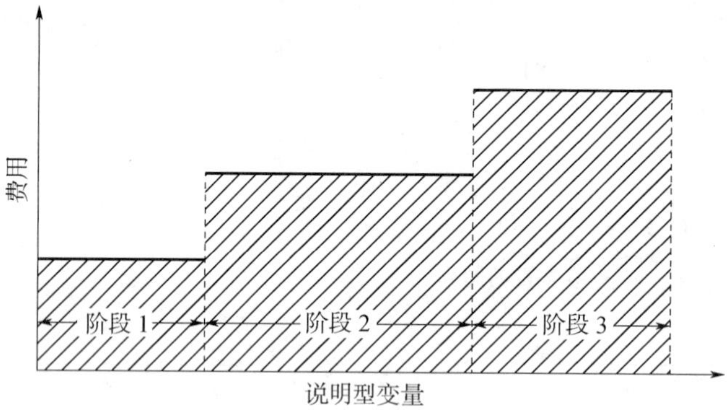

图 5-10　非连续阶梯状费用函数

4. 统计分布函数

在分析费用的历史数据时，会发现一项规定活动的实际费用在很多情况下是变化的。这些变化可以假定为某些形式的分布，如图 5-11 所示。在预测一项活动的将来费用时，分析者可假定一种分布，并确定它们的中位数或平均值、方差、标准差等，以便根据费用可能变化的概率估计风险。采用这种分布与历史费用数据相结合的方法将使这项任务容易完成。

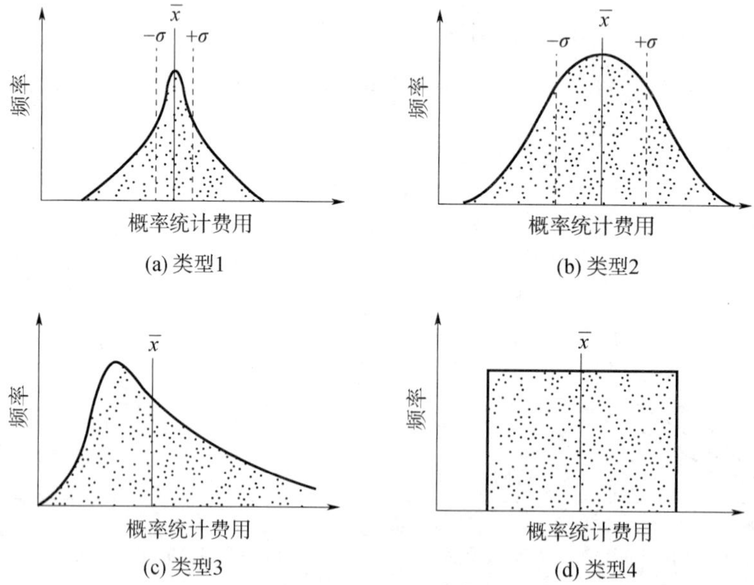

图 5-11　费用的分布函数

5. 其他的评估形式

一种比较常用的方法是：将类比法作为一种估算形式。基于相似性，可以利用过去发生事件的历史数据进行估算。这种评估方法可以直接使用或乘以某个系数，以便在一定程度上对微小的差别进行补偿。

其他方法还可包括排序费用评估。对一系列的类似活动进行费用评价，然后基于费用等级进行排序（即由最高费用活动下降至最低费用活动）。在排序完成后，将各个活动的费用与其他每个活动的费用进行对比观察。必要时，可对初始费用进行校正，这可能需要一个迭代过程。

二、费用估算关系示例

许多特殊费用评估关系（CER）的例子可能按照上述讨论的一种或多种类型出现。本节描绘了两种普遍可用的关系。第一种关系是利用学习曲线评估项目的费用；第二种是采用幂次定律和估计模型评估设备的费用。

1. 利用学习曲线确定项目费用

对大批量产品的生产进行考察。生产批量为 n 的产品，其累积工时数可以表达为

$$t_{n0} = t_1 + t_2 + \cdots + t_n = \sum_{i=1}^{n} t_i \tag{5-37}$$

式中　t_n为生产第 n 个产品所需的直接工时数。

由式(4-33)，有

$$t_{n0} = t_1 \phi^m$$

累积直接工时的近似值为

$$t_{n0} \approx \int_0^n t_n \mathrm{d}n = \int_0^n t_1 \phi^m \mathrm{d}n = t_1 \left(\frac{n^{m+1}}{m+1} \right) \tag{5-38}$$

除以 n，得到累积直接工时平均数的近似值，表达为

$$V_n \approx \frac{1}{m+1}(t_1 n^m) \tag{5-39}$$

每个单元的项目费用可以表达在直接劳务费、直接材料费和间接费中。

每个产品的项目费用 C_i 可表达为

$$C_i = V_n(t_1) + DM + V_n(t_1) \cdot OH \tag{5-40}$$

式中　LR 为直接工时费率；DM 为每个产品的直接材料费；OH 为间接费率，表达为直接工时的百分数。

代入 V_n，得

$$C_i = \frac{t_1 n^m}{m+1} \cdot LR(1+OH) + DM \tag{5-41}$$

2. 幂次定律和估计模型

设备费用的评估常常可以采用幂次定律的估计模型来完成。设备费用评估关系必须在型号相似、仅尺寸不同的情况下才能应用。按照尺寸大小进行经济分析可采用如下关

系式

$$C=C_r(Q_c/Q_r)^m \tag{5-42}$$

式中　C 为设计尺寸 Q_c 的费用；C_r 为得知参考尺寸 Q_r 的费用；Q_c 为设计尺寸；Q_r 为参考设计尺寸；m 为相关指数，$0<m<1$。

如果 $m=1$，则存在一个线性关系，不能按尺寸大小进行经济分析。对于大型的设备，m 约为 0.5；对于化工设备 m 约为 0.6。

【例 5-7】 假定设备是一个 200 加仑的反应器，它具有玻璃套筒和外壳，在 1980 年时价值为 9 500 美元，试对 1990 年购买和安装的一套 300 加仑反应器进行评估。

【解】 已知：$生产率_{1990}/生产率_{1980}=Q_c/Q_r=300/200$，$C_r=9\ 500$ 美元。

1980 年的价格指数为 180，1990 年的价格指数为 235。这种型号设备评估的相关指数 m 选择为 0.50。

因此，1980 年评估的设备费用由式(5-42)可知

$$C_{1980}=9\ 500\times(300/200)^{0.5}=11\ 635\ (美元)$$

1990 年的设备费用为

$$C_{1990}=11\ 635\times(235/180)=15\ 190\ (美元)$$

这个费用评估关系表明，一个已知的费用通过一个指数关系与将来的一个费用相关。这个指数的确定对于评估过程是极其重要的。

3. 其他评估关系

评估关系的广泛应用说明它在宽广领域内都具有重要的价值。它们可以以方程、曲线组、列线图和表格的形式在国防工业、航空工业、轨道交通系统、发电站、电子设备等领域的费用估算中得到应用。费用是质量、冲量、速度和其他因素的函数。费用的估计采用一种外推法来确定，由一组已知的样本数值外推到未知的相关设备，然后将这些信息应用于费用一效能研究和预算要求中。

建筑物费用的费用评估关系是很丰富的。这些关系一般是建立在建筑面积和/或体积的基础上，还应考虑不同地点劳动力引起的费用差异。对于建筑物的讨论，几乎都根据每平方米(或英尺)的费用来进行思考。

复杂项目的工程费用已经在结构或系统设计时作为安置费用的函数来考虑。这些费用是以这些项目(办公建筑物和实验室、发电站、水电系统和机器设备等)安置费用的百分数来表达。每种情况都是由于安置项目费用的增加，而使工程费用所占的比例减少。

第五节　制造项目费用的评估

制造项目费用是指生产该项目(产品)工厂所需承担的费用，包括工厂的配置费用、劳动费用、生产活动费用等，而不只是指产品本身的制造费用。

一、制造费用的评估方法

为了评估制造项目费用，需要准确收集和合理处置产品生产中的直接材料和直接劳

务费用(含工厂承担的费用)。一般处置费用的方法有直接-材料-费用法和直接-劳务-费用法,这些属于直接-资源-费用法,以及确定工厂所承担的制造费用和其他费用。下面以一个小型塑料公司 PLASCO 为例来描述。

1. 工厂的配置与费用

工厂配置如图 5-12 所示。工厂土地的费用为 18 000 美元,工厂的费用为 90 000 美元。这些费用的 2/3,即 12 000 美元和 60 000 美元属于生产部门。机器 X 和机器 Y 分别为 36 000 美元和 60 000 美元。另外,公司的其他财产是工厂设施,首次费用为 8 000 美元;小型工具和模具费用 8 800 美元;仓库和库存投资价值 12 000 美元。

2. 劳务费用的估算

今年(按每年 50 周,每周 40 小时计)劳务费估计如下:

调度员 F 管理工厂运营	24 000 美元
管理员 H 移动材料和照管仓库	11 000 美元
总间接劳动力	35 000 美元
工人 W_1 操纵机器 X,9 美元/h×2 000 h/a	18 000 美元
工人 W_2 操纵机器 Y,7 美元/h×2 000 h/a	14 000 美元
总直接劳动力	32 000 美元

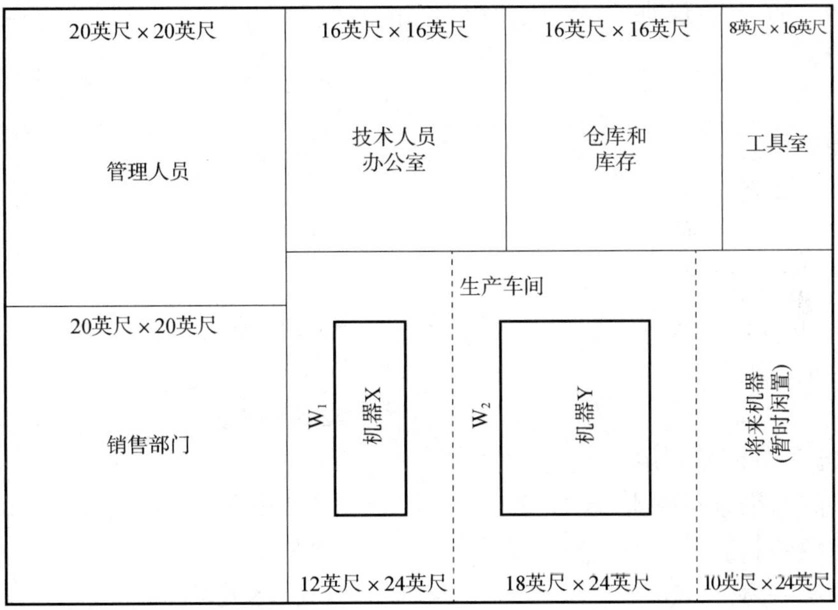

图 5-12 PLASCO 制造工厂

3. 预计的生产活动与费用

PLASCO 公司生产 3 种产品 A、B 和 C。所估计的产量、材料费用、直接工时和机器小时表示在表 5-19 中。

表 5-19　预计的生产活动和费用

产品	预计产量	材料费(美元)		直接劳务费(美元)				机器小时(美元)			
				工人 W_1		工人 W_2		机器 X		机器 Y	
		单件	总计	单件	总计	单件	总计	单件	总计	单件	总计
A	100 000	0.10	10 000	0.01	1 000	—	—	0.01	1 000	—	—
B	140 000	0.08	11 200	—	—	0.01	1 400	—	—	0.01	1 400
C	80 000	0.12	9 600	0.0125	1 000	0.0075	600	0.0125	1 000	0.0075	600
合计			30 800		2 000		2 000		2 000		2 000

4. 工厂所承担的费用汇总

今年预计工厂所承担的费用汇总如下：

(1)建筑物和土地的间接费用

财产的折旧、保险和维修	8 800 美元
财产现值的税款和利润	10 400 美元
工厂保障物质(煤、水、电等)	3 700 美元
总计	22 900 美元

(2)各种直接费用

下列物品的折旧、保险、维修、税款和利润的现值

工厂设备	2 060 美元
小型工具	710 美元
仓库和库存清单	1 750 美元
办公和一般供应品	1 600 美元
总计	6 120 美元

(3)间接劳务及其相关费用

雇员 F 和 H 的薪金	35 000 美元
发放薪金的税款	7 800 美元
总计	42 800 美元

(4)机器 X 的间接费用

折旧、保险、维修和税款	6 100 美元
机器现值的利润	2 800 美元
供应品和动力	1 240 美元
总计	10 140 美元

(5)机器 Y 的间接费用

折旧、保险、维修和税款	9 400 美元
机器现值的利润	4 300 美元
供应品和动力	1 800 美元
总计	15 500 美元

总计(工厂承担的所有项目)　　　　　　97 460美元

在给定信息的基础上,工厂所承担的分配比率可计算如下:

直接材料费比率=工厂承担的总费用/总直接材料费
=97 460/30 800=3.16

直接劳务费比率=工厂承担的总费用/总直接劳务费
=97 460/32 000=3.05

直接资源费比率=工厂承担的总费用/总直接资源费
=97 460/62 800=1.55

产品A、B和C的项目费用现在可用3种方法中的每一种,根据分配的工厂所承担费用来确定。计算结果列于表5-20中。

表5-20　采用不同的方法确定分配工厂所承担的制造每个产品的项目费用　　美元

产品	直接-材料-费用法		直接-劳务-费用法		直接-资源-费用法	
A	直接材料	0.100	直接材料	0.100	直接材料	0.100
	直接劳务,0.01×9	0.090	直接劳务,0.01×9	0.090	直接劳务,0.01×9	0.090
	工厂承担,0.10×3.16	0.316	工厂承担,0.09×3.05	0.275	工厂承担,0.19×1.55	0.294
	合计	0.506	合计	0.465	合计	0.484
B	直接材料	0.080	直接材料	0.080	直接材料	0.080
	直接劳务,0.01×7	0.070	直接劳务,0.01×7	0.070	直接劳务,0.01×7	0.070
	工厂承担,0.08×3.16	0.253	工厂承担,0.07×3.05	0.214	工厂承担,0.15×1.55	0.233
	合计	0.403	合计	0.364	合计	0.383
C	直接材料	0.120	直接材料	0.120	直接材料	0.120
	直接劳务,0.0125×9+0.0075×7	0.165	直接劳务,0.0125×9+0.0075×7	0.165	直接劳务,0.0125×9+0.0075×7	0.165
	工厂承担,0.12×3.16	0.379	工厂承担,0.165×3.05	0.503	工厂承担,0.285×1.55	0.442
	合计	0.664	合计	0.788	合计	0.727

制造项目费用通过将估算的直接费用和工厂承担费用累加的方法得到。确定这些费用对于项目费用准确估算是很重要的。直接材料费的估算可能由于估价而不准确,估计的费用往往要比实际应用的材料费用高。同样的现象还可能出现在直接劳务费的评估中。因此,控制计算过程是得到可靠费用估算必需的。

另外的难点与工厂承担费用和管理费用的分配相关。表5-20中的例子显示出,采用工厂承担费用的3种方法所得出的制造项目费用的评估结果可能有明显差别。但在实际中,由于工厂承担的费用是大量的且是多种多样的,因此对于精密的特殊产品常常仅使用单一、独立的方法,而不再对工厂承担费用进行分配。这种单一方法在绝大多数情况下得到的结果令人满意,即使其变化范围宽广,在某些特殊情况下仍能得到较好的结果。

二、评估中所用的数据

由于计算数据是许多LCC研究的基础,因此在使用中应谨慎。相关计算数据的理解对于合理地使用数据是非常重要的。本节阐明了费用计算数据的两个实例。

1. 活动等级变化的影响

在确定间接费用的分配比率时,PLASCO公司的年度活动按照产品A、B和C进行评估。并将这种评估作为确定年度材料费、年度直接劳务费、年度直接资源费的基础。这些项目就以这几个分配比率来命名。

分配比率的数字结果就是评估得到的工厂间接费用,总计97 460美元。因此,一些工厂间接费用的分配比率常与活动呈反比例变化。如果实际活动小于被评估的活动,则间接费用比率的变化将低于所要求的总间接费用评估值,这种反向变化也是真实的。

在费用评估中,活动对间接费用变化和间接费用比率的影响是一种重要的考虑。PLASCO公司总间接费用的变化,在活动展现的范围(例如1 200~2 000 h)内,对于两台机器中的每一台都一直保持相对常数。因此,在总间接费用被分配以后,生产产品附加单元所增加的费用将只由直接材料费和直接劳务费组成。

2. 平均费用的不足

费用估算的一个重要功能是为了确定生产费用的相对降低和销售利润的增加。被认为是准确的数据往往会在决策时导致费用的错误。因此,费用数据在其可靠地应用于经济研究以前,必须仔细地推敲和精确地评估。

表5-21列出了3种产品的实际费用数据和评估费用数据。产品X、Y和Z的实际生产费用分别为9、10和11美元。但是,由于间接费用的不精确,认为其均为10美元。虽然大量数据的平均值是正确的,对于单个产品而言,其制造费用估计值仍存在较大误差。由于这个原因,每个费用的准确度在应用于费用分析之前仍须推敲。

表5-21 实际和评估的费用数据 美元

产　品	直接劳务和材料费	间接费用(实际)	制造费用(实际)	间接费用(估计)	制造费用(估计)
X	6.50	2.50	9.00	3.50	10.00
Y	7.00	3.00	10.00	3.00	10.00
Z	7.50	3.50	11.00	2.50	10.00
平均	7.00	3.00	10.00	3.00	10.00

例如,产品的销售价格基于估计的制造费用,则产品X被高估,产品Z被低估。买主可能不希望购买产品X,而购买大量的产品Z。这就导致利润的严重流失。在进行特殊产品相关的决策时,费用数据的平均值价值较小。

三、对估算的评价

仔细周到的考虑对于评估过程是很重要的,但是过去的做法依然存在一些问题,即过多地依靠评价，过少地依赖分析。人员参与到评价应用中，常常出现了人为偏差的问题。

评价的目的首先是为了通过评估决定是否能够采用这种评估结果；其次，评价还必须确定在计算中需要采取什么样的校正，才能取得抽样预期的效果。评价还需要确定从评估中得到的结果在同类项目费用的比较中是否是合理的。

当所建议的方案包含严重的不可靠时，经常采用的方法是将基本设备的投资降至最低，直至结果清晰地表明，这种决策可能引起较高的维修和运营成本为止。

第六章　LCC 分析

第一节　概　　述

一、LCC 分析的定义与特点

1. LCC 分析定义

LCC 分析在不同的文献中有不同的定义：

(1)按照国际标准 ISO 15663-1 和国家标准 GB/T 19829.1，LCC 分析的定义是："对两个或多个不同方案的 LCC 差异进行评估的过程。"

(2)按照国际标准 IEC 300-3-3，LCC 分析的定义是："在产品的整个寿命周期内或者部分时间内，对它的 LCC 进行评估的经济分析过程。"

(3)日本寿命周期费用委员会关于 LCC 分析的定义是："为了使用户所用的系统(装备)具有经济的 LCC，在系统(装备)的开发研制阶段将 LCC 作为设计参数，并对系统(装备)方案进行彻底分析比较时做出决策的一种方法。"

(4)按照美国国防部军用标准手册 MIL-HDBK-259，LCC 分析的定义是："LCC 是按照费用组成部分对 LCC 进行定义、定量和定性分析，目的是建立各部分的费用关系和每部分对总 LCC 的影响。"

(5)美国布兰查德教授对 LCC 分析的定义是："LCC 分析是一种系统的分析方法，用于选择和确定装备等有限资源的最佳费用，并为此而对各种方案做出必要的评价。"具体地说，是用于对装备的设计构型、生产计划、后勤保障方针等方面可供选择的方案进行评价，以 LCC 的效果为标准，逐步进行分析，使提出的方案或问题获得费用效果最佳解决的一种方法。

2. LCC 分析特点

由上述定义可以得知 LCC 分析具有如下特点：

(1)LCC 分析是一种系统分析方法，必须要用系统工程的观点来看待和应用；

(2)LCC 分析的重要内容是针对各种方案进行评价和选择；

(3)LCC 分析的评价方案准则是 LCC 效果的好坏；

(4)LCC 分析的目的是使费用效果最佳。

因此在分析过程中，要对相关参数对费用影响进行估算和统筹，为决策提供依据。在决策过程中，要进行费用效能权衡，选择出最佳方案。

二、LCC分析面临的经济形势与要求

1. 产品成本增长及其原因

现代，经济趋势、通货膨胀、产品成本的增长、购买力的持续下降、预算的紧缩、竞争激烈等的综合作用，要求我们必须对产品的总成本给予极大的重视，而且对费用各方面的问题进行重新认识。这不仅仅是由于新产品投资费用的提高，而且还有运用维修费用的急剧增长。产品成本的增长和社会金融通货膨胀的加速，两者综合作用引起费用发生，从而使价格急剧增长。其中的主要原因是：

(1)由于产品低劣的质量而引起的费用增长；

(2)在产品和系统的整个设计和开发过程中，为了改善产品性能和生产能力等而发生的工程改变所引起的费用增长；

(3)在系统零部件获取中，由于供应商的原因引起的费用增长；

(4)由于系统制造或建造的变化而引起的费用增长；

(5)由于后勤保障能力的变化而引起的费用增长；

(6)由于初始估计不准确和估计过程的变化而使费用增长；

(7)由于各种意外问题而使费用增长。

经验表明，由于以上原因而引起的成本增长，以及最近几十年中通货膨胀率的增长，使产品价格几倍、几十倍，甚至上百倍地增长。但是，许多项目的预算费用却逐年削减。结果造成新产品和已有系统的采购、运用维修和保障资金短缺，再加上通货膨胀的影响，使项目的可用资金(即购买力)大幅下降。

2. 使成本增加的附加问题

除上述原因外，产品成本增长还会由于某些附加的原因而使问题复杂化，其中主要有：

(1)总系统费用状况常常是复杂的，其与系统运用、保障相关。成本的不可见性问题可以用冰山效应表示(图1-1)。其中只有系统的投资费用露出水面，其他费用在很多情况下不可预知。

(2)在估算费用时，可能采用了一些不合理的方法。例如在费用鉴别中，常常将一些费用包括在错误的范畴中：诸如将可变的费用当作固定费用(或反之)；间接费用当成直接费用，等等。

(3)现行的会计方法并不是总适用于总成本的实际情况，不能够对其实施及时的评估。另外，它还常常难以确定一些功能费用。

(4)为了改善系统的获取和使用，习惯的预算方法对于资金从一种类型转换为另一种类型，或从一年转换为另一年时，常常显得繁复和不灵活。

当前通货膨胀和成本提高的趋势，再加上那些附加问题，不能使有价值的资源得到有效的利用，从而降低产品开发的效费比。而且，随着时间的进程，形势会变得更加严峻，除非在产品开发活动中增强费用意识；对LCC的各个方面进行经济可行性研究，改变"重性

能、轻费用”、“重采购费用、轻运用维修费用”的传统决策观念。

三、LCC 分析目的与鉴别

1. LCC 分析目的

LCC 分析的目的是多方面的，它可以在如下的产品论证工作中应用，达到费用评估的目的：

(1)选择产品运用方案和使用方法；

(2)选择系统维修方案和后勤保障策略；

(3)选择产品设计方案，包括：技术应用，设备总体草图，定期诊断，内部试验与外部试验比较，手工操作与自动化的功能比较，硬件与软件方法的比较，零部件的选择和标准化，可靠性与维修性的比较，修理等级和报废决策的比较等；

(4)对于一个给定项目，供应商的选择；

(5)产品制造方法的确定，诸如：连续生产与不连续生产的比较，生产线数量、库存点数量与库存等级、产品质量等级、检查和试验方案的选择等；

(6)产品分配通道、运输和装卸方法、仓库位置等的选择；

(7)后勤保障计划的选择，诸如：顾客服务等级，产品维持所需的供应保障等级，维修功能与业务等；

(8)选择产品处理和再循环利用的方法；

(9)管理策略的选择及其对系统的影响。

2. 目的鉴别

LCC 分析需要对一些具有特殊目的的工作进行鉴别。例如，对不同的方案进行评价，首先要鉴别：这些评价是否一定要建立在 LCC 的基础之上？为了对系统的 LCC 进行预算，有必要确定系统组件的 LCC 吗？为了表明系统的性能，在单元的设计中，需要对获取费用进行评价吗？作为整套设计方案的一部分，需要对提供的保障费用进行评价吗？实际上，为了设计出具有最低 LCC 的产品，决策者有许多这样的问题可以提出，它们可能是整个分析的目的。但是，最根本的问题是：分析的目的是什么？通过 LCC 分析，我们应该弄清楚什么问题，得到什么样的认识？

对分析目的进行鉴别是极为重要的。分析目的是为了将分析结果变为驱动力，因此，分析者必须十分仔细、谨慎，保证分析过程从一开始时就建立起实现的目标，并使这些目标自始至终持续体现。

第二节　LCC 分析工作

LCC 是产品和系统在规定的寿命周期中发生的所有费用。寿命周期和每个阶段相关的主要功能表示在图 2-8 中。寿命周期形成了 LCC 分析的基础。

LCC 分析应用于各种方案的选择评价，诸如选择系统设计配置、选择生产流程、选择后勤保障策略等。通过分析得出一个逐步接近优良状态的 LCC 模型，以期达到预想的费用—效能目标。分析过程具有迭代性质，它可以应用于系统或产品的一些寿命周期阶段。

一、影响 LCC 的活动

在系统/产品寿命周期的整个过程中，需要进行许多活动，这些活动分为技术性的和非技术性两种。初期阶段的大多数活动和事项都与寿命周期相关，会影响寿命周期费用。一般说来，LCC 将成为寿命周期中活动的重要课题，主要如下。

1. 研究和开发

包括：初始规划，市场分析，可行性研究，产品研究，需求分析，工程设计，设计数据和文件，软件，工程模型的试验和评估以及综合管理功能。

2. 制造和建造

包括：工业工程和运营分析，制造（生产、装配和试验），设备建造，过程开发，生产运营，质量控制，以及初始后勤保障要求（即初始消费者保障、备件制造、试验和保障设备的制造等）。

3. 运用和保障

包括：系统或产品的消费者或用户在现场运用，产品分配（上市、销售、运输和交通管理），在系统或产品的整个寿命周期中的维修和后勤保障（即消费者服务、维修活动、供应保障、试验和保障设备、运输和装卸、技术资料、设备、系统改造等）。

4. 退役和处置

包括：在整个寿命周期内不可修项目的处理，系统/产品退役，材料再循环，可用的后勤保障需求。

二、LCC 分析工作计划与内容

在 LCC 分析的初始阶段，应该进行费用的预算、建立费用目标，并将这些费用的预算结果分配给子系统或单元，作为设计的强制准则。随着设计的进展，各种备选方案应根据分配的预算费用进行评估，选择一个较好的方案。当产品开发进展到各个阶段时，应对 LCC 进行评估，再一次检验结果是否符合初始规定的预算。记下不符合的部分，并着手进行修改活动。在整个系统/产品寿命周期中，发生费用的重点时段（费用阶段）表示在图 6-1 中。

（一）LCC 分析工作计划

针对寿命周期中发生费用的各重点时段，须制订详细的 LCC 分析工作计划。包括如下内容：

（1）明确内部资源和外部资源的预算；

（2）建立由用户、承包商、供应商和顾问人员组成的 LCC 分析工作小组；

（3）对相关标准、约束条件、各种有关方案和内外部资料来源进行评价；

(4)对所有组员进行一般性培训,对专职人员进行专门培训;

(5)对概念设计完成的 LCC 指标进行分析,包括决策准备,为未来各阶段建立审查办法,在将来竞争中引入 LCC 分析(必要条件的说明和投标的评估);

(6)按照图 6-1 所示的程序和方法进行 LCC 分析;

(7)与工作相关人员定期沟通、报告,特别注意与资产价值负责人之间的沟通与报告;

(8)对 LCC 分析工作审查的要求,特别是对每个寿命周期阶段开展独立评价。

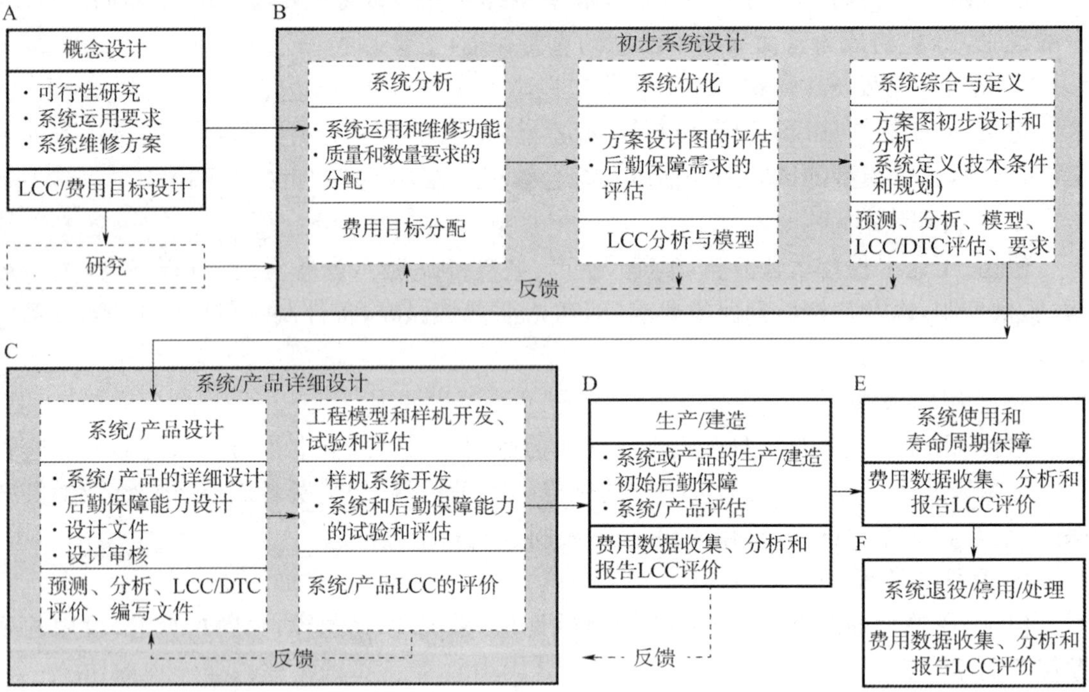

图 6-1　整个系统寿命周期中的重点费用时段

可能时,LCC 分析工作由一个小组承担,并辅以承包商、供应商和顾问人员。其作用是补充用户的专长,以便扩大概念的审查范围,或者提供信息,允许在同一定义水平下进行概念比较。尤其是十分新颖的概念被提出时,来自承包商和供应商的意见可以减少这些方案的不确定性。在这个阶段,应根据能力、资格和过去的业绩来选择外部的支持。作为设计的部分竞争内容,要求多个承包商对指定的开发项目提供最适宜的设计建议时,费用项目可以同数据来源和所用的测定方法一起确定,其目的是确保标书可以在同等的基础上进行评比,并确保所有重要的费用都已包括在内。

(二)LCC 分析工作内容

按照寿命周期中各个重点费用时段(图 6-1)分别介绍 LCC 分析工作的内容。

1. 概念设计(图 6-1A)

(1)任务范围

如图 6-1A 所示,本阶段的主要任务是进行可行性研究,规定系统运用要求和开发系统的维修方案。主要任务范围是阐明设计任务，详细说明设计任务清单，识别任务中的基本问题，建立功能结构，按照设计解决方案的基本原理，组合形成不同的概念解决方案，从技术和经济角度对各概念解决方案进行评价。

（2）LCC分析工作

本阶段开展的LCC分析工作是LCC/费用的目标设计。包括：鉴别首选方案及其相应的总体工作和设计、保障和承包策略，最后形成LCC的要求规范。这就规定了此阶段的LCC分析工作内容。本阶段LCC分析工作的主要目的是：评价各种备选方案满足功能要求的情况，而并非对指定系统方案进行优化。本阶段中，LCC分析工作的最大特点是了解何时应停止工作。例如，若在概念确定阶段通过LCC分析工作了解到某项工作有问题（或是风险项目或关键费用因素），并得知通过某项措施可以解决该问题，则在总体设计中该项工作便可结束。在下面的详细设计中，LCC分析的目标便可放在该措施的确定和优化上。本阶段工作内容还需要来自用户、承包商和供应商合约以外的其他支持，诸如：用户可以提供运行和保障方面的经验和数据，承包商须承担大部分工作量，而供应商可在自身专长领域中帮助确定和评价具体系统。

（3）费用设计概念的引入

在规划和概念设计的早期阶段，对系统的要求已经提出，定量的费用准则也应确定，从而能够对系统或产品进行设计、试验、制造（或建造）和保障。此时，应该能够接受定费用设计（DTC）的概念，就像性能、效率、能力、精度、尺寸、质量、可靠性、维修性、保障性等概念一样，费用也应作为系统或产品的强制设计准则。在整个设计过程中，费用必须作为一个积极的进取因素，而不应作为一个消极的结果因素。

按照费用进行设计的准则一般在系统层面上规定。但是，DTC参数有时也建立在低层次上，以便在整个寿命周期中促进费用可见性的改善和准确度的控制。如果只考虑LCC的某一单项预算而进行次级优化时，则费用的决策不是建立在系统预算的基础上，因而不必考虑对总LCC的综合影响。随着概念设计的进展和各种系统设计方案的探索，在备选方案的判别标准中应该包含LCC准则。

2. 初步系统设计（图6-1B）

（1）任务范围

初步系统设计又称为系统方案设计或基础设计或总体设计。该阶段的主要任务是对概念设计阶段提出的要求进行量化，提出并选择初步的设计规划草案，并从技术和经济方面考虑和细化初步设计规划草案。另外还要确立决策准则，综合权衡性能、进度和费用方面的要求。如图6-1B所示，可将该阶段的主要任务分为三个方面：

① 系统分析（B中的左子方框）：对系统运用和维修功能进行分析，对产品质量和数量要求进行分配；

② 系统优化（B中的中子方框）：对系统方案设计图进行评估，对后勤保障需求进行评估，对设计进行优化和完善；

③ 系统综合与定义（B中的右子方框）：对系统方案图进行初步设计和分析；对系统

进行定义(技术条件和规划)。另外,还要检查错误和费用效益,编写初步设计零件清单和生产文件。

(2)LCC 分析工作

随着费用定量要求的建立,该阶段的 LCC 分析工作则包含一个综合、折中和优化的迭代过程。在概念设计阶段(图 6-1A)中所规定的费用判别标准只是为了建立系统的各种预算而做的初步规定和分配,以此作为单元设计或采购的指南。系统的配置是由系统等级层面下降至所需的等级层面,如图 6-2 所示,以便提供设计和保障所需的输入数据。所确定的因素反映出每个独立单元(总体中的可见系统或产品)的预算费用,这些费用须建立在系统运用要求和维修方案的基础之上。

在开发过程中,还需要考虑各种备选方案,以便得到一个优良的系统配置。在评估每个可能的备选方案时,完成 LCC 分析,其目的是:

① 保证所选择的方案与建立的费用预算相一致;

② 各种备选方案的确定准则都是为了得到较好的费用—效益目标。

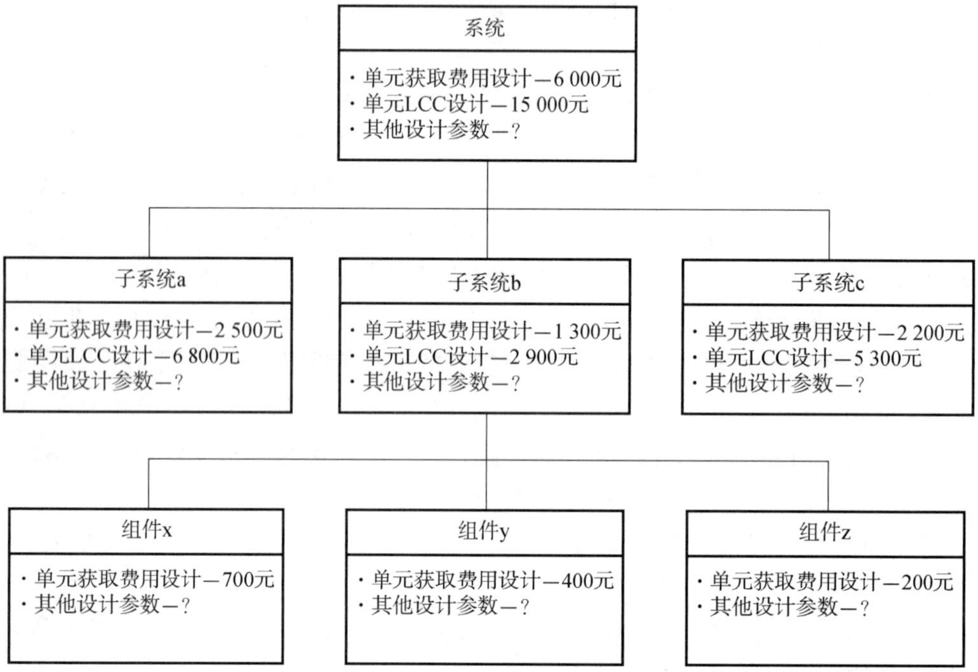

图 6-2　系统内部费用的分配案例

将 LCC 分析作为评价工具,完成大量的费效权衡分析研究,直到选择出较好的设计方案。符合要求的方案被确认,不符合要求的方案被放弃。这是一个具有反馈迭代的分析过程,其修正活动的路径表示在图 6-1 的 B 中。进行系统分析时的 LCC 分析工作,主要是对费用目标进行分配(参见图 6-2);在进行系统优化时,主要是建立 LCC 模型,并进行分析工作;在对系统进行综合和定义时,主要是对费用进行预测和分析,对 LCC/DTC 提出要求和进行评估。

3. 详细设计与开发(图 6-1C)

(1)任务范围

该阶段的主要任务是确定系统的设计细节,确定各个零部件的尺寸、形状、公差和材料,对技术经济性进行再分析,完成细节设计图纸、各种设计和生产文件的编写。由图 6-1C 可见,该阶段任务分为两部分:

① 系统/产品设计(C 中的左子方框):系统/产品的详细设计,后勤保障能力设计,设计文件的编写,设计审核;

② 工程模型和样机的开发、试验和评估(C 中的右子方框):对样机系统进行开发,系统后勤保障能力的试验和评估。

(2)LCC 分析工作

在系统或产品设计已经定型、设计资料已经可用时,该阶段 LCC 分析可以用来评价设计特性(由设计文件和工程样机模型反映出),预测费用可能发生的变化,估算成本,并推测出寿命周期中的费用状况(费用剖面)。将结果与初始要求相比较,必要时进行修改。另外还须指出的是,此时的 LCC 分析工作也是一个迭代过程(见图 6-1C)。产品详细设计时的 LCC 分析工作,主要是对费用进行预测、分析,对 LCC/DTC 进行评价,编写相关文件。

该阶段的 LCC 分析工作将考虑系统方案的优化。在总体设计中,系统的优化工作、降低成本的最大机会,可能存在于系统层面的关键费用因素中,因此这些关键因素应该成为工作的重点。同时,还可以对不同工艺的 LCC 进行排序,在此阶段可能有一小部分工艺过程对 LCC 具有改善的潜力,也可成为工作的重点。

一般说来,承包商的工作重点应放在系统级的整合事项上,包括系统的运用维修策略。另外,在获得供应商 LCC 承诺方面,承包商将面临严重的挑战,尤其在优化会导致低费用采购方案的情况下。

供应商也应格外重视系统的优化工作,其对 LCC 分析的作用取决于他们对 LCC 的分析能力。在一些情况下,该项工作需要承包商提供 LCC 分析的帮助。关键系统的供应商可能需要在早期阶段就介入,LCC 分析的专长应当成为选择供应商的标准之一。但要指出的是,根据 LCC 对供应商进行筛选存在着一系列困难,因为他们提供的数据存在着很大的不确定性。最有效的方法是根据设备范围及其 LCC 分析能力来选择供应商,在完成订货后与其共同努力,使设备最优化。

4. 生产(或建造)(图 6-1D)

(1)任务范围

该阶段的任务范围:

① 系统或产品的生产/建造:包括材料购买及储存,零件制造及保存,模块组装及保存,产品组装及检查验收;

② 初始后勤保障:对今后运用维修所需设备的设计制造;

③ 系统/产品评估:对产品的制造性进行评价并提出改进建议。

(2)LCC 分析工作

该阶段的 LCC 分析工作主要是对生产(建造)过程中的费用数据进行收集、分析和报告,对制造工艺过程变化导致的系统 LCC 影响进行评价。该阶段的 LCC 分析是一项政策性的工作,审查让步性和变更性建议,以确定其对整体盈利性的影响。由于可能存在大量的小让步,可能需要进行一定形式的过滤来减少不必要的工作。要建立一些程序,仔细斟酌设备级的小让步,确保不会给系统级带来明显的影响。对于可能造成计划偏离的重大问题,应进行 LCC 分析,以便审查方案、时间和收入之间的平衡。

5. 运用和保障(图 6-1E)

(1)任务范围

本阶段的任务范围较大,涉及系统运用和保障的各个方面。对系统的改造可能会涉及 LCC 分析的研究。如果涉及重大改造,则需考虑上述有关概念设计、初步(总体)设计、详细设计和生产制造中的各个要点。

(2)LCC 分析工作

该阶段对于 LCC 的影响虽然没有寿命周期各初期阶段的影响大,但由于现代装备的使用寿命较长,使用和保障费用较大,导致实际的费用绝对值很大。事实证明,不同装备的运用、保障策略对应的费用差别相当可观,因此绝不能轻视。该阶段 LCC 分析工作的主要任务是通过运用和保障费用的估算,一方面为科学地制定运用和保障费用计划提供支持;另一方面要进一步详细地分析影响该阶段费用的关键因素,以便为装备更新、改造、延长寿命和运用维修的改进措施提供依据。通过费用数据的收集、分析和功能评估,与寿命周期联系起来,识别出对费用影响大的重要数据,并分析它们之间的因果关系,还可能得到对于改善产品的有价值信息。

6. 退役和处置(图 6-1F)

(1)任务范围

该阶段的任务包括:审查何时及如何对资产的全部或一部分停产、退役和进行处置。

(2)LCC 分析工作

该阶段的 LCC 分析工作主要是确定装备的残值,控制报废处置费用,进一步积累各种费用资料。在较早阶段开展的工作应该已经考虑了该阶段的各个方案。在初步设计阶段就应该对基本处置计划达成了一致意见,还应根据实际生产经验确定具体时间、进度和最终策略。一般采取的方案有:系统停运和处置;系统整体或部分改造;系统寿命终止前适时出售资产。考虑出售资产时,可通过 LCC 分析来调查研究成本、收入和时间的平衡关系。当打算采取系统停运和处置时,评估方案的出发点应放在选择最好的实际方案上,同时还要考虑成本、安全和环境等因素。费用分析包括采用影子定价法和按能量价值的方法。该领域的发展将来可能对较早阶段的估价指标带来影响。

综上所述,LCC 分析可以在系统设计、开发、生产(或建造)、运用和保障的各个阶段中得到应用。费用工作的重点是:在寿命周期的初始,建立定量的费用因素作为设计要求;在寿命周期进程中,在评估选择设计方案和合理方案决策时,将费用作为一个重要参数；其后，在建立设计和制造特性的基础之上产生费用数据，并在 LCC 估算中加以利用。将所得到的估算结果与最初的要求进行比较，以确定两者的符合程度，必要时进行最后的修正活动。本质上说来，LCC 分析从一系列粗糙的评估，逐渐发展到具有一整套相对准确的方法，而成为一种重要的决策管理工具。

第三节　LCC 分析过程

应该认识到，项目的 LCC 分析与项目的设计、RAMS（可靠性、可用性、维修性和安全性）等其他工程一样，对改善项目功能起到重要作用。这些功能对项目存在的问题，从不同的领域以各自的专业视角审视性能的某些方面，而 LCC 分析只是以一种费用观点对问题进行分析，并提供经济手段，开展下列工作：

（1）定量预测寿命周期中的财政业绩；

（2）评估其他功能所起作用的经济意义；

（3）按照统一的费用依据进行方案对比。

LCC 分析不能孤立进行，必须采用团队方法和其他功能互动开展。整个过程是一个反复循环的过程，任何项目都可能需要反复多次。反复的原因很多，一般取决于前面各次反复的结果。可能还需要进一步评估技术方案，审查开始时做出的假设和约束条件，或对程序中其他的变化做出反应。图 6-3 表示出 LCC 分析过程。可见 LCC 分析过程分为 4 步。

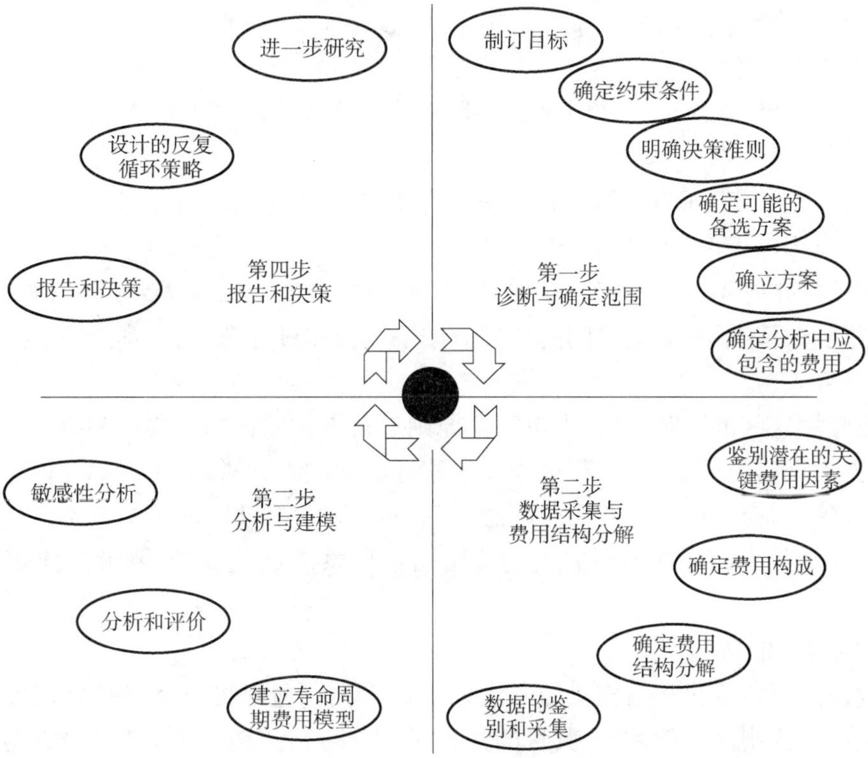

图 6-3　LCC 分析过程

一、LCC 分析过程步骤

(一)诊断与确定范围

该步骤的目标是了解问题、相互关系、假设和工作基本要求。只有与业主和项目组成员进行探讨,才能完成这一步。该步的任务是为确定工作范围及所需资源提供依据。任务提出的要求也有助于确定开展日程,明确如何展示结果。

1. 制订目标

(1)在研究开始前,应按照项目过程就目标达成一致,并形成文件。所检查的功能、系统设备或项目实施策略均应记录在案。

(2)所有指定的 LCC 分析人员,特别是负责总体工作的管理者,都应参与总体目标的讨论,以使他们充分理解所应达到的目标。根据项目的要求,各专业的参加者可以来自供应商、承包商和用户。

2. 确定约束条件

应确定所考虑方案的约束条件,它们来自以下 3 个主要方面:

(1)项目对 LCC 工作成果的限制,资源和时间尺度对工作的限制;

(2)对现有方案的技术性限制;

(3)预算方面的限制,如对资本投资的限制,或者结果可能要服从规定的经济准则,例如方案应先得到 10%的内部回报率,然后才能进一步加以考虑。

所有对 LCC 有影响的约束条件都应正规记录。

3. 明确决策准则

(1)应按资产要求对决策准则取得一致并给予记录。决策准则应对方案的排序和比较机制做出规定。

(2)可以规定一系列的准则,包括:净现值、LCC、利润指数、内部回报率、回收期等,有关的准则详见 GB/T 19829.2。

(3)方案的排序不需要对净现值或 LCC 等指标全部进行计算,可以只估计其差异。不考虑各指标的情况下,方案之间的差异应按下列大类进行考虑:资本投资、运用费用、收益费用和废弃。

(4)在应用这些准则时,应考虑按类比原则进行方案对比的必要性和能力。在比较两种有不同寿命期望值的方案时,很可能发生这样的问题。此时,采用诸如等价年度费用等其他技术方法时,应征得资产业主的同意。用户还应记住,使用决策准则不仅是为了对方案进行排序,也是为确定方案中的关键费用因素提供依据,这与所要求的建模有很大的关系。

4. 确定可能的备选方案

(1)应该采用专业化和结构化的方法来确定方案。通常将方案分为鉴别和确立两个任务,以避免方案刚产生就评价,其目的是为了加强分析思考过程,过早评价会妨碍这一思考过程。

(2)由一个多学科小组来鉴别所审查各功能的有关方案和子方案。其目的并非确定所有的各种方案,而是要在短时间内确定出大多数有希望的方案。

(3)在某些情况下,可预先确定出那些可能只拥有技术性办法的方案。但本项任务仍有必要执行,因为小组式的方法可能会鉴别出其他方案或者子方案。

5. 确立方案

(1)本任务的目标是接受前一个任务中所出现的方案,并将其送至过程筛选处理。因为目标是找到合理的原因去淘汰方案,而不是接纳方案,所以采用定性的方法,目的是为了减少技术上和LCC方面不必要的后续工作。任务的结果是一组接受技术和LCC分析并已认可的方案。

(2)建议由专人来筛选和记录结果。

(3)筛选过程的实施应始终如一,对方案应采用同样的评估准则,典型的筛选准则范围应包括:技术可行吗?在建设、运用和维修中可行吗?满足可靠性要求吗?资金费用是不是太高?能满足时间进度要求吗?在技术、经济、收益、健康、安全和环保等方面的风险可接受吗?与第一步"鉴别与确定范围"中的目标一致吗?在健康、安全和环境等方面,满足现行的和预计未来的立法要求吗?

(4)应按项目要求排出方案的优先顺序。

6. 确定分析中应包含的费用

(1)对LCC分析中要包括的费用达成一致,并有文件记录。对什么费用应予考虑和不予考虑应达成共识。应遵循的原则是:所有可按属性归类的费用应予考虑。实际中,这种做法通常被调整,通过只限于考虑重要的可归属费用,使工作集中于可管理的内容上。

(2)项目组应采用下述方法:

① 鉴别出每种方案在其寿命周期中发生的直接费用,包括方案中的采购、运用、维修、保障和废弃的费用。

② 依次考虑每种方案的特点。

③ 确定环境、公众、遗迹、其他过程、安全系统和运输费用。

④ 公共设施,如对冷却系统、发电和居住的要求。

⑤ 基础设施,如仓储、行政管理和设施保障。

⑥ 收入。对于许多方案来说,设备性能与收入之间的联系十分明显,但对于另一些方案,这种联系就不太明确,例如发电。因此,确立这种关联性,为方案对比提供一个统一的依据是很重要的。当无法确立这种关联性时,有可能必须重新考虑决策准则。还应注意到,对于不同方案,设备性能与收入的关联性可能不同。

⑦ 比较所有的方案以确定共有的费用,若所有方案均发生这些费用,可以包括或不包括这些费用在内。如果将所有的共有费用都不予考虑,而且这些费用占总费用相当大的比例,则有可能使评估结果失实。如果将它们纳入考虑,则可能掩盖方案之间的差异,并模糊改进的机会。这个问题没有简单的解决方法,每种情况应具体对待。一般情况下,只有在有必要估计资产的绝对价值时才将共有费用考虑在内。

这些工作的结果是得出一个可能纳入评估费用事项的一览表，综合起来可以确定LCC的界限。这些费用事项需要在小组成员中达成一致。

（二）数据采集和费用结构分解

该步骤的目标是：通过考虑费用事项和费用构成，产生费用结构分解，从而明确了要采集的费用数据。数据采集程序的基本要求着眼于找到关键费用因素。该步骤的重要特点是对下述方面做出初步考虑：

（1）如何计算费用；

（2）将重点放在关键费用因素时，如何进行敏感性分析；

（3）与数据采集有关的实际问题，如数据来源、数据的可用性和数据质量。

数据采集目标应与信息需求相一致，使项目有能力按照费用构成进行响应。

1. 鉴别潜在的关键费用因素

（1）应进行分析，以确定将现有的评估力量集中在何处。确定出每一方案潜在的关键费用因素就可以达到这一目的。应就准则达成一致意见，准则应与第一步所制定的目标相一致。

（2）对每一种方案，按照上面所确定的评估费用事项一览表，审核每一费用事项，确定其是否属于寿命周期的关键费用因素。

（3）执行此项任务所得出的结果，应是一份强调潜在关键费用因素的费用事项一览表。

2. 确定费用构成

（1）确定各方案所必需鉴别的详细程度。对上一步所鉴别出的所有费用项目都应进行分析和测算，但应将此项任务的重点放在识别潜在关键费用因素上，了解它们所驱动的费用是如何构成的。

（2）确定费用构成应采取下述方法：

① 对于识别出的关键费用因素，应确定其测算所需的费用构成的最少数目。

② 对于其余的费用项目，应确定：

a. 它们是否可以直接估算，及它们是否为费用构成；

b. 是否有可能将费用项目归类于某个栏目下。

③ 所确定的费用构成应有文件记录，方便以后整理费用结构分解时的鉴别。

3. 确定费用结构分解

对第一步所确定的费用构成应结构化，并考虑其获取方式和记录方法。在形成结构时，应考虑每项费用构成如何计算。主要目的是提供一个能获得承认的项目费用一览表，并就此达成一致。该一览表应当最大限度地满足LCC要求。这可能会对每项费用构成的计算方式进行修正，从而得到一个意见一致的费用结构分解。

4. 数据的鉴别和采集

（1）当准备进行数据采集时，第一项任务是鉴别数据来源。了解取得正确和有用数据的来源，以提高效率。

（2）对所考虑的方案类型，了解有无费用结构分解，将有助于选择正确的数据来源。

(3)数据来源应由项目组认可其有效性。

(4)一旦确认费用结构分解中费用构成单元所必需的数据来源后,应制定数据采集方法。在数据采集的准备和实施中,应按项目要求实行质量控制。

(5)对所有准则、方法和数据来源达成一致意见后,则应开始实施数据采集。数据采集的方式将影响后面进行分析的方法。

数据采集对LCC分析的成功至关重要。最初将LCC分析引入公司或项目时,有效的数据采集是确保分析成功的关键。

(三)分析和建模

该步骤的目标是:

(1)做出LCC分析的预测,指出所选方案之间费用的差异;

(2)对方案进行排序;

(3)比较和分析关键费用因素;

(4)进行敏感性分析,确定什么因素可能改变排序;

(5)识别不确定性和风险。

分析和建立模型不应孤立进行。以小组方式参与建立模型和分析工作时,模型和分析的质量都将大大提高。这将会对同一问题产生各种不同的看法,并通过这种互动产生关于机遇的更多建议。

1. 建立LCC模型

根据应用要求建立相应的模型。在大多数情况下,电子数据表是LCC模型最为经济灵活的表达方式,有关其细节详见GB/T 19829.2。若使用专有或专用模型,应将结果综合纳入总体LCC模型中,以便在方案之间进行真实的比较。这对保证与整个工作确定的决策准则一致是必要的。

2. 分析和评价

(1)应对建立模型过程的初步结果进行评价。初步结果不应取表面值。应对下述信息进行编辑,确保评价顺利开展:

① 按照规定的决策准则对方案进行排序。

② 对每种方案的LCC分析进行汇总,鉴别关键费用因素。

(2)应仔细研究排序和关键费用因素,进行信息评价。为提高模型结果的可信赖程度,对结果提问显得十分重要。需要询问的问题有:

① 为什么有些方案执行起来效果优于其他方案,能否给出解释?

② 各方案之间的费用发生时间有何差异?

③ 每项费用的总数是否与期望值一致?

只有认定各结果一致,并可以解释清楚时,才可以考虑下一项任务。

3. 敏感性分析

(1)一旦认定初始结果是合理的,则应确定哪些方案应继续下去,或予以实施或进一步评价。本任务的结果是识别出进一步分析的方案。

(2)淘汰方案的起点应该是审查排在最后的方案。根据工作中总结的经验,通过主观判断,应有可能了解方案的排序是否能提高至前几位。若有疑问,排在后面的方案应与其他方案一样,进行相同的敏感性分析。值得注意的是,估算本身免不了会有些误差,重要的是某一估算值对另一估算值的相对误差。如果是由相同的数据来源得出的估算,由于所有的估算值都是依据同样的基本假定,因此相对误差很有可能减小。

(3)对于保留的方案,应审查每个方案中与关键费用因素有关的不确定性,以确定排序的可靠性。除了关键费用因素之外,还应当审查方案对一些标准参数变动的敏感性,诸如价格和汇率等因素。

(4)对于敏感性分析所针对的每一因素,应确定如下问题:

① 估计值必须改变多少才能变更其排序,从而改变决策?

② 这个幅度使估算值改变的可能性有多大?

(四)编制报告和决策

本步骤的目标是:报告有关发现,确定最优经济方案,以及决定下一个项目实施阶段的策略。LCC 分析的作用是评估某一决策对整个寿命周期中资产价值的影响,以供决策过程考虑。

在绝大多数情况下,LCC 分析工作可以发现进一步的机遇和供研究的可能方案。在目前的工作计划中对其审查与否取决于有关的各种因素,包括它们对潜在盈利能力的影响。出于这一原因,本步骤还会考虑对目前工作反复循环的要求,或者预测今后各项目阶段的工作。

1. 报告和决策

(1)在第一步中已确立了报告形式,并对此达成一致意见,分析结果应与支持性论据一并提交。在编写建议性意见时,应考虑如下内容:

① 通过排序使低级方案被淘汰;

② 敏感性分析为所推举的结论提供论据;

③ 敏感性分析还能鉴别改进结论的机会;

④ 利用关键费用因素,可以识别出新方案或改变现有方案可能带来的改进幅度。

(2)建议性意见可以采用以下三种形式:

①对所推举的方案给出支持性论据;

②进一步反复,有可能使所推举的方案有重大改进;

③进一步研究,在以后各项目阶段需要做哪些工作。

(3)LCC 分析模型和结果,应纳入最终的项目文件和操作手册中。值得注意的是,LCC 分析仅仅是针对最佳方案用于某种用途做出决策时应考虑的许多事项之一。方案可能对一些无法定量的费用事项有不同的影响,因此在做出决策之前要考虑到所有的有关事项。

2. 设计的反复循环策略

当要求进一步反复循环时,不管是为了减少现有方案的不确定性,还是为了审查新方

案,均应制定一个反复循环的工作计划。如果需要进一步反复循环,应确定以下方面:

(1)还需要哪些数据;

(2)哪些工作需要反复;

(3)是否所有工作都要求同样的详细程度。

3. 进一步研究

当不需要进一步反复循环,而且已选定了实施方案时,则应考虑下一项目阶段期间哪些工作是必须开展的。

二、LCC分析过程中几个重要问题

对LCC分析过程中须注意的几个重点问题加以阐述。

1. 分析指南和约束

在定义了问题和目标以后,费用分析者在完成分析的过程中,必须规定指南和约束(或范围)。指南由相关的信息组成,这些信息可用于指导分析的资源因素(例如必要的劳动技能、所用计算机软件的可用性等)。完成分析的时间进度和/或相关的管理策略或方向,在某些程度上,将对分析产生影响。

在实际中的许多情况下,管理者还没有完全理解问题或没有对过程进行仔细分析,就以想当然的方式完成具体工作,这样反而不能在指定的时间内达到预定的分析目标。在有些场合下,管理者可能对决策结果有预先的设想,很快就通过分析支持决策是否可行或不可行。此时有可能出现影响分析结果有效性的阻碍因素。在这种情况下,费用分析者应该仔细斟酌,以减少问题的发生。如果还存在某些问题没有解决,分析者应该将其作为分析报告的一部分,并阐明它们对分析结果的影响。

相对于系统或产品的技术特点,分析的输出可能会受到边界(或极限)的限制,这是由于系统性能特征、运营要求、维修方案的规定和/或先前程序的规划所造成的。例如,它们可能是:对一个产品给定的最大质量要求、最小的可靠性要求、允许的最大单元LCC目标值(例如图6-2中的规定值)和工厂最低的产量等。这些边界或限制,必须在评价备选方案时,在允许的权衡范畴内予以规定。所有的备选方案都应在权衡范畴以内予以适当的考虑,如果将它们排除在权衡范围以外,那么从长远的观点来看,就不可能得到较好的费用—效能值。

2. 备选方案的鉴别

在开发和评价LCC备选方案的过程中,所有可能的方案都应被考虑。图6-4表示出选择费用方案的过程,选用最有希望的方案作为下一步的方案。所有的备选方案都不是必须选用的,只有通过分析进行频繁地对比、建议,最后确定备选方案,它们甚至最初看起来只有很小的希望,但却提供了最终的可行性。

3. 费用分解结构的开发

费用分解结构(CBS)的开发是LCC分析中最重要的环节之一。CBS定义了LCC的框架,提供费用报告、分析和基本费用控制之间的联系。第三章第二节详细描述了CBS,

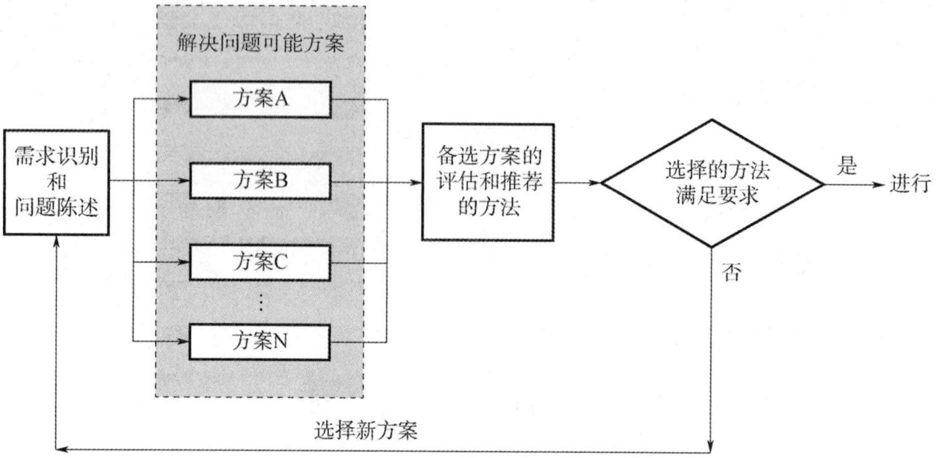

图 6-4　选择方案的过程

并在图 3-2 和图 3-3 中描述了典型的 LCC 分解结构。

在 CBS 开发中，需要满足如下要求：

(1)提供所需的信息，以便真实和有效地评估系统或产品的 LCC；

(2)识别费用的关键因素，并能确定其因果关系；

(3)阐明各结构层次费用参数及其在 LCC 分析中的应用，并论述其符合系统级 LCC 准则的状况。

4. 费用模型的选择

在定义费用分解结构(CBS)以后，需要开发一个或一系列模型，以便推动寿命周期经济评价过程。该模型可以是简单参数关系，也可以是一整套计算机子程序，取决于系统寿命周期的阶段，及其中使用的模型或已有问题的特征。在概念和/或初步设计阶段中，LCC 分析可能需要使用一些会计学方面的基本技术，使模型在结构上简单一些；在详细设计和开发期间，由于需完成的 LCC 分析所涉及的范围更广泛，则可能需要一系列的模型，如图 6-5 所示。

在任何情况下，模型应该满足如下要求：

(1)包含涉及的所有相关因素，其结果具有可重复性。

(2)被评估的系统或产品表现出良好的动态性，并且对于关键的输入参数是敏感的。

(3)模型应该是灵活的，既可以使分析者对整个系统的需求进行评价，又可以单独评价系统的各种零部件。在分析评价过程中，一方面可以将系统看成一个完整的、高费用的贡献者；另一方面又可以将其看成是与其他元件无关的一个或多个单独的系统零部件，可以对零部件层面上的初始变化导致整个系统出现的结果进行评价。

(4)模型使用方法设计得足够简单，能够及时地实施。如果模型不能及时和有效地在分析中得到应用，其使用价值就很小。

(5)模型设计得易于修改，可以添加附加的功能。为了获得更好的明晰性，可能需要将模型扩展到费用分解结构的某些方面。

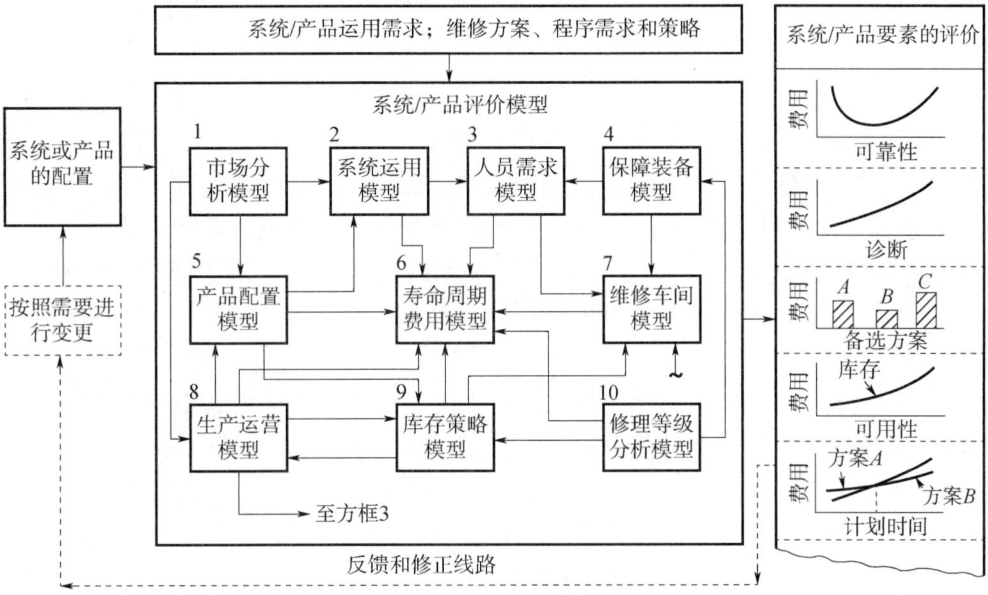

图 6-5 LCC 分析过程中的模型

图 6-5 反映出大型复杂系统 LCC 分析过程的概念模型。寿命周期费用模型(方框 6)包含许多子程序,其中 CBS 中的各种费用类型都可以集中在一个完整的系统标准中。其他的子程序包括分析过程中考虑重要性和明晰性的一些关键活动。例如,与方框 6 关系的供应保障费用有一个在 LCC 中的高费用贡献者,则分析者可能希望应用库存策略模型(方框 9)来评价备件和修理零部件的设想。另外,各种修理等级的决策可以在系统运用要求的基础上,采用方框 2 和方框 10 介绍的模型进行评价。

这些等级及以下等级的决策可以通过设计好的工具进行,能够反映出对关键系统特征的敏感性,同时又提供了相对于系统主要零部件和关键程序活动所需的明晰性。虽然当前存在着许多 LCC 模型,但是必须注意的是,要选择能够解决问题的模型。如果没有合适的模型可用,则必须开发新的模型。

第四节 寿命周期中的费用处理

随着系统/产品费用分解结构的定义和费用评价方法的确立,能够使用在系统 LCC 分析中得到的结果资料。为此,则需要了解开发费用剖面所需的步骤、通货膨胀的状况、学习效应曲线和货币的时间价值等。

一、费用剖面的开发

开发费用剖面有不同的程序可遵循,建议采用如下步骤:

(1)识别整个寿命周期中将要发生费用的所有活动,包括与规划、研究和开发、试验和评估、制造、建造、配置、运营使用、维修和后勤保障等相关的功能,如图 6-1 所示。

(2)上述每一个识别活动都对应着费用分解结构(CBS)中的一种类型。所有程序活动均应属于一个或多个CBS类型。

(3)对于CBS中的每一项活动,如果都以不变的货币价值来表示费用因素,则此固定的货币价值反映出决策时刻(即今天)货币的一般购买力。以不变货币价值计的相关费用来考虑活动等级,并进行直接对比时,费用因素须考虑在年-年之间的通货膨胀、价格水平的变化、对供应商合同契约的经济影响等,否则常常会在评价备选方案时造成某些混乱。

(4)在CBS的每种费用类型中,每笔费用都应根据寿命周期中年-年之间的基础关系,换算到将来的年份才能进行对比分析。这种结果应当是费用活动中的一种固定货币方式的货币流。

(5)对于CBS的每种费用类型和寿命周期中的每个换算年份,都应引入合理的通货膨胀因素、学习曲线的经济影响、价格水平的变化等。修正后的价值构成了一个新的货币流,并反映出现实的费用,作为寿命周期每年的预期值。由于它们提前反映了寿命周期中每年这些费用的价值,因此可以直接为将来的预算需求做准备。

(6)总结CBS中主要费用类型的货币流,并开发出最优的费用剖面。

将按照前述步骤所得的结果表示在图6-6中,它可以货币流的形式较好地评价寿命周期(诸如研究和开发、制造、运用和保障等)中的各种活动;其次,这些单独的费用流可以表示出总费用范围内的图谱;最后,总费用剖面可以从活动的逻辑过程、货币固有的水平和适时消费的角度进行观察。图6-6中的剖面表示出与将来资源需求有关的预估。估计完成的情况和方法见第五章的讨论。值得提及的是,该图是示意图,它示意的是一种价格昂贵,但运用可靠、维修简便的系统,而退役处置费用在图中的表示相对过大。

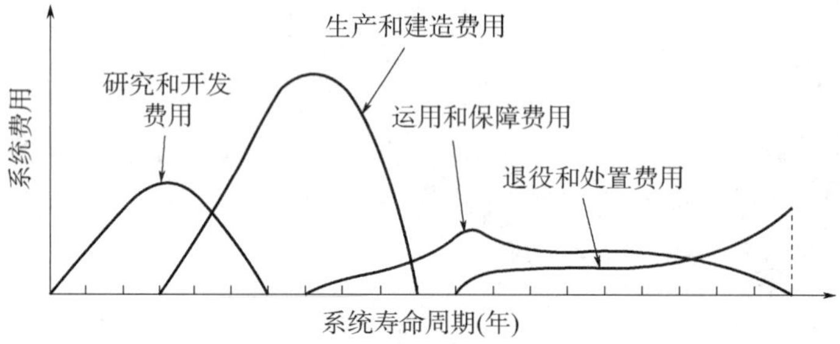

(a)分项曲线图

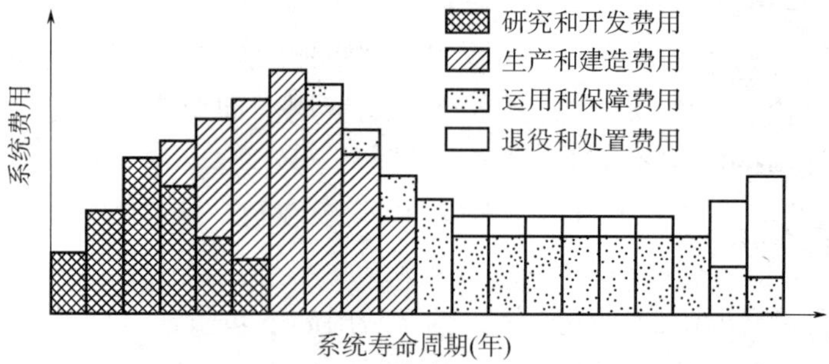

(b)条形图

图6-6

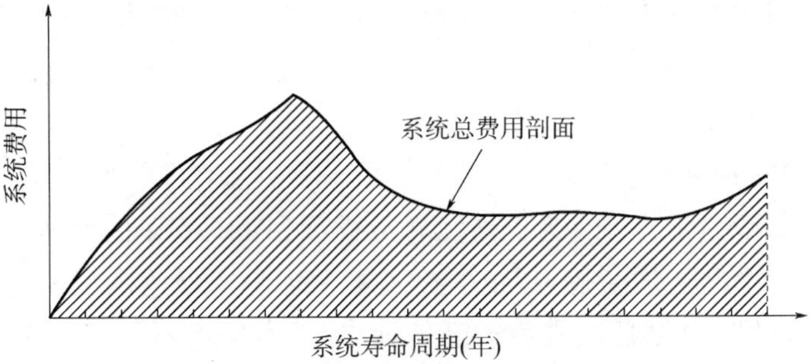

(c)综合曲线图

图 6-6　LCC 剖面的开发

在处理两个或多个系统备选方案时,每个方案都将包含不同的活动等级、不同的设计方法、不同的后勤保障要求等。对于每种备选方案都应开发出相应的独立剖面,并基于等价概念,采用第四章的经济技术分析方法进行最终的比较。图 6-7 表示出不同的备选方案剖面。

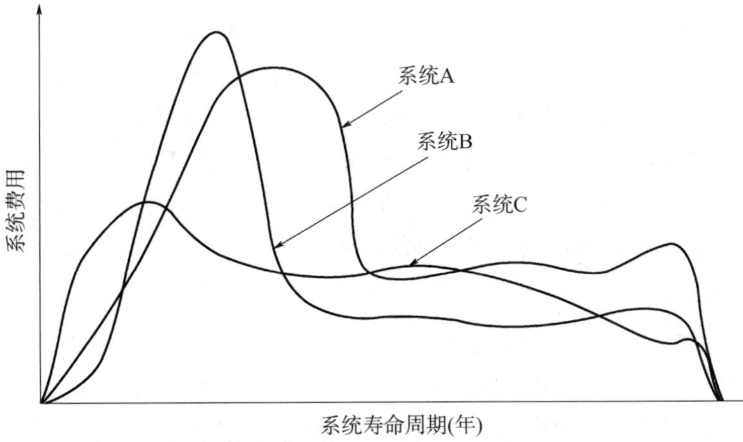

图 6-7　不同备选方案的 LCC

有关费用分解结构(CBS)的内容详见本书第三章第二节的内容。

二、通货膨胀因素的引入

对于寿命周期中每一个未来年份,在开发以时间划分阶段的费用剖面时,必须考虑通货膨胀的存在。在最终选择决策期间,通货膨胀也是产品和服务费用增长、货币购买力降低的敏感性因素。在一个项目或活动中,通货膨胀是单元费用综合增长的重要原因,其根本的原因是劳力和材料成本的增长,诸如:

(1)通货膨胀因素在劳动力成本中的反映归因于薪酬和工资的增长、生活费用的上升。费用的大幅增长主要是由于人工附加费用、退休费用和保险费用的增长。通货膨胀因素应按照劳动力的不同类型来确定(例如,工程、技术、生产、建造、顾客服务人员和劳力管理等),并且按寿命周期中的每年状况确定。

(2)通货膨胀因素在材料成本中的反映归因于材料的可用性、供应和需求特性，材料加工、处理和运输费用的增长。通货膨胀因素还常常随材料类型而变化，应该按寿命周期中每年的情况确定。

通货膨胀特性使费用增长，常常成为与供应商产生新合同，新劳力协议和集团合同、采办策略修改的原因；也常常导致供应货源、工程项目的改变；程序清单、生产等级、项目数量等也随之改变。同时，通货膨胀因素也对某些地理位置范围及其竞争产生影响。在检查通货膨胀的各种原因时必须避免过高估计、加倍考虑通货膨胀而造成的影响。

通货膨胀因素的确定一定要建立在年-年换算的基础上。在通货膨胀被评估以后，还可能随着总体经济状况，在整体水平上发生变化。在较远的将来(例如 5 年或更长)还应该对费用的评估进行检查，要求至少每年检查并调整一次。通货膨胀因素采用价格指数或应用均匀上升的比率来确定。有关通货膨胀的内容详见本书第四章第二节的内容。

三、考虑学习效应

执行一个重复的活动或过程时，将发生学习效应，根据经验学习效应一般使费用降低。虽然学习效应和相关的费用变化发生在整个寿命周期中的不同活动点，但是学习效应对费用的最大影响却是发生在项目的大批量生产中。例如，首批单元生产的费用一般高于第二批单元的费用，而第二批单元的生产费用又可能高于第四批生产的费用等。这主要是由于生产车间的工人对工作熟练，对制造和装配项目开发了更有效的方法，使用了更有效的工具，以及改善了整个管理水平的缘故。学习效应节省费用的最大部分一般发生在程序相对早期，然后逐渐平缓。

学习效应一般以一个假定不变的费用节约比例构造模型。例如，80%学习曲线意味着第二批单元的费用为首批费用的 80%，第 4 批单元费用为第 2 批费用的 80%，第 8 批为第 4 批的 80%等。学习曲线常常以这样的比率使费用降低，从而求得生产费用的剖面。

依据所评估的费用节约期望数量级，对于第 2 单元、第 10 单元、第 20 单元等，单元学习曲线可以有各种不同的考虑。由于产品的复杂性，80%的单元费用节约可能直到第 10 单元都无法实现。在这种情况下，80%学习曲线将建立在第 10、第 20、第 40 和第 80 单位的基础之上，作为费用度量的重要里程碑。因此，仍可使用 80%学习曲线，但费用因素将不相同。此时，分析应该评估任务在生产过程的复杂性，并试图确定最适合当前情况的单元学习曲线类型。

学习曲线也可应用于材料费用，虽然比例参数可能不同。劳力费用与两方面相关，即所要求的人员熟练等级与完成一项给定的功能所需的工时有关，材料费用则不同，这是工厂工具、材料利用率(或加工后原材料利用的比例)、获取方法、库存策略和工人熟练程度不同之故。另外，不同学习曲线的应用还与许多因素有关，取决于当时的特定情况。

在应用学习曲线时，费用分析者必须保证过程确实连续，没有设计变化、在产品生产过程中没有加工变化和/或组织管理变化。在寿命周期费用分析中考虑学习曲线的合理应用是非常重要的。有关学习效应的内容详见本书第四章第三节的内容。

四、费用等价的确定

一个给定的系统或产品的开发需要进行许多决策。这些决策从开发一种方案的选择建议或其他工作开始。评估过程中的每个建议都描述了一种潜在的投资，并应该从预期收益（即利润）和在所设计的寿命周期中所要发生的费用观点进行考察。诸如投资方案A、方案B或银行中货币投资的选择都属于这种评价方式。

寿命周期不同时间点处的不同活动在与收益和费用发生关系以后，就必须假定有一个共同的基准点，以便所有的备选方案都能够在一个等价的基础上进行比较。收益和货币流都是有时间价值的，因此必须考虑将每个备选方案都划归到一个共同的基准点上。当所做的决策对于未来有重要影响时，则这个基准点通常选为当前时间。因此，寿命周期中所有未来每年的收益和费用都可以折算（贴现）到当前的等价量。

货币的时间价值和等价计算已在第四章详述过。在以决策为目的LCC分析中，所讨论的原理必须具体化。在评价备选方案时，例如在图6-6所描述的费用剖面中，所有的费用必须转换到共同的时间点上，以便在等价的基础上检查这些备选方案。必要时，在备选方案能够进行等价比较之前，还必须应用第五章的模型进行优化。有关费用等价的内容详见本书第四章第一节的内容。

第五节 LCC与RAMS

系统装备是人们为了满足生产或生活而创造的某种产品，传统的产品总是以性能指标来表征其质量的好坏。随着科学技术的发展，装备日益复杂，现代的质量观念逐渐转化为对系统效能的追逐。通过对系统装备效能的进一步认识，对系统装备可靠性、可用性、维修性和安全性（RAMS）的追求，更加明确了效能的含义，它是系统装备所具有的使用价值和经济价值，是系统装备在规定的运用保障条件下达到任务目标的能力。

下面对RAMS技术做一简单介绍。有关RAMS技术的详细论述，可参见《机车车辆运用可靠性工程》和《轨道列车可靠性、可用性、维修性和安全性（RAMS）》的相关内容。

一、故障及其分析

1. 故障（失效）的定义

根据国家标准GB 3187，失效（故障）的定义为："产品丧失规定的功能。对可修复产品通常也称为故障。"

由上述定义可以看出：

（1）失效与故障在含义上大致相同，又有区别。它们都是指"产品丧失规定的功能"，但传统上“故障”一词用于可修复产品，而“失效”一词多指不可修复产品。本书一般使用“故障”，这是由于复杂的技术装备和系统（包括现代轨道列车）一般属于可修复产品，在相关的行业中“故障”一词已为广大人员普遍使用。对于不可修复或不值得修复的产品才使用“失效”。

（2）定义中所指的“丧失规定的功能”，包括：

① 产品发生破坏性故障，使其无法工作；

② 产品尚能工作，但有一个或几个性能参数达不到规定要求；

③ 因操作失误而造成产品功能丧失；

④ 由于环境变化，导致功能丧失。

2. 技术系统装备的故障规律

（1）简单技术装备的故障规律

简单技术装备的故障规律比较单一，例如在 20 世纪 50 年代以前，技术装备一般属于机械类产品，其故障规律大多符合浴盆曲线，如图 6-8 所示。认为故障率随时间的变化分为三个阶段，即早期故障期、偶然故障期和耗损故障期。在早期故障期中故障率曲线呈递减型，通常表现为装备的磨合和老练过程；偶然故障期的故障率曲线呈低平状，近似于一条水平线，其数学模型服从指数分布，在此阶段故障的发生是随机的；耗损故障期一般出现在装备使用寿命的末期，故障率曲线呈递增型，主要是由于磨损、疲劳、老化等原因所造成。

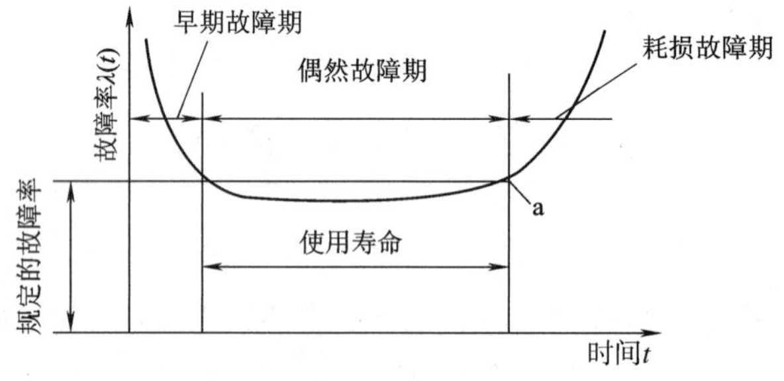

图 6-8　浴盆曲线

因此，简单技术装备的故障规律是磨损型的，其故障率符合浴盆曲线，可靠性随着时间的进程逐渐下降。

（2）复杂技术装备的故障规律

20 世纪 60 年代，美国联合航空公司对大批航空技术装备的故障特征进行的调查统计分析表明，复杂航空系统装备的故障率曲线不是单一地符合浴盆曲线，而是有 6 种基本形式，如图 6-9 所示。A、B 两种曲线形式有明显的耗损故障期，它们对应简单的产品和各种零件，例如轮胎、刹车片、活塞式发动机的气缸、涡轮喷气式发动机的压气机叶片和飞机结构元件等的故障率。具有这两种故障率曲线的航空装备仅占全部装备的 6%。C 型曲线没有明显的耗损期，但是故障率随时间的进程增长，涡轮喷气式发动机的故障率曲线属于这种形式，这种装备只占 5%。可以看出，符合 A、B、C 三种形式故障率曲线的装备的特点是，其可靠性随使用时间的增加而下降，这些装备仅占全部装备的11％左右。另外三种故障率曲线D、E、F则没有耗损期，可靠性不随时间的增加而下降。这类装备约占装备总数的89％，不需要规定这类装备的寿命。由航空系统装备得出来的故障规律，在许多其他诸如航天、电子、舰船和机动车辆等复杂系统装备上得到了验证，轨道列车也不例外，统计表明，机车车辆产品中符合A、B、C型故障率曲线的约占5％～10％，而符合D、E、F型故障率曲线的约占90％～95％。

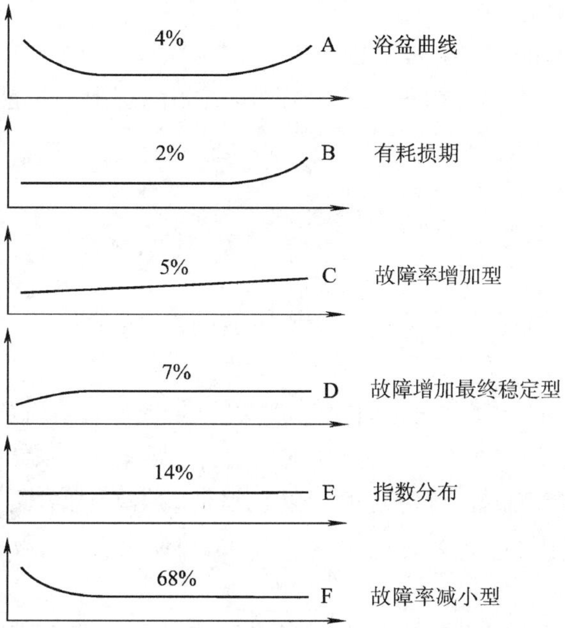

图6-9 现代复杂技术装备的6种故障率曲线

综上所述，对于现代复杂的轨道列车系统来说，它们的故障率曲线不再是单一的浴盆曲线，而有6种故障率曲线形式，其中故障率符合浴盆曲线形式的技术装备只占小部分，绝大部分的复杂技术装备没有耗损故障期。因此现代复杂的轨道列车系统，在正确设计、制造（没有惯性故障）、及时维修（更换零部件）的情况下，其可靠性基本不随运行时间的延长而下降。

3. 故障模式、影响及危害度分析（FMECA）

FMECA技术实质上找到一种全面的、系统的分析故障的方法，并将这种方法程序化、标准化和格式化。按照FMECA规定的分析方法和程序对构成产品的子系统、零部件，或构成工艺过程的各工序，或运用维修过程的各种检查方法、维修措施进行逐一分析，通过分析找出产品所有可能的故障模式，确定每一故障对人员和系统的安全、任务的完成、系统的性能，维修性及维修要求等的潜在影响，并按其影响的严重程度及其发生概率确定其危害性，找到薄弱环节，以便采取有效措施消除或减轻这些影响，从而为提高产品可靠性和维修性提供科学依据，并为维修计划分析、后勤保障分析、试验计划的验证及检查等提供信息。有关FMECA技术的详细论述见《机车车辆运用可靠性工程》中的相关内容。

FMECA是一种工具，用于确定故障对装备可能产生的影响，以及造成所在系统的功能性后果。这种方法着重寻求系统可用性和可靠性方面的薄弱环节，对频率最高、后果最严重及无法探查的故障进行排序。排序最高的故障须按费用/后果做进一步分析，LCC分析是有助于这些评估的理想工具。

将资产分割为一些部分，并评估各部分的故障模式。确定各个故障模式的以下几个方面：

(1)故障的局部影响和频率；

(2)系统在功能方面的后果，及功能再建所需的费用。

这些结果可以作为LCC分析过程的一部分，诸如识别出的可能关键费用因素，确定的费用分解结构等。

二、可 靠 性

1. 可靠性定义

所谓可靠性是指"产品在规定条件下和规定时间内，完成规定功能的能力"。以上可靠性定义包含如下5个要素。

(1)产品：其中所说的"产品"是指研究对象，可以是硬件，例如高速列车上的一个元器件(如晶体管、开关或灯泡)，一个零部件(如气门、转向架)，一个系统(如冷却系统、牵引传动系统)或一个组件(如变流器、电机)，也可以是整台动力车或车辆等；也可以是软件，例如高速列车维修指南，维修信息系统程序，生产质量控制文件，也可以包括人的使用和操作技术等因素。

在可靠性工程中，还可以把产品分为不可修复产品和可修复产品两种类型。产品在使用中发生失效，其寿命即告终结的，称为不可修复产品。当然，没有绝对不可修产品。实际中多指没有修理价值和修理后不能完全恢复其功能的产品，如高速列车中的灯泡、皮带、弹簧、齿轮、油封、轴承及有关的电子元器件等。产品发生故障后，可以通过维修恢复其规定功能的，称之为可修复产品，一般指复杂、昂贵的产品，设计成可维修的，可以通过更换其中的零部件，重新调整、加工处理等措施恢复其原来的功能。

不可修复产品和可修复产品的可靠性评价理论和方法有显著差别。例如不可修复产品是通过寿命统计对可靠性进行评价，而可修复产品是用两次故障间隔时间的随机变化情况及维修过程的统计量对可靠性进行评价的。在可靠性工程中，两者共性的问题讨论时不特殊说明，但对于一些特殊性问题，两者必须区别对待。

(2)规定条件：是指产品在使用中所处的环境条件(温度、压力、湿度、风沙和辐射等)、工作条件(功能模式、负荷条件、冲击振动情况等)、维修条件和操作方式等。所规定的条件对可靠性有着直接的影响。例如高速列车工作在高原、大风沙的地区和工作在高温、湿度大的地区时其可靠性是不同的。另外可靠性还与各个地区的线路情况、坡道高低、牵引吨位的大小、运行速度的快慢和司机的熟练程度等有关。

(3)规定时间：是指产品完成规定任务或功能所需要的时间。可以用运行时间、走行公里或循环次数等来表示。例如目前我国干线机车一般用走行公里来表示，调车机车和车辆用时间(年、月、日、小时)来表示。其他国家表示轨道列车运行时间的方法也不尽相同，德国、法国、俄罗斯是以机车走行公里数来表示，英国是以柴油机工作时间(小时)来表示，美国则以运用天数来表示。受循环负荷的零部件(如曲轴、轴承等)多用循环次数来表示。一般说来，产品可靠性是时间的递减函数，时间越长，可靠性越差。

(4)规定功能：通常是指产品在技术文件中所规定的工作能力。对高速列车而言，规定功能指的是设计任务书、技术条件、使用说明书、订货合同、国家标准及相关技术文件中所规定的各种功能与性能要求。产品不同所规定的功能也不一样，完成规定的功能就是保持规定的工作能力；反之，丧失规定的功能则称为失效(故障)。一个产品应按规定完成它的功能，一方面性能不能低于规定的范围，另一方面在结构上不能发生断裂破损。在我国机车车辆研制初期，人们只注重产品的性能，忽略了结构和系统可靠性，国产机车车辆曾在运行中频出故障，带来了经济和社会效益方面的损失，教训是沉痛的。

(5)能力：常用概率来度量这一“能力”，称为可靠度。由于产品的故障是随机事件，产品寿命是随机变量，因此产品在规定的寿命周期内完成规定功能的能力也是随机的，要用概率才能定量地表示产品可靠程度。

2. 轨道交通可靠性指标

在国际标准 IEC 62278—2002(EN 50126)《铁路应用可靠性、可用性、维修性和安全性技术要求和说明》中，列出了适用于轨道交通的可靠性指标，见表6-1。

表 6-1 轨道交通可靠性指标示例

指标	符号	量纲
故障率	$Z(t)$，λ	故障数/时间、距离、循环
平均工作时间	*MUT*	时间、距离、循环
平均失效时间 平均失效距离 (不可修复产品)	*MTTF* *MDTF*	时间、距离、循环
平均故障间隔时间 平均故障间隔距离 (可修复产品)	*MTBF* *MDBF*	时间、距离、循环
故障概率	$F(t)$	无量纲
可靠度(成功概率)	$R(t)$	无量纲

3. 机车车辆可靠性指标

迄今世界范围内并没有统一的评价机车车辆可靠性的指标。各个国家铁路系统对机车车辆可靠性指标都有自己的定义，甚至一个国家(如美国)中不同铁路公司的定义也不完全统一。这一方面是习惯问题，在可靠性工程学科诞生以前，各个国家铁路系统或公司就已经应用不同的指标来评价机车车辆的运用、检修和效率状况；另一方面各国运输情况不一，技术水平也不相同，特别是随着可靠性工程学科的发展，一些国家铁路把有关可靠性方面的新概念及其特征量引入，以便更合理、更客观地评价机车车辆的可靠性。将目前各国铁路机车车辆常用的可靠性指标简述如下。

(1)平均故障率

平均故障率是指在统计的走行公里或时间内,一台或多台机车车辆发生故障的次数与累积走行公里或工作时间之比。

$$\lambda=\frac{N_f}{\sum t}\text{或}\lambda=\frac{N_f}{\sum L} \tag{6-1}$$

式中 N_f为一台或多台机车车辆在所统计的走行公里或时间内发生的故障总数;$\sum t$ 为机车车辆累积走行时间;$\sum L$ 为机车车辆累积走行距离。

由式(6-1)可见,平均故障率与故障定义和规定的走行公里或时间数值密切相关。但各国铁路对故障定义不尽相同,例如美国、德国铁路规定,列车在线路上由于破损而停止运行,则算作"故障",也就是说,此时列车必须由辅助机车替代牵引。而英国、法国和日本铁路都以列车破损造成时间延误而算作"故障"。不同国家铁路对延误时间值有不同的规定。另外,在计算平均故障率时所规定的时间各国铁路也不相同。例如美国按百万英里来统计故障次数,英国、法国、日本、俄罗斯等国多用百万公里统计。因此利用可靠性指标对各国机车车辆进行评价时,要格外注意度量单位的换算统一。

机车车辆平均故障率常采用机破率和临修率来表示。

① 机破率

机破率是指在规定的走行距离或时间内,机车车辆发生的机破事故次数。这里的机车车辆可以是一台、一种机型,也可以是多台、多种机型,主要根据统计的需要来决定。这里的机破事故在我国《铁路交通事故调查处理规则》中有规定,系指机车车辆破损故障造成列车在区间内耽误本列客运列车 1 h 以上,或耽误本列货车列车 2 h 以上,或由于车钩破损而造成列车分离。对于其他国家,可靠性分析中的故障大致相当于我国机破事故,但严格定义有所不同。机破率的定义为:

a. 每十万公里的机破次数。这是我国机务部门常用的平均故障率指标。

b. 每百万公里的故障次数。这是英国、德国、法国、日本、俄罗斯等国普遍使用的平均故障率指标。我国车辆部门也将百万公里的故障次数作为货车故障率指标。

c. 每百万英里的故障次数。这是美国铁路部门常用的平均故障率指标。

d. 每年的故障数。即统计 1 年(季、月)内发生的机车车辆机破事故,并按事故大小(特别重大、重大、大、险性、一般)分类统计。这是我国机务、车辆部门所采用的故障统计指标之一。另外我国客车统计还采用每百辆配属每年发生的故障数。俄罗斯还采用每 1 000 辆机车、车辆或列车所发生的年故障。美国机车的故障率指标还有每台机车每年发生的故障数等。

② 临修率

临修率是指在规定的走行距离或时间内,机车车辆发生的临修次数。按照我国《铁路机车统计规则》中的规定,临修是指机车在机务段两次定检间所发生的临时修理,机车乘务人员在不影响运行情况下所进行的自检自修一般不计入临修。对于车辆,临修是指运行中车辆临时故障的修理，又分为摘车临修和不摘车临修，故障统计中一般是指摘车临修。

a. 每十万公里临修数。我国机车临修故障率指标是指每十万公里机车发生的临修次数。

b. 每年平均摘车率。车辆每年每辆车平均摘车临修次数，这是货车常采用的临修率指标。

(2)平均故障间隔时间(*MTBF*)

平均故障间隔时间(*MTBF*)是指机车车辆相邻两次故障间的平均工作时间或走行距离。机车车辆平均故障间隔时间是指一台或多台机车车辆，在其使用寿命期内的累计工作时间或走行距离与故障次数之比，即

$$MTBF = \frac{\sum t}{N_f} \quad 或 \quad MDBF = \frac{\sum L}{N_f} = \frac{1}{\lambda} \tag{6-2}$$

可见平均故障间隔时间与平均故障率互为倒数。

(3)大修周期

大修周期的定义是：在规定条件下，机车车辆从制造(大修)完成后开始使用到大修(下一次大修)的工作时间或走行距离。

所谓机车车辆大修是将机车车辆分解成零部件，进行清洗、检查、更换或修复、组装、试验等，恢复机车车辆的基本性能，以保证铁路运输的需要。大修也称为厂修，一般在修理工厂进行，大修周期及技术条件在各种机车车辆大修规程中都有严格规定。目前我国干线机车大修周期是以走行距离来计，调车机车和车辆则按时间(年、月)计。

(4)使用寿命

使用寿命的定义为：对可修复产品，在规定使用条件下，产品具有可接受的故障率的时间区间。因此，机车车辆的使用寿命是指：在规定使用条件下，机车车辆从新造(或大修)完成投入使用，到平均故障率超出规定需要大修或报废的时间或走行距离。我国铁路机车车辆的使用寿命在有关文件中有明确规定。但随着铁路科技进步，机车车辆制造及运用维修技术有了提高，铁道机车车辆使用寿命值的规定应不断修正。在考虑机车车辆报废期限时，一方面要考虑机车车辆运行中的故障率不能高于规定值，以确保机车车辆的可靠性与安全性；另一方面也要从经济观点分析是否还值得修理。

三、维 修 性

1. 维修性定义

根据国际标准 IEC 60050(191)的规定，维修性定义为："在规定的条件下和规定的时间间隔内，按规定的程序和资源进行维修时，能够完成规定维修工作的能力。"

由上述定义可知，维修性具有如下特征：

(1)维修性是通过设计而赋予产品的一种固有属性。由于维修性参数是随机变量，只具有统计上的意义，因此维修性要用概率表示，称为维修度。

(2)规定的条件包括维修人员熟练程度,维修设备、工具、备件是否有保障,甚至还包括技术数据是否齐全,操作是否方便,维修规程、规范是否合理,维修后勤保障是否充分等。

(3)规定的时间是指维修时间。维修时间越长,所得到的维修度愈大。正常的产品维修时间与其寿命相比应该是短暂的,也就是说维修具有快速性。只有这样,产品故障才能及时得到诊断和排除,产品才能尽快地投入使用。

(4)规定的程序和资源是指按照预先规定的程序和资源进行维修。这是十分必要的,不仅可以提高维修度,还可以降低维修费用,延长产品寿命,减少故障发生频率,否则维修后反而会降低其可靠性。因此制定详细的维修规程和规范,规定和明确维修性的技术要求,还要考虑使用的故障检测装置,设定检测部位,使检测程序标准化等。

可以看出,维修性是产品出了故障时容易修理和方便维修的性能,是产品设计时赋予其的一种特性。产品具有良好的维修性,则只需要较少的维修时间、工具和设备,较低的维修技术水平和维修费用就可以排除故障、修复产品。产品在使用中一怕出故障,二怕不好修。好的可靠性可以使产品少出故障,而优良的维修性将使产品以很低的费用,快速方便地进行维修。维修性和维修是两个不同的概念,产品的维修性与产品的设计有关,必须在设计中体现与实施;而维修则与产品的使用相关,是产品投入运用后为了保持正常使用状态,或是在其发生故障后恢复正常状态,所采取的各种活动。

2. 轨道列车维修性意义

开展维修性方面的工作,改善轨道列车的维修性,对于提高轨道交通的运输能力,降低轨道列车 LCC 有着极其重要的意义。主要表现在以下几个方面:

(1)维修性是提高轨道交通运输能力的重要因素

维修性和可靠性一样,是保证轨道交通运输安全的重要因素。产品可靠性的意义容易被人们认识,随着产品使用时间的延长,总会出现故障。当产品出现故障时能够及时维修,排除故障,迅速而经济地恢复产品的性能,就可以恢复运输能力。修复的快慢及其所花费用,则取决于产品的维修性,因此轨道交通技术装备的可用性(利用率、完好率)是其可靠性和维修性的综合,可靠性从延长其工作时间角度来提高其可用性,而维修性则是从缩短维修时间角度来提高其可用性。

(2)维修性是轨道交通安全的重要保障

轨道交通产品,特别是轨道列车,其可靠性和维修性有着特殊的要求。首先要保证轨道交通的畅通,避免阻塞,因此针对轨道交通技术装备出现故障危害性大的特点,除要求高可靠性、少故障外,还要求维修性好,出了故障尽快排除;另外,由于轨道交通限界的限制,轨道列车内部空间窄小,结构紧凑,在维修性设计时难度较大,要格外谨慎。特别是对于那些易出故障的关键部件和区域,要有良好的可接近性,高的标准化和互换性,快速、准确、简便的可测试性,以防止重大事故,保证轨道交通运输安全。

(3)改善维修性是提高轨道列车效能的重要途径

轨道列车的效能主要取决于开始执行运输任务时,所处的状态是否正常(可用性);在完成运输任务期间能否连续工作(可信性)以及能否成功地完成规定的任务(固有能力)。轨道列车效能是这三方面能力的综合反映。而其中的每一方面都与轨道列车产品的维修性密切相关,它不但影响轨道列车的可用性,还直接影响轨道列车的可信性和固有能力,因此改善维修性是提高轨道列车效能的重要途径。

(4)提高维修性是降低 LCC 的重要措施

国内外轨道列车的发展证明,随着轨道列车性能的不断改善,新技术不断地被采用,结构日益复杂化,成本及售价不断上涨,随之而来的维修费用也大幅度增加。当前,轨道列车的维修费用大约为其采购费用的 3～9 倍。因此通过合理设计,改善产品的维修性,节省维修费用是产品研制中一项非常紧迫的任务。国外经验表明,在研制中投入 1 美元改进维修的费用,可望取得减少寿命周期费用 50～100 美元的效益。

3. 轨道列车维修性要求

维修性要求一般包括维修性定性要求和维修性定量要求。维修性定性要求是维修性定量要求的必要条件,是通过定量指标来衡量的,而定量指标又是在定性要求的约束下实现的。

(1)轨道列车维修性定性要求

轨道列车主要的维修性定性要求有:

① 具有良好的可达性

轨道列车的可达性就是在维修时接近维修部位的难易程度。通俗地说,维修部位应该看得见、摸得着,不需要拆装或拆装简便,同时还应该有检验、修理所需的空间。

② 提高标准化和互换性程度

提高产品的互换性程度实质上是提高产品的标准化、系列化和模块化程度,这不仅有利于设计和生产,而且也使维修简便,能显著减少维修备件品种、数量,简化保障条件,降低对维修人员技术水平的要求,缩短维修工时,因此也是维修性的重要要求。

③ 具有完善的防差错措施和识别标记

为了防止外形相似、尺寸相近的备件在存储、保管、请领和发放中混淆,防止在维修中装错、装反或漏装等,在轨道列车设计中要有防差错的措施和识别标记。

④ 保证维修安全

此处所说的维修安全是指维修活动时避免人员伤亡或设备损坏的一种设计特性。不但要求轨道列车及其零部件在使用时要安全,而且要求存储、运输、维护和修理过程中,包括设备出现故障处于部分分解状态,为排除故障而做部分运转时,也要安全。维修人员在维修作业时不会被电击、遭受机械损伤、吸入有害气体及遭受辐射伤害,使维修人员的安全得到保证。

⑤ 检测诊断准确、迅速和简便

产品的测试性是维修性的重要组成部分,检测诊断是否准确、迅速、简便,对维修性有重大影响,特别是随着轨道列车修制改革的深入,采用状态修方式逐渐增多,要求轨道列车设计时考虑检测诊断问题,统筹安排传感器的布置,精心选配或研制检测仪表及其软件,合理选择检测方式等都是维修性需要考虑的范畴。

⑥ 重视贵重部件的可修复性

贵重件由于价格昂贵、占成本比例大、加工复杂、加工周期长等特点，其可修复性应格外引起重视。贵重件在其磨损、变形或发生其他形式的故障后，应具有恢复原形的性能，这也是维修性不可缺少的要求。

⑦ 减少维修内容和降低维修技能要求

尽可能将轨道列车零部件设计成不需要或很少需要维修的结构，避免经常拆卸和维修，减少维修工作量和维修频率。结构外形应尽可能简单，便于换修。同时还要采取措施，预防和控制锈蚀、霉烂和磨损，以适应不同的使用环境。

⑧ 符合维修的人素工程要求

维修的人素工程是研究维修中人的各种能力，诸如体力、感观力、耐受力、心理承受和人体尺寸等因素与机器之间的关系。另外还研究如何提高维修工作效率、质量和减轻人员疲劳等方面的问题；提供适当的操作空间，使维修人员有一个比较合理的维修姿态；噪声、振动不应超过规定标准，维修人员工作负荷、难度要适当，以保证其持续工作的能力和维修效率。

(2)维修性定量要求

① 轨道交通维修性指标

在国际标准 IEC 62278—2002 中，列出了适用于轨道交通的维修性指标，见表 6-2。

表 6-2　轨道交通维修性指标

指标	符号	量纲
平均停机时间	*MDT*	时间、距离、循环
平均维修间隔时间/距离	*MTBM/MDBM*	时间、距离、循环
MTBM/MDBM， 修复性(*c*)或预防性(*p*)	*MTBM*(*c*)/*MDBM*(*c*)， *MTBM*(*p*)/*MDB*(*p*)	时间、距离、循环
平均维修前时间	*MTTM*	时间
MTTM，修复性(*c*)或预防性(*p*)	*MTTM*(*c*)，*MTTM*(*p*)	时间
平均修复时间	*MTTR*	时间
误判率	*FAR*	$(时间)^{-1}$
故障范围	*FC*	无量纲
修理范围	*RC*	无量纲

② 轨道列车维修性指标

轨道列车设计时，在设计文件中就要预见维修性指标，并采取保证措施。在轨道列车投入运用后，还要通过维修性试验来验证是否达到了预定的维修性指标。维修性定量指标很多，诸如维修度 $M(t)$、平均修复时间 $MTTR$、最大修复时间 $MTTR_{max}$、维修费用等，此处不拟一一列举，只将轨道列车常用的平均修复时间 $MTTR$ 简述如下。

平均修复时间 $MTTR$ 是排除故障所需实际修复时间的平均值，即产品修复一次平均需要的时间。排除故障的实际时间包括准备、检测诊断、换件、调校、校验和原件修复等时间，不包括由于行政管理或后勤供应等原因所延误的时间。由于修复时间是随机变量，则

$MTTR$ 是修复时间的均值或数学期望,即

$$MTTR = \sum_{i=1}^{n} t_i / n \tag{6-3}$$

式中 $\sum_{i=1}^{n} t_i$ 为修复时间的总和;n 为修复次数。

当产品有 n 个修复项目时,则平均修复时间为

$$MTTR = \sum_{i=1}^{n} (\lambda_i \cdot MTTR_i) / \sum_{i=1}^{n} \lambda_i \tag{6-4}$$

式中 λ_i 为第 i 项目的故障率;$MTTR_i$ 为第 i 项目的平均修复时间。

四、可 用 性

1. 可用性定义

可用性是反映产品效能的主要特征之一。可用性的定义是:"可以维修的产品在某时刻具有或维持规定功能的能力"。由定义可知,可用性有如下特征。

(1)可用性是产品可靠性和维修性的综合表征。对可修复产品而言,总是希望其工作时间尽量长,非工作时间尽量短。因此不仅要关心产品的可靠性,即不易出现故障的可能性,还要求产品一旦出现故障应能尽快修复,早日投入正常运行。因此综合考虑可靠性和维修性的广义可靠性就是可用性。

(2)与可靠性、维修性一样,可用性也可用概率表达,称为可用度,即在任意随机时刻,当任务需要时,产品可投入使用状态的概率。

(3)这里要强调的是,可用性定义针对"某一时刻"而言,而不是"某一时间间隔",因此它表征某一特定时刻要进行该项工作的完好程度。

(4)可用性不但与工作有关,还是维修时间的函数,随着工作时间和维修时间的不同,可用性也不相同。

2. 轨道交通可用性指标

在国际标准 IEC 62278—2002 中,列出了适用于轨道交通的可用性指标,见表 6-3。

表 6-3 轨道交通可用性指标

指标	符号	量纲
可用度 固有可用度 达到可用度 使用可用度	$A(.)=MUT/(MUT+MDT)$ A_i A_a A_o	无量纲
车队可用度	FA=(可用的车数/车队)	无量纲
正点率	SA	无量纲

注:MUT 为能工作的时间;MDT 为不能工作的时间。

3. 轨道列车可用性指标

产品在其寿命周期内时间的分配关系如图 6-10 所示。整个寿命周期分为总工作时间和非工作时间。非工作时间包括产品存贮和运输等方面的时间。在这段时间内产品未

进入工作状态，因此分析可用性时与它无关。

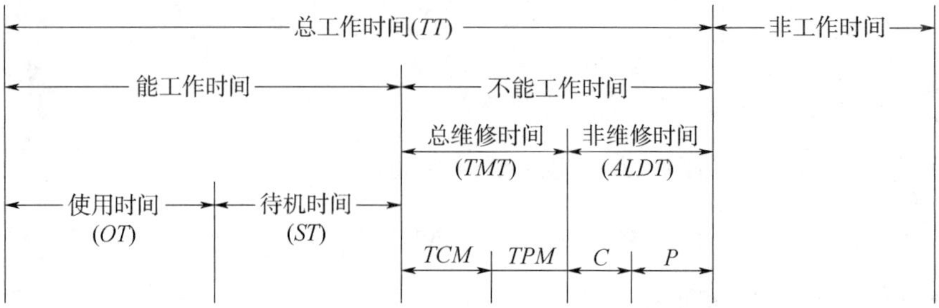

图 6-10　轨道列车产品寿命周期内时间分配简图

总工作时间（TT）内包含能工作时间（MUT）和不能工作时间（MDT）两部分。能工作时间又由实际使用时间（OT）和虽能使用但未使用的待机时间（ST）组成。不能工作时间则由总维修时间（TMT）和用于行政管理和后勤供应等方面的非维修时间（$ALDT$）组成。总维修时间（TMT）中包含非计划维修总时间（TCM）和计划维修总时间（TPM）。非维修时间（$ALDT$）中又包含非计划维修和计划维修所需的非维修时间 C 和 P。

轨道列车可用性指标（可用度）表达了轨道列车能工作时间与总工作时间之间的关系，即

$$A=\frac{MUT}{TT}=\frac{MUT}{MUT+MDT}=1-\frac{MDT}{TT} \tag{6-5}$$

式中　MUT 为平均能工作的时间；MDT 为平均不能工作的时间，即平均故障停机时间；$\frac{MDT}{TT}$项表达不可用性。

轨道列车可用度根据所选用的工作时间不同而分为三种类型。

(1)固有可用度 A_{i}

如果能工作时间仅仅是轨道列车的运用时间（图 6-10 中 OT），不能工作时间仅仅是进行修复性维修所需要的时间（图 6-10 中 TCM），则所得可用度称为固有可用度 A_i，即

$$A_{\mathrm{i}}=\frac{OT}{OT+TCM}=\frac{MTBF}{MTBF+MTTR} \tag{6-6}$$

式中　$MTBF$ 为平均故障间隔时间；$MTTR$ 为平均修复时间。

轨道列车的固有可用度 A_{i}是反映设计所赋予轨道列车内在的可用度，它是由设计、制造支配的，是设计中应该考虑的一项指标。由于其易于度量，因此常常出现在采购合同中。但是，由于它没有考虑现场后勤保障方面的时间，也不包括计划预防修的时间，因而不能用于现场使用条件下的可用性评价。

(2)达到可用度 A_{a}

如果能工作时间也只是轨道列车的运用时间（图 6-10 中 OT），不能工作时间是恢复性维修与预防性维修（图 6-10 中 TCM 与 TPM）所需时间之和，则所得可用度称为达到可用度 A_{a}，即

$$A_a=\frac{OT}{OT+TCM+TPM}=\frac{MTBF}{MTBF+MTTR+MTPM} \quad (6\text{-}7)$$

式中 $MTPM$ 为平均预防性维修时间。

轨道列车达到可用度 A_a 更多地考虑了轨道列车产品硬件方面的可用度，即从制造商角度考虑的轨道列车产品在运用和维修综合技术方面的可用度，因此也被称为技术可用度，有时也被用来作为采购时合同中的规定。值得注意的是，影响技术可用性的不能工作时间，在每一年中其大小是不同的。在主要检修年，不能工作时间要比常规检修年大。因此区分每年不同的技术可用性数值，或建立一个特定时间区段的“平均可用性”是有意义的。

(3)使用可用度 A_u

轨道列车的使用可用度 A_u 是轨道列车能工作的总时间，包括使用时间 OT 和待机时间 ST 与总工作时间 TT（其中除能工作总时间（$OT+ST$）以外，还包括修复性维修时间 TCM、预防性维修时间 TPM 和后勤管理等方面的时间 $ALDT$）之比，即

$$A_u=\frac{OT+ST}{TT}=\frac{OT+ST}{OT+ST+TCM+TPM+ALDT}=\frac{MUT}{MUT+MDT} \quad (6\text{-}8)$$

轨道列车使用可用度 A_u 与固有可用度 A_i 和达到可用度 A_a 不同，它包含了轨道列车产品总工作时间内的所有区段，提供了轨道列车处于实际环境条件下真实的可用性度量，因此它是关于轨道列车产品效能的一个重要度量参数，对于评估现场使用和试验研究的结果、估算轨道列车产品的寿命周期费用等都是非常重要的。尽管要测定使用可用度中各参数有时也很困难，但它仍是将轨道列车可靠性、维修性和可用性联系起来的一种可接受的评价工具。

(4)车队可用度 A_c

车队可用性可以说是上述可用性的延伸。车队可用度 A_c 是车队可运营的车数与车队所拥有总车数的比值，即

$$A_c=\frac{\text{可运营车数}}{\text{车队总车数}}=\frac{\text{可运营车数}}{\text{可运营车数}+\text{正在维修车数}} \quad (6\text{-}9)$$

其中正在维修车数包括正在预防性维修和恢复性维修的车数。可用于度量车队的不可用性，也称为不良率，即

$$\text{车队不可用性（不良率）}=\frac{\text{正在维修车数}}{\text{车队总车数}} \quad (6\text{-}10)$$

在统计车数时应以天为基础（车日数），也有以小时为基础的（车时数）。可以以段、局、部为车队的统计单位，分别表明机务段、车辆段、集团、铁道部及轨道交通公司或单位所拥有车队的可用性。车队可用度 A_c 在我国又称为完好率或利用率。

车队可用性的优点是，可用车数量的表达比用维修时间更容易。

4. 运输系统的可用性

运输系统的可用性与轨道列车的可用性不同。运输系统的可用性是保证在一定服务水平条件下，运输系统可用的运输能力。确切地说，除轨道列车可用性以外，需要应用一

些描述完成运输任务的参数。这些参数包括：

(1)正点率：按运行图运行的车次与运行图中总车次的比值；

(2)不可用率：取消的车次与运行图中总车次的比值。

这些参数除轨道列车传统可用性以外，还涉及轨道结构、运营策略(从运营中撤出车的标准、储备车的位置和数量等)和运营者为防止局部故障导致运输系统大规模拥堵而采取的技巧。只有当轨道列车制造商也负责其所造车的运营和维修时，这种可用性要求才会被制造商接受。用于度量和分析可用性的参数和方法，应该由用户和制造商双方同意。

5. 我国机车车辆常用的可用性相关指标

(1)检修率

机车车辆检修率又称机车车辆不良率，它是以相对数字反映机车车辆状况的指标。

① 机车检修率

机车检修率是指检修机车台日数占支配机车台日数的比例，表明全路、集团、机务段在全部支配机车中检修机车所占的比例。即

$$机车检修率=\frac{检修机车台日数}{支配机车台日数}\times 100\% \tag{6-11}$$

式中　机车台日数为机车每日平均数，常以统计的机车小时数除以 24 折算为机车台日数；支配机车为局、段有权支配使用的机车，不一定是配属机车，还包括非配属的入助机车和临时加入支配的机车。

为得到更详细的数据，还可根据不同修程单独计算各修程的机车检修率，有

$$厂修机车检修率=\frac{厂修机车台日数}{支配机车台日数}\times 100\% \tag{6-12}$$

$$段修机车检修率=\frac{段修机车台日数}{支配机车台日数}\times 100\% \tag{6-13}$$

机车检修率是考核机车利用率及机车质量的重要指标，它属于现行的《铁路运输部门八项经济技术指标》之一，某一时期集团(机务段)的机车检修率反映了该时期机车利用率和技术状态，对不同时期的机车检修率进行比较，就可以评价机车检修和利用是否有所改进。

② 车辆检修率

车辆检修率与机车检修率定义相仿。由于客货车配属情况不同，而分为货车检修率和客车检修率。

a. 货车检修率

指全路检修货车数与支配货车数之比，即

$$货车检修率=\frac{检修货车数}{支配货车数}\times 100\% \tag{6-14}$$

由于我国铁路货车没有固定配属，而且各局集团公司货车检修任务是根据各局检修能力分配的，各局检修能力较不均衡，因此分别计算各局的货车检修率没有实际意义，故一般只计算全路的货车检修率，作为考核货车检修运用质量的依据。

b. 客车检修率

客车检修率是检修客车数与配属客车数之比，即

$$客车检修率=\frac{检修客车数}{配属客车数}\times 100\% \tag{6-15}$$

由于客车是固定配属，所以它与货车情况不同，除了计算全路客车检修率以外，还应分别统计各局的客车检修率。

车辆检修率在一定程度上反映了车辆的检修质量状况，当修车质量较高时，随着检修车辆数的减少，车辆检修率也降低。反之，当维修质量较差时，随着修车数增加，车辆检修率也相应提高。因此提高修车质量，缩短修车时间以及加强车辆日常维护，可以降低车辆检修率。

(2)平均修车时间(平均休车时间)

平均修车时间是指修竣机车车辆总修车时间与修竣车数之比。

① 机车平均修车时间(机车平均休车时间)

机车平均修车时间是指在各种机车修程中，每修竣一台机车平均所需的时间，即

$$机车平均修车时间=\frac{某种修程修竣机车的总修车时间}{该修程的机车修竣台数}\times 100\% \tag{6-16}$$

机车平均修车时间既包括机车修理过程的时间，也包括等待修理的时间，同时还包括检修或待修中所发生的中断时间(如待料、节假日等)。把机车待修时间包括在机车的总修车时间内不能准确地反映检修部门的工作效率。厂(段修)机车的总修车时间是指从机车出配属段时分起至机车修竣后回配属段止。其间包括机车检修往返时间和在厂(段)时间。在厂时间是指机车入厂时分(厂界值班员在司机报单上签注时分)至驻厂验收员确认合格签收时分为止。另外还有机车在修时间，为机车纯修理过程所花费的时间。由此可见，缩短机车平均修车时间的主要途径在于缩短机车的总修车时间，特别是缩短其中待修时间，这方面大有潜力可挖。

② 车辆检修停留时间(车辆休车时间)

车辆检修停留时间也称为车辆检修全周转时间，简称车辆休车时间。它是指在一定时期内(例如一年)，全路、集团公司、工厂、车辆段或其他修车单位平均检修一辆车的全部停留时间，即

$$车辆检修停留时间=\frac{某种修程修竣车辆总检修时间}{该修程修竣的车辆数}\times 100\% \tag{6-17}$$

在有检车人员的车站，每辆车的检修停留时间一般按车辆部门在检修通知单(车统-23)上签字时刻算起；无检车人员的车站，由车站值班员通知附近车辆段列检人员时刻算起，直至修理完毕后车站在车辆修竣通知单(车统-36)上签字时刻为止所经历的全部时间。车辆检修停留时间按客货车的各种修程分别计算。厂、段修以天为单位，辅修、临修和货车轴检以小时为单位。

休车时间是表示修车工作进度的重要指标。在保证质量的前提下，休车时间越短则表明修车效率越高。对段修车辆来说，每一检修车辆的全部修车时间大致包括站休、待休

和修理时间；对厂修车辆来说，还要加上回送时间，即经过确认需要送交工厂检修地点而编入的列车，直至送到工厂办完入厂手续的全部时间。为了加快修车进度，缩短修车时间，必须缩短站修、待修、修理和回送时间。对于车辆修理部门来说，主要是缩短待修和修理时间。

(3)机车车辆的可用度(完好率、利用率)

① 机车完好率

机车可用度常用机车完好率来表示，它是表征机车可用性的一个重要指标。机车完好率为可用机车台日数与所有支配机车台日数之比，即

$$机车完好率=\frac{可用机车台日数}{支配机车台日数}=1-机车检修率 \tag{6-18}$$

式中　可用机车台日数为每日可以投入运用的机车平均数，包括正在运用和备用的机车台日数。

机车完好率表示机车被利用的程度，因此也可称之为机车利用率，它与机车检修率可相互换算。引起机车完好率下降的原因是多方面的，例如配件短缺，财力不足，技术工人缺乏、素质不达标，维修设备陈旧落后，机车设计可靠性、维修性差等，与整个铁路的运营状况有很大关系，因此可以说，机车完好率是衡量有关铁路运营“健康”状况最敏感的标志。

② 车辆利用率

车辆利用率是现有运用车总数与现有车总数的比值。因此要提高车辆利用率必须减少非运用车数。

$$车辆利用率=\frac{现有运用车总数}{现有车总数} \tag{6-19}$$

6. 可用性与可靠性、维修性、安全性之间的关系

轨道列车的 RAMS 是轨道列车可靠性、可用性、维修性和安全性的总称。它是轨道列车长期运作所体现出来的特性，是通过在轨道列车中已建立的工程概念、方法、仪表测试和相关的技术，在整个寿命周期中所表现出来的特性。由子系统、组件和部件组成的轨道列车系统，其 RAMS 可以用可用性和安全性来定性和定量表达，如图 6-11 所示。因此，轨道列车的 RAMS 主要取决于可用性和安全性，取决于可用性和安全性之间技术要求的处理。安全性和可用性之间的内在联系表明，如果对安全性和可用性在技术要求上的矛盾处理不当，则无法获得一个可靠的轨道列车系统。轨道列车运用中的安全性和可用性目标，只能通过满足轨道列车的可靠性和维修性技术要求，控制当前和长期的运用、维修工作和环境来达到。

由前述可用性定义可知，可用性与可靠性、维修性的概念是不同的。可靠性用平均故障间隔时间 *MTBF* 来表示，或用维修需求，即两次维修活动之间的平均时间来表示；维修性用平均修复时间 *MTTR* 来表示，而可用性则是综合地考虑了可靠性和维修性。一个可靠性高、维修性好的产品可用性就高，如果产品的可靠性低，使用中频出故障，可用性自然不会高；同样，如果产品维修性差，出了故障不易拆修、更换，其可用性也不可能很高。因此，一个可用性高的产品必然是可靠性和维修性两者优化的综合。

由图6-11可知，从技术概念方面来说，决定轨道列车系统可用性的主要因素为轨道列车的可靠性、维修性和运用维修状况。

(1)可靠性方面

①在轨道列车运用和所处的环境中，所有可能出现的故障模式；②每个故障发生的概率；③故障对系统功能的影响。

(2)维修性方面

①完成计划维修所需的时间；②对故障进行检测、识别和定位所需的时间；③修复故障系统所需的时间(计划外维修)。

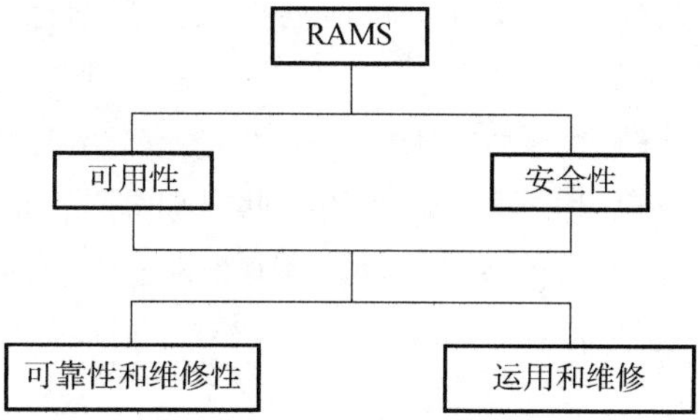

图6-11 RAMS组成部分之间的关系

(3)运用和维修方面

①系统整个寿命周期中，所有可能的运用模式和所需的维修；②人为的因素。

五、安 全 性

1. 安全性定义

安全性在国际标准IEC 62278—2002中的定义为：“不发生可能引起损害风险的能力。”

由上可知，安全性具有如下特征：

(1)安全性的研究对象是人、物和环境，可以是硬件，例如机车车辆；也可以是软件，例如计算机程序等。

(2)与安全性相对应的概念是危险性。所谓安全性评价就是对产品的危险性进行定性和定量分析，得到产品发生危险的可能性及其程度的评价，以寻求最低事故率、最少损失和最优的安全投资效益。

(3)安全性要求对风险进行分析。风险的概念包括两个方面：一方面是导致危险的一个事件或多个组合事件出现的概率或频率，另一方面是事件导致危险的后果。

(4)安全性是指抵御损害风险的能力，常用概率来度量这一能力，轨道交通系统采用的评价指标主要是事故发生的概率。相应的评价方法是故障模式、影响分析(FMEA)和风险评估以及故障树分析(FTA)。

2. 轨道交通安全性指标

在国际标准IEC 62278—2002中，列出了适用于轨道交通的安全性指标，见表6-4所示。

表6-4 轨道交通安全性指标

指　　标	符　　号	量　　纲
平均危险故障间隔时间	$MTBF(H)$	时间、距离、循环
平均安全性系统故障间隔时间	$MTBSF$	时间、距离、循环
危险率	$H(t)$	故障数/时间、距离、循环
与安全性相关的故障概率	$F_S(t)$	无量纲
安全功能概率	$S_S(t)$	无量纲
恢复安全的时间	$TTRS$	时　间

3. 轨道列车安全性指标

安全性指标与可靠性指标相似，可靠性指标所涉及的故障在安全性指标中是指危险性的故障或事故。轨道列车安全性指标常采用平均事故率和平均事故间隔时间。

(1)平均事故率

轨道列车常用的安全性指标是事故发生概率，实践中采用平均事故率来表示。平均事故率是平均故障率的一些特殊情况，是指具有严重后果、被称为事故的故障发生的平均概率。因此，可靠性指标中的平均故障率公式(6-1)可用来计算安全性指标中的平均事故率λ_{sh}，即

$$\lambda_{sh}=\frac{N_{sh}}{\sum t}\quad 或\quad \lambda_{sh}=\frac{N_{sh}}{\sum L} \tag{6-20}$$

式中　N_{sh}为一台或多台轨道列车在所统计的走行时间或公里内发生的事故总数；$\sum t$为轨道列车累积走行时间；$\sum L$为轨道列车累积走行距离。

对于轨道列车事故的判别标准各国有不同的规定，大致与我国机破事故相对应。我国铁路行车事故已在《铁路交通事故调查处理规则》中作了详细规定，见表6-5。

表6-5　铁路行车事故等级

事故等级	等级名称	严重程度	故障损失费(元)
Ⅰ	特别重大事故	造成30人以上死亡；造成100人以上重伤；造成1亿元以上直接经济损失；繁忙干线客车脱轨18辆以上并中断行车48 h以上；繁忙干线货车脱轨60辆以上并中断行车48 h以上	超过1亿
Ⅱ	重大事故	造成10人以上30人以下死亡；造成50人以上100人以下重伤；造成5 000万元以上直接经济损失；客车脱轨18辆以上；货车脱轨60辆以上；客车脱轨2辆以上18辆以下，并中断繁忙干线行车24 h或其他线路行车48 h以上；货车脱轨6辆以上60辆以下，并中断繁忙干线行车24 h或其他线路行车48 h以上	超过5 000万
Ⅲ	较大事故	造成3人以上10人以下死亡；造成10人以上50人以下重伤；造成1 000万元以上直接经济损失；客车脱轨2辆以上18辆以下；货车脱轨6辆以上60辆以下；中断繁忙干线行车6 h以上；中断其他线路行车10 h以上	超过1 000万
Ⅳ	一般事故	A类：造成2人死亡；造成5人以上10人以下重伤；造成500万元以上直接经济损失；导致列车及调车作业发生冲突、脱轨、火灾、爆炸、相撞事故。 B类：造成1人死亡；造成5人以下重伤；造成100万元以上直接经济损失；列车及调车作业发生冲突、脱轨、火灾、爆炸、相撞等事故。 C类：列车冲突、火灾、爆炸、相撞、分离、货车脱轨，错误接发车，冒进、溜车、重要部件严重损坏、碰撞线路设施设备、错误关闭折角塞门、接触网错误断电或供电，装载严重超限等。 D类：调车冲突、脱轨、相撞，货车分离，耽误本列客车1 h以上，耽误本列货车2 h以上等	超过500万

(2)平均事故间隔时间

平均事故间隔时间 $MTBF(H)$ 是指相邻两次事故之间的平均工作时间或走行公里数。轨道列车平均事故间隔时间是指一台或多台轨道车辆，在其使用寿命期内的累积工作时间或走行公里与事故次数之比，即

$$MTBF(H)=\frac{\sum t}{N_{sh}} \quad 或 \quad MTBF(H)=\frac{\sum L}{N_{sh}}=\frac{1}{\lambda_{sh}} \tag{6-21}$$

可见平均事故间隔时间与平均事故率成互为倒数的关系。

六、可 信 性

1. 可信性的由来

可信性概念是人们在对产品质量认识逐渐深化的过程中提出和发展起来的。1963年，美国空军系统司令部武器系统效能工业咨询委员会提出可信性概念，作为计算武器系统效能的一个要素(参见本书第七章第三节相关内容)；随着可靠性工程这门学科的飞速发展，维修性工程、测试性工程和安全性工程等相继成为各自的独立学科。面对这种形势，显然我们再用可靠性来概括这些状况已不恰当，因此，在 1994 年 ISO 9000 系列标准的新版中采用了美军的术语“可信性(dependability)”，用这个名词将可靠性、维修性、维修保障性，以至测试性、安全性和经济性等，这些影响可用性的有关因素一起概括进去。

1990 年起，可信性在国际上正式成为使用的术语。国际电工词汇 IEV191 章中，把广义可靠性称为“可信性”之后，已经有相关工作和标准的相应修改。国际电工委员会的第 56 委员会(IEC/T 56)的名称也由“可靠性、维修性技术委员会”改为“可信性技术委员会”，国际标准 IEC 300《可靠性、维修性管理》(国标 GB 6992. 2 等同采用)的名称，在修订中改为 IEC 300《可信性管理》。

2. 可信性定义

根据国际电工委员会颁布的国际电工词汇标准 IEV191 章对“可信性”的定义是：“可信性是描述可用性及其影响因素——可靠性、维修性、维修保障性——的集合性术语”。它仅用于非定量条款中的一般性描述，其定性和定量的具体要求须通过可用性及其影响因素来表达。

由上述可信性定义可以看出，可信性具有如下特点：

(1)可信性是一个集合用语，它是定性的。它的诸因素都是可以度量的，但它本身却不予度量。

(2)可信性(dependability)表示的“可用性(availability)”是在要求的外部资源得到保证的前提下，产品在规定的条件下和规定的时刻或时间区间内处于可执行规定功能状态的能力。用通俗的话来说就是“要用时是否能用”。

(3)可用性的影响因素包括有：可靠性、维修性、维修保障性。另外，与此密切相关的还有测试性、人因工程、安全性和经济性等，它们都有定性和定量的要求。因此可信性通过可用性和这些影响因素的定性和定量要求来表达。

(4)对于高速列车这样的复杂技术装备和系统，如果将测试性、人因工程等都看成是维修性的一部分，则可以认为，可信性就是可靠性、可用性、维修性、安全性(RAMS)和维修保障性的综合表述。

(5)如果产品的经济性以 LCC 来衡量，则可信性常常还须考虑产品的寿命周期费用 LCC。

七、LCC 与 RAMS

(一)费用问题

当前，系统设计师在设计中必须考虑的重要限制是费用问题，而用户面临的问题是采购和使用负担得起的系统，也就是系统的寿命周期费用(LCC)应当合理。系统装备的可靠性、可用性、维修性和安全性(RAMS)对 LCC 具有重大的影响，因为它们决定着系统发生故障的频率、后果严重程度，以及发生故障后通过维修恢复良好状态的速度。因此，系统的重要考虑是如何在规定的费用限度内，获得最好的 RAMS，以使 LCC 最低。

LCC 包括从采购开始，直到寿命周期最终处置为止所发生的全部费用。如第三章所述，有各种各样的方法估算各种费用单元，可以建立各种 LCC 模型。总的 LCC 模型由各种子模型组成。图 6-12 表示出寿命周期内发生的主要费用，包括研究及研制费用、生产费用、工作费用、维修及后勤保障费用和处置费用。其中，研究和研制费用包括基本工程、试验和管理费用；生产费用包括器材、劳务、行政管理、利润、资本、装卸、运输和其他杂费等；维修及后勤保障费用包括初始备件及更换、设备维修、进货及供应管理、保障设备、人员培训、技术数据或文件及后勤管理等费用；处置费用包括退役、通过报废计划或废物利用计划进行的处置费用等。

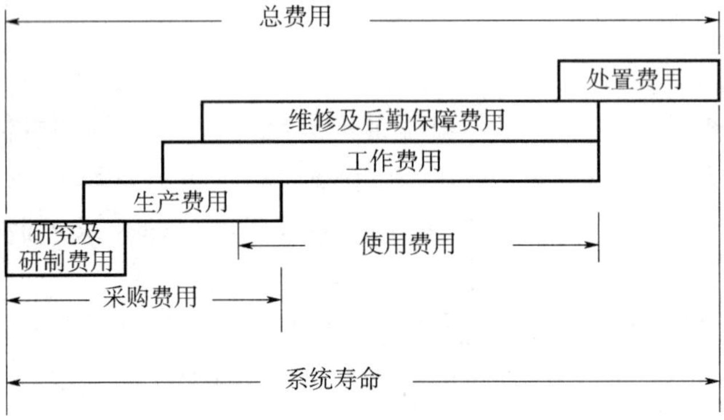

图 6-12　寿命周期内发生的费用

(二)LCC 分布

LCC 单元受许多系统因素的影响，包括：

(1)系统的性能要求；(2)系统的 RAMS 要求；(3)技术水平；(4)系统的复杂性；(5)采购类型及数量；(6)生产经验的成熟程度；(7)维修及后勤保障计划。

尽管在合同中强调的是设计、研制和生产费用，但轨道交通重大系统的主要目标是保证 RAMS 的高水平和尽量低的总 LCC。要求系统从设计开始直至整个使用过程中，在所有的寿命周期阶段中都要估算发生的费用，以确保在投资、LCC、进度和性能之间进行适当的权衡，在采购费用和总费用之间、在技术性能与进度之间的权衡必须在设计方案的投标时就进行，并从中选择出最佳方案。在选择全面的工程研制和生产系统时，都需要考虑各种 LCC 因素。

如图 6-13 所示，系统 LCC 中的最重要组成部分是运用保障费用。因此，应该认真地考虑其中的维修及后勤保障因素，在整个采购过程中不断地对其进行评定。特别是在方案阶段，更应该认真考虑这些因素，因为在此阶段 LCC 的可控性最大。进行这些分析的目的是通过运用保障费用去影响各种设计和研制决策，并指导整个获取过程。

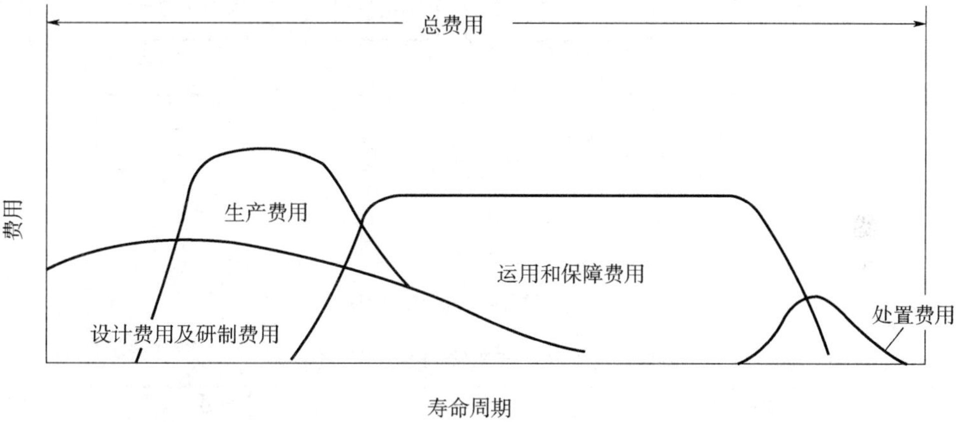

图 6-13　寿命周期费用的分布

(三)RAMS 对费用的影响

RAMS 对降低 LCC 起着关键的作用，因为可靠性决定着系统故障的频度，维修性决定着故障的修理时间，安全性决定着系统事故的频度和严重程度，可用性决定着系统的效能。因此，系统设计必须对其效能、RAMS 和生产指标进行权衡，以便减少 LCC。

为了满足这一要求，须建立一种权衡设计方法。在采用的 LCC 模型中，具有计算 RAMS 和费用变量的子模型。图 6-14 表示出这种结构网络中的可靠性、维修性和费用方法的概貌。通过所示的模型，对运用、性能、可靠性、维修性和费用的估算值进行权衡，以获得相应的设计指标。该 LCC 模型包括采购费用、维修及后勤保障费用的子模型，这些子模型受功能目标和最低效能要求的限制。

表 6-6 列出了对系统 LCC 有影响的一些主要可控因素。由表 6-6 可见，在众多的可控因素中与 RAMS 相关的因素占有重要的地位，对 LCC 产生基础性的作用。实际 LCC 分析中，不是所有的因素都会同时出现。例如，标准民用设备就不包括设计及研制费用，但是应该包括采购和保障费用。同样，报废的元器件或组件所需的决策模型就要比现场或进厂、段维修的产品所需的模型简单得多。因此，应该建立一个系统的 LCC 决策模型，要求这种模型适用性强，并可用于各种模式，以保持与被分析系统的复杂性并与分析所得的经济效益相一致。

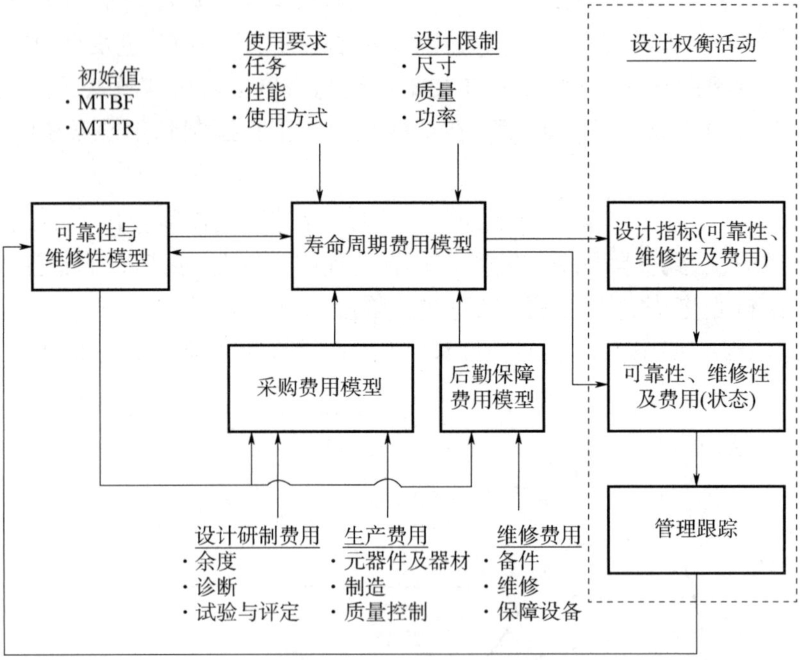

图 6-14　可靠性、维修性和寿命周期费用方法

表 6-6　对 LCC 有影响的主要可控因素

采购		运用及保障	
<u>基本工程</u> · 设计(电气、机械) · 可靠性、维修性 · 人为因素、制造性 · 部件 · 软件 <u>试验及评定</u> · 研制 · 可靠性增长 · 可靠性及维修性验证 · 可靠性筛选 · 可靠性验收 <u>试验工具</u> · 系统 · 可靠性大纲 · 维修性大纲 · 费用 <u>制造及制造工程</u> · 过程计划 · 工程更改控制 · 质量保证计划、审计、通信联络等	<u>重复生产</u> · 元器件及器材 · 制造 · 装配 · 制造保障 · 质量控制 · 检查及试验 —接收 —过程中 —筛选 —老练 —验收 · 器材审查 · 报废率 · 返工 <u>非重复生产</u> · 首件试验 · 检验设备 · 工具 · 设施 · 系统综合 · 文件(维修说明书及使用手册) · 初始备件(检查所、维修段、维修厂)	<u>后勤及维修保障</u> · 补给线 · 更换配件(检查所、维修段、维修厂) · 原位维修 · 离位维修 · 进货及补给管理 · 保障设备(包括维修) · 人员培训及训练设备 · 技术数据及文件 · 后勤管理 · 维修设施及动力 · 运输(故障产品送至或取自修理厂)	<u>运　　用</u> · 补给管理 · 技术数据 · 人员 · 使用设施 · 动力 · 通信 · 运输 · 器材(不包括维修) · 全面管理 · 改型 · 处置

（四）LCC计划与要求

根据LCC原理、分析模型和费用数据，制订和实施LCC计划，可以了解和控制系统早期的费用，指明系统早期研究、研制及其采购决策对后勤保障费用产生的影响，以便在计划实施过程中进行及时的调整。在制定和实施LCC计划时应对系统早期阶段（研究和研制、采购政策和设计活动）提出要求如下。

1. 研究和研制

（1）有意识地应用降低费用的技术。

（2）建立可行的选择方案，以使新系统的研制风险降至最低。可采取如下措施：

① 制定具有相同目标的备选方案，考虑达到目标的途径；

② 制订试验大纲，研制试验装备和样机，预先研制模型和部件，满足计划要求。

（3）凡是具有可能性的地方，尽量采用竞争方式，对实现的技术途径和制造商进行选择。

（4）在各种竞争方式之间选择方案，以便：

① 在实施一项计划之前，进行可行性论证；

② 在系统级和部件级层面上，采用有效的试验及评估计划，随着计划的进展，要分阶段、按性能进行验证；

③ 新产品研制的最有效途径是建立在产品改进经验的基础之上。

2. 采购政策

（1）选用成熟产品的性能指标或技术规范，进行大范围内的权衡分析，而不能只根据所提出的系统、分系统和部件的详细设计规范；

（2）明确规定强制性的系统性能特性；

（3）定期而及时地反馈生产和运用保障中的费用数据，以便对高风险和有设计问题的细节实施早期改进措施；

（4）合理地标准化、通用化和模块化；

（5）在采购过程初期就考虑人员及培训费用因素，以便影响设计权衡；

（6）在研制初期，就对高费用产品应用制造性技术和价值工程技术。

3. 设计活动

（1）通过简化设计，发挥和运用设计的继承性，广泛地应用标准化、通用化和模块化产品，使用大批量生产的元器件，以便降低研制和采购费用；

（2）通过使用已被证实的设计，在设计上注重惯性故障、简化设计，质量控制、有效的研制和试验程序、使用环境试验等来提高可靠性；

（3）通过改善可达性、保障设备标准化、改善试验程序和试验设备的设计等来改善维修性；

（4）降低产品对维修技术、专业培训和人员素质的要求。

（五）系统RAMS寿命周期及任务

为了明确系统RAMS工作，常常将系统的整个寿命周期按照系统RAMS任务划分为许多时间段，称为RAMS寿命周期。根据国际标准IEC 62278(GB/T 21562)，RAMS寿命周期各个阶段的主要任务列在表6-7中；这里的主要任务是指与RAMS有关的任务，它是一般项目工程任务的组成部分。完成表中所列的RAMS任务，需要发生的各种费用费用之和就是RAMS费用。

表6-7 各寿命周期阶段的RAMS任务(国际标准IEC 62278和GB/T 21562)

寿命周期阶段	该阶段一般工作	该阶段RAM工作	该阶段安全性工作
1. 概念	确立轨道交通项目的范围和目的； 定义轨道交通项目概念； 进行费用分析和可行性研究； 建立管理机构	对以前获得的RAM进行评审； 考虑项目中RAM间关系	对以前获得的安全性能进行评审； 考虑项目中安全性间关系； 评审安全性策略和安全性指标
2. 系统定义和应用条件	建立系统任务剖面； 准备系统描述； 鉴定运行和维修策略； 鉴定运行条件； 鉴定维修条件； 鉴定现有基础设施约束的影响	评价以前的RAM经验数据； 完成初步RAM分析； 制定RAM策略； 鉴定长期的运用和维修条件； 鉴定现有基础设施约束对RAM的影响	评价以前的安全性经验数据； 完成初步危险分析； 制定全面的安全性计划； 定义安全性容忍准则； 鉴定现有基础设施约束对安全性的影响
3. 风险分析	开展风险分析相关项目	无	完成系统危险性和安全性风险分析； 建立危险日志； 完成风险评价
4. 系统技术要求	承担技术要求分析； 确定系统全面技术要求； 确定环境； 定义系统全面技术要求的验证和验收准则； 建立确认计划； 建立管理、质量和组织技术要求； 推行动态的控制方法	确定系统全面RAM要求； 定义全面的RAM验收准则； 定义系统功能结构； 建立RAM规划； 建立RAM管理	确定系统全面安全性要求； 定义全面的安全性验收准则； 定义安全性相关的功能要求； 建立安全性管理
5. 系统技术要求分配	分配系统技术要求： —确定子系统和零部件技术要求； —定义子系统和零部件验收准则	分配系统RAM技术要求： —确定子系统和零部件RAM技术要求； —定义子系统和零部件RAM验收准则	分配系统安全性指标和要求： —确定子系统和零部件安全性技术要求； —定义子系统和零部件验收准则。 修订系统安全性计划

续上表

寿命周期阶段	该阶段一般工作	该阶段 RAM 工作	该阶段安全性工作
6. 设计和实现	编制计划； 设计和开发； 设计分析和试验； 设计验证； 实施和确认； 后勤保障资源的设计	通过评审、分析、测试和数据评估实现 RAM 方案，包括： —可靠性与可用性； —维修与维修性； —最优维修策略； —后勤保障。 承担方案控制，包括： —RAM 方案管理； —子合同商或供应商的控制	通过评审、分析、测试和数据评估实现安全性计划，包括： —危险日志； —危险分析和风险评价； —论证与安全性相关的设计决策； —开展方案控制，包括： · 安全性大纲管理； · 子合同商或供应商的控制。 —准备通用安全性论证报告； —若可能，准备通用的应用安全性论证报告
7. 制造	编制生产计划； 制造； 零部件生产和试验； 准备文件； 建立培训	完成环境应力筛选试验； 完成 RAM 增长试验； 启动故障报告和纠正措施系统(FRACAS)	通过评审、分析、试验和数据评估实施安全性计划； 使用危险日志
8. 安装	组装系统； 安装系统	开始维修人员培训； 建立备件和工具供应	建立安装程序： 实施安装方案
9. 系统确认（包括安全性验收和试运行）	试运行； 完成运用试运行阶段； 承担培训	完成 RAM 验证	建立试运行计划； 执行试运行方案； 准备应用特定的安全性论证报告
10. 系统验收	根据验收准则实施验收程序； 编撰验收依据； 投入运用； 继续试运用考核(如果需要)	评价 RAM 验证工作	评价应用特定安全性论证报告
11. 运用和维修	系统长期运行； 进行计划内维修； 完成计划内培训	备件与工具的计划内采购； 完成计划内“以可靠性为中心维修”与后勤保障	承担以安全性为中心的维修； 完成计划内安全性能监测与危险日志所要求的维修
12. 性能监测	收集运行性能统计资料； 数据的采集、分析和评估	性能及 RAM 统计资料的收集、分析、评估和应用	性能和安全性统计资料的收集、分析、评估和应用
13. 修改和更新	实施修改请求程序； 实施修改和更新程序	考虑修改和更新后 RAM 间关系	考虑修改和更新后安全性关系
14 退役和处置	制定退役和处置计划； 执行退役工作； 进行处置工作	无	建立安全性计划； 进行危险分析和风险评价； 执行安全性计划

产品的 RAMS 对 LCC 有着重要的影响。较高的采购费可以使产品具有较好的可靠性、维修性和安全性，也就是说，在产品的设计研制阶段，为了保证在今后的运用中具有较

低的故障率和维修成本，而采用维修性、可靠性和安全性较高的设计方案，虽然表面上看是提高了研制费用，使用户增加了采购费，但实质上是降低了 LCC。图 6-15 表示出可靠性与 LCC 的关系。图 6-15 中最上面的曲线为总 LCC，它是采购（或投资）费用与运用维修费用之和。由图 6-15 可见，当系统制造得更可靠（所有其他因素保持恒定）时，保障费用就会降低，因为故障减少。同时，为了提高可靠性，采购费用（包括研制及生产费用）就会增加。在某一给定点，为了增加可靠性所花费的费用（投资）恰好等于在保障费用中所节省的费用。这一点表示总费用最低时的可靠性。因此，可靠性可作为在采购期间的一种投资，对于这种投资的收益将会使维修保障费用显著减少（运用费用往往与可靠性无关而保持恒定）。在维修性与费用之间也存在着类似的关系。

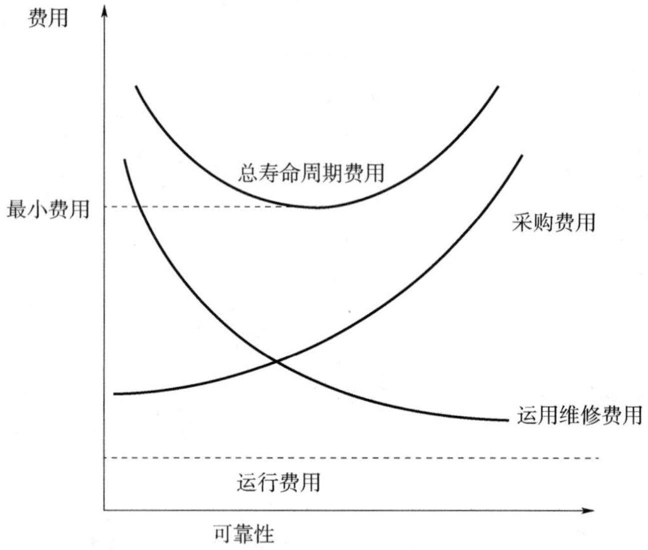

图 6-15　可靠性与 LCC 的关系

由图 6-15 可见，在保持其他条件不变的前提下，提高可靠性会使采购费用增加，而运用维修费用将减少，作为两者之和的总 LCC 则有一最佳值。因此，在确定和实施 RAMS 时应该考虑其对 LCC 的影响。

（六）装备 RAMS 费用的估算

由于 RAMS 费用的影响因素比较复杂，难能采用解析法求解，主要采用经验或半经验式的模型。常常应用回归分析的方法得出经验公式。在研究分析 RAMS 与 LCC 的关系时，常常根据不同的装备类型，提出不同的费用模型。这些模型有的单独研究 RAMS 水平与新产品开发费用之间的关系，也有的模型中包含有装备的运用保障费用。从表 6-7 可以看出，由于 RAMS 工作的繁多性和复杂性，不可能针对每种工作都提出模型，一般只能针对整个系统或重要的子系统提出 RAMS 费用模型。需要注意的是，影响 RAMS 费用的因素会依据装备类型和系统的不同而有所不同，则应结合具体问题进行分析。

RAMS 费用模型的主要分类如下。

1. 以可靠度 R 表示的模型

大量的研究表明，可靠性费用曲线如图 6-16 所示。随着可靠性水平的增加，可靠性费用平缓上升，到某一点 C 后，则突然陡峭上升。不同装备的可靠性水平不尽相同，可能处于曲线中的不同位置。例如，处于 A 点的装备，其可靠性水平较低，通过较小的可靠性投资就能使可靠性明显提高，达到所需的可靠性水平。如果某一设备处于 C 点，则需要较高的投资以追求所需的高可靠性。根据图 6-16 中的曲线形式，采用指数函数模型是适宜的。

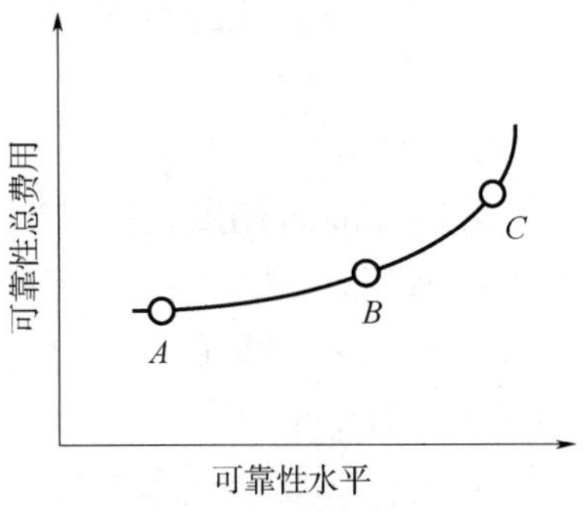

图 6-16　可靠性费用曲线

因此，可靠性费用 C_R 为

$$C_R = f(R) = a[H(R)]^b + c \tag{6-22}$$

式中　a、b、c 为常数；$H(R)$ 为可靠度 R 的函数。

令上式满足边界条件：

可靠性上限时，即 $R=R_u$，$f(R)=+\infty$；可靠性下限时，即 $R=R_b$，$f(R)=0$。同时，将常数项合并，得到如下形式。

$$C_R = K_1\left[\left(\frac{1}{R_u-R}\right)^{K_2} - \left(\frac{1}{R_u-R_b}\right)^{K_2}\right] \tag{6-23}$$

式中　R_u、R_b 为可靠度上、下限值，可根据系统装备可靠度水平实际情况确定；K_1、K_2 为系数，可通过数据收集和积累，不断修正，使之更加符合实际。

美国几种不同类型军用装备的可靠性费用 C_R 与任务可靠度 R 的关系式如下。

（1）大型军用运输机

$$C_R = 6.566\times\left[\left(\frac{1}{0.96-R}\right)^{3.5} - 1.28\right]\times 10^{-6} \tag{6-24}$$

式中　C_R 以单架飞机成本的指数表示。

（2）军用直升机

$$C_R = 30\ 030\times\left[\left(\frac{1}{0.99-R}\right)^{1.9} - 3.224\ 4\right] \tag{6-25}$$

式中　C_R 用美元表示。

（3）战斗机

$$C_R = 1\ 039\times 10^8\times\left[\left(\frac{1}{0.95-R}\right)^{0.497} - 1.278\right] \tag{6-26}$$

式中　C_R 用美元表示。

2. 以平均故障间隔时间 MTBF 表示的模型

以平均故障间隔时间 MTBF 表示装备的可靠性，因此只需考虑 MTBF 的变化对 LCC 的影响，考虑 MTBF 的变化对停机时间费用、获取费用和运用维修费用的影响。

(1)停机时间费用模型

首先要计算在任意时刻装备可以使用,并能可靠地完成任务的概率,即任务成功概率 E。

$$E=A\cdot R \tag{6-27}$$

式中　A 为装备可用度,它是装备在任意时刻需要和开始执行任务时,处于可工作或可使用状态的概率,一般,$A=MTBF/(MTBF+MTTR)$;R 为装备的任务可靠度,它是在规定的任务期间内无故障工作的概率,当故障服从指数分布时,$R=\mathrm{e}^{-\lambda t}$;$\lambda$ 为故障率。$\lambda=1/MTBF$;t 为任务时间。

装备的任务成功概率 E 随平均故障间隔时间值的不同而变化,但系统的 E 值是预先规定的。设其为 P,表示 M 个设备在任意时刻都能工作,并完成规定的任务。由于停机,为了达到所要求的概率,必须多采购一些设备使数量达到 N,以便有效地完成规定的任务。因此,$(N-M)$便是冗余的设备数量。花费在$(N-M)$上的费用就是该平均故障间隔时间值时系统的停机时间费用。图 6-17 中的虚线即是这种费用的曲线,总费用是采购、维修和停机时间费用之和。总费用曲线上各点表示相同的任务成功概率。

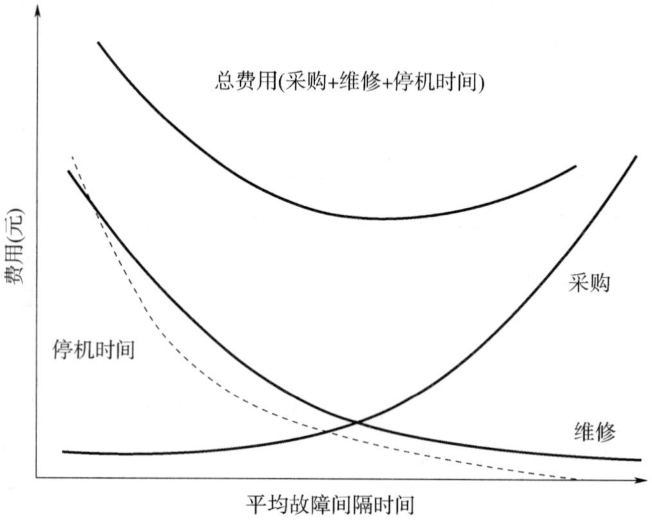

图 6-17　平均故障间隔时间与费用的关系曲线

为了求得设备总数 N,以便达到有 M 个设备可使用,并使系统完成任务的概率为 P,可利用二项分布的概率公式

$$P=\sum_{i=M}^{N}\left[C_N^i\cdot E^i\ (1-E)^{N-i}\right] \tag{6-28}$$

式中　P 为从设备总数 N 中取 M 或更多个所完成的系统任务概率;N 为需采购的设备数目;M 为需要在任意时刻使用并能完成预定任务的设备数目;C_N^i 为 N 和 M 的二项系数。

P 值和 M 值是作为任务要求给出的,对于任意一个平均故障间隔时间值,在求得 E

值后，便可用迭代法求出设备总数 N。显然，平均故障间隔时间值高时，E 值增大，N 值减少。

N 值求出后，利用下式便可求出系统装备总停机时间费用 C_{TJ}。

$$C_{TJ}=[C_D(N-M)+L_0S(N-M)]=(C_D+L_0S)(N-M) \tag{6-29}$$

式中 C_D 为设备单价；L_0 为设备寿命周期内的工作时间，h；S 为设备工作 1 h 的费用。

(2)获取可靠性费用

获取阶段规定的可靠性水平的可靠性费用包括：设计费用、试验样机费用、试验费用和改进费用等。其基本方程式为

$$C_{HQ}=C_d+N_pC_p+C_1T+[C_2P_2+N(C_3P_3+C_4P_4)]F \tag{6-30}$$

式中 C_{HQ}为获取可靠性费用；C_d为设计费用；N_p为样机数量；C_p为样机单价；C_1为 1 h 试验费用；T 为总试验时间，h；C_2为修改设计的平均费用；P_2为所需的设计改进概率；N 为设备数目；C_3为部件改进的平均费用；P_3为部件改进的概率；C_4为质量控制改进的平均费用；P_4为质量控制改进的概率；F 为试验期间的故障数。

为了使上式与平均故障间隔时间呈显性关系，利用杜安可靠性增长模型，使其可变费用都表示为 $MTBF$ 的函数。如图 6-18 所示，杜安模型的数学关系式为

$$\lambda_C=F/T=K\cdot T^{-\alpha} \tag{6-31}$$

式中 λ_C为累积故障率；K 为杜安可靠性增长曲线常数(在双对数坐标纸上的截距)；α 为杜安可靠性增长曲线常数(在双对数坐标纸上的斜率)。

由此得

$$F=K\cdot T^{1-\alpha}$$

将上式对 T 求导并整理，得获取可靠性费用 C_{HQ}公式为

$$C_{HQ}=C_d+N_PC_P+[MTBF(1-\alpha)K]^{\frac{1}{\alpha}}\left[C_1+\frac{C_2P_2+N(C_3P_3+C_4P_4)}{(1-\alpha)MTBF}\right] \tag{6-32}$$

利用式(6-32)可求出获取可靠性费用。杜安模型中的常数 α 和 K 是用最小二乘法对增长试验数据拟合得出。一般在 $\alpha=0.3\sim0.6$ 范围内。K 值取决于样机的复杂性、设计要求和设计容限等。

(3)维修可靠性费用

维修费用包括：为保持装备处于工作状态和使故障装备恢复工作状态所发生的各种费用。其中，大部分直接与平均故障间隔时间有关。包括备件和修理部件、预防性维修和修复性维修以及养护的直接劳务费用、维修作业的行政管理费用，以及可更换部件的包装、装卸和运输等费用。另外，也有与平均故障间隔时间关系不大或无关的费用，诸如供应管理、采购、技术文件、设施和保障设备、建筑物使用和管理以及维修培训等费用。由于建立本模型的目的是研究平均故障间隔时间对维修费用的影响，而不是详细分析所有维修费用项目，因此可以把维修费用分为固定费用和变动费用两大类，前者不受平均故障间隔时间的影响，后者则是平均故障间隔时间的函数。为此，首先须调查研究各主要维修费用项目中受故障影响的程度，以变化率表示，如表 6-8 所示。

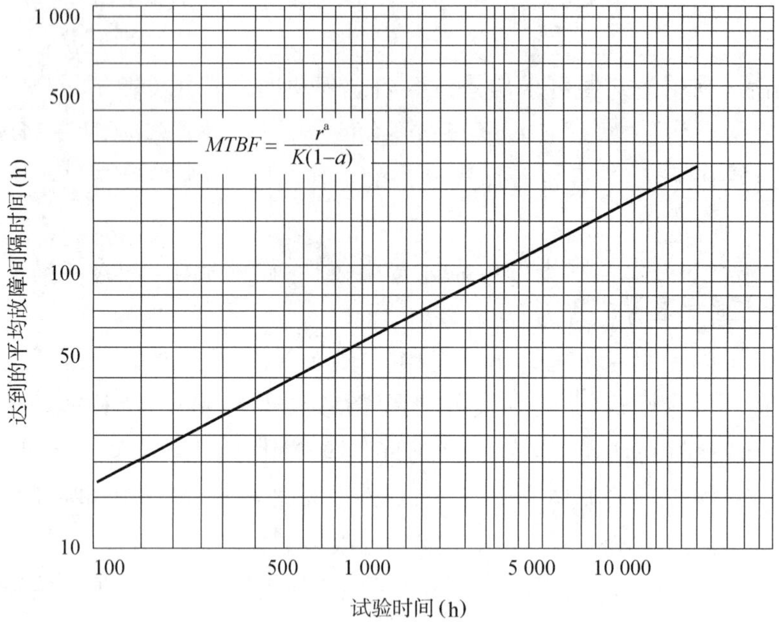

图 6-18　杜安可靠性增长模型

表 6-8　维修费用的变化率

维修费用项目		变化率(%)
备件和修理部件		95
维修劳务和管理	计划外	90
	计划内	50
维　　护		20
其　　他		5
可更换部件的包装、装卸和运输		90
直接后勤保障		20
间接后勤保障	短　期	0
	长期(有变化时)	80

由表 6-8 中数据,便可根据下式计算每次故障所带来的变化费用 C_{BH}。

$$C_{BH}=(C_{bp}a_{bp}+C_{jw}a_{jw}+C_{jn}a_{jn}+C_{wh}a_{wh}+C_{qt}a_{qt}+C_{bz}a_{bz}+C_{zj}a_{zj})b_{gz}+C_{jj}a_{jj} \quad (6\text{-}33)$$

式中　C_{bp}、a_{bp} 为备件价格及其变化率;C_{jw}、a_{jw} 为计划外维修费用及其变化率;C_{jn}、a_{jn} 为计划内维修费用及其变化率;C_{wh}、a_{wh} 为维护费用及其变化率;C_{qt}、a_{qt} 为其他维修费用及其变化率;C_{bz}、a_{bz} 为包装、装卸和运输费用及其变化率;C_{zj}、a_{zj} 为其他直接费用及其变化率;b_{gz} 为管理杂费率;C_{jj}、a_{jj} 为间接维修费用及其变化率。

然后,利用式(6-34)求得变化的总维修费用 C_M。

$$C_M=C_{BH}L_0N/MTBF \quad (6\text{-}34)$$

式中　C_{BH} 为每次故障所带来的变化费用;L_0 为设备寿命周期内的工作时数;N 为设备

数目。

由上述公式计算所得的停机时间费用、获取费用(采购费用)和总维修费用与平均故障间隔时间的关系曲线如图 6-17 所示。实际研究表明,系统装备的可靠性投入,可大幅度提高产品的 RAMS,降低 LCC,同时还使可用性明显提高,改善完成任务的成功概率。例如,某军用飞机,在研制初期增加可靠性投入 7.8%,可使寿命周期费用节省 27%。此外,由于 RAMS 提高,还可使飞机的任务成功率增加 54%。

3. LCC-R 模型

《质量管理手册》[95]对寿命周期费用(LCC)与可靠度 R 之间的关系进行了详细的分析,并推荐了 Govil K. K. 建立的下列关系式。

$$LCC=K\left(\frac{R}{1-R}\right)^{r}+F\left(\frac{1-R}{R}\right)^{g} \tag{6-35}$$

式中 K、r、F、g 为大于 0 的常数;$K\left(\frac{R}{1-R}\right)^{r}$ 为采购费用;$F\left(\frac{1-R}{R}\right)^{g}$ 为运用维修保障费用。

上述 LCC-R 模型旨在建立一个寿命周期费用与可靠性之间的显性函数关系式,从而对可靠性问题的决策带来方便。

第七章　LCC 评价

第一节　概　　述

一、LCC 评价的定义、意义和作用

1. LCC 评价的定义

系统装备 LCC 评价从有限资源的最佳利用出发，对系统装备管理的各种方案进行评价，为管理决策提供科学依据。LCC 评价是工程综合权衡中的重要环节，是将 LCC 应用于各类问题进行综合权衡的方法。LCC 评价强调了两点：一是采用整个 LCC 而不是仅应用采购费用进行权衡；二是在满足任务要求的各种备选方案中进行权衡，以 LCC 最低为评价准则。

在系统分析的各个阶段，只有对系统进行正确的评价，才能对各种方案进行正确选择，从而做出正确的决策。不但要在系统分析的研究和制定方案阶段做出正确的评价，而且在系统设计和制造阶段，也必须根据具体条件做出切实的评价。诸如：系统的设计审查、试制和投产前的图纸审核，试制中的试验监测和质量鉴定，样机的室内、现场试验和试运行的综合评价，为系统装备的定型和改进奠定基础。

2. LCC 评价的意义和作用

由 LCC 分析过程（图 6-3）可知，LCC 分析过程实际上包含 LCC 评价过程。换言之，LCC 评价是 LCC 分析过程中的重要环节，两者相互交融、不可分割，分析中有评价，评价时须进行分析。本书将 LCC 评价作为单独一章加以论述是为了强调 LCC 评价的重要意义和作用。

与其他行业费用相比，轨道交通系统装备 LCC 评价有其特殊性和复杂性。对轨道交通行业中材料消耗、劳务报酬、技术服务和形成运输能力的费用进行评价核算是复杂和必不可少的，其最终目的是通过对费用的测算、分析、对比，使 LCC 得到控制并不断降低。当前，轨道交通的相关部门，在采购运输装备时，常常考虑较多的是装备的一次性获取费用、装备的使用率和故障诊断措施，而对每年重复发生的维持费用考虑较少。也就是说，在系统装备寿命周期的初期阶段很少考虑或根本不考虑系统的 LCC。而此阶段恰恰是 LCC 受影响最大的阶段。因此，以这种方法研制出来的系统，虽然采购费用得到了控制，但可能导致装备在运用维修中费用很高，从而导致整个 LCC 很高，使用户不堪重负；且装备的可靠性和安全性也得不到保证。因此，做好寿命周期初期阶段（决策和设计阶段）的 LCC 评价，有着极其重要的意义和作用。其主要表现在：

(1)LCC 评价的实际应用给设计观念带来革命性变化。

① 建立系统效能的概念。在初期阶段就需进行装备-效能分析，以系统最低费用达到系统最高效能为目标。

② 建立系统全 LCC 的概念。不但装备初始获取费用合理，而且运用保障费用最低，达到较好的 RAMS 指标。

③ 建立起能量效率的观念。系统能够以最低的能量消耗，达到最高的运行效率。

④ 树立“追求系统经济性”的基本思想。通过综合权衡设计，在 LCC、可用度、进度和技术性能之间进行权衡，追求系统装备的最高效能，达到系统优良的经济性。

(2)通过对费用模型估算结果的初步评价，取得 LCC 的重要信息。

① 按照规定的决策准则，对各种备选方案进行排序。

② 对每种方案的 LCC 分析进行汇总，鉴别关键费用因素。

(3)通过对关键费用因素的排序和研究，对重要费用信息做出评价，以提高费用模型估算结果的可信度。只有得到的结果与期望值一致，或能解释清楚不一致的原因时，才可考虑进行下一步的任务。

二、LCC 评价的程序

LCC 评价的一般程序表示在图 7-1 中。虽然图 7-1 中表示的程序是串行独立的，但实际上它们是相互重叠关联的。对比图 7-1 与图 6-3 可知，LCC 评价程序与 LCC 分析程序大致相同，但在不同方案的对比时，由于分析和评价的侧重点不一样，它们又有各自的特点。

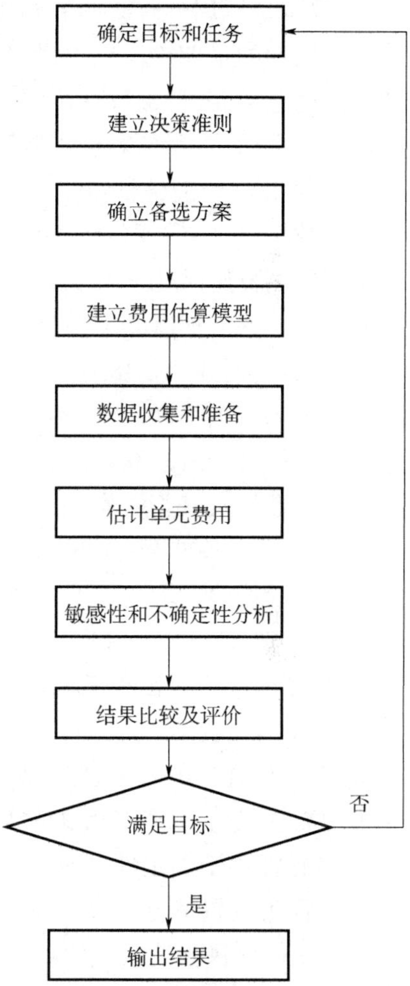

图 7-1　LCC 评价的一般程序

LCC 评价的一般程序如下。

1. 确定目标和任务

根据 LCC 评价的具体任务，利用已有的 LCC 信息，建立起 LCC 评价计划，规定 LCC 评价目标。在建立目标时要考虑如下的因素：备选方案的数目、数据是否充足、进度和人力的限制、所需的精确程度、文件编制的详细程度、对特定问题如何建立模型等。

2. 建立决策准则

决策准则是备选方案权衡的依据。因此应根据评价目标尽早确定，以免受到费用计算结果的影响。准则的度量有多个，诸如总现值、年均费用、偿还期限、内部收益率等。

3. 确立备选方案

在确立 LCC 备选方案的过程中，所有可能的方案都应被考虑。选用最有希望的方案作为下一步的方案，通过分析和频繁的对比、建议，最后确定备选方案。

4. 建立费用估算模型

如前所述，费用估算方法一般有四种：工程估算法、类比估算法、参数估算法和实际推算法。每种方法对于寿命周期各个阶段的适用程度是不同的。理论上说来，各种方法可以在寿命周期的各个阶段单独或交互使用，随着装备的不断完善和成熟这些方法可以相互补充，但装备费用分解结构的细化程度仍然决定着方法的适用性。参数法和类比法通常在寿命周期的早期阶段用得最多，用于对所发生费用的大小进行排序。随着设计的稳定和更多信息的获得，参数估算法就变成了更有效的方法。有了详细的设计并规定了具体的任务要求后，工程估算法和实际推算法就可能成为更合适的费用估算工具。

5. 数据收集和准备

收集数据是 LCC 评价程序中的一个重要组成部分，通常也是最费时间的一项工作。应该按照费用分解结构来收集各个费用单元的有关数据。对错误的数据应该删除或修正。从权威性的数据库获取数据，则使数据准确、可靠。在研制初期，数据通常是不充足和不完整的，这时应该借鉴专家的意见和对类似产品的研究结果。随着设计的不断成熟，信息质量和内容也不断改善，实际值逐渐代替估算值。只要能够提供足够的资源，就能够在寿命周期的各个阶段获得有用的 LCC 数据。

收集的数据及其相关资料主要有：装备单位费用、维修和报废程序、总运行时间（公里）、总维修次数、各维修级别的维修次数、平均故障间隔时间（里程）、非计划性维修工时、每次维修工时、各级维修的工时价格、各级维修费用、总维修费用、各种器具和材料费用、维修计划、维修级别、装备质量和尺寸、装备部署范围、库存点情况、装备技术状况、装备修理时的运输程序、制造厂商的名称和地址、备件及其数量、易耗品及其数量、有用的技术文件等。

6. 估算单元费用

根据 LCC 评价的要求、假定和约束条件，建立费用分解结构，选择费用估算方法，利用收集的数据，进行费用单元的费用计算。注意，计算时还要考虑费用的时间价值。

7. 敏感性和不确定性分析

LCC 评价的置信度取决于所收集数据的准确性、有关信息的可用性和所做假设的可靠性。例如在项目初期缺少信息，对于新产品和新技术又缺乏经验，所做假设不可能完全符合真实情况等，这些都使 LCC 评价的不确定性增加，从而导致决策风险增大。为减少 LCC 评价中的风险，应该进行敏感性和不确定性分析。

8. 结果比较及评价

对各个方案的计算结果进行比较，检查结果是否满足估算目标的要求。如果不满足，则要分析原因，并按 LCC 评价程序重新或从某个结点再次进行估算，做出综合评价，直到满足要求。

9. 结果输出

整理输出的估算结果，按规定要求编写LCC估算报告。报告一般分为三部分：按估算程序详细叙述和论证每一部分的工作内容及做法；将计算数值列成表格，并绘制成费用分布图（如图6-13所示）；进行分析、评价，并提出建议。

LCC评价是一个反复迭代的过程，在任一工程项目中都会有多次迭代，这可能是由于增加了新的备选方案，修改了初始的假定和约束，或是根据前一次的输出结果将注意力集中到新的目标上。虽然LCC评价包含多项工作，但并不意味着每次迭代都需要重复全部工作，可根据需要进行剪裁。

三、LCC评价方法

LCC评价主要分为：经济评价方法、费用—效能分析法和费用权衡分析法。

（一）经济评价方法

经济评价通过分析、评价工程项目的耗费（投入）和效益（产出），选择耗费最小、收益最大的方案。经济评价方法主要有：净现值（NPV）法、净现值率（NPVR）法、内部收益率（IRR）法和投资回收期法。

1. 净现值（NPV）法

净现值（NPV）法是利用计算和分析净现值来评价项目经济效益的一种方法，净现值是指工程项目未来现金流入量的现值。

2. 净现值率（NPVR）法

采用净现值法评价时，可能会出现两个方案的净现值相同但投资额不同的情况，因此不能直接反映资金的利用效率。因此，本法采用净现值率（NPVR）作为净现值的辅助指标。

3. 内部收益率（IRR）法

内部收益率法又称投资收益率法，即通过测算投资方案的内部收益率，并与目标收益率比较，以评价该方案的经济效益。内部收益率是工程结束时净现值为0条件下的贴现率。

4. 投资回收期法

投资回收期是指用工程项目的盈利收入（包括利润和折旧）偿还全部投资所需的时间，即逐年盈余累计额与逐年投资累计额相抵、收支平衡所需的时间。投资回收期小于或等于目标回收期的方案，就可被接受。

有关LCC经济评价方法的详细论述及计算方法见本章第二节的内容。

（二）费用—效能分析法

费用效能是使用能力的一种度量，它通过确定目标、建立备选方案，从费用和效能两方面综合评价各方案的过程。

1. 目的

费用—效能分析的目的是给决策者提供有关装备费用效能方面的信息，使决策者可以根据费用—效能分析的结果及其他需要考虑的因素进行决策，以提高装备的费用效能。

2. 应用

(1)在装备寿命周期的各个阶段，当达到的规定目标具有多种实现方案，且方案的选择需要考虑各方案的费用和效能时，就可采用费用—效能分析方法。

(2)对于装备的重大决策问题，应进行费用—效能分析。装备的重大决策问题主要有：装备规划计划决策；技术指标论证决策；方案论证决策；工程研制决策；重大设计变更决策；生产决策；订购决策；部署后的运用方案决策；维修和保障决策；更新、改装、封存和延寿等决策；退役决策。

(3)在装备论证、方案、工程研制和生产阶段，应通过费用—效能分析为提出和确定定量指标和定性要求提供依据，并采用费用—效能分析准则来评审方案，用分析的结果监督方案的实施。

(4)费用—效能分析应在决策之前完成，以便为决策提供依据。也可以在方案实施过程中进行，以评价该方案所导致的费用效能。应特别强调在寿命周期早期阶段进行此项工作，以便有效地保证装备效能和控制 LCC。

3. 费用—效能评估

费效评估是指根据系统效能与所耗费的资源，来比较各个满足任务要求的诸方案的过程，也就是根据系统所耗费的资源来衡量其所取得的效益。一般可以采用费效比来表示。

$$CEB=LCC/E \tag{7-1}$$

式中　CEB 为费效比；E 为系统效能；LCC 为系统寿命周期费用。

费用—效能评估的目的是为设计决策提供尽量多的定量评价信息，以提高设计决策所必需的信息质量和精度，使决策者做出更好的、风险最小的决策。

费用—效能评估的概念和方法适用于系统的各个开发阶段，诸如在系统的预研、技术、经济可行性研究、方案设计、系统方案确定、制定计划、修改计划等项工作中。此外，还可用于 RAMS 研究和系统长远规划等方面。

在进行系统的预研、分析和方案设计时，主要是对不同的备选方案进行系统之间的费用一效能分析和评估，进行系统之间的权衡，以选择最优的系统方案。而进入工程研制阶段以后，则主要进行系统内的费用—效能研究，并进行权衡，以达到系统最优化的目的。

(三)费用权衡分析法

LCC 评价的重要特征是进行有效的权衡分析，通过权衡分析可使系统的任务很好地完成，既保证了系统的效能，又可使有限的资源得以充分的利用。在 LCC 评价中，权衡分析的对象主要包括 5 个方面：

(1)获取费用和运用保障费用之间的权衡；

(2)获取费用中各项费用之间的权衡；

(3)运用保障费用中各项费用之间的权衡；

(4)系统效能和 LCC 之间的权衡；

(5)从系统开发到制造完成这段时间与获取费用之间的权衡。

其中最重要的是系统效能和LCC之间的权衡，权衡的目的就是在各种备选方案中寻求一个最优的方案，即在既定的系统费用前提下，系统的效能达到最大；在既定的系统效能的前提下，系统的LCC达到最小值。因此，费用的权衡分析实质上是对系统备选方案在系统费用和效能之间进行权衡。但实际中，系统费用和效能指标可能是在一个很大的范围内变动，则需要我们进行权衡研究。权衡的内容可能是：在可靠性、可用性和维修性参数之间的权衡，在性能与费用之间的权衡，与项目目标有关的权衡。

1. 在可靠性、可用性和维修性(RAM)参数之间的权衡

在大多数系统效能的模型中，最重要的参数是可用性，而可用性是可靠性和维修性的函数。固有可用性A_t的表达式为

$$A_t = MTBF/(MTBF + MTTR) \tag{7-2}$$

式中 $MTBF$为平均故障间隔时间；$MTTR$为平均修复时间。

如果要求输出的是可用性的某个固有水平，则为达到所要求的水平，显然可以在平均故障间隔时间和平均修复时间之间进行权衡。

2. 在性能与费用之间的权衡

在这类的权衡问题中，主要目标是在变化的性能水平和费用水平之间进行权衡，包括：速度与费用、有效负载与费用及可靠性与费用之间的权衡。

假定决策者必须根据费用的多少，在可靠性不同的两个系统之间进行选择，一般说来，可以证明，研制费用和初始投资随可靠性提高而增加(图7-2(a))；另一方面，年运用费用随可靠性提高而降低(图7-2(b))；显而易见，只有综合考虑各种费用的总和，才能选出最为经济的系统(图7-2(c))。

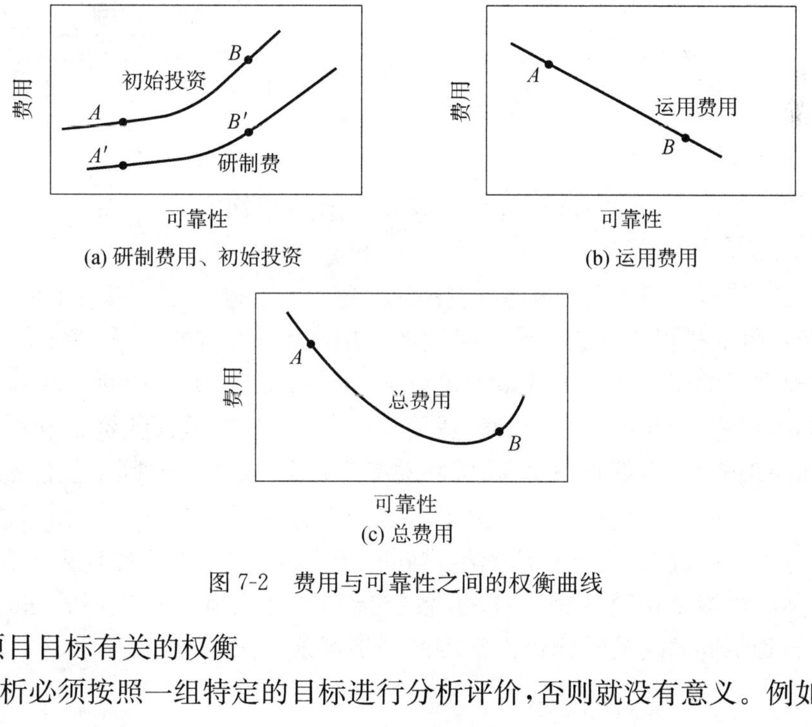

图7-2 费用与可靠性之间的权衡曲线

3. 与项目目标有关的权衡

权衡分析必须按照一组特定的目标进行分析评价，否则就没有意义。例如，在对一个

系统的概念分析中，下述目标就具有重要意义：

(1)建立性能要求或范围；

(2)选择方案数最少的一组设计方案；

(3)证明选中的设计方案，在技术和经济上是可行的。

权衡研究与上述目标之间的相互关系如图 7-3 所示。任何一种权衡研究都必须以一组自变量和因变量为基础，它们可以根据既定项目在达到目标方面的状况来确定。例如，若要求的范围已经确定，则这些要求就构成了权衡研究的一组自变量，研究对象可能就是选择变量最少的一组设计方案。

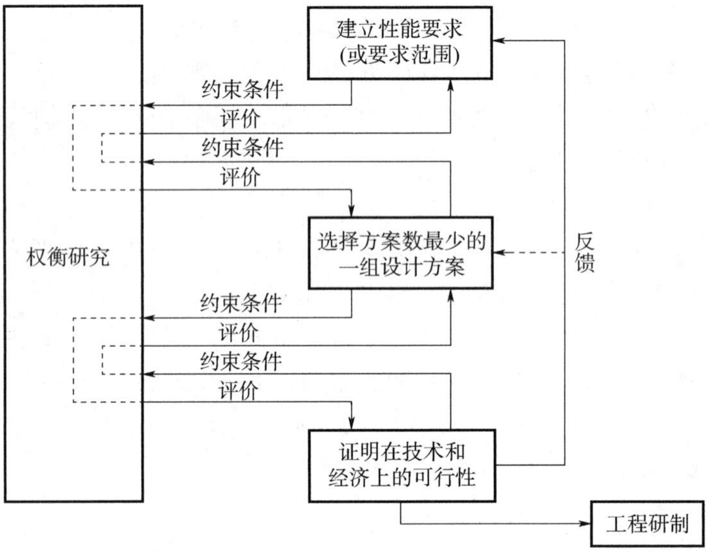

图 7-3　权衡研究与系统目标的相互关系

第二节　LCC 经济评价

经济评价是投资项目可行性研究的核心内容。为了确保投资决策的正确性和科学性，研究经济评价的指标和方法是十分必要的。经济评价的指标是多种多样的，它们从不同的角度反映项目的经济性。这些指标可以分为三大类：一类是以货币单位计量的价值型指标，例如净现值、净年值、费用现值、费用年值等；第二类是反映资金利用效率的效率型指标，例如净现值率、内部收益率、投资收益率等；第三类是以时间单位计量的时间型指标，例如投资回收期、贷款偿还期等。由于这三类指标从不同角度考察项目的经济性，因此在对项目方案进行经济评价时，应当尽量同时选用这三类指标，而不仅是单一指标。又由于项目方案的决策结构是多种多样的，各类指标的适用范围和应用方法也是不同的。本节将结合各种不同的决策结构讨论常用的经济评价方法及应用。

一、LCC经济评价方法

（一）净现值法

净现值法是在对项目的经济评价中，计算投资经济效果的一种分析方法，其用于评估一项投资的理想化程度。净现值是指按一定的贴现率（基准收益率），将方案寿命周期内各年的净现金流量贴现到计算基准年（通常是期初）的现值累加值。一个项目的净现值来自按照一定比率对净现金收入的贴现，反映出投资资金的另一种使用价值，将其按照项目的寿命时间进行求和，并扣除初始投资费用。

1. 净现值的计算

净现值的计算公式为

$$NPV = \sum_{t=0}^{n} (CI - CO)_t (1 + i_0)^{-t} \tag{7-3}$$

或

$$NPV = \sum_{t=0}^{n} (CI - CO)_t (P/F, i_0, t) \tag{7-4}$$

式中 $(CI-CO)_t$为t年末的净现金流；CI_t为t年末现金流入；CO_t为t年末现金流出；t为未来的年数；i_0为基准贴现率（基准收益率）；n为寿命时间（项目持续时间），年。

由于净现值是指按一定的贴现率（基准收益率），将方案寿命周期内各年的净现金流量贴现到计算基准年（通常是期初）的现值累加值。因此，式(7-3)和式(7-4)中，项目的现金流入CI是指项目收益费用C_{sy}，即项目实施后的增值费用；项目的现金流出CO包括：初始投资费用I_0和总运营费用C_{yy}（总运用保障费用等）；贴现率则为基准贴现率i_0。

因此，式(7-3)和式(7-4)变化为

$$NPV = \sum_{t=0}^{n} [(C_{sy} - C_{yy})(1 + i_0)^{-t}] - I_0 \tag{7-5}$$

或

$$NPV = \sum_{t=0}^{n} [(C_{sy} - C_{yy})(P/F, i_0, t)] - I_0 \tag{7-6}$$

式中 C_{sy}为项目收益，即项目实施后的增值费用；C_{yy}为除投资以外的支出费用，大约等于总运营费用（总运用保障费用等）支出；i_0为基准贴现率；I_0为初始投资费用。

2. 净现值的影响

采用净现值法评价投资方案，需要预先给定贴现率进行计算，若净现值的计算结果为正值（$NPV \geqslant 0$），则项目对投资为正回报，可以接收；若净现值为负（$NPV < 0$），则项目被拒收。而项目的净现值取决于所采用的贴现率，可以用净现值曲线来体现，如图7-4所示。因此，基准贴现率i_0是评价项目方案经济效益的合理性尺度，是选择方案的决策标准。净现值随贴现率i_0增加而减小，i_0定得越高，则被接受的方案越少。反之，i_0定得越低，其值不易为负，方案容易被接受。因此国家通过制定和颁布各行业的基准收益率i_0，来调控投资。

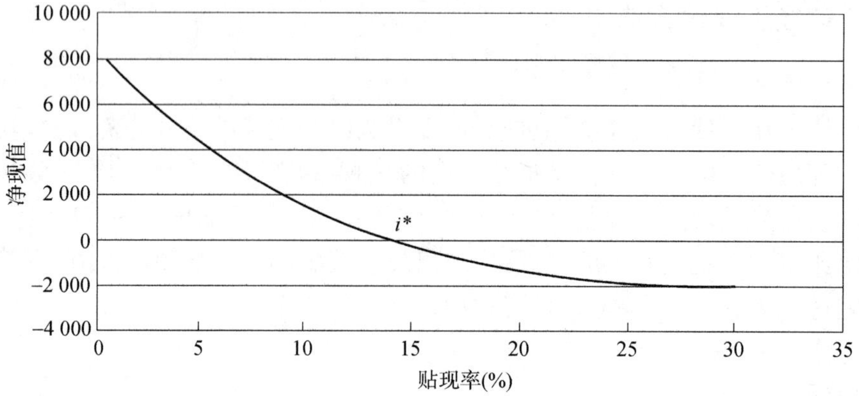

图 7-4　净现值曲线

【例 7-1】某企业一个项目持续 10 年，项目各年现金流量见表 7-1。设基准贴现率为 10%，试用净现值法评价项目经济性。

表 7-1　某项目现金流量表　　万元

项＼年份	0	1	2	3	4～10
①投资支出	20	500	100		
②其他支出				300	450
③收入				450	700
净现金流量 ③−①−②	−20	−500	−100	150	250

【解】

(1)每年的净现金流量计算

由表 7-1 可以求得项目每年的净现金流量。

第 0、1、2 年只有投资支出，即 $I_0=20$ 万元，$I_1=500$ 万元，$I_2=100$ 万元；

第 3 年净现金流量为收益 C_{sy3} 和其他支出 C_{yy3} 之差，则 $(C_{sy}-C_{yy})_3=C_{sy3}-C_{yy3}=450-300=150$ (万元)；

第 4～10 年净现金流量为收益 $C_{sy4\sim10}$ 和其他支出 $C_{yy4\sim10}$ 之差，则 $(C_{sy}-C_{yy})_{4\sim10}=C_{sy4\sim10}-C_{yy4\sim10}=700-450=250$ (万元)。

(2)净现值计算

按照式(7-6)，有

$$
\begin{aligned}
NPV &= \sum_{t=1}^{n}[(C_{sy}-C_{yy})(P/F,i_0,t)]-I_0 \\
&= NPV_1+NPV_2+NPV_3+NPV_{4\sim10} \\
&= -500(P/F,0.1,1)-100(P/F,0.1,2)+150(P/F,0.1,3)+
\end{aligned}
$$

$$\sum_{i=4}^{10} 250(P/F,0.1,t)-20=469.94\ (万元)$$

由于 $NPV>0$,因此项目经济效果是可以接受的。

(二)净现值率法

在采用净现值比选方案时,只根据选定的贴现率计算出净现值来进行决策,这样选定的方案没有考虑方案投资额的大小,因此不能直接反映资金的利用效率。例如A、B两个方案,A投资总额为1 000万元,净现值为10万元;B投资总额为50万元,净现值为5万元。如按净现值比选方案,则 $NPV_A>NPV_B$,所以方案A优于B。但由于方案A的投资总额是B的20倍,而净现值却只有B的2倍,如果实施20个B方案,则净现值可达100万元。显然,B方案的资金利用率高于方案A。为了考虑资金利用率,通常采用净现值率作为净现值的辅助指标。净现值率 $NPVR$ 为项目净现值 NPV 与项目投资总额现值 I_P 之比。其计算公式为

$$NPVR=NPV/I_P=\frac{\sum_{t=0}^{n}(CI-CO)_t(1+i_0)^{-t}}{\sum_{t=0}^{n}I_t(1+i_0)^{-t}} \tag{7-7}$$

式中 I_t 为 t 年末的投资额。

【例7-2】某工程项目有两种备选方案A和B,项目持续时间5年,项目各年现金流量见表7-2。设基准贴现率为10%,试用净现值法和净现值率法比较择优。

表7-2 A、B方案的现金流量表 万元

项目 \ 年份	方案	0	1	2	3	4	5
①投资支出	A	2 000					
	B	3 000					
②其他支出	A		400	500	500	500	500
	B		1 000	1 000	1 000	1 000	1 000
③收入	A		1 000	1 500	1 500	1 500	1 500
	B		1 500	2 500	2 500	2 500	2 500
净现金流量 ③-①-②	A	−2 000	600	1 000	1 000	1 000	1 000
	B	−3 000	500	1 500	1 500	1 500	1 500

【解】

(1)每年的净现金流量计算

由表7-2可以求得项目每年的净现金流量。

第0年只有投资支出。对于方案A:$I_{0A}=2\ 000$ 万元;对于方案B:$I_{0B}=3\ 000$ 万元。

第1年净现金流量为收益 C_{sy1} 和其他支出 C_{yy1} 之差,则 $(C_{sy}-C_{yy})_1=C_{sy1}-C_{yy1}$。

对于方案A:$(C_{sy}-C_{yy})_{1A}=1\ 000-400=600$ (万元);

对于方案B:$(C_{sy}-C_{yy})_{1B}=1\ 500-1\ 000=500$ (万元)。

第 2～5 年净现金流量为收益 $C_{sy2\sim5}$ 和其他支出 $C_{yy2\sim5}$ 之差，则 $(C_{sy}-C_{yy})_{2\sim5}=C_{sy2\sim5}-C_{yy2\sim5}$。

对于方案 A：$(C_{sy}-C_{yy})_{2\sim5A}=1\,500-500=1\,000$ (万元)；

对于方案 B：$(C_{sy}-C_{yy})_{2\sim5B}=2\,500-1\,000=1\,500$ (万元)。

(2)净现值计算

按照式(7-6)，有

$$NPV=\sum_{t=0}^{n}[(C_{sy}-C_{yy})(P/F,i_0,t)]-I_0=NPV_0+NPV_1+NPV_{2\sim5}$$

对于方案 A：$NPV_A=600(P/F,0.1,1)+\sum_{i=2}^{5}1\,000(P/F,0.1,t)-2\,000=1\,427$ (万元)

对于方案 B：$NPV_B=500(P/F,0.1,1)+\sum_{i=2}^{5}1\,500(P/F,0.1,t)-3\,000=1\,777$ (万元)

按此净现值法，$NPV_B>NPV_A>0$，方案 B 为优选方案。

但按净现值率法式(7-7)计算结果

$$NPVR_A=1\,427/2\,000=0.713\,5$$

$$NPVR_B=1\,777/3\,000=0.592\,3$$

$$NPVR_A>NPVR_B$$

因此，方案 A 为优选方案，与净现值法结论刚好相反。由此可见，当投资额不相同时，除应用净现值法外，往往需要进行净现值率的计算，否则可能导致不正确的结论。

(三)内部收益率法

由图 7-4 可见，净现值曲线与横坐标相交于 i^*，表示该贴现率下的净现值 $NPV=0$，该贴现率值是一个具有重要经济意义的贴现率临界值，称之为内部收益率。内部收益率(IRR)是投资理想程度的另一个贴现指标。它的定义为：净现值等于 0 时的贴现率。

1. 内部收益率计算

(1)内部收益率计算

由内部收益率定义可得

$$\sum_{t=0}^{n}(CI-CO)_t(1+IRR)^{-t}=0 \tag{7-8}$$

或

$$\sum_{t=0}^{n}(CI-CO)_t(P/F,IRR,t)=0 \tag{7-9}$$

式中　IRR 为内部收益率。

由式(7-8)和式(7-9)可求得内部收益率 IRR，其与基准收益率 i_0 相比较，当 $IRR\geqslant i_0$ 时，表明项目的内部收益率已达到或超过基准收益率水平，项目被接受；反之，当 $IRR<i_0$ 时，则表明项目不可行。

由于式(7-8)和式(7-9)是高次方程，直接求解比较复杂，常用线性插值法求 IRR 的近似解。

线性插值法求解 IRR 步骤如下：

(1)计算方案各年的净现金流量；

(2)预先估计两个适当的贴现率 i_1 和 i_2，使其满足下列条件：

① $i_1<i_2$，且 $i_2-i_1\leqslant5\%$；

② $NPV(i_1)>0$，$NPV(i_2)<0$。

如不满足上述条件，则重新估计，直至满足为止；

(3)用线性插值法近似求得 IRR，即

$$IRR=i_1+\frac{NPV_1}{NPV_1+|NPV_2|}(i_2-i_1) \tag{7-10}$$

2. 内部收益率的经济含义

内部收益率表示一个项目依然盈利时要求投资回报率应达到的水平，即在项目整个寿命周期内，按利率 $i=IRR$ 计算，始终存在未能回收的投资，在寿命周期结束时，投资恰好被完全收回。也就是说，在项目寿命周期内，项目始终处于“偿还”的状态，因此项目的“偿还”能力完全取决于项目的内部，故有“内部收益率”之称谓。内部收益率是项目寿命周期内没有回收投资的盈利率，它不是初始投资在整个寿命周期内的盈利率，因此它不仅受到项目初始投资规模的影响，还受到各年净收益大小的影响。

就典型情况而言，在项目寿命期初(投资建设期和投产初期)，净现金流量一般为负值(现金流出大于现金流入)，项目进入正常生产期后，净现金流量就会变成正值。因此，绝大多数投资项目属于常规项目，只要其累积净现金流量大于0，其内部收益率就有唯一解。但对于非常规投资项目，只要内部收益率方程存在多个正根，则所有的根都不是真正的项目内部收益率；若只有一个正根，则该根就是项目的内部收益率。实际工作中，可采用检验 IRR 是否满足内部收益率要求(项目寿命周期内始终存在未被收回的投资)，若不满足就不能使用内部收益率指标进行评价。

内部收益率被普遍认为是项目投资的盈利率，反映了投资使用效率，概念清晰明确，受到经济工作者的普遍青睐。

【例7-3】某工程项目各年现金流量见表7-3，基准贴现率 $i_0=12\%$，试采用内部收益率法分析该方案是否可行。

表7-3 某工程项目各年现金流量表 万元

年 份	0	1	2	3	4	5
现金流量	−100	20	30	20	40	40

【解】

(1)预估两个贴现率：$i_1=10\%$，$i_2=15\%$。

(2)计算相应的净现值 $NPV(i_1)$ 和 $NPV(i_2)$：

$$\begin{aligned}NPV &= \sum_{t=1}^{n}[(C_{sy}-C_{yy})(P/F,i_0,t)]-I_0\\ &= NPV_1+NPV_2+NPV_3+NPV_4+NPV_5-I_0\end{aligned}$$

$NPV(i_1)=20(P/F,0.1,1)+30(P/F,0.1,2)+20(P/F,0.1,3)+$

$$40(P/F,0.1,4)+40(P/F,0.1,5)-100=10.16\ (\text{万元})$$

$$NPV(i_2)=20(P/F,0.15,1)+30(P/F,0.15,2)+20(P/F,0.15,3)+40(P/F,0.15,4)+40(P/F,0.15,5)-100=-4.02\ (\text{万元})$$

(3)用线性插值法近似求得 IRR：

$$IRR=i_1+(i_2-i_1)\cdot NPV(i_1)/[(NPV(i_1)+|NPV(i_2)|]=10\%+(15\%-10\%)\times 10.16/(10.16+4.02)=13.5\%$$

由于 $IRR=13.5\%>i_0=12\%$，故该项目在经济效果上是可以接受的。

(四)投资回收期法

投资回收期法又称投资返本期法或投资偿还期法，是指以项目的净收益抵偿全部投资所需的时间。一般以年为计算单位，从项目投建之年算起，如果从投产或达产年算起，则应注明。投资回收期有静态和动态之分，它们是评价项目方案在财务上投资回收能力的重要指标，是考察项目投资盈利水平的经济效益指标。

1. 静态投资回收期

(1)静态投资回收期的计算公式为

$$\sum_{t=0}^{T_j}(CI-CO)_t=0 \tag{7-11}$$

式中　CI 为现金流入量；CO 为现金流出量；$(CI-CO)_t$ 为 t 年末的净现金流量；T_j 为静态投资回收期，年。

根据式(7-11)计算并列出项目财政现金流量表(包括：每年的投资、收入、支出、净现金收入和累积净现金流量)，如例【7-4】中表 7-4 所示。在第⑤行中寻找出累积净现金流量开始由负变为正的年份 t_{z1}，按下式计算投资回收期 T_j。

$$T_j=t_{z1}-1+|\text{上年累积净现金流量}|/\text{当年净现金流量} \tag{7-12}$$

式中　t_{z1}——累积净现金流量开始为正值的年份。

用投资回收期 T_j 评价投资项目时，应首先根据同类项目的历史数据和投资者意愿，确定一个基准投资回收期 T_{jz}，将两者相比较进行判别。判别准则为：若 $T_j\leqslant T_{jz}$，则项目应可以接受；若 $T_j>T_{jz}$，则应予以拒绝。

【例 7-4】某项目财政现金流量表见表 7-4，基准投资回收期为 5 年。试计算静态投资回收期。

表 7-4　项目财政现金流量表　　万元

项目 \ 年份 t	0	1	2	3	4	5	6
①投资 I_t	6 000	4 000					
②收入 CI_t			5 000	6 000	8 000	8 000	7 500
③支出 CO_t			2 000	2 500	3 000	3 500	3 500
④净现金流量 $(CI-CO)_t$			3 000	3 500	5 000	4 500	4 000
⑤累积净现金流量	−6 000	−10 000	−7 000	−3 500	1 500	6 000	10 000

【解】由表 7-4 可见，静态投资回收期在 3～4 年之间，其值 $t_{z1}=4$ 年，按式(7-12)计算

$$T_j=4-1+3\ 500/5\ 000=3.7\text{ 年}<5\text{ 年}$$

因此方案可以接受。

(2)静态投资回收期法的优缺点

静态投资回收期法的优点是概念清晰，反映问题直观，计算方法简单。最重要的是，该指标不仅在一定程度上反映项目的经济性，还能反映项目风险大小。项目决策面临着未来不确定性因素的挑战，这种不确定性所带来的风险随着时间的推移而增加，因为离现时越远，人们所掌握的信息就越少。为了减少这种风险，必然希望投资回收期越短越好。因此，静态投资回收期作为能够反映一定经济性和风险的投资回收期指标，在项目评价中具有独特的地位和作用，被广泛应用，是项目经济性评价的重要辅助指标。

静态投资回收期法的缺点是没有反映资金的时间价值，没有考虑回收期以后的收入与支出数据，故不能全面反映项目在寿命周期内的真实效益，难以对不同方案的比较选择做出正确判断。

2. 动态投资回收期

为了克服静态投资回收期未考虑资金时间价值的缺点，有时采用动态投资回收期，其计算公式为

$$\sum_{t=0}^{T_d}(CI-CO)_t\ (1+i_0)^{-t}=0 \tag{7-13}$$

式中　T_d为动态投资回收期；CI 为现金流入量；CO 为现金流出量；$(CI-CO)_t$为 t 年末的净现金流量；i_0为贴现率。对于方案的财务评价，i_0取行业的基准收益率；对于方案的国民经济评价，i_0取社会贴现率，现行规定的社会贴现率为 12%(1990 年国家计委公布)。

与静态投资回收期相似，动态投资回收期也常采用列表计算法。也按相似的公式进行计算

$$T_d=t_{z1}-1+|\text{上年累积净现金流量贴现值}|/\text{当年净现金流量贴现值} \tag{7-14}$$

式中　t_{z1}为累积净现金流量开始为正值的年份。

【例 7-5】某项目财政现金流量表见表 7-5，基准投资回收期为 5 年，贴现率为 $i_0=10\%$。试计算动态投资回收期。

表 7-5　项目财政现金流量表　　万元

项目 \ 年份 t	0	1	2	3	4	5	6
①现金流入			5 000	6 000	8 000	8 000	7 500
②现金流出	6 000	4 000	2 000	2 500	3 000	3 500	3 500
③净现金流量①－②	−6 000	−4 000	3 000	3 500	5 000	4 500	4 000
④净现金流量贴现值	−6 000	−3 636	2 479	2 630	3 415	2 794	2 258
⑤累积净现金流量	−6 000	−9 636	−7 157	−4 527	−1 112	1 682	3 940

取贴现率 $i_0=10\%$时，净现值流量贴现值计算结果列于表 7-5 中的④行中。

根据式(7-14)，项目动态投资回收期为

$$T_d=5-1+1\ 112/2\ 794=4.4\text{ 年}<5\text{ 年}$$

因此方案可以接受。

可以看出，动态投资回收期与静态投资回收期相比，由于需计算净现金流量贴现值，故计算相对复杂，但其考虑了资金的时间价值。它具有与静态投资回收期相同的特征，但通常只用于项目经济性的辅助性评价。

二、LCC 经济评估的应用

前面的章节对 LCC 分析的基本理论和方法进行了论述。通过这些内容的介绍和研究，我们已经对于系统装备的 LCC 有了一个比较全面的了解。本节还想通过一些经济评估的实例，做进一步的论述，从而能够对系统装备的 LCC 评估过程得到更深入的理解。

(一)两种方案的费用估算例

欲将两个相互独立方案应用于同一项目、完成相同的任务时，则需要将这两个方案进行寿命周期费用的对比，并须对每个方案做出接受或拒绝的评估。但是，如果可用的方案所提供的结果在数值上是相同或等价时，则选择的目标必须是能够提供最小费用的方案。

1. 设备采购方案的估算例

【例 7-6】假定一个承包商考虑采购新的试验设备。半自动试验设备价格为 110 000 美元，期望服役 6 年，报废处理价值为 10 000 美元，每年运用费用为 28 000 美元。全自动设备价值为 170 000 美元，服役 6 年，报废处理费用为 14 000 美元，每年运用费用为 12 000 美元。图 7-5 表示出估算费用和报废处理价值的货币流图。每种设备方案所提供的服务是相同的。假定利率为 14%，试选择满足最低费用准则的方案。

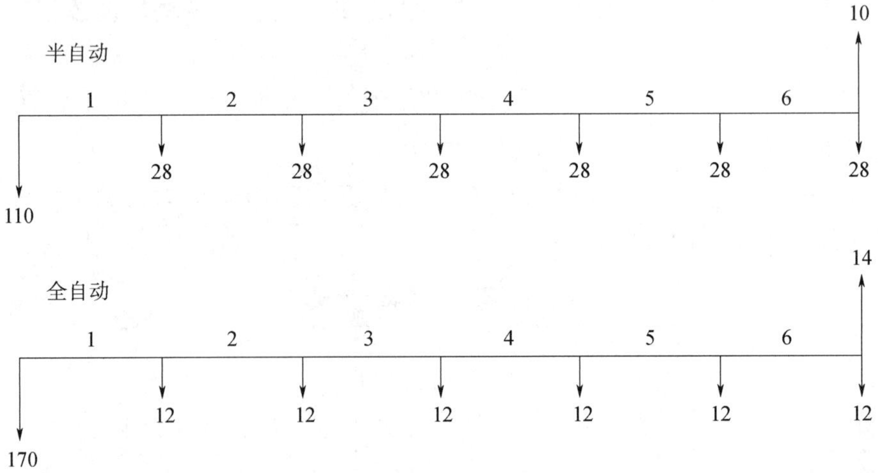

图 7-5　设备采购方案(10^3 美元)

(1)等价现值预算

对于这种预算方法，可采用现值进行比较。半自动试验设备的等价现值为

$$110\ 000+28000(P/A,14,6)-10\ 000(P/F,14,6)=$$

$$110\ 000+28\ 000\times3.888\ 7-10\ 000\times0.455\ 6=214\ 327(\text{美元})$$

全自动试验设备的等价现值为

$$170\ 000+12\ 000(P/A,14,6)-14\ 000(P/F,14,6)=$$

$$170\ 000+12\ 000\times3.888\ 7-14\ 000\times0.455\ 6=210\ 286(\text{美元})$$

比较两式结果可知，全自动试验设备的等价现值比半自动试验设备的等价现值低，差值为 4 041 美元。

(2)年度等价估算

年度等价费用取为覆盖整个设备寿命的一个等费用系列。半自动试验设备的年度等价费用为

$$110\ 000(A/P,14,6)+28\ 000-10\ 000(A/F,14,6)=$$

$$110\ 000\times0.257\ 2+28\ 000-10\ 000\times0.117\ 5=55\ 118(\text{美元})$$

全自动试验设备的年度等价费用为

$$170\ 000(A/P,14,6)+12\ 000-14\ 000(A/F,14,6)=$$

$$170\ 000\times0.257\ 2+12\ 000-14\ 000\times0.117\ 5=54\ 079(\text{美元})$$

年度等价差为 1 039 美元。等价费用的优先权属于全自动试验设备。作为验证，年度等价差的总等价现值为

$$1\ 039(P/A,14,6)=1\ 039\times3.888\ 7=4\ 041(\text{美元})$$

(3)等价终值估算

对于这种评估方法，可以采用方案服役寿命终点时间的等价费用进行比较。

半自动试验设备的等价终值为

$$110\ 000(F/P,14,6)+28\ 000(F/A,14,6)-10\ 000=$$

$$110\ 000\times2.195+28\ 000\times8.536-10\ 000=470\ 458(\text{美元})$$

全自动试验设备的等价终值为

$$170\ 000(F/P,14,6)+12\ 000(F/A,14,6)-14\ 000=$$

$$170\ 000\times2.195+12\ 000\times8.536-14\ 000=416\ 582(\text{美元})$$

估算表明，全自动试验设备的等价终值比半自动试验设备的等价终值低，差值为 8 876 美元。8 876 美元的等价现值为

$$8\ 876(P/F,14,6)=8\ 876\times0.455\ 6=4\ 043(\text{美元})$$

(4)回收率预算

由上述费用的对比可见，全自动试验设备在利率为 14%情况下更合乎要求。在某一高利率情况下，两种方案费用相同，但超出这一利率范围时，半自动试验设备由于其较低的初始费用，而将具有较低的耗费。

在两个方案费用相同情况下，可以采用调节方案总等价现值的方法，使两个方案相等，从而求解出利率 i。因此有

$$110\ 000+28\ 000(P/A,i,6)-10\ 000(P/F,i,6)=$$

$$170\,000+12\,000(P/A,i,6)-14\,000(P/F,i,6)$$

整理得　　$16\,000(P/A,i,6)+4\,000(P/F,i,6)=60\,000$ (美元)

对于 $i=15\%$,

$16\,000(P/A,15,6)+4\,000(P/F,15,6)=16\,000\times3.784\,5+4\,000\times0.432\,3=62\,281$ (美元)

对于 $i=20\%$,

$16\,000(P/A,20,6)+4\,000(P/F,20,6)=16\,000\times3.325\,5+4\,000\times0.334\,9=54\,548$ (美元)

然后采用插值法,得

$$\mathrm{i}=15+5\times\left(\frac{62\,281-60\,000}{62\,281-54\,548}\right)=16.47\%$$

当所考虑的经费是在利率 0 和 16.47%之间获得时,全自动试验设备是所希望的;当经费在利率大于 16.47%情况下获得时,则半自动试验设备是最好的选择。这可由图 7-6 的等价函数图表示。

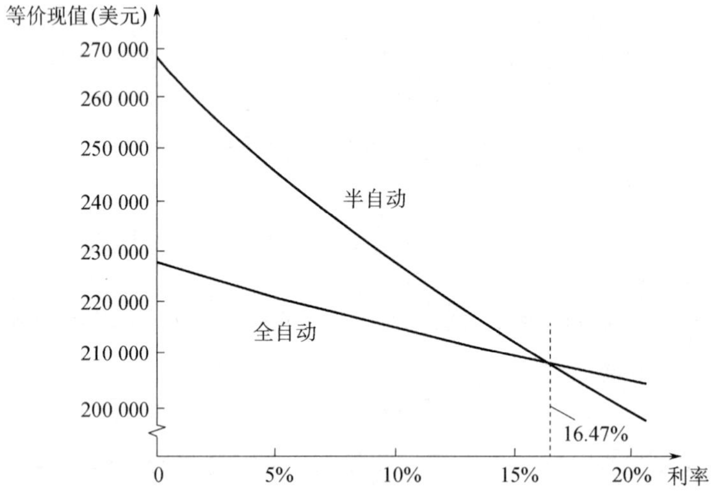

图 7-6　i 的等价函数图

(5)支出估算

对于每种试验设备方案,预估服役寿命都是 6 年,但如果服役时间需要较长或较短,并且设备能够提供较长时间服务时,则优越性可能会从一个方案转为另一个方案。

如果两个方案具有的利率刚好相等,那么它们在一个服役寿命情况下的等价费用可能相同。这个服役寿命可以通过计算方案的等价现值,跟踪费用相等的期限得到。对于利率为 14%,设备报废价值随年数按线性规律计算,则有

对于 $n=3$ 年,全自动试验设备

$$PE_{全自}=170\,000+12\,000(P/A,14,3)-92\,000(P/F,14,3)=$$
$$170\,000+12\,000\times2.321\,6-92\,000\times0.675\,0=135\,759 \text{ (美元)}$$

对于 $n=3$ 年,半自动试验设备

$$PE_{半自}=110\,000+28\,000(P/A,14,3)-60\,000(P/F,14,3)=$$

$$110\ 000+28\ 000\times 2.321\ 6-60\ 000\times 0.675\ 0=134\ 505\ (\text{美元})$$

两种方案的等价现值之差为

$$\Delta PE_3=PE_{全自}-PE_{半自}=135\ 759-134\ 505=1\ 254\ (\text{美元})$$

对于 $n=4$ 年

$$PE_{全自}=170\ 000+12\ 000(P/A,14,4)-66\ 000(P/F,14,4)=$$
$$170\ 000+12\ 000\times 2.913\ 7-66\ 000\times 0.592\ 1=165\ 886\ (\text{美元})$$
$$PE_{半自}=110\ 000+28\ 000(P/A,14,4)-43\ 333(P/F,14,4)=$$
$$110\ 000+28\ 000\times 2.913\ 7-43\ 333\times 0.592\ 1=165\ 926\ (\text{美元})$$

两种方案的等价现值之差为

$$\Delta PE_4=PE_{全自}-PE_{半自}=165\ 886-165\ 926=-40\ (\text{美元})$$

然后采用插值法求服役寿命，得

$$n=3+1\times\left(\frac{\Delta PE_3-0}{\Delta PE_3-\Delta PE_4}\right)=3+1\times\left(\frac{1\ 254}{1\ 254-(-40)}\right)=3.969\ \text{年}$$

当试验设备应用低于 3.969 年时，半自动试验设备最好；当使用周期大于 3.969 年时，则应购买自动设备。该支出状况如图 7-7 所示。

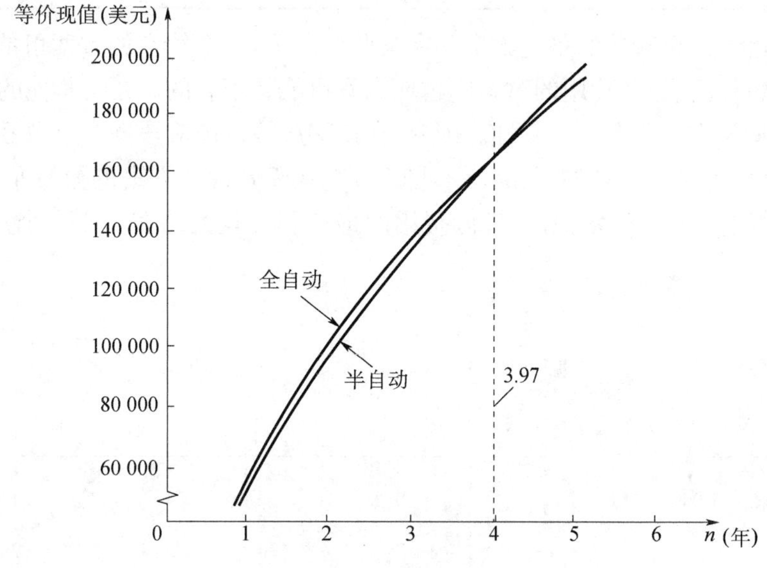

图 7-7　n 的等价函数图

2. 设备设计方案的评估例

【例 7-7】假定一种新型复杂装备，要求从现在起可靠地完成预定功能 5 年。为此，提出了两个可能的方案设计，提供预期的费用和活动(即研究和开发、生产制造和运用维修)。备选方案的货币流表示在图 7-8 中，用设计方案 A 和设计方案 B 的货币流表示，其目的是在给定的 LCC 信息的基础上，对设计方案 A 和 B 进行选择，假定年度利率为 10%。LCC 的货币流可以建立在某一时间点等价的基础上进行比较。表 7-6 即为等价现值的比较。优先权为设计方案 A 所有。

表 7-6 等价现值的比较

年	估算费用		$(P/F,10,n)$	等价现值(10^5 美元)	
	设计方案 A	设计方案 B		设计方案 A	设计方案 B
1	0.6	0.4	0.909 1	0.545 5	0.363 6
2	0.8	0.6	0.826 5	0.661 2	0.495 9
3	1.0	0.8	0.751 3	0.751 2	0.601 0
4	5.0	3.0	0.683 0	3.415 0	2.049 0
5	10.0	6.0	0.620 9	6.209 0	3.725 4
6	1.0	3.0	0.564 5	0.564 5	1.693 5
7	1.0	3.0	0.513 2	0.513 2	1.536 9
8	1.0	3.0	0.466 5	0.466 5	1.399 5
9	1.0	3.0	0.424 1	0.424 1	1.272 3
10	1.0	3.0	0.385 6	0.385 6	1.156 8
11	1.0	3.0	0.350 5	0.350 5	1.051 5
12	1.0	3.0	0.318 6	0.318 6	0.955 8
总计				14.605 0	16.301 2

还应该考虑下一个较佳的备选方案。在某些情况下，一个给定的方案可能从 LCC 准则的角度来看是较佳的，但从费用的时间优越性来看可能是不利的。在与其他的方案相比时，在很长的寿命周期内并不存在优越性。因此，在最终决策以前应该做一个盈亏平衡分析。

图 7-8 为设计方案 A、B 的货币流图，图 7-9 为图 7-8 设计方案的盈亏平衡图。图 7-9 中表示出每种方案的 LCC 累积值，最低费用的最有利位置大约在 9 年 4 个月处。

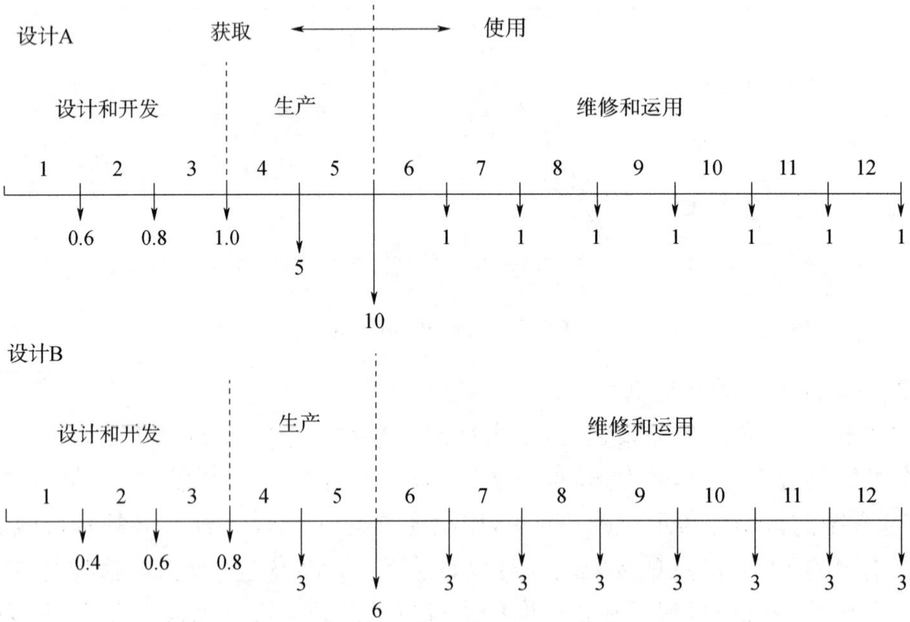

图 7-8 复杂设备两种设计方案的货币流图(10^5 美元)

可以对图提出如下的问题：根据系统可能逐渐报废、竞争和商业危机的状况，这个盈亏平衡点（或交叉点）是否合理？如果盈亏平衡点是很远的时间点，选择设计方案B来代替A可能更可行。同时，如果方案A所带来的利益（即潜在的费用节约）较小，而在考虑其他因素情况下，方案B可能是优秀的。在本例中，评估所有因素的情况下，设计方案B实际上可能是占优势的方案。

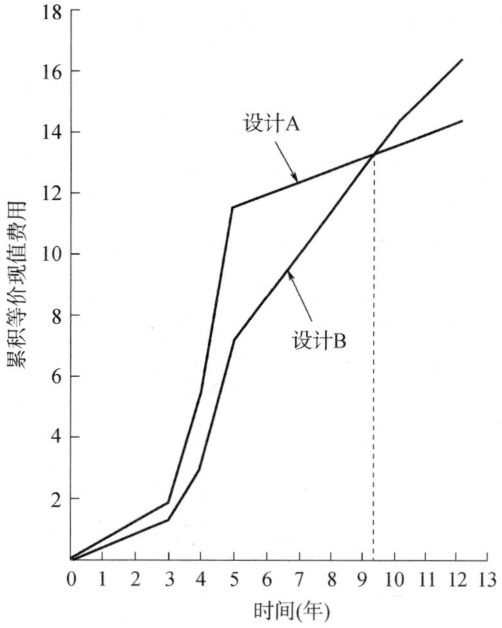

图 7-9 累积等价现值费用和交叉点

（二）多方案费用估算例

【例 7-8】从5种小客车方案中选择一种，作为多方案费用估算的例子。这5种小客车的每一种都是当前普遍应用的，选择的准则是整个寿命周期的采购费用和运用保障费用最低。

1. 分析方法

所需的小客车期望最低使用5年，每年平均运行10 000英里（即规定的寿命为50 000英里）。假定选择对象仅限于5种可能的汽车，汽车特征列于表7-7中。

表 7-7 5种汽车的采购方案

方 案	特 征	获取费用(美元)
汽车A	大座位、低性能、4门、每加仑10英里	5 000
汽车B	大座位、中性能、4门、每加仑18英里	6 000
汽车C	中座位、中性能、4门、每加仑15英里	4 200
汽车D	小座位、高性能、2门、每加仑30英里	3 600
汽车E	中座位、高性能、4门、每加仑26英里	5 500

在评估各种对象时，买家感兴趣的是采购4门汽车，但也考虑小型2门车辆（即汽车D）。该项目基于LCC进行选择，其中LCC包括采购费用，加上5年使用周期内的所有运用和保障费用。首先，应该鉴别可应用的费用类别，包括每种汽车的采购、运用和保障的费用分解结构。重要的费用类别将在下面讨论，并汇总在表7-8中。

（1）获取费用

获取费用由用户购买的价格组成，包括卖主的制备、交货费用和生产担保的有关费用。

（2）运用费用

运用费用包括:汽车整个寿命周期计划运用中所需要的燃料和其他消耗材料(例如润滑剂)的费用,还须加上保险费和税款。

表 7-8　运用和维修费用

费用类别	汽车	物主所付费用(美元)					总费用(美元)	说明和注释
		年 1	年 2	年 3	年 4	年 5		
1. 车辆的运营费用	A	990	1 035	1 080	1 125	1 245	5 475	假定每年平均运用 10 000 英里,汽车 A 汽油费用在第 1 年为 990 美元,第 2 年为 1 035 美元,第 3 年为1 080 美元,第 4 年为 1 125 美元,第 5 年为 1 245 美元
	B	550	575	600	625	691	3 041	
	C	660	690	720	750	830	3 650	
	D	330	345	360	375	415	1 825	
	E	381	398	415	433	479	2 106	
2. 计划外维修费用(劳务和材料)	A	90	240	280	420	500	1 530	维修活动包括:在加油站和/或修理车间进行计划外性能检查、修理、换新轮胎等
	B	80	210	290	360	430	1 370	
	C	120	270	320	570	760	2 040	
	D	85	195	200	220	250	950	
	E	100	250	300	400	430	1 480	
3. 计划内维修费用(劳务和材料)	A	80	75	75	75	75	380	维修活动包括:在加油站和/或修理车间进行更换润滑油、滤芯、润滑、定期检查等
	B	70	60	60	60	60	310	
	C	65	50	50	50	50	265	
	D	45	30	30	30	30	165	
	E	50	45	45	45	45	230	

(3)维修费用

维修费用分为计划内和计划外维修。包括:维修人员劳务费、提供的保障费用、试验及其设备使用费、生产设备使用费和与消费者的相关费用。本例的计划内维修包括:完成 3 000、6 000 英里等的定期检查,包括发动机润滑油的更换,滤芯更换、润滑及日常预防性维修要求。计划外维修包括:进入加油站或修理车间,对故障进行修理、换新轮胎、大修等,维修劳务费、材料备件和耗材费用、规定的试验和保障设备使用费、生产装备使用费,以及相关的直接和间接费用。

5 种备选汽车方案中,每一种的分析都是依据运用和保障费用进行的,见表 7-9。运用费用是建立在整个 5 年寿命周期平均利用率的基础之上。保障费用与计划和非计划维修活动的数量和每次维修活动,都与预先所要求的后勤保障资源相关。表 7-9 所列的每笔费用都是由表 7-8 所列的每年运用和维修费用之和,并计算出时间因素$(P/F,8,n)$,利率取为 8%。

2. 结果分析

LCC 评估结果表明,汽车 D 明显有利。图 7-10 包括获取费用和运用保障费用,并描绘出每个方案的用户 LCC 剖面。通过对各种方案基于等价现值的比较,可以得知费用在规定利率下,现值变化的过程。值得注意的是,由于贴现费用剖面的影响,在到达和超出具有较好特性的 40 000 英里点时费用增加。

表 7-9 汽车方案的等价现值分析

汽车	获取费用(美元)	运用和保障费用的等价现值(美元)					总现值费用(美元)
		第 1 年	第 2 年	第 3 年	第 4 年	第 5 年	
A	5 000	1 074	1 157	1 139	1 191	1 239	10 800
B	6 000	648	724	754	768	804	9 698
C	4 200	782	866	865	1 006	1 115	8 834
D	3 600	426	489	468	453	473	5 909
E	5 500	492	594	603	645	694	8 528

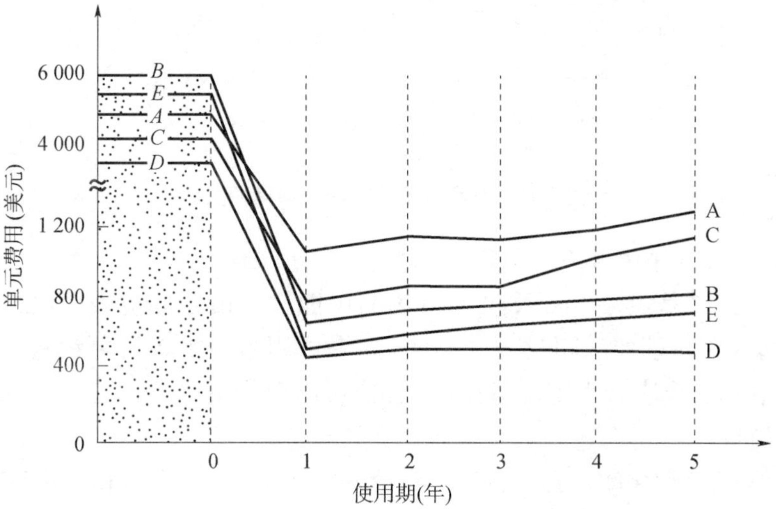

图 7-10 获取费用加运用和保障费用

如果用户决定接受这个较小的高性能双门汽车，则决策肯定应该支持汽车方案 D。但是，如果用户出于各种理由，偏爱 4 门客车，则汽车 D 将被放弃，而必须考虑其余的 4 个备案。虽然汽车 *E* 的获取费用为 5 500 美元(第二高)，但寿命周期等价现值费用为 8 528 美元(第二低)。因此，在相同的情况下，汽车 E 表现出较好的态势。

在最终选择汽车 E 以前，可能还想得知这种汽车表现出领先势态时的时间点。图 7-11 表示出的费用盈亏平衡曲线表明，大约经历 4 年 3 个月运用以后，汽车 E 具有较低的费用(即汽车 C 和 E 曲线的交叉点)。因此，如果时间期限远于交叉点时，应该推荐 E。否则，优先权应改为 C。

最后一步，应该是对输入数据进行敏感性分析。例如，在下一个 5 年中，燃料费用可能比表 7-8 中数据更快地增长。如果这种情况发生，则图 7-11 中的盈亏平衡点可能改变。另外，主要影响因素是计划以外的维修频率。由于在整个现实价格范围内维修活动次数的变化，可能需要依据图 7-11 中的曲线对决策进行重新评估(参见第四章第四节的内容)。

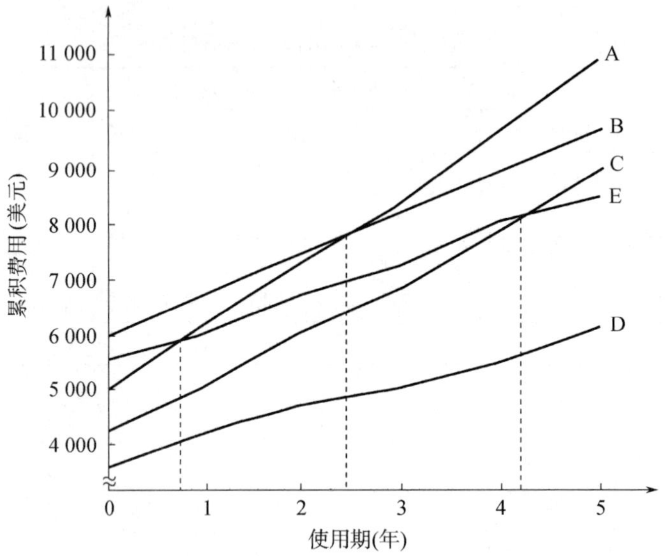

图 7-11　累积等价现值的寿命周期费用

（三）方案的收益评估例

【例 7-9】某公司考察将产品 X 投入市场的可能性。市场分析表明，公司能够以每个 75 元的价格每年销售该产品超过 500 单元（如果可用），至少今后可销售 10 年。该产品是不可修的，故障后报废。为了制造该产品，公司需要投资设备。通过潜在资源的调查，有 3 种方案可行：

（1）机器 A 是自动化的。每年生产 350 单元，可以以 11 050 元价格采购。该机器的预期可靠性（MTBF）是 210 h，修复性维修活动的期望费用为 75 元。预防性维修每 6 个月一次，每次维修活动费用为 50 元。每小时的平均运用费用为 0.5 元，预估设备运行 10 年后的报废处理费用为 300 元。

（2）机器 B 也是自动化的。每年生产 440 单元，可以以 9 725 元价格采购。该机器的预期可靠性（MTBF）是 385 h，修复性维修活动的期望费用为 100 元。预防性维修每 6 个月一次，每次维修活动费用为 60 元。每小时的平均运用费用为＄0.65，预估运行 10 年后的报废处理费用为 550 元。

（3）机器 C 是半自动化的，部分时间需要操作者。每年生产 300 单元，可以以 5 075 元价格采购。该机器的预期可靠性（MTBF）是 150 h，修复性维修活动的期望费用为 50 元。预防性维修每 6 个月一次，每次维修活动费用为 80 元。每小时的平均运用费用为 1.20 元，预估运行 10 年后的报废处理费用为 100 元。

设备的期望使用时间是每年 260 天，每天 8 小时。机器产量第一年运用期间为 50%，第二年至第 10 年末为全产量。产品 X 的制造费用（与材料获取、材料处理、质量控制、检查和试验及包装相关的材料和劳务），应用机器 A 为 20 元；应用机器 B 为 30 元；应用机器 C 为 40 元。期望的分配费用（运输、入仓库等）为每个单元 3 元。这些机器应该在 LCC 的基础上进行评估，并按照最低的 LCC 来选择。对于评估目的的利率假定为 8%。

1. 分析方法

第一步是鉴别收入的主要类型和应用于所研究问题的费用。最根本的概念是收入和新产品本身相关的费用、机器的获取费用、运用和保障费用。这些因素将在下面讨论：

(1)产品 X 收益

机器 A 在第 1 年期间生产 175 单元，以后每年生产 350 单元；机器 B 在第 1 年期间生产 220 单元，以后每年生产 440 单元；机器 C 在第 1 年期间生产 150 单元，以后每年生产 300 单元。所有的单元都在生产年份期间销售。将这些数据和销售价格 75 元作为基础，计算出产品收益。

(2)产品 X 制造费用

制造费用包括：与材料获取、材料处理、质量控制、检查和试验及包装相关的材料和劳务费用。在整个寿命周期中考虑平均学习效应和通货膨胀。每个单元的制造费用：机器 A 为 20 元；机器 B 为 30 元；机器 C 为 40 元。

(3)产品 X 分配费用

这类费用包括：运输、进入仓库和与产品相关的分配费用。所期望的分配费用为每个产品 3 元。

(4)运用费用

该费用主要包括：与每台机器运用有关的能源消耗费用。机器 A 每小时规定的费用为 0.50 元；机器 B 每小时为 0.65 元；机器 C 每小时为 1.20 元。

(5)维修费用

该费用包括计划和非计划维修费用两种。机器 A 的计划(或预防)维修每年有两个维修活动，每次维修活动的平均费用为 50 元；机器 B 每年也需两次维修活动，每次维修活动的平均费用为 60 元；机器 C 每年也需两次预防性维修活动，每次维修活动的平均费用为 80 元。

非计划维修费用以预估的修复性维修活动的数量为基础，它是机器可靠性的函数。机器 A 的期望可靠性(MTBF)为 210 h；机器 B 是 385 h；机器 C 是 150 h。机器 A 每次修复性维修活动的费用为 75 元；机器 B 为 100 元；机器 C 为 50 元。通货膨胀效应被包括在维修费用中，并在规定的整个寿命周期中平均。

三种机器的投资、产品制造、分配、运用和维修费用的概况汇总在图 7-12 中，再现费用列于表 7-10 中。现在需要将这些计划的收益和费用转换为等价现值。

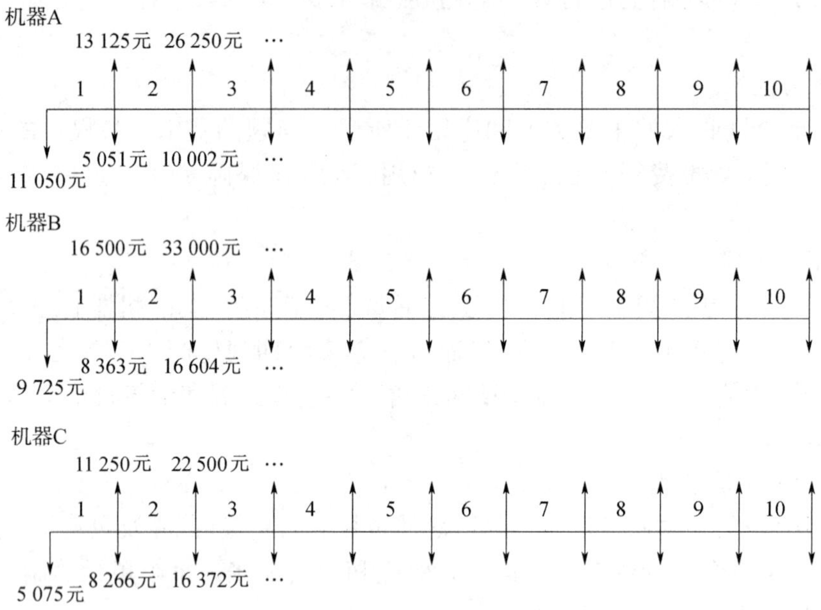

图 7-12　三种机器的收入/耗费预测

表 7-10　三种机器的制造、运用维修和总费用　　元

机器	评估类别	每个计划年发生的费用										总实际费用
		1	2	3	4	5	6	7	8	9	10	
A	产品 X 制造	3 500	7 000	7 000	7 000	7 000	7 000	7 000	7 000	7 000	7 000	
	产品 X 分配	525	1 050	1 050	1 050	1 050	1 050	1 050	1 050	1 050	1 050	
	机器运用	540	1 080	1 080	1 080	1 080	1 080	1 080	1 080	1 080	1 080	
	计划维修	100	100	100	100	100	100	100	100	100	100	
	非计划维修	386	772	772	772	772	772	772	772	772	772	
	总费用	5 051	10 002	10 002	10 002	10 002	10 002	10 002	10 002	10 002	10 002	95 069
B	产品 X 制造	6 600	13 200	13 200	13 200	13 200	13 200	13 200	13 200	13 200	13 200	
	产品 X 分配	660	1 320	1 320	1 320	1 320	1 320	1 320	1 320	1 320	1 320	
	机器运用	702	1 404	1 404	1 404	1 404	1 404	1 404	1 404	1 404	1404	
	计划维修	120	120	120	120	120	120	120	120	120	120	
	非计划维修	281	560	560	560	560	560	560	560	560	560	
	总费用	8 363	16 604	16 604	16 604	16 604	16 604	16 604	16 604	16 604	16 604	157 799
C	产品 X 制造	6 000	12 000	12 000	12 000	12 000	12 000	12 000	12 000	12 000	12 000	
	产品 X 分配	450	900	900	900	900	900	900	900	900	900	
	机器运用	1 296	2 592	2 592	2 592	2 592	2 592	2 592	2 592	2 592	2 592	
	计划维修	160	160	160	160	160	160	160	160	160	160	
	非计划维修	360	720	720	720	720	720	720	720	720	720	
	总费用	8 266	16 372	16 372	16 372	16 372	16 372	16 372	16 372	16 372	16 372	155 614

2. 结果分析

表 7-11 表示出制造费用货币流(表 7-10)的等价现值。由表 7-11 可见,选择机器 B 优于机器 A 和 C。这是由于 B 的等价净现值为 92 647 元,相比之下 A 的等价净现值为 90 406 元,C 的等价净现值为 33 135 元。计算如下:

机器 A 的等价净现值=163 985−73 579=90 406(元)

机器 B 的等价净现值=206 154−113 507=92 647(元)

机器 C 的等价净现值=140 561−107 426=33 135(元)

表 7-11　制造方案的分析　　元

计划的年份	$(P/F,8,n)$	机器 A 等价现值		机器 B 等价现值		机器 C 等价现值	
		收入	耗费	收入	耗费	收入	耗费
0	0	0	11 050	0	9 725	0	5 075
1	0.9259	12 152	4 677	15 277	7 743	10 416	7 653
2	0.8573	22 504	8 575	28 291	14 235	19 289	14 036
3	0.7938	20 837	7 940	26 195	13 180	17 861	12 996
4	0.7350	19 294	7 351	24 255	12 204	16 538	12 033
5	0.6806	17 866	6 807	22 460	11 301	15 314	11 143
6	0.6302	16 543	6 303	20 797	10 464	14 180	10 318
7	0.5835	15 317	5 836	19 256	9 688	13 129	9 553
8	0.5403	14 183	5 404	17 830	8 971	12 157	8 846
9	0.5002	13 130	5 003	16 507	8 305	11 255	8 189
10	0.4632	12 159	4 633	15 286	7 691	10 422	7 584
总计		163 985	73 579	206 154	113 507	140 561	107 426

在做最后选择以前,应该实施盈亏平衡分析,并确定每个方案的回收点。虽然其他因素可能影响最终的决策,但是在考虑风险和不确定性时,一般还是希望尽早回收成本。图 7-13为出货币流和回收点。机器 B 保持了它的优势状态。较详细的回收过程表示在图 7-14 中。

(四)系统设计方案的评估例

【例 7-10】某车辆无线电通信设备公司需要从性能、可靠性和 LCC 的观点,对无线通信设备的选择进行决策,以选择设备型号。预算限制范围要求设备单元费用(以 LCC 为基础)不超过 20 000 美元。对所有可能的供应商资源考察表明,有两种设计配置(基于预先给定的设计数据)满足规定要求。因此,须依据可靠性和总 LCC,对此两种方案在等价的基础上进行评估。

该通信设备安装在一台轻便的车辆上,应该能够与其他车辆在 200 英里范围内、与头顶上的飞机在 10 000 英尺或以下的高度上通信,并与中央通信设施保持通信。该系统必须具有 450 h 的 MTBF、30 min 的 $\overline{M}_{ct}$(平均修复时间)和 0.2 的 MLH/OH(效费比)。运用维修方案和程序描绘在图 7-15 中。

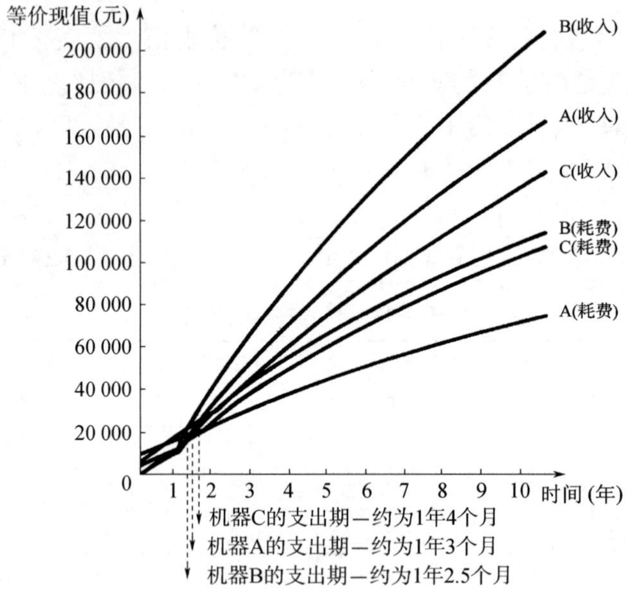

图 7-13　三种机器的收益性评估

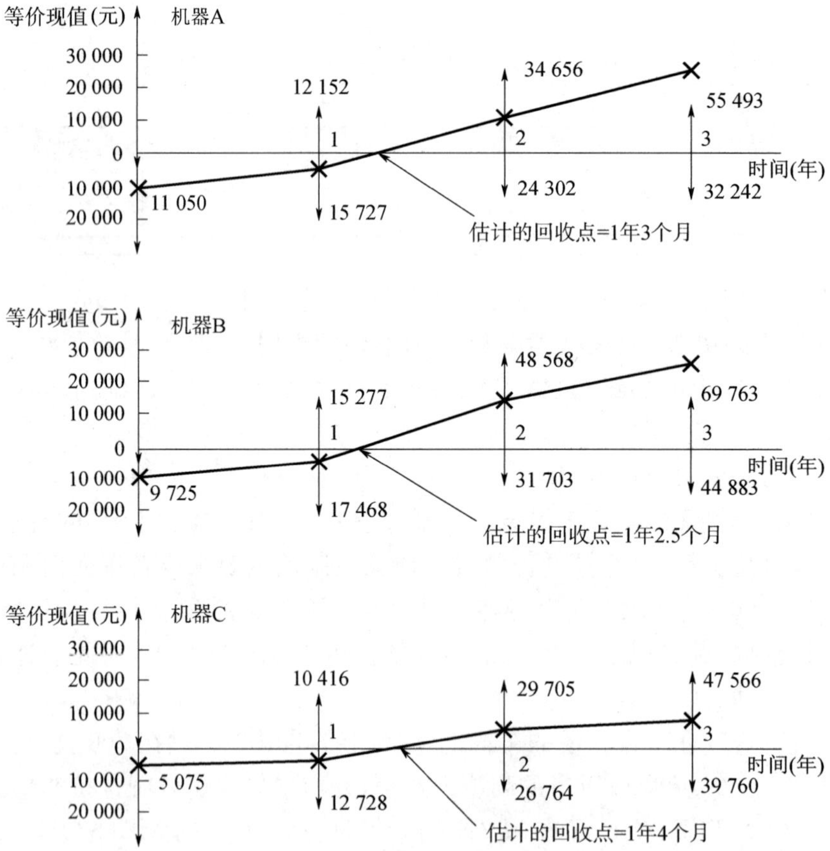

图 7-14　收益性评估的回收过程

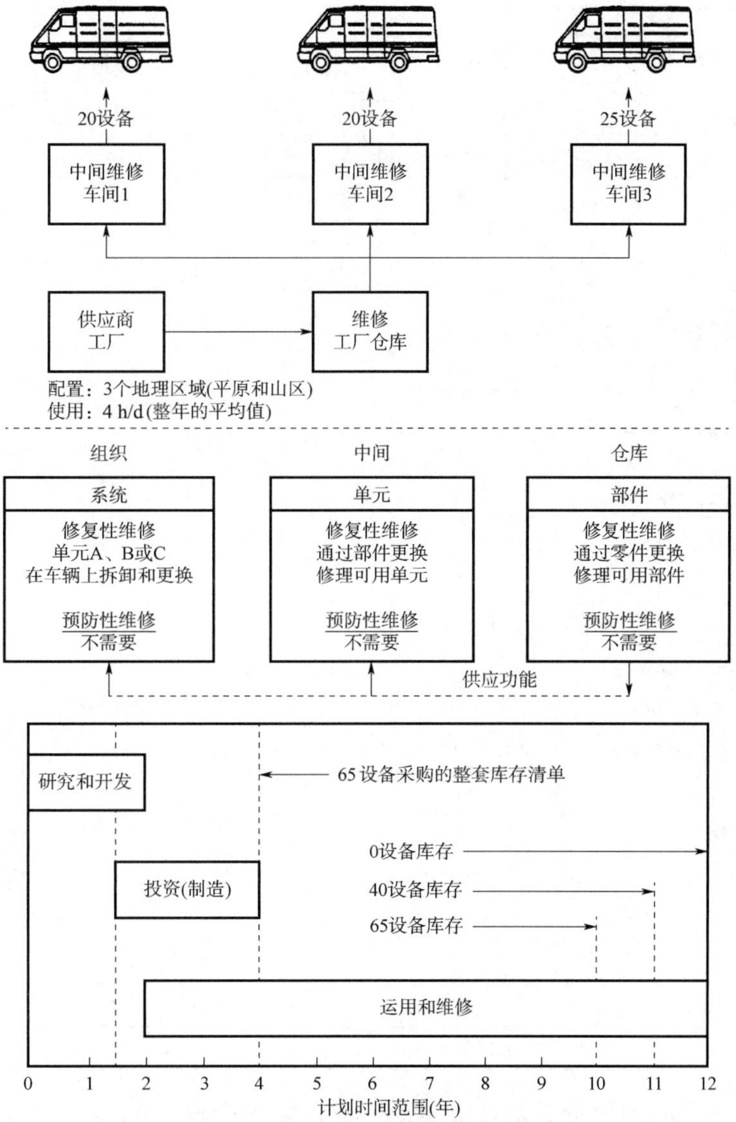

图 7-15 通信设备装置的系统特征

决策者应该在总费用的基础上对提出的两个设计方案进行评估。研究和开发费用及投资(或生产)费用由工程和各个供应商所准备的制造估算费用来确定。运用和维修费用也基于可靠性预测报告、维修性预测报告和后勤保障分析结果确定。这些费用与费用分解结构相关,其分析按照先前叙述的步骤进行。

LCC 的分解列于表 7-12 中。此处所用的 CBS 不同于图 3-2 和图 3-3 描绘的典型 CBS 剪裁。值得注意的是,A 的获取费用(研究和开发及投资)是较高的。这一部分是由于较好的设计,应用了较可靠的零部件。虽然初始费用较高,但整个 LCC 较低。由于减少了预期的维修活动,导致了较低的运用和维修费用。

表 7-12　LCC 分解

美元

序号	费用类别	配置方案 A		配置方案 B	
		PE 费用	占总费用比例/%	PE 费用	占总费用比例/%
1	研究和开发	70 219	7.8	53 246	4.2
	(1)计划管理	9 374	1.1	9 252	0.8
	(2)平均研究和开发	4 152	0.5	4 150	0.4
	(3)工程设计	41 400	4.5	24 581	1.9
	(4)工程开发和试验	12 176	1.4	12 153	0.9
	(5)工程资料	3 117	0.3	3 110	0.2
2	投资	407 814	45.3	330 885	26.1
	(1)制造	333.994	37.1	262 504	20.8
	(2)建造	45 553	5.1	43 227	3.4
	(3)原始后勤保障	28 267	3.1	25 154	1.9
3	运用和维修	422 217	46.9	883 629	69.7
	(1)运用	37 811	4.2	39 301	3.1
	(2)维修	384 406	43.7	844 328	66.6
	①维修劳务和保障	210 659	23.4	407 219	32.1
	②备件和修理零件	103 520	11.5	228 926	18.1
	③试验和保障设备维修	47 713	5.3	131 747	10.4
	④运输和装卸	14 404	1.6	51 838	4.1
	⑤维修培训	1 808	0.2	2 125	0.2
	⑥维修设备	900	0.1	1 021	0
	⑦技术资料	5 402	0.6	21 452	1.7
	(3)设备改进	—	—	—	—
	(4)停运和处置	—	—	—	—
总　计		900 250	100	1 267 760	100

图 7-16 表示出两种配置方案在规定的可靠性要求和设计的单元 LCC 目标之间的关系。两者配置都满足规定的要求。但是,图 7-16 清晰地表明配置方案 A 更优秀,这是由于较高的可靠性和较低的单元 LCC。如图 7-16 所示,配置方案 A 由于总 LCC 较低而更优秀。在最终决策以前,应该进行盈亏平衡分析,以便确定配置方案 A 优于配置方案 B 的时间点。图 7-17 描绘出该点(回收点)位于 6 年 5 个月处。这个点位于寿命周期足够早的时间,有利于决策的支持。

借助表 7-12,分析者很容易找出发生高费用的项目(费用占总费用的 10%以上)。需要对这些项目进行仔细分析。例如,维修人工和保障费用,以及备件/修理零件费用,分别占配置方案 A 总费用的 23.4%和 11.5%。这就引起分析者对设计的重新评估,评估的主要内容是:人员保障和备件;用于确定维修频率和库存要求;所建立的固有参数之间关系的分析模型;诸如人员劳务费用、备件材料费用、库存处理费用等。如果分析者希望确定:在这些范围内输入数据发生变化时的敏感性,那么还可能需要进行敏感性分析。在本例中,根据维修人员和保障费用以及备件/维修件费用的变化,合理地改变 MTBF。敏感性分析结果如图 7-18 所示。

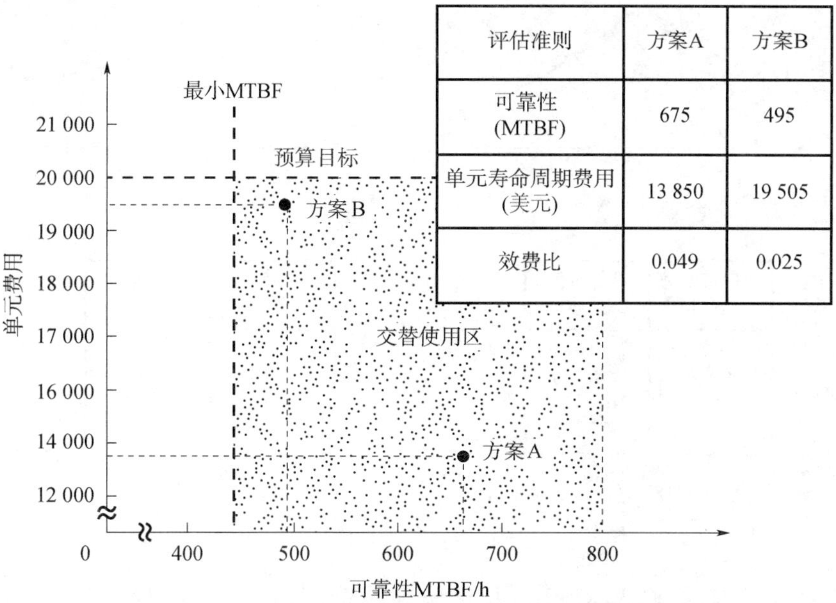

评估准则	方案A	方案B
可靠性(MTBF)	675	495
单元寿命周期费用(美元)	13 850	19 505
效费比	0.049	0.025

图 7-16　单元寿命周期费用与可靠性之间的关系

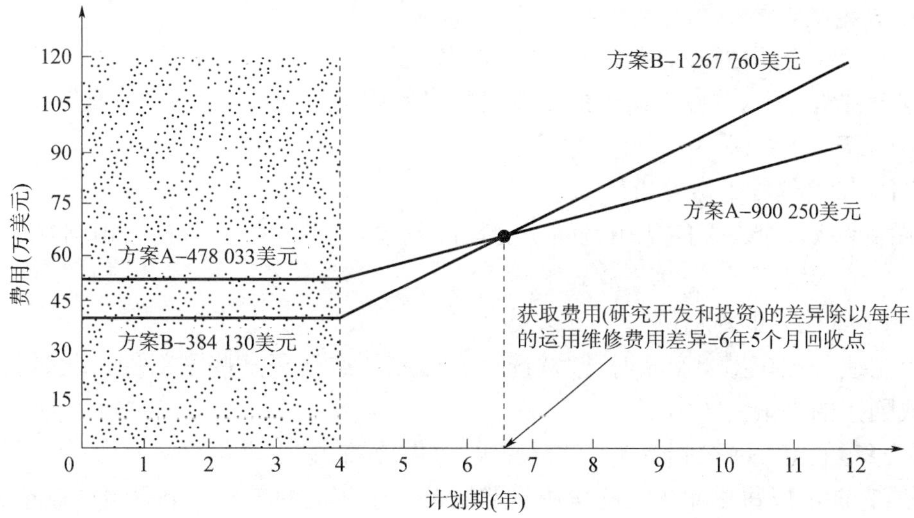

图 7-17　投资回收的盈亏平衡分析

分析者(或决策者)应该检查图 7-17 中的盈亏平衡分析,并量化配置方案 A 的优势。如果设计配置方案 A 改变,MTBF 低于 450 h(规定的系统要求),维修人员和保障费用将增加到 324 000 美元左右,这就增加了约 113 340 美元,超过了基线值。因此,虽然系统可

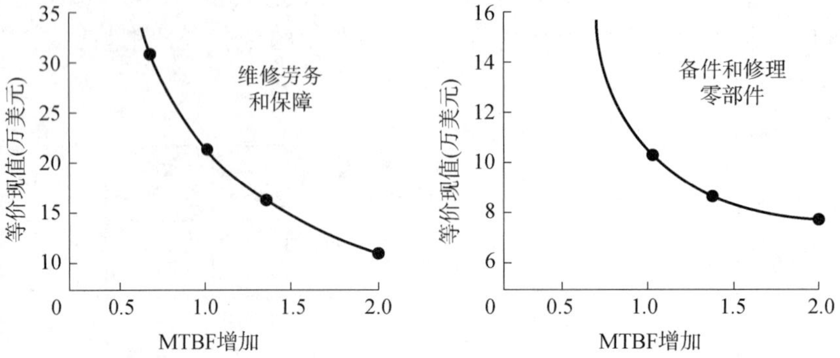

MTBF 增加	等价现值 (美元)
0.67	323 140
*1.00	210 659
1.33	162 325
2.00	112 565

*方案A基准

MTBF 增加	等价现值 (美元)
0.67	199 576
*1.00	103 520
1.33	92 235
2.00	80 130

*方案B基准

图 7-18　对于 MTBF 增加的敏感性分析

靠性在规定要求以内，但输入 MTBF 变化能够使费用增长，并使决策向有利于配置方案 B 方面转化。因此，分析者总是应该对主要输入参数的敏感性进行评估，确定它们对计划决策的影响。

（五）方案的盈亏平衡评估例

盈亏平衡经济评估技术用于与运用小时数、所生产的单元数目有关的固定和可变的费用。在每种情况下，盈亏平衡点的主要目的是鉴别决策的可变化范围，及其在此范围内可能发生的经济学结果。

1. 同变量的盈亏平衡分析例

如果两个或多个方案的费用是同一变量的函数，则盈亏平衡分析一般可用于具有相同费用变量的求解。

(1)制造或购买的评估例

一个制造公司在生产产品时，常常选择自己制造或购买某些零部件。此时公司面临着制造或购买的决策。

【例 7-11】假定一个公司寻求一个系统电力供应商，它生产价格为每单元 8 元。另一种选择是，它能够以每单元 4 元的费用自己制造一个相同的单元。如果自己制造，则预估该车间将每年增加固定费用 12 000 元。两种方案在费用相当(盈亏平衡)的情况下，如果已知每年生产的单元数量，则可帮助公司做出最终决策。

自己制造方案所需的总年度费用 TC_M 是制造生产单元数量的函数

$$TC_M = 12\,000 + 4N$$

对于购买方案，总年度费用 TC_B 为

$$TC_B=8N$$

在 $TC_M=TC_B$ 时发生盈亏平衡，则

$$12\ 000+4N=8N$$

$$4N=12\ 000$$

$$N=3\ 000\ \text{单元}$$

这些费用函数和盈亏平衡点表示在图 7-19 中。对于每年超过 3 000 单元的要求，制造方案将是比较经济的；如果每年低于 3 000 单元，则应选择购买方案。如果在制定生产计划过程中，生产数量发生变化，则图 7-19 中的盈亏平衡选择可用来指导制造/购买动力单元的决策。当每年生产单元在 3 000 单元上下很小的偏差内波动，则两者差别很小；当生产数量超过或低于每年 3 000 单元足够多时，则差别会很明显。

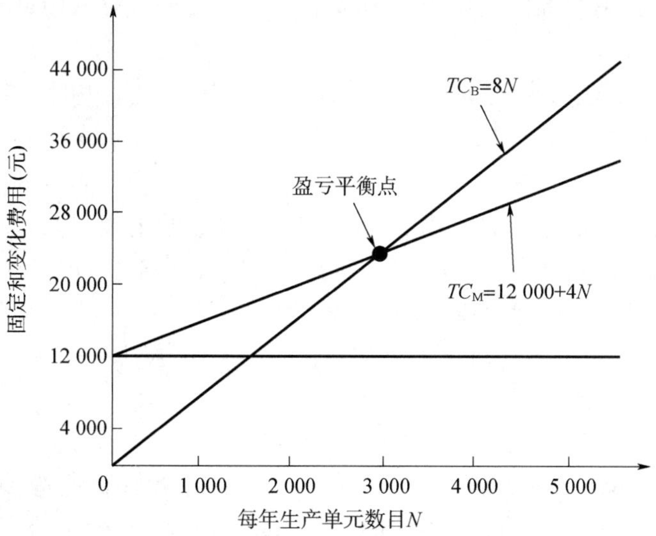

图 7-19 为制造或购买提供决策的盈亏平衡分析

(2)租赁或购买的评估例

【例 7-12】假设在工程办公中数据处理需要一台微型电子计算机，假定该计算机可以每天以 50 元租赁使用，其中包括维修费用。另一种选择是，计算机可以 25 000 元购买。计算机评估的使用寿命为 15 年，寿命终了时的报废处理价值为 4 000 元。预估的年度维修费用为 2 800 元。如果利率为 9%，计算机每天运用费用为 50 元。两种方案达到盈亏平衡时，每年使用多少天？

如果计算机租赁，每年的费用 TC_L 为

$$TC_L=(50+50)N=100N$$

如果计算机购买，年度等价总费用为

$$TC_B=(25\ 000-4\ 000)(A/P,9,15)+4\ 000\times0.09+2\ 800+50N=$$

$$2\ 606+360+2\ 800+50N=5\ 766+50N$$

式中前三项表示固定费用，而最后一项表示变化费用。盈亏平衡发生在 $TC_L=TC_B$

时，则

$$100N=5\ 766+50N$$

$$50N=5\ 766$$

$$N=115\ d$$

这种决策状况图表示在图 7-20 中。对于每年使用超过 115 天的计算机，采取购买的方式比较经济；如果希望每年使用低于 115 天的计算机，则应租赁。

(3)设备选择的评估例

【例 7-13】假定机器中央全自动控制器制造费用为 140 000 元，并在使用 4 年后预估的报废处理价值为 20 000 元。维修费用每年为 12 000 元，运用费用为每小时 85 元。

在采用半自动控制器方案的制造费用为 55 000 元。这种决策没有 4 年服役寿命后的报废处理价值。运用和维修费用预估为每小时 140 元。试对采用自动或半自动控制器进行抉择。

采用利率为 10%，自动装置的年度等价总费用是每年使用小时数的函数，即

$$TC_A=(140\ 000-20\ 000)(A/P,10,4)+20\ 000\times0.10+12\ 000+85N=$$
$$120\ 000\times0.315\ 5+2\ 000+12\ 000+85N=51\ 860+85N$$

半自动控制器的年度等价总费用是每年使用小时数的函数，即

$$TC_S=55\ 000(A/P,10,4)+140N=55\ 000\times0.315\ 5+140N=17\ 350+140N$$

当 $TC_A=TC_S$时发生盈亏平衡，即

$$51\ 860+85N=17\ 350+140N$$

$$55N=34\ 510$$

$$N=627\ \text{h}$$

图 7-21 为出两个费用函数的盈亏平衡分析。对于每年使用时间超过 627 h 的方案，自动控制器较经济。如果使用时间每年低于 627 h，则半自动控制器应该自行制造。

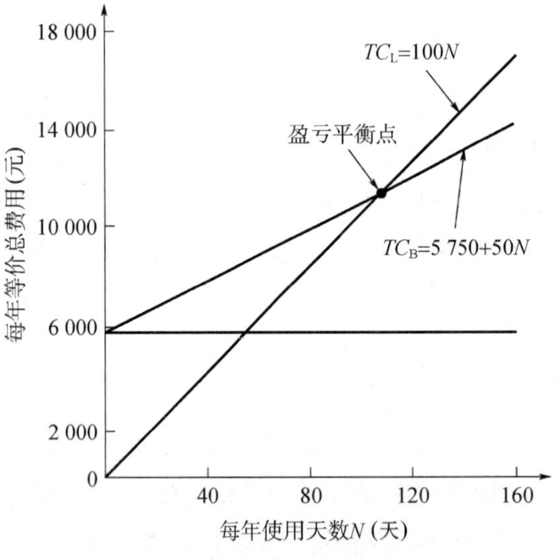

图 7-20　为租赁或购买提供决策的盈亏平衡分析

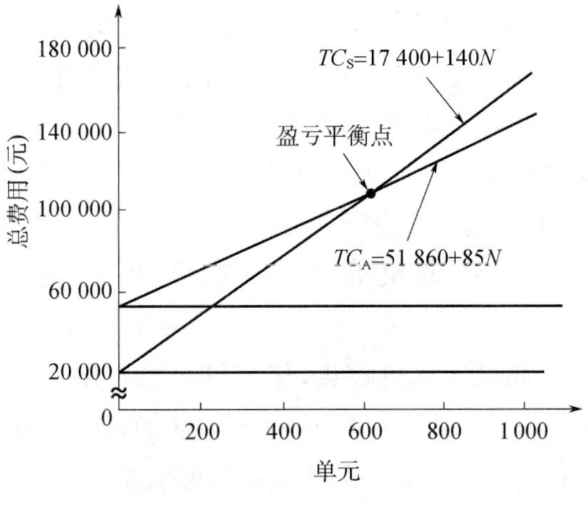

图 7-21　为选择设备提供决策的盈亏平衡分析

(4)考虑学习效应的评估例

【例7-14】一个相同的项目由两个不同的公司制造，对其制造费用进行经济评估。公司A前期致力于制造过程的改善和“第一线”的资源开发，使生产第一个单元所需的直接劳务降至最低。公司B则致力于采用适宜的方法来改善制造过程。公司的启动和制造费用的对比汇总于表7-13中。

表7-13 两个公司的制造信息

项　目	公司A	公司B
计划和投资	15 000元	3 500元
资金支出	25 000元	25 000元
学习曲线的递减率函数φ	0.9	0.8
首个单元所需直接工时数K	12	40
直接工时率	7.50元	8.50元
每个单元的直接材料费用	45元	45元
DL的负荷率系数(%)	90	110

对于每个公司不同规模的生产程序，项目的平均费用可由表7-13中的信息确定。利用公式(5-38)，得公司A的4 000单元程序的平均项目费用为

$$C_i=\frac{12\times 4\ 000^{-0.152}}{0.848}\times 7.50\times 1.90+45=57.16+45.00=102.16(\text{元})$$

用类似的方法，可以求得公司B生产4 000单元程序的平均项目费用。这些结果连同每个公司其他单元生产程序的结果，一并列于表7-14中。通过生产计划大小范围内的反复计算，找到的盈亏平衡点大约为12 000单元，如图7-22所示。超过这个计划的范围，公司B的方案占优；低于它，则公司A方案占优。

表7-14 平均项目制造费用 元

生产计划规模N	公司A	公司B
4 000	102.16	113.63
6 000	98.74	105.20
8 000	96.44	99.87
10 000	94.73	96.09
12 000	93.37	93.16
14 000	92.25	90.82
16 000	91.30	88.89
18 000	90.48	87.26
20 000	89.76	85.85

如果考虑计划和投资的费用是在利率0%情况下，则须将这些费用扩展到极大的生产单元数量范围，即使生产单元数量达10 000时两者的差别仍极小，见表7-15所示，公司A仍然保持优势。

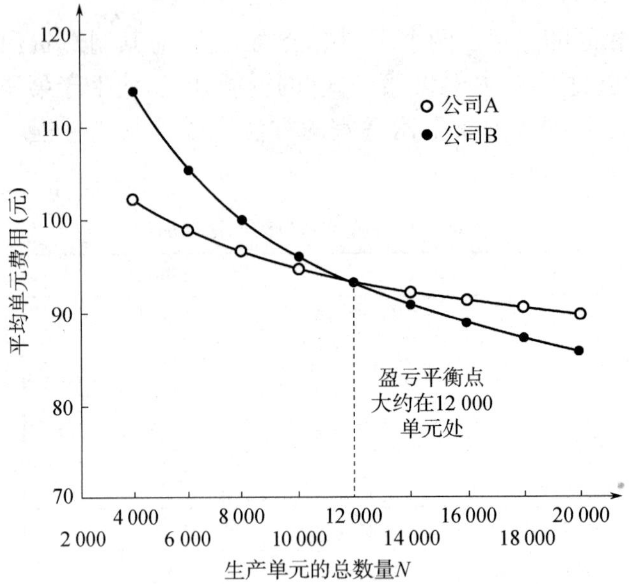

图 7-22　包含学习曲线的两个公司盈亏平衡点分析

表 7-15　包括初始投资的项目费用　　元

项目名称		公司 A	公司 B
总初始投资		40 000	28 500
N=4 000	每个单元的投资费用	10.00	7.12
	平均项目制造费用	102.16	113.63
	每个项目的费用,包括初始投资	112.16	120.75
N=10 000	每个单元的投资费用	4.00	2.85
	平均项目制造费用	94.73	96.09
	每个项目的费用,包括初始投资	98.73	98.94

在评估中应该考虑正利率的影响。如果假定生产率为每年 2 000 单元,则对于生产计划为 4 000 单元的各公司,项目费用等价现值列于表 7-16 中。生产计划为 10 000 单元的项目等价现值费用与利率的关系表示在表 7-17 中。

表 7-16　利率变化时的项目费用(N=4 000)

利率 i(%)	公司 A(元)	公司 B(元)
8	91.30	101.90
10	88.91	99.31
12	86.63	96.84
14	84.45	94.47
20	78.48	87.99
30	70.08	78.84

表 7-17 利率变化时的项目费用(N=10 000)

利率 i(%)	公司 A(元)	公司 B(元)
10	72.51	74.52
12	69.09	71.17
15	64.42	66.60
20	57.73	60.02

当 N=4 000 时,公司 A 的优势依据利率的增加而缓慢减少。但是,随着数量的增加,公司 A 的优势也缓慢上升;当 N=10 000 时,公司 A 的这种优势更加明显。

2. 风险情况下的盈亏平衡分析

【例 7-15】继续研究例【7-11】。图 7-19 描绘出制造/购买分析的过程,表示出以盈亏平衡点为基础的制造或购买决策。分析是以对电源所的可靠性要求为基础。但是,决策者一般不知道所要求的可靠性水平如何。在 1 500 单元～4 500 单元范围内,所要考虑的概率列于表 7-18 中。整个制造费用或购买费用由公式进行计算,结果表示在图 7-19 中。

表 7-18 制造或购买的要求和概率

要求 / 项目名称	要求(单元)						
	1 500	2 000	2 500	3 000	3 500	4 000	4 500
概　率	0.05	0.10	0.15	0.20	0.25	0.15	0.10
制造费用(元)	18 000	20 000	22 000	24 000	26 000	28 000	30 000
购买费用(元)	12 000	16 000	20 000	24 000	28 000	32 000	36 000

期望可以由与每个要求等级相关的概率计算得知

$$1\ 500\times0.05+2\ 000\times0.1+2\ 500\times0.15+3\ 000\times0.2+3\ 500\times0.25+4\ 000\times0.15+4\ 500\times0.10=3\ 175$$

得到总制造费用为:

$$TC_{\mathrm{M}}=12\ 000+4\times3\ 175=24\ 700(\text{元})$$

总购买费用

$$TC_{\mathrm{B}}=8\times3\ 175=25\ 400(\text{元})$$

通常,电源应该制造。由表 7-18 可以明显地看出,3 500 单元的要求概率最大。因此,制造费用 26 000 与购买费用 28 000 相比较,制造是该项目的决策。这种决策与期望的要求过程相一致。

第三节　费用—效能分析

一、概　　述

(一)现代技术装备建设观念和政策方针的转变

现代技术装备正朝着大型化、复杂化、自动化和智能化的方向发展,其中最具有代表性的就是作为国民经济支柱的大型复杂系统LCS(large complicated systems)。它们的状态对国民经济的发展有举足轻重的影响。第二次世界大战后,现代技术装备(特别是包括轨道交通系统在内的LCS)建设、采办、运用保障的指导思想有了重大的变化,其观念和方针政策上的转变表现如下。

1. 从重视性能转变为重视效能

长久以来,技术装备的性能一直受到人们的高度重视,发展性能优良的装备成为采办的主要目标。随着技术装备向大型化、复杂化、自动化和智能化的方向发展,不可靠问题严重地影响着技术装备的应用效果,决策者逐渐认识到只追求性能先进是不够的,技术装备还必须具有良好的RAMS(可靠性、可用性、维修性和安全性),必须从采办开始就应给予高度重视,并将其纳入技术装备的重要技术参数之中。

一个复杂的技术系统装备往往具有一系列的重要技术参数,它们涉及装备的各个方面,关系到装备的各种特征。显然,不能仅以个别性能指标来评价装备的优劣和作用,不能只将性能参数作为采办的目标,而应根据装备完成使命任务的综合效果和能力。复杂技术装备作为一个系统,其使用价值体现在完成规定使命任务的能力上。于是,便以"效能"这个术语来描述这种能力。"效能"将技术装备的众多技术参数综合为完成使命任务的能力,因此追求高效能自然就成为采办装备的目标之一。

2. 从重视采购费用到重视LCC

技术装备的采购费是一次性支付的费用,金额很大,因此历来受到各方(买方和卖方)的重视,而使用期的费用是装备在长期服役过程中逐年支付的,每年的费用与采购费相比较小,故容易被忽视。资料表明,在整个使用期内的运用维修费用可达采购费的几倍甚至十几倍,成为用户的沉重负担。例如,美国国防部受到财政困难的严重困扰,为此从20世纪60年代就开始了控制费用增长措施的研究。1964年提出了"整套采购"策略,将使用期内所有研制、生产和保障项目纳入一揽子计划进行招标、投标,并将价格作为指标订入合同。到了20世纪70年代,美国国防部由于国防经费缩减、武器装备采购费昂贵、运用维修费用急剧增长,而对LCC倍加重视。在研究的基础上大力加强法规性文件的制定,自上而下地推行LCC方法技术和管理。1970年7月颁发《LCC估算法临时性采购指南(LCC-1)》和《LCC估算法采购案例汇编(LCC-2)》,1973年1月颁发《采办的LCC分析和估算指南(LCC-3)》等,将LCC视为一个重要的管理问题,认为不能以传统的最低采购价格为采办准则,而必须以LCC最低为采办准则。这是美国国防部费用概念的一次大变革,其目的是获取最大的费用效益。从20世纪80年代开始,LCC管理已明显见效,运用维修费用大幅下降,使其在国防经费中比例下降,研制经费比例从70年代的7%上升到1985年的11%。这就意味着,更多的投资转向高科技领域,为研制新武器创造了条件。

3. 从重视主装备到重视全系统

过去,在技术装备采办中,只重视主装备的研制。而与其相配套的保障系统往往在主装备定型以后才逐渐形成,保障要素也是单个地孤立开发,这种事后考虑的做法不仅使完成任务的能力迟迟不能形成,而且由于主装备缺乏保障性要求和设计,使主装备和保障要素之间无法良好匹配，最终导致设备完好率低下，运用维修费用增加。因此，现代技术装备从20世纪60年代中期开始逐渐重视复杂技术装备的综合后勤保障，美国国防部制定了一系列后勤保障的标准和文件，将提高战备完好率和保障能力定为采办的主要目标。

4. 从分散、脱节的管理转变为系统工程管理

过去，复杂技术装备建设规划对于同行业、系统存在着各自为政、互不通气的现象，致使计划庞大、经费短缺、相互脱节。20世纪60年代以前，美国每年的国防费用比原苏联多，1951—1958年美国为3 439.4亿美元，而原苏联为2 062.6亿美元。原苏联率先将人造卫星送入太空，显示出其在航天技术方面超过美国。危机感促使美国下决心改革其国防管理制度和方法。20世纪60年代起，美国大胆地使用了系统分析方法，即通过费用—效能分析法，以有限的资源获取最大的效能，并建立了规划-计划-预算系统(PPBS)，将发展目标与经费紧密衔接，使计划变得有序、可控。将计划和费用与国防部规划的若干年军事使命任务联系在一起，从而促进了费用—效益研究工作的进行。

美国军方高层次对系统工程管理的重视和推行，还表现在制定一系列指令、指示和法规、标准上，其中最能反映其系统工程管理目标、内容、方法和要求的是1969年颁布的《MIL-STD-499系统工程管理》，1974年又修订为《MIL-STD-499A工程管理》等标准。标准以霍尔系统工程三维(时间维、逻辑维和知识维)结构为方法基础，要求实行全寿命分析阶段的基线管理，使研制过程能严格按程序进行，并经历一系列评审决策点。在方法上，采用定义、分析、综合、权衡、决策等系统分析方法，并经过费用—效能分析反复迭代，以筛选出优化方案及匹配参数，达到费用、进度、RAMS和技术性能之间的协调和满足。标准还强调加强研制前期的系统工程工作，这是由于它们对决策的正确性影响极大。

(二)费用—效能分析目的和任务

1. 目　的

费用—效能分析的主要目的是为决策提供定量信息(包括各种约束条件)，保证决策风险和不确定性最小，并决定什么样的方案更有效、更经济、耗时更短。这些信息对决策的科学性和减少风险有帮助，因此费用—效能分析本身不是一个决策过程，而是帮助决策者做出正确决策的一种非常有效的手段，它直接关系到决策的正确程度。

2. 任务和时机

费用—效能分析的任务在于根据要达到的目标价值和所需消耗资源的关系，寻求实现目标的优化方案。因此，它是一种研究如何从几个方案中选择出最优方案的系统分析方法。在当今世界上，最有效地利用有限资源是决策时应考虑的问题。采用费用—效能分析方法便可达到规定的目标方案，并可使资源消耗最小。

费用—效能分析一般包括6个要素：目标、方案、费用、效能、模型和评价准则。将这些要素按照严格、合乎系统工程方法的程序组织起来，形成一个具有输入和输出的动态结构，通过反复运用，便可使各要素逐步趋向于准确、真实，并获得达到目标的优化方案。

从立项开始到寿命终结的整个寿命周期各阶段的决策点前，都需要进行费用—效能

分析，以便为决策提供依据，并在方案实施过程中，对分析结果进行反复评价和反馈。

(三)费用—效能分析的特点

费用—效能分析方法具有如下的特点：

(1)费用—效能分析本身不是决策，而是为决策者提供决策所需的费用效能方面的信息；

(2)费用—效能分析强调权衡比较，其最终输出往往不是一个最优方案，而是一组有决策参考价值的较优方案，供决策者选择；

(3)费用—效能分析是对各备选方案的费用和效能两方面进行综合分析，从而达到保证效能和控制费用的目的；

(4)费用—效能分析特别强调进行定量分析，但对于必不可少而又不能进行量化的重要因素，也必须加以定性分析；

(5)装备的效能是达到一个或一组使用目标的能力，如果还要考虑效能以外的其他收益，则还需要采用费用—效益分析等方法。

(四)费用—效能分析的基本流程

费用—效能分析的一般流程如图 7-23 所示，它是一个严格、合乎逻辑、自适应的动态过程。应针对具体的实际背景，对流程进行剪裁和细化，并在分析过程中，进行必要的修改。但是，任何费用—效能分析都应具备如下 6 个因素：

(1)目标：指使用该装备要达到的目的。

(2)方案：指达到目标的途径。

(3)费用：指按照每一个方案达到目标所要消耗的资源。

(4)效能：指按照拟定的方案，装备达到规定目标的能力，它体现了使用装备的实际价值。

(5)模型：指以某种方式所表示的模拟实际状态或预期状态的关系，目的是在有限的程度上，预见一种方案的预期结果。在费用—效能分析中，模型通常包括：费用模型、效能模型和决策模型；

(6)准则：指评价各方案优劣的标准。

如图 7-23 所示，费用—效能分析由两部分组成：分析准备和实施分析。分为如下基本步骤。

1. 收集信息

在分析之前，应收集一切与分析有关的信息，包括相关装备存在的各种问题、任务需求，特别是现有类似装备的费用效能信息、指令性和指导性文件的要求等。

2. 确定目标

目标是指使用装备所要达到的目的，它是拟定备选方案、确定各方案费用和效能、选定决策准则的基础。目标确定不当，影响极大。正确说明目标必须十分慎重、负责。要用准确、简洁的语言说明目标是什么，应根据订购方主管部门的要求，确定进行费用—效能分析所需要的、可接受的目标。在确定目标时应注意以下规则：

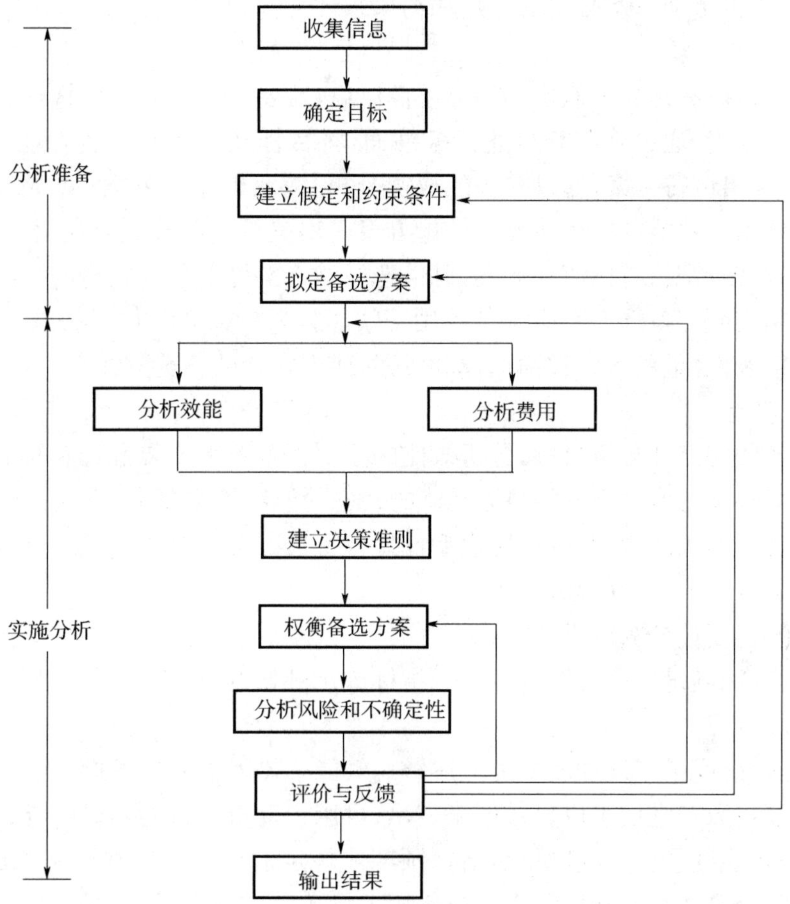

图 7-23 费用—效能分析的一般流程

(1)要符合订购方的要求;

(2)要能满足上一层系统对该装备的要求;

(3)与其他相关装备相协调;

(4)目标范围要适当,既不能太宽,使得备选方案过多、分析工作量过大,也不能使目标范围受到太大的限制,而排斥了许多有价值的方案。

3. 建立假定和约束条件

建立假定和约束条件是为了限制分析研究的范围,以便使知识、时间和费用之间相互协调。但是过多的假定可能会排除重要的方案,导致所得结论和建议产生局限性和错误。因此,在整个分析过程中应重视对假定的验证,并不断地评价假定的正确性,诸如是否将不确定性因素当作事实来假定、主要假定是否合理等。假定可能包括:使用年限、装备数量、需考虑的费用项目、装备的使用策略等。

约束条件实际上是系统各种决策因素的一组允许范围,例如费用限额、进度、各种要求等,而问题的解决必须在规定的范围内进行。建立的约束条件应恰当,并符合实际情况,使可供选择的方案既不过多,又不太少,以利于分析的正常进行。在进行分析的过程中，还可能需要再增加一些必要的假定和约束条件。

4. 拟定备选方案

在确定了目标和建立了假定和约束条件以后，还要确定任务，以明确达到目标应进行的具体工作和职责，通过确定和描述任务剖面，将目标转变为对装备性能提出的具体要求。接下来，提出可行方案，通过初步的权衡分析，淘汰较差的方案，从而选出备选方案，参与进一步费用—效能的权衡研究。备选方案一般是综合权衡的产物，为了能权衡出优化的方案，不遗漏重要、有价值的方案，可供选择的方案可以是预先确定的，也可以是为了分析而专门制定的。备选方案应满足费用—效能分析的需要。如果备选方案过少，则应重新研究约束条件，重新考虑被筛选掉的方案，或拟定新的备选方案。

5. 分析效能

根据装备的特点和分析目的，分析效能的主要因素。影响装备效能的主要因素有：固有能力、RAMS、人的因素等。要根据具体的装备功能和使用要求，确定合理的效能度量，选用或建立合适的效能模型，并运用模型计算各备选方案的效能，重要的是将效能同影响效能的诸因素定量地联系起来。

典型的效能度量分为以下 3 类：

(1)指标效能度量。这种度量由单一指标或上述影响效能主要因素的一组技术指标构成。

(2)综合效能度量。这种度量由上述影响效能主要因素的技术指标综合而成，例如系统效能和效能指数。它们可以用数值来表示，可用于度量装备的相对效能。

(3)任务效能度量。这种度量是指在预期或规定的任务环境和所考虑的组织、战略、战术、生存能力和危险等条件下，由人员使用该设备完成规定任务的能力。

6. 分析费用

对于具体的装备，应根据实际情况拟制出符合分析需要的 LCC 分解结构，确定合理的费用度量，选用或建立合适的费用模型，并运用模型计算各备选方案的费用。在费用—效能分析中要使用许多模型，应通过逻辑关系将效能与费用联系起来。这些模型的确切性质和数量随问题的变化而变化，分析人员应该向决策者提供足够的数据和材料，使其能够了解效能与费用之间的这种关系。效能模型按照某种确定的关系将效能度量与性能度量联系起来；费用模型要利用费用估计关系和费用因素，将货币费用与系统模型或其中的物质资源联系在一起；最后，按照不同的假定，利用费用—效能模型把每一个方案的费用与其效能联系起来；根据所确定的准则，可以在费用相等、效能相等或两者都不相等的条件下，用费用—效能模型去比较各个方案的效能和费用。

在费用计算中，应特别注意以下问题的处理：

(1)当需要考虑一个较长时间内的费用消耗时，为保证各方案的可比性，并提供可信的信息，应考虑货币的时间价值。应慎重确定货币合理的贴现率，并对其做灵敏度分析。

(2)当需要考虑一个较长时间内的费用消耗时，而在这段时间内可能存在物价上涨时，应考虑通货膨胀对费用消耗的影响。应慎重确定合理的物价上涨指数，并对其做灵敏度分析。

(3)由于有关人员熟练程度和实践经验的提高,单个产品所需费用可能随产品数量增加而减少,在费用计算中应考虑此因素。

(4)不仅需要计算各备选方案所需费用的绝对数值,还应指出今后各年度内各方案对费用的需求。

(5)应注意装备退役时可能具有一定的残值,此时需要用一定的方法计算其残值。该计算方法应当是公认合理的。

7. 建立决策准则

准则是确定方案之间相对优劣的一种标准或尺度。没有判断相对优劣的准绳,决策将十分困难。费用—效能分析的准则,应该能够将备选方案之间达到目标的程度与所需的费用进行比较。常用的决策准则有:

(1)等费用准则。在满足给定费用的约束条件下,获得最大的效能。

(2)等效能准则。在满足给定效能的约束条件下,所需的费用最小。

(3)效费比准则。在某些情况下,也可使用效费比准则,使方案的效能与所需费用之比最大。但是,由于效费比本身并未提供效能和费用的绝对水平,看不出方案的效能或费用是否满足要求,这就有可能导致决策失误。因此,如果对效能与费用没有约束条件,则应慎重使用此准则。

8. 权衡备选方案

在计算和确定各备选方案的效能和费用之后,通过选定或建立的决策准则和模型,权衡比较各备选方案的优劣。权衡备选方案实际上是用决策准则对备选方案进行评价判断,比较各方案的优劣。如果各方案的差异很大,权衡分析相对简单,但是如果方案之间差别不大,则应该进一步补充信息、数据甚至方案,在进行风险和不确定性分析之后,再确定出最优方案。

9. 分析风险和不确定性

决策就是从不同的备选方案中做出抉择的一种管理行为。不存在风险的决策是罕见的。这是由于方案的实施在决策之后,而未来存在着许多不确定的因素。例如,通货膨胀程度、技术发展的速度、对危险和威胁的判断等,都只能在费用—效能分析时通过假定和约束给定,未必一定会符合未来的情况。因此,分析备选方案的风险和不确定性就显得很重要。一般常用分析方法是采用概率分析和灵敏度分析,以便为决策者抉择方案提供更多的信息,以减少风险和不确定性对决策的影响。

10. 评价与反馈

在权衡备选方案及进行风险与不确定性分析之后,要评价分析的全部过程和所得的结果,并运用评价结果和分析过程中得到的信息,不断进行信息反馈,做进一步的分析,这样反复进行分析,使所研究的问题逐渐趋于正确。反馈信息的结果可能是:

(1)重新建立假定和约束条件;

(2)拟定新方案,或修改已有的方案;

(3)修正效能和费用模型;

(4)其他。

11. 输出结果

将分析研究的结果以报告的形式提供给决策者,内容包括:

(1)备选方案的描述,费用和效能的绝对值、相对值和方案选优顺序;

(2)费用—效能分析的基本过程,所采用的效能模型、费用模型和决策准则及模型;

(3)风险和不确定性的分析结果;

(4)分析研究的局限性及其原因,包括假定条件及数据的选定条件。

(5)跟踪使用的可能性等。

二、费用—效能权衡分析

费用—效能分析实质上是对系统装备的费用和效能进行权衡分析,可以表达为以LCC所获得的效能大小为标准,对系统装备的各种备选方案进行评价,并进行分析比较,使选择的方案获得优化满意的效果。一般说来,效果在经济或社会活动中称为效益或经济效益,即可以用货币来衡量的效果;在工程装备或系统的活动中,该词又称为效能,用来体现装备或系统所具有的价值,主要是指其达到某个或某些任务目标的能力。例如对装备实施改进性维修所产生的效能,即装备恢复并达到更高技术水平的完好率;在装备研制阶段开展可靠性工作将使装备的可靠性达到规定的要求等。

装备效能可能对装备能力有多种度量,不同的角度可以有不同的效能内涵。传统的技术指标往往从性能的角度说明装备效能的大小;可靠性、可用性、维修性和安全性从另外的角度说明效能的大小;采用综合分析方法所得到的系统效能和效能指数等,是从系统的角度综合说明装备效能的大小。因此,对效能的研究要区分不同的需要、目标和实施分析的可能性,根据研究的问题,选定适用的研究方法,达到分析的目的。

现代轨道交通系统是一个复杂的大型系统,其费用—效能的权衡分析贯穿整个寿命周期,并涉及轨道交通系统所有的分系统和有关的附属系统。为了对系统的各种方案进行评价,就必须对各种方案的LCC和效能进行评估,因此费效权衡分析必须建立在LCC和效能研究成果的基础上,即首先必须建立费用与效能的评估或预测模型。

在系统方案设计阶段和初步设计阶段中的权衡分析中,都要将费用—效能作为评估方案的准则,这是因为费用—效能的概念高度概括了一个系统完成其预定任务的全部能力及所耗费的全部费用。

(一)效能分析

1. 效能的定义

在军标《GJB 1364—92 装备费用—效能分析》中,装备效能的定义是:“在规定的条件下达到规定使用目标的能力”。由此定义可知:

(1)效能传统的度量指标,例如机车车辆的速度、功率、载重等,都是指装备达到使用目标的能力。对于现代复杂、大型系统装备,其他的目标(如RAMS等)也是这种能力的度量。

(2)装备的效能体现了装备的使用价值,其随研究角度不同而有具体内涵和度量的特点,即效能的具体内涵寓于具体的研究目的中,如在研究技术性能时,它就是速度、功率、距离等;在研究装备的综合能力时,就是系统效能或效能指数等。

(3)规定的条件是指:环境条件、人员、时间、使用方式等因素,如“货运列车在雷雨天、湿滑的轨道上,由一般水平的司机驾驶,载重 t 千吨,持续运行 m 公里”就是一种规定条件;

(4)规定的使用目标是指:所要达到的目的,如“车辆保持平均 x km/h 的速度行驶”就是一种目标;

(5)能力是指:达到使用目标的定量或定性程度,可用概率表示,也可用其他指标表示。

2. 系统效能

系统效能是指预期一个系统满足其特定任务要求程度的度量。评价一个系统是否有效,是指:

(1)这个系统是否随时可用,亦即在给定的任何时刻去执行任务,例如一列车能否在接到命令就立即开动,否则就无法完成给予的任务。系统的这一特性,一般以“可用性(availability)来表达。

(2)这个系统在给定的时期内是否能持续使用。例如,一列车行驶到半路就发生故障,也同样未能完成给予的任务。因此,系统的这个指标是用来表达在执行给定任务的状态下,执行任务过程中的状态。这一系统特性一般以“可信性(dependability)”来表达。

(3)这个系统的能力如何。也就是在系统能够执行任务的状态下,完成任务的能力。例如,内燃机车牵引的列车在运行正常时,其运行速度、载重和耗油量如何?完成的运输能力有多大?因此,效能是系统可用性、可信性和能力的函数。

3. 系统效能三要素

构成系统效能的三要素是:可用度、任务良好度(可信度)和能力。

(1)可用度(availability)

可用度是指:在规定条件下,随时使用时,系统正常工作的概率。也即在任意时刻开始执行任务时,系统状态的度量,即系统能否可投入使用。

可用度是可靠性、维修性和人为因素的函数。由式(6-6)可知,可用度 A 可表示为:A=可工作时间/(可工作时间+不可工作时间)$=MTBF/(MTBF+MTTR)$。

可见,可用度是用来描述可修复系统在开始执行任务时的状态。

(2)可信度(dependability)或任务良好度

由本书第六章第五节相关内容可知,可信性是描述可用性及其影响因素——可靠性、维修性、保障性的集合性术语,它是定性的。虽然可靠性、维修性和保障性都可度量,但可信性本身却不予度量。显然,将可信度作为衡量系统效能的另一要素,需要根据系统的具体情况选择系统可靠性、维修性和保障性中的指标作为要素,来对系统效能进行度量。为了概念的清晰、准确,此时常常将此要素改称为任务良好度。

任务良好度是:在已知开始执行任务时系统状态的条件下,在执行任务过程中的某一时刻或某几个时刻系统状态的一种度量。其特点是：强调系统在执行任务过程中是否能正常运行，也就是评估系统在规定条件下无故障完成其给定功能的概率。在一般情况下，可以用可靠度 $R(t)$ 来衡量系统的任务良好度。

由可靠性理论可知，大多数机电产品和电子产品，寿命 T 呈指数分布，可靠度 $R(t)$ 为

$$R(t)=\mathrm{e}^{-\lambda(t)}=\mathrm{e}^{-t/T} \tag{7-15}$$

式中　t 为系统工作时间，小时；T 为 $MTBF$，小时。

(3)能力(capability)

能力是在已知执行任务过程中系统状态的条件下，系统完成任务目标能力的一种度量，是确定系统诸性能的依据。能力表示系统的性能，但它不是系统硬件固有的特性。它在很大程度上取决于分配给系统的任务。对于某项规定的任务，它可能有很高的能力，而对于另外的任务可能能力很低。测定系统的能力是一个相当复杂的问题，在应用能力这个概念之前，应该弄清楚系统故障定义及故障的有关情况，也即要特别注意能力与任务良好度之间的严格区别。因为在系统出现故障时，往往分不清故障是由于任务良好度不高，还是由于能力不足而造成的。

4. 系统效能模型

系统的效能模型应该能够反映系统效能的影响因素与效能之间的关系，这些影响因素主要有：固有能力、可靠性、维修性、耐久性、安全性、保障性、生存性和人的因素等。效能度量的多样性决定了效能模型的多样性。应当选择或建立合适的效能模型，运用模型估算出每一备选方案所对应的效能。当今，最常用的系统效能模型是美国武器系统效能工业咨询委员会(WSEIAC)提出的，如图 7-24 所示，并于 1992 年被我国军用标准《GJB 1364—92 装备费用—效能分析》采纳颁布。

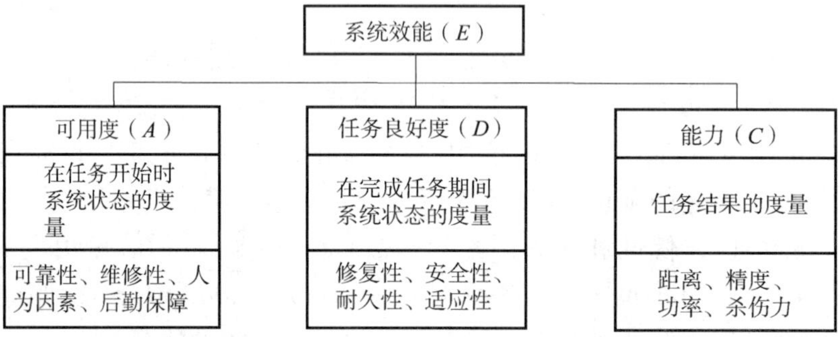

图 7-24　WSEIAC 系统效能模型

该模型认为：系统效能是指装备在规定的条件下，完成规定任务的能力，它是系统可用性、可信性及固有能力的综合反映。该定义将系统效能 E 表示为如下的数学模型。

$$E=A\cdot D\cdot C \tag{7-16}$$

式中　A 为可用度向量，是任务开始时系统各种状态概率的矢量阵；D 为可信性或任务良好度向量，是在某一时间间隔内条件概率的矩阵；C 为固有能力向量，是在给定任务和系统状态下(预期的系统效能指数)，系统性能谱的非线性概率矩阵。

可见，A、D、C 通常用概率表示，E 是可用度矩阵 A、任务良好度矩阵 D 和能力矩阵 C 的乘积。在大多数情况下，系统可能处于不同的状态 n。

(1)可用度矩阵 A

可用度矩阵为行向量 A 定义为

$$A=[a_1 \quad a_2 \cdots a_i \cdots a_n] \tag{7-17}$$

式中　a_i 为某一随机的任务开始时刻系统处于 i 状态的概率；n 是所有可能状态的数目。由于系统只能处于 n 个状态中的一个状态，因此，系统可能处于停机状态不能执行任务，行向量中的所有概率 a_i 之总和为 1，即 $\sum_{i=1}^{n} a_i = 1$。

(2)任务良好度矩阵 D

任务良好度矩阵 D 定义为一个 $n \times n$ 的方阵。

$$D=\begin{bmatrix} d_{11} & d_{12} & d_{13} & \cdots & d_{1n} \\ d_{21} & d_{22} & d_{23} & \cdots & d_{2n} \\ \vdots & \vdots & \vdots & & \vdots \\ d_{n1} & d_{n2} & d_{n3} & \cdots & d_{nn} \end{bmatrix} \tag{7-18}$$

式中　阵元 d_{ij} 为系统输出时将处于 j 状态的概率。假设系统在任务开始时处于 i 状态，而且系统在任务期间输出是不连续的，并要求仅在任务的特定区间(例如任务的目标区)输出。

当在任务期间装备不可能或不允许修理时，系统由于故障或局部故障，在任务期间不可能恢复到初始状态，最多保持系统开始执行任务时的 i 状态，或者降低到更低的状态，或完全失效。因此，在任务期间不修理的状况下，矩阵中的某些阵元为 0。如果将状态 1 定义为最好状态(即每一个工作单元工作最好)，将状态 n 定义为最差状态(即系统所有单元不能工作)，则任务良好度矩阵变成三角阵，矩阵对角线下的所有项均为 0。

$$D=\begin{bmatrix} d_{11} & d_{12} & \cdots & d_{1n} \\ & d_{22} & \cdots & d_{2n} \\ & & \ddots & \vdots \\ & & & d_{nn} \end{bmatrix} \tag{7-19}$$

如果正确构成矩阵，则矩阵中的每一行中各阵元之和必须等于 1。例如第 1 行，必须使

$$d_{11}+d_{12}+d_{13}+\cdots+d_{1n}=1 \tag{7-20}$$

这种要求为构造任务良好度矩阵提供了一种检验方法。

(3)能力矩阵 C

能力矩阵 C 表明：系统在规定任务和可能的状态下，即系统处于状态 j 或由状态 i 转换到状态 j 的过程中完成任务的能力。如果系统效能仅有一个度量是决策者关心的，则 C 将是一个 n 元列阵。即

$$C=[C_1 \quad C_2 \quad \cdots \quad C_n]^{\mathrm{T}} \tag{7-21}$$

式中　C_j 为系统处于 j 状态时的性能。

因此，由式(7-16)，并考虑式(7-17)、式(7-18)和式(7-21)可知，WSEIAC 模型的系统

效能 E 定义为

$$E=[a_1 \quad a_2 \quad \cdots \quad a_n]\begin{bmatrix} d_{11} & d_{12} & d_{13} & \cdots & d_{1n} \\ d_{21} & d_{22} & d_{23} & \cdots & d_{2n} \\ \vdots & \vdots & \vdots & & \vdots \\ d_{n1} & d_{n2} & d_{n3} & \cdots & d_{nn} \end{bmatrix}\begin{bmatrix} C_1 \\ C_2 \\ \vdots \\ C_n \end{bmatrix} \tag{7-22}$$

为了说明如何计算系统效能，利用 WSEIAC 模型进行计算阐述。

【例 7-16】本例所涉及的系统由一架直升机及其通信设备组成。该系统必须在有限的战争环境中工作。在此环境中，接到命令后要迅速运送补给品。系统的任务是应请求将补给品及时送至作战单位，运送距离为半小时的飞行半径。一旦直升机到达目标区，通信设备工作正常就能提高安全、准时、成功地运送补给品的概率。

【解】(1)对系统的要求

① 飞行任务由一架直升机担任，该飞机应处于能起飞的状态，并载有标准补给载荷；

② 到达目标区所需的飞行时间为半小时；

③ 在飞行中，通信设备不能进行维修。

(2)系统状态

可以将系统分为 3 种状态：

① 状态 1：直升机能飞行，通信设备能工作；

② 状态 2：直升机能飞行，通信设备不能工作；

③ 状态 3：直升机不能飞行。

(3)系统效能模型为：$E=A\cdot D\cdot C$。

① 可用度矩阵 A 是一个三元行向量，有三种状态

$$A=[a_1 \quad a_2 \quad a_3] \tag{7-23}$$

式中 a_i 为系统接到补给指令时处于状态 i 的概率。

② 任务良好度矩阵 D 是一个 3×3 的方阵

$$D=\begin{bmatrix} d_{11} & d_{12} & d_{13} \\ d_{21} & d_{22} & d_{23} \\ d_{31} & d_{32} & d_{33} \end{bmatrix} \tag{7-24}$$

式中 a_{ij} 为系统在到达目标区处于 j 状态时，能成功运送补给品的概率。

③ 能力矩阵 C 是一个三元列阵

$$C=[C_1 \quad C_2 \quad C_3]^{\mathrm{T}} \tag{7-25}$$

式中 C_i 表示系统在到达目标区处于 i 状态时，能成功运送补给品的概率。对于多能力的产品来说，C 将是多列矩阵。

因此，该系统效能模型为

$$E=[a_1 \quad a_2 \quad a_3]\begin{bmatrix} d_{11} & d_{12} & d_{13} \\ d_{21} & d_{22} & d_{23} \\ d_{31} & d_{32} & d_{33} \end{bmatrix}\begin{bmatrix} C_1 \\ C_2 \\ C_3 \end{bmatrix} \tag{7-26}$$

(4)系统效能计算

① 已知条件

直升机的平均故障间隔时间 $MTBF_{zsj}=100$ h；

直升机的平均修复时间 $MTTR_{zsj}=10$ h；

通信设备的平均故障间隔时间 $MTBF_{tx}=500$ h，并服从指数分布；

通信设备的平均修复时间 $MTTR_{tx}=5$ h；

直升机不能连续飞行的概率(包括被击落和机械故障等)$P_{zsj}=0.05$；

直升机飞行时间 $t=0.5$ h；

② 求可用度矩阵 A 中各阵元 a_i

由式(6-6)可求得可用度

$$A=\frac{MTBF}{MTBF+MTTR}$$

因此，矩阵 A 中各阵元 a_i 是系统接到补给指令时处于状态 i 的概率，为直升机概率 P 和通信系统概率 P_{tx} 之乘积，即

$$a_i=P\cdot P_{tx}=\left(\frac{MTBF_{zsj}}{MTBF_{zsj}+MTTR_{zsj}}\right)\cdot\left(\frac{MTBF_{tx}}{MTBF_{tx}+MTTR_{tx}}\right)$$

因此，由上式可确定矩阵 A 中诸阵元：

在状态1(即飞机能飞行，通信设备能工作)时

$$a_1=\frac{100}{100+10}\times\frac{500}{500+5}=0.900$$

在状态2(即飞机能飞行，通信设备不能工作)时

$$a_2=\frac{100}{100+10}\times\frac{5}{500+5}=0.009$$

在状态3(即飞机不能飞行)时

$$a_3=\frac{10}{100+10}=0.091$$

因此，根据式(7-17)，有

$$A=[0.900\quad 0.009\quad 0.091]$$

③ 求任务良好度矩阵 D 中各阵元 a_{ij}

a. 系统在状态1开始工作：

飞机连续飞行的概率为 $1-P=1-0.05=0.95$

由式(7-15)，求得通信设备连续工作的概率 $P_{tx}=\exp(-t/MTBF_{tx})=\exp(-0.5/500)$，则通信设备在飞行中发生故障的概率为 $1-\exp(-0.5/500)$。因此

$$\begin{aligned}d_{11}&=P(\text{直升机连续飞行})\cdot P(\text{通信设备连续工作})\\&=(1-0.05)\cdot[\exp(-0.5/500)]=0.949\,05\end{aligned}$$

$$\begin{aligned}d_{12}&=P(\text{直升机连续飞行})\cdot P(\text{通信设备在飞行中发生故障})\\&=(1-0.05)\cdot[1-\exp(-0.5/500)]=0.000\,95\end{aligned}$$

$$d_{13}=P(\text{直升机不能连续飞行})=0.050\ 00$$

b. 系统在状态 2 开始工作：

$d_{21}=0$，因为通信设备在飞行中不能修理

$d_{22}=P$(直升机连续飞行)$=0.950\ 00$

$d_{23}=P$(直升机不能连续飞行)$=0.050\ 00$

c. 系统在状态 3 开始工作：

$d_{31}=d_{32}=0$，因为任务还未开始

$d_{33}=1$，即如果直升机不能飞行，在执行具体任务时，它将仍然不能飞行。

因此，根据式(7-19)，有

$$D=\begin{bmatrix} 0.949\ 05 & 0.000\ 95 & 0.050\ 00 \\ 0 & 0.950\ 00 & 0.050\ 00 \\ 0 & 0 & 1 \end{bmatrix}$$

因为该系统在任务期间不能修理，故 D 为三角阵，D 矩阵中每一行各项之和为 1。

d. 求能力矩阵 C 中各阵元 a_j

系统在到达目标区时处于状态 j，根据经验和技术判断，其成功运送补给的概率为

$$C_1=0.95, C_2=0.80, C_3=0$$

因此，根据式(7-21)，有

$$C=[0.95\quad 0.80\quad 0]^{\mathrm{T}}$$

e. 系统效能 E

根据式(7-16)，系统效能 E 为

$$E=[0.900, 0.009, 0.091]\times\begin{bmatrix} 0.949\ 05 & 0.000\ 95 & 0.050\ 00 \\ 0 & 0.950\ 00 & 0.050\ 00 \\ 0 & 0 & 1 \end{bmatrix}\times\begin{bmatrix} 0.95 \\ 0.80 \\ 0 \end{bmatrix}=0.82$$

因此，该直升机系统接到指令能够成功完成运送补给品任务的概率为 0.82。此值能够为是否需要进行改进的决策提供依据，还为备选方案的评价提供理由。

(二)费用分析

费用分析项目包括：提出费用分解结构，建立费用估算关系式和费用模型，运用建立或选用的模型计算各种方案的费用，并进行费用分析或评价。由于决策是对未来的行动方案做出抉择，它可以不计已有决策已花去的费用，但必须考虑现在决策对今后所发生费用的影响，这种费用已属于寿命周期费用的概念。

1. 费用分解结构

费用分解结构是按照 LCC 的构成，按树状排列的费用单元集合。或者说，费用分解结构是费用单元的一种按序分类法，用于估算 LCC。这种结构表示了 LCC 估算的“记账模型”。费用单元是明确定义费用的最低层次。一个费用单元应能用相关的变量、因次、比值或常数从数学上加以表述，以便估算出费用的金额来。

本书第三章第二节对费用分解结构的内容做了详细的介绍。

2. 费用估算方法

建立费用分解结构的目的是有序、科学地估算费用。费用估算方法主要有:类比估算法、参数估算法、工程估算法和实际推算法等。虽然理论上说来,在所有的寿命周期阶段可以单独或交叉地使用不同的方法并相互补充,但是产品研制完成的程度决定着方法的适用性。

本书第五章第二节对费用估算方法及其选择和应用做了详细的阐述。

3. 费用估算关系式及其建立

费用估算关系式用来估算寿命周期费用分解结构中的各个单元费用。它是描述装备费用与主要影响因素的关系式,将费用(因变量)与物理特性(自变量)联系起来。因此,建立适合各类费用—效能分析用的费用估算关系式是十分重要的问题,它关系到费用估算的正确度和质量,对决策有很大的影响。

本书第三章第二节对费用估算关系式及其建立方法进行了详细论述。

4. 费用的时间价值

装备的费用是在不同的时刻发生的,不同时刻的相同金额其价值是不等的,银行规定的利息就反映了这一情况。装备的寿命周期可长达数十年,因此在计算费用时必须考虑费用的时间价值,将不同时刻发生的费用折算到基准时刻,这样不同方案的费用才有了可比性。另外,随着物价水平的上升,分析费用时必须考虑通货膨胀;随着产品生产数量的增加,还必须考虑操作人员熟练程度的提高而使生产费用降低。

本书第四章详细地考虑了费用的时间价值,并对通货膨胀和熟练(学习)曲线进行了论述。

(三)费用—效能评估过程

费用—效能评估是根据系统效能与所耗资源,对满足任务要求的诸方案进行比较的过程。也就是,根据一个系统所耗资源去衡量其所取得的效益。费用—效能评估的目的是为设计决策提供尽量多的评价信息,最重要的是定量信息,从而提高设计决策所必需的信息质量和精度,使决策者能据此做出最好的、风险最小的决策。

费用—效能评估的概念和基本方法适用于工程系统的各个发展阶段。例如,在系统的预研、技术和经济可行性研究、系统方案的确定和制定计划、修改计划等项工作中均可应用。此外,还可用于可靠性与维修性研究、系统的长远规划等方面。一般说来,在进行系统的预研、分析和方案设计时,主要是对不同的备选方案进行费用—效能分析、评估和权衡,以便选择出最优的系统方案。在进入工程研制阶段以后,主要是进行系统内的费效研究和权衡,以达到系统的最优化。

费用—效能评估的基本过程如图 7-25 所示,主要过程如下。

1. 确定输入信息

输入信息包括:系统发展计划、系统目的和要求等信息。这些信息一般来自采购部门和运用单位。

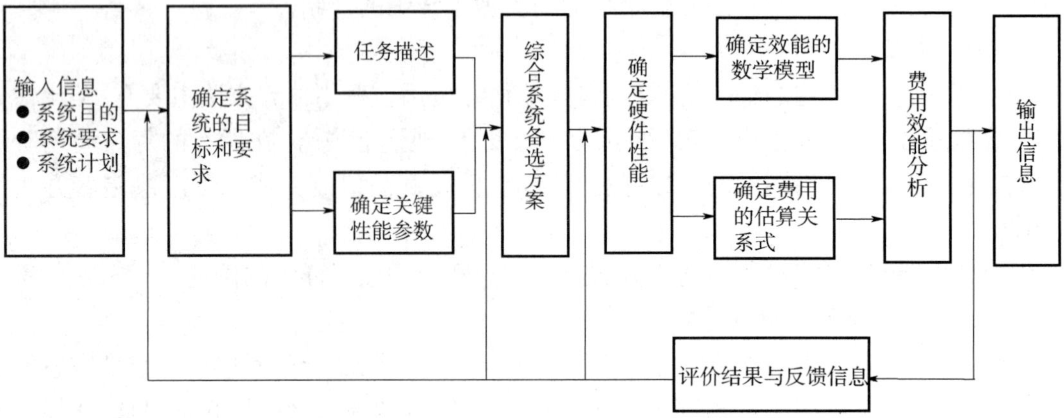

图 7-25　费用—效能评估过程

2. 确定系统的目标和要求

应根据输入信息，尤其应根据研制任务书中所规定的要求和目标，确定一组可以接受的系统要求和目标。这不但是设计工作的一部分，同样也是费效分析的一个重要组成部分。在整个设计和分析的过程中，可以通过评估和反馈不断修改目标和要求，甚至重新确定。

3. 任务描述

在确定了系统要求和目标后，应对任务进行描述，以确定任务轮廓和范围。任务的描述是将系统要求和目标变为对系统性能的具体说明，也就是描述系统为达到规定目标所必须完成的任务。

4. 确定关键性能参数

应全面研究系统内各变量之间的相互作用。如果系统所含变量很多，应进行灵敏度分析。通过分析可以确定出对系统影响大的某些参数，其他参数可略去不计。

5. 综合系统的备选方案

在确定了系统要求和目标，描述了任务轮廓并确定了关键性能参数后，就可以综合出一个系统的设计方案或一组备选方案。在进行系统综合时，需确定完成任务的系统必备的基本功能。确定这些基本功能的工作应自上而下地进行，直至最低层次。

6. 确定硬件性能

各备选系统的硬件性能均应满足任务要求。为了使硬件设计最优，应当进行系统内部的权衡分析。最后，应得出有关硬件性能的参数数据，其中应包括可靠性、维修性等数据。

7. 确定效能的度量和数学模型

效能可以采用可用度、任务良好度和能力三要素来度量，它们的数学模型可参见本节前述内容。

8. 确定费用模型和费用估算关系式

费用一般应以 LCC 表示，确定方法如上所述。

9. 进行费效分析

根据费用效能模型和各备选方案的参数值,可计算出各个方案的费用 C 和效能 E。一般,费效分析方法的选择和备选方案的评价,可分为两步:

(1)第一步:由设计人员或系统分析人员进行各备选方案的费效分析,根据分析结果淘汰掉一批费用—效能较差的方案,将可能入选的方案数目降至最低,但不一定要用分析结果做最后的抉择;

(2)第二步:将第一步选中的方案,提交给决策部门或工程项目的最高决策者进行决策,根据决策准则、决策模型和决策者的经验和判断力,做出方案的最后抉择。

10. 评价分析结果和反馈信息

根据分析过程中得到的信息,对以前输入和分析的结果进行修改,包括对任务目标的修正,对备选方案的修改,从而最终综合出一个能满足任务目标的费效最佳设计方案。

最后要指出的是,费效分析和评估过程不是决策的过程,而是向决策部门或决策者提供定量分析结果的过程。费效分析应以适当的方式,将做出决策所需要的数据、资料提供给决策者。

(四)费用—效能权衡评价指标

1. 效费比

如前所述,在装备费用—效能分析中可以看出,如果从 LCC 角度分析,则 LCC 越低越好,从而会得出装备越简单越好的结论;如果从效能的角度分析,则装备效能越高越好,因而会得出装备先进、越复杂越好的结论。实际上,两种观点都具有片面性。因为装备越简单,效能越低,越不能完成规定的任务要求;而效能越高,有可能引起 LCC 的急剧增长,造成"买得起、用不起"的局面。正确的观点是应该从费用和效能两个方面综合权衡考虑,从而引入效费比的概念。

(1)效费比的定义

效费比的定义是:单位 LCC 所获得的系统效能。因此效费比 B 的定义公式为

$$B=E/LCC \tag{7-27}$$

式中 LCC 为寿命周期费用;E 为效能。

由上述定义可知,效费比具有如下特征:

① 效费比直接反映了资源的利用率。效费比越高,资源利用率就越好。装备费效权衡分析的目标就是追求较高的费效比,而不应该片面地追求高效能,或片面追求低的 LCC。

② 系统效能 E 是评价装备能力的指标,它不仅包含了装备所有的性能指标,还包含了可靠性、维修性、保障性和生存性等特性,是全面表征装备硬件和软件特性的综合参数。

③ 系统 LCC 既具有全寿命、全系统的特征,是一个与装备硬件和软件特性相联系的综合性参数。

④ 效费比是效能和 LCC 的高度综合,将装备深层次的各种特性联系起来。

(2)提高费效比的途径

由式(7-27)可以看出提高效费比的途径有：

① 在保持效能不变的情况下，通过降低 LCC 来提高效费比。此时，着眼于 LCC 的降低，可以通过改进制造工艺、提高管理水平的途径，以降低生产费用；通过提高可靠性和维修性，来降低运用维修费用。

② 在保持 LCC 不变的情况下，通过提高效能来提高效费比。此时，着眼于效能的提高，如通过采用新技术使装备更新换代，来提高系统的效能，但这又引起费用的增长，此时可通过提高可靠性、维修性和安全性来降低使用维修费用，从而抵消上述费用的增长，保持 LCC 不变。

③ 一方面提高装备的效能，另一方面又降低装备 LCC，这样可使装备效费比大幅度提高。这应该是大型、复杂技术装备效费权衡的主攻方向。在我国高速铁路系统的发展中已有成功的经验。例如我国高速列车的研制，采用新型高速动车组，不但提高列车的运行速度至 350 km/h，而且使可靠性、维修性也得到明显的提高，这一方面有效地提高了铁路交通的效能，另一方面降低了列车的维修保障费用。

【例 7-17】某工程系统 5 个备选方案的费用、效能计算结果列于表 7-19 中，试分析备选方案中哪一个方案最有效？哪一个方案最便宜？哪一个方案既便宜又有效？

表 7-19　费用—效能计算结果例

方案	费　用(千万元)				效能 E	使用年限(年)	效费比 E/C
	设计发展	生　产	运用保障	LCC			
1	1.5	3.5	5.0	10.0	0.90	10	0.090 0
2	1.2	2.8	7.0	11.0	0.80	10	0.072 7
3	1.8	4.0	4.5	10.3	0.95	10	0.092 2
4	0.8	3.0	7.5	11.3	0.75	10	0.066 4
5	1.0	3.2	6.0	10.2	0.85	10	0.083 3

【解】由表 7-19 可见，备选方案中最有效的方案是第 3 方案，最便宜的方案是第 1 方案。根据费效分析结果，可以将效费比 E/C 较差的方案 2、4、5 淘汰。鉴于方案 1 和 3 的效费比 E/C 只相差 2.4%，因此不急于根据 E/C 值选定方案，而将其提交给决策部门或最高决策者。根据决策准则、决策模型和决策者经验和判断力做出方案的最后选择。

2. 效费指数

在效费比的公式(7-27)中，效能 E 和寿命周期费用 LCC 的单位不同，而且量值还随其单位的变化而变化，因此应将它们规格化，使其变为无量纲值。即效费指数 Z 公式为

$$Z=M(E)/M(LCC) \tag{7-28}$$

式中　$M(E)$为规格化的装备效能

$$M(E)=E/E_0 \tag{7-29}$$

其中　E_0为选定的基准装备效能；$M(LCC)$为规格化的寿命周期费用。

$$M(LCC)=LCC/LCC_0 \tag{7-30}$$

式中 LCC_0 为选定的基准装备寿命周期费用。

在选择基准装备时，应该选择国产最先进的机型，同时基准效能和基准寿命周期费用应对应同一机型。

三、费用—效能分析应用

费用—效能分析评价是大型复杂系统/装备研制早期一个非常重要的问题，同时也是一项比较困难的工作。这是由于装备的费用—效能分析评价是从数个方案中找出所需的最优方案。决定哪个方案最优却未必容易。对于现代轨道交通这样的大型复杂系统来说，最优的含义并不十分明确，而且评价标准也在随着时间的改变而变化发展。

大型复杂系统的费用—效能分析评价方法很多，应用范围也十分广泛。此处仅以备选方案的抉择为例，来说明费用—效能分析的应用。

【例 7-18】某企业研制一种新型通信设备，除性能方面的要求外，还须达到如下要求：

平均故障间隔时间 $MTBF=450$ h；

平均修复时间 $MTTR=0.5$ h；

每工作小时的维修工时 $MMH/OH=0.2$；

总生产台数 $N=65$ 台；

使用寿命 $S=8$ 年。

通过方案论证，得出两种备选方案。这两种方案在设计思想上不相同，方案 A 强调高可靠性，以较高的可靠性投资来换取 LCC 的降低。采用可靠性高的元器件、模块化结构、标准化零件、组装和操作简便、良好的可达性和测试性等，使 $MTBF$ 达到 675 h。方案 B 的设计强调满足设计任务书的要求，$MTBF=495$ h。两个方案均需达到 $MMH/OH=0.2$。

根据费用—效能分析结果对方案进行抉择。

1. 效能分析

通过研究分析认为，应采用系统效能模型来计算系统的效能。在计算中，任务时间根据任务剖面给定为 72 h，两种方案的固有能力均达到了性能要求，可取为 1。计算结果列于表 7-20。由表 7-20 可见，方案 A 的效能略高于方案 B。

表 7-20 效能计算结果

名 称	计算公式	方案 A	方案 B
可用度 A	$MTBF/(MTBF+MTTR)$	0.999 3	0.999 0
可靠度 R	$\exp(-t/MTBF)$	0.898	0.864
固有能力 C	取 定	1	1
系统效能 E	$A \cdot R \cdot C$	0.897 4	0.863 1

2. 费用分析

首先，拟定费用分解结构，然后建立各费用单元的估算关系式，计算 65 台设备的各项费用，取年利率为 10%，计算结果列于表 7-21 中。

表 7-21　两种方案的 LCC 单元费用的现值和百分比

费用单元	方案 A		方案 B	
	现值费用(元)	%	现值费用(元)	%
1. 论证与研制	70 220	7.8	53 250	4.2
(1)计划与管理	9 370	1.1	9 250	0.8
(2)论证与方案设计	4 150	0.5	4 150	0.4
(3)技术设计	41 400	4.5	24 580	1.9
(4)设备研制与试验	12 180	1.4	12 150	0.9
(5)工程技术资料	3 120	0.3	3 110	0.2
2. 生产	407 810	45.3	330 890	26.1
(1)制造	333 990	37.1	262 550	20.8
(2)施工	45 550	5.1	43 230	3.4
(3)初始后勤保障	28 270	3.1	25 150	1.9
3. 使用与维修	422 220	46.9	883 630	69.7
(1)使用	37 810	4.2	39 300	3.0
(2)维修	384 410	42.7	844 330	66.6
—维修人员与维修	210 660	23.4	407 220	32.1
—备件	103 520	11.5	228 930	18.1
—测试与保障设施维修	47 710	5.3	131 750	10.4
—运输与搬运	14 400	1.6	51 840	4.1
—维修培训	1 810	0.2	2 130	0.2
—维修设施	900	0.1	1 020	0
—技术资料	5 400	0.6	21 450	1.7
(3)改装	—	—	—	—
(4)报废与处理	—	—	—	—
总　计	900 250	100	1 267 760	100

3. 方案权衡

由于对设备性能有规定要求，因此采用等效能准则是合理的。根据准则，很容易判断出方案 A 优于方案 B。为了获得更多的信息，利用表 7-21 的数据可以做出损益分歧点曲线，如图 7-26 所示，可进一步确定方案 A 优于方案 B 的时间点。

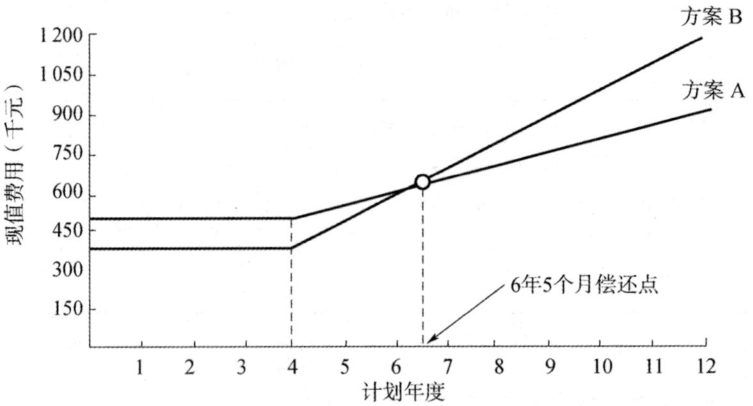

图 7-26　方案的损益分歧点

图 7-26 表示出，初期 4 年为装备的论证、研制、生产期和运用维修期的前两年，在此阶段费用线皆为水平线，方案 A 发生的费用为 478 030 元，方案 B 为 384 140 元。在计划年度 6 年 5 个月时，方案 A 的优势就表现出来了。此时，从设备整体来看，投入使用的时间并不长，这对方案 A 优越的决策是个支持。否则，如若方案 A 的优势在寿命周期的后期才显露出来，则决策时就应再考虑其他一些因素。

4. 灵敏度分析

在费用单元中，维修人员和保障费用以及备件费用是高费用项目，因此应该了解这些高费用项目对输入参数的敏感性。维修费用的决定性因素是 *MTBF*，因而对 *MTBF* 进行灵敏度分析。按照单元费用模型，改变 *MTBF* 值，计算方案 A 的维修人员和保障费用以及备件费用。计算结果列于表 7-22 中，相应曲线如图 7-27 所示。

表 7-22　*MTBF* 值变化对费用的影响

MTBF 变化	维修人员及保障费用现值(元)	备件费用现值(元)
0.67	323 140	199 570
1.00	210 660	103 520
1.33	162 330	92 240
2.00	112 570	80 130

灵敏度分析表明，进一步提高设备的可靠性能够明显改善费用现值。可以看出，维修人员和保障费用对 *MTBF* 值的变化更为敏感，例如 *MTBF* 值增加 1 倍，只能使备件费用减少 20%，却能使维修人员和保障费用减少约 50%，而后者在 LCC 中所占份额比前者大一倍。因此，可靠性工作是研制时期的工作重点，这一点应写入分析报告的建议中。

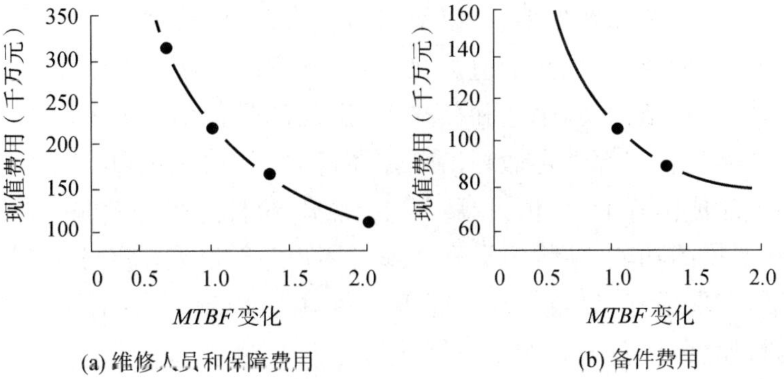

图 7-27　灵敏度分析

第四节　价 值 工 程

产品功能与费用之间的权衡实质上是指价值工程中相关的经济概念。1979 年 3 月，在美国第 20 届价值工程年会召开之际，原美国总统卡特在其贺词中指出："实践证明，价值工程是工业和政府各部门降低成本、节约能源、改善服务和提高生产率的一种行之有效的分析方法。”弄清价值工程中的相关经济学概念，并根据对概念的全面理解做出正确的决策，能够在 LCC 分析研究中处理大量的分析案例，在保证满足用户需求的前提下，使 LCC 最低。

一、价值工程基本概念

(一)价　　值

1. 价值的概念

所谓价值就是对象所具有的功能与获得该功能的全部费用之比。此处所说的全部费用即是 LCC。此时，可用下式计算价值。

$$V=F/C \tag{7-31}$$

式中　V 为价值；F 为对象的功能；C 为功能的目前成本。

价值的大小取决于功能与获得该功能的全部费用之比。该比值越大，价值越高；比值越小，价值越低。产品价值的高低表明产品合理、有效利用资源的程度和产品“物美价廉”的程度。

价值作为功能与费用的综合反映，既可用来对两者的关系做定量分析，也可用来做定性比较。

2. 提高价值的途径

既然价值是对象所具有的功能与获得该功能的全部费用之比，那么对象价值的提高就取决于功能与费用两个因素。通常，提高价值有五个途径：

(1)提高功能，降低成本，可大幅度提高价值。在新产品设计和老产品改造中，广泛采用新技术、新结构、新工艺和新材料，可以使产品价值大幅度提高。

(2)功能不变，降低成本，提高价值。在产品能够满足用户需求的情况下，保持功能不变，积极采用新技术、新结构、新工艺和新材料，提高产品价值，增强竞争能力。同时还须看到，许多畅销产品某些零部件寿命超出总体体寿命，其功能过剩，去除这些过剩或不必要的功能，可使产品成本降低、价值提高。实践证明，这种途径见效快、应用面广。

(3)成本不变，提高功能，使价值提高。随着用户对产品要求的不断提高，企业在不增加成本的情况下，采取措施，尽量提高和完善产品功能，以提高产品价值。诸如：提高轨道列车的功率、运行速度，改善乘客的旅行舒适度等。

(4)成本稍有增加，而功能大幅度提高，使产品价值提高。在开展价值工程活动中，使一些产品从单功能向多功能发展，或提高产品质量等级。此时，虽然成本有所增加，但功能得到大幅度改善，价值提高，获得良好的效益。

(5)功能稍有降低，使成本大幅度降低，从而提高价值。某些产品适当降低一些功能，仍可满足某些用户的要求，使成本大幅度降低，从而提高产品的价值。如创造档次低一些的大众化产品，满足不同用户的需求。

上述五种提高价值的途径，可根据不同对象的具体情况，灵活选用。

(二)价值工程的定义与特点

1. 价值工程的定义

在国家标准《GB 8223.1—2009 价值工程 第1部分:基本术语》中,对"价值工程"的定义是:"价值工程是通过各相关领域的协作,对所研究对象的功能与费用进行系统分析,不断创新,旨在提高研究对象价值的思想方法和管理技术。"

由上述定义可以看出:

(1)价值工程的目的是以产品的最低LCC为目标,可靠地实现用户所需的功能,以获取最佳的综合效益。

(2)价值工程的对象是指为获取功能而发生费用的事物,诸如产品、设备、工艺、工作、服务等,包括它们的系统及其组成部分,既包括硬件又包括软件。

(3)价值工程是一门管理技术,又是一种思想方法。其基本思想是:在可靠实现用户所需功能的前提下,努力寻求LCC最低的创新方案,以达到合理、有效地利用资源,提高对象价值的目的。

(4)价值工程与企业经营目标是一致的,价值工程是实现企业经营目标最有效的方法之一,利用这种方法可利于向社会提供物美价廉的产品,使企业获得良好的经济效益。采用这种方法,可以用最低的LCC,通过创新,努力寻求生产成本和运用成本最低的实施方案,实现用户所需的功能。

2. 价值工程的特点

(1)以用户的功能需求为出发点

用户采购和使用物品,实质上是采购和使用物品所具有的功能。物品应当具有哪些功能,它们的水平怎样,是用户最关心的。因此确定物品的功能及其水平,只能以用户的需求为依据,而不能凭设计者的主观愿望,脱离用户的实际需求,盲目追求多功能、高水平,认为功能越多越好,水平越高越好,寿命越长越好,安全系数越大越好的想法和做法是不符合价值工程原理的,势必造成成本增加和价值降低。当然,功能及其水平达不到用户要求,也是不符合价值工程原理的。

为了准确掌握用户的功能需求,必须认真地进行用户调查,了解他们需要哪些功能,使用物品的条件和经济上的支付能力。只有了解清楚这些问题以后,才能开发设计新产品或改造老产品,才能设计出不同档次的产品,以适应不同用户的需要。总之,产品开发设计或改造,要以用户的功能需求为依据,使其得到可靠的满足。

(2)进行功能分析,研究功能与成本之间的关系

① 通过功能分析,准确掌握用户所需的功能,以此作为新产品开发设计或老产品改造的依据,使用户功能需求得到可靠的满足。同时,检查产品及其组成部分是否存在过剩功能和功能不足,并采取措施加以改善。

② 研究功能与成本之间的关系,提高产品价值,除了可靠实现用户所需的功能以外,还要实现产品最低的LCC。从能够实现用户需求功能的各种方案中,选择LCC最低的方案,以达到提高产品价值的目的。

总之，功能分析、功能和成本关系的研究必须贯穿价值工程活动的始终，是价值工程的核心。

(3)开展创造性活动

提高价值就是合理、有效地利用社会资源，提高经济效益，以最小的社会能源消耗，取得最大的综合效益。产品价值提高的关键在于能否有效地开展创造性活动，能否实现用户需求的功能，能否找到 LCC 最低的实施方案。因此，创造性活动是开展价值工程最重要、最关键的环节，离开有效的创造性活动，价值工程将失去生命力。

(4)有组织、有计划的工作程序

开展价值工程活动时，尤其是大型、复杂的产品，为实现用户需求的功能，达到最低的 LCC，必须有组织、有计划地按一定工作程序进行，将各方面的人员，包括技术人员、管理人员和决策者组织起来。密切配合、协同努力，发挥集体智慧和创造力，以保证最大限度地提高产品价值。

(三)价值工程的工作程序

价值工程的工作步骤如图 7-28 所示，可以看出，价值工程从透彻了解所要实现的功能出发，在掌握大量信息的基础上，进行创新改进，完成功能。

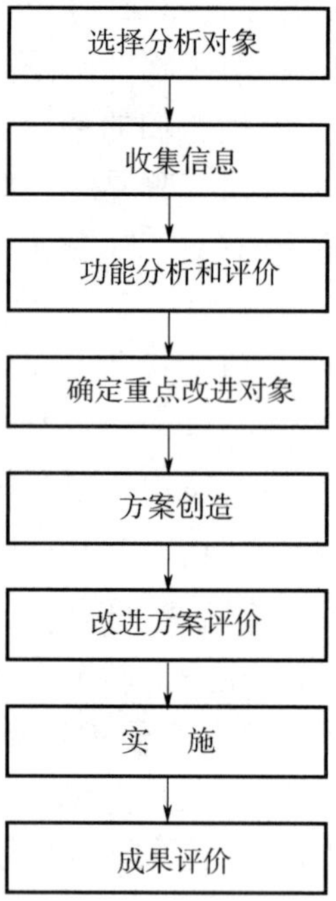

图 7-28　价值工程的工作程序

二、对象选择与信息收集

(一)对象选择

1. 对象选择原则

价值工程(VE)对象选择实质上是为保证价值工程活动卓有成效地开展，从众多对象中筛选出适合于当前优先开展价值的对象，因此要遵循一定的原则，运用适当的方法，保证选择对象合理适当。由此，必须遵循如下两项原则。

(1)与企业经营目标一致

选择对实现企业经营目标最有利的产品、零部件、工序、作业、工程项目、生产经营活动或管理活动等作为开展价值工程的对象。一般说来，企业经营目标有三类：

① 社会目标。应选择国家需要的重点产品、社会需要的量大的产品，国家重点项目急需的短缺产品等。

② 发展目标。应选择研制中的产品，需更新改造的设备，拟改革的工艺流程，重大技术措施项目，管理现代化、科学化的薄弱环节，竞争激烈的产品，对企业发展有重要影响的产品等。

③ 利益目标。不应选择成本高、利润低的产品，材料贵、耗量大的产品，能耗高、性能差、技术水平低的产品，生产周期长、占用资金多的产品；结构复杂、成本高的大型产

品等。

总之，应优先考虑那些最有利于企业经营目标实现的产品，开展价值工程活动。

(2)价值提高的可能性

在实际工作中，大幅度地提高价值的可能性取决于产品或项目本身的价值改善潜力和难度，也取决于分析研究时的人力和财力等一系列的客观条件，只有一定时期能够改进见效的产品和项目，才值得选为价值工程的改善对象。要特别强调的是，价值工程工作小组人员的素质具有举足轻重的影响。在一定的条件下，工作小组如果能够采用新材料、新结构、新工艺和新技术，卓有成效地挖掘对象的潜力，才能将改善潜力转化为价值的提高。否则，即便产品改善潜力再大，若企业条件不具备，工作人员不能胜任工作，其结果也不乐观。

2. 对象选择方法

常用的对象选择方法有如下几种：

(1)经验分析法

经验分析法是一种定性选择方法，是企业较为普遍使用、简单易行的方法，它实际上是利用企业的现有经验，分析生产、经营和价值工程等方面的因素，区分主次轻重，既考虑需要，也权衡可能，以保证对象选择的合理性。

经验分析法的优点是简便易行，无需特殊培训，考虑问题综合全面。缺点是缺乏定量分析，在工作人员经验不足的情况下，会导致准确性差。但在目标单一、产品不多或问题简单的情况下，在准确性和节约时间方面具有较显著的优越性。此法也可与定量分析法结合应用，相互补充、验证。

(2)ABC 分类法

ABC 分类法是一种寻找主要因素的方法。它将产品成本构成进行逐项统计，将每种零部件所占产品成本的比例按高低顺序排列出来，分成 A、B、C 三类，找出少数成本占比大的零部件，作为价值工程的重点分析对象。一般说来有：零部件数占总数的 10%左右，而成本却占 70%左右的为 A 类；零部件数占总数的 20%左右，成本占 20%左右的为 B 类；零部件数占总数的 70%左右，而成本仅占 10%左右的为 C 类。以中型异步电动机为例。

【例 7-19】试对一种中型异步电动机进行 ABC 成本分类选择。计算结果如表 7-23 所列，其 ABC 分类曲线如图 7-29 所示。

表 7-23　中型异步电动机成本 ABC 分类计算

序号	零部件名称	项数(1)	项数累计(2)	项数累计百分比(%)(3)	每项成本/元(4)	成本累计/元(5)	成本累计百分比(%)(6)	分类(7)	
1	定子线圈	1	1	2.27	556.00	556.00	21.85	A	4 项
2	转子冲片	1	2	4.55	548.87	1104.87	43.42	A	
3	定子冲片	1	3	6.82	521.78	1626.65	63.93	A	
4	端　盖	1	4	9.09	196.94	1823.59	71.67	A	

续上表

序号	零部件名称	项数(1)	项数累计(2)	项数累计百分比(%)(3)	每项成本/元(4)	成本累计/元(5)	成本累计百分比(%)(6)	分类(7)	
5	机　　座	1	5	11.36	174.84	1998.43	78.54	B	12 项
…	…		…				…	⋮	
16	定子压圈	1	16	36.36	50	2417.96	95.03	B	
17	轴承内盖	1	17	38.64	20	2437.96	95.82	C	28 项
…	…		…				…	⋮	
44	M12 垫圈	1	44	100	0.02	2544.42	100	C	

通过 ABC 分类法的分析，产品零部件项数与成本之间的关系一目了然。价值工程的重点在 A 类，该类零部件共 4 项，占总项数的 9.09%，而成本却占 71.67%，为“关键少数”。

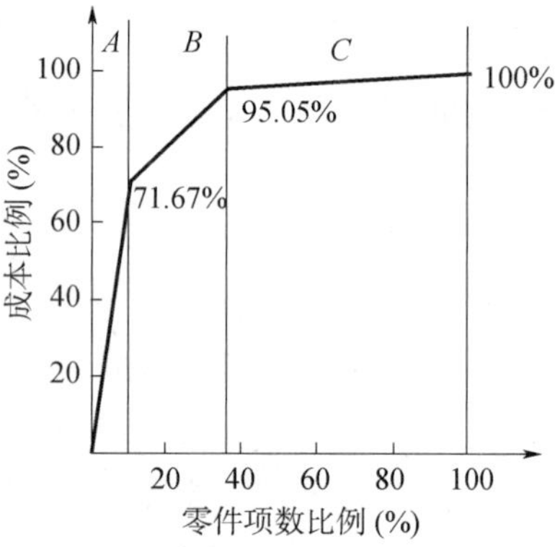

图 7-29　ABC 分析曲线

(3)百分比分析法

百分比分析法是通过分析各拟选对象对企业的两个或两个以上的技术经济指标的影响程度大小(百分比)来确定价值工程对象的方法。百分比分析法从本质上来说是一种因素分析法，它只是对事先选定的某几项技术经济指标进行各产品影响程度的定量分析。通常，企业在一定时期要提高某些技术经济指标，运用这种方法选择价值工程对象进行分析、研究和改进，具有比较强的针对性和有效性。在拟选对象数目不多的情况下，采用此法比较适宜。另外，有时为使对象选择更全面、更综合，此法也可与经验分析法结合使用。

【例 7-20】某厂有 6 种产品，它们各自的成本和利润占总成本和总利润的百分比见表 7-24。试选择价值工程分析的重点对象。

表 7-24　某厂产品成本和利润的百分比

产　品	产品 1	产品 2	产品 3	产品 4	产品 5	产品 6	合　计
成本(万元)	85.0	10.0	5.0	25.0	8.0	7.0	140
百分比(%)	60.7	7.0	3.6	17.9	5.7	5.0	100
利润(万元)	28.0	4.0	2.0	3.0	5.0	4.0	46
百分比(%)	60.9	8.7	4.3	6.5	10.9	8.7	100

由表 7-24 可知，产品 4 的成本占产品总成本的 17.9%，而其利润只占总利润的 6.5%，显然产品 4 应作为价值工程分析的重点对象。

(4)价值比较法

根据式(7-31)，在产品成本已知的基础上，一旦将产品功能量化，就可以计算产品的价值。功能量化可以用产品的某个具有量纲的主要功能参数，定量地表示功能水平的高低，如功率、载重、流量等。产品功能参数值与产品成本之比称为价值指数，如单位成本功率、单位成本载重、单位成本流量等。

一定量纲的价值指数计算公式为：价值指数＝产品某个主要功能参数/产品成本

将系列产品按功能参数由小到大的顺序排列，看看产品价值指数是否随产品功能参数的递增而递增，如果不是，表明产品存在问题，应选为改进对象。

【例 7-21】某机械厂生产 3 种型号的混砂机，每种的主要功能参数、生产成本见表 7-25。试判断哪种混砂机应作为改进对象。

表 7-25　某厂生产混砂机的有关参数

产品型号	甲型混砂机	乙型混砂机	丙型混砂机
功能参数（m^3/h）	3.000	7.000	14.000
生产成本（千元）	3.169	5.799	20.560
价值指数[m^3/(h·千元)]	0.630	1.210	0.680

由表 7-25 中的价值指数可以看出，在三种混砂机中，甲型到乙型的价值指数是从低到高，属于正常；从乙型到丙型，随着功能参数的增高，价值指数反而降低，表明丙型混砂机价值指数不合理。应优先选择丙型混砂机作为改进对象，努力改进存在的问题，提高其价值。之所以做出这样的判断，是因为在系列产品中，材料成本随产品功能参数的提高而接近同比例变化，而工费成本比较稳定，随着规格或功能参数的变化比例而变化。综合材料、工时情况的变化可知，产品总成本是以小于功能参数的增加比例而增加的，反映到价格指数上就是价值指数应随功能参数的递增而递增，否则便视为不正常。

为保证上述判断的正确性，假定同类系列产品中功能参数最小的那个产品价值指数是合理的，以此合理的价格指数为判断其他产品价格指数合理与否的基础，才能保证判断的正确性。

同量纲价值比较法一般适用于在同一企业生产的，主要功能明确单一、并可计量的产品，结构原理和生产技术条件、企业管理水平均可比的系列产品或零部件。

（二）信息收集

价值工程信息是指：对实现价值工程目标有益的一切知识和信息。从范围上来说，可分为企业内外和国内外信息；从内容上来说，可分为技术信息和经济信息。

1. 技术方面信息

(1)设计新原理

新原理会导致一代全新产品的诞生，对技术和经济都会产生重大的影响。例如将微电子技术、计算机技术等应用于铁路，而使机车车辆的设计发生了重大变革，因而产生了高速动车组等先进的轨道交通运输工具。

(2)新工艺、新设备

新工艺的出现可能导致加工方法的重要变化，对设计、设备也提出了新要求。例如精锻、精铸工艺可使金属零件减少甚至免除了切削,提高了加工效率和精度。

(3)新材料

新材料的应用对产品性能、成本有很大的影响,同时要求工艺、设备做相应的改变。例如应用塑料代替金属制造洗衣机滚筒和外壳,提高了零件的耐腐蚀性,减轻了质量,生产效率大幅度提高。

(4)改善环境和劳动条件

减少粉尘、有害液、气体外泄,降低噪声污染,减轻劳动强度,保障人身安全的相关技术,越来越受到重视,对产品设计产生重大影响。

2. 经济方面信息

(1)用户要求、消费倾向和市场竞争,是产品设计和生产的动力;

(2)用户对产品的反馈意见,是产品改进的依据,是一种宝贵的信息资源;

(3)同类产品和零部件的生产成本,是明确差距、寻求改进对象的重要信息。

三、功能分析

(一)功能的概念

1. 功能定义

功能是指产品能够满足用户某种需求的一种属性。具体地说,功能就是功用和作用,或称之为性能。任何产品和劳务都具有功能。例如,钟表的功能是显示时间;电视机的功能是接收、显示图像和发出伴音;列车的功能是运输旅客和货物;一个组织机构的功能是其“职能”和“任务”。因此,企业生产产品实质上是生产功能,用户购买产品和使用产品,实质上是购买和使用这个产品的功能。例如,企业生产钟表是生产显示时间这一功能;用户购买和使用钟表是购买和使用显示时间这一功能。

2. 功能分类

(1)必要功能和不必要功能

按照可用性分类,功能可分为必要功能和不必要功能。必要功能是产品所应具备的必不可少的功能,也是用户所要求的基本功能。产品必须充分、可靠地实现这部分功能。判断产品的功能是否必要,只能站在用户的立场上,看这些功能是否是用户需要的,不能仅仅根据产品设计师的想象和主观判断。对现实中的产品进行认真分析就可以发现,产品的某些功能与用户需求无关,这就是不必要功能。产品中若存在不必要功能,则其成本中必然有一部分无用而造成资本的浪费,增加了用户的费用支出。不必要功能在实际中并不少见,主要有:

① 多余功能。是指无用的功能,有些功能纯属画蛇添足,不但无用,有时甚至有害。

② 重复功能。是指两个或两个以上功能的重复,可以去掉。功能重复会增加耗费,提高成本。

③ 过剩功能。有些功能虽有必要,但超出使用要求。诸如过高的安全系数、过大的牵拖动力、寿命过长等,造成结构笨重、大马拉小车,浪费原材料和能源等。

对于产品实际存在的不必要功能，要在产品改进设计中通过功能分析予以消除，以降低成本。

(2)使用功能和美学功能

使用功能主要是指产品的RAMS，要求产品具有可靠性、可用性、维修性和安全性，还要求产品具有舒适性。例如，要求轨道列车不仅完成运输任务，而且要故障少，保证旅客安全舒适，出了故障要便于修复。

美学功能主要是指产品的造型、色彩、图案、装潢等。随着人们生活水平的提高，要求产品多样化，对美学功能日益重视。例如，对于高速列车外形有着严格的要求，不仅应具有流线型的车身，高速运行时有较小的空气阻力，减少能源消耗，而且美观大方的外形会给人们留下深刻的印象，使产品更具竞争力。

(3)基本功能和辅助功能

按产品功能的重要程度分类，可分为基本功能和辅助功能。基本功能是产品的主要功能，是产品生产的依据，是用户购买的原因。辅助功能是次要功能，或者是为了辅助基本功能更好地实现，或者是为了设计、制造的要求而附加的功能。例如开往旅游胜地的列车，其基本功能是快速、舒适的轨道交通运输工具，但同时还设有为乘客提供存放行李、自行车、滑雪装备等具有辅助功能的设备。基本功能是设计、制造者关注的重点，但辅助功能也不可忽视。

3. 功能水平

功能水平是指功能实现的程度。它是用一系列的技术经济和综合特性指标，诸如产品类型、规格、性能、RAMS、能耗、寿命、装潢等来表征的。这些指标中有的是定量指标，有些仅有定性的内容而无定量的要求。

在一定的市场经济条件下，产品的功能水平主要取决于：用户对功能的要求、产品使用的环境条件和用户的经济支付能力。准确掌握和实现用户要求的功能水平是至关重要的，过低或过高的功能水平要求都是不适宜的。过高的功能水平要求，导致产品功能过剩，势必造成资源浪费、成本偏高；过低的功能水平要求，导致产品功能不足，质量达不到要求。此时，应提高功能水平，以满足用户需求，但又要尽量少增加成本。因此，必须准确掌握用户要求的功能水平。

4. 功能实现

以一定的功能水平表现用户要求的必要功能，是通过设计实现的。功能的实现还必须在整个寿命周期内达到可靠，即产品在使用过程中不发生或少发生故障，一旦发生故障也易于排除和修理。所谓可靠地实现，最基本的是可靠地实现产品的基本功能和辅助功能。不能保证可靠地实现必要功能的方案，成本再低也是无效的。

(二)功能整理

1. 功能系统图

一个产品往往有几个功能，而这些功能又是由组成该产品的不同零部件来实现的。因此，一个产品除了结构体系之外，客观上还存在着一个功能体系。功能整理就是对已定义的各个功能，从系统分析的角度来寻求、识别它们之间的相互关系。这种关系常常以功能系统图来表明。图 7-30 表示出功能系统图的一般模式，由图 7-30 可见，功能之间的内在联系有上下和并列的逻辑关系。上下逻辑关系是指产品功能之间存在的目的和手段的关系；并列逻辑关系是指产品功能之间相互独立、平行排列的关系。例如功能 F_2 对上位功能 F_0 来说是手段，对下位功能 F_{22} 来说则是目的。F_1 和 F_2 则称为并列功能或同位功能。

功能系统图表明了活动对象的最终目的和最终用途，也表明了实现该目的和用途的全部手段。借助功能系统图就可以从整体出发，进一步研究各功能之间的关系，更好地把握必要的功能，排除一切不必要的功能，有利于发现原设计方案的不合理之处。

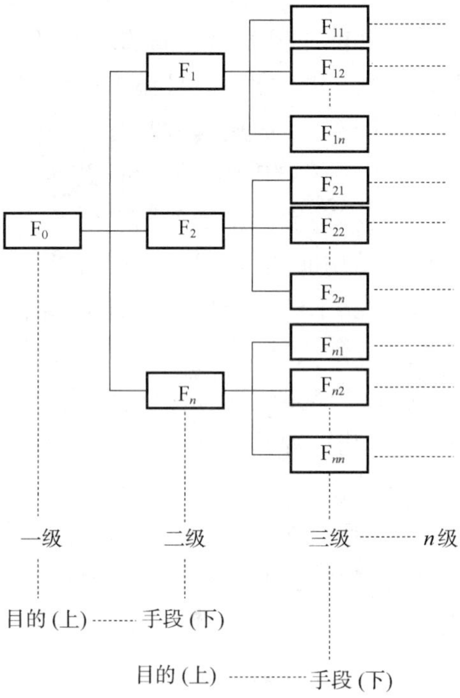

图 7-30　功能系统图的一般模式

2. 功能整理方法

功能整理主要是要寻找上位或下位功能。常常采用制作功能卡片的方法。功能卡片是记录功能及实现功能的零部件名称和功能成本的卡片。一张卡片记录一个功能，根据每张卡片的内容，从目的和手段出发，寻找它的上、下位功能，直至将所有的卡片都用上，绘制出功能系统图。同时，集中功能相同的卡片，将其与未集中的单张卡片都视作一个功能。任取一组或一张，寻找其上位功能，若发现功能定义有不当或遗漏之处则修改之，如此反复进行，直至找出最终的上位功能。同样，依此法寻找下位功能，以发现多余的功能或功能不足，删去不必要的功能，增加功能不足的内容。当所有的卡片都找到上、下位功能后，就可组成该零部件的较合理的功能系统图。

四、功能评价

(一)功能评价概念

1. 功能评价的定义和内容

所谓功能评价就是对功能的价值进行测定和评定，是对功能价值进行定量分析。根据功能评价得出的数据，将那些功能价值低、改善期望值大的功能作为开展价值工程的重点对象。

因此，功能评价的基本内容主要由功能成本分析、功能评价和选择对象三部分组成。功能成本分析用来回答："成本是多少？"功能评价和选择对象则是回答："价值是多少？"在功能评价中，由于功能是一个抽象概念，难以用数量来准确度量，价值工程只使用货币金额数值作为表示功能大小和重要程度的度量，即用户为了获得某一特定功能需要花费多少钱？为了维持已有的功能又需要花多少钱？用了解和掌握的费用数值来对功能进行评价。因此进行功能评价，就是在明确价值工程对象所构成的各要素之间的功能及其关系后，用统一的衡量尺度去找出实现每个功能的最低成本，即功能评价值。然后，与实现该功能的目前成本相比较，求出功能的价值。

2. 功能评价目的

(1)确定功能目标成本

通过功能评价可以得出目标项目的最低成本和降低成本的期望值，以便比较价值工程最初制定的目标成本是否合理，从而准确地确定功能目标成本，并据此适时修改设计构思方向，重新研究实现功能的其他手段，达到降低成本的期望值，使价值工程取得满意的效果。

(2)准确选定价值工程活动的改进对象

通过收集信息、功能定义、功能分析和功能评价，准确求出功能评价值和功能价值，明确产品或零部件各功能区域的价值高低及改进方向，有效提高价值工程的效率。

(3)调动和激励工作人员的积极性和创造性

通过功能评价明确价值工程的改善目标和降低成本的期望值，不仅有利于企业内部降低成本、提高产品价值潜力，还能够大大调动和激励价值工程人员工作的积极性和创造性，使价值工程工作取得良好效果。

(二)功能评价的程序

综上所述，可得出功能评价的步骤为：

(1)确定功能的目前成本 C；

(2)确定功能必需的最低成本 F(即功能评价值)；

(3)计算出各功能价值 V；

(4)计算出各功能区域降低成本的期望值($C-F$)；

(5)计算出价值低的对象，作为价值工程改善的目标。

(三)功能价值评价方法

实现任何功能都需要花费成本，不同的功能花费的成本不同，同一功能由于采用的实现方法不同，其成本大小也不一样。功能的目标成本以实现同一功能的最低成本作为功能价值评价的准则，并以此与本企业实现这一功能的目前成本进行比较，则很容易发现企业实现这一功能的目前成本(现实成本)是偏高还是偏低，从而判断出这一功能是否过剩或不足。因此，采用这种功能成本法(又称为功能评价值法)能够较好地体现价值工程的原理和思想，能够达到分析功能成本、评价功能价值的目的。虽然这种方法在实践中会遇到一些困难，但克服这些困难的过程正是提高价值不可或缺的步骤。根据上述功能评价程序，简要介绍这种功能价值评价方法。

1. 确定功能目前成本 C

一般求成本的方法是以产品或零部件为对象进行的，而功能目前成本的计算方法则是以功能为对象进行的，由于一个零部件往往具有几种功能，这就需要将零部件的功能分配到不同的功能上去。更多的情况是多个零部件交叉地实现多项功能，计算各功能的目前成本时，可通过填表的方法进行分配。首先将各零部件成本按其对实现各功能所起作用的贡献度分配到各项功能上去，然后将各项功能所分配的成本相加，便可得出各功能的目前成本，见例 7-22。

【例 7-22】某产品具有 6 项功能 $F_1 \sim F_6$，由 5 种零件实现，试计算各功能目前成本 $C_1 \sim C_6$。

按照上述方法计算功能目前成本，见表 7-26。由表 7-26 可知，A_4 零件对实现 F_1 和 F_3 两项功能所起作用的比例分别为 40% 和 60%，故功能 F_1 分配成本 40 元，F_3 分配成本 60 元。按此方法将所有零部件成本分配到有关概念中去，再将其相加，即可得出 6 种功能 $F_1 \sim F_6$ 相应的目前成本 $C_1 \sim C_6$。

表 7-26　某产品功能目前成本计算

零部件		功能或功能区域					
序号名称	成本(元)	F_1	F_2	F_3	F_4	F_5	F_6
		比例/成本(%/元)	比例/成本(%/元)	比例/成本(%/元)	比例/成本(%/元)	比例/成本(%/元)	比例/成本(%/元)
A1	160	—	37.5/60	—	25/40	—	37.5/60
A2	400	25/100	—	25/100	12.5/50	12.5/50	25/100
A3	60	—	67/40	33/20	—	—	—
A4	100	40/40	—	60/60	—	—	—
A5	280	—	28.6/80	28.6/80	14.2/40	—	28.6/80
功能目前成本序号 C		C_1	C_2	C_3	C_4	C_5	C_6
功能目前成本		140	180	260	130	50	240

零部件对实现功能所起作用的比例，可请有经验的专家研究确定，或采用评分法确定。如果功能价值评价对象是功能载体(如零部件)，则零部件成本就是它所实现功能的目前成本。

2. 确定功能目标成本 F

确定功能目标成本常用下面 5 种方法。

(1)专家评估法

这种方法是邀请经验丰富的专家，根据收集到的有关信息资料，构想出几个实现各功能或功能区域的方案，并对每个方案进行成本估算，取其平均值作为各方案成本，最后从各方案中取成本最低者。这种方法较实用。在使用这种方法时，应尽可能从较广泛的范围来构思方案，并根据有关信息，确定一个恰当的目标成本。

【例 7-23】邀请一些专家对于一个项目的两个功能目标成本进行估计，对每种功能目标成本设想出 3 个方案。

① 对于 F_1 功能

3 个功能目标成本的方案分别为：$F_{11}=520$ 元，$F_{12}=460$ 元，$F_{13}=380$ 元。其中 F_{13}

方案成本最低，目标成本为 380 元。若企业实现 F_1 的目前成本 $C_1=530$ 元，则 F_1 的价值系数 V_1 为

$$V_1=F_1/C_1=380/530=0.72$$

要使价值系数 V_1 等于 1，则目前成本要降低 $\Delta C_1=C_1-F_1=530-380=150$ (元)。

② 对于 F_2 功能

3 个功能目标成本的方案分别为：$F_{21}=190$ 元，$F_{22}=170$ 元，$F_{23}=120$ 元。其中 F_{23} 方案成本最低，目标成本为 120 元。若企业实现 F_2 的目前成本 $C_2=200$ 元，则 F_2 的价值系数 V_2 为

$$V_2=F_2/C_2=120/200=0.6$$

要使价值系数 V_2 等于 1，则目前成本要降低 $\Delta C_2=C_2-F_2=200-120=80$ (元)。

(2)推算法

根据市场和用户的调查，确定产品售价。这种价格必须是用户承认并接受的，并且具有较强的竞争能力，再考虑企业的目标利润和纳税额，推算出功能目标成本 F。其计算公式为

$$F=C_S-R=C_S-R_S-R_L \tag{7-32}$$

式中 F 为产品目标成本；C_S 为产品价格；R 为单位产品利税额；R_S 为单位产品税率；R_L 为目标利润。

【例 7-24】某产品根据市场情况，确定售价 12 000 元。若税率为售价的 5%，目标利润为售价的 15%，试确定其目标成本 F。

由式(7-31)，得目标成本 F 为

$$F=C_S-R_S-R_L=12\ 000\times(1-5\%-15\%)=9\ 600\ (元)$$

(3)最低价格比例法

将市场同类产品中的最低价格与企业产品价格进行比较。在产品目前成本的基础上，按比例确定目标成本。计算公式为

$$F=C_{min}\cdot C_0/C_{qy} \tag{7-33}$$

式中 F 为目标成本；C_{min} 为同类产品在市场上的最低价格；C_0 为本企业产品目前成本；C_{qy} 为本企业产品价格。

这种方法制定的目标成本使产品具有较强的价格竞争力。在生产实践中，有时还可以根据用户要求及企业的实际情况，确定一个生产降低百分比，据此制定目标成本。

【例 7-25】某产品销售价格 C_{qy} 为 160 元，目前成本 C_0 为 132 元，市场同类产品的最低价格 C_{min} 为 121.2 元。为了提高产品的市场竞争力，开展价值工程活动。试确定其目标成本。

由式(7-33)，其目标成本为

$$F=C_{min}\cdot C_0/C_{qy}=121.2\times132/160=100\ 元$$

(4)实际调查法

实际调查法是通过广泛的调查，收集与企业产品具有同样功能的产品，从中选择功能

水平相同而成本最低的产品，以此产品的成本作为目标成本。

实际调查法确定的目标成本，是已经实现了的成本目标值，是比较可靠、效果明显的目标值，对企业产品开展价值工程活动有强烈的激励作用。但是，这种方法确定的目标成本是以实际产品的最低成本为依据的，而实际产品的功能与成本是不断变化的；同时，即使是成本最低的产品，也可能包含不必要或过剩的功能，其成本也存在着进一步降低的可能性；另外，产品还可能存在功能不足的情况，使成本不合理地偏低。因此在某功能水平等级下的最低成本，不一定就是真正的最低成本。在使用实际调查法时应根据具体情况进行必要的修正。

(5)理论计算法

这种方法是利用工程上一些公式和费用标准(例如材料价格等)，找出功能与成本之间的关系，从而确定功能目标成本。具体计算步骤如下：

① 首先分析该功能是否可利用公式进行定量计算，例如传递转矩、承受负载和输出电流等功能，可利用公式确定目标成本。

② 选择有关公式进行计算。例如传递转矩的功能，在转矩已知的情况下，可以利用材料力学公式，计算出采用各种材料的尺寸和用量。根据材料价格进一步计算材料费用，从而求得实现该功能的最低材料成本。在此基础上，再考虑加工等费用，确定出功能目标成本。

利用理论计算法确定目标成本，比较准确可靠，但并不是对各种功能都可以使用，只有当功能有公式可以计算时才能采用。对一些无法定量计算的功能则不能使用。

3. 计算价值系数 V

由式(7-31)有

$$V_i = F_i / C_i \tag{7-34}$$

式中　V_i为功能 i 的价值系数；F_i为功能 i 的目标成本；C_i为功能 i 的目前成本；$i=1,2,3,\cdots,n$。

4. 计算成本改善期望值 ΔC_i

根据式(7-35)计算成本改善期望值。

$$\Delta C_i = C_i - F_i \tag{7-35}$$

5. 选择改进对象

根据计算出的各功能价值系数和成本改善期望值的大小来选择改进对象。

(1)当 $V=1$ 时，即 $C=F$，表明实现功能的目前成本与目标成本相符合，功能与目前成本对应得较为合理，无需进行改进，见表 7-27 中的功能 F_5。

(2)当 $V<1$ 时，即 $C>F$，表明实现功能的目前成本高于功能目标成本(功能成本评价值)，说明功能目前成本偏高，应作为改进对象，见表 7-27 中的功能 F_3、F_2 和 F_4。有可能是由于存在功能过剩、管理落后、工艺陈旧等原因，在这些情况下，应当对其功能实现手段进行认真分析研究，消除过剩功能引起的无用费用和制造、管理工作中的缺陷，努力降低其功能的目前成本，提高其价值。

(3)当 $V>1$ 时，即 $C<F$，表明功能目前成本小于功能目标成本，说明功能目前成本偏低。其原因可能是功能不足，满足不了用户的功能要求。对此，首先应检查功能目标成本值 F 是否定得合理，若是 F 值定得太高，则应降低 F 值；如果 F 值定得合理，则要检查 C 值偏低的原因。若由于功能不足造成 C 值偏低，就应提高功能，以适应用户的需要。一般说来，价值低的功能，存在问题也较多。但是，有时价值系数即使等于1，产品或零部件也会存在许多问题。对于这种情况，就要从提高功能的角度来确定对象范围。

在选择重点改进对象时，除了考虑价值系数以外，还应考虑成本改善期望值的大小，必须将两者结合起来综合考虑。也就是说，应该选择价值系数低，成本改善期望值大的功能或功能区域作为重点改进对象。因为价值系数低的功能，成本改进期望值不一定都大，我们总是希望将降低成本潜力大的功能或功能区域作为重点改进对象，以期获得较大的经济效益。

【例7-26】某产品有6项功能(或功能区域)，各功能目前成本 C_i、目标成本 F_i 均已求得，见表7-27，试计算各功能价值系数、成本改善期望值，并选择改进对象。

【解】(1)计算价值系数 V_i

由式(7-31)计算各功能价值系数 V_i，计算结果列于表7-27中。

$$V_1=F_1/C_1=125/140=0.89;\quad V_2=F_2/C_2=195/240=0.81;$$

$$V_3=F_3/C_3=160/260=0.62;\quad V_4=F_4/C_4=50/70=0.71;$$

$$V_5=F_5/C_5=50/50=1.00;\quad V_6=F_6/C_6=220/240=0.92。$$

其中值得注意的是功能系数 V_3，其值最低，为0.62；功能系数 V_5 最大，等于1。

表7-27 某产品各功能的目前成本、目标成本和价值系数

序号	功能或功能区域	目前成本(元)	目标成本(元)	价值系数	成本改善期望值
		C_i	F_i	$V_i=F_i/C_i$	$\Delta C_i=C_i-F_i$
1	F_1	140	125	0.89	15
2	F_2	240	195	0.81	45
3	F_3	260	160	0.62	100
4	F_4	70	50	0.71	20
5	F_5	50	50	1.00	0
6	F_6	240	220	0.92	20
合 计		1 000	800		200

(2)计算各成本改善期望值

计算各功能成本改善期望值 ΔC_i，并列于表7-27中。

$$\Delta C_1=C_1-F_1=140-125=15(元);\quad \Delta C_2=C_2-F_2=240-195=45(元);$$

$$\Delta C_3=C_3-F_3=260-160=100(元);\quad \Delta C_4=C_4-F_4=70-50=20(元);$$

$$\Delta C_5=C_5-F_5=50-50=0(元);\quad \Delta C_6=C_6-F_6=240-220=20(元)。$$

(3)选择对象

由表7-27可以看出，F_3 的价值系数最小，成本改善期望值最大，应作为第一改进对象。而 F_2 与 F_4 比较，F_4 的价值系数为 0.71，小于 F_2 的价值系数 0.81，但 F_2 成本改善期望值 45 元大于 F_4 的成本改善期望值 20 元。因此综合考虑，将 F_2 作为第二重点改进对象。

五、方案改进和创新

方案改进和创新的方法很多，主要方法如下。

1. 头脑风暴法(BS 法)

头脑风暴(brain storming)法在 1939 年由美国 BBDO 广告公司的专家奥斯本(Osbom)提出，原意是要求提案人不要受到任何限制，打破常规、自由地思考，努力捕捉瞬时灵感，构思新方案。头脑风暴法是指刺激并鼓励一群知识渊博的人员畅所欲言，以发现潜在的故障模式和相关危险、风险、决策标准和/或处理方法。也就是说，头脑风暴法就是以专家的创造性思维获取未来信息的一种直观预测和识别方法。头脑风暴法这个术语经常用来泛指任何形式的小组讨论，旨在确保人们的想像力受到小组其他成员思想和话语的激发。

在这种方法中，有效的引导很重要，其中包括开始阶段讨论刺激，定期鼓励小组进入相关领域，捕捉讨论中产生的问题。

(1)用途

头脑风暴法可以单独使用，也可以和其他风险评估方法一起使用，以激发风险管理过程和系统寿命周期中任何阶段的想象力。头脑风暴法可以用作高层次讨论来发现问题，也可以用作更细致的评审或针对特殊问题的详细讨论。

(2)方法及实施

头脑风暴法可以是正式的，也可以是非正式的。正式头脑风暴法的组织化程度很高，其中参与人员须提前准备就绪，而且会议的目的和结果都很明确，有具体的方法来评价讨论思路。非正式的头脑风暴法组织化程度较低，经常具有针对性。

一个正式的采用头脑风暴法的过程，至少包括以下环节：

① 召集一个专家团队，这些专家应对被评估的组织、系统、过程或应用比较熟悉。

② 讨论会之前，主持人准备好与讨论内容有关的一系列问题和思考提示。

③ 确定讨论会的目标并解释规则。

④ 引导员首先介绍一系列想法，然后大家探讨各种观点，尽量多发现问题。此时无需讨论是否应该将某些事情记录在清单上，或是某句话究竟是什么意思。因为这样做会妨碍思绪的自由流动，不要对任何观点加以批评，使大家畅所欲言。这样会使小组思路快速推进，激发出大家的横向思维。

⑤ 当某一方向的思维已经充分挖掘，或讨论偏离主题过远，引导员可以引导与会人员进入新的方向。但目的是收集尽可能多的不同观点，以便进行后面的分析。

⑥ 输出结果取决于该结果所应用的风险管理过程的阶段。例如在风险识别阶段，输出可能是风险和当前控制手段的清单。

(3)方法的优缺点

① 优点

头脑风暴法的优点包括：激发了想象力，有助于发现新的风险和全新的解决方案；让主要的利益相关方参与其中，有助于进行全面沟通；速度较快并易于开展。

（2）缺点

头脑风暴法的局限性包括：参与者可能缺乏必要的技术和知识；由于头脑风暴法相对松散，因此较难保证过程的全面性，例如难于识别出所有的潜在风险；可能会出现特殊的小组状况，使某些有重要观点的人保持沉默，而其他人成为讨论的主角。这个问题可以通过电脑头脑风暴法，以聊天论坛或名义群体技术的方式加以克服。电脑头脑风暴法可以是匿名的，避免了有可能妨碍思路自由流动的个人或政治问题，将想法匿名交给主持人，然后集体讨论。

2. 德尔菲（Delphi）法

德尔菲法是在一组专家中取得共识的一种程序。尽管该术语经常用来泛指任何形式的头脑风暴法，但是在其形成之初，德尔菲法的根本特征是专家单独、匿名表达各自的观点，同时随着过程的进展，他们有机会了解其他专家的观点。

德尔菲法起源于20世纪40年代末，最初由美国著名的咨询机构兰德公司首先使用，很快就在全世界盛行起来。德尔菲法具有匿名性、统计性和收敛性的特点。在风险管理领域中，该方法被调查的专家主要有两类，一类是从事标的工程项目风险管理的技术人员和管理人员；另一类是从事工程项目相关领域工作的研究人员。德尔菲法依据系统的程序，采用匿名发表意见的方式，即专家之间不互相讨论，不发生横向联系，只能与调查人员直接联系。通过多轮次的调查，专家对问卷所提问题发表的意见，经过反复征询、归纳、修改，最后汇总成专家基本达成一致的清单，作为预测的结果。

（1）用途

近年来，德尔菲法被世界各国广泛应用于决策过程的各个环节，它最初就是为了解决一个典型的风险辨识问题而创建的。这种方法的本质是利用专家的知识、经验和智慧等无法数量化的信息，通过通信的方式进行信息交换，逐步取得较为一致的意见，达到认识问题的目的。德尔菲法可以用于风险管理过程或系统寿命周期的任何阶段。

（2）方法及实施

首先，德尔菲法需要一个管理小组，人数为二至十几人，视工作量而定。小组成员应了解德尔菲法的实质和过程，专家应具备必要的专业知识和统计、数据处理等方面的方法。然后，选出一份专家名单，人数十几至几百人不等。名单中要有相关项目各专业的专家，最好安排几个善于思考的跨学科专家。

采用问卷的方式对一组专家进行提问。专家之间不需会面，以保证他们的观点具有独立性。具体步骤如下：

① 组建一个管理小组，开展并监督德尔菲法的进行；

② 挑选一组专家，可能是一个或多个专家组；

③ 编制第一轮问卷调查表；

④ 测试问卷调查表；

⑤ 将问卷分别发放给每位专家组成员；

⑥ 对第一轮答复的信息进行处理、分析和综合，并再次发给专家组成员；

⑦ 专家组成员重新做出答复，然后重复该过程，直到达成共识。

最后，得出一份逐渐达成共识的清单。

(3)方法的优缺点

① 优点

德尔菲法的优点包括：由于观点是匿名的，因此更有可能表达出那些不受欢迎的看法；所有观点可采用相同的权重，避免名人意见占主导地位；获得结果的所有权；打破了时间和空间的限制，人们不必一次聚集在某个地方。

② 缺点

局限性包括：这是一项费力、耗时的工作，参与者要具有清晰的书面表达能力。

3. 哥顿(Gordon)法

哥顿法由美国价值工程师哥顿(Gordon)于1964年提出。这种方法也是以会议的形式邀请专家提方案，但主持人不把具体的问题交给与会者，而是只提出一个抽象的功能概念，以启发提案者更广泛地提出较多的方案。

(1)用途

这种方法的指导思想是把所研究的问题适当抽象，以利于开拓思路。在讨论会议上，主持人可以用各种类比的方法加以引导，待时机成熟时，再提出要解决的问题，往往可以收到较好的效果。

(2)方法及实施

在研究改进方案时，开始时会议主持人并没有把要解决的问题全部摊开，只是对大家做了一番抽象笼统的介绍，只向大家介绍所要解决的功能是什么，并不把过去实现功能的具体方式说出来，有利于提出各种设想。例如，要在一块玻璃板上打一个直径10 mm的孔，主持人首先提出如何在板状物上打孔的问题，与会者根据这一功能广泛思考，提出了冲、钻、挖、凿、磨、高温熔孔等方法。主持人再具体指出是在玻璃板上打一个直径10 mm的圆孔，并要求孔周边光滑，与会者认为冲、钻、挖、凿、磨等方法均不能达到目的，而从高温熔孔方法得到启发，有人提出用激光打孔的方法，从而圆满地解决了问题。可见，这种方法采用抽象阶梯的步骤，一步一步地分析问题，最终得出解决问题的方法。

(3)方法的优缺点

哥顿法是一种抽象类比法，面对抽象的概念使参与者不受具体问题的束缚，广开思路。可以使思考的范围变大，解决的方法也变多。

哥顿法与头脑风暴法的不同之处在于允许参与者相互评论，共同创新。但在一般情况下，与会者所提方案较多，争论不休，为找出一个较为圆满解决问题方案使会议时间延长。

4. 检查提问法

人们在广泛思考时往往觉得针对问题无从下手，难以提出有针对性的好方案。为解决这种问题，可以将过去的经验总结归纳出富有启发性的提问要点，在检查各种提问的同时，引起联想、产生新的设想，提出改进方案。

(1)用途

将过去的经验总结归纳出富有启发性的提问要点，可笼统地归纳为 3 个问题：价值对象能否取消？能否与其他问题合并？能否用其他方法取代？在检查各种提问的同时，引起联想、产生新的设想，提出改进方案。

(2)方法及实施

检查提问法的内容包括：

① 将原有方案稍加改变，能否有新的归纳或用途？

② 以前是否有类似产品？可否借鉴其他方案和经验？有无可参照、模仿的价值？

③ 可否改变一些外在内容，诸如声音、颜色、形状、味道、试样等？

④ 能否扩大或增加一些其他参数，诸如强度、长度、刚度、时间、次数等？

⑤ 能否缩小或减少一些其他现象，诸如压缩、变薄、降低、缩短、减轻、消除等？

⑥ 能否采用换元件、换型号、改变结构、改变顺序、改变布局、改变速度等措施，进行代换？

⑦ 能否采用其他材料、元件、工艺、动力等进行代用？

⑧ 能否在正反、上下、里外、前后等方面进行倒换？

⑨ 能否在目标、部件、方案方面进行组合？

检查提问表的具体内容应结合工作内容的特点，根据各自的经验提出，不同的专业可根据所选择的对象，应用不同的检查提问表列出检查要点，以利于提案人员的构思。

(3)方法的优缺点

该方法需要在检查提问表的指引下，广开思路、产生新的设想，提出改进方案。因此会议主持方需要搜集信息，利用以往的经验，拟定检查提问表格。不同的企业、不同的专业，具有不同的特点，需要拟定不同的检查提问表格。因此，这种方法需要较大的准备工作量。虽然会议期间，可以根据检查提问表格，有的放矢、引起联想，展开思路，但与上述方法相比思路还是受到一定的约束。

在方案改进和创新过程中，提案人从不同角度，采用不同的方法，提出了多种设想和方案，首先应对这些方案进行概略评价，去掉一部分价值低的方案，保留可提高价值的方案，进一步使其具体化。在方案具体化过程中，要将功能系统和实物结构系统联系起来考虑。也就是说，既要考虑各部分的结构设计方案，又要考虑能否实现其各项功能；还要研究其相互之间的关系，使其较好地配合与协调，在总体结构系统中保证各种功能得以实现。同时，还应从不同的技术经济要求出发，将有关方案中的适当因素组合成更有价值的新方案。

第八章　LCC 管理

第一节　概　　述

一、LCC 管理的基本任务

LCC 管理是以追求 LCC 最小为目标，对装备寿命周期各阶段所需的 LCC 技术活动进行计划、组织、监督、协调和控制，主要是从 LCC 的角度，提供决策和控制费用的信息，使决策科学化，因此是装备全系统、全寿命管理的重要组成部分。其在寿命周期各个阶段的基本任务如下。

1. 论证阶段

在装备初始论证阶段进行可行性论证，由于此时相关的信息还不全面准确，需要粗略地估算费用状况，以获得经济可承受性的信息，作为项目能否立项的依据之一，并初步明确费用的主导因素和费用设计的指标。

2. 方案阶段

这一阶段的主要任务是进一步估算 LCC，确立决策准则，综合权衡费用、进度、性能等方面的要求，从各备选方案中优选出最佳的设计方案。由于该阶段对装备 LCC 具有重要的影响，因此应在不断完善装备 LCC 估算的基础上，采用科学的决策方法。

3. 研制阶段

随着研制工作的进展，可用的信息量大大增加，因此应进一步细化 LCC 的估算与分析，提高估算精度，为设计师的设计提供实时支持，使产品同时满足性能和费用的要求。当费用超过规定时，能够及时提供改进建议。

4. 生产阶段

分析、监控生产过程中装备费用的发展情况，开展生产工程和价值工程方面的工作，及时发现问题，提出改进意见。不断积累数据，提高估算精度，以控制和降低 LCC。

5. 运用保障阶段

该阶段对 LCC 的影响虽然没有前面几个阶段大，但由于现代装备寿命长，运用保障费用较高，因此不可轻视。在此阶段的主要任务是通过运用保障费用的估算，为科学制定费用计划提供支持；另一方面要详细分析影响费用的主要因素，以便为装备更新改造、延长寿命和实施改进措施提供依据。

6. 退役阶段

该阶段的主要任务是确定装备残值，控制报废处理费用。整理、积累各种费用资料，计算 LCC 的实际值，归档和反馈信息。

二、LCC 管理的主要内容

1. 建立管理原则

首先，需要建立 LCC 管理的各项原则，在管理过程中需要遵循规定的各项原则。

2. 制定管理政策和规定

制定有关 LCC 管理的各项政策与规定。例如，规定 LCC 是招标必需的指标；在管理中如何贯彻竞争、评价、监督和激励机制；明确定义费用单元的内涵，对数据和建模方法提出要求等。

3. 建立管理程序和控制方法

建立 LCC 管理程序和控制方法，包括：明确管理目标，制定管理大纲和计划，确定费用评审单位和评审内容，建立费用数据库和信息传输渠道等。

4. 充分发挥 LCC 技术的作用

在寿命周期各阶段尽可能发挥 LCC 技术的作用，为决策提供各类有效的费用信息，以便做出合理恰当的决策。

5. 对 LCC 进行严格控制

对已批准项目的 LCC 进行严格控制，有效的方法是采用定费用设计、可靠性改进和 LCC 采购等。同时，要严格掌握进度。经验表明，进度的拖延必然会带来费用的增加。

三、LCC 管理大纲和计划

如本书第六章所述，我们强调在项目启动时，就应该将系统/产品的 LCC 作为定量费用目标加以初步确定。这些定量的费用因素被分配为材料和程序活动两个方面，而且规定等级，以保证适时的费用监视与控制。系统/产品费用的分配过程描述在图 6-2 中。要注意的是，这些费用目标应该包括系统的整个 LCC。当这些费用的数值被确定后，它们应该以“设计”准则(例如图中设计要求的单元 LCC 为 15 000 元)的形式，包含在系统/产品技术条件中。这里应该注意的是，在产品技术要求拟订、准备的过程中，须以零部件采购供应商所提供的物资清单为基础，并满足系统开发和获取中的系统技术要求。

将 LCC 作为系统设计参数来考虑的同时，早期管理计划必须包括：在建立费用目标的过程中，努力鉴别和提供所需的任务程序，并连续地完成 LCC 分析；根据发生费用的估算数据，得出 LCC 分析结果报告；将这些分析结果作为设计检查和定期程序检查的基准，必要时应进行设计修正活动等；换言之，必须计划一个有效的程序，并提供一种满足决策费用目标和目的的方法，这种活动须能够确定出所需的费用管理重点项目，以得到具有费用—效能评估的输出结果。这种所计划的 LCC 任务应该被包含在费用管理大纲和计划中，而且成为整个项目管理及其所实施程序的重要组成部分。

1. LCC 管理大纲

LCC 管理大纲是一个关于 LCC 工作的总体规划，是制定 LCC 计划的基础，其目标是：

(1)将费用管理的规章制度贯彻到全寿命过程中；

(2)将 LCC 有关的单项任务组织起来，成为一个互相配合的整体；

(3)拟定一种对采办重要特性敏感的 LCC 方法；

(4)确定费用控制程序；

(5)准确、迅速地提供信息；

(6)使设计人员掌握 LCC 技术。

2. LCC 计划

(1)计划内容

LCC 计划用于组织实施 LCC 工作，它明确地规定了所需 LCC 工作的所有方面，并将其结合成一个整体。LCC 工作计划的内容一般包括：

① LCC 管理目标；

② LCC 技术应用的基本原则、要求、方法、程序和应建立的假设与约束条件；

③ 对费用估算模型的要求和建模方法；

④ 寿命周期各阶段 LCC 的工作内容、进度、职责和方法；

⑤ 确定与标识 LCC 主导因素和需做权衡分析的内容与方法；

⑥ 确定费用设计的目标与技术；

⑦ 确定 LCC 的评审内容、要求和评审点；

⑧ 提交 LCC 估算与分析报告的内容和时间要求；

⑨ 跟踪、控制、反馈费用信息的体制与渠道；

⑩ 将转承制方的有关活动纳入到 LCC 的管理手段和措施中去。

(2)工作和任务

图 8-1 描述了一个项目在整个寿命周期各个阶段应该进行的工作和任务。出于解决技术装备经济性难题的需要，现代逐渐发展和形成了 LCC 的分析研究方法。为了开拓装备总费用方面的视野，希望在项目开始时就强调对 LCC 方面的要求。因此，市场分析、技术可行性研究和项目的早期计划活动，都必须考虑 LCC，将其作为决策中的主要判断因素。由于这是在寿命周期早期的决策，对 LCC 具有最大的影响，因此具有极其重要的意义。图 8-1 表示出系统装备的设计和开发活动，以及所选择的重要里程碑。考虑到 LCC 分析在这些里程碑处的重要性，因此规定在这些里程碑处，须进行 LCC 的检查分析，并以特殊的费用报告形式，在规定的程序和设计检查点处提供，以便与规定的费用目标值进行对比分析，为决策提供依据。

(3)费用的估计和检查

LCC 的程序检查应该与概念、系统、设备硬件/软件和关键处的设计检查一道进行，如图 8-1 所示。在这些检查点处，将 LCC 评估结果与初始规定的目标值相比较，必要时进行一些合理的修正活动。

每次进行系统设计和建立程序要求时，都必须进行在线检查，这对于评估和控制管理功能是很重要的。必须对 LCC 实施定期评价，将当时 LCC 估算结果与规定的要求相比较。所选择的检查点应该是日常计划程序检查的一部分，或者是与该检查直接相关的。在图 8-1 中给出了某一计划的重要检查类别，以▲标识出检查点的位置。一般说来，主要的检查发生在程序的一个重要阶段或活动等级之后，并在进入下一个阶段之前。

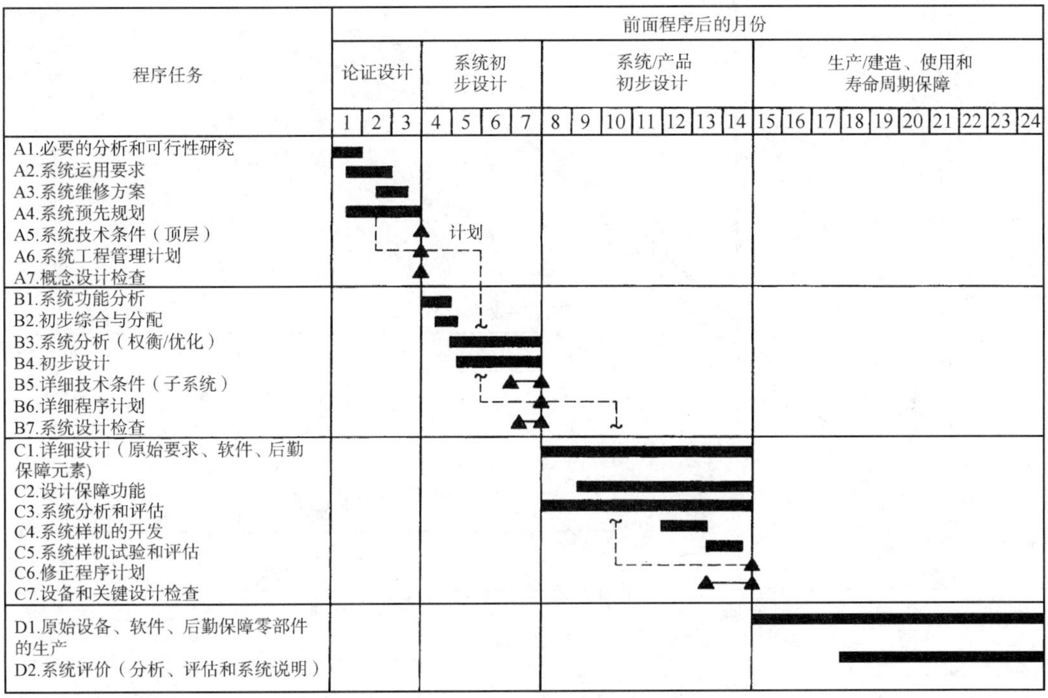

注：▲检查标记；对于小型项目，在制定计划需求时，表中所示的程序任务可以裁剪。

图 8-1 LCC 各个阶段的程序任务和检查项目

【例 8-1】某一装备 LCC 的检查与评估。

图 8-2 表示出一个检查和评估的实例。图 8-2 中的曲线表示出装备在 10 年中累积费用随时间的变化关系。另外，还标出了 4 个检查的时间点，并描绘出两条 LCC 随时间的变化曲线。其中，实线为规定目标值曲线，虚线为估算值曲线。图中还列出了检查点 3 处的费用数据表格。由图 8-2 中曲线和表格所列数据可以看出，在装备寿命周期初期阶段（投产前的研究与开发阶段）LCC 估算值明显超出目标值，通过对设计修改，使装备性能、可靠性、维修性等得到改善，在投入运营以后的运用保障阶段，LCC 估算值较大地低于目标值，这将导致 10 年结束时的运用保障费用减少近三分之一。最终的总 LCC 降低 12.7%。

在每个单独程序检查中，须根据当时的系统/产品配置来完成 LCC 分析。本书第三章第二节中的费用分解结构(CBS)可以作为费用收集和最终设计数据、生产数据、可靠性和维修性预测、后勤保障等分析等的基础，作为费用计划的可能范围。

由图 8-2 可以看出程序检查点 1～4 的位置，并表示出目标 LCC 与程序开始后一年中第 3 次检查时估算数值之间的比较。值得注意的是，图形表示出实际的研究和开发费用超过最初的设想(即第 1 年的费用)；生产结束时的估算费用也超过目标值；但是，10 年寿命结束时的 LCC 将低于目标值，而导致运用和保障费用的减少。

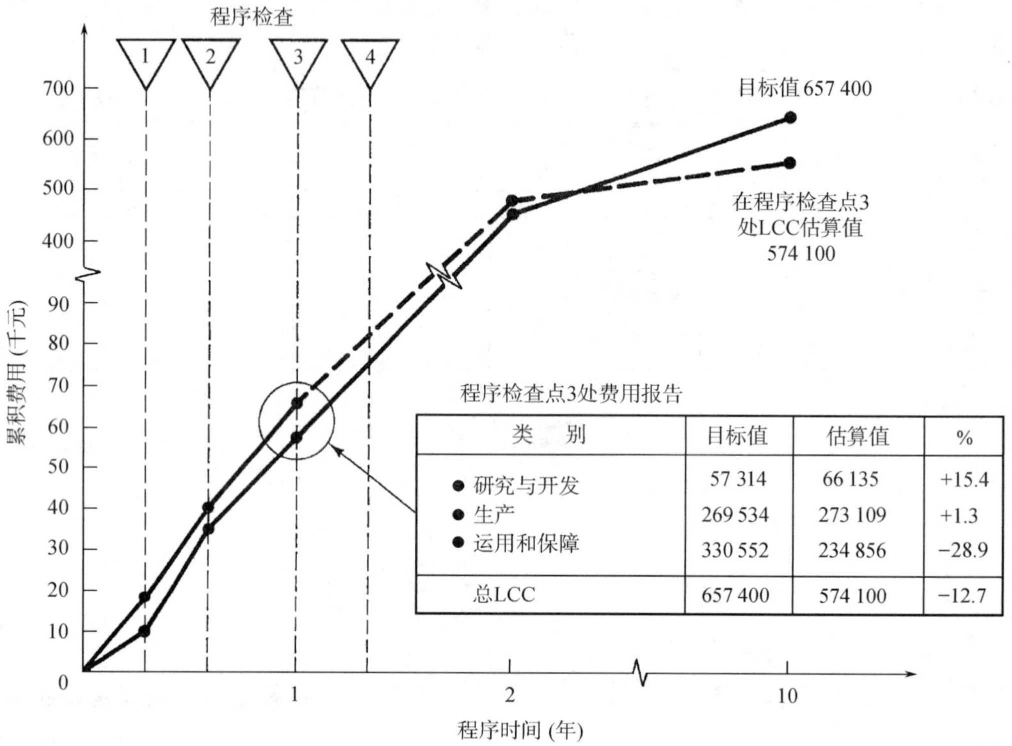

图 8-2　程序费用的估计和检查

如果在某些给定的程序检查中，规划的 LCC 超过目标值，则应评估 CBS 中各种费用的差别，并应鉴别出 CBS 中哪些结构产生了高费用。还应该确定这些费用与其他费用和总 LCC 值之间的关系，以便查看自上次检查以来费用是否发生了明显的变化，即产生了不正常的费用增长趋势。应该根据产生高费用的原因，对相关范围进行研究，并提出进行合理修正活动的建议。这种建议可以采用如下的形式：改变设计、改变生产或过程、修正后勤保障策略和/或改变资源管理。能够实现 LCC 有效降低的建议，应该形成文件并提出进行管理活动建议。

程序检查和控制功能是一项重复发生的 LCC 评价过程。这个过程的固有特性不仅仅是完成 LCC 分析，而且还要在发生问题和没有满足要求时，进行反馈和提出修正活动的建议。管理的重点需要照顾到这两个方面，只根据 LCC 来检查和评价系统/产品是不够的，除非在需要时能够采取修正措施。

LCC 分析结果质量直接取决于良好数据的可用性，它是建立在如下数据的基础之上：产品设计数据、制造数据、可靠性数据、维修性数据、人为因素数据、后勤保障数据等。LCC 管理活动之间的相互关系是多种多样的，努力将这些相关任务的活动加入到 LCC

分析的整个计划中去是很重要的。

四、LCC评审

评审是项目管理的重要内容。在装备各个阶段的评审中,LCC应该是独立的评审内容之一。评审时应提交全面、完整的LCC文件,应对每项费用的估算方法、通货膨胀的影响、所采用的熟练曲线、数据的收集和整理、系数的确定等进行详尽而清晰的阐述,并说明其稳定性、再现性和可跟踪性。

评审还应对下列问题予以说明:

(1)装备LCC工作计划的实施情况和重要活动的进行情况;

(2)影响费用的主导因素及其分析;

(3)已采取或计划采取的降低和控制费用的措施;

(4)与费用有关的各项设计目标的状况;

(5)正在进行、计划进行或近期要完成的各种权衡分析;

(6)占投资估算值总额80%以上的装备部件和软件的清单,并按价格排序;

(7)所做假设和约束条件的依据;

(8)LCC估算结果及分析;

(9)不确定性和敏感性分析的结论等。

评审结束后,应对提出的问题、意见和建议等进行逐项研究并加以解决,以提高LCC管理的质量。

第二节 LCC管理组织机构与关系

一、LCC管理组织

1. LCC管理组织要求

(1)对管理人员要求

LCC管理需要对LCC进行仔细的分析,它是管理者和工程师们用以决策的一种重要的技术工具。LCC管理分析必须是客观的、范围广泛的,对相关的问题必须是敏感的,并在规定的时间内完成。完成LCC决策分析所规定的时间常常是短暂的,需要回答"如果…,那该怎么办?"的问题,对提出的需求必须得出结果、做出结论。因此,LCC分析的组织机构必须是小而灵活的,人员必须是非常团结的,如本书第一章所述。数据要求也是严格的,如第五章第三节所述。必须承认,没有一个人拥有LCC分析所需要的全部技能和知识。因此,应指定具有合格背景、经验丰富的专家组成团队,与保障组织一起在需要时提供合理数据,从而能够完成LCC的分析工作。这个团队应该包括:计算机应用和模型建立领域中的某些专家,具有系统/产品运用和后勤保障方面经验的专家,在可靠性和维修性方面具有理论和实践经验的专家,具有制造者和供应商活动管理方面经验的专家以及在费用评估和费用分析方面有能力的专家。

(2)对数据的要求

在某些情况下,对于一个给定的项目进行费用分析所需要的数据可能是相当广泛的,并且要求这些数据能够正确地进行详细的可靠性和维修性预测,能够对费用进行评估,对图纸设计正确与否进行判断等。要求数据类型被明确规定,数据准备费用最低并适时可用,则保障组织人员的参与是十分必要的,并应加以鼓励。在取得数据的过程中,容易出现对实际需求的错误判断,对数据要求过多往往会导致过度耗费和低效的结果。

(3)外聘人员

另外,问题的本质可能来自专家组成的团队,因为完成分析任务是建立在他们相对独立的基础上。此时,运用需求、维修概念、可靠性评估、后勤保障因素、费用数值等都必须由该团队开发。在这些领域中,团队成员都应该取得过成果,具有丰富的经验。尽管如此,有时可能还需要额外的专家参与评审,因此为了完成任务,还需要为团队挑选暂时的外聘人员。

(4)决策辅助人员

为了完成 LCC 分析,所做的准备工作各不相同,因此要求所组织的团队能够快速地估计形势。无论是独立进行分析,还是利用外部的帮助,都要根据具体问题的特性进行决策,所需的分析范围、深度以及时间,都需要以完成分析为前提。在某些情况下,分析成果必须反映管理的需求。

2. 组织运营条件

如果希望 LCC 分析结果获得成功,还必须具有一定的组织运营条件。

(1)分析活动还必须包括对所有的程序管理层面进行直接的评估。鲁棒函数一般优于线性函数,这是由于鲁棒函数一般不易受到同时发生的其他活动的影响,因此在实施分析时更容易达到目的。

(2)分析活动不能受到各个管理者或组织机构的强制约束,从而导致不完整、不准确或不合时宜的报告。数据改变或许会影响结果,会由于人为原因而引起管理方面的混乱。

(3)分析活动必须对所有的程序费用数据和可用的设计数据以及可靠性和维修性预测数据、生产数据和后勤保障数据等进行直接的评估。

(4)成果分析必须是程序检查功能的一个固有的部分。设计决策应该在形式设计检查中进行,并由 LCC 数据给予支持,LCC 目标应该作为程序管理定期检查的一部分进行评估(图 8-1)。

二、消费者/生产者/供应商的界面

在制造者(承包商)、系统/产品零部件供应商(分包商)和消费者(用户)之间存在的主要界面表示在图 8-3 中。LCC 分析活动始于需求的定义:将消费者的需求赋予生产者,而生产者的需求则又合理地分配给每个供应商。其后,有供应商的建议、合同契约的签订、LCC 报告和费用度量等各种评价活动。这些活动在整个程序中,在消费者、生产者和供应商之间产生出许多界面。

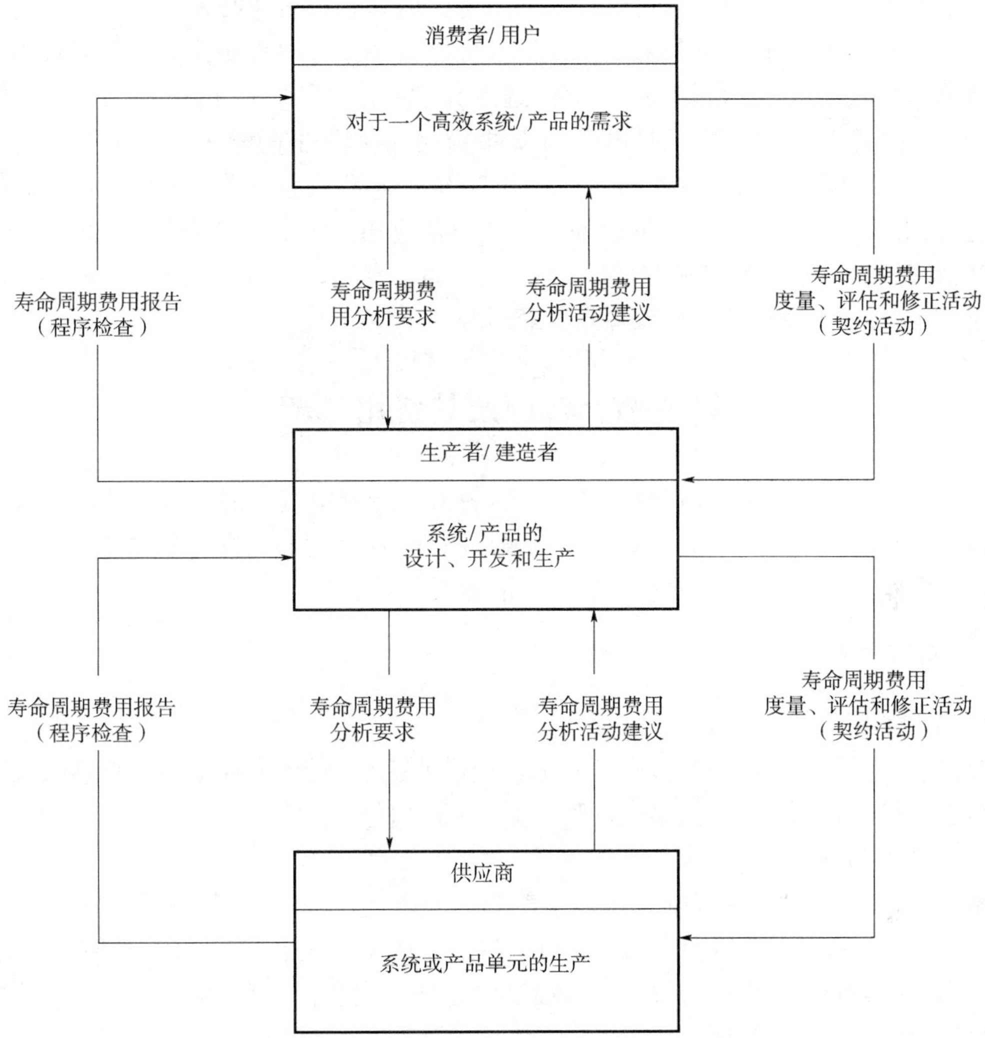

图 8-3 消费者/生产者/供应商的主要界面

在进行 LCC 分析时,费用数据的质量具有特殊的意义。所有的管理组织(或活动层面)都必须清楚地得知每个费用数据的质量状况,并根据其状况,了解产生这些费用数据质量状况的基础。当各个潜在供应商向有关的生产者提出建议(包括 LCC 分析的信息)时,要特别强调数据的真实性。但是,供应商大都限于它们本身的利益开发出了各自的费用结构、费用评价关系和费用模型。因此,承包商必须始终如一地采取公平的方式,客观地评价和慎重地选择供应商。换言之,生产者常常面临着将费用数据换算到对大家都一致的基准,即须基于公平评价选择供应商的任务,包括 LCC 信息。但是,完成(如果可能)这个任务是极其困难的,除非生产者十分通晓在开发其 LCC 数据过程中的影响因素和制造者的情况。

为了正确地选择供应商,承包商可以开发他们自己的费用分解结构、评价关系、费用模型等，用于评估各类供应商提供的信息。同样，每个供应商也需按照承包商提供的格式输入费用数据，以使承包商在评价过程中利用这些信息。承包商必须熟知这些分析过程及其应用技术，并能够在公平的基础上评估各个供应商。考虑程序保障并具有很多供应商的情况下考虑这些情况，对于公平评估、选择供应商通常是非常重要的。

如果合同契约已经签订，而且对于 LCC 报告、度量和评估的程序要求也已给定，则适当的沟通再一次成为评估的重要环节。消费者、承包商和供应商同样需要十分了解所报告信息的内容和关系，及其在测量和评估中的技术应用。不加仔细分析就接受 LCC“表面上”的状况，相对来说是容易的，但风险是较高的。自然，应该通过 LCC 分析得出合理的结论，再进行决策就会使这种风险降至最小。

第三节　合同及其费用管理

随着我国由计划经济向市场经济的转变，装备的研制由过去的上级下达研制计划转变为订立合同的制度。合同成为调节用户和承制方利益、约束双方行为的法律手段。合同管理是指双方在合同订立、履行中的管理活动。

一、合同的概念

1. 合同的定义

合同是指当事人之间的一种民事协定。严格地说，合同是平等主体的自然人、法人、其他组织之间设立、变更、终止民事权利义务关系的协议。

2. 合同类型

系统、产品和服务等的获取合同有许多类型，按照定价原则有：公司固定的价格，固定价格加价格逐步提升条款，固定价格加激励条款，按成本加收固定费，按成本加收激励费，费用分担，时间和材料，书面协议等。所提供的合同类型也依据系统/产品的开发阶段和获取过程中所估计的风险而变化。

(1)固定价格合同

当系统/产品设计已经很好地完成，或者货物清单中的项目已经多次获取，则经常采用价格固定的合同。另一种费用—可偿还型的合同则相对灵活，并且对频繁变化的新型设计项目更合理。不同的合同实质上是将消费者、制造者和/或供应商之间的契约方式加以变更，以适应规定的程序和相对的风险。

(2)成本补偿合同

具有支付、激励和惩罚、保证和担保条款的合同称为成本补偿合同或成本合同。这种合同形式结合了支付、激励和惩罚条款，保证和担保等的规定方法和安排。对于大型项目，过程支付常常是在承包商成功完成产品，并按照合同规定验收以后。如果采用激励型契约，则须执行激励/惩罚条款，作为过程支付计划表的补充。另外，作为契约中的一个条件，在许多系统和产品获取中，承包商常常具有在产品销售后的担保期内负有更换或维修的责任，而不需消费者付费。

3. 合同特点

合同是当事人之间的一种民事协定。具有如下特点：

(1)合同是两方以上当事人，具有意思表示一致的民事法律行为。合同的成立必须有两方以上的当事人，他们互为意思表示并相一致，按意思表示的内容赋予法律效果，故为民事法律行为。

(2)合同是当事人各方在平等、自愿的基础上产生的民事法律行为。任何一方都不能把自己的意志强加给对方，任何单位和个人都无权对当事人的意思进行非法干预。

(3)合同是当事人之间以设立、变更、终止民事权利义务关系为目的的民事法律行为。当事人可以通过合同创立法律关系、变更已有的法律关系、终止已有的法律关系。

4. 合同原则

1999年10月1日起，《中华人民共和国合同法》(以下简称《合同法》)开始实施。《合同法》是商品经济、市场经济的法律形式，是社会主义市场经济的基本法律。在市场经济条件下，一切交易活动都是通过缔结和履行合同来进行的，而交易活动乃是市场活动的基本内容。无数的交易构成了完整的市场，而反映交易内容的合同关系是市场经济社会最基本的法律关系。《合同法》鼓励当事人从事更多的合法的交易活动，促进市场经济发展。

《合同法》的基本原则是：

(1)平等原则

① 在订立合同时，任何一方无权强制他人服从自己的意志；

② 合同依法成立，对当事人产生平等的约束力，不允许任何一方享有特权；

③ 合同发生纠纷时，当事人平等地受法律保护；

④ 合同当事人一方没有处罚对方的权利。

(2)自由原则

① 缔约自由，即当事人可以自由选择是否与他人缔结合同；

② 缔约人自由，即当事人可以自由决定与何人缔结合同；

③ 内容自由，即双方当事人可以自由决定合同内容；

④ 变更和解除自由，即当事人可以协商变更或解除合同；

⑤ 方式自由，即当事人选择合同形式的自由。

(3)公平原则

① 要求合同当事人的权利和义务要对等。任何一方既要享受权利，也要承担相应义务。

② 取得利益的同时，要付出相应的代价，不能取多付少。禁止无偿平调、禁止强迫进行不等价交易，提倡和保障公平交易。

③ 当违约情况出现时，违约人承担的违约责任应当公平合理，应允许请求法院仲裁。

④ 当风险出现，造成财产损失，而损失的承担未约定时，应按公平原则合理承担损失。

(4)诚信原则

要求当事人以善良的态度和方式签约和履行合同义务，不滥用权力，在获得利益的同时充分尊重他人的利益和公共利益。

(5)遵守法律

要求当事人在合同订立、履行、变更、解除、解决争议等各个环节都遵守法律、行政法规、尊重社会公德，不得扰乱社会经济秩序、损害社会公共利益。

(6)计划原则

计划是国家实行宏观调控的重要手段，许多重大合同的订立、履行，均需服从国家计划，受国家计划的指导和制约。重大技术装备的研制是实施指令性计划下的合同制，双方当事人必须订立合同并严格履行，以保证国家计划的完成。

二、合同的招标

重大技术装备的招标是指为执行国家重大技术装备研制计划，订购方以其拟定的研制合同内容、要求等作为标的，招引、邀请愿意承包的单位进行投标，择优选定承制方的活动。它是规范市场竞争的有效手段，充分发挥竞争机制的功能，公开、公平、公正地竞争，有利于打破垄断，实行优胜劣汰，择优选定承制方。

1. 招标的基本方式

招标的基本方式主要有 3 种：公开招标、选择招标和协商招标。

(1)公开招标

公开招标是指招标方以招标公告的方式邀请不特定的法人或其他组织投标。它是一种无限制的竞争，招标方通过招标公告或报刊、广播、电视等媒体发出招标文件，公布产品项目、详细技术规格、投标日期、地点等相关信息。

(2)选择招标

选择招标又称限制性招标，是指：招标方在持有《许可证》的单位范围内，以投标邀请书的方式选择特定的法人或其他组织投标。招标方根据合同任务要求有重点地选择符合条件的若干个(至少 3 个)企业竞争，这些企业需具备完成合同要求的特殊技术能力或保密资格。

(3)协商招标

协商招标是一种无意竞争招标，适用于某些特殊情况，如尖端保密项目。协商招标是在持有《许可证》的单位范围内，招标方邀请经过预选的、有能力和信誉的单位，从中择优选取。

在上述 3 种招标方式中，要根据项目规模、技术要求、风险高低和竞争企业的多少等因素进行选择。对于技术要求明确、不确定因素较少的项目，一般采用公开招标的方式；对于研制复杂或急需而又不宜公开的项目多用选择招标或协商招标的方式。

2. 招标程序

大型复杂技术装备的招标程序一般分为:准备、招标、投标、开标、评标、定标和签约。

(1)招标准备

招标前的准备,首先是设立招标机构,负责制定有关政策、法规、监督、检查招标工作,全面负责该项目招标过程的管理工作,包括招标对象的审查,拟定招标文件,投标审查及定标、签约等工作。在发出招标文件以前,对拟发招标文件的单位进行审查,一般是在持有《许可证》的单位范围内,根据招标任务的性质、期限、特殊要求等,对符合招标条件的单位进行初步审查,从中选出符合条件的投标单位。

(2)招标

招标方按照项目任务要求制定招标文件,并发给投标方。招标的法律性质为要约邀请。招标文件包括:项目技术要求、对投标方资格审查的标准、投标报价要求和投标标准等,所有实质性要求和条件以及拟定签约合同的主要条款。装备技术要求包括:技术性能、技术规范、成本要求、进度要求、保障性要求等。招标文件是对招标方和投标方具有同等法律效力的文件,招标要求要明确,一旦发出尽量不要更改,对特殊要求应加以规定,尽量避免以后可能引起争议的规定和解释。

(3)投标

投标是投标方收到招标文件后,用书面形式向招标方表明应标意向。无意应标者应完整无损地退回招标文件,并不得泄露其内容。有意应标者应当按照招标文件要求编制投标文件,对招标文件提出的实质性要求和条件做出响应。

(4)开标

开标是把所有投标文件启封揭晓。开标由招标人主持,邀请所有投标人参加。开标时间、地点在装备文件中预先确定。开标时,由投标人或其推选的代表检查投标文件的密封情况,也可由招标人委托的公证机构检查并公证;经确认无误后,由工作人员当众拆封,宣读投标人名称、投标价格和投标文件的其他重要内容。采用协商投标方式的不进行公开开标。

(5)评标

评标是对被招标方接受的投标文件进行评审。评标时由招标方聘请的有关技术、经济、法律和管理等方面的专家组成评标委员会,按照标底对投标文件进行审查,应采取必要措施保证评标在严格保密的情况下进行,公正地评出中标单位的顺序,供定标时参考。

(6)定标

定标是招标方最终确定中标方。该定标若是对投标的完全接受,其法律性质为承诺。定标时不仅要看其报价的合理性,还要看性能、进度、技术风险、保障性等诸多因素。避免只注重标价,而忽视其他因素。

(7)签约

定标后招标机构应与中标单位展开进一步的合同谈判,对合同文件及其附件做详细的分析研究,经双方认可后,由法定代表人签字,并报主管单位审批,如获批准,则合同正式生效，招标工作全部结束。

三、合同内容

按照《合同法》的规定，合同内容由当事人约定。现实生活中的合同各式各样，内容表达上也千差万别，但合同内容的最基本特点是确定双方当事人之间的权利和义务关系。一般应有当事人的姓名、住所、标的、数量、质量、价格或报酬、履行期限、地点和方式、违约责任和解决争议方法等条款。

1. 标的

标的是指合同双方当事人权利与义务所指向的共同对象，这是订立合同的目的和前提，也是一切合同所必需具备的主要条款。标的可以是某种实物或货币，也可以是某项工程或某项脑力劳动的成果。技术装备合同的标的是合同约定完成的最终成果，可以是产品、资料和某项服务等。合同标的的详细说明在合同文本附件《技术规范(技术规格书)》和《工作说明》中给出，内容应明确具体，措词应准确。

(1)《技术规范(技术规格书)》

《技术规范(技术规格书)》主要用来规定研制任务的基本技术要求和方法，供双方订立合同、进行交付或验收时使用。它规定了项目的要求，其中包括：性能、设计、结构、可靠性、维修性、运输性、人的因素、安全性、材料、环境条件、电磁兼容、尺寸、质量、表面状况、接口、外观质量等要求；质量保证规定，主要包括：鉴定检验、质量一致性检验和相应的试验方法；交付准备，主要包括：封存、包装、装箱、运输、储存和标志等要求。

(2)《工作说明》

《工作说明》用以明确提出工作范围和工作内容，主要包括：项目设计、制造、试验与鉴定、项目管理、费用控制、可靠性、维修性、保障性、综合保障和技术资料等。这些工作是订购方按照系统工程理论编制的，是承制方保证完成合同任务所必须做的工作。合同双方的具体任务应全面、无遗漏地阐述清楚，使合同双方知道何时干什么工作，交付什么项目。承制方依据《工作说明》来安排研制生产工作，订购方按照《工作说明》检查承制方履行合同的状况。《工作说明》与合同正文具有同等的法律效力，也是合同违约仲裁的依据之一。

《技术规范》和《工作说明》作为合同附件，受法律保护。因为只有合同才是具有约束力的唯一依据。合同的《技术规范》是研制任务的全部技术要求；合同的《工作说明》是研制任务的全部工作内容。因此，认真编制《技术规范》和《工作说明》，对于规范合同管理具有重要意义。

2. 技术条款

技术条款主要包括：技术性能、技术规范、质量保证、产品验收和交付、技术专利、技术服务和保密条例等。

(1)质量保证条款是指：保证产品无缺陷和达到规定的寿命。

(2)产品验收条款。新研制的产品应按双方确认的检验和试验大纲验收，批生产的产品则按双方签署的验收规程验收。

(3)产品交付条款。合同明确规定产品交付期、交付状态和交付方式；

(4)技术专利条款。完成合同任务所需的专利技术项目，须按专利法签订转让合同后才能使用。应在签订合同任务过程中，由企业开列清单，并按协商条件，由订购方向专利所有者支付专利使用费。

关于合同执行过程中的创造发明权问题。若是任务性质的创造发明，其发明权归合同双方所有，由这种创造发明获得的使用费，应按贡献大小进行分配，并在合同中注明。若是独立性质的创造发明，则归企业所有。

(5)技术服务条款通常包括培训人员、提供产品说明书和使用维修手册以及售后服务等。

(6)保密条款包括：保密要求、保密范围、密级和泄密惩处等。

3. 经济条款

(1)合同价格条款。采用固定价格或成本补偿价格，利润、折旧费、不可预见费的确定和间接费用的规定。

(2)付款方式条款：预先付款和分期付款。

(3)其他经济责任条款，如产品逾期交付时的罚款计算等。

4. 法律条款

关于合同双方争议仲裁，合同变更、终止和解除，以及因产品质量引起伤亡的责任等。

四、合同中的三个重点范畴

在整个契约过程中，合同常常写明须进行LCC分析，并强调应在寿命周期的早期进行，并将LCC分析结果以某种方式与合同支付结构直接挂钩，以表明LCC分析的重要性。因此，在合同中应体现出LCC分析结果的应用，并将其作为消费者、承包商和/或供应商之间合同协商的重要内容。LCC分析结果在合同中的应用，主要体现在如下3个范畴。

1. 按进度付款

订购方按照项目的进度状况进行付款，根据检查点LCC的达标状况来决定是否付款。因此需要通过LCC分析得知检查点处的LCC评估值。也就是说，项目付款与否随着程序各个阶段的LCC目标要求而定。由图8-1可知，按进度等级付款时，如果所完成的LCC分析表明，该阶段的LCC评估值低于规定的目标值，则进行方案设计的检查(任务A7)对于付款是很有意义的。如果LCC评估没有反映出合乎目标值的要求，则按进度付款可能遭到拒绝，直到制造者(或供应商)进行了修正活动，使LCC降低到符合要求为止。

2. 激励契约

一个激励/惩罚计划如图8-4所示。这种计划规定，当某些规定的需求能够得到满足时，在程序的某一个设计点，实施激励和惩罚支付。根据寿命周期费用分析，认为在系统/产品的某些范围已经获取了比较满意的结果，并且利用“真实范围”内的数据，能够完成真实的寿命周期费用计划以后，在一个时间点采用激励/惩罚计划是合理的。尽管这个规定的时间点将随系统/产品的形式而变化，但规定2～3年的时间比较合适。

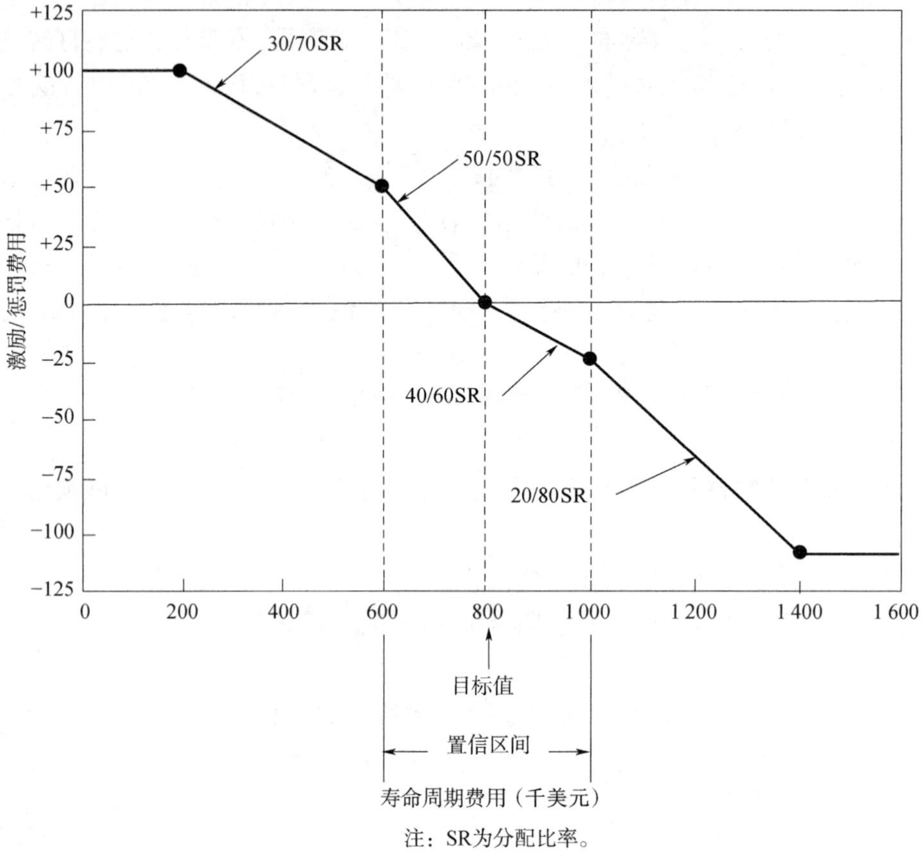

图 8-4　合同激励/惩罚例

由图 8-4 可见，所示曲线沿纵坐标值描绘出所建议的激励/惩罚值及其分配比率（SR_S）。假定 LCC 目标值为 800 000 美元，在此值的周围规定出不同的分配比率（SR）。几乎所有的激励计划都假定为区间线性分配的形式，一般以百分率表示。例如，30/70SR 表示：如果被评估的 LCC 明显低于目标值（例如 600 000 美元或更低），则表示在纵坐标上的美元将分为两部分：30%给用户，而 70%付给制造者；相反，如果所评估的 LCC 为 800 000～1 000 000 美元，则表示在纵坐标上数值 40%的惩罚支付将由制造者承担。

整个激励/惩罚计划的规定和执行过程是一项综合性的课题，其具有各种不同的选择方法，与系统的形式、程序功能、开发风险、预算限制和契约谈判的形式结构等密切相关。

3. 担保书

对于一个系统/产品来说，其配置是相对固定的，因此通过公司维修和保障协议能够控制运用和保障费用。在该阶段，承包商（或供应商）已经建立了 MTBF 或 MTBM 目标值和特殊的后勤保障要求。例如在第一章已经举例说明，这些因素对 LCC 和运用保障费用有重大的影响。因此，谈判一个固定价格的合同是有可能的，在此合同中承包商或供应商对消费者使用的系统/产品提供一个指定等级的维修保障。这个维修保障的等级建立在维修频率（即 *MTBM* 的倒数）和维修活动发生时所需的后勤保障资源的基础上。如果保障等级高于预期，则附加费用由承包商负担；如果等级低于预期，则承包商应该获得节省。实质上，这种类型的合同基本上是由制造者利用可靠性、维修性和后勤保障数据确定担保条款而创立的一个保证，包括如今已在许多合同程序条款中采用的与可靠性改善保证（RIW_S）相类似的合同条款。

五、LCC 分析的评价审核检查清单

LCC 分析理论、方法及其应用已经在前述章节做了详尽的讨论。但是，LCC 分析的主要收益完全取决于管理、验收及其方法的合理应用。要完善地进行 LCC 分析，得到降低费用的结果，必须开展相关的各种活动，并将结果有效地应用于决策过程。因此，成功地执行 LCC 分析是直接关系到管理、效益的一项工作。

在 LCC 分析中，有许多因素需要考虑，诸如做出正确的假定，对数据进行收集和评价，建立重要参数之间的关系式等。如果管理不仔细，这个过程就要导致大量的错误。虽然完全消除所有的错误和决策中的风险是困难的，但是应使 LCC 管理工作的每一个预防措施都尽可能有效。基于分析结果进行 LCC 管理工作时，分析者应该依据问题的规定、所提假定的有效性、模型参数的关系、数据输入的充分性和所做的结论，来检查整个分析过程。需要回答的问题是：所采用的配置是否比其他备选方案有明显的优越性？为了回答这个问题，分析者可能希望将检查清单的形式作为辅助手段，提出许多专门的问题，来评价最终的输出结果。下面列出了 LCC 分析的评价审核样本，其中包括需要检查的基本方面和重要问题，希望对建立将来程序的寿命 LCC 和经济分析有益参考。

1. 假定

（1）所有的假定都充分地鉴别了吗？

（2）所做的什么假定实际上数量不够准确？

（3）所做的什么假定实际上质量不够准确？

（4）主要的假定都是合理的吗？

2. 备选方案

（1）在充分考虑的备选方案中，所具有的能力合格吗？

（2）考虑了备选方案中系统零部件的组合了吗？

（3）有什么可行的和重要的备选方案被忽略了吗？

3. 提供文件

（1）研究成果被文件充分证明了吗？

（2）事实被修正过吗？

（3）事实是在特定的条件下发生的吗？

（4）列出了有用的参考文献来源了吗？

4. 模型关系

（1）模型是否足以解决问题？

（2）费用和效能参数是否建立了逻辑上的联系？

(3)模型是否及时地提供了应答?

(4)模型是否提供了有效的(全面的)和可靠的(可重复的)结果?

5. 效能参数

(1)效能度量被鉴别了吗?

(2)效能度量适合任务功能吗? 运用和维修概念都已定义了吗?

(3)效能度量是否忽略了某些目标,而将注意力集中于其他方面?

(4)性能度量是否错误地理解为效能度量?

(5)未来系统的效能理解为与时间进程相关了吗?

(6)所度量的效能用期望值和平均值修正了吗?

(7)如果效能难以定量度量,定性比较是否可行?

(8)效能度量是否对假定的变化敏感?

(9)在具有两个或多个效能度量值的项目中,对于这些度量值是否给予适当的重视(根据所使用的每项准则因素的重要性和重要等级)?

6. 费用

(1)对所使用的费用模型是否已经进行了充分的描述?

(2)对费用类别是否进行了充分的定义?

(3)费用是否进行了相应的估算?

(4)是否考虑了费用的增值和限制?

(5)是否对变化费用和固定费用分别进行了鉴别?

(6)是否对通货膨胀进行了详细说明和使用?

(7)是否对贴现率进行了详细说明和使用?

(8)是否对所有的费用单元考虑了:

①可行性研究;②设计和开发;③生产和试验;④安装和检验;⑤人员和培训;⑥技术资料;⑦设备和设施的建造和维修;⑧备件/修理件;⑨保障设备/工具;⑩货物存储和维修;⑪顾客服务;⑫程序管理。

(9)是否按照相同的比较标准研究了所有备选方案的费用状况?

(10)费用估算(费用估算关系)是足够精确的吗? 风险和不确定性的范围鉴别了吗?

(11)实施降低费用的措施了吗? 如果采取了,效果如何?

(12)通过敏感性分析对费用估算的敏感性进行深入的分析了吗?

7. 结论与建议

(1)从研究资料中能否推导出结论和建议?

(2)在得出结论和建议时,是否考虑了所有的重要细节?

(3)结论和建议在政治、文化、策略或其他方面是否实际可行?

(4)结论与建议是否表现出倾向性?

(5)结论与建议是否客观?

(6)结论与建议是否有争议?

第四节 装备费用风险管理

一、概　　述

现代大型复杂系统/装备在整个寿命周期中存在风险，在系统寿命周期的各个阶段都必须对风险予以分析和管理。技术装备的风险主要包含：发展新设计、新工艺所包含的技术风险，为获取和涉及可用资源和活动而造成的计划风险，为系统部署、运用和维修相关而形成的保障性风险，项目费用超出预算而产生的费用风险，装备不能按期完成而引起的进度风险。随着现代技术装备性能不断提高，造价日益昂贵，要求更加严格，风险问题引起了广泛的重视，风险管理已经成为项目管理的一个重要组成部分。

在风险管理中，费用风险管理是其中的一项重要内容。费用增长造成的主要风险有：预定的低费用目标不合理所造成的风险，满足合理的费用目标而使项目在RAMS方面产生风险。费用风险经常是技术、计划、可靠性、保障性和进度风险的反映。

（一）费用风险概念

1. 费用风险的定义

在人们的日常生活和社会经济活动中，经常会遇到风险一词，但要对它下一个准确的定义，却是一件比较困难的事。这是由于风险，牵涉的面很广，要想找到一个对各个领域都适用，对各个层面都统一的定义确非易事。2006年2月，在澳大利亚悉尼召开了国际标准组织(ISO)风险管理标准的工作小组会议，会议的目标是建立一个通用的风险管理国际标准，其中的关键是得出一个普适的风险定义。由于代表们都是各自领域的风险管理专家，他们从各自的工作领域出发，提出了几十个风险的概念定义。经过长时间的斟酌和研究，在2007年4月于加拿大渥太华召开的第四次工作会议上，一致通过在国际标准ISO 31000和Guide73中采用我国提出的风险定义。中文表述是："不确定性对目标的影响"(GB/T 24353—2009)。相应的英文表述为："Effect of uncertainty on objectives"(ISO 31000 & Guide 73:2009)。

从上述风险的定义可知，费用风险可定义为：风险是未来费用损失大小的不确定性，是未来费用事件发生概率和后果的综合体现。

2. 费用风险管理的定义

费用风险管理的定义是：各个经济单位(企业)通过风险识别、风险评估和风险控制等，以最小的成本将风险导致的各种不利后果减少到最低程度的科学管理方法。

由上述定义可以看出费用风险管理具有如下的要点：

(1)费用风险管理的主体是经济单位。经济单位可以是企业、家庭和个人，也可以是国家、政府和社会团体。无论经济单位的规模大小，都应按照风险管理的理念和方法解决各自面临的风险问题，以求达到最优的发展路径。

(2)费用风险管理是一个科学的过程管理。费用风险管理通过风险识别、风险评估，充分了解自身的费用风险状况，采取适合的费用风险管理技术，解决面临的费用风险问题，达到费用风险控制的目的。

(3)费用风险管理的目标是以最小的成本获取最大的收益。风险管理所付出的成本必须与取得的收益相匹配，费用风险管理的效果须以此标准来评价，费用风险管理的行为也须以此标准进行约束。

(二)费用风险特点

由费用风险定义可以得出费用风险概念的如下特点。

1. 风险的不确定性

(1)费用风险是费用损失的不确定性，是不幸费用事件发生的不确定性，是不幸费用事件发生的概率及其可能后果综合的不确定性。在众多偶然因素或未知因素的影响下，不幸费用事件具有随机性，人们不能准确预测其是否发生、何时发生以及造成的损失。

(2)费用风险的不确定性是人们预期费用与实际费用的差异。具有这种认识的人认为“风险是在一定的条件下和一定的时期内，可能产生结果的变动。”这种变动越大，风险就越大。这种变动就是预期结果与实际结果的差异或偏离。任何人、企业、团体和社会都不可能绝对准确地预测未来发生的事件，即使计划制订得再完善，也可能有风险事件发生，它可能是由于人们行为不慎或准备不足；也可能归因于其他个人、团体或整个社会的活动；甚至还可能是由于不可抗的自然现象。

(3)降低费用风险就是限制和减少可能造成费用损失的不确定性，减少不确定性对风险主体目标的影响。为了认识和探究各种不幸事件的客观规律，预测和控制这些不幸事件，人们一直都在不断地努力，尽管这种努力不可能根除不确定性，但却在不断地降低其不确定性。

2. 风险的普遍性

(1)风险是客观存在的。人们对风险的普遍性早就有了朴素的认识，常言道：“天有不测风云，人有旦夕祸福”，说明风险是客观存在的，是不以人的意志为转移的。

(2)人类的历史证明，各种风险都是独立于人的意识以外的客观存在，是由于自然界的物质运动和社会的发展规律所决定的。人们只能在有限的空间和时间内改变风险存在和发生的条件，降低其发生的频率和减少损失的程度，而不能、也不可能完全消除风险。

(3)风险的概念适用于人类活动的各个领域，诸如金融资产领域、保险投资、安全生产等领域，对于风险的概念可以从经济学、管理学和安全工程学等角度去认识。

3. 风险的目标性

(1)费用风险和费用风险管理具有很强的目标性。没有目标，风险管理就无从开展，只有通过树立目标，才能确定风险管理的方向，并对风险管理的结果做出评价。风险管理是风险主体经营管理的一部分，其根本目标应该与风险主体的总目标相一致，即以尽量低的成本保证风险主体处于足够安全的状态。

(2)费用风险管理的目标是处理风险和控制风险，防止和减少损失，以保障社会生产及各项活动的顺利进行。风险管理的早期倡导者詹姆斯．奎斯梯指出：“风险管理是企业或组织控制损失以保全盈利的能力。”近代风险学者赫李克斯·科赖蒙认为：“风险管理的目的是保存组织前进的能力，并对顾客提供产品与服务，以保全公司的人力与效力，保护企业的盈利能力。”

(3)费用风险管理的宏观目标分为五个层次：

① 降低意外损失风险，防止企业倒闭破产；

② 维持企业生产，避免企业经营中断；

③ 安定局面，稳定企业收入；

④ 持续发展，提高企业利润；

⑤ 建立良好的企业信誉和形象。

4. 风险的可测性

(1)风险是可以测量的。尽管风险具有不确定性，“个别事件发生的可能性是不确定的，但集合众多的事件来观察，则又是有规律可循的。”这就是大数法则原理。通过对同类风险的集中管理和损失分担，可使个别遭受损失的不确定性变成可以预知的风险损失。

(2)风险是一种随机现象，根据数理统计原理，它服从某种概率分布。也就是说，对于一定时期内的特定风险，可以利用大量的统计资料，从宏观上把握某种风险运行的规律，预测出其发生的频率和损失率。

(三)风险管理的作用和意义

1. 风险管理的作用

风险管理的主要作用是识别、处置和控制风险，减少和避免损失，保证企业生产经营活动的顺利进行。风险管理的作用通常分为：事前预防作用和事后的补偿作用。

(1)事前的预防作用

风险管理的事前预防作用可分为以下几种。

① 降低成本

要实现风险管理的总体目标，以最小的成本获取最大的收益，就必须制定经济、合理的风险管理计划，尽量减少不必要的费用开支和损失，尽可能地降低风险管理计划成本。具体地说，在损失发生以前，应比较各种风险管理工具和有关的安全计划，对各种预防措施的技术费用进行全面的财务分析，以谋求最经济、合理的风险处理方式，将控制损失的费用降至最低限度，通过尽可能低的管理成本，达到最大的安全保障，取得风险控制的最佳效果，为企业的最大盈利服务。

② 安全保障

风险管理的安全目标是将风险控制在可接受的范围内，使得所有的风险都“可控、能控和在控”。风险不仅可能造成财产的损失和人员的伤亡，还会使人们的心理产生忧虑和恐惧，从而影响决策者的决策水平，使企业丧失良好发展的机会；同时，也会严重影响相关人员的劳动生产率。因此，在制定风险管理计划时，应该提高人们的安全风险意识，体现出足够的安全保障。

③ 事前预防胜于事后补偿

风险管理首先是识别显露出的和潜在的风险，处置并控制风险，以期预防损失；其次是在事故发生后提供尽可能的补偿，减少损失的危害性，保障企业安全生产和各项活动的顺利进行。风险管理者有句格言:损失前的预防胜于损失后的补偿。由于风险的偶然性,风险管理应该做好事前预防和事后补偿两手准备。

④ 企业成功的有力保证

风险管理为企业发展、项目建设提供对待风险的整套科学依据,有助于全面识别、衡量和规避风险,以最小的代价将风险损失控制到最小,尽可能维护投资的收益。如果没有风险管理,企业和项目将暴露于诸多不确定因素之中,会处于被动和消极接受的状态。而制定和实施风险管理计划之后,企业和项目则有了对各种情况的分析和应对措施,成为企业和项目成功的有力保证。

⑤ 承担必要的社会职责

随着风险的社会化,一个企业遭受损失,不仅会影响企业和个人,还可能使国家和社会遭受损失。因此,良好的风险管理不仅要转移自身的风险,还要降低社会的损失,这样既可以树立企业的形象,又承担了必要的社会职责,为企业的长远发展起到了良好的作用。

(2)事后的补偿作用

风险管理的事后补偿作用是指事故(包括费用事故)发生后风险管理所起的作用,其管理目标是对事故后的状态进行补偿,尽快地恢复到事故发生前的状态。风险管理的事后补偿作用可分为以下几种。

① 生存目标

对于一个企业而言,风险事故所带来的最严重的后果就是企业生存受到威胁,即企业也可能因此而破产倒闭。因此,事故后风险管理的最低目标就是企业的生存,只有生存下来才有发展的希望。风险事故的发生会给人们带来一定的损失和危害,会影响到生产经营活动和人们的正常生活,而风险管理能够给企业、家庭和个人提供经济补偿,为生产恢复和人们正常生活提供必要的条件,使之重整旗鼓、迅速恢复。

② 持续经营

在严重事故发生后,企业经营活动可能被迫中断,从而可能使企业丧失进一步发展的机会,在激烈的市场竞争中处于劣势。因此,企业应通过风险管理保证企业的持续经营,风险管理者首先应该对企业的生产经营过程进行认真分析,找到关键环节,进行风险分析,找出导致事故的风险因素,制定控制风险的对策和措施。

③ 持续发展

风险事故的发生会给企业的发展造成极大的冲击。为了实现企业发展目标,风险管理者必须及时、有效地处理事故造成的各种损失,使之迅速得到补偿,为企业的持续发展创造良好的条件,使其在稳定的环境中持续健康发展。

④ 重塑形象

遭受严重损失和灾难性的后果会重创企业的形象。因此,企业必须通过风险管理,及时、有效地处理事故造成的损失,减少事故在国内外产生的不利影响,保护相关人员和组织的经济利益,获取公众的谅解,重塑企业的良好形象。

2. 风险管理的意义

(1)有利于企业和社会的稳定与发展

风险管理能促进企业的进一步发展,有助于消除风险对整个经济社会带来的灾害与损失。风险管理的全面实施有利于社会生产的顺利进行,有利于社会效益的稳定增长,有利于提高产量、降低成本、增加效益。因此风险管理对保障企业安全、促进社会发展、稳定经济秩序有积极的意义。企业应该把风险管理纳入到企业战略执行的层面上,即企业成长与风险相联系,设置与企业成长和回报目标相一致的风险承受度,将企业战略目标的波动控制在一定的范围内,保证企业的生产经营稳定发展。

(2)有利于社会资源的合理分配

风险常常对投资者的投资心理产生很大的影响,一些风险较大的产业往往使投资者踌躇、恐惧,使投资者将大量的资金投向安全性较高的行业,往往导致风险较大的产业无人问津,破坏了原有的资源配置,造成社会资源分配不当的局面。同时,在已有的高风险行业中,由于不确定性,企业保存了大量的备用资金,以应付未来不可预测的损失,从而使企业的生产能力下降,经济福利水平降低。风险管理的全面实施可以在很大程度上降低风险损失,并可为风险损失提供经济补偿,使更多的社会资源合理地流向需要的产业部门。因此,风险管理有利于提高社会资源的利用程度,消除或减少由风险造成的社会资源的浪费。

(3)保证企业经营目标的实现

风险管理能够帮助企业建立风险管理平台,从根本上提升企业风险管理水平。企业可以根据自身的管理水平,针对具体的风险,灵活地制定风险解决方案。通过体系框架下的风险策略、风险组织职能、风险信息系统、金融工具及内控等多种管理手段,提高风险管理效率。

风险管理通过风险的综合处理和全面控制,将企业生产经营活动中面临的风险损失减少到最小的程度,在灾害损失发生后能及时采取相应的补救措施,确保企业经营目标顺利实现。风险管理通过科学系统的方法,处置各种动态和静态风险,达到减少和消除生产风险、经营风险、决策失误风险等。风险管理以通过最小成本获取最大风险管理效果为宗旨,促使企业生产部门和其他职能部门提高经济效益和管理水平,减少风险损失。风险管理为职工提供安全保障和措施,可消除企业和职工的后顾之忧,使员工以积极的态度投入到生产经营活动中去。

(4)将不确定性转化为利润

在很多情况下,企业利润的源泉在于面对的各种不确定性,不确定性越大,企业获利的可能性也越大。企业通过搜集信息、加强经营管理,提高自身的盈利能力。实质上,这个过程就是对风险的管理过程,就是将不确定性转化为利润的过程。因此,良好的风险管理将直接提高企业的获利能力。

现代,风险管理已经成为企业经营管理中的一项主要内容。大多数管理完善的成功企业都非常强调风险管理,设立风险管理部门和风险管理经理,他们的职责是建立企业的风险管理体系,通过对企业重大风险的量化评估和实时监控,从根本上避免企业遭受重大损失。

(四)风险管理原则

风险管理通过考虑不确定性及其对目标的影响,采取相应的措施,为组织的运营和决策及有效应对各类突发事件提供支持。风险管理适用于组织整个寿命周期的各个阶段,其适用范围包括整个组织的所有领域和层次,也包括组织的具体部门和活动。风险管理旨在保证组织恰当地应对风险,提高风险控制的效率和效果,增强行动的合理性,有效地配置资源。国家标准《GB/T 24353—2009 风险管理原则与实施指南》(ISO 31000:2009)中提供了风险管理的原则和实施指南。遵循这些原则,将有助于组织在任何范围和具体环境中以透明和可靠的方式实施风险管理。

为有效管理风险,组织在实施风险管理时,可遵循下列原则。

1. 控制损失,创造价值

以控制损失、创造价值为目标的风险管理,有助于组织实现目标,取得具体可见的成绩和改善各方面的业绩,包括人员健康和安全、合规经营、信用程度、社会认可、环境保护、财务绩效、产品质量、运营效率和公司治理等方面。

(1)这项原则的价值在于风险管理的目的就是创造并保护价值,控制损失。

(2)风险是客观存在的,任何组织都面临风险,组织的所有活动都涉及风险,风险会影响组织目标的实现。

(3)在组织的运营活动中,机遇和挑战并存,风险管理就是要趋利避害,创造价值。在某些特定领域,譬如金融业,从风险管理的角度出发,币值波动既能造成潜在损失,又是可能创造盈利的机会。

(4)因此风险管理过程越来越多地被认为是既要关注不确定性因素带来的消极影响,又要关注这些不确定因素导致的积极影响。

2. 融入组织的管理过程

风险管理不是独立于组织主要活动和各项管理过程的单独活动,而是组织管理过程不可缺少的重要组成部分,包括战略规划、所有项目和变更过程等。

(1)组织的管理是一个综合管理,风险管理是组织综合管理的一个组成部分。

(2)组织应把风险管理的各项要求融入企业管理和业务流程中,例如:企业战略、规划、产品研发、投融资、市场运营、财务、内部审计、变更管理、法律事务、人力资源、采购、加工制造、销售、物流、质量、安全生产和环境保护等。

(3)强调风险管理框架必须和内部控制框架相一致,把内部控制目标和要素整合到企业全面风险管理过程中。

(4)全面风险管理(ERM)框架是对内部控制框架的扩展和延伸,它涵盖了内部控制,并且比内部控制更完整、有效。首先,该框架扩展了内部控制框架,强调风险管理与企业战略目标相协调,并最终融入企业文化之中;其次,该框架更强调风险管理贯穿于企业运行过程的各个方面,涉及企业的治理、管理和操作等所有层级,扩展了单纯的内部控制职能;最后,引入了风险组合、风险和机会的区分、风险控制、风险偏好、风险容量等风险管理理论的新研究成果。

3. 支持决策过程

组织的所有决策都应该考虑风险和风险管理。风险管理旨在将风险控制在组织可接受的范围内，有助于判断风险控制是否充分、有效，有助于决定行动优先顺序，并选择可行的行动方案，从而帮助决策者做出合理的决策。

(1)风险识别、风险分析和风险评价是为了认识、评价风险管理单位的风险状况，解决风险管理中的各种问题，制定风险管理的决策方案。因此，风险管理支持决策过程。

(2)风险管理目标确定、风险识别、风险衡量、风险评价和风险控制等，都是为了确定最终的风险管理方案。从这个角度来看，风险管理过程实际上是一个管理决策过程。

4. 明确风险管理涉及的不确定性

风险管理明确地考虑到不确定性及这种不确定性的性质，以及如何解决。

(1)风险的不确定性是指发生与否不确定、发生的时间不确定、发生的状况不确定、发生的后果严重程度不确定。

(2)风险管理就是要识别这些不确定性，做出决策、降低风险的影响，确保目标的实现。

5. 应用系统、结构化的方法

风险管理应用系统、结构化的方法有助于风险管理效率的提升，并产生一致、可比和可靠的结果。

(1)风险管理是一个过程，因此就要符合过程的管理原则。组织的风险管理是由许多子过程组成的，要将这些子过程按照统一的风险管理系统来管理，才能够取得最优的效率和结果；

(2)组织管理体系是风险管理的保障；

(3)风险管理必须是及时的、有组织的。

6. 以信息为基础

风险管理过程要以有效的信息为基础。这些信息可通过经验、反馈、观察、预测和专家判断等多种渠道获取，但使用时要考虑数据、模型和专家意见的局限性。

(1)风险管理过程是以信息为基础的。风险的各个过程要收集大量的信息，确保风险识别的充分性和风险决策的有效性。

(2)组织应该建立获取风险有效信息的渠道，可以通过包括经验、反馈、观察、预测和专家判断等渠道获取有效的信息，确保风险管理过程的充分性和有效性。

(3)在利用收集到的各种信息时，要考虑各种信息来源的局限性，确保信息对决策的有效支持。

7. 依赖于内外部环境

风险管理取决于组织所处的内部和外部环境以及组织所承担的风险。需要特别指出的是，风险管理受人文因素的影响。因此，风险管理应与它们相匹配。

(1)风险管理取决于组织的内外部环境，因此其应与组织的行业、产品、经营模式、客户、竞争对象的风险水平等相适应。

(2)组织的风险管理还取决于组织所承担的风险，受组织的文化、地域、历史、信仰、人员等人文因素的影响，不同的组织风险偏好不一样，风险标准不相同，风险管理的决策就不一样。

8. 考虑人文因素

风险管理意识是可以促进或阻碍组织目标实现的内外部人的能量、观念和意图。

(1)组织应该在内部营造一种具有风险意识的企业文化，树立正确的风险管理理念，增强员工风险管理意识，将风险管理意识转化为员工的共同认识和自觉行动，促进企业建立系统、规范、高效的风险管理机制。

(2)全体员工，尤其是各级管理人员和业务操作人员，应通过多种形式，努力传播企业风险管理文化，牢固树立风险无处不在、风险无时不在的意识。

9. 广泛参与，充分沟通

利益相关方，尤其是组织各层面的决策者，在风险管理中适当、及时地参与，有助于保证风险管理的针对性和有效性。利益相关方的广泛参与有助于其观点在风险管理过程中得到体现，有利于其利益诉求在决定组织的风险偏好时得到充分考虑。利益相关方的广泛参与要建立在对其权利和责任明确认可的基础上。利益相关方之间需要进行持续、双向和及时的沟通，尤其是重大风险事件和风险管理有效性等方面。

(1)在组织的风险管理过程中，风险管理的决策者要参与子风险管理过程，要与风险管理过程的人员进行充分沟通，要在风险管理的各个环节明确要求和准则，及时掌握风险动态，做出准确的决策。

(2)风险管理过程要进行充分的协商和沟通，确保各方的观点能被采纳，确保各方的利益得到保证。在重大风险事件决策过程中，组织各方尤其要充分沟通，确保决策的有效性和针对性。

10. 对变化保持敏感并做出响应

由于内部和外部事件的发生，环境和知识的改变，以及监视和评审的实施，有的风险会发生变化，一些新的风险可能会出现，另一些风险可能会消失。组织应持续不断地对各种变化保持敏感，并做出恰当的反应。

(1)风险管理是适应环境变化的动态过程，其各步骤之间应形成一个信息反馈的闭环。

(2)组织应持续不断地对各种变化保持敏感，并做出恰当反应。组织通过绩效测量、检查和调整等手段，使风险管理得到持续改进。

11. 持续改进

风险管理有利于组织持续改进。组织应制定和实施战略，以改善组织各个方面的风险管理水平。

(1)风险管理过程是一个持续改进、动态更新的过程。

(2)风险管理能够提高组织的风险管理意识，改进对机会和威胁的识别，有效配置资源，改善运营效果和效率，增强组织生存和持续发展的能力；

(3)风险管理的框架为组织的经营管理提供了一个持续改进的框架。

(五)风险管理过程

风险管理过程是组织管理的有机组成部分，融入组织文化和实践里，贯穿组织的经营过程。风险管理过程如图8-5所示，由明确环境信息、风险评估、风险控制、监督和检查等活动组成。

1. 明确环境信息

通过明确环境信息，组织可明确其风险管理的目标，确定与组织相关的内部和外部参数，并设定风险管理的范围和有关的风险准则。

(1)内部环境信息

内部环境信息是组织在实现目标过程中所面临的内在环境历史、现在和未来的各种相关信息。风险管理过程要与组织文化、经营过程和结构相适应，包括组织内影响其风险管理的任何事物。

(2)外部环境信息

外部环境信息是组织在实现目标过程中所面临的外界环境的过去、现在和未来的各种相关信息。

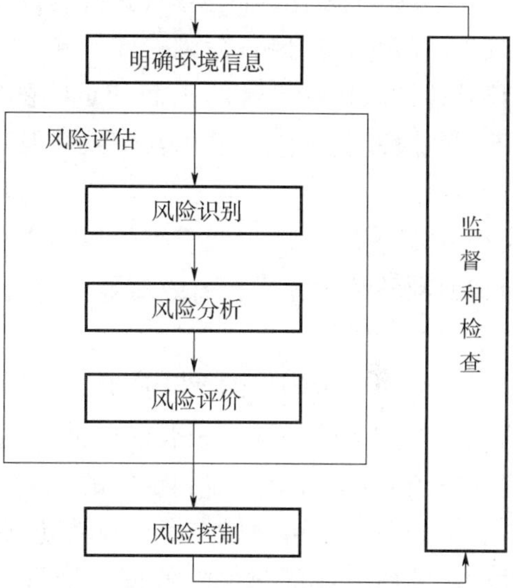

图8-5 风险管理过程

为保证制定风险准则时充分考虑外部利益相关方的目标和关注点，组织需要了解外部环境信息。外部环境信息以组织所处的整体环境为基础，包括法律、法规、技术、金融和利益相关方的诉求和与具体风险管理过程相关的其他方面信息等。

(3)确定风险准则

风险准则是组织用于评价风险重要程度的标准。因此，风险准则需体现组织的风险承受度，应反映组织的价值观、目标和资源。有些风险准则直接或间接反映了法律和法规要求或其他需要组织遵循的要求，风险准则应当与组织的风险管理方针一致。具体的风险准则应尽可能在风险管理过程开始时制定，并持续不断地检查和完善。

2. 风险评估

风险评估包括：风险识别、风险分析和风险评价。

(1)风险识别

风险识别是通过识别风险源、影响范围、事件及其原因和潜在的后果等，生成一个全面的风险列表。识别风险不仅要考虑有关事件可能带来的损失，也要考虑其中蕴含的机会。

风险识别时要掌握相关的最新信息，必要时需包括适用的背景信息。除了识别可能发生的风险事件以外，还要考虑所有可能的原因和可能导致的后果。不论风险事件的风险源是否在组织的控制之下，或其原因是否已知，都应对其进行识别。此外，要关注已经发生的风险事件，特别是新近发生的风险事件。

识别风险需要所有相关人员的参与。组织采用的风险识别工具和技术应当适合其目标、能力及其所处的环境。

(2)风险分析

风险分析是根据风险类型、获得的信息和风险评估结果的使用目的，对识别出的风险进行定性和定量的分析，为风险评价和风险控制提供支持。风险分析要考虑导致风险的原因和风险源、风险事件的正面和负面的后果及其发生的可能性、影响后果和可能性因素、不同风险及其风险源的相互关系以及风险的其他特性，还要考虑现有的管理措施及其效果和效率。

在风险分析中，应考虑组织的风险承受度及其对前提和假设的敏感性，并适时与决策者和其他利益相关方进行有效沟通。另外，还要考虑可能存在的专家观点中的分歧及数据和模型的局限性。

根据风险分析的目的，获得的信息数据和资源，风险分析可以是定性的、半定量的、定量的或以上方法的组合。一般情况下，首先采用定性分析，初步了解风险等级并揭示主要风险。适当时，进行更具体和定量的风险分析。

后果和可能性可通过专家意见确定，或通过对事件或事件组合的结果建模确定，也可通过对试验研究或可获得的数据的推导确定。对后果的描述可表达为有形或无形的影响。在某些情况下，可能需要多个指标来确切描述不同时间、地点、类别或情形的后果。

(3)风险评价

风险评价是将风险分析的结果与组织的风险准则比较，或者在各个风险分析结果之间进行比较，确定风险等级，以便做出风险控制的决策。如果该风险是新识别的风险，则应当制定相应的风险准则，以便评价该风险。

风险评价的结果应满足风险控制的需要，否则应做进一步分析。有时，根据已经制定的风险准则，风险评价的结果，使组织做出维持现有的风险控制措施，不采取新的措施的决定。

3. 风险控制

风险控制是选择并执行一种或多种改变风险的措施，包括改变风险事件发生的可能性或后果的措施。风险控制决策应当考虑各种环境信息，包括内部和外部利益相关方的风险承受度，以及法律、法规和其他方面的要求等。

风险控制措施的制订和评估是一个递进的过程。对于风险控制措施，应评估其剩余风险是否可以承受，应调整和制定新的风险控制措施，并评估新的风险控制措施的效果，直到剩余风险可以承受。执行风险控制措施会引起组织风险的改变，需要跟踪、监督风险控制的效果和组织的有关环境信息，并对变化的风险进行评估，必要时重新制定风险控制措施。

风险控制措施可能引起次生风险，对次生风险也需要评估、应对、监督和检查。在原有的风险控制计划中，要加入这些次生风险的内容，而不应将其作为新风险独立对待。为此需要识别并检查原有风险与次生风险之间的联系。当风险控制措施影响到组织内其他领域的风险或影响到其他利益相关方时，要评估这些影响，并与有关利益相关方沟通，必要时调整风险控制措施。

决策者和其他利益相关方应当清楚采取风险控制措施后的剩余风险的性质和程度。

4. 监督和检查

组织应明确界定监督和检查的责任。监督和检查可能包括：

(1)监测事件，分析变化及其趋势，并从中吸取教训。

(2)发现内部和外部环境信息的变化，包括风险本身的变化、可能导致的风险控制措施及其实施优先次序的改变。

(3)监督并记录风险控制措施实施后的剩余风险，以便在适当时做进一步处理。

(4)适用时，对照风险控制计划，检查工作进度与计划的偏差，保证风险控制措施的设计、执行有效。

(5)报告关于风险、风险控制计划的进度和风险管理方针的遵循情况。

(6)实施风险管理绩效评估。风险管理绩效评估应被纳入到组织的绩效管理以及组织对内、对外的报告体系之中。

(7)监督和检查活动，包括常规检查、监控已知的风险、定期或不定期检查，并将其列入风险控制计划。

(8)适当时，监督和检查的结果应当有记录，并对内或对外报告。

5. 沟通和记录

(1)沟通

组织在风险管理过程的每一个阶段都应当与内部和外部利益相关方进行有效沟通，以保证实施风险管理的责任人和利益相关方能够理解组织风险管理决策的依据，以及需要采取某些行动的原因。

由于利益相关方的价值观、诉求、假设、认知和关注点不同，其风险偏好也不一样，并可能对决策有重要影响。因此，组织在决策过程中应当与利益相关方进行充分沟通，识别并记录利益相关方的风险偏好。

(2)记录

在风险管理过程中，记录是实施和改进整个风险管理过程的基础。

(六)费用风险

通俗地说，风险就是一个事件产生人们所不希望的后果的可能性。由于各个领域有不同的条件、环境和对后果的不同要求，因此就会有不同的风险。因此，在讨论风险时首先应明确是什么样的风险，例如安全风险、投资风险、资源风险、技术风险、环境风险和政治风险等。由于此处涉及的是安全生产中的费用问题，因此讨论的风险主要是安全风险中的费用问题。

1. 安全风险定义

根据国际标准和国家标准,安全风险的定义为:

"发生引起损害危险的概率及其损害的严重程度。"(IEC 62278—2002、GB/T 21562—2008)

"用危险的可能性和危险的严重性表示的事故发生的可能性和影响。"(GJB/Z 99—97)

由上述风险的定义可以看出,安全风险概念包含如下的特征:

(1)在安全生产管理过程中,风险总是与生产事故联系在一起的。

(2)由于风险是表示事故发生的可能性,因此可以把风险作为衡量系统安全程度的准则。

(3)风险是与危险密切相关的,有危险的存在,就有风险。

(4)风险的概念包括两个方面:一方面是危险的可能性,即导致危险的事件或事件组合出现的概率,或这种事件出现的频率;另一方面是危险的严重性,即危险后果的严重程度。危险事件的风险 R 是该事件发生的概率 P 和损失严重程度 C 的函数,即

$$R=f(P,C) \tag{8-1}$$

2. 风险与危险

(1)风险与危险相互联系而又彼此区别

危险是一种可能导致事故的状态,是一种存在的或潜在的不希望事件的状态;而风险则用于描述未来的随机事件,它不仅意味着不希望事件状态的存在,更表明其转化为事故的途径和可能性。因此,有时虽然有危险存在,但并不一定会承担多大的风险。例如人类使用核能,就有受到辐射的危险,这种危险是客观存在的,但由于采取了各种措施而使其应用中受到辐射的风险非常小,甚至使人与核辐射绝对隔离,因此尽管仍存在受辐射的危险,但由于杜绝了发生核事故的渠道,因此人们并没有受到辐射的风险。所以在实际中,人们更应该关心的是风险,而不仅仅是危险,因为直接与人发生关系的是风险,而"危险"是事物的客观属性,是风险的一种前提表征。我们可以做到客观危险性很大,但实际承受的风险很小。

(2)危险事件是客观存在的

技术装备和日常生活设施都不是完全安全的,世界上绝对的安全是不存在的,绝对的不安全也是没有的,只能说事事都存在着危险,危险事件是客观存在的,只不过它们发生的概率和危险的大小不同。人们将危险事件发生的可能性和严重性综合起来称为危险事件的风险。在系统安全工程中所研究的风险(安全风险)是说明危险事件将导致死亡、损伤和财产损失的可能性。

(3)风险是衡量系统危险性的指标

根据国际标准化组织标准 ISO 13702—1999 的定义:风险是衡量危险性的指标,是某一有害事故发生的可能性与事故后果的组合。一个系统在任何情况下,都不可能绝对安全或绝对危险,总是包含着一定的安全性和一定的危险性。在研制轨道交通装备时,既要使装备达到完成运输任务的要求,同时也要承受不安全造成损失的风险。危险的风险和

安全地完成运输任务是同时存在的，不可能在完成任务中没有任何风险，只是在完成任务的同时，尽可能使风险降低到可接受的水平。理想的情况是，任务完成了，同时又使损失降低到最小的限度。如果将人们期望达到的任务作为收益，那么收益和可接受的风险之间取得合理的平衡，就成为装备设计者和用户所追求的重要内容。一个系统在使用时收益完全达到要求，其前提是在安全性方面必须达到可接受的状态，即使有明显的、一定程度的风险存在。这也就是，虽然旅客列车每年都有若干次事故发生，甚至可能造成人员死亡，而人们仍然使用它们来运送旅客。采用轨道交通达到高效运送旅客的目的，同时也接受了它们在使用中的风险。

3. 费用危险源、费用危险因素、费用危险

(1)费用危险源

费用危险源是指发生费用事故的物质和设备、设施及场所等，它是危险物质及其载体类的实体，费用危险源决定了发生费用事故的严重程度。

(2)费用危险因素

费用危险因素是指对物造成突发性或慢性损坏的因素。它是诱发能量物质及其载体造成费用事故的因素。费用危险因素包括人的不安全行为、物的故障、环境因素和管理因素四个方面。费用危险因素往往是一些围绕危险源而随机发生的现象，它们出现的情况决定了费用事故发生的可能性，它们出现得越频繁，发生费用事故的可能性就越大。

(3)费用危险

费用危险是可能导致费用增长的潜在根源与状态。此定义将费用危险归于费用危险源和费用危险因素综合的范畴。费用危险事件出现的概率和严重程度的综合，就是费用危险的表征，称为费用风险。所有的费用风险都是由费用危险导致的，费用危险是费用风险的前提，没有费用危险就谈不上费用风险。

综上所述，费用风险所采用的危险、危险源和危险因素的概念是清晰的，其界定是明确的。因此，系统的费用风险识别是对系统进行费用危险识别和分析，即对系统的费用危险源和危险因素进行识别和分析，也就是对系统的能量物质及其载体(即危险源，指设备、设施和场所等)，如何在各种费用危险因素(物的不安全状态、人的不安全行为、恶劣的环境和不善的管理)诱发下导致费用事故的过程进行识别和分析。

(七)费用风险及其等级

1. 费用事故的定义

根据国家标准和国际标准，事故的定义为：

导致死亡、受伤、系统或服务损失，或环境破坏的一个或一系列意外事件。(IEC 62425—2002/GB/T 28809—2012)

造成人员伤亡、职业病、设备损坏、财产损失或环境损害的一个或一系列意外事件。(GJB/Z 99—97)

由上述定义可知，费用事故的定义应为：导致系统损失或设备损坏、财产损失而折合费用损失的一个或一系列意外事件。

2. 费用风险与风险因子

(1)费用风险的定义

由上述安全风险的定义可以得出费用风险的定义为:伤害发生费用的概率和伤害发生费用的严重程度的综合。

由上述定义可以看出,费用风险的特征是:

① 在费用管理过程中,费用风险总是与费用事故联系在一起。

② 由于费用风险表示费用事故发生的可能性,因此可以把费用风险作为衡量系统费用安全程度的准则。

③ 费用风险与费用危险密切相关,有费用危险的存在,就有费用风险。

④ 费用风险概念包括两个方面:一方面是费用危险的可能性,即导致费用危险事件出现的频率;另一方面是费用危险的严重性,即费用危险后果的严重程度。费用危险事件的风险 R_f 是该事件发生的概率 P_f 和损失严重程度 C_f 的函数,即

$$R_f = f(P_f, C_f) \tag{8-2}$$

即费用危险事件的风险(费用风险)R_f 是该费用损失事件发生的概率 P_f 和费用事件损失严重程度 C_f 的函数。

(2)风险因子

在式(8-2)中,费用损失事件发生的概率 P_f 是指所研制的系统、分系统、零部件的工作不成功(发生故障)的概率

$$P_f = 1 - P_s \tag{8-3}$$

式中 P_s 为成功的概率。

费用事件损失严重程度 C_f 是指所研制的系统、分系统、零部件的工作不成功(发生故障)而导致其失去效能的程度。

$$C_f = 1 - C_s \tag{8-4}$$

式中 C_s 为成功的结果或效能。

如果以风险因子 RF 表示不成功的似然估计,根据概率统计运算原理,则有

RF =不成功的似然估计=1-成功的似然估计$=1-P_sC_s=1-(1-P_f)(1-C_f)$

因此

$$RF = P_f + C_f - P_fC_f = P_f \cup C_f \tag{8-5}$$

式(8-5)表示风险因子 RF 是 P_f 和 C_f 两个集合的并集,其在 P_f 和 C_f 均最大时达到最大。

综上所述,装备项目的费用风险管理是项目风险管理的一部分,它一般是以项目的进程及其完成情况为依据,以费用为主线,结合装备全寿命周期过程进行风险管理。费用风险可以定义为:在实现装备项目目标的进程和进度中,预计费用与实际费用出现差异而带来的,对装备寿命周期过程中所规定任务完成的可能性危险。

3. 费用风险等级

(1)费用风险等级

通常,费用风险可分为 3 个级别:低风险、中风险和高风险。

① 低风险。低费用风险是指:可以识别并可以监控其对工程目标影响的费用风险。这种风险发生的概率较低,因此除了通过设计部门对其监控外,不需要采取专门措施来处理该类风险。

② 中等风险。中等费用风险是指:可以识别的,对工程系统的技术性能、费用或进度产生较大影响的风险。这类风险发生概率比较高,以致需要进行严密的监视和控制。应该在各个设计阶段的设计评审中,对这类费用风险进行评估,并采取适当的措施来降低风险。

③ 高风险。高费用风险是指:发生的频率很高,后果对项目有极大影响的费用风险。这种风险只有在单纯的研究工作或工程研制中的方案设计、方案验证和初步设计阶段中,方可允许存在。这种风险在项目进入发展阶段则是不允许的。必须严密地监控每一个高风险领域,强制性地执行降低费用风险计划,并定期地报告和评审。

(2)费用风险等级的划分

费用风险等级一般按费用风险因子 RF 来划分:

低风险:$RF<0.3$;

中等风险:$0.3\leqslant RF\leqslant 0.7$;

高风险:$RF>0.7$。

(3)等风险曲线

等风险曲线如图 8-6 所示。图中的横坐标为费用事件损失严重程度 C_f,其值从 0 到 1;纵坐标为费用事件发生的概率 P_f,也是从 0 到 1;每条曲线都是风险指数 RF 的等值线。利用风险等值线可以将所有风险项表示在一张图上,从而可以确定各个费用风险项目的风险等级和各类风险之间的边界;可以从图中得知所有相关风险项目处于什么样的风险区域之中。

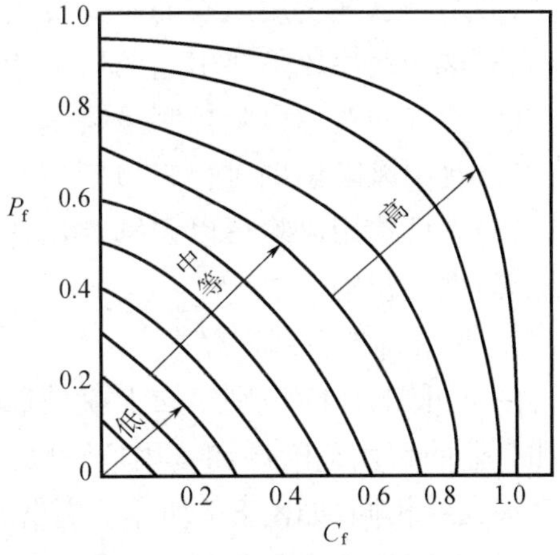

图 8-6 等风险曲线

二、费用风险识别

风险管理的第一步是进行风险识别,其主要任务是确定整个系统装备中具有各种危险的项目,即要回答:系统装备中哪些地方有风险?引起这些风险的主要因素是什么?这些风险造成后果的严重程度如何?

(一)概　　述

1. 风险识别定义

风险识别又称为风险辨识。根据国家标准《GB/T 23694—2013 风险管理　术语》,风险识别的定义是:“发现、列举和描述风险要素的过程。”要素可以包括来源或危险(源)、事件、后果和概率;风险识别也可以反映出利益相关者关注的问题。

由上述定义可以得知费用风险识别具有如下特征：

(1)费用风险识别是指：通过费用风险调查和分析，查找和发现费用风险源，并找出费用风险因素向费用风险事故转化的条件，这是费用风险识别过程的两个主要环节。

(2)须将发现的费用危险源加以列举和描述，使被识别的费用危险得到明确的记录，并可进入危险跟踪系统。

(3)在识别费用危险源以后，还应识别费用危险事件，即识别费用风险因素导致的费用事故。从费用危险源的存在到最后发生费用事故是一个事件的演变过程。

(4)费用风险识别时除了识别费用危险事件以外，还要研究费用危险事件发生的环境与条件，收集事实与数据，分析危险事件发生的概率与后果，即费用危险事件对人、系统和环境的影响。

(5)费用风险识别是一个过程，它是费用风险管理过程中最基本的环节，其他环节都必须以风险识别的结果为基础。

2. 费用风险识别的目的

费用风险识别的目的是确定可能影响系统或组织目标实现的费用危险事件或情况。费用风险识别要回答和完成如下的问题和任务：

(1)应考虑系统存在哪些费用风险？

(2)影响这些费用风险的主要费用危险因素是什么？

(3)这些费用风险所引起的后果严重程度如何？

(4)现有的费用风险控制策略是否能成功地控制费用风险或减少风险造成的损失？

(5)费用风险识别过程应包括：对费用风险源、风险事件及其原因和潜在后果的识别。

(6)一旦费用风险得以识别，组织应对现有的控制措施(诸如设计特征、人员、过程和系统等)进行识别。

3. 费用风险识别程序

由上可知，风险识别实质上就是危险识别，也就是危险源和危险因素的识别。不同企业和行业的费用危险源和费用危险因素，虽然其分布和存在形式有很大的差异，但其识别程序却大致相同，如图 8-7 所示。首先应该明确危险源对象，第二步收集资料，第三步划分单元，第四步选择危险因素识别方法，第五步危险因素识别。

(1)明确对象

在进行费用危险源识别时，首先应明确识别的对象，确定识别的范围，对识别的对象进行调查、熟悉。如果分析的对象不是已有的产品，而是正在设计中的新产品，则应选择与其相似的对象进行类比，因此还要对类比的对象进行调查，以便获得现场的资料和数据。由于复杂系统的生产工艺和制造过程一般复杂的，因此在明确费用危险源对象时，应该了解和说明所要进行识别对象与其他对象之间的联系和相互影响，明确所分析对象的边界和所包含的生产工艺、生产设备、以及生产工艺中的物质和参数等。

(2)收集资料

在熟悉识别对象和范围的基础上，收集相关的组织内部和外部资料。收集方式可以

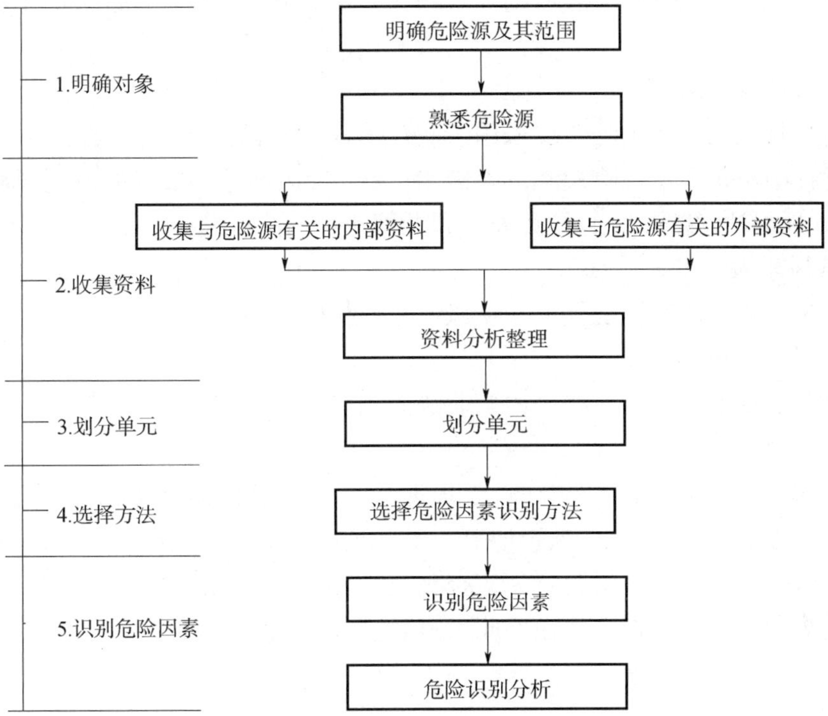

图 8-7 危险(源)的识别程序

是:网络查询、专家座谈、现场调查等。由于识别对象不同,所要收集和调查的内容也可能不一样。收集和调查的内容主要有:生产工艺及材料和设备的情况,过去费用事故及其危害状况、应急处理的方法和措施等。

(3)划分单元

划分单元就是要划定费用危险源的范围,其目的是更好地进行费用危险源识别。在费用危险源识别中,首先应了解费用危险源所在的系统,按照系统的方法有序地划分单元,将整个系统分解为若干个子系统进行识别,这样才能保证整个系统危险源识别不遗漏。在实际费用危险源的识别中,不需要一个一个地进行仔细识别,因为不少费用危险源排除比较容易。

(4)费用危险因素的识别方法

利用专家的经验、科学的分析方法,对系统的费用危险因素进行识别。按照物的因素、人为因素、环境因素和管理因素四个方面进行识别。其中物的因素和环境因素是直接危险因素,是直接影响费用危险源而引起费用事故的危险因素,是危险源存在的条件;而人为因素和管理因素则是间接危险因素,是激发直接危险因素而引起费用事故的危险因素。

(5)费用危险识别分析

对识别出的费用危险源和危险因素进行分析。系统的费用风险识别就是对系统进行费用危险识别和分析,即对系统的费用危险源和危险因素进行识别和分析,也就是对系统的能量物质及其载体(即危险源,指设备、设施和场所等),如何在各种费用危险因素(物的不安全状态、人的不安全行为、恶劣的环境和不善的管理）诱发下导致费用事故的过程进行识别和分析。

（二）费用风险识别技术

在费用风险识别过程中一般要采用一些技术，以提高费用风险识别的效率，并在费用风险识别过程中防止遗漏危险源和危险因素。在实际中，经常采用的费用风险识别技术主要有：头脑风暴法、德尔菲法、检查表法和费用流程图法。

1. 头脑风暴法

见本书第七章第四节第五项中头脑风暴法的相应介绍。

2. 德尔菲（Delphi）法

见本书第七章第四节第五项中德尔菲法的相应介绍。

3. 检查表法

检查表的全称为费用危险检查表，是根据与装备费用有关的标准、规范、制度和其他系统费用分析方法的分析结果，系统地对一个系统或装备的费用进行检查分析，并以提问的方式将找出的费用危险因素制定为检查项目，并编制成表格（费用危险检查表）。检查表法就是制定费用危险检查表并根据此表进行费用危险检查和诊断的方法。显然，该检查表法的核心是检查表的编制和实施。

（1）用途

检查表具有如下的主要功能：

① 根据安全检查表预定的目的、要求和检查要点，对系统或项目进行检查，及时发现和查明各种费用危险和隐患。

② 针对不同的对象和要求，编制相应的费用危险检查表，可实现费用检查的标准化、规范化。同时也可为设计新系统、新工艺和新装备的费用设计提供有用的资料和信息。

③ 依据费用危险检查表进行检查，能够监督各项费用规章制度的实施，纠正费用违规行为，从而提高费用检查水平，同时也是进行费用安全教育的一种手段。

④ 可作为费用检查人员履行职责的凭据，有利于落实与费用相关人员的责任制。

（2）检查表的编制

① 编制依据。检查表的编制依据有关的法律、法规、标准、规程、规范和相关规定；本单位费用管理方面的经验；国内外发生费用事故的案例，认真分析它们在设计、研制、生产以及运用维修中出现的问题，总结事故教训。

② 检查表格式。检查表的格式很多，应根据检查目的和对象，进行专门的设计或调整。最简单的检查表必须包括如下项目：统一编号、项目名称、检查内容、检查结果、备注和签字。

③ 编制程序与方法。检查表的编制人员应由专业技术人员、管理人员和有经验的操作人员组成，编制的主要程序和方法是：首先确定检查对象和目的；然后对系统进行功能分解；再分析项目可能存在的费用危险性；最后确定检查项目，制定检查表，并在使用过程中加以完善。

4. 费用流程图

费用流程图也是一种费用风险识别的常用工具。它与网络图的不同之处在于:费用流程图的特点是具有判断点,而网络图不能出现闭环和判断点;费用流程图用来描述费用环节的逻辑步骤,而网络图用来排定工作计划。

(1)用途

费用流程图可以帮助项目识别人员分析和了解费用风险所处的具体环节,各个环节之间存在的费用风险及其起因和影响。通过对费用流程图的分析,可以发现和识别费用风险可能发生在哪个环节或哪个进程中,各个环节对费用风险影响的大小。

(2)绘制费用流程图的步骤

① 确定费用过程的起点和终点;

② 确定费用过程的所有步骤和判断;

③ 按顺序连接成费用流程图。

(三)风险识别的应用例

在进行风险识别时,应对系统装备的所有方面进行评估,以便发现其潜在的风险。为了避免遗漏重要的项目,确保所有项目的识别,通常可以采用分解结构的方法,利用工作分解结构(WBS)进行风险识别。有关工作分解结构的概念见本书第三章第三节的相关内容。我们以轨道交通系统的 WBS 为例(参见图 3-8)进行风险识别。

在进行风险识别时,可利用该 WBS 逐层逐项地进行风险评估,按照次序得出一个风险评估清单,见表 8-1(由于篇幅所限,表 8-1 中只列出了第Ⅰ～Ⅳ层次中的部分项目)。然后,对表中所列的项目逐项进行风险评估。常用的方法是邀请对该类项目有经验的专家,对表中各个项目的风险状况进行评估。为了提高评估的准确性,避免专家凭个人的主观判断来评估各个项目的风险状况,可以在清单中列出:每个项目的原型产品的设计是什么?现在的设计改型在原始设计的基础上做了哪些改进?这样就可以从原型产品危险事件发生的概率,推算出较为准确的改型设计方案危险事件的发生概率。

表 8-1 风险评估清单

项目名称:轨道交通系统							
WBS层次	工作单元名称	WBS工作单元号	设计原型	相对于原型的变化	风险评估		
					P_f	C_f	风险级别
Ⅰ	高速动车组	100 000					
Ⅱ	车体系统	110 000					
Ⅲ	头车车体系统	111 000					
Ⅳ	底架组成 …	111 100 …	CRH××	少量改型	0.2	0.1	低

邀请专家评估项目的风险时,应事先给出该项目的风险因子,以便用一个统一的标准来评估各个项目的风险级别。风险因子可参见表 8-2 和表 8-3 所列数据。专家应该评估出清单中每个项目的风险级别,最好能定量地给出该项目费用损失事件发生的概率 P_f 和

费用事件损失的后果 C_f 值，以便得出风险因子的大小。

表 8-2　风险因子 *RF* 对故障概率 P_f 的影响

量值 \ RF	成熟性因子 P_m		复杂性因子 P_c		相关因子 P_d
	硬件 P_{mh}	软件 P_{ms}	硬件 P_{ch}	软件 P_{cs}	P_d
$0<RF\leqslant0.2$	现有硬件	现有软件	简单设计	简单设计	与现有系统、设施或相关承包商无关
$0.2<RF\leqslant0.4$	局部重新设计	局部重新设计	局部增加复杂性	局部增加复杂性	进度取决于现有系统进度、设施或相关承包商
$0.4<RF\leqslant0.6$	主要部分重新设计，但技术可行	主要部分重新设计，但技术可行	复杂性有中等程度增加	复杂性有中等程度增加	性能取决于现有系统性能、设施或相关承包商
$0.6<RF\leqslant0.8$	技术可行的复杂设计	新软件，但与现有软件有类似之处	复杂性显著增加	复杂性显著增加，程序块数目有中等程度增加	进度取决于新系统的进度、设施或相关承包商
$0.8<RF\leqslant1.0$	最新技术	最新技术，以前从未使用过	极其复杂	高度复杂，数据库极大，使用操作复杂	性能取决于新系统的性能、设施或相关承包商

表 8-3　风险因子 *RF* 对故障后果 C_f 的影响

量值 \ RF	技术因子 C_t	费用因子 C_c	进度因子 C_p
0.1(低)	对技术性能影响极小或无影响	费用略有变化，但不超出预算估计	对进度影响极小，可忽略不计，或由进度的宽裕量补偿
0.3(较次要)	技术性能下降很小	费用超出预算 1%～5%	部分进度延后，但小于 1 个月，须对进度计划做适当调整
0.5(中等)	技术性能有某些下降	费用估计增加 5%～20%	进度延后 1 个月以上、3 个月以下
0.7(显著)	技术性能显著下降	费用估计增加 20%～50%	进度延后超过 3 个月
0.9(高)	技术性能指标不能达到	费用估计增加超过 50%	进度大为延后，并影响系统的里程碑进度

在用上述方法进行评估时，由于不是基于大量试验分析得出的客观结果，难免会出现个人主观的估计。因此须采用外推法，由特性相似的现有事件客观概率，外推出估计值。为了使专家的评估更合理，可以采用国内外常用的一些专家调查法，例如德尔菲(Delphi)法，现举例如下。

【例 8-2】试应用德尔菲(Delphi)法对高速动车组系统某车体底架系统的故障概率 P_f 进行风险识别。

【例】风险识别步骤如下：

(1)挑选专家。选定15位对该项目具有丰富经验的专家。

(2)规定标准。规定统一的风险评估标准,例如可按照表8-2和表8-3中所列的风险因子。

(3)邮寄。将项目的风险评估清单和统一的风险评估标准邮寄给选定的专家,背靠背地征求他们对清单中所列各项目的风险状况的意见。

(4)统计评估。在各位专家意见寄回后,对每个项目意见进行定量统计归纳评估。通常,将专家答复意见的中位数作为代表专家的集体意见。再用上、下四分位数(即中位数上下两端各包括25%回答者的数值)描述意见的分布。15位专家对高速动车组某车体底架系统故障概率P_f的回馈意见见表8-4。

表8-4　专家对P_f的回馈意见

序号	1	2	3	4	5	6	7	8	9	10	11	12	13	14	15
P_f	0.10	0.11	0.12	0.14	0.15	0.15	0.17	0.18	0.20	0.20	0.21	0.21	0.24	0.28	0.30
备注				下四分位数				中位数				上四分位数			

应该指出的是,表8-4中的中位数并非平均值,而是将专家意见按大小次序排列,位于中间位置的数字。而位于上、下四分位数也是上半部和下半部专家意见的中位数。

(5)意见修改。将整理好的统计结果再反馈给专家们,请他们根据这个统计结果,在考虑其他专家意见后修改自己的意见。对于回答超出上、下四分位数的专家,可以请他们说明理由,并将其反馈给其他专家参考。

(6)再分析反馈。收回第二轮意见后,进行统计分析,然后反馈给专家们。如此反复多次,大约经过三、四轮后就可以取得比较集中的意见。最后获得的中位数,代表该组专家的"意向",而上、下四分位数则表示专家"意向"的集中程度。两者的数值越接近,则表示专家的意见越集中。

在上述调查专家意见的整个过程中,不应公布专家的姓名、也不能将设计部门或上级领导的意见强加给专家们,因此得出的意见结果较为客观。国外不少学术机构曾对这种方法的准确性或可信度进行过多种试验研究。结果表明,采用匿名、反馈的德尔菲法,其结果都较为可信。

三、费用风险分析

(一)概　　述

1. 费用风险分析定义

根据国际标准和国家标准,风险分析的定义是:系统地运用相关信息来确认风险的来源,并对风险进行估计。(GB/T 23694—2013/ISO/IEC Guide 73—2002)。

由风险分析定义可知,费用风险分析是根据费用风险类型、获得的信息和费用风险评估的目的,对识别出的费用风险进行分析,为费用风险评价和费用风险控制提供支持。

2. 费用风险分析的目的和要求

费用风险分析要考虑导致费用风险的原因和风险源、费用风险事件的后果及其发生的可能性，识别影响后果和可能性的费用危险因素，考虑费用风险与费用危险源和费用危险因素之间的关系及费用风险的特性，还要考虑费用风险控制措施是否存在及其有效性。

为了确定费用风险优先级，费用风险分析通常包括对费用风险事件潜在后果及相关概率的估计。在某些情况下，例如其后果不重要，发生的可能性极小，则根据单项参数的估计就足可进行决策；在另一些情况下，费用风险可能是一系列风险事件的叠加结果，或由一些难以识别的特定事件所诱发，此时费用风险分析的重点是分析系统各组成部分的重要性和薄弱环节。检查并确定相应的防护和补救措施。

3. 费用风险分析方法

根据费用风险分析的目的、获得的信息数据和资源，费用风险分析可以是定性的、半定量的、定量的或以上方法的组合。一般情况下，首先采用定性费用风险分析，初步了解费用风险等级和揭示主要风险。必要时，再进行更仔细的定量风险分析。

(1)定性费用风险分析

定性费用风险分析借助于人们的经验和知识，通过观察和了解，科学地进行分析和判断，找出系统中存在的费用危险、危险源和危险因素，从而提出对策措施，加以控制，以达到系统费用安全的目的。

定性分析可以通过“高、中、低”来界定费用风险事件的后果、可能性和风险等级。将后果与可能性结合起来，并与定性的风险准则相对照比较，则可评估最终的费用风险等级。同时，应该对使用的术语进行清晰地说明，并对风险准则的设定基础进行记录。

(2)半定量费用风险分析

半定量费用风险分析是利用数字评级量来测度费用风险的后果和发生的可能性，并运用公式将两者结合起来，确定出费用风险等级。量级的划分可以是线性的、对数的或其他形式的。

(3)定量费用风险分析

定量分析则可估计出费用风险后果及其可能性的实际数值，并结合具体情况产生费用风险等级数。由于相关信息不够全面、缺乏数据、人为因素等的影响，或是因为定量分析难以开展或没有必要，全面的定量分析未必都是可行的或值得的。在此情况下，由具有专业知识和经验的专家对费用风险进行半定量或者定性的分析可能已经足够有效。

还应注意到，定量分析所获得的费用风险等级数只是估计值，应确保其精确度不会与所使用的原始数据及分析方法的精确度存在偏差。

费用风险等级应当用与费用风险类型最匹配的术语表达，以便有利于进一步的风险评价。在某些情况下，费用风险等级可以通过费用风险后果的概率分布来表达。

风险分析所采用的评估技术很多，达数十种。《GB 27921—2011 风险管理　风险评估技术》的附录 A 和附录 B 中，对 32 种风险评估技术和方法进行了介绍、论述和比较。

对于轨道交通领域，常用的风险评估技术与方法主要有：专家调查法、安全检查表、工作—风险分解法(WBS-RBS)、情景分析(SA)、预先危险分析(PHA)、危险和可操作性分析(HAZOP)、故障模式和影响分析(FMEA)、事故树分析(FTA)、事件树分析(ETA)和因果分析(CCA)等。此处应特别提及的是，这些风险评估技术不仅适用于费用风险分析，而且也适用于费用风险识别和费用风险评价过程。

4. 费用风险后果分析

费用风险后果分析可确定费用风险影响的性质和类型，某个费用风险事件可能会产生一系列不同严重程度的影响，也可能影响到一系列目标和不同利益相关方。在明确环境信息时，就应当确定所需要分析的费用风险后果类型和受影响的利益相关方。

费用风险后果分析可以有包括结果的简单描述到制定详细的数量模型等多种形式。

分析结果可能是后果轻微但概率很高，或后果严重但概率很低，或处于某些中间状况。在某些情况下，应关注具有潜在严重后果的费用风险，因为这些风险往往是管理者最关心的。在其他情况下，同时分析具有严重后果和轻微后果的风险，可能也是重要的。例如，频繁而轻微的问题可能具有很大的累积或长期效应。另外，处理这两类风险的应对措施往往有很大的区别，因此分别分析这两类风险是很有必要的。

风险后果分析应包括：

(1)考虑现有费用风险后果的控制措施，并关注可能影响后果的相关因素；

(2)将费用风险后果与最初目标联系起来；

(3)对马上出现的费用风险后果和经过一段时间可能出现的后果，两种情况要同等重视；

(4)不能忽视次要费用风险后果，诸如那些影响相关系统、活动、设备或组织的次要后果。

5. 费用风险可能性分析

通常主要使用三种方法来估计费用风险可能性，这些方法可单独使用或组合使用。

(1)利用相关的历史数据来识别过去发生的费用风险事件或情况，据以推断出它们在未来发生风险的可能性。所使用的数据应与正在分析的系统、设备、组织或活动的类型有关。

(2)利用故障树和事件树等技术来预测费用风险可能性。当历史数据无法获取或不够充分时，有必要通过分析系统、活动、设备或组织及其相关的失效或成功状态来推断费用风险发生的可能性。

(3)系统化和结构化地利用专家观点来估计费用风险可能性。专家判断应利用一切现有的相关信息，包括历史、特定系统、具体组织、试验及设计等方面的信息。获得专家判断的方法很多，现有的常用方法包括头脑风暴法和德尔菲法等。

6. 费用风险初步分析

应该对费用风险事件进行全面的筛选，以识别出最重大的费用风险或把不太重要和次要的费用风险排除，以便于进一步分析，由此确保组织资源能集中于应对最严重的费用风险。进行筛选时，应注意不要漏掉发生频率低，但有重大累积效应的费用风险。筛选活动应在所确定的风险准则基础上进行。依据费用风险初步分析的结果，组织可能采取以下某个行动方案：

(1)无需进一步评估，立即进行费用风险控制；

(2)搁置暂不需处理的不重要费用风险；

(3)继续进行更细致的费用风险评估。

最初的假定和结果应做记录。

7. 风险不确定性和敏感性

费用风险分析过程中经常会涉及到相当多的不确定性，认识这些不确定性对于有效地理解并说明费用风险分析结果是必要的。这些不确定性与费用风险识别和费用风险分析时所使用的数据、方法和模型有关。应注意分析其本身存在的不确定性。费用风险不确定性分析包括明确费用风险分析结果的方差或不准确性，它们可能来自用于确定结果的参数和假设的共同偏差。

与费用风险不确定性分析密切相关的是费用风险敏感性分析，它用于确定某个参数输入的改变对费用风险等级的影响。这项分析可用来识别那些数据对结果影响较大的参数，从而更应确保其准确性。应尽可能充分阐述费用风险分析的完整性和准确度。如有可能，应识别费用风险不确定性的原因，并阐述所使用的数据、方法和模型的不确定性。敏感的参数及其敏感程度应予以说明。

8. 风险评估技术的选择

风险评估过程包括：风险识别、风险分析和风险评价过程，如图 8-5 所示。因此，此处所述的风险评估技术不只适用于风险分析，同样也适用于风险识别和风险评价过程，只是不同的风险评估技术和方法对于风险识别、风险分析和风险评价过程的适用程度不同而已。另外，风险评估技术的选择也受不同因素的影响，主要有资源与能力、风险不确定性的性质与程度和系统复杂性等，选择合适的风险评估技术和方法，有助于组织及时、高效地获取准确的评估结果。在实践中，风险评估活动的复杂和详细程度千差万别。风险评估的形式和结果应与组织的自身情况相适应。

(二)风险估计

风险估计就是对风险进行定量分析，也就是回答系统装备的风险有多大这一问题。

风险估计的流程如图 8-8 所示。

主要步骤为：

(1)风险项目的识别；

(2)确定风险状况：包括项目故障概率 P_f 和故障后果 C_f 的确定；

(3)计算风险因子 RF；

(4)确定项目风险等级；

(5)根据风险等级采取相应的风险管理方法。

一个系统装备的风险主要分为三个方面：技术风险、进度风险和费用风险。这三种风险关系密切，相互影响。例如，技术风险和进度风险变化时，对费用风险就有很大的影响，因此有必要从这三个方面对风险的定量估计方法进行分别论述。

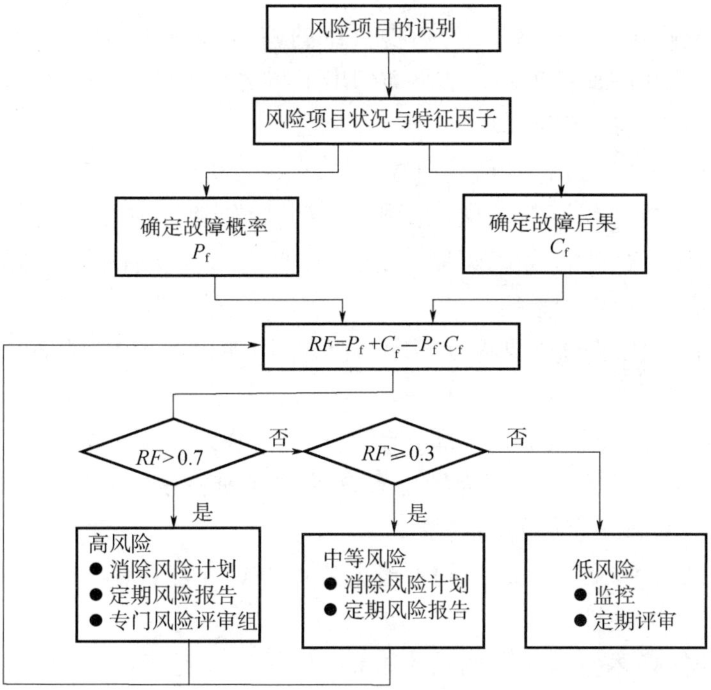

图 8-8 风险估计流程图

1. 技术风险估计

(1)技术风险的影响因素

技术风险的影响因素主要包括：

① 可能采用的新技术和性能要求方面的风险，诸如在高精度、高速度和高机动性等方面的要求而造成的风险。

② 产品设计中的风险。所采用的新产品可行性状况，包括硬件或软件带来的风险。

③ 生产制造中的风险，包括采用新工艺、新材料、加工制造、生产准备、器材设备的可用性等方面的风险。

④ RAMS 方面的风险，包括产品可靠性、可用性、维修性和安全性方面的风险。

(2)技术风险估计的信息源

在进行风险识别时，相关的信息源有：

① 类似项目中的经验和教训；

② 技术要求文件和规范；

③ 技术性能测试计划及其分析结果；

④ 进度计划及其执行情况；

⑤ LCC 分析和基线费用估计。

(3)技术风险的估计

如前所述,技术风险的估计应该考虑两个因素:故障概率 P_f 和故障后果 C_f。

① 故障概率 P_f 的估计

技术风险的故障概率 P_f 可以认为与项目中的硬件、软件的成熟性、复杂性等特性有关,另外还取决于关联的接口项目。表 8-2 列出了与之相关的 5 个特征因子,这 5 个因子的平均值可认为是项目的 P_f 值,即

$$P_f=(P_{mh}+P_{ms}+P_{ch}+P_{cs}+P_d)/5 \tag{8-6}$$

式中 P_{mh} 为与硬件成熟程度有关的故障概率;P_{ms} 为与软件成熟程度有关的故障概率;P_{ch} 为与硬件复杂程度有关的故障概率;P_{cs} 为与软件复杂程度有关的故障概率;P_d 为与其他项目相关程度有关的故障概率。

若上述 5 个特征因子的重要程度不同,则可采用加权系数 W,此时故障概率 P_f 的表达式为

$$P_f=(W_{mh}.P_{mh}+W_{ms}\cdot P_{ms}+W_{ch}\cdot P_{ch}+W_{cs}\cdot P_{cs}+W_d\cdot P_d)/5 \tag{8-7}$$

式中 W_{mh}、W_{ms}、W_{ch}、W_{cs}、W_d 分别为硬件和软件的成熟程度、硬件和软件的复杂程度以及相关程度的加权系数。它们的和等于 1。

若所研制的项目中不包括软件,则可略去公式(8-6)中相应的项。

② 故障后果 C_f 的估计

当风险发生时,必然会对项目的技术性能、费用和进度产生影响,同样可用特征(风险)因子的方法来确定故障后果 C_f。表 8-3 列出了 3 个与故障后果有关的风险因子,通过计算其平均值的方法可求得 C_f 的大小。

$$C_f=(C_t+C_c+C_p)/3 \tag{8-8}$$

式中 C_t 为由技术因素引起的故障后果;C_c 为由费用变化引起的故障后果;C_p 为由进度变化引起的故障后果。

同理,在计算 C_f 值时,可根据对技术性能、费用和进度影响的重要程度予以加权,则有

$$C_f=(W_t\cdot C_t+W_c\cdot C_c+W_p\cdot C_p)/3 \tag{8-9}$$

式中 W_t、W_c、W_p 分别为技术性能、费用和进度的加权系数,其和为 1。

【例 8-3】试估计某一轨道交通工程项目的技术风险。

该项目设计采用了现有的硬件,但软件的主要部分需要重新设计,以适应现场施工要求。因此硬件属于简单设计,而软件的复杂程度属中等,且该软件已委托给某公司研制,因而进度及性能取决于该合同单位。

【解】(1)确定项目故障概率 P_f

由表 8-2 选取各故障概率的特征因子如下

$$P_{mh}=0.1;P_{ms}=0.5;P_{ch}=0.1;P_{cs}=0.5;P_d=0.5$$

由式(8-6),有

$$P_f=(0.1+0.5+0.1+0.5+0.5)/5=0.34$$

若特征因子的重要性不同，则采用加权系数，本例分别取为

$$W_{mh}=0.2;W_{ms}=0.2;W_{ch}=0.1;W_{cs}=0.3;W_{d}=0.2$$

则由式(8-7)可得

$$P_f=0.38$$

与平均值时的 P_f略有不同。

(2)确定项目故障后果 C_f

经过评估认为该项目由于下述原因引起的故障后果 C_f：技术上存在某些问题，但对技术性能影响较小，解决这些技术问题使费用增加 8%，使进度拖后 5 周。因此，由表 8-3 选取各故障后果的特征因子为

$$C_t=0.3;C_c=0.5;C_p=0.5$$

由式(8-8)，有

$$C_f=(0.3+0.5+0.5)/3=0.43$$

同样，在计算 C_f时，也可根据对技术性能、费用和进度的影响程度不同予以加权处理。选取

$$W_t=0.4;W_c=0.4;W_p=0.2;$$

由式(8-9)，可得

$$C_f=0.42$$

(3)确定风险因子 RF

由式(8-5)，有

$$RF=P_f+C_f-P_fC_f=0.34+0.43-0.34\times0.43=0.624$$

(4)确定风险等级

由图 8-8 可知，该项目的风险级别为中等。也可从图 8-6 中查出 P_f和 C_f所对应的 RF 点，其介于 0.6 和 0.7 两条等风险曲线之间，属于中等风险范畴。

综上所述，可根据表 8-2 和表 8-3 中给出的特征因子值，并利用图 8-8 中风险估计流程图计算出风险因子 RF。风险估计的准确度取决于各特征因子的取值。由于特征因子的取值在一定程度上带有取值者的主观估计。为了使特征因子的取值更为合理，可利用前述的德尔菲法来确定其值。

2. 进度风险估计

(1)进度风险的影响因素

进度风险的影响因素如下。

① 技术风险的大小

a. 项目的技术风险中没有高风险项目，而中等风险的技术项目不超过 2 项，则对进度影响很小；

b. 项目的技术风险中没有高风险项目，但有 3 个以上的中等风险项目，则对进度有中等程度的影响；

c. 技术风险中有 1 个以上的高风险项目，则对进度有严重影响。

② 计划安排的合理性

a. 进度计划按项目进展的需要安排，切实可行且留有一定的时间余地，这类进度计划属于低风险类；

b. 进度计划可靠，但对意外发生的问题未留有余地，则这类进度计划会产生中等程度的风险；

c. 进度计划不可靠，没有根据每项研制工作的实际需要时间来安排，而是根据竞争需要或上级指令，确定最后竣工日期，再反过来分配每项工作应完成的时间，这种进度计划属于高风险类。

③ 资源的充分性

资源包括：资金、人力、器材、设备、实施等。

a. 资源充足且可供使用，则进度计划为低风险类。

b. 现有资源充足，但与其他项目有潜在的冲突与矛盾，可能会因某些预想不到的问题而影响进度。在这种资源条件下，进度计划有中等程度的风险。

c. 资源不足且与现有的其他项目有严重的潜在冲突，则对进度有极大影响。

④ 人员经验

a. 参与项目的人员在类似的项目中已积累了经验，有足够的知识储备可用于该项目，则进度计划成功的可能性很大；

b. 参与项目的人员在类似的项目中已有一般性的经验，但某些部门缺乏有经验的人员，则进度有中等程度的风险；

c. 参与项目的人员普遍没有在类似项目中的工作经验，关键部门可用的有经验人员很少，则进度有高风险。

⑤ 总承包厂与分承包单位的交货历史

a. 交货信誉很好，管理水平较高，则对项目进度影响很小；

b. 交货状况较好，管理水平尚可，但交货状况有时不稳定，则对进度会有中等程度影响；

c. 交货状况不好，管理混乱，则对进度会产生严重影响。

⑥ 企业管理状况与水平

a. 企业管理人员有很强的进取精神，且采用科学的管理和决策方法，则计划按期完成的可能性很大；

b. 企业管理人员认真负责，但在复杂情况下处理问题的能力和决策水平较差，则进度有中等程度的风险；

c. 企业管理人员素质差，管理混乱，则进度有高风险。

(2)进度风险估计

根据上述进度风险的影响因素，可以用表 8-5 所示的进度风险估计表来定性或定量地估计进度风险因子 RF_p 的大小。

$$RF_p = (RF_{pt} + RF_{ps} + RF_{pc} + RF_{pp} + RF_{pv} + RF_{pm})/6 \tag{8-10}$$

式中 RF_p 为进度风险因子；RF_{pt} 为技术风险影响因子；RF_{ps} 为计划合理性因子；RF_{pc} 为资源充分性因子；RF_{pp} 为项目人员经验因子；RF_{pv} 为承包单位交货状况影响因子；RF_{pm} 为企业管理状况影响因子。

表 8-5 进度风险估计表

序号	进度风险因子类别	进度风险级别	进度风险值 RF_p
1	技术风险影响因子 RF_{pt}		
	①无高风险，且中等风险项目不超过 2 个	低	$0<RF_p<0.3$
	②无高风险，但中等风险项目在 3 个以上	中	$0.3\leqslant RF_p\leqslant 0.7$
	③有 1 个以上高风险项目	高	$0.7<RF_p\leqslant 1.0$
2	计划安排的合理性 RF_{ps}		
	①进度计划可靠并留有余地	低	$0<RF_p<0.3$
	②进度计划可靠但未留余地	中	$0.3\leqslant RF_p\leqslant 0.7$
	③进度计划不可靠	高	$0.7<RF_p\leqslant 1.0$
3	资源的充分性因子 RF_{pc}		
	①资源充分，且可供使用	低	$0<RF_p<0.3$
	②资源充分，但与其他项目有潜在矛盾	中	$0.3\leqslant RF_p\leqslant 0.7$
	③资源不足，或可用性很差	高	$0.7<RF_p\leqslant 1.0$
4	人员经验因子 RF_{pp}		
	①参与人员富有经验	低	$0<RF_p<0.3$
	②参与人员有一般性经验	中	$0.3\leqslant RF_p\leqslant 0.7$
	③参与人员普遍无经验	高	$0.7<RF_p\leqslant 1.0$
5	承包单位交货状况影响因子 RF_{pv}		
	①承包单位交货信誉好，管理能力强	低	$0<RF_p<0.3$
	②承包单位交货状况较好，管理认真	中	$0.3\leqslant RF_p\leqslant 0.7$
	③承包单位交货信誉不好，管理混乱	高	$0.7<RF_p\leqslant 1.0$
6	企业管理状况影响因子 RF_{pm}		
	①管理人员有进取精神，采用科学管理方法	低	$0<RF_p<0.3$
	②管理人员认真负责，但决策能力不够强	中	$0.3\leqslant RF_p\leqslant 0.7$
	③管理混乱，管理人员不可靠	高	$0.7<RF_p\leqslant 1.0$

【例 8-4】试估计上例轨道交通工程项目的进度风险。

估计式(8-10)中各风险因子值，分别为：

$$RF_{pt}=0.3;RF_{ps}=0.1;RF_{pc}=0.5;RF_{pp}=0.2;RF_{pv}=0.4;RF_{pm}=0.3$$

由式(8-10)，有

$$RF_p=(0.3+0.1+0.5+0.2+0.4+0.3)/6=0.30$$

因此，该项目的进度风险为低风险。

3. 费用风险估计

(1)费用风险的影响因素

费用风险的影响因素如下。

① 系统任务要求的明确性

a. 任务要求很明确,且使用方和承制方对任务要求有共同的理解,则费用为低风险;

b. 任务要求基本明确,但在某些细节上尚需进一步确定,则费用风险为中等;

c. 任务要求不明确,使用方可能不断提出新要求,或双方对任务要求有不同的理解,则费用风险为高风险。

② 技术风险对费用的影响

a. 在技术风险中,若无高风险项目,中等风险项目也不超过 2 个,则对费用影响很小;

b. 在技术风险中,若无高风险项目,中等风险项目在 3 个以上,则对费用有中等程度影响;

c. 在技术风险中有 1 个以上高风险项目,则对费用将产生严重影响。

③ 进度风险对费用的影响

进度拖延必然会使费用增加,而对费用产生影响。

a. 在进度风险中无高风险项目,中等风险的各种因子也不超过 2 个,则对费用影响很小;

b. 在进度风险中无高风险项目,但中等风险项目在 3 个以上,则对费用有中等程度的影响;

c. 在进度风险中有 1 个以上高风险项目,则对费用将产生严重影响。

④ 成本预算准确性影响

a. 在做成本预算时,有充分的类似项目历史数据可供参考,且成本估算部门有足够可用的合格人员,则费用风险较小;

b. 在做成本预算时,有足够可用的合格人员,但仅有部分历史数据可供参考,则费用风险为中等;

c. 在做成本预算时,缺乏可用的合格人员,且无类似项目的历史数据可供参考,则费用风险为高风险。

⑤ 项目合同的类别

a. 固定价格合同,费用风险最低;

b. 成本加奖励费用合同,则费用风险中等;

c. 拨款性合同,费用风险为最高。

⑥ 合同报价状况

a. 合同报价与其他竞标单位报价和预测成本基本相符,则费用风险为低风险;

b. 合同报价略低于其他竞标单位报价和预测成本,则费用风险为中等;

c. 合同报价显著低于其他竞标单位报价和预测成本，则费用风险为高风险。

根据上述费用风险的影响因素，可以用表 8-6 所示的费用风险估计表来估计费用风险因子 RF_c 的大小。

表 8-6　费用风险估计表

序号	进度风险因子类别	进度风险级别	进度风险值 RF_p
1	任务要求明确性因子 RF_{cr}		
	①任务要求明确	低	$0<RF_p<0.3$
	②任务要求基本明确	中	$0.3\leqslant RF_p\leqslant 0.7$
	③任务要求不明确	高	$0.7<RF_p\leqslant 1.0$
2	技术风险影响因子 RF_{ct}		
	①无高风险，中等风险项目不超过 2 个	低	$0<RF_p<0.3$
	②无高风险，但中等风险项目有 3 个以上	中	$0.3\leqslant RF_p\leqslant 0.7$
	③有 1 个以上高风险项目	高	$0.7<RF_p\leqslant 1.0$
3	进度风险影响因子 RF_{cs}		
	①在进度风险中无高风险项，中等风险项不超过 2 个	低	$0<RF_p<0.3$
	②在进度风险中无高风险项，但中等风险项有 3 个以上	中	$0.3\leqslant RF_p\leqslant 0.7$
	③有 1 个以上高风险项目	高	$0.7<RF_p\leqslant 1.0$
4	成本预算准确性因子 RF_{cc}		
	①有历史数据参考，成本估算人员合格	低	$0<RF_p<0.3$
	②有部分数据参考，成本估算人员合格	中	$0.3\leqslant RF_p\leqslant 0.7$
	③无类似项目数据参考，缺乏成本估算合格人员	高	$0.7<RF_p\leqslant 1.0$
5	合同类型影响因子 RF_{cn}		
	①固定价格合同	低	$0<RF_p<0.3$
	②成本＋激励费合同	中	$0.3\leqslant RF_p\leqslant 0.7$
	③拨款性合同	高	$0.7<RF_p\leqslant 1.0$
6	合同报价影响因子 RF_{cb}		
	①与预测成本及其他单位报价基本相符	低	$0<RF_p<0.3$
	②略低于预测成本及其他单位报价	中	$0.3\leqslant RF_p\leqslant 0.7$
	③显著低于预测成本及其他单位报价	高	$0.7<RF_p\leqslant 1.0$

由表 8-6 可得费用风险因子 RF_c 为

$$RF_c=(RF_{cr}+RF_{ct}+RF_{cp}+RF_{cc}+RF_{cn}+RF_{cb})/6 \tag{8-11}$$

式中　RF_{cr} 为任务要求明确性因子；RF_{ct} 为技术风险影响因子；RF_{cp} 为进度风险影响因子；RF_{cc} 为成本预算准确性因子；RF_{cn} 为合同类型影响因子；RF_{cb} 为合同类报价影响因子。

【例 8-5】试估计上例轨道交通工程项目的费用风险。

估计式(8-11)中各风险因子值分别为：

$$RF_{cr}=0.4;RF_{ct}=0.3;RF_{cp}=0.3;RF_{cc}=0.4;RF_{cn}=0.2;RF_{cb}=0.1$$

由式(8-11),可求得该项目的费用风险因子为

$$RF_c=(0.4+0.3+0.3+0.4+0.2+0.1)/6=0.28$$

因此,该项目的费用风险为低风险。

四、费用风险评价

1. 费用风险评价定义

根据国际标准和国家标准,风险评价的定义是:

对危险源导致的风险进行评估、对现有控制措施的充分性加以考虑,以及对风险是否可接受予以确定的过程。(GB/T 28001—2011/OHSAS18001:2007)

将估计后的风险与给定的风险接受准则对比,来决定风险严重性的过程。(GB/T 23694—2013/ISO/IEC Guide 73—2002)

由上述定义可知,费用风险评价是指:在费用风险识别和费用风险分析的基础上,将费用风险的大小与可接受的费用安全水平相比较,决定是否采取应对措施,以及采取何种程度的应对措施。

2. 费用风险评价内容

费用风险评价的内容包括:将费用风险分析的结果与预先假定的费用风险接受准则相比较,或者在各种费用风险分析结果之间进行对比,确定费用风险的等级。

费用风险评价是利用风险分析过程中所获得的费用风险认识,对未来的行动进行决策。决策包括:

(1)某个费用风险是否需要应对;

(2)费用风险控制处理的优先次序;

(3)是否应开展某项应对活动;

(4)应该通过哪种途径开展应对活动。

在明确环境信息(费用风险管理目标、范围及费用风险接受准则等)时,所需决策的性质、准则都已得到确定,但是在费用风险评价时还需更深入的分析,因为此时对已识别的费用风险有了更全面的了解。如果该费用风险是新识别的风险,则应制定相应的费用风险接受准则,以便评价该风险。

3. 费用风险评价方法

风险评价是对费用危险源进行评价,即要回答危险源或系统的费用风险程度是否可以接受。风险评价可以根据系统的层次按照次序来揭示系统、分系统和设备中的风险,做到不漏项,并按照风险的可能性和严重程度分类,以便按轻重缓急的顺序采取安全措施。相对风险评价的方法很多,对于费用风险评价常用的方法主要有:打分法、风险矩阵法、风险指数法等。

(1)费用危险检查表打分法

这种方法实质上是利用费用危险检查表对复杂系统/项目进行费用风险评价的方法。一个复杂系统/项目有很多的费用危险源,这些危险源在各种费用危险因素的诱发下可能

造成费用事故，该法就是将影响其风险程度的相关危险因素转化为相对量化的指标，再将相关因素的指标合成为费用危险源风险程度的指标。如果需要，还可按照一定的方法，例如采用加权系数，考虑项目的动态情况，专业的风险程度等进行风险程度的计算，最后按照得分率的计算结果划分费用风险等级，进行风险评价。各个企业可以按照本单位的具体情况，划分费用风险类别、编制记分表格、采用加权系数，计算风险等级。

(2)风险矩阵法

风险矩阵法是一种简单、实用的风险评价方法。它是将风险后果与可能性分别分级，然后相结合形成风险矩阵的一种定性或半定量的方法。建立合适的风险程度的分级标准，确定合理的风险等级，将风险评价的内容与风险识别、风险分析相结合，确定出风险控制的措施。

风险矩阵按照风险等级对风险进行评价和排序。根据其在矩阵中所处的区域，确定哪些风险需要进行更细致的分析，哪些风险应该优先处理，哪些风险不需进一步考虑。风险矩阵能够帮助组织内部对风险等级的沟通和理解，决定风险分析所得出的风险结果是否被接受。

费用风险矩阵的格式和定义取决于使用背景。一般将风险的可能性等级列为矩阵的纵向标度，将风险的后果等级列为横向标度。标度可以分为任何数量的等级，最常用的是分为3～6个等级。例如，对于轨道交通行业常将危险的可能性分为6个等级：频繁、经常、有时、很少、极少和不可能；将危险的后果严重程度分为4个等级：灾难性、危急、临界、轻微，或者特别重大、重大、次要、一般。

风险矩阵评价方法较多，比较常用的方法有：美国军标MIL-STD-882D、国际标准IEC62278：2002(国家标准GB/T 21562—2008)和我国相关的国家标准(例如GB/T 27921—2011)及规范所规定的风险矩阵。

(3)风险指数法

风险指数法对风险进行半定量测评，利用顺序尺度的记分法得出估算值。风险指数法可以对一系列风险进行比较评价，是军标GJB 900规定使用的方法。其优点是简单直观、使用方便；缺点是风险指数通常由主观制定。风险指数法是将决定风险的两个要素(危险严重性和危险可能性)，按其特点划分为相对的等级，形成一种风险评价矩阵，并赋予一定的加权值来定性地衡量风险的大小。

费用风险评价可以认为是系统装备风险评价的一个方面，因此费用风险方法可以应用风险评价中的相关内容，风险评价方法的详细内容可参见《轨道交通安全风险管理》第四章的相关内容。

(4)风险因子法

该种方法已在本节做了详细的介绍。这种方法主要用于产品(包括硬件和软件)的技术风险评估，其基本思路是将风险看成两个变量，即故障(失败)概率 P_f 和故障(失败)后果 C_f 共同作用的结果。故障概率依照硬、软件的成熟性、复杂性和对接口部件的依赖性来估计，而故障后果则根据故障对性能、进度和费用的影响来估计。表8-2列出了影响故障概率的因素、程度和取值范围；表 8-3 列出了故障后果的影响因素、程度和取值范围。

利用这两个表格所给出的数值，便可计算出一个项目的风险因子 RF。当 $RF>0.7$ 时，项目属于高风险；当 $RF<0.3$ 时，项目为低风险；当处于两者之间时，项目则为中等风险。

(5)决策树法——期望货币值(EMV)法

上面介绍的方法均属于定性评估方法，它们对决策者了解风险的大小，制定应对措施都适用。但是在许多情况下，决策者希望能在未来事件充满不确定性时，制定一个最优的备选方案，此时就需要使用决策分析技术来确定最优决策。决策分为确定性决策和非确定性决策两类。确定性决策是在已知的自然状态下，选择一种备选方案的过程，这种决策比较简单；而不确定性决策是在未知自然状态下的决策，此时的决策就相对复杂。决策分析中定义的自然状态是指：超出决策人员控制范围，不以决策者主观意识为转移的未来事件。在实际中，工程项目的管理充满了不确定性，无论决策者采取何种决策，都会遇到事先不能完全预料的后果，都是具有风险的。因此，在风险评估和分析中应用决策分析技术是对项目做出科学决策的有效途径。

五、费用风险决策分析

当对自然状态的概率有较好估计的情况下，期望货币值(EMV)法是一种广泛应用的决策技术。在某些不确定性情况下进行决策时，决策者可以用很小的置信度能力来评估各种自然状态的概率。此时决策者可以优先选择决策准则，而不需要了解任何自然状态概率。

1. 期望货币值(EMV)法的步骤

在使用期望货币值(EMV)法表达一个决策理论问题时，主要有 3 个步骤：

(1)定义所要决策的问题；

(2)对给定的问题，找出决策者可以考虑的备选方案，记为 $d_i(i=1,2,\cdots,m)$，注意不要遗漏可行方案；

(3)找到那些可能发生且超出决策者控制范围的相关未来事件，称为自然状态，并记为 $s_j(j=1,2,\cdots,n)$。

在决策理论的术语中，从某个特定决策和某个特定自然状态发生得到的某个输出称之为支付。将与决策备选方案 d_i 和自然状态 s_j 有关的支付，记为 $V(d_i,s_j)$。

期望货币值(EMV)法就是根据其模型，输入包括所考虑的决策备选方案、有关决策备选方案的自然状态和每个自然状态发生的概率，得出(输出)所考虑的每个决策备选方案的期望货币值。有了每种备选方案的期望货币值后，决策者就可以方便地选择出最优的行动方案来。

2. 期望货币值(EMV)法的模型

为了直观地表示决策分析的思路，一般采用决策树的方法来表述项目可以采取措施的概率性进程。决策树的起点是决策点，用“□”表示。从决策点引出的各条线路称为决策分支，其上表示各种备选方案 d_i。这些方案的箭头指向机会点，用"○"表示。从机会点引出相对于各种可能自然状态 s_j 的线条，称为机会分支或自然状态分支，其上标注了自然状态的概率 $P(s_j)$。各机会分支的终点箭头都指向与该备选方案 d_i 和自然状态 s_j 相关的支付 $V(d_i,s_j)$，而各机会点的期望货币值则标注在机会点的上方，决策树如图 8-9 所示。

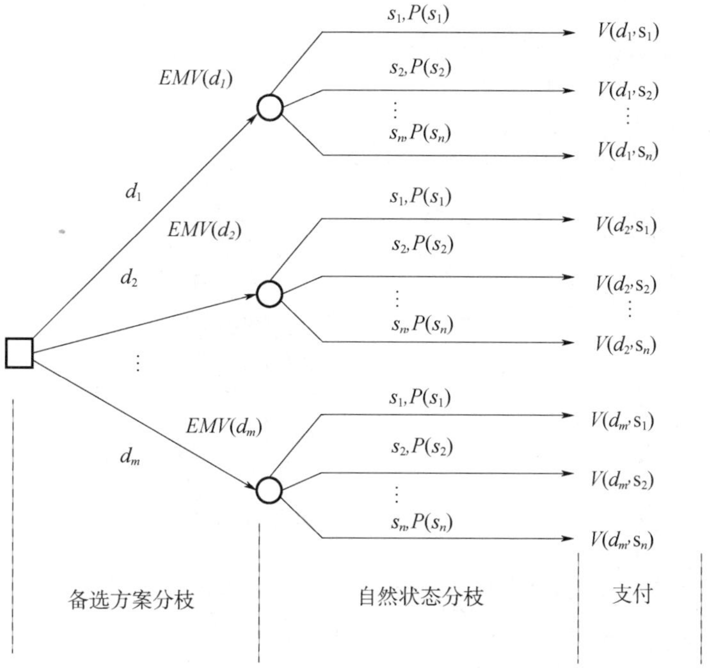

图 8-9 决策树

设 $P(s_j)$ 为自然状态 s_j 发生的概率。由于自然状态的总数为 n，且在 n 个自然状态中总有一个，且仅有一个发生。

因此，对于所有自然状态 j，有

$$P(s_j) \geqslant 0 \tag{8-12}$$

$$\sum_{j=1}^{n} P(s_j) = P(s_1) + P(s_2) + \cdots + P(s_n) = 1 \tag{8-13}$$

于是，决策备选方案 d_i 的期望货币值为

$$EMV(d_i) = \sum_{j=1}^{n} \Big[P(s_j) V\Big(d_i, s_j\Big) \Big] \tag{8-14}$$

可以看出，决策备选方案的期望货币值为支付与其各自概率的乘积之和。支付的百分值是相关自然状态的概率，即为支付发生的概率。

【例 8-6】某工厂准备开发一种新产品。通过市场调查分析认为，该产品销路将分为畅销、一般和滞销 3 种情况，它们出现的概率分别为 0.3、0.5 和 0.2。可供选择的行动方案也有 3 种：大批生产、中批量生产和小批量生产。根据产品的生产多少和销售量情况，可

计算出工厂的盈利，用货币值表示。试确定其最优的生产方案。

【解】由题意可见，这是一个有 3 种自然状态和 3 种备选方案的不确定性决策问题，可构造出如图 8-10 所示的决策树，各机会点上的期望货币值是根据式(8-12)计算而得。

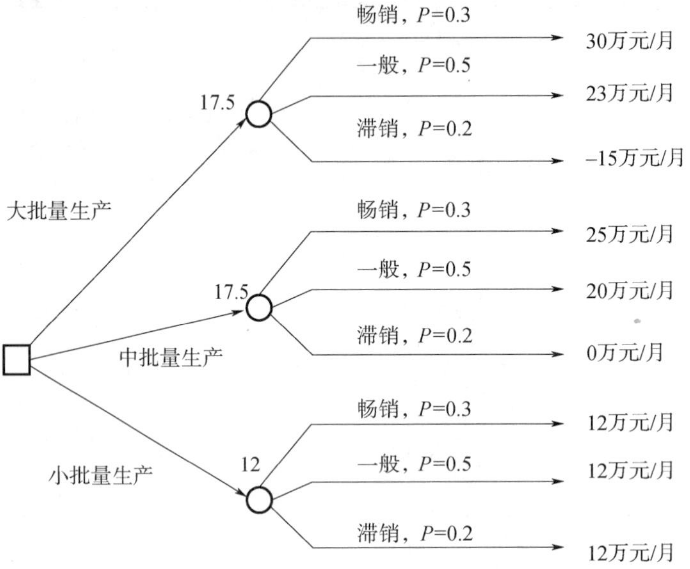

图 8-10　本例生产问题的决策树

利用图 8-10 便可对备选方案做出抉择。由于市场销售是自然事件，具有不确定性，因此决策时需要考虑风险问题。利用概率统计中的变异系数可以描述风险的大小，由此计算出三种备选方案的风险值分别为 0.945、0.515 和 0。

此时，根据决策者对待风险的态度，便可决定生产方案。通过简单分析可知，大批量生产和中批量生产的平均收益均为 17.5 万元/月，但所冒风险不同，中等批量生产所冒风险为 0.515，而大批量生产则为 0.945，因此肯定会选择中等批量生产方案；但是，如果决策者不愿冒风险，则可能会选择小批量生产，因为无任何风险就可赚得 12 万元；当然，如果决策者甘愿冒较大风险，有可能选择大批量生产方案，以期获得更大收益。

由上例可看出，期望货币值(EMV)法最吸引人的特性之一是：一旦得到模型输入，对于决策分析来说就不会有任何歧义。结果的可靠性取决于模型输入的有效性，即取决于相关的决策备选方案、自然状态及其相应概率的准确程度，这主要取决于分析人员/专家的经验。EMV 法的另一个优点是：该法用图示描述出决策备选方案的进程，便于对问题、备选方案和分析从概念上进行理解。

六、减少风险的途径

(一)减少项目技术风险的途径

1. 风险百分数

减少项目技术风险的途径在于恰当地确定项目技术性能的风险百分数。项目技术性能风险是指：在工程设计中需要解决重大技术关键问题的难易程度。常用风险百分数来表示新技术与旧经验成分的比例，从而表示风险的把握程度。即

$$\tau = Y_x / Y_j \tag{8-15}$$

式中 τ为风险百分数；Y_x为新技术成分；Y_j为旧经验成分。

这个参数表明了新概念、新技术、新要求和新信息与原有旧经验的关系。该风险百分数的大小表明技术的难易程度。近代的经验与统计结果表明，新旧要素之间的比例，亦即风险百分数在15%～20%最合适，达到20%～25%则要付出相当大的代价，而超过25%的项目会带来很大的风险。上述经验与统计数据是符合渐进规律的，并已从大量的工程实践中得到验证，它已成为系统工程的一条重要定律——渐进定律。

2. 设计准则

在工程项目设计中，采用新技术、研制新产品都应遵循如下准则：

(1)尽可能地采用现有并被证明是有效的技术和产品；

(2)任何新技术、新产品、新材料和新工艺的采用，都必须经过充分验证(包括工程项目的模拟试验和验证试验)，只有在确认该项新技术、新产品成熟后才可采用；

(3)在采用某些重大新技术项目时，应该考虑后备方案；

(4)对某些先进技术，若预计在项目交付时暂不采用，则可将其放到该项目进一步改型时再采用，此时应在其方案设计时预留空间、质量、功率、计算机容量等。

3. 减少技术风险的途径

如果采用的新技术中包括中等风险和高风险项目，则要根据相应的风险级别确定出减小风险的途径，包括：

(1)着手进行平行的研制工作，即准备应急的后备方案；

(2)尽早开始发展工作；

(3)进行广泛的开发试验；

(4)进行仿真研究，以做出性能预测；

(5)请有关专家评审设计；

(6)加强研制过程的管理和评审。

(二)减少项目进度风险的途径

项目的进度要考虑准备工作、项目开始(起点)、总目标、途径和障碍等。在准备工作中要分析项目所需的后备(包括后备技术和后备资源)。项目开始是项目周期的始点，而项目的完成是项目周期的终点，是达到规定的目标(可能在中途被另一目标替代)。从开始至目标的路线可能不只一条，而且有改变的可能，其中还存在最佳路线。在计划执行过程中，影响路线的因素是障碍，障碍的严重程度表示风险的大小，而这种风险大小是随时间而变化的。

1. 减少进度障碍而进行的权衡

出现障碍可能有内部原因和外部原因，在项目设计时应该考虑到。如果发现存在无法在规定时间内克服的障碍，则要认真地考虑何时转向代替目标。为此应对下述问题进

行权衡：

(1)为克服障碍而使整个项目受到的影响是什么？

(2)耽误的时间有多长？

(3)资源的重新分配是否能减轻障碍？

(4)风险太大时，有何后备可以利用？

(5)何时需要采用这些后备？

(6)什么是可以替代的目标？

(7)何时需要做转向的准备？

一般说来，对进度的考虑要涉及以上所有因素，但其中最重要的是：对风险的考虑、后备的准备和目标的转向。

2. 减少进度风险的途径

如前所述，进度风险取决于技术风险、计划安排的合理性、资源的充分性、人员的经验、成品厂的交货历史和企业的管理状况等。因此，为了减少进度风险，应该：

(1)不允许在研制阶段存在技术性能高风险的项目，中等风险的项目也应尽可能减少；

(2)合理安排项目的进度计划，且应留有适当的时间裕度，以防意外情况发生时，对计划造成冲击；

(3)保证用于项目的资源是充分的、可供使用的；

(4)参与项目的人员，尤其是工程关键部门的工作人员，应有在类似的项目中积累的经验；

(5)选择交货信誉好、管理水平高的企业作为成品厂；

(6)提高企业管理水平，采用科学的管理方法和决策方法。

(三)减少项目费用风险的途径

1. 造成费用风险的原因

在系统装备研制和生产中，造成费用风险的主要原因如下。

(1)投资总量不足

资金总量不足，尤其在下述情况时更为严重：

① 不是根据研制需要来确定投资总额，而是把国家或使用部门的资金供应能力作为项目的预期投资总量；

② 在合同投标过程中，为了中标而压低合同报价，使其严重偏离实际的预期费用值。

(2)资金分配不合理

① 对早期的研究和研制费用投资不足。造成的后果是：对项目中采用的新技术不能进行充分地预先验证，从而增加了技术风险。在系统的方案选择和确定过程中，只能采用纸面验证或少量的实物试验进行验证，而没有能力进行样机和全尺寸原型机验证。这种早期研制工作资金的不足，会给后期研制工作带来困难。

② 研制阶段后期，在向生产阶段的过渡中，早期的生产资金准备不足，亦即为工装、

生产线和加工周期长的部件(例如车体、转向架等)制造准备资金不足,过分滞后的生产阶段投资,将会带来投资风险。

(3)实际拨款日期滞后于计划拨款日期

实际拨款时间的推迟使系统装备研制工作的启动时间推迟,而使实际的分期拨款(如按季度或年度拨款)滞后于计划的分期拨款时间,使费用—进度曲线由计划状态变为过阻尼状态,造成计划完成时间的拖延。

(4)在计划的总费用中,未考虑合理的风险费用

系统装备的风险费用是与该项目的风险相关的,如果在计划的总费用中,没有考虑合理的风险费用,则会给项目带来风险,应该根据项目风险的大小测算风险费用。

2. 费用风险的测算

费用风险的估算方法较多,主要涉及费用风险事件发生的概率、后果的严重程度和决策者的主观判断,由于费用风险的独特性、变化性和复杂性,费用风险估计、评价方法往往由于具体情况不同而不同,有些方法很复杂但取得的效果却不明显,因此一般常采用简单易行的方法,根据估算者的经验来保证结果的准确度。可采用如下方法测算风险费用。

(1)固定比例法

这是最简单的一种测算风险费用的方法,在已估算出的基线费用 C_{jx} 的基础上,乘以一个固定的风险比例系数,即可得到考虑风险后的项目总费用 C_z。

$$C_z = k_f C_{jx} \tag{8-16}$$

式中 C_z 为考虑风险后的项目总费用;C_{jx} 为项目基线费用;k_f 为风险比例系数。$k_f = 1.10 \sim 1.15$。其中10%~15%为附加风险费用,或称为不可预见费用。

采用固定比例法估算风险费用,一般只适用于固定价格合同的低风险项目。

(2)风险因子法

根据风险因子来测算风险费用。设系统装备各工作单元的基线费用估算值为 C_{jxi},风险费用估计值为 C_{fxi},则考虑风险后的项目总费用 C_z 为

$$C_z = \sum_{i=1}^{N} (C_{jxi} + C_{fxi}) = \sum_{i=1}^{N} [(1 + RF_i) C_{jxi}] \tag{8-17}$$

式中 C_{jxi} 为第 i 个工作单元的基线费用估算值;C_{fxi} 为第 i 个工作单元的风险费用估计值,$C_{fxi} = RF_i \cdot C_{jxi}$;$RF_i$ 为第 i 个工作单元的风险因子;N 为工作单元数目;i 为工作单元序号。

在系统装备研制中,可以用工作分解结构(WBS)进行项目费用的估算、风险识别和风险估计,从而估算风险费用。

【例8-7】某轨道交通系统通信装备的WBS、各工作单元的风险因子 RF_i、各工作单元的基线费用估算值 C_{jxi} 见表8-7,试估算该通信系统的风险费用。

由式(8-17)算得该通信系统跟踪雷达的风险费用为560万元。同样,可根据WBS其他工作单元的情况,测算出该系统总的风险费用为5 360万元。

表 8-7　某通信装备的风险费用估算表

WBS 层次	项目名称	项目代码	工程费用（百万元）	风险因子 RF_i	风险费用 C_{fxi}（百万元）
Ⅰ	通信装备	000	40.0	0.10	4.00
Ⅱ	雷　达	400	4.0	0.20	0.80
Ⅲ	天　线	401	0.5	0.10	0.05
	接收机	402	0.5	0.30	0.15
	发射机	403	0.8	0.20	0.16
	伺服机构	404	1.0	0.25	0.25
	显示器	405	0.3	0.20	0.06
	雷达车	406	0.1	0.10	0.01
	训　练	407	0.5	0.20	0.10
	资　料	408	0.3	0.07	0.02

采用本法测算风险费用的关键是应该正确估计各工作单元的风险因子 RF_i。在估计风险因子时不可避免地带有风险估计人员的主观性。因此，应该用德尔菲法等专家调查法认真地确定风险因子，对于基线费用估算值较高或风险因子较高的工作单元更应慎重处理。

3. 经济损失和利润率

在估算出系统的风险费用后，就可以计算出一旦风险发生后，工程研制部门的经济损失和获得的最小利润率。

（1）经济损失

假如预计的全部风险均已发生，并且全部损失要由研制和生产部门承担，经济损失即为估算出的风险费用 C_{fx}。

（2）最小利润率

风险发生后生产企业获得的利润减少，此时获得的利润率称为基本最小利润率 BMP（basic minimum profit），为

$$BMP=\frac{P\cdot V_c-C_{fx}}{V_c}\times 100\% \tag{8-18}$$

式中　P 为按百分数计的基本合同利润率；V_c 为合同总价值；C_{fx} 为风险费用。

（3）实际总利润率

但是，风险分析一般不应局限于当前的工程计划，还要考虑到对未来的影响，亦即要考虑项目取得成功后，可能获取的后续合同，从而增加实际总利润率 ORP，有

$$ORP=\frac{(P\cdot V_c-C_{fx})+\sum_{i=1}^{m}(P_i\cdot R_i\cdot V_{ai})}{V_c+\sum_{i=1}^{m}(R_i\cdot V_{ai})} \tag{8-19}$$

式中　P_i 为按百分数计的第 i 个后续合同的利润率；R_i 为获得第 i 个后续合同的概率；V_{ai}

为第 i 个后续合同的价值；m 为可能得到的后续合同的总数。

【例 8-8】仍以上例通信系统为例，其合同总价值 V_c 为 4 000 万元，基本合同利率为 15%，风险费用 C_{fx} 为 400 万元，试计算风险发生后该系统的最小利润率 BMP；若在该系统研制完成后，又获得 600 万元的备件合同，利润率为 20%，签订合同的概率为 100%。此外，有 80%的概率得到通信系统的改型合同，合同价值为 800 万元，利润率为 15%，试计算实际总利润率 ORP。

(1)求最小利润率 BMP

由式(8-18)，得风险发生后该系统的最小利润率

$$BMP=[(0.15\times 4\,000-400)/4\,000]\times 100\%=5\%$$

(2)求实际总利润率 ORP

由式(8-19)，得风险发生后该系统的实际总利润率

$$ORP=[(0.15\times 4\,000-400)+20\%\times 100\%\times 600+15\%\times 80\%\times 800]/(4\,000+100\%\times 600+80\%\times 800)\times 100\%=7.94\%$$

由上可见，考虑了后续合同后，利润率由原来的 5%提高到了 7.94%。

4. 减少费用风险的途径

根据上述分析，为了减少项目的费用风险，应当采取如下措施：

(1)根据项目的实际情况，合理地预测费用，并提出所需的预期投资总量。

(2)合理分配研制阶段的资金，防止研制阶段早期投资不足而引起的费用风险。

(3)合理进行生产阶段的投资，防止早期的生产资金不足而引起的费用风险。

(4)实际拨款日期应与计划拨款日期相符，防止由于实际拨款日期滞后而带来的进度拖延。

(5)根据系统的风险识别和风险估计结果，合理测算风险费用，并将风险费用包括在型号总费用之中。

(6)在与使用部门签订研制或生产合同时，必须明确该项目的任务要求，应以量化参数的形式提出。

(7)不允许在里程碑Ⅱ之后的研制阶段中(即进入开发阶段后)，存在任何高风险项目，中等风险的项目数量也应尽可能减少。

(8)用多种方法合理估算项目的费用，并在研制过程中不断修正。

(9)估计风险状况，确定合同类型。对于低风险项目采用固定价格的合同，对中等风险项目采用成本加奖励费用的合同，对高风险项目采用拨款性合同。

(10)在投标过程中，合同报价应与预测的研制费用基本一致。

第九章　LCC 控制

第一节　概　　述

系统装备 LCC 分析的一项主要任务就是对 LCC 进行控制，控制的目的是为了实现装备 LCC 目标。从某种意义上来讲，确定费用关键因素，建立费用预测模型，对费用进行预测都是为费用控制服务的。LCC 控制贯穿于系统装备的整个寿命周期，研制部门要参与，运用部门也要参加。控制装备的 LCC 必须树立整体观念、全局思想，也就是要从全寿命、全系统着眼，从具体的细节入手，实现规定的 LCC 目标。

控制装备 LCC 具有多方面的意义：在研制阶段，直接关系到研制计划的成败；在运用阶段，则关系到装备能否形成和保持完成任务的效能。所谓装备 LCC 控制实质上是指：在本国的政治经济条件下，在装备寿命周期内，为实现装备 LCC 目标所做的一切努力。

一、系统装备 LCC 的特点与控制对策

1. 系统装备 LCC 的特点

(1)运用维修费用是 LCC 的主要部分

由本书第一、二章的论述可知，在整个 LCC 中，运用维修与保障费用是 LCC 的主要部分。例如，轨道交通机车车辆的运用维修费用占整个 LCC 的 66%～88%(参见表 1-1)。根据这一特点，对系统装备 LCC 控制必须重点加强对运用维修和保障费用的控制。

(2)寿命周期的早期阶段决定了绝大多数的 LCC

图 2-13 表明了 LCC 的分布，从中可以看出寿命周期各阶段对 LCC 的影响。在方案探索阶段需要考虑各种备选方案和方法，对于确定系统未来发生的费用至关重要，一般决定 LCC 的 70%；论证和验证阶段是产品研制的关键阶段，该阶段的开支仅占系统 LCC 的 3%左右，但却在很大程度上决定了后续阶段发生的费用。以上阶段结束时已决定了 85%的 LCC；在全面研制阶段结束时，决策活动已决定了 95%的 LCC；生产与部署阶段结束时，99%的 LCC 已经确定。

(3)LCC 是寿命周期各个阶段决策的依据

LCC 为产品设计、开发、运用维修及其他过程的各种决策提供重要依据，涉及的主要决策方面有：设计方案的比较和选择，经济的可行性评估，对投资效益的改进，投入资金的配置，质量保证的验证和评估等。

(4)LCC 是市场竞争的有力武器

运用 LCC 技术，在设计阶段就可以对运用维修方案、保障资源的配置进行筹划和评

估，以达到优化产品总 LCC 的目的，从而提高产品在市场上的竞争力。同时，保证了用户在运用维修中能够取得最佳的经济效益。

2. LCC 控制对策

多少年来，技术装备“重性能、轻费用”“重采购费用、轻运用维修费用”的传统决策观念，一直在我国技术装备的发展中占有主导地位。大型复杂系统装备采办过程的管理分散在国家机关的多个职能部门，装备全寿命管理的理念尚未在建设中全面体现，以成本为核心的全寿命管理理念还很薄弱。只有深入进行 LCC 技术研究，才能彻底摒弃这些观念，从全系统、全寿命的角度去认识装备发展的一系列问题。为此，应针对 LCC 的特点，改变决策观念，采取如下措施：

(1)对系统装备的 LCC 控制应该在方案论证的早期就开始进行，这样就会获得最大的效果，从而可获得 LCC 的最大节省。

(2)用户的早期参与对 LCC 控制非常重要，否则会给后续阶段的工作带来很大的麻烦，使产品的价格审定工作陷入被动。

(3)可靠性、维修性是影响装备运用维修和保障费用的关键(参见图 2-14)。因此，在研制阶段就必须加强可靠性和维修性的设计和管理，以降低系统装备的 LCC。

二、LCC 控制思想与方针

(一)现代系统装备与大型复杂系统(LCS)

现代系统装备正朝着大型化、复杂化、自动化和智能化的方向发展，其中最具有代表性的就是作为国民经济支柱的大型复杂系统 LCS(large complicated systems)，它们的状态对国民经济的发展起着举足轻重的影响。这里所涉及的大型复杂系统 LCS 是指由分系统、组件、部件、零件组成，具有重要功能、较高技术含量和较长使用寿命的技术系统装备。因此 LCS 特征如下。

1. 系统是物化的、技术装备类型的系统

大型复杂系统不同于一般的系统，它由分系统、组件、部件、零件组成，是指系统装备本身，有时还包括人员、设施、材料、数据、服务等；它不同于一些虚拟系统(例如数学中假定的系统)，而是指具体的物化系统。

2. 系统庞大、复杂

这里所说的大型系统，是指结构方面庞大、复杂，并不是指系统所占的空间一定庞大。对于集成型系统，其技术集成度很高，所占空间相对较小；分散型系统则所占空间较大。这里所说的复杂，不只表示结构复杂，更重要的是技术方面的复杂性，包括该系统的技术是复合型的，是由机械、电子、电气、计算机、网络等技术组成。若一个系统装备只是结构复杂，但技术单一，也不属于此处所说的大型复杂系统 LCS，例如铁路行业中的机车，过去使用的蒸汽机车，尽管其结构也属复杂，但其基本上属于机械类型的系统装备，因此不能将其归属为复杂系统装备。随着科学技术的发展，现代铁道运输装备(内燃机车、电力机车和高速列车等)已经发展成为集机械、电子、电气、计算机、网络等于一体的系统，可以将它们称为大型复杂系统。

3. 具有重要的生产或服务功能，能产生较大的经济和社会效益

大型复杂系统项目分布在国民经济的各个产业中，诸如航空、航天产业中的飞机、人造卫星、飞船和运载火箭；电力工业中的大型发电机组和高压输变电网；交通运输产业中的远洋轮船、现代汽车、高速列车、重载列车等。这些系统装备都具有重要的生产或服务功能，都能产生较大的经济和社会效益。

4. 具有较高的技术含量和自动化程度

大型复杂系统是随着现代科学技术的发展而发展起来的，因此都具有较高的技术含量和自动化程度，一般均设有计算机监测和电子控制系统。例如高速列车作为高速铁路的核心运输装备，是现代铁路科学技术的集中体现，它集中了机械、电子、计算机、控制和材料等许多高新技术，代表了机车车辆技术的最高水平。高速列车上都装有先进的微机监测、诊断和控制系统，以保证列车安全、可靠、高效地运行。

5. 研制周期长，建造成本高，具有较长的使用寿命

由于其重要性和复杂性，一般说来大型复杂系统的研制周期长，建造成本高。在系统投入运用以后，都具有较长的使用寿命。

6. 对 RAMS 有较高的要求

大型复杂系统对可靠性、可用性、维修性和安全性（RAMS）有较高的要求，这是由其具有重要的生产和服务功能，能够产生较大的经济效益和社会效益所决定的。因此，要求大型复杂系统可靠性高，在运用中少发生故障；要求维修性好，在系统发生故障以后能够很快修好；要求系统的可用性高，完好率好，创造出更高的经济和社会效益；要求系统安全性高，在运用中不发生或少发生事故，避免造成人身伤亡和重大经济损失。

由上述特征可以看出，大型复杂系统 LCS 在国民经济中具有重要的地位，它的状态对国民经济的发展有重大影响，因此，如何保证大型复杂系统始终处于良好的状态，在高效能的情况下达到较低的 LCC，是人们格外关注的重大问题。

（二）LCC 控制思想

随着高新技术的发展，特别是信息技术、微电子技术和微机电技术和网络技术的飞速发展，装备向集成化、大型化、精密化、柔性化方向发展，其性能和复杂性越来越高，规模日益庞大，采购价也愈发提高，装备在运用、维修和保障过程中的费用也迅速增长，形成了所谓的“冰山效应”，如图 1-1 所示。与此相对应的问题是，企业和用户普遍面临着“装备买得起用不起”的局面，出现装备更新改造与费用拮据的矛盾，出现巨大费用缺口的现象。费用与需求的不匹配，使得新产品研制推迟或冒险采用不成熟的研制方案，最终造成企业出现重大经营管理的风险。这种情况迫使人们努力寻求和发展新装备 LCC 控制的方法和技术，在保持装备效能不变的

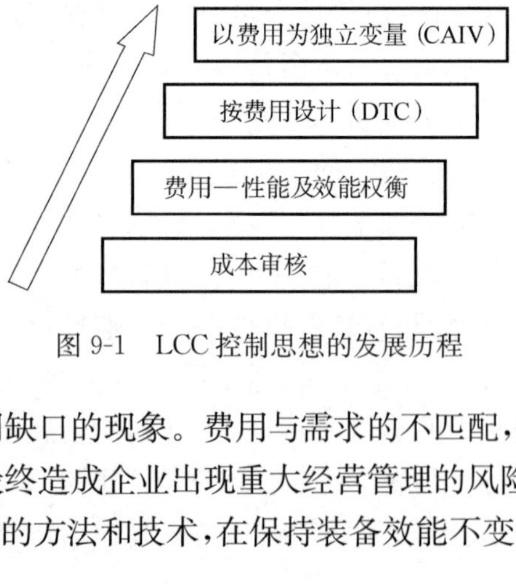

图 9-1　LCC 控制思想的发展历程

同时，尽可能地降低 LCC。在此过程中，系统装备 LCC 控制思想也逐渐发展和变化。

1. 被动控制和主动控制

LCC 控制可以分为被动控制和主动控制两种控制形式。被动控制又称为事后控制，是指装备研制完成后，进行成本审查，而对即将发生的生产费用进行控制；主动控制又称事先控制，则是在装备论证的早期阶段，就以 LCC 的可控性（控制规律）为依据，实施事先控制和过程控制，发挥订购方的主导作用，对 LCC 进行主动人为控制。在当今市场经济的大背景下，LCC 控制思想必须从过去的被动控制转变到主动控制上来。

2. LCC 控制思想的发展历程

LCC 控制思想的发展历程如图 9-1 所示，大致分为 4 个阶段：成本审核、费用—效能权衡、按费用设计（DTC）和以费用为独立变量（CAIV）的费用控制阶段。

（1）成本审核阶段

大型复杂系统装备发展的早期阶段，费用的控制思想以成本审核的形式出现，此处的成本审核主要是指生产成本的事后审查，是对已经发生的费用进行确认，承认既成事实，这种费用的事后审查属于被动控制费用的范畴。随着近代生产的发展，市场竞争的激烈，人们逐渐引入和开展费用控制工作，但传统的费用评价和管理技术远不能适应现代生产的需求，它们大多片面注重装备研制、生产中的费用缩减，并不是真正从全系统、全寿命过程中进行费用缩减，而是在割裂各方相互关系，孤立地进行装备性能和费用之间的权衡，局部地进行优化、管理，结果造成产品竞争力不强、效能降低的局面，阻碍了装备制造业的发展。尤其在我国，由于尚未普遍地建立起科学合理的现代企业管理制度和市场竞争机制，装备费用评价和管理所需的基础数据不充分、不完全，使得人们对宏观投资的财务评价比较重视，而忽略了具体的核心经济评价和管理研究，导致我国对系统装备的经济评价及管理都不理想，与发达国家相比较为落后。迄今，我国技术装备的费用控制基本上属于成本审核的阶段，大多数系统装备的费用控制思想是对生产成本进行事后审查。

（2）费用—性能及效能权衡阶段

这个阶段是指系统装备费用控制思想从成本审核阶段，只注重于对所发生的费用进行审核，转变为对装备费用—性能及效能之间的关系进行权衡分析。在该阶段开始时，人们在装备论证、研制时期开始考虑费用—性能之间关系，然后逐渐转变为注重费用—效能之间的关系。费用—性能及效能之间的关系实质上是指价值工程中相关的经济概念。实践证明，价值工程是工业和政府各部门降低成本、节约能源、改善服务和提高生产率的一种行之有效的分析方法，能够在装备费用分析研究中处理大量的分析案例，在保证满足用户需求的前提下，降低 LCC。而费用—效能之间的关系可以表达为以 LCC 所获得的效能大小为标准，对系统装备的各种备选方案进行评价，并进行分析比较，使选择的方案获得优化满意的效果。现代技术系统装备是一个复杂的大型系统，在整个寿命周期中其费用—效能的权衡分析贯穿其中，要将费用—效能作为评估方案的准则，这是因为费用—效能的概念高度概括了一个系统完成其预定任务的全部能力及其所耗费的全部费用。这个阶段的基本控制思想是：在可靠实现用户所需功能的前提下，努力提高效能，寻求 LCC 最低的方案，以达到合理、有效地利用资源，提高对象价值的目的。该阶段的费用控制思想方法，可以用最低的 LCC，通过创新，努力寻求生产成本和运用成本最低的实施方案，实现用户所需的功能，提高效能，向社会提供物美价廉的产品，使企业获得良好的经济效益。从这个角度来看装备的费用问题，该阶段的费用控制思想应属于主动控制的范畴；但是，在新产品开发或老产品改造中，该阶段的费用—性能及效能权衡分析只是通过事后分析，从能够实现用户需求功能的各种方案中，选择 LCC 最低的方案，以达到提高产品价值的目的，从这个角度来看，该阶段的费用控制又应属于被动控制的范畴。

(3)按费用设计(DTC)阶段

基于系统装备 LCC 的特点和在寿命周期的早期特别是研制阶段对 LCC 控制的重要性，出现了按费用设计的思想，1983 年 4 月美国颁布了相关文件(DoDD4245.3 DTC)，要求设立费用目标，进行系统 LCC 分析与预计，据此进行系统的技术评审和实施 LCC 管理。这是一种比较主动的费用控制思想。它是“一种管理观念，即在发展过程中确立严格的费用目标，并且通过在使用能力、性能、费用及进度间进行权衡的方式，对系统的费用(采购、使用及保障)予以控制，使之达到既定目标。费用作为一项关键的设计参数，要连续不断地予以审核；费用也是型号发展及生产过程中固有的影响因素。”按费用设计(DTC)在全世界各个产业部门得到了广泛的应用和推广，取得了巨大的经济效益。它之所以受到如此广泛的重视，是由于它从系统工程的观点出发，在有限的费用与资源约束条件下，寻求整个寿命周期内，费用、性能的最优化，它有效地克服了片面的重性能轻费用、重初期采购费轻后期运用保障费用、重技术轻经济等传统思想的束缚，能够在装备设计初期，就将 LCC 作为一项设计参数，与进度、性能以及装备的 RAMS 来进行综合权衡分析，因此可以开发出 LCC 低廉、运营安全可靠的产品，给各方带来巨大的经济效益。

(4)以费用为独立变量(CAIV)的阶段

提出“以费用为独立变量(CAIV)”的主要原因是美国军事需求与军费计划之间的矛盾。在冷战结束以后，美国对军费进行了大规模的削减，因此军方不得不减少军事装备的订购数量，或者推迟系统装备的研制和生产进度，这就造成不但采购费用没有降低，反而给各个采办项目造成了重大风险。这种情况使美国国防部不得不创建一种可以覆盖整个寿命周期的费用的管理方法。为此，美国为了控制装备的 LCC 而采取了许多措施，例如 LCC 分析评价、价值工程和 DTC 等方法，它们在装备的研制中得到了广泛的应用并取得了较大的成功。经验表明，DTC 方法对于对降低大多数装备的单价，扭转性能至上的倾向颇为有效，因此得到了工业界的赞赏和绝大多数管理人员的肯定。但是，推行 DTC 方法绝非易事，它要求做必要的定量分析和周密的计划安排，因此在研制阶段要花大量的人力和时间，若应用不当，还会影响应变能力和创造精神。鉴于费用增长是由诸多因素造成的，单靠 DTC 方法难以有效控制，应和其他方法，诸如奖惩办法、担保契约等费用控制手段配合使用，方能取得成效。多项研究表明，DTC 方法已获得相当成效，但仍存在一定问题，例如怎样适应采购数量或生产速度的变化等。同时，采购方和制造厂商的积极参与是成功的关键。为了更有效地控制装备的 LCC，提出了以费用为独立变量(cost as an independent variable,CAIV),将性能、进度和风险作为"应变因素"的控制思想。这种思想反映在1996年3月15日美国国防部颁布的指令《DoDD5000.1防务采办》和《DoDD5000.2-R重大防务采办项目(MSAP)和重大自动化信息系统(MAIS)采办项目必须遵循的程序》中。为了验证其有效性并解决实际过程中出现的难点问题,美国国防部专门成立了两个工作组,分别从理论和应用两方面,对这种新的装备费用评价管理技术进行研究。理论组由防务制造委员会(DMC)领导,该工作组于1995年12月发表研究报告,阐述了CAIV的概念、实质、主要技术途径和预期的应用;应用组由国防部长办公室(OSD)领导,其成员包括8个采办项目的代表和来自OSD、防务院所的代表。通过在8个CAIV示范项目实施CAIV取得的经验,在研究组和工业界的共同努力下,CAIV的概念及其技术理论体系逐渐成熟,其应用范围也不断扩展。从2003年开始,美国国防采办项目中全面实施CAIV,在民用大型复杂系统装备项目中也逐渐推广,取得明显效益。

(三)LCC控制方针

系统装备LCC控制技术有很多种,但从本质上来说,其方针就是将被动控制转变为主动控制,即由事后控制(事后成本审核、验收)转化为事前控制(设定费用目标、方案优化等)和过程控制(用户全程参与,订购方与承包商形成合作伙伴关系等)。LCC控制方针如下。

1. 贯彻全系统、全寿命和全费用观点

以往研究装备的费用问题时只是孤立、分散地观察某个或某些寿命周期阶段的费用(例如装备的采购费用),而现代装备经济理论的特点是用系统工程的观点看待、分析和研究费用的控制问题,即用全系统、全寿命和全费用的观点认识和看待费用控制问题。

(1)全系统观点

将装备及其相关部分看成一个系统。费用控制的全系统观点就是要把装备的各种特性和所有组成部分看成一个系统加以研究和处理,弄清它们之间的相互关系和外界的约束条件,通过综合权衡,使整个系统优化。同时,还要重视装备的可靠性和维修性。运用系统工程的技术和方法处理和规划费用控制问题。另外,在系统装备(例如铁路运输装备)中,不但要重视主装备(例如铁路机车车辆)的维修,还要重视维修保障系统(维修所需人力、物力、财力,即备件与消耗品、维修设施与仪表设备、维修人员及其培训、技术资料的准备与供应等),使它们相互匹配。要为整体优化的装备提供一个匹配、有效而又经济的保障系统。

(2)全寿命观点

系统装备的全寿命是从论证探索到退役报废的全过程。在寿命周期的各个阶段都有相关的费用控制活动和目标。寿命周期各阶段都是相互关联、互相影响的。因此,全寿命观点就是要统筹把握装备的全寿命过程,使各个阶段相互衔接、密切配合,以达到全寿命优化的目的。特别是在论证与研制中要充分考虑使用、维修和退役处理。同时在运用维修中也要充分利用研制生产中的特性和数据,合理、正确地运用和维修系统装备,充分发挥其效能，降低 LCC。

(3)全费用观点

按照全系统优化的观点，在重视装备性能的同时，也必须重视装备的经济性。全寿命费用的观点就是将 LCC 作为系统权衡的主要目标，在论证、研制和运用维修决策中，对不同备选方案的 LCC 进行估算、比较，使得开发、生产的系统装备，用户能够买得起、用得起，满足用户的需求。

2. 将最低的 LCC 作为控制目标

在进行系统装备的各种权衡分析时，要明确认识到，只有 LCC 才能真实地反映装备的经济性；只有 LCC 最低时装备才是最经济的。装备的获取费用(采购费用)和再现费用(运用维修费用)两者间是彼此密切相关的。系统装备费用的控制目标不应以采购费用为准，而应将系统的最低 LCC 作为控制目标。装备设计研制阶段，在保证性能的前提下提高可靠性和维修性要求，虽会增加投资费用，但将使装备的运用维修费用减少。实践表明，由于获取费用是一次性投资，而运用维修费用则是若干年内的连续再现的费用，因此通常在装备研制过程中增加一些投资来改善可靠性和维修性，以换取 LCC 的较大节省。

3. 在设计中贯彻 LCC 事前控制

系统装备的 LCC 主要取决于装备的设计(包括论证)，它具有可设计、可度量、可控制和可跟踪的特性。寿命周期的前期阶段(论证、设计、研制)决定了 LCC 的绝大部分、方案探索阶段大致决定 LCC 的 70%，论证和验证阶段结束时已决定了 85%的 LCC；在全面研制阶段结束时，已决定了 LCC 的 95%。因此，近代产品，特别是大型复杂系统装备在设计中纷纷采用按费用设计(DTC)和以费用为独立变量(CAIV)控制思想，都按照规定的 LCC 指标进行设计，在设计中贯彻 LCC 事前控制，将 LCC 控制从过去的被动控制转变到如今的主动控制。

4. 里程碑式付款方式是采购方进行过程控制的重要手段

过去，系统装备采购费采取终点付款的方式，在系统装备生产流程的终点，即装备验收合格后，由采购方将装备货款一次性付清。目前，已有按决策点付款的方式，按照合同，在系统装备流程的决策点(例如批准方案研究 0 点、批准方案验证Ⅰ点、批准研制Ⅱ点、批准生产Ⅲ点的四个决策点)处，按照合同完成规定指标，分别付款(例如按总货款的 20%、10%、10%和 60%付款)。这种付款方式能够使订购方审核控制项目进行中的完成情况，被认为是项目过程控制的一大进步。

5. 用户全程参与，对费用关键因素进行连续跟踪和评估

用户代表全程参与系统装备的研制，对各个阶段中的费用关键因素不间断地进行连续跟踪，并按照与费用的关系进行评估，还要求研究和构造合理的统计量，并对这些统计量不断跟踪控制，对其发生的状况和条件进行分析，如关键因素与费用之间的关系不变的条件是否成立、传统的结论是否适用？表征生产技术水平和管理水平的熟练曲线效应是否变化？工时费用率概念的统计意义是否准确？等。

三、LCC控制类别

从费用控制的角度，可将寿命周期分为两个时期，即装备的获取时期和使用时期，如图2-8所示。由图2-8可知，装备的获取时期主要由概念/初步设计、详细设计与开发、生产或建造阶段组成；使用时期由产品运用、保障、退役和处理阶段组成。由于退役处理费用仅占LCC的很小一部分（一般不到1%），基本上可以忽略不计。因此可以认为，装备的LCC主要由研制费、采购费用和运用保障费组成。LCC控制则由这三部分费用的控制组成。

1. 研制费

研制费的定义各个国家有所不同，主要表现在对研制阶段的划分上。

美国国防部的定义为：研制费是指系统设备在研制各阶段（方案探索、演示验证、全面工程研制阶段）所耗费用总和，包括：早期的研究开发费用，研制、试验和鉴定费用，项目管理费用，相关人员培训费用，特殊设备/仪器等费用。常用“研究、开发、试验和鉴定”费用来表示。

1992年7月，我国颁布的军标《GJB 1364 装备费用—效能分析》中规定：装备研制费用是指论证和研制装备所支付的费用以及所分摊的保障条件费用之和，它包括：论证和方案研究费、设计与试制费、试验与鉴定费、分摊的保障条件费及其他费用。

装备研制阶段，尤其是早期研制阶段，是设计过程最初的也是最具创造性的阶段，对系统的LCC控制有着决定性的作用，在整个装备开发过程中占有重要的地位。该阶段对LCC的主要控制活动有：装备费用—效能分析，通过设计控制LCC，技术方案的综合权衡分析，持续采办与寿命周期保障（CALS）。

其中，装备费用—效能分析的内容已在本书第七章第三节中做了详细介绍；通过设计来控制LCC，主要是采用按费用设计（DTC）和以费用为独立变量（CAIV）的方法。这两种费用设计控制方法将在本章第二节和第三节做详细的介绍；技术方案的综合权衡分析将在本章第四节做详细介绍；持续采办与寿命周期保障（CALS）将在本章第五节做详细介绍。

2. 采购费

美国国防部的定义为：装备采购费是指军方（用户）为其订购的系统及其备件支付的全部费用。也可以理解为：承包商按与军方签订的合同生产系统所需的全部费用（当然也包含合同类型所应得的利润）。采购（生产）费包括：工程运行、工艺装备研制开发、材料、加工/制造/组装/试验、设施建设、专用设备、生产运行管理、质量控制、初始后勤保障等费用。

我国军标《GJB 1364 装备费用—效能分析》将装备采购费定义为：采购装备所支付的费用之和，包括：主要装备采购费、辅助设备采购费、安装费、初始人员培训费、初始部署保障费和其他相关费用。

装备采购费用及其控制管理有关内容见本章第六节。

3. 运用保障费

运用保障费是指用户在系统装备的运用保障阶段所支付的全部费用，由运用费和保障费两部分组成。前者包括系统装备的部署、人员（如机务人员和乘务人员）、整备、训练和基地任务保障等费用，后者主要包括维修设备、维修备件运输、维修人员、测试和保障设备、承包商后勤保障、技术资料和通信与行政管理等费用。在系统装备的 LCC 中，运用保障费占有最大的份额，它主要由前期的采购工作，尤其是设计阶段的工作决定。设计时努力提高系统装备的可靠性、维修性、保障性和测试性，是降低运用保障费的关键。

有关装备运用保障费用及其控制的内容见本章第七节。

第二节　按费用设计(DTC)

从前述系统装备 LCC 的特点可以看出寿命周期早期（论证和研制）阶段对 LCC 控制的重要性，因此而出现了按费用设计（DTC）的思想，这是一种比较主动的费用控制思想。1983 年 4 月，美国国防部颁布文件 DoDD4245.3 DTC，要求防务系统装备设立费用目标，进行按费用设计（DTC），并根据结果进行技术评审，实施 LCC 管理。

一、DTC 定义与目标

1. DTC 定义

在美国国防部文件 DoDD5000.28 中，对按费用设计（design to cost，DTC）的定义是：一种管理概念，即在开发过程中确立严格的费用目标，并且通过在使用能力、性能、费用及进度间进行权衡的方式，对系统的费用（采购、使用及保障）予以控制，使之达到既定目标。费用作为一项关键的设计参数，要连续不断地予以审核；费用也是型号开发及生产过程中固有的影响因素。

由上述 DTC 定义可知，DTC 具有如下特点：

(1)DTC 是一种多目标的管理方法，将性能、费用、进度、采办和维修保障等作为重要因素进行考察，最终得到的结果是能够满足多个目标的产品，既达到了性能、进度要求，又满足了低 LCC 的限额目标。

(2)DTC 是一个由各部门通过协调而取得的妥协结果。一个系统装备的各项指标归口于不同的管理部门，性能由装备部门归口，费用由财务部门主管，进度由执行部门负责，维修保障由使用单位管理等。在设计过程中，各个部门根据需要对各自的需求做相应的修改，才能实现多赢的结果。

(3)DTC 是一个反复而连续的过程。该过程经历论证、设计和生产制造等多个阶段。在每个阶段中，对各个因素的设计、修改和协调是不断反复的过程，而每一阶段的成果又是下一阶段的初始条件，因此具有继承性。

2. DTC 目标

美国国防部文件 DoDD5000.28 还指出，按费用设计（DTC）的目标是：“根据给定的生产量和生产率，以不变的美元数限定的费用数值。该费用要在系统开发的早期予以确定，并在采购周期内的后续各阶段中都要将它作为管理目标和设计参数。”该文件还要求，一个型号只能有一个单一的按费用设计的金融目标。对于重要型号，由国防部长确立该目标。重要级低级的型号，由各军种指定的高级官员予以确定。该目标应尽快确立，不得迟于进入工程开发阶段之后。这一目标是政府机构内部的目标。

在DTC过程中，必须重视采办和使用维修保障的费用。文件DoDD5000.28指出，“涉及运用和保障费用中的重要因素，应使DTC目标可以用可度量的形式确立出来，使它能在鉴定以及在使用过程中受到监控。对采购费用实施管理的过程中，要像对待其他与费用有关的因素那样，对这些予以重视。”

按费用设计是指从系统装备的论证、方案设计直到生产建造的每个阶段都制定严格的费用目标，并将控制费用作为设计目标之一。在保证系统装备完成基本使命任务的前提下，在任务效能、各分系统设备性能、费用、进度之间进行分析研究和权衡，以期最终获得满意的装备。

二、DTC程序与方法

按费用设计(DTC)的工作程序如图9-2所示，包括如下主要步骤。

1. 确定DTC目标

费用目标是指预先确定的时间区段内应该达到的费用水平。费用目标可以分为：战略费用目标、系统总费用目标、分系统费用目标、组件费用目标、零部件费用目标等。

(1)选定DTC目标的原则

DTC目标的选定应该根据系统费用的具体情况，进行详细的了解，然后结合给定的预算加以确定。选定的目标应具有一定的灵活性，要使设计者在实现任务目标的配置方面有选择和决定的自由。这就必须通过合同或规范做到：

① 限定所需的性能，但不限定得到预期结果的途径；

② 限定达到所需使用能力的总时间，也不限定达到预期结果的途径；

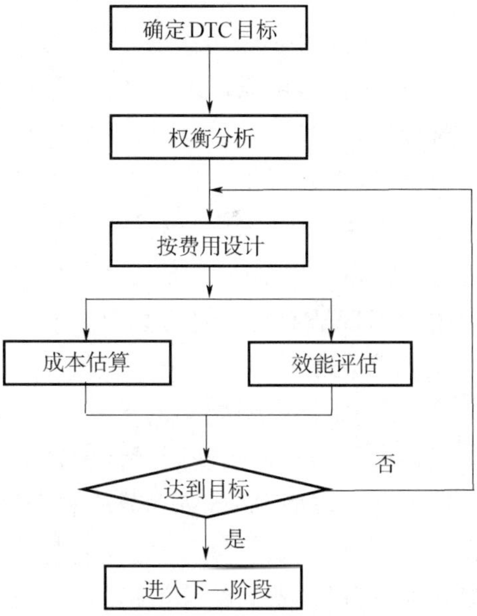

图9-2 DTC工作程序简图

③ 所规定的耗费进度应留有允许反复的余地，而不是试图一下子就取得100%的成功。

(2)选定DTC目标的依据

由于选定的DTC目标必须在预算的限度内，而预算限度是以LCC分析为基础的，因此 LCC 分析是选定 DTC 目标的依据。

LCC 分析必须在寿命周期的论证阶段就开始，并且一直延续进行下去。重要的是，DTC 目标值的选取应直接与 LCC 估算相关，其应符合美国国防部系统采购评审委员会(DSARC)的决策协调文件(DCP)和费用预算指南。

(3)DTC 目标特性

DTC 目标特性是它的可达性。其值大小应适当，目标值定得过高，则伤害降低费用的动力，使通过对技术要求、概念和设计结果进行严格审查的可能性太低。从而相当于对系统性能或设计要求有所提高。相反，如果目标定得过低，降低费用的动力也会受到挫伤，因为承包商没有必要发挥独创性、利用先进技术，采用比较简单的设计即可达到 DTC 目标的要求。

2. 权衡分析

系统装备的可靠性和维修性是影响 LCC 的关键因素。在寿命周期论证阶段，要确认系统中的关键子系统、组件和零部件及其致命功能，据此确立备件的储存政策，并与用户共同审查设计结果，以便装备易于维修，并且制定出装备维修政策和相应规范与规划。

DTC 权衡分析中，必须考虑到装备的可靠性指标和某些备件储备等级所对应的维修工作，以及备选方案进行权衡分析的各种相关工作。DTC 目标值的确定应考虑到如下的情况：

(1)具有高可靠性的备选方案，意味着需要高额的提前投资。

(2)具有很低可靠性的备选方案，意味着所需的前期投资要低得多，但可能在后期的运用过程中发生较高的维修及后勤保障费用。

(3)进行维修权衡分析，得知发生费用的主要方面，再通过灵敏度分析，判断出影响费用的主导因素，确认出可以利用人力、物力得到最大费用—效能的方面。

(4)通过各种性能、进度、费用等参数的分析，确定出其中只要有微小变化就会给开发和使用费用带来重大变化的参数。

3. 按费用设计

(1)费用指标的分配

以权衡分析确定的费用目标为依据，主要从工程总体、材料结构、制造工艺、后勤服务和质量保证等方面，进行技术分析和费用指标分配。按照规定的等级序列，将费用指标分配到硬件一级。达到目标的责任要落实到专门指定的设备工程师。如果设计轮廓的明晰程度允许，可以将费用估算值进行到比给定指标更低一级的层次。但是，并不鼓励在更低的层次上确定目标，因为这样做会妨碍在各部件之间进行费用的权衡。此处的指标表示承包商的内部目标，因为这些指标的总和应低于合同中确定的目标值。

(2)目标管理的储备量及其确定

合同规定的目标值与承包商内部指标之间的差值，就是目标管理的储备量，利用储备量可以保证最终的实际值能够达到合同规定的目标值。

目标储备量的多少根据对费用变化敏感的部分在总费用目标值中所占的比例来确

定。而在设计中预计可以在市场上买到,或具有固定价格的硬件,属于设计中的不敏感部分,它们对费用的变化几乎没有影响。因此,在管理中应应将注意力集中于设计中的敏感部分,对这些部分应分配内部指标。这些内部指标应该仅在有利的条件下可以达到。

(3)设计控制部门

设计控制部门的职责是将费用指标分配给设备工程师,还要监控指标完成的状况,评审并核准权衡决策结果。在对设计变更进行评估时,还要参与配置控制部门的工作,并在型号评审时介绍 DTC 的情况。该部门由从事工程管理与生产、后勤保障、产品质量保证和财务控制的人员组成。

(4)费用跟踪

① 功能分系统的费用估算。每一个要设计的功能分系统的费用都要由生产性/价值工程专家组成的小组不断地予以评估。在初期阶段,价值工程小组采用参数模型定出费用值。随着项目的不断深入,应及时采取更加精确的估算方法,以得到较为准确的估算值。

② 费用跟踪系统。上述专家小组在对费用估算后,确定出各种输入数据,费用跟踪系统适时监控跟踪的进展情况,以达到规定的目标值。工作每进展一步,都要将估算值与目标值比较,如果发现估算值超过了目标值,则应进行研究,考虑采用费用较低的替换方案。

4. 型号评审

承包商应负责制定和贯彻 LCC 管理大纲。在进行型号管理评审、关键设计评审以及在到达型号论证各关键里程碑之前,都要对型号开发任务的执行情况做出估计。

在进行型号管理时,应要求承包商对下列各点进行说明:

(1)LCC 执行计划及各关键活动的状况;

(2)影响费用的主导因素和为了降低或控制费用,而采取措施或预计要采取的措施;

(3)与费用相关的各种设计目标的完成情况;

(4)计划要进行的、正在进行的、近期完成的各种权衡研究项目。

三、DTC 方法应用例

FFG7 级护卫艇是美国海军采用按费用设计(DTC)方法研制的第一批舰艇。1970 年 9 月美国海军提出海军兵力由高、低两挡舰艇混合组成的构想,并下令开发研制抵挡导弹护卫舰,其费用为 5 000 万美元,排水量约为 3 200 t。将其采办阶段的 DTC 工作简介如下。

1. 确定任务需求

FFG7 级护卫艇的任务是为海上船队护航,保护途中补给舰队和两栖特混舰队抵御空中、水下和水面的威胁,能够自卫和有效地成为护航舰队的补充力量,并能与执行护航任务的其他制海兵力协同反潜。可以看出,FFG7 级护卫艇一方面是在护航舰队的环境中作为护航兵力的补充力量;另一方面它还须与攻击型舰艇一起活动,航速不必超过 30 节。

在确定任务需求时，费用限额由财力和历史数据的估计得出。这一限额指标须控制得当，以使综合权衡分析有一定的灵活性，便于求得性能与费用之间的最佳匹配。

2. 方案探索

按照舰艇采办程序，方案探索阶段主要是完成可行性研究和方案论证，需要估算出各种备选方案的 LCC，并进行权衡分析，其重点是对费用影响最大的性能参数进行分析。经过多方案比较筛选后，最后确定一种方案，选定其主要性能参数和系统配套设备等。在方案论证阶段中技术部门通过大量方案的比较分析，最后选择了以防空为主的单螺旋桨艇，估计其排水量为 3 700 t，费用近 5 000 万美元。

3. 初步设计

在初步设计阶段，须对系统的性能和费用进行权衡，最后固定该分系统的设计，并进一步定量估算费用，提出确定的费用目标。1971 年 6 月，进入初步设计阶段，美国国防部确定后续舰费用限额为 4 500 万美元，排水量为 3 400 t，不久又规定人员编制为 185 名。

4. 全面研制

全面研制阶段（按合同设计）是在方案和费用限额已确定的条件下进行的设计，并进行招标费用的估算。

此外，20 世纪 70 年代，美国陆军研制的 XMⅠ坦克、机械化步兵战车、爱国者防空导弹、通用战术运输机系统和高级直升机等武器装备，均采用了 DTC 方法。

第三节　以费用为独立变量(CAIV)

一、CAIV 产生的背景

1. DTC 缺陷

美军对于控制武器系统的 LCC 采取了许多措施，如前述介绍的 LCC 概念、价值工程和按费用设计(DTC)等方法。它们在装备的研制中得到广泛的应用，并取得了较大的成功。但随着并行工程、柔性生产、敏捷制造等先进生产制造技术的广泛应用，这些方法所具有的局限性也显露出来。例如经验表明，DTC 具有如下缺陷：

(1)对寿命周期前期的费用预估精度要求过高；

(2)费用要求限制过高，缺乏随生产进度、订购数量和其他客观条件变化而变化的灵活性；

(3)相关各方的合作强调不够，人为分割了彼此之间的联系等。

因此，美国军方急切需要一种更为先进的 LCC 管理理论来应对日益增长的军事需求与有限国防预算之间的矛盾，于 20 世纪 90 年代提出了“以费用为独立变量(CAIV)”装备费用评价管理技术。通过美国军方与工业界的共同努力，CAIV 概念及其技术理论体系，在吸取其他费用评价管理理论优点、克服它们缺点的基础上逐渐发展起来。

2. CAIV 的产生

1996 年 3 月 15 日，美国国防部颁布了 DoDD5000 系列采办指令。在其备忘录中指出采办的6个主题。其中一个是:“采办过程必须同时考虑性能要求和费用约束。因此,在规划决策中必须是独立的参数,并在工程项目的每个阶段设置相应的费用目标。”这一主题被称之为“以费用为独立变量(CAIV)”。以后,每次颁布采办政策文件时都毫无例外地强调这一主题。CAIV是有关LCC的一系列术语中最新的。目前,许多政策文件都规定对武器系统订购和运用费用的控制应给予高度重视。1995年11月4日,美国国防部颁布了以“降低新型和现役系统的LCC”为题的备忘录,其开头写道:“在保持国防部装备良好的性能状况的同时,降低采办和使用费用是最优先考虑的问题。”

人们可能会问,以费用为独立变量(CAIV)与过去5000系列指令中的按费用设计(DTC)是否为同一概念?实际上,两者为同一概念,并且分析程序相同。但是,他们侧重点和使用环境有所不同。过去的指令中,LCC是可以选择的,而现在则是强制性的。并且,在国防部级的采办策略上也有了一些根本性的改变。30余年来,国防部采办一直都是针对敌方军事技术威胁采取相应的对策,要求采办随着寿命周期、敌方实力和潜在技术的变化而变化。这些变化因素常常使项目费用显著增长,其中一些变化可能属于过度反应,例如在系统中本不需要的部位增加了附加装饰物。事后看来,用户和开发商对这些方面并未开展认真的讨论。而CAIV则可能改变了过去的这种发展趋势。CAIV和LCC与许多其他经济手段相比,可能是一种更为有效的费用制约手段。

二、CAIV定义与特点

在美国防务采办电子手册中CAIV的定义是:“用于采办和使用经济上可承受的国防部系统的方法,其内容包括设定具有挑战性的、可实现的费用目标,以及管理实现这些目标而开展的工作,如在性能和进度之间进行权衡。各个费用目标与各种任务需求和在项目寿命周期内计划的资源相平衡,同时考虑在国防部和国防工业界进行预期的过程改进,以满足关键的用户要求。”

由上述CAIV定义可以看出,CAIV具有如下的特点:

(1)CAIV方法是一种覆盖整个装备项目寿命周期内可能出现的各个层次和各个方面问题的费用管理方法,它将费用作为输入参数而不是作为输出结果,改变了过去基于“性能满足需求”的管理,使费用成为设计的结果,而不是设计的驱动因素,强调费用本身是项目需求和目标的组成部分。

(2)CAIV方法强化了费用和性能之间的权衡,改变了过去需求是刚性的、不能因为费用而进行折中的观点,认为费用与性能具有同等的权重。

(3)CAIV方法强调并鼓励创新,寻求创新方案来实现目标,而不是依靠增加费用或消减预算。

(4)CAIV方法强调“可承受得起”的概念,大幅度消减目标费用,并将缩减费用作为激励措施,鼓励创新。

(5)CAIV方法强化项目采购过程中的风险管理,明确费用、进度和性能风险的相互关系,建立完善的风险管理模式与组织机构,使参与项目的所有人员都建立起风险意识,在设计、研制和生产安装系统时，考虑风险问题，人人都担负起处理风险的责任。

(6)重视用户、设计者、制造者和销售者之间的合作。在装备制造过程中，不仅着重费用、效能、进度、风险在设计阶段中的权衡优化，而且将此合作概念贯穿装备的生产、销售、运用、维修和退役处理的全过程，并进行全过程的权衡优化。

(7)用户参与装备采办的全过程，但仅以关键性参数(KPP)的形式提出装备的效能需求，而不必细致地规定制造工艺过程，以便给予装备设计方、生产方足够的灵活性，并通过采用灵活、简易的设计技术、产品零部件的共享性措施以及成熟、可靠的新技术，对设计、生产装备进行权衡和优化，从而全方位地降低装备的 LCC。

三、CAIV 工作内容

为了达到 CAIV 目标，必须进行如下工作：

(1)在采办项目计划的早期，制定可实现但具有挑战性的费用目标；

(2)在采办阶段的里程碑决策点上，建立一套费用—进度—性能权衡的工作程序；

(3)对性能、进度和费用目标的风险进行管理；

(4)采用适当的参数对达到费用目标的过程进行跟踪；

(5)敦促相关的政府和工业管理人员实现预定的费用目标；

(6)采取一定的激励机制，以降低运用和保障费用。

四、CAIV 费用目标值

在制定 CAIV 费用目标值时应注意的事项如下。

1. 尽早制定费用目标

应尽早地制定可实现而又具有挑战性的费用目标。此处所指的“尽早”是指寿命周期论证阶段，即对大多数系统来说是指进度里程碑Ⅰ或更早的时期；具有“挑战性”的费用目标是指对军用和民用俱佳的费用指标。所希望的这些目标要比过去所规划的费用目标值小得多。

2. LCC 的 20/80 点

为了实现未来运用保障费用的节省，在项目费用计划开始时，可能需要增加投资。项目的目标值必须在招标书、投标书和签订的合同书中规定。减少 LCC 的关键是在装备研制的早期就对费用目标值予以规定，因为早期的决策影响到后期对运用保障费用的投入，即要抓住所谓的 20/80 点，表示研制时间刚过 20％就已决定了 LCC 的 80％决策点。

3. 制定费用目标值的考虑

在制定 LCC 费用目标值时应充分考虑：

(1)可用的近期和以后的资源；

(2)可比较或已部署系统的最新单元费用；

(3)参数估计；

(4)任务效能分析与权衡；

(5)技术开发和先进技术的应用;

(6)费用目标应具有挑战性,但又可实现,并规定一个范围;

(7)采用成熟过程、良好的管理及其他创新措施,使费用风险降到一个较低的水平。

4. 采用某些固定的度量参数作为生产费用的目标值

例如,采用早期固定的生产量(即首批生产量)表示生产费用目标值,以减少将来计划生产量或实际生产量变化时造成的影响。对于这些项目,也可采用首件生产费用的目标值。

五、CAIV与DTC的区别

CAIV与DTC的主要区别在于:

1. 费用控制的对象和目的不同

DTC方法起初只用于装备出厂单价的估算,随着运用保障费用因素的逐渐明确,其适用范围已扩大到整个系统装备的LCC估算。DTC方法的对象和目的是制定平均采购单价的目标,并保证这个目标的实现。不同的系统装备应该选用不同的费用限定目标。对于大批量生产的项目,以单价作为费用目标的DTC方法比较有利;对于运用保障费用比较高的系统装备,则选定LCC作为费用目标的CAIV方法比较适用,不宜采用DTC方法。

2. 所考虑的费用范围不同

CAIV与DTC考虑的费用范围不同,DTC考虑的费用范围是评价采购单价,而CAIV则考虑的是LCC,其重点是为项目计划的LCC设定具有挑战性、可实现的费用目标,并采取措施来达到这个目标。

3. 费用参数的作用不同

DTC将费用参数作为一个目标进行管理,在寿命周期的研制阶段,按照费用目标进行设计。CAIV的管理是将费用作为3个变量(性能、进度和费用)中的一个独立变量进行处理。两者最重要的区别在于:CAIV的理论在整个寿命周期过程中,要求项目负责人在总预算约束的范围内,持续和真实地对性能、进度和费用进行权衡分析。在每个里程碑决策点,项目负责人必须给予持续和真实的考虑,提出为减少LCC而采取的活动项目。项目管理人设定具有挑战性的费用目标,并在每一个里程碑报告中,检查和报告达到费用目标的进展情况。

4. 是否明确减少费用的最佳时机

CAIV中明确规定了减少LCC的最佳时机,是在采办过程的早期。而这一点在DTC中没有明确规定,因为该方法的重点是采购费。

5. 决策人不同

CAIV与DTC方法在实施过程中的决策人不相同。DTC方法的决策人是项目经理,而CAIV则在项目计划早期成立项目综合权衡小组,该小组的成员来自用户、工业部门和采办机构。综合权衡小组主要负责为每一采办阶段推荐费用目标,对达到目标的进展情况进行检查和评价,并在项目效能、进度和费用之间进行权衡分析。

第四节　技术方案的综合权衡分析

系统装备研制阶段的主要活动是进行技术方案的选择，对已选定的技术方案进行功能分析与分配，确定分系统和设备的定性、定量要求，重新评价和权衡性能、进度和费用要求。在此过程中，需要对所采用的技术进行综合权衡分析，其中最有效的方法是技术识别、评价和选择（technology identification，evaluation and selection，TIES）。

一、技术识别、评价和选择（TIES）方法的过程分析

这种方法为产品早期设计阶段综合考虑产品性能、进度和费用等要求进行技术选择提供了有效的途径，因此受到广泛重视并取得良好的效果。

TIES 过程分析如图 9-3 所示。

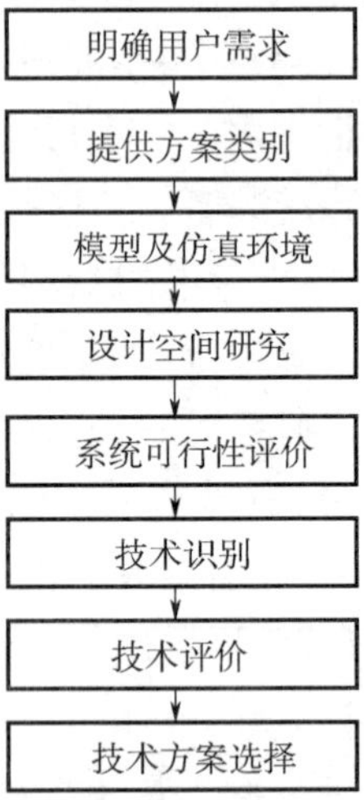

图 9-3　TIES 过程

1. 明确用户需求

欲使装备设计满足预定目标，首先要明确用户的需求。用户需求是在国家有关方针政策、运营方针、任务需求分析的基础上，反复论证后制定的。在这个过程中，常常需要用户和承制方在任务需求和实际可能之间进行反复协调。显然，在此过程中必须对用户需求进行充分的分析，最终将其转换成设计师语言或设计目标，以便在设计工作中将它们进一步细化。一个精明的用户在需求中不仅要提出需求内容，而且还要提出包括各种需求的重要程度，指出哪些要求必须满足，哪些要求可以放宽，这样才能给设计人员留有一定的权衡和优化的空间。

2. 提供可选择的概念方案类别

当将用户需求转换成定量的工程参数后，则进入概念方案阶段，此时常常需要利用设计人员的创造性思维提供一些可供选择的概念方案类别，以满足用户的需求。该部分内容主要集中在两方面：在所定义的类别内，选择概念方案范畴和建立设计空间。概念方案范畴一旦确定下来，就应在此基础上，将其特性进一步分解，这些特性包括设计、生产和运用等特性；在系统设计的概念/初步设计阶段，这些参数不是固定不变的，允许其在一定的范围内变化。

3. 模拟及仿真环境

模拟及仿真环境可以降低方案及相关的设计空间选择所需的时间和经费。该项工作可以采用不同的技术和方法来完成。近年来，计算机仿真技术的建立受到了普遍的重视，其工作的最终结果是能够得到量化的用户需求。

4. 设计空间研究

经历了上述几项工作以后，可以通过设计参数的变化而产生多种设计空间。在设计早期，不应设置偏好，所有的设计空间均应研究。

5. 系统可行性评价

该阶段需要完成的目标主要有：根据用户需求目标确定设计空间的可行性水平，识别限定可行性水平的约束条件，提出增大可行性水平的方向和途径。

6. 技术识别

通过可行性分析，明确已有的方案难以满足用户要求时，引入新技术通常是一种选择。在可行性分析中，对系统影响较大的技术或对系统提升有较大潜在影响的技术，通常是所选择新技术的主要集中领域，这时需要考虑的重点如下。

(1)所选择技术之间的物理匹配性

当所选技术在用途相同甚至在系统综合性能降低时，它们之间有可能存在物理不匹配的问题，此时，解决技术物理不匹配问题的一个有效途径，是采用技术匹配矩阵。该矩阵是针对一组技术人员或对所选择的技术领域熟悉的人员专门设计的，建立该矩阵的目的是排除那些不匹配的技术组合，同时降低评价问题的规模。

表 9-1 给出了一个典型的技术匹配矩阵形式。

表 9-1 一个典型的技术匹配矩阵

匹配矩阵	T_1	T_2	T_3
T_1	1	0	1
T_2		1	0
T_3			1

注：0 为不匹配；1 为匹配。

(2)考虑各项技术对系统的影响程度

各项技术对系统参数的影响，一般通过技术影响因子 K 来表述，其采用百分数来表示每项技术对系统参数影响的情况。K 值大小有三种确定方法，即专家问卷、文献资料和物理模型法。将各技术向量加以综合，则可构成技术影响矩阵，见表 9-2。

表 9-2 一个典型的技术影响因子矩阵 %

技术影响因子 K_i	技术系统参数		
	T_1	T_2	T_3
K_1	+4	—	−10
K_2	—	−3	—
K_3	−1	—	−2
K_4	−2	−2	+3

(3)各项技术成熟程度

在构造技术影响矩阵时，采用前面介绍的 3 种方法时均存在一定的不确定性，尤其对于尚未成熟的技术而言，因此有必要对技术发展状况做进一步的研究。

有多种成熟度的描述方法。例如，美国航空航天局(NASA)根据技术发展情况，将技术发展分为 9 个阶段，最初的划分基于装备部件级，后来发现其不利于描述技术对全系统的影响程度，美国国际科学应用公司（SAIC）对其进行了修改，使它更适合于描述某项技术对系统不确定性的影响，见表 9-3。

表 9-3　SAIC 技术成熟度描述

成熟度水平	描　述	满足或发展条件
1	基础研究	发现基础学科/工程原理和报告
2	可行性研究	阐明技术概念、应用和潜在效益
3	可行性研究	分析和/或完成验证性试验（验证关键功能和特性）
4	技术发展	实验室环境下的系统概念观测
5	技术发展	受控的相关环境中系统概念测试和效益证实
6	系统发展	相关环境中系统概念样机示例
7	系统发展	更大范围相关环境中系统概念、系统样机测试潜在效益证实
8	使用验证	实际系统构建和验证，相关环境中效益证实
9	使用验证	实际使用系统测试，效益证实

7. 技术评价

确定了要选取的技术以后，还应进行评价分析，以便为决策者提供相应的数据和信息。

8. 技术方案的选择

得到不同技术方案的结果以后，必须确定一定的决策准则，采取合理的决策理论，选出最佳的方案。设计早期阶段的决策，由于所掌握的信息有限，因此对决策对象的具体情况难以准确、详细地了解，因此采用的决策方法也具有特点。常用的技术选择方法主要有多目标决策方法、有基于模糊理论的决策方法、基于灰色理论的决策方法和基于实例的决策方法等。

二、技术识别、评价和选择（TIES）方法的应用例

以 TIES 方法在美国高速民用运输机（high speed civil transport，HACT）中的应用为例，简要说明该方法的应用。

1. 系统参数说明

HSCT 系统参数见表 9-4。

表 9-4　HSCT 系统参数

参　数		单　位	目标或约束值
性能方面	接地速度	海里/小时	106
	FARⅡ级飞越噪声	有效感觉噪声级 dB	155
	着陆场长度	英尺	11 000
	FARⅡ级横侧噪声	有效感觉噪声级 dB	103
	起飞场长度	英尺	11 000
	起飞总重	磅	11 000 000

续上表

参数		单位	目标或约束值
经济方面	购买价格	96财年百万美元	最小
	研究开发试验及评价费用	96财年百万美元	最小
	每运营人·千米数平均收益	96财年百万美元	0.1
	与飞机相关的运营费用	96财年百万美元	最小
	直接使用费用加利润	96财年百万美元	最小

2. 技术识别及影响分析

为了满足系统各参数要求，需要采用各种技术，并进行多种权衡分析。表9-5中列出了各项技术影响矩阵。以此为基础，最终可以得到共273种技术的综合设计方案，从而可初步确定出各方案对应的系统参数值。

表9-5 HSCT技术影响矩阵

技术 指标	复合材料机翼	复合材料机身	循环控制	HLPC	环境发动机	飞行平台系统	推进材料	整体加筋铝结构机翼	主动气弹控制的机翼	主动流体控制	噪声控制
*K*系数向量	T_1	T_2	T_3	T_4	T_5	T_6	T_7	T_8	T_9	T_{10}	T_{11}
机翼质量	-20%				+5%			-10%	-5%	+2%	
机身质量		-25%				-15%					
发动机质量				+1%	+40%		-10%				+5%
电气系统质量			+5%	+1%		+2%	+5%		+5%	+2%	+2%
电子系统质量				+5%		+2%	+5%		+2%	+5%	+2%
控制系统质量			-5%						+5%	+5%	
液压系统质量			-5%						+5%		
噪声抑制					-10%		-1%				-10%
亚声速阻力	-2%	-2%		-10%						-5%	
超声速阻力	-2%	-2%		-15%						-5%	
亚声速燃油流动			+1%	+1%	-2%		-4%				+1%
超声速燃油流动				+1%	-2%		-4%				
最大升力系数			+15%								
运用和保障费用	+2%	+2%	+2%	+2%	+2%		+2%	-2%	+2%	+2%	+1%
研发试验及评价费用	+4%	+4%	+2%	+2%	+4%	+2%	+4%		+5%	+5%	+5%
生产费用	+8%	+8%	+3%	+5%	+2%	+1%	+3%	-3%	-3%	-3%	-3%

3. 技术选择

可以采用多种方法对已形成的技术方案进行选择。起初，由于备选方案众多，基于理想点的多目标决策与评价方法(technique for preference by similarity to ideal solution, TOPSIS)是通常采用的方法。表9-6为此法得到的排列前10位的技术组合。这样，就可初步实现满足用户众多技术方案的权衡与优化。

表 9-6　前 10 位的技术组合

序　号	技术组合	序　号	技术组合
1	$T_4+T_6+T_7+T_{11}$	6	$T_2+T_4+T_5+T_7$
2	$T_3+T_4+T_6+T_7+T_{11}$	7	$T_2+T_3+T_4+T_6+T_7+T_{11}$
3	$T_2+T_4+T_7+T_{11}$	8	$T_2+T_3+T_4+T_6+T_{11}$
4	$T_2+T_3+T_4+T_5+T_6$	9	$T_2+T_4+T_5+T_6$
5	$T_2+T_3+T_6+T_8+T_{10}+T_{11}$	10	$T_2+T_3+T_4+T_5+T_6+T_7$

通过上述步骤，采用满足系统性能和经济方面要求的技术，通过选择和评价，最终得出满足系统要求的优选技术组合排序，从而实现了系统性能和经济一体化的设计，为费用控制提供了良好的基础。

第五节　持续采办与寿命周期保障(CALS)

一、采办与 CALS 定义

1. 采办的定义

采办一词是国防用语，是指："军方为满足军事任务或保障军事任务的需要，就武器和其他系统、物品或劳务(包括建造)提出方案、计划、设计、研制、试验、签订合同、生产、部署、后勤保障、改进及处理的过程。采办过程可概括为三大部分：科研(研究、发展、试验与鉴定)、生产(或采购)及使用与保障。"

2. CALS 的定义

持续采办与寿命周期保障(continuous acquisition and life-cycle support，CALS)又称为采办保障(acquisition logistics)，是指：在系统采办的整个过程中进行技术和管理活动，以确保系统具有良好的费用—效能，系统设计和采办能力得到保障，确保这些系统能提供给用户必要的保障基础，以实现用户使用装备时具有良好的完好性要求。就基本内容来看，与过去使用的综合后勤保障(ILS)相似，但其含义范围更加扩展，工作重点转移到装备的持续采办与整个寿命周期保障产生的所有数据，除技术数据外还包括行政管理、商务等事务数据，扩大后的 CALS 完全适用于民用工业与企业。

二、CALS 目的和意义

1. CALS 的背景和目的

20 世纪 60 年代，美军提出了综合后勤保障(ILS)的概念，并发布了相关的标准和文件，ILS 的推行改善了美军武器装备的可靠性、维修性和保障性，提高了装备的完好率。但是，随着国际形势的变化和科技的飞速发展，从 20 世纪 90 年代开始，军队的裁减和军费的紧缩，特别是减少武器装备采办费用成为大趋势。原有的采办体系(包括标准)已不能适应新的形势。美国国防部从1994年开始新的采办改革。在这场改革中，装备保障由于其重要的地位和大量的费用、资源消耗，而成为改革的重点。1996年，美国国防部发布了关于系统采办的指令DoDD5000.1和条例DoDD5000.2-R。1997年5月，发布了军用手册《采办保障》(MIL-HDBK-502)和性能规范《保障管理信息》(MIL-PRF-49506)，用来代替原来的ILS军用标准。新的手册和规范体现了采办改革的根本目的：适应缩减军队和军费的需要，并保持军事实力不减的总形势；克服传统防务采办的弊病；鼓励考虑所有满足国防部要求的供应和服务源，积极引进民用产品和先进技术等。

可见，CALS既不是某一种硬件或软件，也不是某一种计算机辅助技术的应用，而是一种战略思想，一种从用户角度出发寻求如何快速获得所需产品的解决方法。它通过以信息技术为核心的一系列先进技术的综合应用，建立一个开放、集成化的数据环境，实现企业内部有机集成和不同区域或全球范围内的企业集成，达到快捷、高质量、低成本地获取/提供目标产品的目的。

2. CALS的意义和应用

CALS的最大优点在于：应用一套严格的标准来规范各种数据的生成、存储、交换、服务及管理，达到信息的高度共享。1998年，美国国防部的一份报告明确指出：CALS是一项核心战略，这一战略的执行将使国防部与工业界之间能够建立起集成的数据环境，从而显著地缩短武器装备的研制生产周期，减少LCC，全面提高武器装备的质量和效能。在民用企业推行CALS的意义在于：为推行并行工程、企业集成、电子商务和企业重组，建立起信息化、集成化和自动化的环境，缩短产品的研制周期，减少开发费用和提高产品的市场竞争力。

20世纪90年代初，随着全球范围内信息革命浪潮，CALS迅速推向全世界，美国、欧洲、日本、澳大利亚相继成立了CALS协会，积极研究、试验和推广CALS。自1994年起，每年举办一次CALS国际研讨会。1996年，国际标准化组织ISO将CALS纳入国际标准，并成立了高级指导小组，大力推广CALS的应用，取得了丰硕的成果。

三、持续采办

(一)采办过程

采办过程由不同的阶段构成，并由里程碑决策点0、Ⅰ、Ⅱ、Ⅲ来划分。在确认只能通过采办新装备才能满足任务需求后，该采办过程即开始。资金主管在决定开始一个新的采办项目之前，应考虑全部备选方案。危险预测、系统效能、设备生产费用、LCC、操作性、费用—效能—进度权衡、采办策略、采办能力约束和风险管理是每个里程碑决策点(包括开始一个新项目)要考虑的重要事项。在项目开始和申请注册时，须考虑相关工作组(工作级和顶层综合产品组)的意见，再由里程碑决策机构批准适当的里程碑决策点及其决策级别和所需的文件。提建议时应考虑采办项目的规模、复杂性和风险。批准项目时须十分谨慎，在项目开始时须对每个里程碑决策点进行再次检查。表9-7表示出系统采办管理过程(阶段及其划分)，描述了寿命周期采办过程中的主要功能。应当根据项目类别、状况、风险、所提出的风险管理计划和用户需求，对采办项目的迫切性进行客观的评估，剪裁阶段与决策点的数量，以满足各个项目负责人和里程碑决策机构的特殊需求，经剪裁的采办策略可能改变核心活动的实施方式、审查和文件的形式以及对其他保障活动的需求。

表 9-7 系统采办管理过程（阶段及其划分）

阶　段	0 阶段前 准　备	阶段 0～Ⅰ 方案探索	阶段Ⅰ～Ⅱ 项目定义及风险降低	阶段Ⅱ～Ⅲ 工程研制和制造	阶段Ⅲ以后 生产部署和运用保障
目的	·任务范围评估 ·非装备方式满足任务需求的确定 ·编制任务需求说明	·评定备选方案的可行性 ·确定最可行方案	·系统设计 ·关键过程的技术演示（早期样机）	·固化并完成选定的设计 ·确认制造与生产过程 ·试验与评定系统	·生产和部署系统 ·监控系统效能 ·保障所部署的系统 ·按需要系统改进
里程碑决策点	里程碑 0 批准进行方案研究	里程碑Ⅰ 批准开始新采办	里程碑Ⅱ 批准进入研制和制造	里程碑Ⅲ 批准生产或部署	
决策内容	·进行短期方案研究 ·阶段 0 放行准则 里程碑和阶段由 MDA 决定	·采办策略 ·CAIV 目标 ·APB ·阶段Ⅰ放行准则	·采办策略 ·CAIV 目标和改进的 APB ·LRIR 数量 ·阶段Ⅱ放行准则	·采办策略 ·生产或部署系统装备 ·改进的 APB ·阶段Ⅲ放行准则	

注：MDA 为里程碑决策机构；CAIV 为费用作为独立变量；APB 为初始采办项目和基线；LRIP 为初始小批量生产。

（二）里程碑阶段的划分

图 9-4 为出各个里程碑阶段及其费用分布状况。将项目获取时期按照里程碑决策点 0、Ⅰ、Ⅱ、Ⅲ分为 5 个阶段，即决策点 0 之前的准备阶段；0～Ⅰ期间的方案探索阶段；Ⅰ～Ⅱ期间的项目确定与风险降低阶段；Ⅱ～Ⅲ期间的工程与研制阶段；Ⅲ以后的生产、部署和运用保障阶段和退役处理阶段。

1. 准备阶段（0 决策点之前）

里程碑 0 之前为准备阶段，主要工作是确定任务需求，准备任务需求说明（MNS）。装备所有采办项目都是基于已确认的任务需求。任务需求来自于对现有状况和计划能力的评估。它们可以是：建立一个新的项目或改进现有的能力，以降低费用或增强性能。

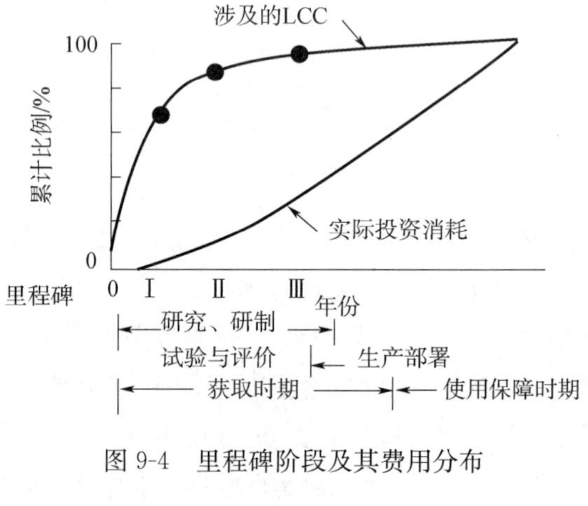

图 9-4　里程碑阶段及其费用分布

首先，各部门应该通过修正的措施，例如修改法规条例或方法，来满足任务需求。如果不可行，则相关部门须说明修改措施为什么不可行，并证明能够通过采办的方法满足任务需求。如果这种方法能够导致新的采办项目，并得到审查通过和批准，则应确定该项目的所有后勤保障约束条件。为此项目负责人应该调查以往的经验教训，并依据现有的相似系统和装备，确定改进目标。此外，项目负责人还应确定可用的保障技

术,进行系统级的早期保障分析,并评估备选的采办保障策略。准备阶段应完成如下工作:

(1)在MNS中,包含后勤保障约束条件;

(2)调查经验教训,并确定改进目标;

(3)确定可用的保障技术;

(4)评估备选的采办保障策略;

(5)进行早期保障分析,诸如研究保障方案等。

2. 方案探索阶段(0～Ⅰ决策点)

0与Ⅰ决策点之间的阶段为方案探索阶段。该阶段通常由若干个平行的短期方案组成。首先应评定所选方案的可行性,分析它们的优缺点和风险水平,并为这些方案在下一个里程碑决策点时的评定提供依据。应对备选方案进行比较分析,根据初始确定的费用目标、进度、性能的要求,权衡分析结果和采办策略,以及试验和评定的结果,确定最有前途的方案。

本阶段要对备选方案进行分析,以满足MNS的要求。同时,还要进行主要的规划工作,为项目在里程碑Ⅰ的启动做准备,在此阶段应完成如下工作:

(1)贯彻采办保障策略;

(2)改进初始保障性规划与LCC评估;

(3)与进行的方案或初步设计保持同步;

(4)按照合同管理程序,在项目初步设计审查和综合产品组的审查中,找出后勤保障的相关问题;

(5)准备工程和制造合同文件的后勤保障部分;

(6)考虑标准化、互换性一类的保障分析;

(7)开始停产后的保障规划。

3. 项目定义与风险降低阶段(Ⅰ～Ⅱ决策点)

在Ⅰ与Ⅱ决策点之间的阶段为项目定义与风险降低阶段。在该阶段,项目组的主要工作应集中在:评价系统备选方案、选择系统备选方案、确定关键设计特性与性能、论证系统设计所需要的技术。此阶段的项目应具有一个或多个方案及设计方法,而且应按任务需求进行并行工程分析,对各种备选方案的优缺点进行仔细评估。此外,还要考虑样机的制作、验证和初步使用评估,并将其作为降低风险的必要手段,以便在下一个里程碑决策点之前有效控制技术、制造和保障方面的风险。同时,还应考虑影响费用的主要因素、LCC估计、费用—效能权衡、可操作性和采办策略,包括软件开发。

后勤保障方面的工作应做好:

(1)贯彻采办后勤保障策略;

(2)改进初始保障规划与LCC评估;

(3)与完成的设计工作保持同步;

(4)在项目审查中,提供与后勤保障相关的问题和资料;准备工程和制造开发方面合同文件中的后勤保障部分；

(5)考虑标准化、互换性等方面的保障分析；

(6)开始停产后的规划。

4. 工程与研制阶段(Ⅱ～Ⅲ决策点)

在Ⅱ与Ⅲ决策点之间的阶段为工程与研制阶段。本阶段的目标是:将最有希望的方案转化为稳定、可操作、可生产、可保障和经济有效的设计;通过研制和试验验证系统的工作能力,看其是否符合规范要求,是否满足任务需求,是否最低限度地满足完成任务可接受的需求。试验工作的主要目的是评定系统级的性能。同时,后勤管理须保证建立起对新补充的部件进行评价,对后勤要素(包括后勤保障结构)的试验项目结构进行评估。此外,后勤管理应当与项目管理组和综合产品组密切协调,完成如下工作:

(1)执行采办后勤保障策略;

(2)继续改进保障性计划与 LCC 评估;

(3)着手保障试验与评估;

(4)继续为工程和制造审查和综合产品组审查提供问题和资料;

(5)准备下一阶段合同文件的后勤保障部分;

(6)对停产后计划中的保障进行分析。

5. 生产、投入使用/部署和运用保障阶段(Ⅲ决策点以后)

在Ⅲ决策点以后为生产、投入使用/部署和运用保障阶段,本阶段的目标是达到满足任务需求的使用能力。解决在研制试验与评定中发现的不足,并确定改进的有效性。在投入现场/部署和运用保障期间,仍可继续对已部署的系统进行改进。

6. 首次小批量生产(LRIP)阶段

在工程和研制阶段完成后,当试验结果、设计改进被引入产品时,应首先开展首次小批量生产。本阶段工作的目标是:

(1)生产出所需的最小批量产品,以便为运用、试验提供有代表性技术状态的产品;

(2)为系统建立初始生产基地;

(3)使系统生产率有序地增长,以便在完成运用试验后,可以开始大批量生产。

对于所有采办项目来说,LRIP 数量应保持最少。其数量应由项目负责人确定,并作为工程和研制工作的一部分。在确定了 LRIP 数量以后,应将其纳入第一份采办报告中,以后数量的变更均需得到项目负责人的批准。对于未经验证就开始大批量生产而造成 LRIP 数量超过规定数量的情况,项目负责人应对生产中断费用和收益负责,并进行费用和收益方面的评估。

7. 运用保障阶段

本阶段旨在执行一个保障大纲,以满足所有保障性能要求的门限值,并以费用—效能最佳的方式,保持其限值。应适当地执行一个后续运用试验大纲,以发现运用中的不足,用以评估系统的性能、质量、兼容性和操作性。

从管理角度来说,费用和复杂性足够高的采办项目,其本身的任何改进都可作为一项独立的采办工作。不超过采办项目门限值的改进，通常应考虑作为改进项目的一部分。这些改进可能会造成项目基线的改变，因此应按照DoDD5000.2-R的规定程序进行报告。

8. 退役处理阶段

在系统达到其使用寿命后必须进行退役或报废处理。在此期间，项目负责人应保证所需处理的装备处于受控状态，保证以一种对环境、安全、保密和人体健康影响最小的方式处理。

（三）采办要求

1996年，美国国防部发布指令《DoDD5000.1国防采办》，建立了一套严格而灵活的采办管理方法，用于获得满足用户需求的优质产品。这套管理方法有效地将用户需求转化成稳定的、能够提供持续采办的项目，并力图将3个主要的保障决策系统形成一个紧密的高效接口。这3个系统是：

（1）用户需求形成系统；（2）采办管理系统；（3）规划、计划和预算系统。

在采办管理系统内部，所有任务和活动都要对下一个阶段将要发生的重大事件提出计划。为各阶段提供一个合理的方法，把广泛规定的任务需求转化为明确的、特定系统的要求，并最终转化为有效、适用、生存力强的系统。这些系统以一种及时的方式和公平合理的价格，给用户提供可度量的完成任务的方法。

1. 任务需求说明

任务需求说明须概要地提出现有完成任务能力的不足和改进方向，主要内容包括：

（1）确定和描述完成任务的困难性，讨论任务范围的分析结果；

（2）说明为什么不能通过修正手段的描述（例如观念等）来改进能力的不足；

（3）确定可能的装备替代方案；

（4）描述何种关键因素可能会影响满足任务需求的边界条件和任务环境。

任务需求说明应根据高层决策进行准备。系统性能目标值和门限值应根据完成任务能力的初始规定来决定，并始终保持一致。这些要求在各个里程碑决策点上，根据采办过程每一阶段的费用—进度—性能的权衡结果进行细化。简而言之，所有的采办项目都是基于经过鉴别、被证明有效的任务需求之上。这些要求来自对当前能力的估计和对将来能力的预估。因此，任务需求可以用来创立一个新个完成任务的能力，从而可以用于改善现有的能力，或用来开拓降低费用和提高性能的机会。

在一个任务需求说明被批准以后，需要阐明调整和细化费用目标值的方法。直到项目开始时（通常是里程碑Ⅰ），通过考虑项目的资源、单元价格、参数估计，进行任务效能分析和掌握技术发展趋势，建立起该项目的LCC目标值。另外，还要建立起一套满足市场潜力的系统性能要求，各个部门要做出评价，对希望得到的性能要求如何进行合理的修正，才能利于项目、部件、规范、标准、方法、技术和资源的应用。

2. 形成采办文件

项目启动后的每一个里程碑，门限值和目标值都是用户需要写进采办文件中去的。这些值被表达为效能和性能的度量，作为对建议的方案或系统的最低可接受要求，它们用于对备选方案的研究及对可承受性约束条件的影响分析。在采办项目基线中,关键性能参数的确认是很重要的,如其不能满足门限值的要求,则会导致方案的重新评价和选择,甚至项目需要重新评估或终止,因此用户或其代表必须参与其中。

3. 采办策略和寿命周期保障

每一位项目负责人都须研究和编写出一份采办策略作为从项目开始启动直至生产后保障过程中的路标。在制定采办策略时,一个主要的目标就是以最少的时间与费用满足经过鉴别的需求。经不断地改进,采办策略在描述项目基本要素的关系上逐渐具有权威性。此处的基本要素包括:资源、风险管理、作为独立变量的费用、签订合同的方法、管理方法、环境考虑和保障源。但不限于此,项目负责人可以提出影响项目成功的一些其他关键活动。

采办策略包括控制项目管理的关键事件。由这些事件驱动的采办策略,将项目决策与研制、试验、初始生产和寿命周期保障的实现联系在一起。合同中列出的事件应能保证本阶段的事件和上一阶段延续下来的事件都符合采办策略规定的放行准则。

DoDD5000.2 给出的与采办策略相关的重要内容有:(1)供应源和/或服务源;(2)风险管理;(3)费用作为独立变量;(4)合同签约方法;(5)管理方法;(6)环境、安全和健康考虑;(7)保障源;(8)担保。

(四)采办的寿命周期管理

1. 面向事件的管理

国防部使用一个严格的面向事件的管理过程,该过程强调:

(1)有效的采办计划;(2)与用户始终保持沟通;(3)政府与工业部门认真的风险管理。

2. 稳定性

一旦国防部启动采办项目来满足任务需求时,各层次的管理人员就要保证项目高度稳定。国防部下属机构应制定符合实际的长期投资计划,并进行可承受性评估。国防部领导阶层须努力确保为整个项目在寿命周期内投资稳定。

3. 项目目标值和门限值

在一项新的采购项目之初,项目负责人与用户一起,建议里程碑决策机构批准费用、进度和性能的目标值和门限值,以便获得可承受的、能及时完成任务的系统。项目负责人要细化这些目标值和门限值,以便与任务要求保持一致。

4. 风险评估与管理

项目负责人与其他管理人员应不断地评估项目风险。必须很好地理解风险,并且在决策机构正式批准项目进入采办过程下一阶段之前,确定风险管理方法。为了评估和管理风险,应采用各种技术,包括技术演示、样机试验与评定。风险管理包括经项目评估过程反馈给决策机构的确认、持续跟踪及控制程序。为确保政府和工业部门之间能够进行公平的风险分配,应开发一个适合采办系统的合同签约方法。

5. 采办要求简约化

采办工作应简约化,使采办工作只包含那些最基本的、对费用最有效的要求。合同要求是根据性能，而不是根据具体设计方法确定的。管理数据的要求只限于那些有效的控制要素，因此需要对采办过程的要求进行裁剪，以满足具体项目的特定需求。对那些非本质的或毫无价值的要求，应尽量删减。在采办工作中，应鼓励用户与工业界的合作，以便利用工业界的经验改进采办策略。应避免提出明显增加工业界费用的独特要求。

6. LCC估算

LCC估算应基于目标、使用要求和系统的合同规范。对于采办项目，LCC估算应基于系统的工作分解结构(WBS)进行。估算应全面地确定所有的费用单元，以支持决策，从而进行系统的研制、生产和运用，而不必考虑经费的来源和管理控制。LCC估算将用于备选方案的费用分析。运用和保障费用应与人力估计一致。费用估计应基于谨慎的风险评估，既不保守也不冒进，能够真实地反映最可能出现的费用水平。

在正式批准任务需求说明(MNS)的基础上，需要阐明一种规定和细化费用目标值的方法。在项目启动(通常为里程碑Ⅰ)以前，通过考虑设计的资源、单元费用、参量估计进行任务效能分析和权衡。对于每个采办项目应建立项目的LCC目标值。完整的LCC目标值应包括：研究、研制、试验与评定、生产、运用与保障、报废与处理的费用。在每个后续的重大事件审查中，费用目标值和进展将多次被评估。

7. 灵活性

项目负责人和承包商应具有灵活性，不必经过上级允许即可进行费用/性能权衡，这对于实现费用目标值是很重要的。因此，在要求文件和采办项目基线中，规定门限值的项目数必须严格限制。门限值表示真正的最小值；要求是根据能力而不是根据技术解决方法和规范来说明。严格限制建议书中的关键性能准则数目，以使工业界拥有最大的灵活性来达到整个项目的目标值。费用目标作为一种管理工具来使用，制定出与工业界沟通的准则，对于研制出一个能达到规定的生产费用和LCC门限值的系统是很重要的。

(五)采办文件

1. 采办文件要求

采办文件要求是指限定的报告要求。项目信息是采办过程的重要组成部分，因此应保持信息的完善和新颖。同时，报告的精炼要求也是很重要的。按照法规要求，项目负责人和其他人员提供给决策机构的信息应尽量少，使其能够了解项目状况并做出正确的决策，同时应便于信息的交换使用。

2. 采办文件的裁剪

DoDD5000.2-R给出了一个管理重大国防采办项目和重大自动化信息系统采办项目的通用模式，它广泛地适用于各个采办项目，但又承认每一个采办项目的特殊性。具体到某一采办项目不一定遵循条例中的所有程序。但仍需了解该模式，确保各阶段工作的有序进行，以达到如下目的：(1)降低风险；(2)确保可承受性；(3)提供足够的决策信息，以便在最短的时间内提供相关人员所需的能力。

对于每个采办项目在适当的里程碑处必须提出其核心问题，包括：项目结构、设计、评估和定期报告，并做相应的裁剪，确定哪些是核心问题，以便用最少的时间满足规定的要求，这些要求符合公认的、良好的商业管理惯例、适用的法律和条例以及要求本身对时间的敏感性。剪裁可以应用于采办过程的各个方面，包括项目文件、采办阶段、决策审查的时机和范围以及决策级别。对于重大的采办项目，提倡灵活的、经过剪裁的监督和审查，这些方法取决于相互信任和项目的大小、风险和复杂程度。

（六）采办中的保障要求

1. 全系统方法

对采办项目进行管理，以优化全系统性能，使费用最少。全系统包括：

(1)完成任务的主要设备；

(2)运用和维修系统人员；

(3)如何实施系统的安全保密程序和惯例；

(4)在预定的使用环境中如何使用系统；

(5)系统如何适应特殊环境（如核、生物、化学或信息战）；

(6)在该环境下如何部署系统；

(7)与其他系统的兼容性、互操作性与综合性；

(8)运用与保障基础设施（包括指挥、控制、通信、计算机和情报）；

(9)所有相关的训练和训练设备；

(10)系统运转所需的数据单元；

(11)系统对环境的潜在影响和适应环境的方法。

2. 保障性

保障性因素是项目性能规范的重要组成部分。但是，由于保障性要求与各个后勤要素要求之间表达的不明确性，而且它们又以系统完成任务的效能、适用性和降低 LCC 有关的性能要求来规定，因此项目负责人应利用系统工程方法，将使用需求转变为一种包含设计、制造、试验和评定、保障过程和产品的系统设计方法。通过并行工程方法考虑所有寿命周期需求（诸如研制、生产、试验与评定、验证、部署、使用、保障、训练和退役处理），将使用需求转变为一种综合的系统设计方法。

3. 采办保障

项目负责人在系统开发的整个过程中进行采办保障管理，以确保费用—效能良好、可保障的系统设计和采办，确保这些系统提供给用户必要的保障基础设施，以达到用户所需的装备完好率要求。

(1)保障性分析

保障性分析作为系统工程过程的组成部分，始于项目启动之初，并贯穿整个系统研制过程。保障性分析构成系统规范中相关设计要求的基础，以及构成保障系统有关后续决策的基础，以达到系统在整个寿命周期内费用—效能最佳。在如何恰当地进行保障性分析方面，应该允许承包商具有最大的灵活性。

(2)保障方案

采办项目在早期就建立了后勤保障方案，并在研制过程中不断细化。LCC 在整个细化过程中扮演着重要的角色。保障方案为新系统和未来系统提供了费用及整个寿命周期的后勤保障。

(3)保障数据

数据要求将与项目的保障方案保持一致,并对有效保障部署的系统给予最少的要素。政府对承包商开发的保障数据要求与其他项目功能特性数据要求应该是协调的,以使数据之间冗余和矛盾最少。

(4)保障资源

对主要设备来说,保障资源,如用户和维修手册、工具、保障设备、训练设备等,必须在系统硬件和软件设计稳定之后才能获得。项目负责人必须考虑采用嵌入式的训练和维修技术,提高用户运用维修能力,降低 LCC。无论在何处应用民用保障资源,都应保证它们是可用的、费用—效能良好的、能够满足用户需求的。自动测试系统(ATS)或满足其功能的产品都应满足其软硬件的采办要求。要尽量减少独特的 ATS 采用。

(七)核心的维修工作

在现有的维修制度内,维修的核心问题是基地级的维修能力。该能力须满足基本任务执行时的应急需要,并促进竞争、保证规定专业技术的实施。对新系统和改进系统而言,保障方案应最大限度地采用承包商所提供的、长期有效的、全寿命周期的后勤保障,并将基地级维修与批量和选择性的采购物资管理功能结合起来。在整个采办过程在中,LCC 和现有能力的利用是选择方案时考虑的重要因素,特别是系统正处于生产的情况下。此时,如承包商不愿意担保保障,经相应的特许后,由国防部机构代替承包商进行后勤保障,则经证实具有明显的费用效益。项目负责人长期保存参与系统保障源的数据。现代的研究表明,为了免除用于系统现代化的资金,由承包商代替国防机构负责系统装备的后勤保障,承担系统装备的核心维修,比维持现有的核心维修能力具有更好的经济效益。

四、寿命周期保障

(一)保障要素

保障要素又称为后勤要素,图 9-5 表示出 10 个后勤保障要素。确定系统保障性要求必须关注这些要素。这些传统的后勤要素组成了系统在执行任务条件下整个寿命周期的保障结构,包括硬件和软件。按照国防采办术语和缩略语定义,后勤保障的定义为:为确保采办过程早期阶段和整个采办过程中的保障性问题,从而最大限度地降低保障费用,并向用户提供系统所需的资源而进行的技术与管理活动。因此,后勤管理的最佳方法就是应用保障要素清单,根据项目性能规范,在项目文件中说明保障要求,而不是针对单个保障要素提出要求,并将其与系统效能、执行任务的适应性和降低 LCC 联系起来。因此,在系统设计研制的早期阶段权衡中,应尽可能完整地考虑后勤要素和系统设计要素,以便达到全部的系统目标。

1. 维修规划

维修规划是为系统制定与确立寿命周期维修、保障方案及达到要求所需进行的过程。

它回答如下的问题:什么项目可能出现故障?由谁来维修?在何处维修?如何维修?什么时候维修?

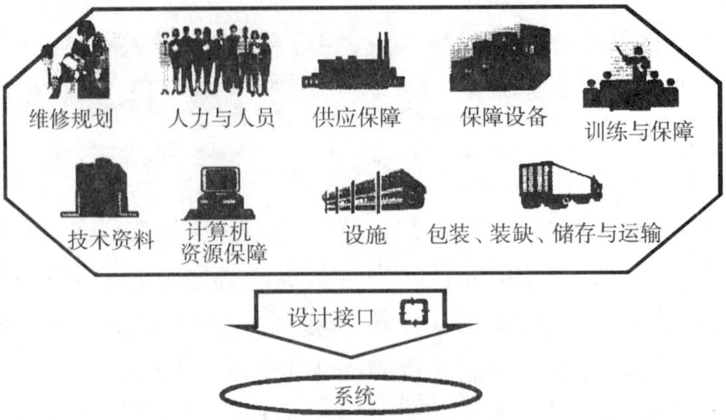

图 9-5 后勤保障要素

整个研制过程中,采办项目应确立后勤保障/维修计划,LCC 应该扮演关键角色。保障/维修方案应反映出运用完好性与 LCC 之间的最佳平衡。维修规划应合理地安排和论述后勤要素之间的配置与关系。如果维修计划改变,则后勤要素也要发生改变。

(1)维修等级

维修等级一般分为基地级、中继级和基层级。不同行业可能按照具体情况划分为不同的维修等级,例如我国铁路机车维修分为大修、中修、小修和辅修,车辆维修分为厂修、段修和辅修。

(2)维修计划

维修计划通常是后勤保障计划的一部分,它是对系统工作分解结构内每个可修产品提供维修决策的详细说明。通常有一系列的维修计划,针对每个主要分系统均有维修计划。维修计划是以维修级别分析为基础的,它也是每个后勤保障要素的基础。

2. 人力与人员

人力与人员是指在系统寿命周期中运用和保障系统所要求的人力和人员。人力和人员分析是确定系统在计划的寿命周期内,具有所要求的技能与级别人员的过程。采办保障工作应当尽量使其相关人力和人员的数量和技术等级要求最低。为解决这一问题,应大力简化人机接口,并利用机内测试和故障隔离装置,来降低操作与维修系统所要求的人员素质。但是,这一做法又使得人们在维修时广泛应用更加复杂和昂贵的自动化信息系统(AIS),要求素质高的维修人员。同时,AIS 的使用促使系统装备的保障决策必须在项目早期做出并采取行动,以便尽早储备所要求的后勤专家。

3. 供应保障

供应保障分析是为保证最终产品和保障设备(例如维修及其测试设备、训练器和模拟器等)满足运用完好率的要求,对所需的辅助产品进行确定、获取、编目、接受、存储、运输、发放和处置等过程。这个过程包括初始保障(供应)和后续要求(常规补给)。采办保障工作应努力减少部件的品种，并最大限度地使用标准化、模块化的部件。供应保障还包括及时地提供运用和维修系统所需的备件（硬件和软件）及修理零件，也包括诸如打印纸、电池和色带类的消耗品。当硬件失效时，应从库存或新订货中得到替换品。当软件失效时，必须重新设计软件，以纠正软件的失效状态。

4. 保障与测试设备

保障与测试设备是用于保证系统运用和维修需要的所有设备，包括：地面处理设备、工具、度量/校准设备，人工/自动测试设备和其他单一或多用途的保障产品。采办保障工作应努力减少其品种和数量，并尽量使其标准化和模块化。同时，还要尽量减少专门的自动测试系统（ATS），鼓励采用商用 ATS 装置和部件。理论上说来，现代化、密集型的综合故障检测技术有助于用户发现并确定故障。一个综合的软硬件保障系统能够明显地改善系统的保障性。硬件故障通常通过机内测试、外部自动测试或人工测试设备将故障隔离。软件故障可以通过保障软件进行隔离，可以将保障软件嵌入到使用软件中，并对软件进行自动修复。

5. 技术资料

技术资料是装备运用或系统维修所必需的技术信息。资料要求应与计划的保障方案相一致，并能够适于保障现场的运用，应能与其他项目功能特性的资料相协调，以使资料的冗余和不一致性最小。项目组应确保与现有国内信息处理系统的兼容性，承包商的数据系统和格式应能满足项目的需求，最大限度地被利用。管理者们必须考虑所获得资料的数量和质量，保证所提供资料的通用性和正确性，必须小心谨慎地选择一个现代化的、软件密集型的、满足要求的保障文件系统。语言也是需要考虑的重要问题。在软件领域中，术语和缩略语尚未形成一整套完善的标准，不同的编程语言会引起选择方面的难题。语言标准化与控制是一个软件设计时需要考虑的重大问题。承包商与政府（用户）之间的 CALS 接口对技术数据的快速传递是十分必要的。

6. 训练与训练保障

训练与训练保障包括训练后勤保障人员使用保障系统所需的过程、程序、课程、技术、训练装置、模拟器和其他设备。除主装备以外，后勤保障规划通常还包括：训练设备、装备采办、安装、运用和保障。采办保障工作应该使所需要的训练和训练保障最小化。计算机辅助教学和教学速度的自动调节极大地提高了教学的经济效益和效果，日益为用户所接受。这两种形式的教学方法经常需要软硬件组成的 IT 装置，它们必须得到保障。模拟器和模拟操作系统的训练如今已在广泛使用且其完善性和效能逐步提高。软件密集系统的操作和维修人员的训练必须及时，以保证这些系统能够按计划投入运用。在训练开始前，应该准备好一份全面的训练计划，通常应提供系统的操作教学，提供基层级、中继级和基地级的维修教学。应根据运用和维修方案规定的各维修级别的硬件和软件的教学内容进行新装备引进人员、教员和进修人员的训练。同时，训练课程要规定学生的选择标准、先决条件、课程内容、教学计划和进度、课程教材。其他资源可能还包括：训练装置、模拟器、专门的训练系统和训练软件等。

7. 训练设施

训练设施包括运用与保障系统所要求的永久性或暂时性的不动产。设施分析包括:确定必要的设施或实施的改进,确定设施的位置、空间、效用、环境、实际状况与设备需求而进行的研究。采办保障工作应尽量使运用和保障系统所要求的设施最少或完全取消。在证明设施必要的情况下,应考虑最大限度地使用现有设施。

硬件维修设施通常分为基层级、中继级和基地级或其他等级的设施(例如4个或以上的维修等级)。建筑物、特殊动力设施、洁净室、隔音室、防护罩、保障与试验设备空间、办公室等均属于这种范畴。硬件、软件维修设施的位置应根据其费用、反应速度、效能和其他因素加以考虑,在决定建设新设施之前,必须对现有设施进行仔细评估。一般说来,研制、生产用的硬件设备(如装配生产线)与维修用的硬件设备是不相同的,而开发、生产所用的软件工具则经常与维修用的软件工具相同。

8. 包装、装卸、储存和运输

包装、装卸、储存和运输包括:确保系统装备及其保障设备得到适当包装、保存、装卸、储存和运输所需的资源、过程、程序、设计考虑和方法。相关的分析包括:环境考虑、短期与长期储存的要求、运输性要求等,以避免系统装备及其保障设备结构的损坏或使损坏最小化。采办保障工作应努力避免系统装备由于运用和维修不当而造成损失,或使损失最小化。集装箱、铲车、仓库、运输工具、包装材料、资料工作、运输进度、码头工人、运输管道等许多因素都会对包装、装卸、储存和运输产生影响,关键在于避免损坏、确保安全,并适时调度和正确合理地储存系统。

一般说来,硬件的包装、装卸、储存和运输问题多于软件。硬件常常很重且体积庞大,在运输或装卸过程中容易损坏,且经常需要修理;而软件损坏通常归因于软件程序传送介质或介质中信息状态的变更,可通过重新发行或使用复制程序进行修理。在容易丢失的计算机存储器上,长期存储能够造成目录丢失或改变。硬件状态还会随着使用年限而恶化,软件本身不会耗损,但其传输介质会耗损。另外,随着科技发展速度的提高,软件会很快陈旧。

9. 计算机资源保障

对于上述各个保障要素和保障结构,须从硬件和软件两方面给予全面、仔细、恰当的考虑,以减少或消除对资源的需求,包括:设施、硬件、软件、文件、人员等。采办保障工作应努力确保日益增长的软件密集系统能够以经济、及时的方式建立起计算机资源保障。在选择最佳维修方案时,要在所有保障要素中进行权衡,必须包括硬件和软件两方面的内容。离开计算机及相应的软件来设计一个现代化的系统装备实际上是不可能的。这就要求政府机构和工业部门必须具有先进的保障思想和健全的综合管理能力。

10. 设计接口

设计接口在保障系统和软件工程之间起综合平衡作用。为确保项目成功,接口范围必须扩大到设计范围以外。一个保障与其他专业(诸如系统与软件工程、试验与评价、制造、LCC和资金来源)的无缝接口,对于项目的全面成功是至关重要的。建立有后勤保障代表参与的综合产品组，是在系统装备采办管理过程中获取优良结果的首选方案。综合产品组考虑的其他领域还包括可靠性、可用性、维修性（RAM）、LCC和后勤保障资源费用等，这些都是项目成功的重要因素。

（二）保障规划

保障（后勤）规划为保障系统提供一套详细的计划，该计划可以作为一个独立的文件，也可以是另一项目文件的一部分。该计划包括保障工作的各个要素及其与整个项目管理的关系。同时，它还能保证各种保障问题在综合产品工作组所有成员之间统一协调。保障（后勤）规划为保障工作提供了方向和指南，编制、协调、使用和修改与保障相关的规划是保障负责人的重要职责。

1. 综合产品工作组（IPT）

综合产品工作组（IPT）建议并协助保障管理的规划、协调，监督项目的进度和承包商的执行情况。在规划工作中，该工作组的任务包括：

（1）编制征求意见书；

（2）制定保障资源选择准则；

（3）制定管理计划的保障接口；

（4）保证政府（用户）输入数据和信息的准确性、及时性；

（5）评价承包商是否符合要求，是否符合条例、性能规范、标准和指南；

（6）结合相关的项目重要事件，安排综合产品工作组（IPT）会议，其频度取决于规划活动的繁忙程度。

2. 关键的保障规划

关键规划要素包括：一个总的保障计划，代表顶层保障规划；一个停产后的保障计划；一个投入现场的部署计划。

（1）顶层保障规划

该计划可以在采办项目中作为主要的保障文件，并为其他文件（如试验与评定总计划）提供源信息。保障计划应能反映任务需求说明（MNS）和使用要求文件（ORI）中描述的各种保障要求，这是编制保障计划的出发点。

保障计划的主要目的是：

① 为部署系统提供一个完整的保障计划，它涉及并包括了每个保障要素；

② 提供详细的后勤保障工作及其与整个项目管理的关系；

③ 阐明采办保障策略；

④ 记录项目中的保障决策；

⑤ 为系统的进一步开发或生产决策提供保障方面的必要信息；

⑥ 确定下一步必要的保障工作和活动；

⑦ 为采购包（诸如工作说明、规范与资源选择、评价准则等）中保障部分的准备，提供基础。

保障计划描述了总的保障工作，包括：要求、任务和里程碑。应对该计划进行裁剪，以适应每个项目的具体需求，并考虑整个项目的内容，包括：最终项目、训练设施和保障设备。它是所有参与单位的执行计划，是整个项目规划过程中不可分割的组成部分。众多的后勤保障接口给高效地执行该计划提出了管理上的重大挑战。

(2)停产后保障计划

项目的采办策略必须考虑停产后的保障，停产后保障计划一般作为政府(用户)、承包商在工程研制和制造期间共同完成的活动，它应该在里程碑Ⅲ之前由综合产品组完成，并与其他文件的相关活动相协调。同时，停产后保障计划应保持与系统服役相同的时间，并应集中于如下问题：

① 停产后期限中，系统和分系统的运营完好率目标；

② 停产后期限中的组织结构和责任；

③ 修改规划文件，以调节生产后保障需求；

④ 满足生产后保障目标所需的资源和管理活动；

⑤ 评定技术改进与退化的影响；

⑥ 评定备选的停产后保障策略，以适应生产逐步终止(第二货源、现有硬件的标准化、停产后期限中工作合同的工程级别、寿命期内各种类型备件的购买、与后勤保障相对的合同后勤保障、维修方案改变、适当的替换、重新设计、灵活的计算机集成制造等)；

⑦ 系统寿命超过预期时间的后勤保障；

⑧ 早期部署阶段的数据收集工作，提供所需的反馈，以更新后勤与保障方案；

⑨ 向国外出售的可能性及其对生产运营的影响；

⑩ 对于使用、部署和储存所需的工具和承包商开发的试验设备、工具和模具的供应情况。

(3)投入现场的部署计划

后保障管理也可以为新系统装备的成功部署编制一份计划，以描绘进度、程序和必要的措施。这种计划在不同的行业中可能有不同的命名，譬如：部署计划、投入现场的计划和现场列编计划等。大部分规划数据可能来自保障计划。投入现场部署计划的重点问题应包括：①部署规划要求和计划；②部署协调要求和协商要求；③部署计划、协议与确认；④部署过程管理。

3. 方案、目标和策略

(1)保障规划的框架

保障规划没有严格的格式，但典型的保障计划应包含：

① 现有装备和相关保障设备的系统说明；

② 项目管理的组织和职责，相关的行业、机构和工作组；

③ 适用的文件，包括：要求、指南和评价准则。

(2)方案、目标和策略

典型的保障计划包含如下主题，须根据系统具体情况进行裁剪。

① 任务要求、使用环境和其他参数的使用方案和组织方案；

② 维修方案，以后扩展成为投入现场系统的保障维修计划；

③ 平时和执行任务时，系统的运营完好性目标；

④ 采办保障策略，包括合同方法，与 LCC、R&M 和保障性目标有关的激励；

⑤ 保障性分析策略，由于其重要性，它可作为一份独立的文件，详细描述保障性分析的活动和预期的结果；

⑥ 保障性试验和评定方案，包括确定与总目标和每个保障要素相关的特殊试验问题；

⑦ 每个保障要素的目标、方案、权衡因子、指标、门限值、特殊要求、职责和验证评估，还有各保障要素的定义，设计、试验和获得的方法，以及与其他要素的综合；

⑧ 保障资源资金，包括与保障相关的寿命周期资金要求（已提供和未提供的），这些要求按保障要素、项目功能和相关分类确定；

⑨ 部署后评估，包括对与装备保障和保障系统运行情况有关的现场反馈数据的分析和评估计划；

⑩ 说明评估方法、定义里程碑、职责和描述改进策略的保障性计划。

4. 时间进度与里程碑进度表

(1)时间阶段

政府采办项目组通常在方案探索阶段，与系统用户、承包商一起编制、协调和启动初始的保障规划和相关文件。除了为投入现场的系统提供保障计划外，还为政府、承包商的其他规划，以及后续阶段的保障规划提供基础，包括：在项目定义和降低风险阶段应该完成的具体任务，确定负责的行业结构和单位，确定完成任务的时间表。方案探索阶段，同时也能为将来的采办阶段，系统地给出要求、任务和里程碑。

在方案确定和降低风险以及后续阶段，保障管理可获得承包商的帮助，来评审和更新保障性计划，并将随着项目设计活动的进展，而变得更加详细。通常，在以下情况时要更新计划：

① 接到新的项目指令；

② 在接近里程碑决策审查点处；

③ 系统技术状态发生重大变化。

(2)里程碑进度

保障计划通常提供项目的实施进度表和图，表 9-8 列出了项目的里程碑进度表简例，图 9-6 为项目的甘特图，表示出项目的计划进度。这些图表显示出保障任务和事件与整个项目里程碑之间的关系。它们用于管理、训练、测试、维修和供应保障，确定出分配、职责和活动的状况。里程碑进度是装备采办过程中规划的基准线，因此具有如下功能：

① 项目管理用的系统项目进度表应能描述最重要的保障工作里程碑，它们建立了关键保障能力与整个项目成功之间的关系。

② 里程碑数据应包括所有承包商和政府机构活动的特性和时间。

表 9-8　项目里程碑进度示例

里程碑事件	1月	2月	3月	4月	5月	6月	7月	8月
转包合同签订			△					
计划书的完成				△				
设计评审通过					△			
子系统测试完成						△		
第一单元实现							△	
产品计划完成								△

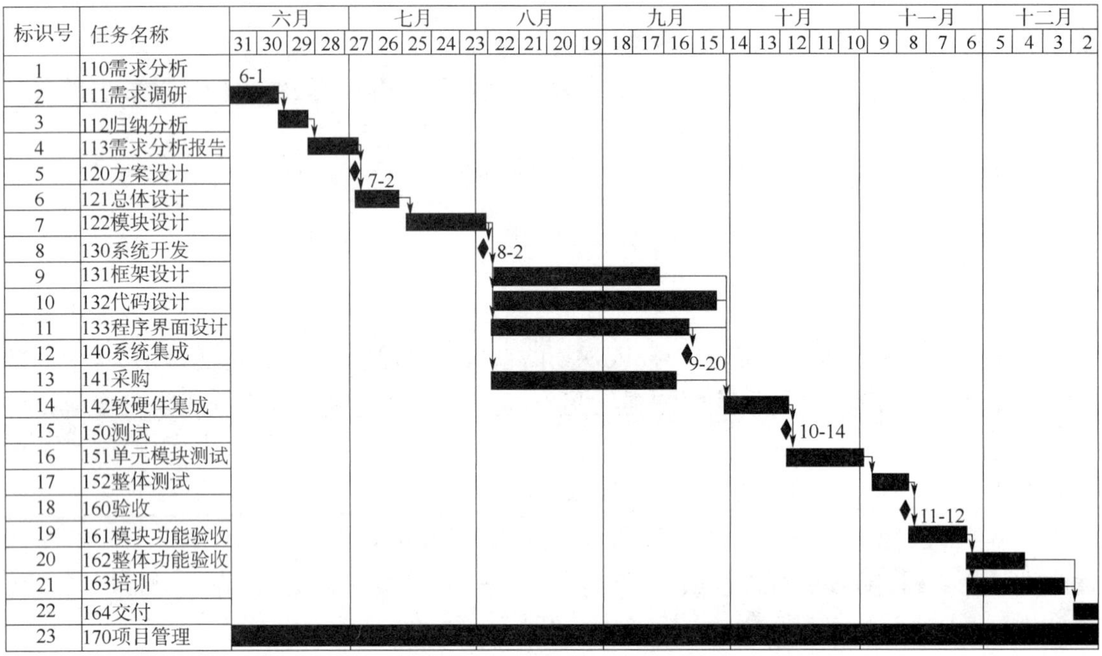

图 9-6　项目甘特图示例

③ 里程碑进度应包括一个系统项目进度和一个汇总性的保障工作进度，两者显示出重要事件之间的关系。

④ 单独的保障要素工作计划应有一个工作进度安排，以显示该要素的关键工作里程碑成果。

⑤ 综合网络进度图如图 9-7 所示，图中用箭头、节点表示计划工作之间的进度关系，还能显示出各保障要素之间的依赖关系。

综合网络图的特点和优点是：

a. 计算机生成关键路径方法（如工程项目评价审查技术 PERT 图）和承包商执行情况度量 CPM 图，以确定关键路径和宽余时间；

b. 管理接口清晰可视化；

c. 与项目管理信息系统的集成；

d. 说明保障性分析结果与各保障要素之间的关系，以便于确定保障设备、采办事件和采购提前时间等。

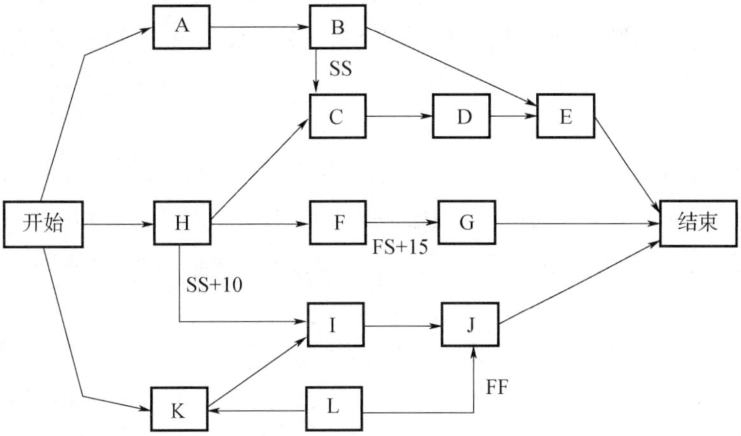

图 9-7　项目综合网络图示例

第六节　装备的获取费用及其控制

装备的获取费用主要是指装备的采购或采办费用。如果装备是通过采购获得的，则装备的获取费用是指装备的采购费用；如果装备是自行研制的，则装备的获取费用是指装备的采办费用。采办及采办费用的概念已经在上一节中做了详细的论述，本节对装备获取费用及其控制的论述，主要针对用户通过采购而获取装备的情况，这正是我国轨道交通部门获取运输装备的主要方法，因此本节主要介绍与采购有关的概念、原则、要求、方法、程序和质量保证。

一、采购的定义

根据《国防采办词典》，采购的定义为：为政府购买货物和获取劳务的行动，是采办过程的一部分。

由上述定义和相关文件可以得知采购与采办之间的关系和区别：采办是获取装备过程的一个术语。也就是说，获取装备的主要途径是通过采办来实现的。因此，装备的获取费用即是指装备的采办费用。如果装备是自行研制的，则获取（采办）费用包括：论证费、方案设计和研制费、研制管理费和生产成本等；如果装备是采购的，则获取（采办）费用包括：选型、采购、安装、调试阶段的费用。可见，采购属于采办过程的一部分，采购费用也属于采办费用的一部分。对于轨道交通系统类的民用装备来说，LCC 中获取费用的节省主要通过装备采购费用的控制来达到。

二、采购要求与原则

（一）采购要求

装备采购的经济特性关系到装备经费的投向、投量和运用效益，直接影响到装备的选型、定点和技术状态的确定。在装备采购工作中，要改变过去只重视装备技术指标、采购价格，而忽视装备经济性（即 LCC）的局面。因此，现代技术装备的采购要求如下。

1. 满足用途目标和任务要求

装备采购要面向用户和任务项目，采购的装备型号规格要满足用户运用上的要求。只有采购适用的系统装备，才能使其尽快地投入运用，尽早实现其运营目标，发挥其应有的价值；才能防止装备搁置、挤压，加快物资、设备流转，提高用户、采购部门和整个流通领域的经济效益。

要使装备采购适用，采购人员必须了解用户所需装备的具体用途；必须具有广泛的产品知识，才能够正确选择装备的品种规格；必须建立良好的装备和物资的供求关系，得到供货商，尤其是生产企业的支持；还必须适应市场经济的要求，善于利用政策措施和经济杠杆，采购用户所需的装备品种。

2. 采购数量适当

采购装备和物资的数量，既要满足供应的需要，又不能造成积压。采购不足，就不能保证供应，影响用户运营任务的完成；采购过量，会造成物资积压、资金滞留，浪费人力物力。

要达到采购数量适当，采购人员必须按照制定的采购计划，根据需要进行采购；对采购数量大、价格高的装备，坚持按经济批量采购；对规定有控购标准的装备，诸如周转储备的装备等要坚持按规定的标准采购。

3. 采购质量优良

采购部门采购质量优良的装备和物资，不仅为用户高质量完成生产任务创造了物质条件，而且可以促进供货企业之间的合理竞争，促进产品质量的提高。

为了保证购进质量优良的装备，采购人员首先要树立全面质量的观念，由于所购装备质量直接关系到完成任务的质量，因此要站在企业建设的高度来认识和对待采购装备的质量问题；其次，要掌握必要的产品知识，了解产品的主要性能，识别产品的质量，辨别产品的伪劣；另外，还要熟练掌握装备采购的操作，在搜寻产品质量信息和用户意见的基础上，选择采购质量优良的装备。

4. 采购进货及时

进货及时是指：进货时间和进货批量要符合装备消耗量的要求，对消耗量比较稳定的用户来说，理想的情况是：相邻两批进货的间隔时间和批量大致相等。这样才有利于合理地安排货币支付，有利于装备的合理调配。对于装备消耗不均衡的用户，要按照不同时期装备计划的消耗量组织进货。此时要实现进货及时的要求，采购人员必须掌握用户的任务安排，善于同供货单位协商交货日程。对于实现一次性订货、多次交付的装备来说，关键是确定装备到达中转站或用户处的时间点，其取决于用户消耗装备和物资的时间。对于采购后马上进货的情况，关键是要正确地决定采购时间。可以按规定时间进行采购，也可以待库存量下降到规定的水平再采购。具体用户的进货时间点一般由用户和物资供应保障部门或供货商协商确定。

5. 采购费用节省

采购费用是指：从对装备采购对象的调查开始，到所购装备发往任务主管部门、任务保障部门、装备使用部门提供的到站或验收入库为止所发生的总费用，它主要包括购货成本和进货费用。购货成本是指直接支付用于购买装备、物资的货款，即装备、物资的进价；进货费用即订货费用，是指除进货成本以外的与装备、物资的购进、运输和储存等有关的业务费用。一般说来，采购部门最关心的是如何节省进货成本和运输费用。实现综合费用最节省，意味着用最低的成本，完成装备的采购任务，是装备采购经济效益的综合反映。

实现装备采购费的节省，首先要将节省费用的思想贯穿于整个采购过程，在每一个环节上都要精打细算，少花钱多办事。譬如，严格制定计划，加强市场调查，尽可能就近采购，进行地域考察，合理安排采办部门，减少运输费用等。为了节省采购费用须采用可行的策略和技术，例如：

(1)集约采购。争取批量购买的价格优惠。

(2)货比三家，择优购买。数量大时须采用招标采购。

(3)利用价值工程原理，指导、分析装备的功能、成本，节省采购费用。

(4)测定合理的进货价格。在已知市场行情的前提下，详细考虑所购装备的全部费用及应交税金，尽量维持低廉的进货价格。

(二)采购原则

系统装备的采购应遵循和贯彻保障供应、集中与分散相结合和提高效益的原则。

1. 保障供应原则

保障供应的原则是指：订购部门及使用单位所采购的设备和物资，必须保证平时和执行任务时的需要，以保持和提高系统效能为准则。因此，采购部门要做到：

(1)树立“用户第一”的思想。采购部门应主动寻访用户，了解用户需求，宣传服务项目。

(2)采取综合措施，提高服务水平，改善工作效率、效益。

(3)全面实现采购要求，做到装备和物资供应数量充足、品种规格正确、产品质量优良、供货及时、价格合理。

2. 集中与分散相结合原则

集中与分散相结合是指以采购部门归口集中统一采购与使用部门分散自行采购相结合，以集中统一采购为主的原则。这种原则具有如下优点：

(1)适应社会主义市场经济的需要，对提高经济效益有重要意义；

(2)可以更好地依靠国家、面向市场，保证重大项目的需求；

(3)形成数量优势,争取价格优势,降低采购成本;

(4)发展稳定的供需关系,保证产品质量,供货及时,加快物资、资金周转,节省采购时间,减少流通费用;

(5)使采购部门和使用单位思想统一、强化大局观念,行动协调一致;

(6)对于使用单位来说,集中订购可以取得更优惠的价格。

3. 追求高效益的原则

装备采购讲求效益是提高有限资金的使用效益、缓解资金短缺矛盾的有效途径。因此,坚持效益原则,增强效益观念,用有限的资金办好更多的事,克服资金困难是我国的一项长期策略。坚持效益原则,要做到:

(1)正确处理经济效益与项目效能之间的关系,两者相辅相成、辩证统一。只讲经济效益,不讲项目效能,就会使采购工作失去方向和目标;反之,只讲项目效能,不讲经济效益,就会使采购工作缺少物质基础。应当在为用户服务的宗旨下,两个效益并重、两个效益一起抓。

(2)正确处理整体与局部、近期与长远效益之间的关系,局部、近期效益应服从整体、长远效益,两种效益应适当兼顾。因此,装备采购管理应树立全局和长远的观念,获取尽可能好的效益。

(3)要正确处理承包商、采购部门与用户之间的效益关系,使之尽可能达到多赢的局面。

三、轨道交通运输装备的采购、获取与控制

以铁路机车车辆为例,论述采购与获取步骤,如图 9-8 所示。

(一)论　　证

购买新机车车辆的需求一般由计划部门负责。

1. 论证内容

论证的主要内容有:(1)提供用户需求调查;(2)投资计划;(3)财政计划;(4)预算;(5)用户提出的技术要求;(6)费用和效益计算;(7)采办项目启动的决定。

2. 用户技术要求

论证先在计划部门进行,以后越来越多的维修部门人员加入,直到对该项目最后做出结论。用户的技术要求主要包括以下内容:(1)运输能力、乘客数量;(2)列车数目、客车数量;(3)运行地区、气候和铁路条件等;(4)在线路上的速度和运行时间;(5)舒适水平、豪华程度或预算;(6)对于卧铺车厢:每节车厢的乘客数目及设备配置;(7)给养设备;(8)列车应该如何与整个车队配合。

3. 附加技术要求

另外,还应附加如下的技术要求:(1)可用性水平和车站耗费;(2)每节客车车厢内座位(卧铺)、洗手间的分配;(3)信息系统功能;(4)残障人士专用设施;(5)站台平面;(6)空调;(7)乘务员室及其专用设施等。

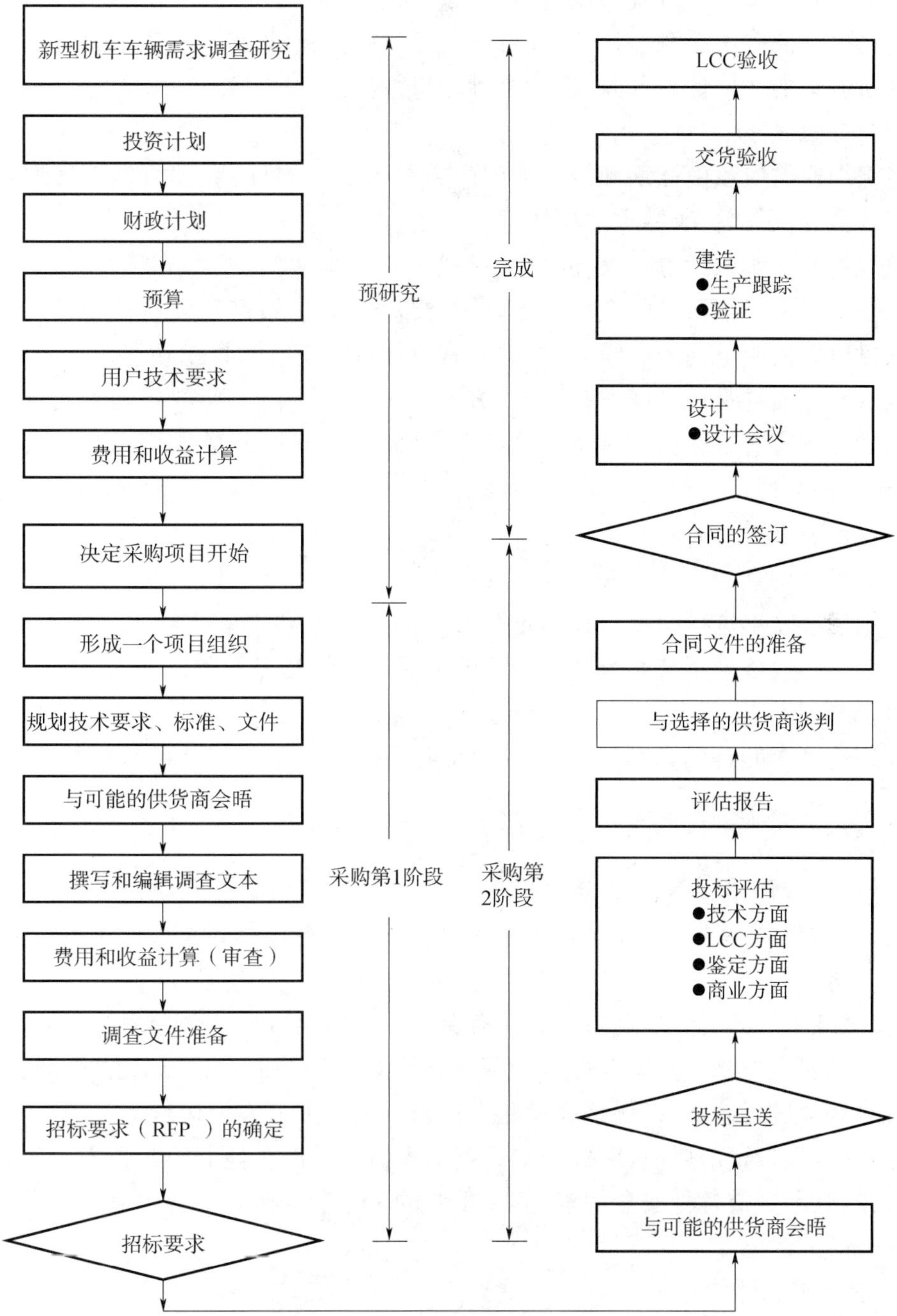

图 9-8 铁路机车车辆采购与获取步骤

（二）项目可行性及启动决策

在了解用户技术要求以后，还须做初步的经济核算，然后决定是否启动该项目，应由总负责人决策。为了对列车系统进行一个完整的调查，项目应该按照时间计划和预算来进行。

下一个重要决策是是否发出调研函，要慎重决定，因为从此以后就会开始发生费用，而且还要与供货商多次接触。显然，项目中关于这部分的决策应该基于总负责人和客运部门经理所制订的严格计划，即根据投资计划进行决策。

（三）项目组织

项目组织机构应该由计划和维修部门的人员组成，项目的管理应包括计划和维修部门的经理，还应有子项目所要求的市场等部门的代表，组成一个重要的小组，对代表们所提出的建议都应该予以考虑，并引起高度重视。

列车技术要求子项目是整个项目中的主要部分，有时项目和子项目的经理是同一个人。子项目可以采用不同的组织方式，但通常应体现出所有的技术功能。

与经济性方面的文件一样，有关交货方面的事宜也应由采购部门的人员撰写。在产生的项目计划中应对组织机构有所叙述，还应包括预算和时间的安排。对于采购中的各个程序，包括批准列车运营等都应做好计划。

（四）技术要求

技术要求是调查内容的主要部分。原则上，同样的章节可以在项目之间通用。许多部分可采用标准文本进行简化。在确定交货方面的事宜和邀请招标之前，应该拟定好技术要求。供货商应该采用与调查文本同样的方法向组织招标的单位询问。

1. 系统描述

应该描述列车的运营条件，包括线路标准、环境、温度、能源供应、维修车间及其设施等。

2. 安全性

(1)供货商应该给出一份安全性报告，来证实其设计、制造和试验的列车组都按照合同的要求，系统没有风险，达到了铁路规定的安全性指标，并满足其他权威机构的要求。

(2)安全性报告的目的是对与安全性有关的所有因素进行一个全面的评估，证明它们达到了最低的安全性水平。安全性报告中须介绍关于铁路安全性检查的条例和规章，通过这些规章制度进行监管，以保证在铁路上运营的列车能够安全运行。

(3)在安全报告寄出以前，应提交给铁路监察机关批准。他们应与技术单位和列车系统部门合作，共同分析各种安全因素，其中重要的是车辆结构必须通过静力和动力载荷的考验。

3. 功能要求和评价

原则上须提出功能要求，供货商可以选择他们自己的解决方法。

(1)在技术要求中，列出某些线路所选列车的运行时间。有关铁路的技术信息也须列出。列车在线路上运行时的旅客舒适性水平不应过分要求，因此供应商必须对不同的牵引电机功率水平、质量、转向架动力学等进行计算。旅行时间须由铁路系统来评价。

(2)应该优化选择旅客的数量，必须对铁路的乘客人数进行评价。

(3)对于累加的 LCC 值,须考虑价格的增值(通货膨胀),以便在评估中采用。

(4)在技术要求中还要考虑其他功能,诸如为残障人士和乘务员提供的设施。

4. 对技术系统的设想和要求

须对预期的技术系统给予概括的描述。技术系统的某些要求有时是很重要的,必须认真对待。这些要求必须强制执行,不管它们属于什么样的系统。例如,司机位应该安装一个固定在地板上、具有纺织物座套的司机座,它应该是一个可调节、舒适、高质量的座位;还应提供一个可调节的脚踏板。

5. 人机工程学和美学功能设计

铁路应对这方面的观点予以解释,阐明人机工程的重要性。应有一个列车各相关部分的人机工程学和美学功能的表格,并表明如何将它们具体化,例如采用实体模型、比例模型和 CAD 等方法。

6. 设计与制造

对材料和零部件的要求进行论述,也须提及相关的制造标准。列车的所有部分都应该易于运用和维修。

7. 可用性和 LCC

此处应针对 LCC 对供货商提出要求,并且论述评价原理。关于 LCC 的原理和方法,本书的前述内容已经做了详细、全面的论述,不再赘述。关于可用性和维修方面的技术要求见本节第(五)项内容。

8. 验证

验证包括对技术要求的满足程度和是否达到了所要求的质量水平、质量效率。有关机车车辆采购技术要求的验证见第十章有关 X2000 动车组的相关内容。

9. 质量保证

质量保证是生产者为了满足消费者对质量的要求所进行的一系列活动。满足机车车辆采购技术要求的质量保证见本节后面的相关内容。

10. 文件编制

文件编制是一件很重要且耗费巨大的事情,并与交货范围密切相关。确定交货的合适范围是困难的,需要对机车车辆维修和运用进行正确和满意的描述,相应的文件格式也很重要。铁路要求拥有文件编制权,这就意味着须具有文件的自由使用权。

11. 培训

供应商必须对铁路的有关教师进行基本的培训,然后再由这些人对铁路的其他人员进行培训。而某些部分的培训必须由供货商来承担,以免影响任务的完成。有些条件必须在合同上规定:

(1)培训人员的文化水平。

(2)目标。学员在培训以后将达到什么样的效果。

培训计划由铁路和供货商共同制订。但需要强调的一点是,供货商必须确立一个运用和维修列车系统所需知识的最低水平。

12. 项目实现

机车车辆的制造必须得到项目组织，即供货商和用户两方面的支持，怎样组织和如何协作都须做出规定。碰头会的时间和议程也须确定，还有什么时间写出报告等事宜也须规定。供货商应该制订一个预计的项目控制计划(PCP)，它应该包含在投标书中，规定出什么时间、由什么人完成什么。应该明确合同中的重大事件，在合同签订以后，PCP 应该不断修改，并为铁路所接受。

众所周知，在合同签订以后再改变技术要求和生产，将造成费用和时间的极大浪费。如果一个范围很大的合同项目，没有考虑后果就进行技术要求的更改，将可能导致整个项目的失败。如果工程更改步骤(ECP)已经包含在合同的技术要求中，则这种来自用户和供货商的变更是可以理解的，因为此时项目处于控制之中。

(五)对可用性和维修的要求

装备采购技术条件说明书的目的是对所采购的系统提出要求和期望，更为重要的是，必须阐明系统运用所需具备的必要先决条件，诸如运用剖面和维修组织等。

从维修的观点来看，维修技术条件应该非常详细和广泛。但是对于采购来说，详细的维修技术条件是没有必要的，更重要是应该详细规定系统的相关性能，例如在可用性方面，应设法尽量减少和改善似乎“不可避免的”维修。为了满足可用性要求而实施过度维修是不能接受的，这是由于费用方面的原因。因此，应该力求在工程投资和预防性及修复性维修之间的费用达到有效平衡。这可以通过不同的方法达到，其中最容易的方法是建立一个 LCC 评估模型，并得到合同商的同意。因此，如果需要的话，合同商可以对这种费用的有效平衡负责，需要对相关的可用性、可靠性和 LCC 做出保证。

1. 先决条件

首先阐明与可用性和维修有关的、可能影响系统设计的所有先决条件。

(1)环境

对系统装备中的环境进行描述，这在技术条件说明书中常常占据一个单独的章节。

(2)系统寿命

对系统装备的寿命，即技术寿命进行阐明。系统在经过重要的修理和改造以后，其寿命常常会延长一些，但这在采购时常常不予以考虑。

(3)运用剖面

由于运用剖面能够影响系统的性能和合同商的责任，因此应仔细描述，例如对于不同的运用模型和备品条件。如果可能的话，还应描述其中每种剖面的时间分布。

(4)不同的使用阶段

应该确认和描述运用剖面及其以外的重要阶段，诸如运输、装卸和存储。

(5)维修组织

应该对维修组织进行描述，包括不同维修活动和维修等级中的资源。如果合同商能够从事部分甚至全部维修，那么就能够对维修组织做清晰的考虑。

(6)维修约束

应该阐明维修约束，此处应该参照相关的规定来制定维修约束。

2. 可用性先决条件

此处应该阐明可用性的一般性要求，例如系统装备应该在合同商建立和执行的可用性程序范围内进行设计和生产。

(1)可用性

应该对整个系统或各种运用功能的可用性要求进行阐述。

(2)可靠性

应该在故障率(故障数/h等)、平均故障间隔时间(MTTF)或者在与时间、距离或循环次数有关的其他出现故障的方面，对技术要求进行论述。

(3)维修性

修复性维修的维修性要求被规定为最大修理时间或平均修理时间(MTTR)。数据可用性的先决条件必须仔细描述，以便在验证期间进行必要的检查。例如，修理时间应该包括故障的定位、修理和随后的功能检查。功能监测、定型试验、故障隔离和故障后的自动重新起动等，系统都会对维修性产生很大的影响，须考虑对这些系统的要求。

预防性维修的维修性要求被规定为维修活动(诸如日常维护、每月检查、大修等)的最大间隔时间。还应该要求合同商给出预防性维修的建议，包括时间耗费和所推荐活动所需的所有资源数据，这些要求还应该包括整套的维修文件。

最后，在维修规划中应该对维修进行总结综述，并形成文件。

(4)维修保障性

① 备件。应该指明合同商必须做的保证：为所提供的系统提供和交付备件。当获得一个长寿命的系统时，要求合同商保证维修备件和耗材持续供应的时间，例如10年，从系统交付的时间算起。如果需要，还要求在投标书中注明，应该按照投标商在其维修计划中所推荐的数量进行备件的选择。

② 维修设备。应规定投标书必须包括投标者有责任提供系统维修所必需的专用维修设备，它可以是专用的仪表、工具、连接器和试验台等。

③ 技术援助。合同商必须在收费合理的情况下提供技术援助。例如在系统刚投入运用和正常运用的初期，这种援助可能是需要的。技术援助意味着，合同商必须能够提供所需技术等级的人员、设备来处理下列问题：

a. 故障修复。对于特殊复杂的系统性和偶发性故障进行修复。

b. 新系统功能的开发。

c. 解决系统与相关设备之间相互匹配的问题，还有所交付的系统及其某些附加设备之间的匹配问题。

d. 改变所交付系统的功能。

④ 合同商负责维修。如果需要，要求合同商必须准备承担所供系统的维修工作。

⑤ 备件修理服务。如果需要，要求合同商准备承担所供备件的维修工作，并约定好这种修理周转返回的时间。

⑥ 更新改造。合同商有责任提供所选方案的运营信息，能够介绍它们在其他用户处的应用情况。还要承诺：采购中的软件、文件的更新改造服务情况，诸如在系统寿命期内运用和维修的全部简报和服务通报等。

3. 合同商责任

应阐明有关可用性和维修方面的所有责任。投标商如果中标，他应该承担什么样的责任，例如：

(1)建立一个所有运用和维修活动的时间表，这个时间表必须与项目总计划相一致。

(2)安排有关会议。

(3)为最终维修计划展示数据和提供所需的文件，如果可能的话，一起实施这些计划。

(4)建立一个可用性程序。

4. 验证

要求投标书中包括可靠性和维修性的验证，或者对这些验证进行选择。验证包括合同商如下的责任：

(1)建立一个平均故障时间(MTTF)和平均修理时间(MTTR)的验证程序。应该阐明完成验证的某些特殊要求，或在技术说明书中的单独章节中进行论述。

(2)建立必要的试验规范，它们应该成为交货时能够清楚地确定同意还是拒绝的基础。

(3)必要时提供人员和设备的帮助。

5. 投标数据

须鉴别投标者提供的所有必要数据。如果采办系统是一个开发项目，那么就要考虑某些数据和信息的取得将是困难的。所需的数据包括：

(1)预防性维修的需求。

(2)投标商的维修组织。

(3)重要子系统或运用功能的可用性数据；包含在系统中的所有 kk、kb、bk 和 bb 的单元数据(见表 9-9)。可用性数据可以按照可用性数据表格(表 9-9)来表示。此外，诸如质量、更换工作的最低车间级别、维修设备和人员类别需求等其他数据，对于维修保障分析都是有意义的。

(4)故障识别和故障定位的能力。

(5)费用数据每年的调整指数。

(6)所需的维修设备。关于设计、模块结构、冗余和过去的运用经验方面的信息也是需要的。数据应该覆盖整个系统，甚至应该覆盖子合同供应商的设备。表 9-9 清晰地表明，给出的数据是对系统及其维修资源可用性和维修性进行定性和定量评估的基础。对系统可用性要求的定量分析部分如上述(可用性先决条件)所示，它还包括整个寿命周期中运用和维修费用(LSC)的计算。定性部分包括对设计进行仔细评估，对投标者所供数据和其他信息进行严格的审核。

表 9-9 可用性数据表格

规格				故障率		寿命(年)	每个单元费用(投标货币)	维修性数据			
项目	名称	单元类型	数量/系统	运用(10^{-6}/km)	存储(10^{-6}/km)			MTTR(h)	人员数量	MTTR(kk/kb)(h)	每个kk或bb修理材料费用(投标货币)
1	2	3	4	5	6	7	8	9	10	11	12

注：1. 项目号；2. 名称：名称、标号、零部件号；3. 单元类型：kk、kb、bk或bb；4. 数量：每个系统中的项目总量；5. 运用故障率：系统运用每百万公里的故障数；6. 存储故障率：项目存储时每百万公里的故障数；7. 寿命：如果比系统技术寿命短时，作为所规定的寿命(年)；8. 费用：一个单元的费用(投标货币)；9. MTTR：发生故障时系统的平均修理时间(h)；10. 人员数量：对应MTTR(第9列)所需的人员数量；11. 一个kk或kb的平均修理时间(工时)；12. 材料费用：每修理一个kk或bb消耗单元的费用(投标货币)。

投标者应该对所有要求的可用性数据做出保证，如果这些数据有疏漏或缺欠，就可能成为被拒绝的原因，或者在评估中得出保守的评价。

6. 附加说明

一般投标者应该对投标需求(RFP)做慎重的考虑，对于合同也是如此，在RFP评估时记住这一点也是非常重要的。现代，大多数的需求都有价格上涨的趋势，因此应该认真考虑。对设备的过分要求将给支付造成困难，而且对于合同商也是不利的。

评标者总是要求投标商表明，是否有一些要求可以不被满足，因此所有的要求都必须规定得非常清晰，其实施的先决条件也要清楚界定，否则会在以后的验证期间出现麻烦。合同还必须规定合同商的履行职责，以防某些要求和承诺没有完成。基本原则是，如果不履行的结果非常严重，以致进行罚款也不能弥补的，若是关于装备性能方面的要求，合同商就应该有义务预先对它进行修改。如果没有这样做，合同商以后就要面临被罚款。否则，对于双方都会造成损失，对购买方的损失会更大。

最后，将可用性要求列入合同的正文中。下面表示出一个高速列车系统招标要求的目录单：

(1)合同中的条款设想；

(2)价格修订条款；

(3)项目技术要求；

(4)运行特性和乘坐舒适度计算；

(5)列车外部设计建议；

(6)列车内部设计建议；

(7)高速列车油漆技术要求；

(8)设计规则：关于客车座位及其锁定装置强度方面鉴定的条款；

(9)列车冬季的状况；

(10)方案选择明细；

(11)调研和计算明细；

(12)铁路列车横断面尺寸的计算和要求；

(13)机车、动力车和动车组的通用技术规范(ATSL)；

(14)动力车、拖车、带有司机室的列车通用技术规范(ATSP)；

(15)某些国际标准 IEC、UIC 和 ORE 出版物一览表；

(16)某些国家标准一览表；

(17)有关图样；

(18)铁路技术规范(TB)的选择；

(19)动车组的可用性和 LCC；

(20)牵引功率和功率因数变化影响的计算；

(21)动车组 LCC 评估模型；

(22)动车组在运用状态下维修性验收通用条件；

(23)动车组在运用状态下可靠性验收通用条件；

(24)动车组质量保证程序；

(25)动车组项目实现。

(六)招标、投标与评标

1. 与供货商的碰头会

铁路、铁路职能部门和许多国家的供货商有着长期密切的联系，以便保持现代铁路技术信息的沟通。当一个新的技术要求文件需要起草时，需要进行一系列的准备工作：与供货商在铁路公司所在地开碰头会；到国外去考察，了解下一个 5～10 年的最新技术；供货商的兴趣何在，生产能力如何？近些年来，国际供货商相互兼并、不断形成新的集团，使机车车辆制造商的状况发生变化。因此，须与供货商经常接触，得到一份可入围评标调查的供货商清单。由于 LCC 调查研究是一项耗时、耗费很大的工作，因此必须保证供货商确实掌握了 LCC 技术，有时还要对其进行培训，以便使他们获得必需的知识。

2. 招标和条件

(1)招标

在招标邀请中，应讲明评标调查的原则，提出供货的范围和经济方面的条件。一般还要有一个履行表格，而且招标文件应该按照与评标调查相同的方法进行组织和编写。投标的一般原则是采用预付订金的方法，款数在价格不修订的情况下，按照全部供货价格约定的比例来计算。招标邀请信在许多情况下有供货条件一项，列于招标文本中。

(2)供货条件

供货条件包含在调查项目中的一个初步文本中，以便使供货商了解供货的主要要求，以此文本作为谈判的开始，该文本应该极少变动。

文本中重要的部分是关于“保证”的规定，要求供货商对机车车辆的系统功能负责，供货应该使所有零部件和整体达到规定的性能和功能，并满足权威机构的法规。这样就省掉了许多其他有关装备零部件保证的条款。

3. 投标

(1)费用的初步评估和预算

市场分析和最初的技术要求是对费用和效益进行初步的评估(图 9-9),对不同的选择方案进行比较。将现有方案与新方案做比较,也可与目前市场上已有的方案做比较。

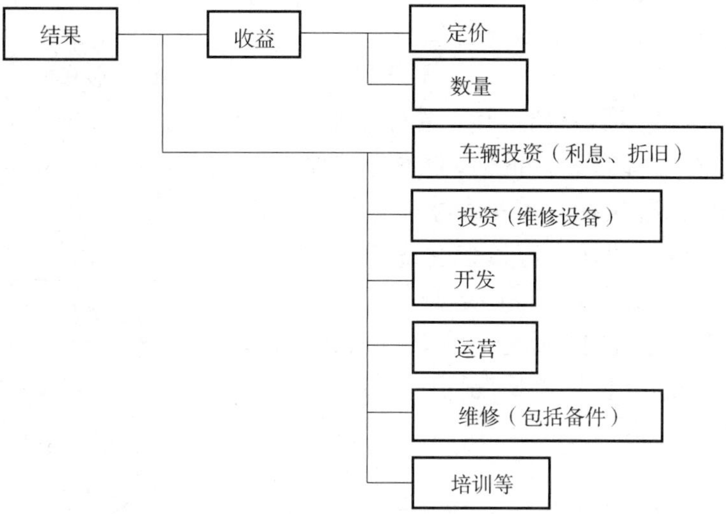

图 9-9　费用和收益的计算结果

对一个新项目,必须做长期的投资预算和审查,以便确定投资是否可行。同时,还须考虑项目不同部分的资金来源状况。如果该项目已经能够达到经济方面的可行性指标,则项目可继续进行。下一步是对项目做粗略的预算,包括投资费用和开发费用等。

(2)费用评估和项目预算的第一次审查

在初步技术要求完成后,须进行费用和效益评估及项目预算审查。进行费用和效益评估审查的一个原因,是在此期间的一些条件可能发生变化。这次审查的结果和一些其他的因素共同成为决策(启动项目、延缓项目、取消项目等)的基础。

(3)费用评估和项目预算的第二次审查

在调查文件完成以前,须进行一次新的审查。这次审查的结果可能导致对技术要求进行大范围或小范围的修改,也可能将一些要求列入项目财政分析的相关文件中。

这次审查的结果和一些其他的因素共同成为是否批准不同供货商提交投标文件和征求建议的决策基础。

4. 评标

评标的流程表示在图 9-10 中。

(1)初步审查

初步审查主要是检验不同的投标内容,以确保所有投标信息都已包含在投标书中。

初步审查的内容包括：

① 提供各种选择方案；

② 如果需要，须给出关于项目财政分析的建议；

③ 按照技术说明书的要求，指明供货时间和其他条件等。

这种初步审查应在两周内完成，一般还需要从各个投标的公司得到附加的信息和文件资料。

(2)第 1 次评估

在投标文件完成以后开始评估。在第 1 阶段，按照技术要求对每个投标者进行评估，而不与其他投标者比较。在此阶段，通常有一些问题必须与投标者讨论，以便使他们完全了解什么应该包含在投标中。一般还有一些关于设备功能方面的问题必须解决。在此期间，投标文件应由相应的工作组处理，这些工作组如何分工、组建，应根据项目具体情况而定，这些组建的工作组主要在评估的第二阶段起作用。一个投标评定示例表示在图 9-11 中。

第 1 阶段的主要目的是确定投标内容与技术要求是否一致，要与文件中的基本要求进行对比。经过该阶段的评估可能有一个或多个投标者由于不满足要求而被拒绝，甚至有可能所有的投标者都被拒绝，此时这就需要修改技术要求，甚至导致项目取消。

在此期间，投标中的商业部分或多或少地被忽视，将主要注意力都集中在技术要求部分(包括维修问题)。此阶段应拒绝一个或多个投标者，结束时应写出报告，在报告中应提出项目如何继续进行。

(3)第 2 次评估

在这个评估阶段，一般至少还应有两个投标存在，这些投标可以按照技术可行性和商业条件进行相互比较。此时，LCC 评估十分重要。这种商业和 LCC 的评估结果也可以与前面提到的费用—效益计算相比较。这种项目经济性的审查结果导致对投标者的新要求，使供货概念或多或少发生改变，或者使项目的目标产生巨大的变化。除了 LCC 计算和商业部分(包括列车和设备投资)以外，还要针对实际的维修费用做一次预算。

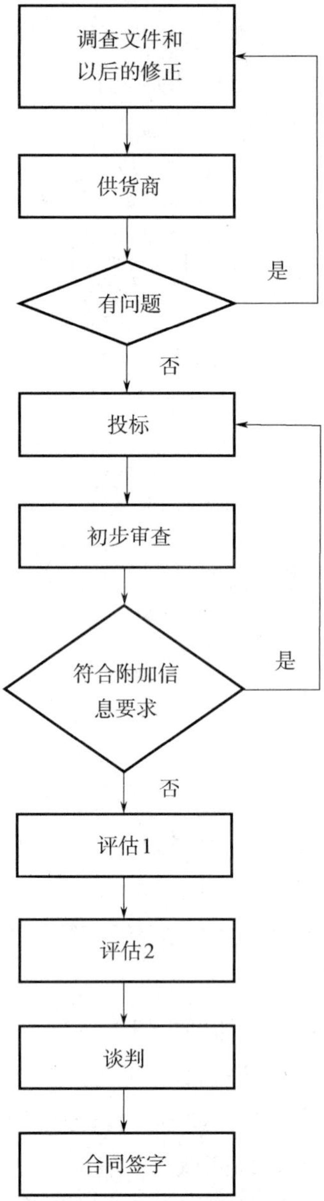

图 9-10　评标的流程

这个阶段的结果是建议如何组织和管理谈判，推荐哪一位投标者首先谈判等。基于这样的建议和其他的基本条件，就可以确定与一个或几个提交投标的公司开始谈判。

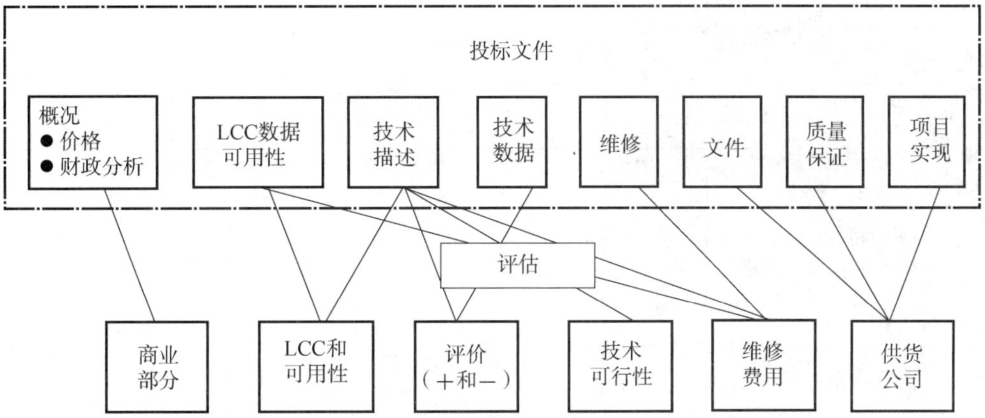

图 9-11　投标的评定

（七）谈判、合同

应该有两个或更多的供货商具有谈判的资格，但也不能太多。铁路方面有技术单位和采购部门参与，有时还有客运部门的代表。会议常常由采购部门的代表主持。

谈判开始的议题是投标的技术部分。铁路单位不满意的某些功能和技术状况都须进行谈判，以便找到改善的可能性。

当所有的技术问题都得到了解决，下一步就是合同文本和商业部分的谈判。价格、LCC 值和所有与费用相关的因素都要集中在一起进行谈判。当合同已按照程序完成谈判，并已经准备好正式的文本，那么权威人士就可以按序签字了。

重要的是，应该以报告的形式，将选择这个供货商作为合同商的所有理由都写出来。

（八）设计审查

1. 概述

在与所选择的供货商一起准备好合同文本以后，应把注意力放在预期列车的功能结构上，这就意味着，要把列车暂时分为几个电气和机械功能块（图 9-12）。

功能结构的初步方案形成了合同的一部分。功能结构以后将不断修改，在项目执行过程中逐渐细化。值得注意的是，不同功能的描述应与它们具体的实现无关，也就是说，在项目的这个阶段，功能的描述一般不考虑各种零部件将来安装在列车的什么地方和如何安装。

在合同谈判过程中也须约定，合同商应提供用户所要审查的图纸和其他文件到何种程度。作为合同一部分的项目控制计划（PCP），也应包含提交审查文件的日期和规定审查的时间等。

设计审查的步骤如图 9-13 所示。

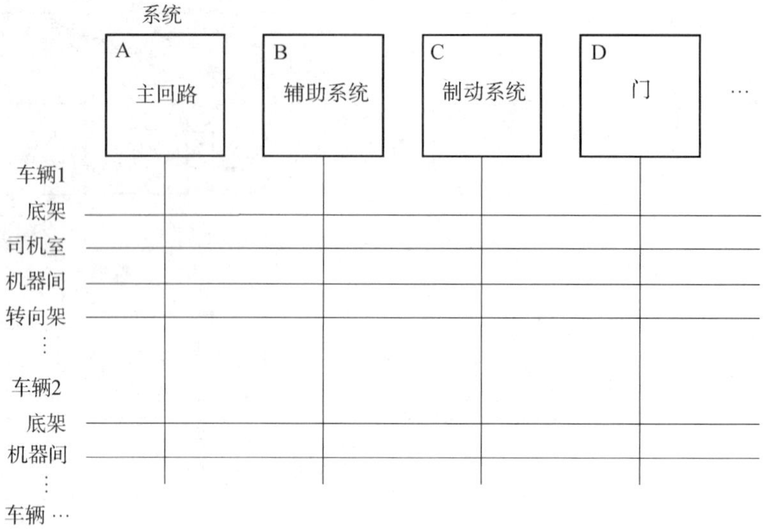

图 9-12　结构设计

从一开始就必须确定这种审查如何进行，按照什么原则审查文件。例如，下面的准则可以作为合同的条件：可用性；维修性；设计是否经过验证；气候条件；标准；LCC 数据。

2. 设计审查(系统描述)

对于每一个单独的系统/功能，合同商都要准备一个系统描述(图 9-13)，以供用户审查。这份描述应该包含：任务、一般性描述、设计设想、运用和维修等。在设计阶段及以后阶段，这个文件要不断地修改，以随时保持其有效性。它也成为列车最终文件的一部分。系统描述应成为设计工作的基础。在设计工作开始之前，系统描述就应提交用户审查，并成为获得用户批准的文件。

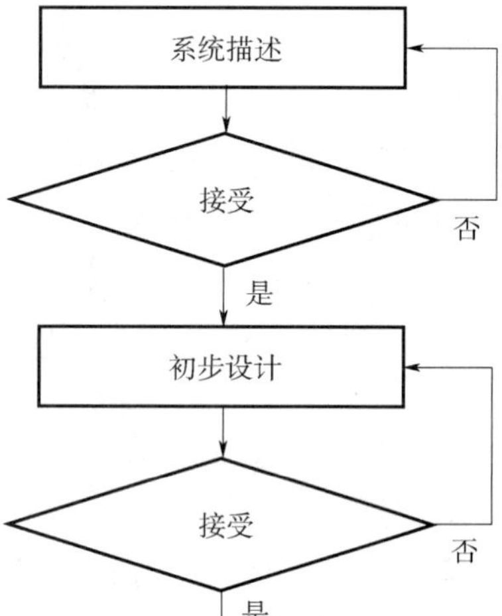

图 9-13　设计阶段—设计审查

3. 设计审查(初步设计)

初步设计就是按照合同商准备的文件，对不同的系统规划如何实现规定的要求。这些文件表示出各个功能/系统之间的相互关系。初步设计应该按照系统分别接受审查。在最终设计(生产用文件)以前，相应的初步设计须得到用户的批准。

4. 设计审查(最终设计)

设计审查的最后阶段就是审查最终设计。这种审查应该在用于生产的图纸发出以前。此时相应的系统描述与初步文件共同作为审查的基础。在生产开始之前，用户必须批准主要的图纸连同相关的文件，诸如控制计划等。

（九）验收及质量保证

1. 系统审查报告

系统审查报告须得出审查结论：系统的质量系统是否可以接受、是否必须修改、有无必要再审查。质量保证负责人和系统审查人是否已签字。如果是邮递评审则须与审查计划相比较，得出结论，并说明在质量保证手册发布以前是否已得到铁路的认可，技术说明书和图纸是否得到正式设计审查，质量保证系统的要求是否包括在子供货商的合同中，子供应商的选择是否已完成。

2. 检查和试验条件

下面的方法和步骤应该用于动车组及其主要零部件的检验、检查和试验。

规定工作范围和保证产品满足规定要求的文件，应该在检查或检验之前一个月就可提供用户使用，应告之经常出现的偏差，并记录在偏差报告中。用户有权同意或拒绝偏差报告。

（1）生产过程中车辆的检查和验收

检查和验收就是要保证交付的产品与图纸及技术要求一致。检查和验收时，用户应该在工作进行到下一个规定工序以前至少10工作日得到书面通知。检查和验收表格可以进行调整，以适合相应的生产方法。

① 车体和转向架

（a）底架焊接完成、底架已被校准和清洗，但还未油漆；

（b）底架完工；

（c）底架与客车车体焊接完成，已经过全部加工处理和清洗；

（d）客车车体的油漆、加湿和冷凝防护处理已完成；

（e）客车车体司机室的绝缘工作已完成；

（f）转向架构架已加工处理完成，但未油漆；

（g）相关的主要零部件准备好进行合同或子合同中规定的检查和试验。

② 传动齿轮箱已安装。

③ 主要零部件安装在车辆上，进行可接近性测定试验和管路、电缆运行检查。

④ 转向架装配完成。

⑤ 车辆准备好静态试验、运行试验和检查。

⑥ 动车组准备好运行试验。

⑦ 动车组准备好交付检查、试验运行和交付给用户。

⑧ 按照铁路检查验收规则进行型式鉴定。

车辆按照上述第⑤步骤检查和验收以前，合同商应该对压力开关装置、最大电流继电器等进行完整的检查，并把结果写入报告中。

报告应由合同商完成，并提交用户检查和批准。对于每一列车，合同商都应准备和签署一份报告，并在检查时交给用户的检查员。在分批交货时，只要证明质量保证系统具有满意的结果,那么用户就保有放弃检查的权利。

(2)供货商评价

根据合同,对供货商在时间进程中的工作量、通用技术和财政情况、技术水平和产品质量进行全面的评价。

(3)验证活动

① 质量系统评估及审查;

② 设计审查;

③ 型式试验;

④ 检查和试验计划;

⑤ 生产及过程审查;

⑥ 按检查1～检查4的规范进行检查;

⑦ 最终检查及运行试验。

3. 验证类别

验证类别有:审查、检查、监视、监测、控制、试验、发合格证等。

4. 控制和验证文件

设计生产和运用期间的控制和验证文件见表9-11。

表9-11　控制和验证文件

	设计和生产期间	运用期间
控　制	质量保证方法(QAM) 功能描述 行政指令 对办公室、仓库、车间等的指令	质量保证方法(QAM) 行政指令 运用指令 维修和服务指令
验　证	审查验证和批准 检查证书和试验报告 履行合同要求、标准等的情况	运用、服务、修理、维修、检查等的验证 形成履历书、协议书和证明书等

5. 检验计划(制造)

制造的检验计划包括:检验材料、检验焊接材料、检验结合面、检验焊接、检查尺寸、检验材料热处理、无损探伤(NDT)、检查清洗、检验腐蚀防护、按照图纸检查装配、检验点焊等。

6. 检验计划(牵引单元)

牵引单元的检验计划包括:例行试验检查、用户检查、客车检查、转向架检查、试验运行检查。

第七节　运用和保障费用及其控制

常常将LCC分为两个时期发生的费用,即系统装备获取时期的费用和运用保障时期发生的费用。本章前半部(第二节～第六节)关于费用控制的论述主要是针对系统装备获取期间的费用控制，本节主是讨论运用与保障期间发生的费用及其控制。

一、概　述

1. 运用与保障费用定义

运用和保障费用是指系统装备投入运用以后发生的运用与维修费用。系统装备运用与保障就是要建立完善系统装备运用与保障的管理体系，采用科学的方法和先进的技术，对系统装备实施使用、监控、维修和技术管理，保持其良好的技术状态，以保证各项任务的顺利完成。

系统装备寿命周期的后期主要是运用与保障阶段，该阶段的任务就是对系统装备进行正确使用、精心保养和有效维修。由于其工作的重要性及其所发生的费用占LCC比例较大，装备的运用保障工作及其相关费用就显得尤为重要，是LCC控制的重点。合理地维修保障并安排适当的投资强度，既关系到系统装备的战略需求，又影响装备良好效能的形成。

2. 装备运用保障的主要目的

现代系统装备运用保障的主要目的如下。

(1)保证装备具有良好的运营完好率

系统装备的运营完好率是其可用性的主要标志。在系统装备使用过程中，会发生故障、损伤、改进改装和达到寿命终点的状况，需要进行必要的预防性、修复性和改进性维修保障。在此期间，设备无法工作，这就要求装备具有良好的维修性，在保证装备安全性和可靠性的基础上，通过提高维修生产效率，合理规划和科学组织管理等措施，尽量缩短装备维修时间，尽快投入使用，从而提高运营完好率，按时完成各种任务。

(2)保持、恢复和改善装备可靠性

可靠性是衡量装备质量的重要指标。系统装备设计、制造出来以后，本身具有一定的可靠性水平，称为固有可靠性水平，是期望装备维修达到的最高水平。维修的根本任务就是要保持和恢复装备的固有可靠性水平。当装备可靠性水平不足时，除了向制造商反馈意见，促其改进设计、制造以外，用户也可以通过改进性维修来改善其固有可靠性水平。

(3)确保装备运用安全性

系统装备在使用中发生事故，不仅完不成任务，还会造成人员伤亡和财产损失。因此，系统装备在运用保障过程中，必须明确安全第一的思想。对于使用过程中出现的一切具有安全风险的故障，必须及时排除；对于出现的事故，必须找出原因，防止其再次发生。要进行安全教育，避免在运用保障中可能出现的人为差错。

(4)力求以最低耗费取得最佳效果

系统装备要实现可靠性、可用性、维修性和安全性(RAMS)目标，需要耗费一定的人力、物力和财力，这是必不可少的物质保障。要以最低耗费，最大限度地实现上述目标，取得最佳的维修效果，保障部门必须重视提高维修经济效益，要从设计、制造阶段抓起，适时监督和分析系统装备的经济性，包括节省能源、资源，减少污染，保护环境等，并求得合理的LCC和运用保障费用。在制定维修方针、原则和确定维修制度和维修方式时，要进行经济性分析，以保证维修经济高效。在装备使用过程中，要贯彻勤俭治国的原则，发扬艰苦奋斗的精神，爱护系统装备和工具设备，充分发挥其效用；要节约人力、物力和财力，杜绝浪费、努力降低运用保障费用，节省开支。

维修保障的各项目标，都是一个随主客观因素变化而变动的函数，各个目标之间又是互相联系和相互制约的。实现各目标的最终目的是保证高效使用，即保证任务的圆满完成，这也是维修保障工作的总目标。

3. 装备运用保障费用控制的主要内容

现代关键技术装备大多是大型、复杂和自动化的系统，费用影响因素很多。系统装备的运用保障工作必须以国家新时期经济战略方针为依据，以提高装备效能为标准，按照全系统、全寿命管理的要求，贯彻预防为主、科学维修保障，质量第一、注重效益的方针，遵循统一领导、整体规划、突出重点、依法管理的原则。系统装备运用和保障工作的基本任务是：建立和完善运用保障管理体系，采用科学的方法和先进的技术，对装备实施有效的监控、维修和技术管理，保持装备良好的技术状态，保障各项任务的顺利完成。根据系统装备运用保障的基本任务，其运用、保障阶段费用控制的主要内容如下。

(1)装备运用保障费用计划管理

系统装备运用和保障费用计划是保证装备效能发挥和提高效益的重要手段，应根据不同决策部门的职责范围、决策层次，对装备运用和保障费用发生的规律进行科学预测和优化，制定科学的费用预算和使用计划。

(2)系统装备维修保障的决策分析

现代装备是由各种要素、各个环节、各个层次和各种部门组成的复杂系统。系统装备维修保障的决策分析就是研究如何运用现代管理理论和技术方法，整合系统的维修保障资源，以获得最佳的维修保障效果和经济效益。主要包括维修体制、维修方式的确定，各级维修资源的配置与优化，维修费用的计划与控制等，其中涉及众多的计划、组织、控制和协调等工作内容。这些问题都会对运用和保障费用产生较大的影响，虽然其中一些关键问题在装备研制阶段已经开展了系统的研究，并制定了详细的计划与规定，但随着装备运用和维修工作的开展，还应不断总结经验，持续改进。

(3)装备的供应保障配置与优化

系统装备的供应保障费用是运用和保障费用的重要组成部分，不同的保障思想和技术对保障效果和费用有重大影响，因此有必要进行深入的研究，以寻求提高效益的方法和途径。

(4)监督系统装备及其零部件和有关器材的采购

组织监督系统装备及其零部件和有关器材的采购和供应，以满足运用保障的需要。特别是装备经济寿命的分析和控制对采购决策有着重要的意义，因为经济寿命是以费用为准则研究装备使用寿命的确定方法，对装备的更新策略和提高装备的使用效益有较大的促进作用。

(5)装备运用与保障的训练方式与手段

不同装备运用保障训练方式和手段,对训练效果和费用有较大影响。以目前广泛应用的模拟仿真设备为例,其不仅使训练成本大为降低,而且提高了训练的效果和安全性,还克服了过去训练方法难以克服的困难和问题。

二、装备运用保障费用计划管理

装备运用保障费用计划管理的主要任务是进行装备运用和保障费用的决策,制定相应的计划,并通过平衡、协调实施该计划,保证装备运用和保障目标的实现。

(一)运用保障费用计划管理控制原则

1. 处理好装备发展与运用保障费用之间的协调

在一定时期内,装备资源是有限的,尤其在我国现有情况下,新型装备的发展费用和现役装备的运用保障费用之间的矛盾相当突出,时常影响装备的长远发展和装备现实效能的发挥,因此必须加强装备发展与运用保障费用之间的协调。

2. 处理好重点项目与一般项目之间的关系

在制定装备运用保障费用计划时,应分清主次,不能一刀切。对待装备项目,应根据其在完成任务中的地位和作用,优先保证主装备、引进装备的运用和保障需要;在完成任务方面,应将重点放在实现总体目标上。对于军事装备,应将重点放在作战准备方向上;对于轨道交通,则应将重点放在提高运能,加强装备运用保障力量的投入;在资源配置上,应优先考虑完成当前重大任务的需要,优先保证应急任务的需要。

3. 处理好平时与执行任务时的关系

在平时建设中,必须考虑执行任务的需要,加强人力资源、物质资源和信息资源等方面的建设。

4. 处理好计划与管理的关系

必须采用多种有效的方法,处理好装备运用和保障费用的供需矛盾和供管矛盾。一方面,费用短缺会造成装备失修严重;另一方面,管理落后会使费用不能很好地发挥应有的效益。因此,必须切实加强对装备运用和保障费用计划工作的组织与管理,向管理要效益。

(二)运用保障费用的计划管理控制

装备运用保障费用的计划管理一般有两种控制方法:宏观管理和微观管理。两者不同之处在于其适用的层次、范围、阶段和目的不同。宏观控制的特点在于系统性强、对应层次高、适用范围大,但精度较差;微观管理控制得较细,适用于更具体装备的运用保障费用计划控制。两种方法应相互配合、相互补充、不可分割。微观控制需要在宏观控制的基础上进行管理,同时也为制定更科学、合理的宏观控制提供支持。

1. 运用保障费用宏观控制

装备运用和保障费用宏观控制主要内容如下。

(1)装备维修计划和费用总体需求规律的研究

现代系统装备种类繁多,要保证部署的装备能够正常运转、完成各种任务,则需要足够的维修费用。实践证明,装备的这种总体费用需求是与装备的结构和规模相关的,有其内在规律。只有在总体上把握住这一规律,科学合理地安排好装备的维修计划和维修费用,才能达到预期的目标。否则,就有可能使装备失修严重,影响装备效能的发挥。研究表明,装备维修费用总体需求有下述规律。

① 装备维修费用与总费用之间有相对稳定的比例关系。例如,军用装备维修费用与军费总量之间的比例,20 世纪 50～70 年代,美军装备维修费用占军费的比例分别为 12.49%、12.50%和 13.78%,80 年代以后的比例也是稳中有升。根据我国相关资料统计,也基本有类似规律。我军历史上曾发生的几次装备失修严重的情况,都与维修费用总量过小有密切关系。近些年来,我军装备维修费用增长较快,主要与装备现代化程度和保持装备可靠性、维修性水平有关。

② 装备维修费用与装备采购费用之间有相对稳定的比例关系。两者是相互关联、互相制约的。装备一旦采购,在运用中必然有维修的需求。如果两者比例失调,就会出现"买得起,用不起"的现象。在研究两者比例关系时,由于采购与维修时间上的差异,就会导致维修费用具有一定的滞后性,因此必须经历一个较长的时间区段来进行研究。另外,由于现代大型技术装备的复杂性和动态性,装备维修费用总体需求也处于不断变化之中,因此要准确把握维修费用的变化趋势,除了研究已经发生的维修费用总体需求规律、分析其使用效果,还必须用发展的眼光预测未来的发展趋势。

(2)装备维修费用内部结构变化规律的研究

由于各类装备功能不同,运用保障特点各异,导致维修费用差别较大。另外,不同的装备在执行任务中的地位和作用也不同,因此必须根据装备各自的特点,合理控制维修费用的分配结构,即根据不同行业装备的比例结构和维修费用类别来控制维修费用,提高费用的使用效益。同时,在此基础上,还可进一步细化,以适应不同层次管理工作的需要。

(3)装备采购、维修保障协调关系的研究

装备采购和维修保障是装备寿命周期中不可分割的两个阶段,装备部署阶段所提出的运用保障要求,必须承接和满足装备采购时所规定的各种运用和维修保障需求;装备维修能力的有限性,也必然会制约装备的发展需求。因此,必须遵循装备不同阶段费用的分配规律,实现新装备部署和现役装备维修的协调发展。

2. 运用保障费用微观控制

装备运用和维修费用微观控制主要通过制定和协调各类装备具体的运用保障费用来实现,诸如确定具体装备的小修、中修和大修费用标准,控制费用的支付时间等。不同装备的技术含量和复杂程度不同,使用的维修保障体系有较大差异,运用和保障费用有很大不同,因此必须结合装备的特点,采用合适的方法进行预测,以保证费用控制的合理性和准确性。

(三)装备运用和维修保障费用需求

1. 装备运用维修保障费用分析的意义

(1)便于节省和控制 LCC,促进装备可靠性和维修性的提高由于维修保障费用年复一年地发生，随着装备使用年限的增加，维修保障费用也在不断增长，累积结果非常可观。根据国外大型装备的统计，在全寿命周期中，装备的运用维修费用一般约为装备采购费用的 3～20 倍。因此，装备运用维修费用是其 LCC 的主要组成部分，准确地估算这项费用、不仅是估算装备整个 LCC 的关键，而且对控制和节约这项费用、促进装备可靠性和维修性的提高、加强装备运用和维修的科学管理有着十分重要的意义。当人们理解了在设计上为可靠性和维修性多花 1 元，就有可能从 LCC 中节省 2～19 元，而且还可能减少对人员素质的需求，从而获得更大的效益以后，就会自觉地在装备设计中加强对可靠性和维修性的研究。

(2)掌握关键的费用项目，提高装备的运用和维修保障效率

通过运用维修保障费用的估算与分析，还可以使运用部门掌握运用维修保障中各项费用所占的比例，从而抓住主要矛盾，将耗费最大(即维修中最费工、费料和费时的)项目列为重点研究对象。解决了这些薄弱环节的问题以后，就可以有效地提高整机运用和维修保障效率，而不会被一些次要的项目所干扰。

(3)成为分析、估算新装备未来费用的重要参考资料

装备运用维修过程的实际费用数据，是应用类比法估算新装备未来使用与维修保障费用的重要参考资料。将这些数据反馈给设计研究部门，可为改进装备提供宝贵的实践依据。将运用和维修保障费用的实际数据与新研制装备的预期费用指标相比较，可以检验新装备实际达到的可靠性和维修性水平。同时，运用和维修保障部门也将用其检查和提高装备的科学管理水平，推动各有关部门的工作，使研制、生产、运用三方面在总目标下协同一致。

(4)关系到装备设计制造、运用、维修保障管理水平的提高

运用维修保障估算与分析不仅是一个经济问题，而且关系到装备设计制造、运用、维修保障管理水平能否提高，因此有必要对装备运用维修保障费用的估算和分析进行认真细致的研究。

2. 运用维修保障费用需求模式

为保证不同装备类型及其所属单位完成运用维修任务的需求，达到规定的可用度或完好率，必须要总揽全局、采用定性与定量相结合的系统分析方式。对于运用维修费用需求的估计一般有两种模式。

(1)给定运用维修任务需求，使运用维修费用最少

目前装备的性能和结构比例普遍比较落后，与实际运用维修任务需求有一定差距。如果以实际运用维修任务需求来确定费用需求，在当前情况下尚难满足。因此，在确定运用维修费用时要充分考虑到费用限额问题。

(2)给定运用维修费用限额，使其效益最大

运用维修费用限额估计模型是建立运用维修费用限额与其影响因素之间的关系。模型的确定方法：首先是确定它们之间的函数形式，然后再确定出具体的函数关系。具体函数的确定方法有如下两种形式：

① 基于理论模型推导。理论模型推导方法分为效用函数最大化和微分对策等方法。

② 基于统计准则选择。运用维修费用限额估计方程的一般形式为

$$C_{wxi}=f(C_{wqi},C_{wxi-1},y,du) \tag{9-1}$$

式中　C_{wxi}为第 i 年度运用维修费用需求；C_{wqi}为第 i 年度运用维修费用限额；y 为第(i—1)年度运用维修费用需求；du 为环境变量(如装备数量、结构大变动等)。

以上因素包括当年需求及上一年费用数据等，对其进行拟合，便可得到运用维修费用需求估计。

3. 运用维修保障费用的主要影响因素

运用维修保障费用的影响因素很多，而且相互作用，需要根据不同的决策要求进行分析。从宏观控制的角度来看，要分析系统装备运用维修费用的总体情况；从微观控制费用的角度来说，须分析费用组成部分的各自影响因素。

装备维修管理部门在制定年度或中期维修费用规划时，须从下列几个方面分析维修费用。

(1)装备总保有量

装备总保有量是指管理部门所承担运用的装备总数。其规模越大，装备总数越多，年维修费用必然越大。装备总保有规模可以用所保有装备的总价值来表示，年装备总价值是该年度所属单位现役装备的费用总值(可以某规定年度的货币值计算)。由近代国内外装备的统计数据可知，当年装备费用总值 P 与该年维修费用 C_{Mi} 存在线性关系，即

$$C_{Mi}=\alpha+\beta P \tag{9-2}$$

式中　α 为系数，反映不受装备数量影响的基本管理费用。当 P＝50 亿～500 亿元时，通常此值约为 0.5 亿～1.5 亿元；β 为系数，约为 0.03～0.06，随装备不同而异。

(2)装备技术复杂程度

装备技术复杂程度对维修费用影响很大，这不仅是因为复杂装备所需维修技术高、维修备件价格高，还由于使用初期由于经验不足，容易造成维修管理不善，使费用增高。现代机车车辆，尤其是高速列车系统日益复杂，维修费用急剧上升。装备复杂程度也可用装备采购费表示，复杂装备采购费必然更高，即使装备采购费与其维修费之比保持不变，维修费用的绝对值也增大很多。

(3)装备使用强度

装备使用强度应根据任务和操作人员熟练程度而定。对于机车车辆来说，通常用单位时间(年、月、日)走行公里表示。管理部门可将历年维修费用与走行公里之间的统计关系作为维修费用计划的依据。使用强度越大，维修费用越高。

(4)装备老化程度

装备长久使用以后，可靠性逐渐下降，维修频度和费用将日益增高，过分老化的装备，费用—效能很差，到一定程度就应该淘汰，退出现役。在宏观控制维修费用时，必须做经济寿命分析，使维修费用发挥其最佳效益。

三、经济寿命的确定方法

大型复杂产品(例如机车车辆)寿命通常是按照其经济寿命来计算的。产品经济寿命

一般根据使用时的总收益来确定。本文介绍一种常用的计算产品经济寿命的方法。

若设备的采购费为 A，设备可使用到 t 年，则设备的年采购费为 $C_A=A/t$。

在运用维修费中，一部分为与年限无关的固定支出费用 a；另一部分则为运用维修增长费用 b。因此年运用维修费用为：

$a+b$　设备第 1 年的运用维修费

$a+2b$　设备第 2 年的运用维修费

⋮

$a+tb$　设备第 t 年的运用维修费

因此，设备到 t 年的年均运用维修费可用等差级数求和的方法得知，即

$$\frac{(a+b)+(a+tb)}{2}=a+\frac{b}{2}(t+1)$$

设备的年平均总费用为设备的折旧费与运用维修费之和

$$C(t)=\frac{A}{t}+a+\frac{b}{2}(t+1) \tag{9-3}$$

式中　A 为设备采购费(假设无利息)；t 为设备使用年限；a 为固定支出；b 为设备运用维修费的增长值。

求经济寿命则需使设备年平均总费用最低，故令 $\frac{\mathrm{d}C(t)}{\mathrm{d}t}=0$，求得的 t 值即为最经济的寿命点，则有

$$\frac{\mathrm{d}C(t)}{\mathrm{d}t}=\frac{\mathrm{d}}{\mathrm{d}t}\left[\frac{A}{t}+a+\frac{b}{2}(t+1)\right]=0$$

得

$$t=\sqrt{\frac{2A}{b}} \tag{9-4}$$

可根据此公式来确定产品(例如机车车辆)的经济寿命。

此外，也可根据一次性大修费用占设备现行价格的比例来规定经济寿命，例如美国陆军规定，设备大修费用超过设备现行价格的 35%则予以报废。我国《机车报废管理办法》(铁运〔2006〕25 号)规定，一次修理费用超过该型新车现价的 60%，则应办理报废申请手续。

四、维修保障费用估算

(一)维修保障费用的主要项目

影响维修保障费用的因素很多，其主要影响因素如本章第五节图 9-5 所示的保障要素。由于各种装备用途和性能不同，其维修项目也不尽相同。因此对某一具体项目须有针对性地列出各自的维修费用项目，但总体上说来，下述费用项目具有普遍意义。

(1)人力人员费用；

(2)维修消耗品：包括电力、动力、燃油、润滑油、气体、水等消耗品；

(3)维修费用：包括小修、中修、大修和重造等的维修费用；

(4)各种设施费用；

(5)国家提供的器材与服务的初始费用；

(6)保障与测试设备费用；

(7)备件的初始费用；

(8)初始运输、换装运输和送修运输费用；

(9)供应管理费用；

(10)训练费用:包括初始训练、换装训练和常规训练费用；

(11)出版资料费用；

(12)废品处理费用等。

上述费用项目中的费用估算模型和方法已在本书第三章做了详细的介绍,还可参阅相关文献,不再赘述。值得注意的是,估算开始时,须将各年所发生的费用,折算成为当年的现值,此时需要乘以一个换算系数,称为现值系数 f,详细内容见本书第四章的介绍。

(二)维修保障费用估算方法

在进行运用和保障费用估算之前,必须确定估算方法。该方法取决于估算的目的、所分析的系统、采办的阶段和可获得的数据。系统装备 LCC 的估算方法有多种,详见本书第五章的相关内容。运用保障费用分析常用的估算方法主要有三种:类比估算法、参数估算法和工程估算法。随着项目从方案研制发展到生产阶段,将可得到更详细的费用数据。进入装备部署和使用维修保障阶段,费用数据将更加详细准确,因此一些初始的费用估算值将被样机试验和实际运用数据替代。无论采用何种方法,在估算过程中应提供合适的文件资料。

1. 估算方法类别

(1)类比估算法

类比估算法首先应确定一个与该系统的设计和使用相类似的现役系统,利用现役系统的数据并根据两者的差异进行调整,从而建立系统的费用模型。相似系统可以由若干个现役系统组成。这种费用估算方法在实际中得到了广泛的应用,它的一个主要缺点是需要大量的详细数据,同时还十分重视专家的意见,因此清楚地记录组成相似系统的理由和所用的调整因数是十分必要的。

(2)参数估算法

参数估算法应用回归分析建立费用估算关系式进行费用估算,是将项目的各项费用要素与一个或多个特征参数相联系的方程式。例如,通过研究得出装备质量与单价的关系式,则可利用该关系式来预测新系统的费用。正常情况下,类比法和参数法一般用于使用寿命的早期,这时项目的详细数据还是未知的。在采用参数法时,应对费用估算关系式进行审查,以保证其对于最新的需求和所估算的数据和系统的适用性,避免产生严重的估算误差。

(3)工程估算法

工程估算法用于进行可靠性、维修性和单元费用特征的工程估算,对于每种费用都是从最底层开始,自下而上逐步累加。这种估算方法需要将系统分解为许多低层次单元,费用估算则针对各个单元进行,因此需要详细的系统数据。尽管这种方法复杂、耗时,但当具有详细的系统数据时，该方法常常被选用。

2. 装备运用维修费用计算模型

对装备运用维修费用进行分析，最常用的方法具是建立费用模型，即将一个或更多的、依次排列的一系列数学关系式作为费用的计算方法。费用模型是以客观实际中存在的费用因果关系为基础建立起来的，是对各项实际费用的抽象表达。不同装备所建的费用表达式不同。简单的费用模型可能只有一个表达式，而特别复杂的装备可能有几百甚至上千个计算式，因此要用到计算机技术。

建立费用模型，必须了解经济分析的某些法则、方法。这涉及 3 个最常见、也非常重要的问题，即贴现、通货膨胀和经济寿命。如第四章所述，贴现使得不同年度的开支具有可比性，通货膨胀则考虑了装备费用贬值的真实情况，而经济寿命则提供了装备费用消耗的最佳年限。

装备运用维修费用计算模型是多种多样的，根据装备的种类、用途、规模和复杂性，有不同的费用计算模型，常用的装备运用维修费用模型包括：人员费用 C_1、运用训练费用 C_2、维修费用 C_3、运输费用 C_4、运用维修出版物费用 C_5 和各类杂支费用 C_6。根据装备运用维修费用的构成，可列出装备运用维修费用的一些计算模型表达式。

(1)人员费用模型

$$C_1 = \sum_{k=1}^{T} f_k \sum_{i=1}^{N_1} \sum_{j=1}^{M} (A_{ijk})(CP_{ijk}) \tag{9-5}$$

式中 T 为年数；f_k 为现值系数；N_1 为人员类别数，此处 $N_1=3$；M 为人员等级数，此处 $M=3$；A_{ijk} 为第 i 类 j 级人员在第 k 年的数目；CP_{ijk} 为第 i 类 j 级人员在第 k 年的人年费用。

(2)运用训练费用模型

$$C_2 = \sum_{k=1}^{T} f_k \sum_{i=1}^{N_2} CT_{ik} \tag{9-6}$$

式中 N_2 为运用训练费用组成项目数；CT_{ik} 为第 i 项目、第 k 年的年费用。

(3)维修费用模型

维修费用包括：大修费用、中修费用和小修费用，则维修费用 C_3 表达式为

$$C_3 = C_{31} + C_{32} + C_{33} \tag{9-7}$$

式中 C_{31} 为装备大修费用；C_{32} 为装备中修费用；C_{33} 为装备小修费用。

$$C_{31} = \sum_{k=1}^{U} f_k \sum_{i=1}^{N_{31}} CD_{ik} \tag{9-8}$$

式中 U 为 T 年内装备大修次数；N_{31} 为大修费用组成项目数；CD_{ik} 为第 k 次大修时第 i 项的年费用。

$$C_{32} = \sum_{k=1}^{V} f_k \sum_{i=1}^{N_{32}} CZ_{ik} \tag{9-9}$$

式中 V 为 T 年内装备中修次数；N_{32} 为中修费用组成项目数；CZ_{ik} 为第 k 次中修时第 i 项的年费用。

或

$$C_{32}=\sum_{k=1}^{V}f_k\sum_{i=1}^{M_{32}}(H_{zik}\cdot C_{zik}) \tag{9-10}$$

式中 M_{32}为需进行中修的项目数；H_{zik}为第k次中修时第i项的年维修总工时；C_{zik}为第k次中修时第i项的年维修的单位工时费。

$$C_{33}=\sum_{k=1}^{W}f_k\sum_{i=1}^{N_{33}}CX_{ik} \tag{9-11}$$

式中 W为T年内装备小修次数；N_{33}为小修费用组成项目数；CX_{ik}为第k次小修时第i项的年费用。

或

$$C_{33}=\sum_{k=1}^{W}f_k\sum_{i=1}^{M_{33}}(H_{xik}\cdot C_{xik}) \tag{9-12}$$

式中 M_{33}为需进行小修的项目数；H_{xik}为第k次小修时第i项的年维修总工时；C_{xik}为第k次小修时第i项的年维修的单位工时费。

(4)运输费用模型

$$C_4=\sum_{k=1}^{T}f_k\sum_{i=1}^{N_4}C_{yik} \tag{9-13}$$

式中 N_4为运输费用组成项目数；C_{yik}为第i项运输费用在第k年的年费用。

(5)运用维修出版物费用模型

$$C_5=\sum_{k=1}^{T}f_k\sum_{i=1}^{N_5}C_{cik} \tag{9-14}$$

式中 N_5为出版物种类数；C_{cik}为第i种出版物第k年的年费用。

(6)各类杂支费用模型

$$C_6=FAC+GMS+DYA+JSG+YXF \tag{9-15}$$

式中 FAC为特殊维修、训练、供应的保障设施费用；GMS为特殊供应的器材或服务费用；DYA为印刷分发的管理与技术数据费用；JSG为技术革新费用；YSF为演习训练费用。

3. 费用模型的选择

与研制生产时期费用估算方法的选择相同，运用保障时期费用模型的选择也取决于估算目的、待分析的系统、采办阶段和可得到的数据。

(1)选择原则

尽管没有一种运用保障费用模型能适用于各种目的，但其应尽可能满足如下要求：

① 一致性。模型应与现有的费用估算实际情况相一致，从而保证系统与相似系统的可比性。

② 灵活性。模型应能在研制的早期阶段构建，并可随项目寿命周期的进程考虑更加详细的数据信息。

③ 简单性。所需数据应最少。当有更多的数据时，可采用复杂的模型。

④ 有效性。模型应能为决策者提供保障评价和设计权衡的有用信息。

⑤ 完整性。模型的估算结果应包含系统整个使用寿命中运用保障的实际费用。

⑥ 正确性。模型应能得出合理、可再现的估算结果。

(2)几种常用的费用模型

技术装备常用的费用模型已在本书第五章做了详细介绍,其中包括轨道交通系统的LCC模型,为了节省篇幅,不再赘述。另外,还有3个运用保障费用模型在美国工业界,特别是在美国军用装备领域中得到广泛的应用,它们是:费用分析策略评估模型(CASA)、资源费用估算模型(CORE)和后勤保障费用模型(LSC)。将这3个模型简单说明如下。

① 费用分析策略评估模型(CASA)。这是一种工程估算法模型,没有费用关系式可用。该模型与美国国防部长办公室费用分析改进小组(CAIG)的费用要素指南相一致。该模型采用了90种算法和190个变量,从而考虑了运用保障的各项有关费用。该模型具有方便灵活的特点,可通过输入项的选择,针对不同寿命周期阶段的费用分析要求进行剪裁。另外,该模型应用了固定的表达式,使分析结果可以重复。由于该模型是针对一般目的而建立的,因此已被各类不同系统、设备的保障分析工作所应用。

② 资源费用估算模型(CORE)。这是美国空军面向资源的费用估算模型,是针对飞机的运用保障费用而提出的一项费用估算技术。CORE应用的数据可以从美国空军标准数据库得到。该估算方法可随整个采办阶段的进展变化,并且可以估算所有常用的运用保障费用要素。CORE使用里程碑简报所要求的格式、费用要素结构和程序。

③ 后勤保障费用模型(LSC)。该模型使用了与比较系统相一致的数据,这些数据可以从美国空军标准数据库得到。该模型在设计中含有内设参数,模型在某些特定数据不足时仍可应用。随着项目的成熟和特定数据项的发展,内设参数将被取代,从而可得出改进的费用估算结果。LSC模型详细考虑了备件、基地级维修和运输。对人力、保障设备和培训等费用只做了简单的考虑,对燃料和其他运用费用未考虑。

4. 数据来源

运用保障费用估算可以有不同的数据来源。有关费用数据的收集与处理,已在本书第五章第三节做了详细的介绍,不再赘述。预算的估算一般依据相似系统采办发生的费用,其一般从相似系统的实际使用信息报告中获得。数据来源取决于分析的类型和采用的模型。对于运用保障费用估算,很多国家、不同的行业和企业形成了各自的LCC数据库,对于LCC估算是十分宝贵的。例如,从20世纪70年代开始广泛使用LCC以来,美国海军就开始研究和使用“运用和保障费用可见性和管理(VAMOSC)数据报告系统”,各军种费用分析中心的工作也包括其中。但是,工作进行了几年后,由于投资不足和相应机构能力的变化,进行了几次重新设计。1996年,为贯彻CAIV原则,美国国防部长办公厅(OSD)费用分析改进组(CAIG)和海军费用分析中心再次合作,对VAMOSC进行研究分析和重要改进,形成VAMOSC和各军种的数据库。其中包括各种系统的数据,用于在得到系统详细设计数据之前的分析估算。在系统定义成熟时,用系统本身特有的数据替代比较系统数据;项目分析数据库还包括费用、可靠性、维修性、训练、保障设备、供应包装、设施等数据、相关的费用及其规划资料,用以估算人员构成、军事活动、与任务相关资源的要求和费用。

5. 运用保障费用估算注意事项

当估算方法、模型、数据确定以后，则可进行相关的运用保障费用估算和评价。将所得到的数据应用于模型中，即可进行估算。运用保障费用估算的精度受到许多方面不确定性因素的影响，因此明确和限定不确定性变量的范围很重要。每个变量都应单独和交叉检验，以保证估算的可信性。

(1)敏感性分析

为了弄清哪些输入变量的微小变化会对输出量产生影响，须对特定的关键因素输入数据进行敏感性分析，以确定运用保障费用估算不确定性的大小，并可以确定对哪些领域加强管理。另外，不确定性分析还可以弄清数据不确定性和在基本规则和假设条件方面变化所带来的影响。

(2)估算结果报告

详细的费用估算书面报告对运用保障估算是十分重要的。利用该报告可以对基本规则、相关事实和假设、估算方法、模型选择依据、数据来源、敏感性分析和结果进行检查跟踪。报告应对敏感性分析中的边界条件和单元方法加以解释说明，并为分析人员估算复核和确认提供充分的信息。

(3)估算修正

运用保障费用估算应在各里程碑之前进行修正，以便考虑对最近的里程碑所做的修改，使估算能够始终反映当前的情况。因此随着主项目的更改，运用保障费用估算也需修改，即使运用保障费用影响不明显。

6. 运用保障费用估算的应用

运用保障费用是整个项目 LCC 中的一大部分，任何时候准备进行 LCC 估算时，都要求进行运用保障费用估算。对运用保障费用估算的要求每年都会有变化。

(1)备选方案分析

该项分析可帮助决策者判断现有系统备选方案是否具备足够效能和经济效益。

(2)权衡

一旦基本费用的估算完成，项目的更改对运用保障费用的影响即可得到评估。如果费用与进度、性能数据和目标函数综合考虑，则可保证完成基于 CAIV 的权衡工作。工程更改建议是权衡工作的一项任务，其用于对建议更改引起的费用影响进行评估。在考虑了费用的影响后，即可决定是否接受工程更改的建议。评估工程更改的建议是通过基线技术状态的费用与建议的技术状态费用相比较而进行的。同时，确定不确定性大小并进行敏感性分析。

(3)里程碑审查

在里程碑审查中，应对项目的 LCC 进行认真的检查，以确定项目能否进入下一个采办阶段。应对官方估计的费用和独立的费用估算分别审查，以判断它们是否满足要求，并具有良好的费用效果。审查完成以后应为决策者提供一份建议书。

(4)货源选择

在货源选择期间,运用和保障费用的估算值,应该是各建议书中最可能发生的费用之一,负责货源筛选的机构应将这些最可能发生的费用作为签约的依据。

(三)维修保障费用估算中的几个问题

1. 估算的准确度

维修保障费用估算的准确度取决于估算开始、修订和完成时所处的采办阶段,及估算的预定用途。随着系统研制、设计和保障方案的确定,运用和保障费用的估算将趋于精确。到里程碑Ⅱ处(参见表9-7和图9-4),运用和保障费用的关键因素应已明确,了解系统设计情况对确定系统费用的关键因素是十分必要的。为里程碑Ⅲ准备的运用和保障费用估算,建立在系统的设计特点、部署计划和使用维修方案的基础上。系统试验与评定结果可以证实运用和保障费用的目标是否得到满足,并确定是否存在问题,存在什么问题。

2. 估算程序

运用和保障费用的估算程序如下:

(1)建立一组研究目标;

(2)确定相似系统的运用保障费用,并预算、规划新系统的运用保障费用;

(3)在条件适合时,对备选方案分析进行评估;

(4)得出所发生的费用,或可能减少的费用。

3. 估算对象基本状况的确定与描述

在运用保障费用估算以前,必须以系统装备的运用、维修和保障方式为依据,确定估算对象的基本状况、假设条件和估算的基本规则,包括:任务和系统特性的描述,人员的配备、系统维修保障和后勤策略。各项基本状况、假设条件和基本规则都必须表述清晰、明确,并予以充分说明。

为了合理地确定系统装备的保障特性、后勤资源及其相关费用,应当明确系统预计的使用目标和任务。正如美国军用手册《采办后勤》(MIL-HDBK-502)中所述:"为系统规划最佳的后勤资源,是系统工程中采办保障专业的一项职能。它通过对整个系统提供运用保障需求或相关的系统设计特性分析来完成。这些设计特性是由涉及系统工程宽广领域的许多不同专业活动研制出来的,它们可能是硬件、软件或保障系统的设计特性。总体而言,它们代表着整个系统的保障性。"为了确保经济上可承受的任务可用度得到满足,采办保障可能需要在系统的冗余、维修人力或备件费用方面进行综合权衡,运用保障费用的构成也相应被确定。

4. 比较系统的选择

比较系统通常选择被替换系统,也可以选择与项目相近的在用系统。所做的假设、基本规则和费用估算方法,对于项目和比较系统必须是相近的,此时弄清系统特性不同所导致的资源耗费差异是至关重要的。各个行业都有许多比较系统技术、性能和费用数据源,采用过去尤其是采办管理改革前的系统数据必须更谨慎,使用时应加以调整。

5. 费用关键因素的明确

费用关键因素是指对系统LCC有重要影响的各种要素,对于不同项目各不相同。系统的运用保障费用关键因素必须在寿命周期中尽早明确。随着项目的成熟，运用保障费用的关键因素也将发生变化。备选方案选择、设计权衡和运用保障费用对变化的敏感性，都应在备选方案分析(AOA)中加以评估。

五、维修保障费用的分配与控制

维修保障费用的分配是指按照层次由低到高进行分配，主要表现在以下几个方面：

(1)针对单个(台、件、列)系统或装备，例如某台机车、某件设备或某列高速动车组等；

(2)针对某装备群体，例如某航空公司机群、某铁路公司车队等；

(3)针对某系统装备，例如不同型号装备，不同类型机务段、车辆段和动车段车队等。

(一)大修费用的分配与控制

1. 单机装备的大修费用

前述装备维修保障费用的计算一般是指单机装备的状况，我们对该项费用的预测较为熟悉，研究也较成熟，具体内容和方法见本书第三章～第七章所述，也可参阅相关文献，由于篇幅所限，不再赘述。

2. 装备群体或系统装备的大修费用

装备维修数量取决于以下 4 个因素：(1)大修单价；(2)大修累积数量；(3)年送修量；(4)货币时间价值。

其中难以确定的是年送修量。送修是在规定的总使用寿命内，在各阶段寿命之间所进行的大修，即在上阶段使用寿命结束后，提供下一阶段寿命所进行的维修活动。影响送修量的主要因素是阶段的剩余寿命和装备的使用强度。某个装备群体的年消耗寿命是由装备执行的任务所决定的，因而可以认为是给定的，但是在给定年消耗寿命的前提下，随着单件寿命的不同，装备达到阶段寿命(或总寿命)的送修量也不相同，这主要取决于装备的使用控制方式。

装备的使用控制方式大致由 3 种方式组成：平缓使用、均匀使用和集中使用。具体的使用控制策略取决于装备总量和送修量控制要求及阶段剩余寿命分布，同时费用约束条件也起着重要作用。一般采用解析法或仿真模型方法来确定。与控制策略相对应的送修量也有解析法和仿真法。解析法主要分为两类：一类是基于历史数据的统计预测，如回归分析法和灰色预测法；另一类是基于一定假设条件下，消耗方式一定并使剩余寿命梯次排列等情况下的送修量计算模型。

(二)中小修费用的分配与控制

中小修费用投入的主要目的是保证系统装备在维修中具有合理的备件库存，以实现装备可用度的要求。要达到这样的目标，必须自上而下地综合计划，建立起可用度目标与所需备件费用之间的关系，其主要工作内容如下。

(1)根据维修任务目标要求(例如可用度水平)确定系统备件的保障度水平。

(2)进行系统备件的保障度分配。由于备件数量取决于系统的保障度水平要求，需将系统备件保障度目标分解，使其成为具体的可控工作。根据问题的特点，可采用模糊决策等分析方法进行整机备件的保障度分配工作。

(3)备件数量确定模型的建立。其目的在于建立各类备件保障度要求与备件数量之间的关系。

(4)输出各类备件数量清单,进而估算各类备件消耗费用。

以上步骤是一个迭代的优化过程。

六、供应保障与需求量的确定

随着现代技术装备朝着大型化、复杂化、自动化和智能化方向发展,系统装备运用维修所需的器材种类和数量逐渐增多。这里的器材主要是指备件和消耗品。据统计,在寿命周期中维修所需的器材费用约占整个维修费用的60%~70%。因此,系统装备的供应保障问题对系统装备的LCC控制有着非常重要的影响。

(一)供应保障的基本概念

1. 供应保障

装备的供应保障是确定运用维修所需的器材品种和数量,并研究它们的筹措、分配、供应、储运、调拨以及装备停产后的供应等问题的管理和技术活动。装备供应保障的目标是使装备运用维修所需的器材能够得到及时和充分的供应,并使其库存降至最低。

供应保障主要是解决两方面的问题:一是确定备件的需要量,需要量是其他供应保障活动的出发点和重要基础,主要取决于备件消耗规律的准确分析;二是确定备件的库存量,关键取决于备件库存的合理控制。随着装备复杂程度的提高,备件品种和数量的确定与优化问题也越来越突出,备件费用在使用保障费用中所占的比例也呈上升趋势。此处的供应保障问题也将以备件为重要内容进行论述。

2. 供应保障标准量

维修保障标准量是指维修器材在储存供应标准中,应该明确的标准数量,其中包括:筹供比例、库存限额、周转量、初始供应量和供应量。

(1)筹供比例

筹供比例是指在规定的条件下,每单位(或一个基准量)装备所需的年备件数量,通常用“件/(年·单位装备)”或“%”表示。

(2)库存限额

库存限额是指备件库存规定的最高限量。装备在正常运用阶段,要保证备件及时供应,但又要避免过多积压和浪费,各级保障机构的库存量不应超过库存限额。该限额应保证在供应周期内,达到规定的备件保障度要求。由于各供应周期内备件的需要量是随机变化的,因此为避免经常出现备件短缺的现象,库存最高限量常大于评价需求量。

(3)周转量

周转量是指在规定时间内不间断地供应所储备备件的数量。周转量的大小取决于筹措的延迟时间、备件需求率和保障度要求。

(4)初始供应量

备件的供应标准不是一次制定完成的,而是要不断地修改完善。初始供应量是指在装备投入运用的最初两三年内，为得到及时的维修保障而设置的备件数量。一般在装备服役初期，训练使用尚未进入正轨，运用维修经验不足，故障规律还未进入稳定阶段，确定周转储备量的条件还不成熟，因此有必要由装备生产厂家一次提供2～3年的储备量，以保证这一时期的备件供应，然后再转入正常供应。

(5)供应量

供应量是指在一个供应周期内，供应给某级保障机构的备件数量。一般情况下，供应量等于需求量，但有时也根据筹措的难度、供应标准和实际需求做调整。

3. 供应保障基本参数

(1)可修件的修复时间

修复时间是产品维修性和维修部门维修能力的综合反映，修复时间短可提高备件的利用率，保证装备的可用度。因此，缩短修复时间是降低备件费用，提高备件保障度的有效措施。

(2)备件获取时间

当备件的库存量减少到一定程度时，就必须进行采购。备件获取时间反映了采购的难易程度。若易于采购，则获取时间短，备件保障度就高，反之，备件保障度就低。

(3)备件库存水平

各种装备都规定有一定的备件库存水平。备件库存水平越高，则备件供应的保障能力越强，备件保障度增大；反之则减少。但是，过高的库存水平必将增大备件的采购和库存费用，造成积压浪费，因此备件的库存水平要适当。

(4)备件需求率

备件需求率反映了装备对备件的需求程度。它不仅取决于装备零部件的故障率，而且还取决于装备的维修策略、装备运用管理、对损坏的敏感程度等因素。

4. 备件保障度

备件保障度是装备供应保障系统的重要量化目标。备件保障度是指装备在规定条件下，任意时刻需要备件的概率，记为$A_s(t)$。

若令

$$X(t)=\begin{cases}0 & (t\text{时刻装备需要备件时有所需备件})\\1 & (t\text{时刻装备需要备件时无所需备件})\end{cases} \tag{9-16}$$

则装备在t时刻的备件保障度为

$$A_s(t)=P\{X(t)=0\} \tag{9-17}$$

显然，上式表达的是瞬时备件保障度，它只涉及时刻t装备是否有所需要的备件。在实际分析中，常用稳态备件保障度反映备件保障的程度。若$\lim A(t)=A_s$存在，则称其为稳态备件保障度(以下简称备件保障度)。模仿可用度的概念，它可表示为：在一给定时间内，装备能工作时间与因缺少备件造成装备不能工作时间总和之比。

用平均时间表示备件保障度，即

$$A_s=\frac{\overline{U}}{\overline{U}+T_s} \tag{9-18}$$

式中 $\overline{U}$ 为装备平均可用时间；T_s 为平均备件供应延迟时间，即由于缺乏备件而造成装备的停机平均时间。

备件保障度反映了备件保障对装备使用可用度的影响程度。可见，备件保障系统的目标是确保一定的备件保障度，因此可将 A_s 作为备件保障系统的优化目标。根据备件保障系统的特点可以建立不同的备件保障度模型。

（二）备件需求量确定

1. 备件需求量确定的程序与步骤

维修器材的确定与优化是一项比较复杂的工作，需要可靠性、维修性和保障性分析等多方面的信息，并与维修保障诸要素权衡以后才能合理地确定。备件需求量确定的流程如图 9-14 所示。

图 9-14 备件需求量确定流程

FMEA—故障模式与影响分析；FMECA—故障模式、影响及危害度分析；LORA—修理级别分析；MTA—维修工作分析

就备件而言一般应包括以下几个步骤。

（1）进行维修保障分析，确定可更换单元

备件保障的依据是备件需求。要弄清备件的需求状况，必须对装备的使用、故障和维修保障进行分析。装备的使用分析主要包括寿命剖面、使用条件、使用强度、任务目标的分析；装备故障分析主要有故障模式、影响及危害度分析（FMECA）；而维修保障分析则着重分析维修级别和维修工具设备。备件对应装备中的可更换单元，通过上述分析可以明确各维修级别的可更换单元的种类，为确定备件品种奠定基础。

（2）进行逻辑决断分析，筛选出备选单元

可更换单元的确定主要取决于装备的维修方案、构造和维修能力。通常经过初步分析就能确定出较多的可更换单元,进行分析时数据的收集和处理难度较大。因此首先需要进行定性分析,将明显不应储备的备件单元筛选掉。逻辑决断分析包括两方面问题的决断:一是分析可更换单元在寿命过程中更换的可能性,如果更换的可能性很小,则可不设置备件;二是判断其是否是标准件,若是标准件则可按需采购。经过逻辑决断分析可筛选出备选单元。

(3)对备选单元进行分析,确定备件品种

考虑影响备件运行的主要因素,如备件的耗损性、关键性和经济性等,对备选单元进行分析,以确定备件的品种。

(4)运用 FMECA 和故障及维修统计数据,确定备件需求量

确定备件品种以后,还需确定备件的需求量。对于正在运用的装备,备件需求量可由运用过程中收集的数据,通过统计方法确定;对于正在研制的新装备,则应该根据 FMECA 等方法的分析数据得出。

(5)应用确定备件数量的模型进行计算和优化

在满足装备任务目标和备件保障费用要求的条件下,通过数学模型计算出各备件的最佳数量。

(6)调整、完善和应用

经过分析计算出的备件品种和数量,可能存在某些不足,还需根据试用情况加以调整和完善。调整时应对咨询意见和试用信息进行全面分析,并查明分析计算中出现误差的原因。

2. 备件需求量计算

科学合理地安排各种备件的储存量,对于做好装备维修保障计划是十分必要的,特别是需求量较大或特殊需要的贵重备件。确定备件需求量的方法主要有:直接计算法、类比法、统计预测法、概率法和库存法。

(1)直接计算法

通过装备在一定的保障期内预期的维修任务和每次的备件消耗量等直接计算出备件的存储量 N。

$$N=\sum_{j=1}^{r}\sum_{i=1}^{k_j}n_j f_{ji}D_{ji} \tag{9-19}$$

式中 r 为需要该种备件的装备数;k_j 为 j 型号装备需要该种备件的维修项目数;n_j 为该保障级别上保障的 j 型号装备数;f_{ji} 为 j 型号装备在一定保障期内,进行第 i 项维修任务的频数;D_{ji} 为 j 型号装备进行一次 i 项维修工作,单台装备所需的某种备件消耗量。

该方法适用于装备使用一段时间积累了一定的数据后备件存储量的计算。

(2)类比法

以相似装备、相似维修备件数量为基础,通过对新旧装备差异的分析,引入修正系数来估算新装备某种备件的存储量 N。

$$N=\sum_{j=1}^{r}\alpha_j n_j D_j \tag{9-20}$$

式中 α_j 为第 j 序号装备修正系数，根据维修频率、工作条件等修正；D_j 为第 j 型号相似装备在一定保障期内，单台装备某种备件消耗量。

确定了新装备的备件消耗量以后，结合装备数量，便可得到备件总数量。这种方法适合装备研制早期，尚没有较多相关数据时使用。

(3)统计预测法

统计预测法是利用历史数据，采用统计学的方法，找出备件消耗规律，建立预测模型，估算出未来备件消耗量和储供量，例如统计历次某维修备件消耗量，并通过回归分析得出某种备件的年均消耗量 Q 与列车平均轴重 T 的关系。有关统计预测的方法很多，相关内容可参见本书第五章的相关内容，不再赘述。该方法适用于各种备件储存量的确定，需要有准确的历史数据。

(4)概率法

备件需求量与许多因素有关，诸如备件的可靠性、维修性、使用情况、环境状况等。采用概率方法可以较为全面地考虑这些因素。备件需求计算模型主要有指数分布、正态分布和威布尔分布的备件需求量计算模型。其中指数寿命分布模型应用最多。根据实际情况又将其分为不可修复和可修复两种类型，其需求分析模型也有所区别。具体算法可参考有关文献的相关内容。

(5)库存法

在确定备件存储量时，也可采用以下库存控制法。

① ABC 库存控制法。其指导思想是抓住重点、兼顾一般。主要包括两方面的内容。

a. 按照备件的品种数量、价格、用量、重要程度、采购难易等进行排队，并计算累积品种数占总品种数的比例，以及备件费用占全部备件总费用的比例，再根据此比列，将备件分为 A、B、C 三类。一般说来，A 类备件品种数只占全部库存备件品种数的 2%～15%，而其占用金额却达全部备件总金额的 60%～80%；B 类备件品种数占 20%～30%，金额占 20%～30%；C 类备件品种数占 60%～80%，金额却只占 5%～15%。

b. 在备件分类的基础上，制定备件分类管理办法。对 A、B、C 三类备件，从采购订货的批量、时间、存储数量到检查分析等，分别进行不同的控制。对 A 类备件进行重点管理，要着重了解需求规律，建立模型进行分析，使之既能保证供应，又能减少积压浪费；对 B 类备件进行一般管理；对 C 类备件采用比较简便的方法进行管理，其中少数备件可不储备，需要时再进行采购。应当指出的是，对轨道交通来说，运用 ABC 库存法分析时，不能只考虑金额，还应考虑备件的重要性、采购周期等因素，从实际出发，合理地确定备件类别划分标准。

② 库存临界点控制法。这种方法是当库存数量降低到临界点时即开始订货，可以用模型分析得出最佳的订货量，此时库存积压最小，占用流动资金少，存储成本低。但是，由于订货时间不固定，需要经常检查库存量是否降低到了临界点水平，给管理工作带来一定的麻烦。

③ 定期库存控制法。这就是按订购制度定期采购，也称定期盘点法。在具体实施

中，订货间隔期可以按照以下几个方面来综合确定。

a. 对 A 类备件，利用模型进行分析，求出最佳经济订货量和最佳订货次数，计算出间隔期，作为确定订货间隔期的主要依据。

b. 为了减少订货工作量，其余备件类别（B、C 类）的订货期尽量向主要备件（A 类）的订货期靠拢，做到一次订货品种齐全。

c. 根据供货方的实际情况，商定合理的订货间隔期。

④ 经济批量法。该种方法是以节约费用为目标，权衡订购费用和存储费用，求得最经济的订货批量。这种方法的基本思路是按照假设的需求规律和订货状况，建立总费用的计算公式，或根据假设的订货情况计算费用，然后采用求极值或类比的方法，确定总费用最低的订货策略（批量、时间等）。经济批量法模型很多，适用于按批次采购的备件，具体算法可参阅运筹学方面的相关资料。

第十章　LCC 应用及案例

20 世纪 60 年代以来，寿命周期费用(LCC)已从一个概念发展成为一门追求系统装备一生耗费最少的技术经济学科。LCC 是控制装备费用、优化装备质量、谋求最佳费用效益必不可少且十分有效的手段。LCC 应用范围广阔，迄今已在国内外的各个行业得到了广泛的研究和应用，积累了不少的应用案例，本章介绍轨道交通领域内的一些应用案例供参考。前两个案例主要介绍 LCC 应用在我国高速铁路动车组和地铁车辆中时应该如何确定参数，后三个应用例子主要给出 3 种成熟车型的费用数据，方便读者直观了解。

第一节　我国高速动车组 LCC 分析评价

一、我国高速动车组特点及运用维修状况

我国目前已开行的动车组主要有 CRH1A、CRH2A、CRH5A、CRH3C、CRH380A(L)、CRH380B(L)、CRH380D 等和谐号系列动车组，以及以 CR400AF、CR400BF 等为代表的复兴号系列动车组，本节将从各型动车组共性特征出发，简要介绍其技术特点和运用维修状况。

(一)结构功能特点

CRH2A 型动车组开行早、数量多、配属区域广，具有一定的代表性，下面以该型动车组为代表，介绍其结构功能特点及运用维修状况。该型动车组由原南车集团四方机车车辆股份有限公司生产，照片如图 10-1 所示，广泛运营于京沪、京广、陇海、胶济、浙赣等提速干线上。

图 10-1　运营中的 CRH2A 型动车组

1. 基本参数

编组：8 辆编组，可采用两组重联方式运行；

动力配置：4M+4T；

车种：一等座车、二等座车、餐车；

定员：613 人；

客室布置：一等座车 2+2、二等座车 2+3；

最高运营速度：250 km/h；

适应轨距：1 435 mm；

牵引功率：4 800 kW；

编组长度及质量：201.4 m，345 t；

头车车辆长度：25 700 mm；

中间车辆长度：25 000 mm；

车辆宽度：3 380 mm；

车辆高度：3 700 mm；

轴重：不大于 14 t；

轮径：860/790 mm；

固定轴距：2 500 mm；

启动加速度：0.406 m/s^2；

紧急制动距离(制动初速度 200 km/h)：不大于 1 800 m。

2. 可靠性和维修性特点

(1)高冗余、高可靠的牵引系统，1 台变流器故障损失 25%功率时，列车通过故障隔离在平直线路上仍可全速运行，1 台变压器故障损失 50%功率时，列车通过故障隔离可限速 160 km/h 运行。

(2)辅助供电系统采用冗余设计，1 台变压器故障时，可采用故障供电方式，由另一台变压器向整列车供电，空调功率需减半；1 台辅助电源装置故障时，由另一台辅助电源装置向整列车供电，空调功率不需减半。

(3)每辆车下设置两台空调机组，提高可靠性。

(4)卫生间采用模块化结构，维修组装方便。

3. 结构功能特点

CRH2A 型动车组由 8 辆车构成一列基本编组，包括 4 辆动车，4 辆拖车，列车编组方式为：T1c+M2+M1+T2+T1k+M2+M1s+T2c。其中 T1c+M2+M1+T2 和 T1k+M2+M1s+T2c 为完全相同的 2 个动力单元，2 台受电弓分别位于 T2 和 M2 车顶，2 台变压器分别位于 2 辆 M2 车上，每辆动车设置 1 台牵引变流器和 4 台牵引电机，牵引电机采用架悬方式。图 10-2 为其编组结构示意图。

根据该动车组的结构和功能特点，将其分为以下 12 个功能系统，各系统结构功能情况如下。

图 10-2 CRH2A 型动车组编组图

（1）车体

车体主要由底架、侧墙、车顶、端墙、车体附件（车下设备舱、前罩开闭装置和车头排障装置）等组成，头车还包括司机室头部结构。

车体采用铝合金材料，具有质量轻、可回收、环境污染小、寿命周期成本低等特点；外形设计为流线型，可以减少空气阻力；采用双壳密封结构，大幅减少零件数量，不仅刚性高，而且密封、降噪效果好，乘坐舒适性高；采用阻燃材料，防火性能好。

（2）转向架

动车组动车装有两个动力转向架，拖车装有两个非动力转向架。动力转向架由构架、轮对轴箱装置、弹簧悬挂装置、纵向牵引装置、驱动装置、基础制动装置等组成。拖车转向架没有驱动装置，其他装置与动车转向架基本相同。

主要技术特点包括：采用无摇枕 H 形构架；采用空心车轴和小轮径车轮，以减少簧下质量；轴箱采用转臂式定位及双圈钢圆簧；二系采用空气弹簧，构架设附加气室；采用单拉杆式纵向牵引装置；电机采用架悬结构；采用液压油缸卡钳式盘形制动；所有车轮装有制动轮盘；拖车车轴装有制动轴盘；利用踏面清扫装置改善轮轨黏着状态和降低运行噪声。

（3）牵引系统

牵引系统主要由网侧高压电器设备（包括：受电弓、主断路器、避雷器、高压电流互感器、高压电压互感器、高压电缆及连接器、接地保护开关、高压隔离开关、接地电阻器等）、牵引变压器、脉冲整流器、中间环节、牵引逆变器、牵引电机等组成。

受电弓将接触网上 25 kV 的单相工频交流电，通过相关高压电器设备输送给牵引变压器，降压成 1 500 V 的单相交流电。降压后的交流电再输入牵引变流器，脉冲整流器将单相交流电变换成直流电，经中间直流电路输送给牵引逆变器，逆变成电压和频率均可控制的三相交流电，输送给牵引电机，以牵引整个列车运行。

牵引系统各部件体积小、质量轻、集成化程度高，可将牵引变压器与牵引变流器整合到一辆车上，使 2 个动车构成一个基本动力单元，提高列车编组的灵活性。CRH2A 型动车组为 4M4T 编组，形成两个相对独立的主牵引系统。在正常情况下，两个牵引系统均工作，当一个牵引系统发生故障时，可以自动切断故障源，继续运行，从而提高了动车组的运用可靠性。

（4）辅助供电系统

辅助供电系统由牵引变压器辅助绕组、辅助电源装置、蓄电池、辅助及控制用电设备、地面电源等组成。其中，辅助电源装置由辅助电源箱和辅助整流器箱组成，辅助及控制用电设备包括各种交流和直流用电设备。

在动车组的 2、6 号车上各装有一台变压器和外部电源插座，1、8 号车上各装有一组辅助电源装置,2、4、6 号车上各装有一组蓄电池组,所有车厢上都装有辅助及控制用电设备。

牵引变压器辅助绕组输出的单相 AC 400 V/50 Hz 电源,可直接给司机室和客室空调、换气装置、辅助电源装置供电。辅助变压器将 AC 400 V/50 Hz 直接降压为非稳压单相 AC 100 V,向电热水器等允许电压波动范围较大的负载供电。通过辅助整流器箱的变压器降压、稳压,实现稳压单相 AC 100 V、稳压单相 AC 200 V 输出。辅助变流器输出的稳压三相 AC 400 V 电源给牵引系统相关的辅助设备(如牵引变压器、牵引变流器、牵引电机用通风机等)供电。稳压 DC 100 V 向车辆的控制电源、车厢照明、蓄电池等供电。

辅助供电系统采用冗余设计以提高其可靠性,当一台辅助绕组发生故障,另一台变压器的辅助绕组可通过电路的切换,向整列车供电,但空调装置需减半运行;当一台辅助电源装置发生故障,另一台辅助电源装置可通过电路的切换,向整列车供电,且不需减少负载功率。

(5)空气制动系统

动车组采用复合制动模式,制动系统有两套:一套是电制动,将牵引电机转换成发电机形式工作,即再生制动;另一套是空气制动,将电指令转换成空气指令送入制动缸起制动作用。当列车速度较高时,实施电制动,在低速时实施空气制动,制动方式转换均由微机系统控制完成。当司机通过司机台上的制动控制器实施制动指令时,制动电信号首先到达车辆计算机系统,再传入制动控制系统。制动控制系统根据列车速度,自动实施空气制动与电制动。

制动系统由制动控制系统、基础制动系统和空气供给系统三部分组成。制动控制系统包括制动信号发生装置、制动信号传输装置、制动控制装置。

司机制动控制器即制动信号发生装置;制动信号传输装置借助列车信息控制系统,包括中央装置、车辆终端装置,采集与传输制动指令,同时接受制动状态指令;制动控制装置接受制动指令、实施制动力的控制,其内部集成了电子控制单元和各风动阀(电空转换阀、紧急阀、中继阀、调压阀等)组成的制动控制单元(BCU)、空气制动管路上所需的各种阀门和风缸等。

基础制动装置位于转向架上,由带防滑阀的增压气缸及油压盘式制动装置等组成。

空气供给系统由位于 3、5、7 号车地板下的 3 台空气压缩机、干燥器,每辆车的总风缸、制动供给风缸以及贯穿全车的总风管组成。

列车分为 4 个控制单元,1M1T 构成一个单元,制动时,单元内再生制动优先,空气制动实行延迟充气控制以减少闸片的磨损。

(6)控制与监测系统

主要包括系统安全联锁、司机控制器、过分相系统、牵引控制、制动控制、车门控制、空调控制、信息显示系统、故障保护、安全监控等系统。

①系统安全联锁包括运行安全联锁、高压回路联锁、主电路保护联锁。

②司机控制器包括方向控制器、牵引控制器、司机制动控制器。

③过分相系统包括地面感应器、车载感应接受器、信号处理器和过分相控制器。

④牵引控制包括受电弓控制、主断路器控制、变压器控制、变流器控制再生制动控制。

⑤车门控制包括司机室门控制、外部侧拉门控制、内部端拉门控制和残障人士厕所自动门控制。

⑥空调控制包括司机室空调控制、客室空调控制。

⑦信息显示系统:包括司机信息显示、乘务员信息显示、旅客信息,司机室的每个操纵台设置2台信息显示器、7号车厢设置乘务员列车信息显示器、每节车厢设置乘客信息显示器。

⑧故障保护系统包括牵引设备保护、辅助电源装置保护、制动设备保护等。

⑨安全监控系统包括烟雾报警系统、轴箱温度监测、齿轮箱轴承温度监测

(7)信息传输系统

CRH2A型动车组信息传输系统通过贯穿列车的总线传输信息,对列车的运行状况和车载设备动作的相关信息进行集中管理,传输的信息主要包括控制指令、设备状态数据和故障诊断数据三类信息。

信息传输系统主要由列车信息中央装置(简称中央装置)、列车信息终端装置(简称终端装置)、列车信息显示器、信息控制装置、IC卡读写装置以及乘客信息显示器等组成。

(8)旅客信息系统

旅客信息系统是一个可以为旅客提供音频、视频服务的系统,主要包括广播联络系统、无线收音系统、车外信息显示设备、车内信息显示设备、车内标识、列车运行信息显示设备等设备或系统组成。

(9)空调系统

主要包括空调机组、换气装置,其中空调系统又包括客室空调和司机室空调。

空调制冷采用变频控制,制热采用通断控制。空调机组分为通风单元、制冷单元和变频装置,通风单元采用密封结构,设有客室内热交换器、室内送风机、电加热器、节流装置、直流电抗器、排水泵、空气过滤网等部件;制冷单元设有压缩机、高压开关、客室外热交换器、客室外风机交流电抗器等部件;变频装置也采用密封结构,内部设有变频器、散热器、接触器盘等零部件。

换气装置设计为供、排气一体方式,采用变频器控制送风机的运行转速,列车运行速度高于160 km/h时,风机高速运行,列车运行速度低于160 km/h时,风机低速运行。通过提高送风机的风压控制客室内的压力变化。换气装置由送风机、电机、连接风道、换气装置本体及变频器箱等组成。

(10)车端连接装置

车端连接是指连接两车辆间或连接两车列间的所有机械、空气和电气装置,主要包括车钩、缓冲器、内外风挡、空气和电气连接设备等。

动车组两端设有全自动车钩,车辆间由半自动车钩连接。车钩均采用密接方式,车钩

内有机械、空气、电气连接机构和通路，可在车钩进行机械连接的同时，实现空气和电气的连接。采用橡胶缓冲器缓冲车厢间压缩和拉伸的冲击。

动车组两车辆间设有压缩式外风挡、气密式内风挡和防雪风挡。压缩式外风挡起到隔音和降噪的作用；气密式内风挡主要靠螺栓和橡胶密封件形成气密结构，保证动车组内部的气压波动在标准值以内；防雪风挡是为了防止积雪对车辆运行产生影响而设置的。

电气连接包括车顶高压连接器、端部电气连接器和中间电气连接器。

(11)给排水及卫生系统

给排水系统主要由水箱装置(包括水泵及控制系统)、供水管路、饮水机、多功能洗面器、温水箱、排水管路、自动感应水阀等主要部件组成。

卫生系统包括玻璃钢盒子间(洗脸间、小便间、卫生间)、卫生设备附件和集便装置，其中集便装置包括座便器组成、小便器组成、污物箱组成和排水管路组成。

(12)车内设施

主要包括车窗、车门、座椅、行李架、电气设备、餐饮设施、多功能室、乘务员室、内装材料等。

车窗采用气密结构，窗玻璃采用复合钢化中空玻璃，分普通窗和紧急窗。

车门包括侧拉门、外端门和内端门。

一等座车设 2＋2 宽幅软座座椅；二等座车设 2＋3 软座座椅，两种座椅的规格和尺寸参数不同。

电气设备包括车内信息显示器、配电盘、空气清洁机、车门扬声器、广播联络装置、警报器等。

餐饮设施包括食品陈列柜、冰箱、微波炉、饮水机、酒吧柜台、餐桌等。

内装材料包括地板、墙板、顶板、具有减振阻燃性能的装修装饰材料、窗帘、座椅套等。

(二)运用维修特点

1. 运用特点

(1)大部分动车组以白天运营、夜间入库检修为主，部分夕发朝至的卧铺型动车组夜间运营，白天检修。

(2)运营期间，每列动车组除配有司机、客运人员外，至少还要配 1 名随车机械师，负责监控动车组的运行状态，管理和操纵车内设备，应急处理突发故障。

(3)维修采用预防性维修与修复性维修相结合的方式。预防性维修分为五级：一、二级维修为运用维修，主要在动车所内进行；三～五级维修为定期维修，在动车段或工厂进行。

2. 修程与修制

动车组修程修制的基本框架如图 10-3 所示，分为预防性维修和事后维修或修复性维修。

表 10-1 为主要车型动车组修程级别及周期。

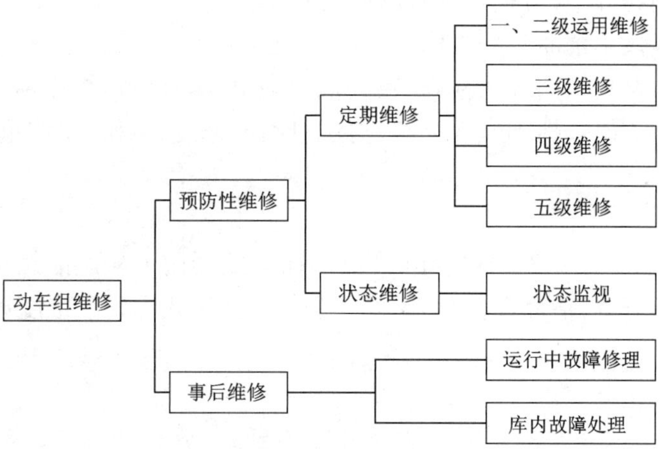

图 10-3　动车组修程修制基本框架

表 10-1　主要车型动车组修程级别及周期

修　程 动车型号	一级检修	二级检修	三级检修	四级检修	五级检修
CRH1A/1B/1A-A	4 000 km 或运用 48 h	周期因项目而异	120 万 km 或 3 年	240 万 km 或 6 年	480 万 km 或 12 年
CRH1E、CRH380D	5 000 km 或运用 48 h	周期因项目而异			
CRH2A(统)/2B/2C/2G	4 000 km 或运用 48 h	周期因项目而异	60 万 km 或 1.5 年	120 万 km 或 3 年	240 万 km 或 6 年
CRH2E(改)、 CRH380A(L)(统)	5 000 km 或运用 48 h	周期因项目而异			
CRH3C、CRH380B(统)/ BL/CL/BG	5 000 km 或运用 48 h	周期因项目而异	120 万 km 或 3 年	240 万 km 或 6 年	480 万 km 或 12 年
CRH5A/5G/5E、 CRH3A	5 000 km 或运用 48 h	周期因项目而异	120 万 km 或 3 年	240 万 km 或 6 年	480 万 km 或 12 年

(1)一级检修(例行检查)

为提高动车组利用率，一级检修一般在动车组夜间库停期间进行，主要以检查为主，进行包括制动、走行、受电弓在内的全面检查，厕所排污、清扫保洁等。

(2)二级检修(专项检修)

二级检修是一个维修工作包的概念，其中包含了许多维修工作项目，每个工作项目的检修周期、内容各不相同。主要内容包括空心车轴探伤、踏面修形、齿轮箱换油、轴承润滑、重要系统和部件的功能测试等。

(3)三级检修(转向架分解检修)

三级检修主要是转向架分解检修，对制动、牵引、空调等系统进行状态检查和功能测试。

(4)四级检修(系统分解检修)

四级检修主要针对动车组各系统的分解检修，主要包括转向架、制动系统的分解检修,电气部件的性能测试及更换,车内设施的检修等。

(5)五级检修(整车全面分解检修)

五级检修是对整车全面分解检修,较大范围地更新零部件,根据需要对动车组进行现代化升级和改造。主要包括动车组分解、清洗、检查、修复、更换、车体重新油漆等。

二、动车组 LCC 模型

根据国际标准 IEC300-3-3 的规定,产品寿命周期费用可从产品结构、费用项目、寿命周期 3 个维度进行分解、估算和汇总,因此,可针对动车组从 3 个维度讨论其寿命周期费用模型。

(一)动车组结构分解

依据国际标准 IEC300-3-3,产品结构可按照系统、分系统、组件、部件的层次逐级分解,以便对不同层次上的部件进行寿命周期费用建模,最终汇总得到整车的寿命周期费用模型。由于层次越低分解的部件越多,仅从系统、分系统 2 个层次对动车组进行结构分解,表 10-2 为动车组结构分解项目。

表 10-2　动车组结构分解

结构分解序号	系统及分系统项目	结构分解序号	系统及分系统项目
1	车　体	3.3	空气管路及附件
1.1	车体结构	4	牵引系统
1.2	侧　门	4.1	高压电器
1.3	车　窗	4.2	牵引变压器
1.4	裙、底板及设备舱	4.3	牵引变流器
1.5	风　挡	4.4	牵引电机
1.6	车　钩	4.5	牵引电机风机
1.7	车体附件	5	辅助供电系统
2	转向架	5.1	辅助变流器
2.1	构架组成	5.2	充电机
2.2	轮对轴箱组成	5.3	蓄电池
2.3	一系悬挂装置	5.4	辅助电气柜
2.4	二系悬挂装置	6	网络控制及信息系统
2.5	驱动装置	6.1	网络控制装置
2.6	牵引装置	6.2	自动过分相装置
2.7	基础制动装置	6.3	烟火报警装置
2.8	转向架安全监测装置	6.4	旅客信息系统
2.9	转向架附件	6.5	旅客音视频装置
3	制动系统	7	空调及通风系统
3.1	风源装置	7.1	空调装置
3.2	制动控制装置	7.2	采暖装置

续上表

结构分解序号	系统及分系统项目	结构分解序号	系统及分系统项目
7.3	通风装置	10	餐饮设施
8	给水及卫生系统	10.1	座椅及餐桌
8.1	净水箱	10.2	冰箱及冷藏柜
8.2	电开水炉	10.3	餐车洗池模块
8.3	集便器	11	客服设施
8.4	卫生间模块	11.1	内　装
8.5	污物箱	11.2	照明设备
8.6	伴热装置	11.3	座椅及折叠桌
9	司机室设施	11.4	行李架
9.1	司机室内装	12	列车运行监控系统
9.2	司机操纵台	12.1	列车运行监控记录装置(LKJ)
9.3	司机座椅	12.2	ATP车载设备
9.4	司机室照明设备	12.3	列车综合无线通信装置

(二)动车组寿命周期

产品寿命周期通常可划分为以下六个阶段:论证、设计和开发、生产、安装、运用和维修、报废。根据分析目的不同,可在不同阶段进行产品的寿命周期费用分析和评价。

动车组寿命周期可划分为论证、设计和开发、生产、安装调试、运用、维修、报废等阶段。其中论证、设计和开发阶段非常关键,决定了动车组80%以上的寿命周期费用,在该阶段开展寿命周期费用研究可以起到事半功倍的效果;运用维修阶段最长,该阶段的工作剖面最复杂,除了正常运用外,还做各种级别的维修保养,需要做详细划分。为了费用计算方便,将动车组出厂交付年度定为寿命周期费用计算的起始基准年,以年为单位,对动车组寿命周期费用进行计算分析。

CRH2A型动车组的预定使用寿命约为20～30年。其间要经历多种修程,主要包括:运行5 000 km或48 h的一级检修,周期因项目而不同的多项二级检修,运行60万km或1.5年的三级检修,运行120万km或3年的四级检修,运行240万km或6年的五级检修。

(三)动车组费用项目分解

费用项目分解是费用分解矩阵的一项重要内容,它首先把寿命周期费用分解为几个主费用单元,建立主费用模型;再将各主费用单元分解为子费用单元,建立子费用模型;根据需要还可对子费用单元继续分解并得到相应的费用单元模型;最后将各费用模型汇总得到寿命周期费用模型。

动车组的寿命周期费用包括了论证、研发、生产、运用、维修、报废等阶段的各项费用,具体可把其寿命周期费用分解为研发费、生产费、运用费、维修费、不可用费和处置费六项。主费用项目可分解为

$$C_t = C_{YF} + C_{SC} + C_{SY} + C_{WX} + C_{BKY} + C_{CZ} \tag{10-1}$$

式中　C_t 为总寿命周期费用；C_{YF} 为研发费；C_{SC} 为生产费；C_{SY} 为运用费；C_{WX} 为维修费；C_{BKY} 为不可用费；C_{CZ} 为处置费。

1. 研发费用项目分解

研发费用是指动车组在项目论证、设计、研制、试验、定型等各阶段所发生的费用，主要包括：论证费、研制费、试验费、管理费等。研发费可分解为以下几项费用

$$C_{YF} = C_{YLZ} + C_{YYZ} + C_{YSY} + C_{YGL} \tag{10-2}$$

式中　C_{YLZ} 为论证费；C_{YYZ} 为研制费；C_{YSY} 为试验费；C_{YGL} 为管理费。

研发费用属于公共费用，通过对总的研发费用进行分摊可以得到每列车的研发费用。

2. 生产费用项目分解

生产费用可分为直接费用和间接费用。直接费用是指在生产过程中直接发生的费用，包括材料费、能耗费、工人工资等。间接费用是指产品生产过程中发生的期间费用，包括企业管理费、折旧费、设备维检费、运输费、其他费用(包括包装费、广告费、办公费、差旅费、职工福利费、劳保费)等。因此，可以得到生产费用项目的分解

$$C_{SC} = C_{SZJ} + C_{SJJ} \tag{10-3}$$

式中　C_{SZJ} 为直接费用；C_{SJJ} 为间接费用。

直接费用项目分解

$$C_{SZJ} = C_{SZCL} + C_{SZNH} + C_{SZGZ} \tag{10-4}$$

式中　C_{SZCL} 为材料费；C_{SZNH} 为能耗费；C_{SZGZ} 为人员工资。

间接费用项目分解

$$C_{SJJ} = C_{SJGL} + C_{SJZJ} + C_{SJWJ} + C_{SJYS} + C_{SJQT} \tag{10-5}$$

式中　C_{SJGL} 为企业管理费；C_{SJZJ} 为折旧费；C_{SJWJ} 为设备维检费；C_{SJYS} 为运输费；C_{SJQT} 为其他费用。

3. 运用费用项目分解

运用费用一般包括能耗费、耗品费、运用人员工资、运用管理费、保障费用、运用资料费用、运用人员培训费用等几项。

能耗费一般与设备的性能有关(如空调的效率)，该项费用属重复性费用，需要在寿命周期内根据利率进行必要的折算。

对于动车组而言，有些耗品由维修人员在维修保养期间定期进行更换或补充，为计算方便，常把耗品费作为维修材料费计入维修费中；另有一些耗品需要在运用期间随时补充，如列车用水等，这些耗品费作为运用费的一部分。

运用管理费是指与动车组运用相关的管理费用，如管理人员工资、福利费用、劳保费用等。

保障费是指为保证动车组正常运用而需要设置的维修、保养、检测设备以及必要的检修工具和配件等。

运用维修资料费是指为保证动车组正常运用和检修而采购或编制相关资料的费用。

人员培训费主要指动车组运用、维修人员的初始培训费用。

运用费用项目可分解为

$$C_{SY} = C_{SNH} + C_{SHP} + C_{SGZ} + C_{SGL} + C_{SBZ} + C_{SZL} + C_{SPX} \tag{10-6}$$

式中 C_{SNH}为能耗费用;C_{SHP}为耗品费;C_{SGZ}为运用人员工资;C_{SGL}为运用管理费;C_{SBZ}为保障费用;C_{SZL}为运用维修资料费;C_{SPX}为人员培训费。

如果各种方案中运用人员工资的差别不大,在方案比较时,为简化计算也可省略不计。

4. 维修费用项目分解

在动车组寿命周期费用中,维修费是最繁杂的一项,维修费可分为预防性维修费、修复性维修费和维修管理费。

预防性维修又分为不同的修理级别,由低到高分为一～五级维修。

根据故障后果严重程度不同,修复性维修分为两种情况:有些轻微故障不影响运用,可在方便的时候进行维修;另有一些故障后果比较严重,直接影响运用,需要立即维修,这可能要产生不可用费和一些加班工时费用。

维修管理费用包括维修后勤管理费和维修人员培训费。

维修费用项目分解为

$$C_{WX} = C_{WYF} + C_{WXF} + C_{WGL} \tag{10-7}$$

式中 C_{WYF}为预防性维修;C_{WXF}为修复性维修;C_{WGL}为维修管理费。

预防性维修费用可分解为

$$C_{WYF} = C_{WY1} + C_{WY2} + C_{WY3} + C_{WY4} + C_{WY5} \tag{10-8}$$

式中 C_{WY1}～C_{WY5}为一～五级维修费用。

修复性维修是故障后的修理工作,与部件的平均故障间隔时间有关,取决于产品可靠性的高低。在修复性维修中,除产生材料费和工时费外,还要支付某些特殊附加费用,如加班费、各种应急管理费。因此,其费用项目可分解为

$$C_{WXF} = C_{WXGS} + C_{WXCL} + C_{WXFJ} \tag{10-9}$$

式中 C_{WXGS}为修复性维修工时费;C_{WXCL}为修复性维修材料费;C_{WXFJ}为修复性维修附加费。

维修管理费中包括与维修相关的行政、财务、维修设备管理、配件供应、仓储及发放、培训等各项费用,该项费用与管理机构设置有关,应结合实际情况进行分解,此处不再深入讨论。

维修费用是动车组寿命周期费用中非常重要的一项费用,常常在总费用中占有很大比例,维修费用的计算需要大量维修数据支持,如维修工时、部件或材料的价格等。维修费用还与动车组的可靠性、维修性密切相关,产品的可靠性高会延长平均故障间隔时间,减少维修保养次数,而好的维修性会减少维修工时、降低维修技术等级和劳动强度,这些都会大大降低维修费用。因此动车组维修策略和维修方式的合理选择对于降低维修费用和提高利用率都是非常重要的。提高动车组的可靠性和维修性,选择合理的维修策略和

方式，是降低其寿命周期费用的一个重要途径。

5. 不可用费用项目分解

不可用费是指产品由于故障不得不中断运用，进行计划外维修，所丧失的产品运用收益费用，还包括由于中断服务造成的其他费用损失，如由于某动车组故障阻塞线路，造成其他旅客列车晚点所引起的损失；动车组救援发生的费用；乘客赔偿费用；未来客流减少等潜在损失。为计算方便，常根据产品故障后引起的不可用费用，将其分为几个等级，分别计算再累加。

可建立如下不可用费用模型

$$C_{BKY} = \sum_{i=1}^{k} N_{BKYi} C_{BKYi} \tag{10-10}$$

式中　N_{BKYi} 为产品寿命周期内第 i 个等级故障发生次数；C_{BKYi} 为第 i 个等级故障平均不可用费；k 为划分的故障等级数。

6. 处置费用项目分解

处置费用主要是指动车组运用到报废寿命时的残值，该项费用数额不大，常被忽略。

为了结构清晰起见，将动车组寿命周期费用分解结构列成表 10-3。

表 10-3　动车组寿命周期费用分解结构

费用分解结构号	费用项目	符　号	费用分解结构号	费用项目	符　号
1	研发费	C_{YF}	3.4	运用管理费	C_{SGL}
1.1	论证费	C_{YLZ}	3.5	保障费	C_{SBZ}
1.2	研制费	C_{YYZ}	3.6	资料费	C_{SZL}
1.3	试验费	C_{YSY}	3.7	培训费	C_{SPX}
1.4	管理费	C_{YGL}	4	维修费	C_{WX}
2	生产费	C_{SC}	4.1	预防性维修费	C_{WYF}
2.1	直接费	C_{SZJ}	4.1.1	一级维修费	C_{WY1}
2.1.1	材料费	C_{SZCL}	4.1.2	二级维修费	C_{WY2}
2.1.2	能耗费	C_{SZNH}	4.1.3	三级维修费	C_{WY3}
2.1.3	人员工资	C_{SZGZ}	4.1.4	四级维修费	C_{WY4}
2.2	间接费	C_{SJJ}	4.1.5	五级维修费	C_{WY5}
2.2.1	企业管理费	C_{SJGL}	4.2	修复性维修费	C_{WXF}
2.2.2	折旧费	C_{SJZJ}	4.2.1	修复性维修工时费	C_{WXGS}
2.2.3	设备维检费	C_{SJWJ}	4.2.2	修复性维修材料费	C_{WXCL}
2.2.4	运输费	C_{SJYS}	4.2.3	修复性维修附加费	C_{WXFJ}
2.2.5	其他费用	C_{SJQT}	4.3	维修管理费	C_{WGL}
3	运用费	C_{SY}	4.3.1	行政财务费	C_{WGXZ}
3.1	能耗费	C_{SNH}	4.3.2	设备管理费	C_{WGSB}
3.2	耗品费	C_{SHP}	4.3.3	配件管理费	C_{WGPJ}
3.3	运用人员工资	C_{SGZ}	4.3.4	人员培训费	C_{WGPX}

续上表

费用分解结构号	费用项目	符　　号	费用分解结构号	费用项目	符　　号
5	不可用费	C_{BK}	5.4	赔偿费	C_{BPC}
5.1	运营损失费	C_{BYY}	5.5	潜在损失费	C_{BQZ}
5.2	线路影响费	C_{BXL}	6	处置费	C_{CZ}
5.3	救援费	C_{BJY}			

(四)动车组LCC影响因素分析

为简单起见，可将动车组寿命周期费用影响因素初步划分为设计生产阶段的影响因素(动车组的材质、工艺、性能、可靠性、维修性、保障性等)和运用维修阶段的影响因素(运用管理、维修制度等)。

1. 设计生产阶段影响因素分析

一般来讲，对动车组性能和效能有影响的因素对动车组LCC也有影响。这些因素中，有些只影响采购费用，另一些不仅影响采购费用，对运用保障费用也有显著影响，被认为是寿命周期费用中的主宰因素，如系统的可靠性、维修性、保障性等。性能和效能参数都是在设计生产阶段确定并固化在动车组内部的。一般而言，高的性能和效能参数会使动车组的成本增加、用户的采购费用增加，但在运用维修阶段会节省大量运用维修费用，从而可能降低动车组的全寿命周期费用。综合权衡、统筹考虑选择动车组性能和效能参数，使动车组寿命周期费用最低，是动车组寿命周期费用分析的主要任务。

动车组的性能和效能因素有很多，其中对寿命周期费用有影响的因素主要有：材质、工艺、设备的效率、品质、可靠性、维修性、保障性等。

(1)性能影响因素

在动车组中，材质因素影响寿命周期费用最典型的例子是车体材料，以日本新干线高速列车为例，早期的0系和100系车体材料为耐候钢，从200系开始采用铝合金材料，其优点是质量轻、耐腐蚀、寿命长，铝合金车体虽然使动车组的成本增加，但其轻量化带来轴重的减小，从而减轻了对轨道的破坏作用，降低了运用能耗，使动车组的寿命周期费用大大降低。实践证明，铝合金材料是高速列车车体的首选材质。

早期动车组采用的牵引系统为交-直传动系统，随着电力电子技术的飞速发展，1992年日本新干线300系高速列车采用了交-直-交传动系统，从设备成本看，交-直-交传动系统比交-直传动系统昂贵得多，但交-直-交传动系统在运用、维修方面带来的费用节省是巨大的。优点主要体现在三个方面，第一，异步交流电机结构简单，体积小，日常维护工作量小，许多部件是免维护的，大大节省了维修费用和时间；第二，可实现再生制动，保证列车运行安全又可使反馈的电能再利用，从而降低能耗费用；第三，交-直-交传动系统的效率高，既能提供大的起动牵引力，又能满足高速要求。因此，交-直-交传动系统不仅是高速列车高性能的体现，也是降低寿命周期费用的具体要求。

(2)效能影响因素

动车组的效能指标主要包括可靠性、维修性方面的要求，为提高动车组的可靠性、维修性，需要在研制生产中增加投资，从而提高了动车组的成本，但可使动车组的运用、维修、保障费用节省。通过合理提高系统的可靠性、维修性可使系统的 LCC 降低。图 2-14 反映了可靠性与获取费、运用保障费及 LCC 的关系。

可靠性是指产品在规定时间内、规定条件下，达到规定功能的能力。产品的可靠性高，意味着产品的故障少，使用寿命长。对于动车组而言，通过设计和选取高可靠的零部件或元器件，提高动车组的系统可靠性，可以减少动车组的运行故障，减少非计划维修，提高动车组的完好率，降低故障损失和维修费用，从而降低动车组的寿命周期费用。

维修性是指产品在规定的条件下和规定的时间内，按规定的程序和方法进行维修时，保持或恢复到其规定状态的能力。动车组维修性反映了其维修的难易程度，是设计时赋予动车组的一种设计特性，维修性的好坏直接影响着动车组的维修工时、维修费用及维修质量。因此，改善动车组维修性是降低其寿命周期费用、提高其效能的一条重要途径。

从图 2-14 可以看出，改善可靠性、维修性可以降低运用保障费用，但会增加动车组的采购成本，通过综合权衡，理论上可以找到一个最佳的平衡点，使动车组的寿命周期费用最低。

2. 运用维修阶段影响因素分析

动车组在运用维修阶段发生的费用项目主要有运用费、维修费、不可用费，此外，动车组通过运营获得收益，收益的大小取决于动车组的利用率，同样一列动车组，通过合理运用、科学调度、优化修程修制可以获得较高的利用率，反之，动车组的利用率将较低。因此，运用维修阶段影响因素可主要从运用管理、维修制度、配件保障等方面进行分析。

(1)运用管理影响因素

目前我国动车组采用白天运营、夜间入库检修的运用方式，站停时间短、运行速度高，利用率很高。以北京与天津间开行的动车组为例，每天早 6 时至晚 24 时为运营时间，日走行约 1 500 km，年走行近 50 万 km，是普通旅客列车的 2 倍，带来的收益是非常巨大的。

(2)维修制度影响因素

由于我国动车组采用白天运营、夜间入库进行一级检修的运用方式，可以充分利用夜间库停时间进行维修保养，不占用白天的运营时间，可以极大地提高动车组利用率。

(3)配件供应影响因素

动车组在各级运用维修保养中需要大量的互换配件，配件供应、存储需要合理优化，做到既满足动车组维修需要，又要避免存储过多占用资金。在动车组配件中，有些非常昂贵，占用较多资金；有些影响动车组的运用和安全，必须保证随用随有；还有些属进口配件，供应周期较长。针对不同配件的特点和作用，应采取不同的优化策略，达到最佳的配件储存量，以降低动车组的保障费用，从而降低寿命周期费用。

(五)动车组 LCC 计算软件开发

在深入研究 CRH 系列各型动车组设计特点和运用维修需求的基础上，笔者及团队开发了一款动车组 LCC 计算分析软件，软件具有数据输入、费用计算、费用分析、费用评价、分析报告输出等功能，可用于 CRH 各型动车组的 LCC 计算、分析和评价，指导动车组的设计、运用和维修工作。

1. 软件基本功能

(1)数据输入功能

软件数据输入采用文本框缺省数据页面形式，根据分析对象的具体情况对各缺省数据进行确认或修改，数据输入简单、方便。需要输入的数据和信息包括三类 23 项，以下对其做简要说明：

①动车组基本信息

a. 寿命周期：指动车组的设计使用寿命，一般为 20～30 年。

b. 利率：用于动车组寿命周期费用现值计算，利率的选取受多方面因素影响，如存款利息、贷款利息、融资方式、未来的经济走势等，可综合考虑后选取一个相对合理的利率值。

c. 物价指数：综合考虑动车组寿命周期内各种物价上涨因素而确定的费用计算系数。

d. 劣化起始年：随着运用年限的增加，动车组的耗损故障会逐渐增加，导致维修费用以一定的比例逐年递增，一般将维修费用明显增加的年份定为劣化起始年。

e. 劣化系数：劣化系数是指动车组在劣化起始年后，其维修费用年均递增系数，劣化系数可根据动车组维修费用的变化规律确定。

f. 采购费用：指一列动车组的采购费用。

g. 处置费用：指在寿命周期末期用于动车组报废处理的费用，一般属于回收收益，应取负值。

②运用维修数据

a. 年均走行公里：指动车组年平均走行距离。

b. 每万公里能耗费：指动车组每万公里电能消耗费用，该费用与动车组功率等级密切相关。

c. 万公里耗品费：指动车组平均运行 1 万 km 其他消耗品费用，如润滑油、砂等。按照管理方式不同，有时该费用也可一并计入维护费用。

d. 万公里人员费：指动车组每运行 1 万 km，其操纵、维护、服务等车载工作人员的平均工资费用。

c. 年均维护费用：指平均每年发生的一、二级检修费用。

f. 年均非计划修费用：指平均每年发生的各种临修费用。

g. 三级修费用：指动车组每完成一次三级修发生的费用。

h. 三级修周期：按照目前修程规定，CRH1、CRH3、CRH5 系列动车组三级修周期为 120 万 km；CRH2、CRH380A 系列动车组三级修周期为 60 万 km。

i. 四级修费用：指动车组每完成一次四级修发生的费用。

j. 四级修周期：按照目前修程规定，CRH1、CRH3、CRH5 系列动车组四级修周期为 240 万 km；CRH2、CRH380A 系列动车组四级修周期为 120 万 km。

k. 五级修费用:指动车组每完成一次五级修发生的费用。

l. 五级修周期:按照目前修程规定,CRH1、CRH3、CRH5 系列动车组五级修周期为 480 万 km;CRH2、CRH380A 系列动车组五级修周期为 240 万 km。

③不可用费用数据

a. 年均晚点次数:动车组平均每年发生的超过规定时间的晚点次数。

b. 每次晚点损失:平均每次晚点折合的费用损失。

c. 年均救援次数:动车组平均每年发生的救援事故次数。

d. 每次救援损失:平均每次救援折合的费用损失。

(2)费用计算功能

利用前面的费用数据信息可对动车组寿命周期费用进行计算,可得到动车组寿命周期内各年的累计费用现值、年均费用现值以及实际发生费用,并绘制成费用曲线,直观显示寿命周期内各费用变化趋势。各费用曲线具有鼠标跟随数据显示功能,将鼠标指示箭头放到曲线上可以得到相应位置的寿命和费用坐标值。

(3)费用分析功能

通过费用分析,可以得到动车组寿命周期内发生的采购费用、运用费用、维修费用、不可用费用、处置费用等主要费用单元现值及其比例,采用饼形图方式显示各费用单元的比例关系,以便分析费用构成及比例是否合理;此外,软件设置了对维修费用单元构成和比例进行分析的页面,通过计算分析可以得到动车组寿命周期内维护(一、二级修)、三级修、四级修、五级修、非计划修(临修)等各级维修费用现值和比例。

(4)费用评价功能

软件选取对动车组寿命周期费用影响较明显的设计、运用、维修方案和策略进行评价比较。

①寿命方案评价

针对 CRH 系列动车组状况,在其他费用数据不变的条件下,分别选取 20 年、25 年、30 年和 35 年寿命设计方案,对其寿命周期费用进行计算分析,并将计算结果进行比较评价,以便选择较好的寿命设计方案。

②能耗方案评价

基于动车组数据输入参数,分别选取 90%、100%、110%和 120%等不同能耗等级,对其寿命周期费用进行计算分析,重点考查寿命周期内运用费用变化情况,为优化牵引功率方案提供参考。

③运用方案评价

动车组年运行里程对于运用费用、维修费用均有较大影响,基于目前动车组运营状况,分别选取年均走行 50、60、70 和 80 万 km 等几种运用方案进行寿命周期费用计算分析,对各种费用指标进行比较评价,为运营方案的优化提供参考依据。

④维修策略评价

目前动车组维修采用的方式和策略主要有三种:一是由动车段(所)独立承担完成某

项维修工作，即自承修；二是由动车段(所)与主机厂或配件厂合作完成某项维修工作，即合作修；三是将某项维修工作完全委托给主机厂或配件厂完成，即委托修。通过相关费用数据的输入，软件对上述三种维修策略进行费用分析和评价，为动车组维修策略的选择提供参考依据。

(5)分析报告输出功能

软件具有将动车组寿命周期费用计算分析结果输出到 Excel 文件，形成初步报告的功能。分析报告包括 2 个表单：

①动车组寿命周期费用计算结果。记录了动车组寿命周期内每年发生的各主要费用项目，如：采购费用、运用费用、维修费用、不可用费用、年度费用、年度现值、累计现值、年均现值等。

②动车组寿命周期维修费用计算结果。记录了动车组寿命周期内每年发生的各种维修费用，诸如：年维护现值、三级修现值、四级修现值、五级修现值、非计划修现值、年维修现值等。

2. 软件操作使用说明

(1)软件安装与启动

首先将本软件安装包复制到电脑的某个文件夹，打开软件包并执行软件安装文件，安装中只需按照页面提示操作，将软件安装到指定位置。

在电脑上依次点击：开始-所有程序-CRH 系列动车组寿命周期费用分析软件 1.0，软件启动进入图 10-4 页面，在页面任意位置单击鼠标，弹出用户身份校验对话框，用户名称默认为“铁科院机辆所”，密码为“emulcc”，完成上述输入后，敲击回车或点击“确定”，软件进入图 10-5 所示的程序主页面。

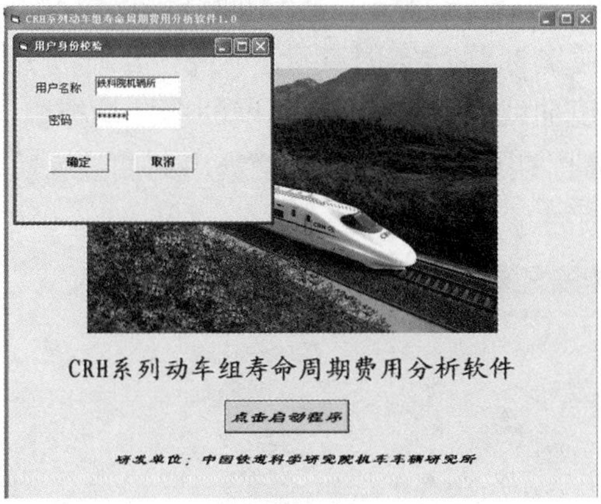

图 10-4 软件启动页面

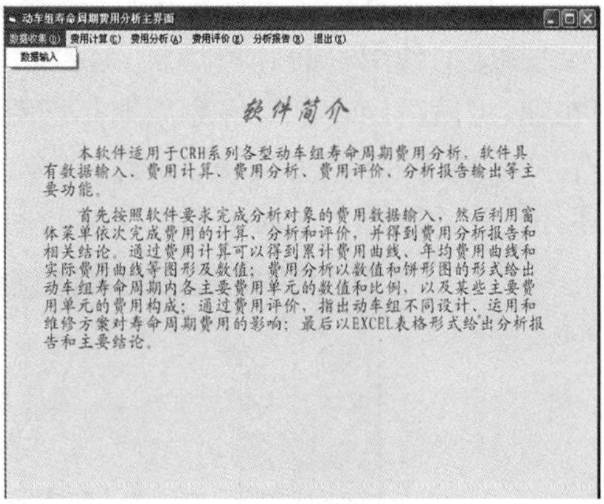

图 10-5 软件主页面

(2)软件主页面

在程序主页面中有 6 个主菜单项，分别为：数据收集、费用计算、费用分析、费用评价、分析报告、退出。用鼠标点击各主菜单项，会弹出下级子菜单。

首先点击“数据收集”主菜单项，在子菜单中点击“数据输入”项，弹出图 10-6 的数据输入页面。

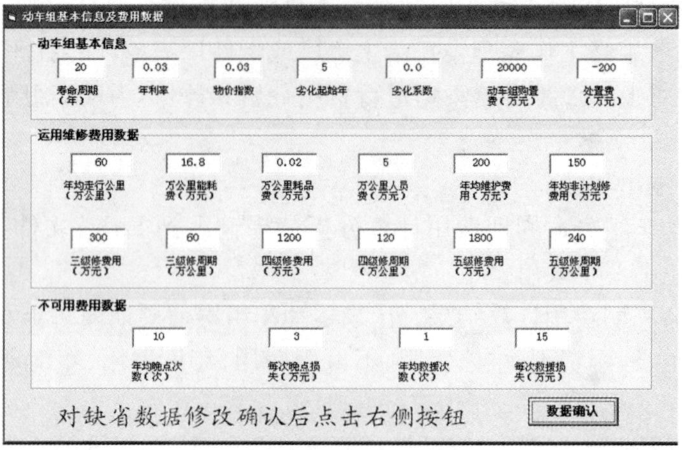

图 10-6　数据输入页面

(3)数据输入

在图 10-6 所示的数据输入页面中，针对 CRH 系列动车组各文本框中已给出缺省数据，包括动车组基本信息、运用维修费用数据、不可用费用数据等，可根据待分析动车组的实际情况对上述数据进行修改，数据修改完成后可点击“数据确认”按钮完成数据输入，并返回到软件主页面。

(4)费用计算

点击主菜单项“费用计算”的下级子菜单项“整车 LCC 计算”，弹出图 10-7 所示费用计算页面。点击“累计费用曲线”按钮，可以得到动车组寿命周期内累计费用现值曲线，曲线上红色点表示各年度累计费用点，将鼠标指示箭头置于曲线上，会在曲线坐标值文本框中得到相应的使用寿命和费用值，且数值会跟随鼠标移动实时变化。点击“年均费用曲线”按钮，可以得到动车组寿命周期年均费用现值曲线，它反映了各年度的费用均摊情况。点击“实际费用曲线”按钮，可以得到动车组寿命周期内每年实际发生费用的曲线。完成上述计算后，可点击“返回主页面”按钮，回到程序主页面。

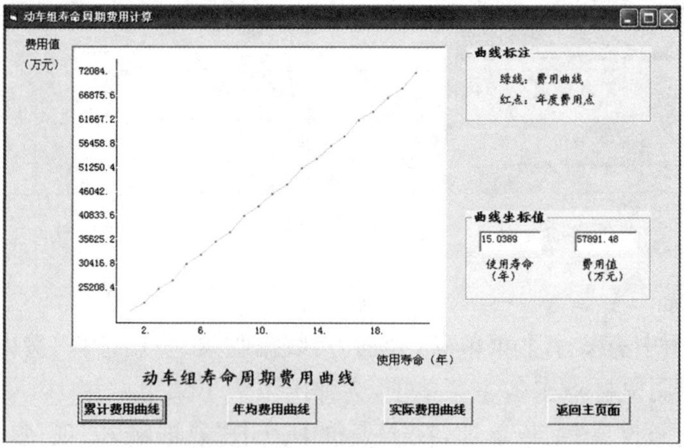

图 10-7　费用计算页面

(5)费用分析

点击主菜单项“费用分析”的下级子菜单项“整车 LCC 分析”,弹出图 10-8 所示费用分析页面 1。点击“费用分析”按钮,可以得到动车组寿命周期费用中各费用单元的数值及比例,并以饼形图显示。

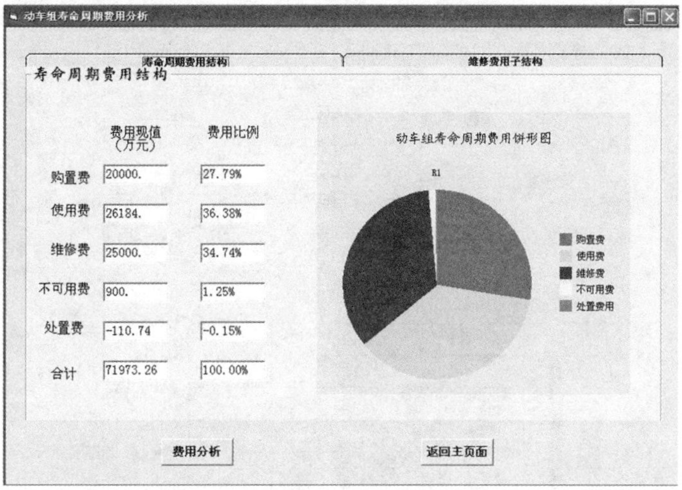

图 10-8 费用分析页面 1

点击“维修费用子结构”标题,可以得到动车组寿命周期内维修费用中各费用单元的数值及比例,并以饼形图显示,如图 10-9 所示。

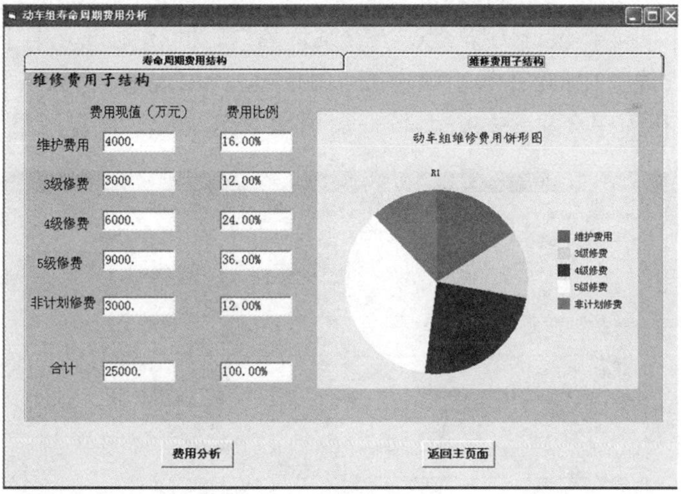

图 10-9 费用分析页面 2

(6)费用评价

点击主菜单项“费用评价”,会弹出“寿命方案评价”“能耗方案评价”“运用方案评价”和“维修方案评价”四个子菜单项。

①点击“寿命方案评价”菜单项,得到图 10-10 所示的动车组寿命设计方案评价页面。

在下拉文本框中选择不同寿命设计方案，点击“方案计算”按钮，得到该方案下动车组周期费用及其各费用单元的数值及比例，并给出该方案下的年均费用现值，完成各种方案计算后，点击“方案比较”按钮，程序会显示各方案下寿命周期费用及其主要费用单元的柱形对比图。

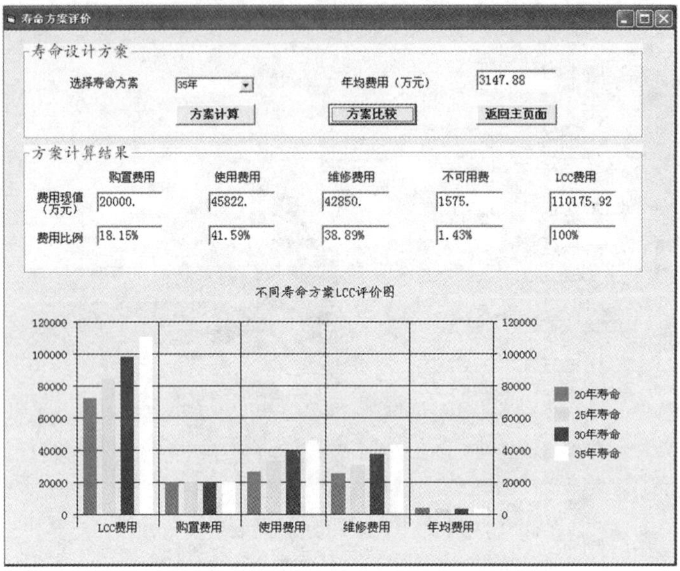

图 10-10　寿命方案评价页面

②点击“能耗方案评价”菜单项，得到图 10-11 所示的动车组能耗方案评价页面，在下拉文本框中选择不同能耗设计方案，点击“方案计算”按钮，得到该方案下动车组周期费用及各费用单元的数值及比例，并给出该方案下的年均费用现值，完成各种方案计算后，点击“方案比较”按钮，程序会显示各方案下寿命周期费用及其主要费用单元的柱形对比图。

图 10-11　能耗方案评价页面

③点击“运用方案评价”菜单项，得到图10-12所示的动车组运用方案评价页面，在下拉文本框中选择不同的年运行里程方案，点击“方案计算”按钮，得到该方案下动车组周期费用及各费用单元的数值及比例，并给出该方案下百万公里费用现值，完成各种方案计算后，点击“方案比较”按钮，程序会显示各方案下寿命周期费用及其主要费用单元的柱形对比图。

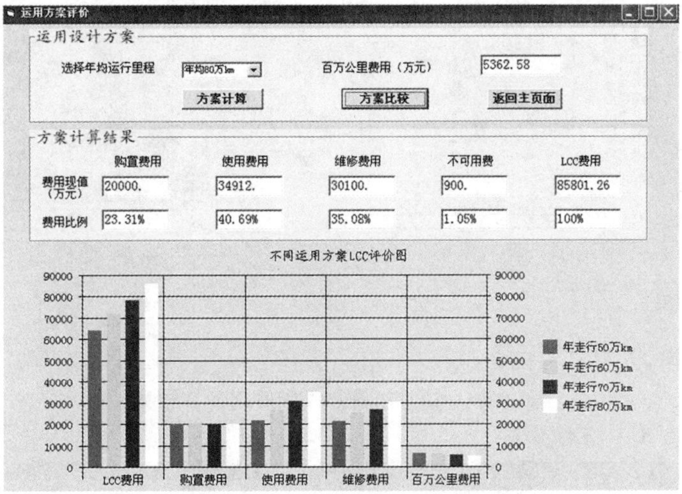

图10-12　运用方案评价页面

④点击“维修方案评价”菜单项，得到图10-13所示的动车组维修方案评价页面，在下拉文本框中选择“自承修”“合作修”或“委托修”等维修方案，对“维修方案费用数据”面板中的各项数据进行修改或确认，点击“方案计算”按钮，得到该方案下维修费用及各费用单元的数值及比例，点击“方案比较”按钮，得到各方案下维修费用及其主要费用单元的柱形对比图。

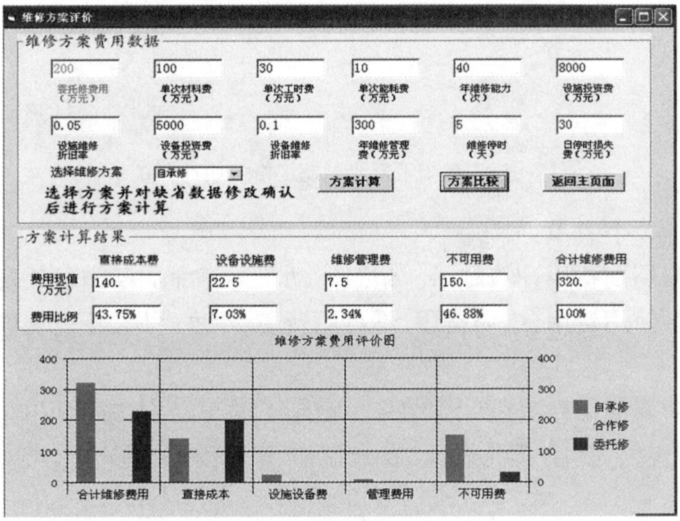

图10-13　维修方案评价页面

(7)分析报告

点击主菜单项“分析报告”的下级子菜单项“整车 LCC 报告”,启动“MicrosoftExcel”程序,并将相关计算结果输出到 Excel 表格中,如图 10-14、图 10-15 所示。

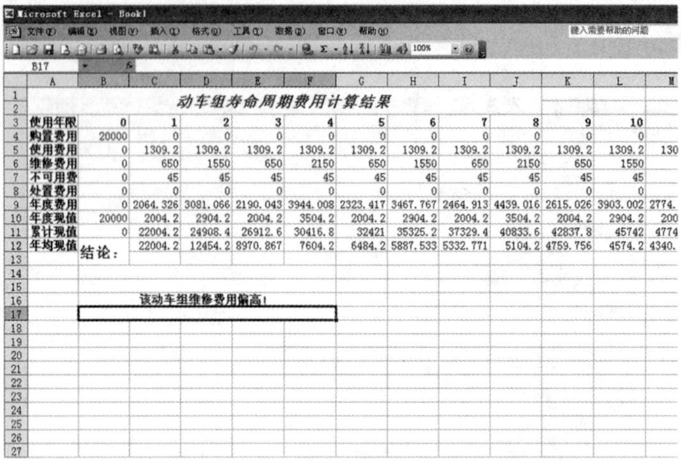

动车组寿命周期费用计算结果

使用年限	0	1	2	3	4	5	6	7	8	9	10	
购置费用	20000	0	0	0	0	0	0	0	0	0	0	
使用费用	0	1309.2	1309.2	1309.2	1309.2	1309.2	1309.2	1309.2	1309.2	1309.2	1309.2	130
维修费用	0	650	1550	650	2150	650	1550	650	2150	650	1550	
不可用费	0	45	45	45	45	45	45	45	45	45	45	
处置费用	0	0	0	0	0	0	0	0	0	0	0	
年度费用	0	2064.326	3081.066	2190.043	3944.008	2323.417	3467.767	2464.913	4439.016	2615.026	3903.002	2774.
年度现值	20000	2004.2	2904.2	2004.2	3504.2	2004.2	2904.2	2004.2	3504.2	2004.2	2904.2	200
累计现值	0	22004.2	24908.4	26912.6	30416.8	32421	35325.2	37329.4	40833.6	42837.8	45742	4774
年均现值		22004.2	12454.2	8970.867	7604.2	6484.2	5887.533	5332.771	5104.2	4759.756	4574.2	4340.

结论:

该动车组维修费用偏高!

图 10-14 动车组寿命周期费用计算结果

动车组寿命周期维修费用计算结果

使用年限	1	2	3	4	5	6	7	8	9	10	11
年维护现值	200	200	200	200	200	200	200	200	200	200	200
三级修现值	300	0	300	0	300	0	300	0	300	0	300
四级修现值	0	1200	0	0	0	1200	0	0	0	1200	0
五级修现值	0	0	0	1800	0	0	0	1800	0	0	0
非计划修现值	150	150	150	150	150	150	150	150	150	150	150
年维修现值	650	1550	650	2150	650	1550	650	2150	650	1550	650

结论:

该动车组五级修费用偏高!

图 10-15 动车组寿命周期维修费用计算结果

分析报告包括 2 个表单:

①动车组寿命周期费用计算结果。记录了动车组寿命周期内每年发生的各主要费用项目,如采购费用、使用费用、维修费用、不可用费用、年度费用、年度现值、累计现值、年均现值等。

②动车组寿命周期维修费用计算结果。记录了动车组寿命周期内每年发生的各种维修费用,如年维护现值、三级修现值、四级修现值、五级修现值、非计划修现值、年维修现值等。

第二节　地铁车辆LCC评价

一、概　　述

随着城市的不断发展，交通紧张的矛盾日益突出，地铁作为一种高效、快捷的交通工具受到出行市民的普遍欢迎，因此许多城市都提出了地铁修建方案，基于目前城市的现状，地铁方案呈现以下特点：

(1)市区高大建筑物密集，使地铁线路的曲线半径较小；

(2)地铁由单一的地下模式发展为地下-地面-高架相结合的形式，这种线路的立体化使线路纵断面坡度较大；

(3)速度快、运行区间短，牵引、制动加减速度较大，因而对黏着系数要求较高；

(4)环保要求更高，车辆的振动和噪声影响要小；

(5)为减少隧道挖掘量、降低土建成本，要求车辆质量轻、体积小。

为了适应上述特点和需求，新型地铁车辆应用了许多其他新技术。诸如：为延长车体使用寿命、降低车体自重，采用了不锈钢或铝合金车体；为预防火灾，车内装饰采用了阻燃材料；为提高舒适性和安全性采用了空气弹簧和盘形制动等。

上述先进技术的应用离不开资金支持，因此与传统地铁车辆相比，其采购成本较高，但由于其可靠性、维修性较好，运用维修费用较低，最终的全寿命周期费用并不高。这些定性分析的结果，在地铁车辆的采购、运用和维修过程中，通常需要对各种不同方案进行定量分析，其决策的主要依据就是各种方案的寿命周期费用定量值，因此地铁车辆的寿命周期费用分析是一项非常重要的工作。

二、地铁车辆寿命周期费用(LCC)模型

(一)对象与目标

LCC模型是进行LCC计算和分析的前提和基础，费用建模的主要工作是建立产品的LCC分解结构，其分解的范围和详细程度取决于分析目标和相关假设条件。因此，在LCC建模前，首先要明确分析对象和分析目标。

设研究对象是某型地铁车辆，其基本功能特点是：四辆车为一完整编组单元，全动力车配置，设有两台受电弓，分A、B两种车型，A车设有司机室，B车不设司机室，连接方式为“－A＋B＝B＋A－”，“－”表示自动车钩，“＋”表示半永久牵引杆，“＝”表示半自动车钩。基于地铁车辆的上述特点，将四辆编组车辆作为研究对象，评价分析其寿命周期费用。

基本目标是初步建立地铁车辆寿命周期费用模型，给出一套简便、实用的费用分析方法，为地铁车辆的采购和运用维修方案决策提供经济性依据。

(二)地铁车辆结构分解

对于用户而言，地铁车辆属采购设备，其LCC分解须参照典型采购设备的LCC分解

结构进行。在费用分解过程中，我们仍采用国际标准 IEC300-3-3 提供的三维矩阵分解法。根据地铁车辆的结构和功能特点，将其分为以下七个系统。

1. 转向架

该系统包括轮对、轴箱轴承、轴箱、轮轨润滑装置、一系悬挂、二系悬挂、油压减振器、牵引装置、转向架构架、摇枕、牵引电机、制动单元等子系统。

2. 车钩和缓冲器

该系统包括车钩及其缓冲器，其中车钩有三种，分别是为自动车钩、半永久牵引杆和半自动车钩。

3. 制动和风源系统

该系统包括空气制动管路、阀、空气压缩机等子系统。

4. 门系统

包括自动门及其控制系统，该地铁车辆的每节车厢两侧各有三组自动门。

5. 空调系统

包括空调装置、电源及其控制系统。

6. 电器和电子设备

包括各种电器和电子设备，如受电弓、断路器、逆变器、接触器、继电器、辅助供电系统等。

7. 车体及内置设施

包括地铁车辆车体、车窗、地板、座椅、扶手及相关设施等。

(三)地铁车辆寿命周期阶段

根据国际标准 IEC300-3-3 的规定，一般产品的寿命周期都可划分为以下六个阶段：论证、设计和开发、生产、安装、运用和维修、报废。根据分析目的不同，可在不同阶段进行产品的 LCC 分析和评价。对产品用户而言，前四个阶段工作都体现在采购费用中，寿命周期可划分为采购、运用维修和报废三个阶段。其中产品运用维修阶段最长，该阶段的工作剖面最复杂，除了正常运用外，还需进行各种级别的维修保养，需要做详细划分。为费用计算方便，一般以年为单位，对产品寿命周期进行划分。

(四)地铁车辆 LCC 项目分解

费用项目分解是费用分解矩阵的一项重要内容，它首先把寿命周期费用分解为几个主费用单元，建立主费用模型；再将各主费用单元分解为子费用单元，建立子费用模型；根据需要还可对子费用单元继续分解，并得到相应的费用单元模型；最后将各费用模型汇总得到 LCC 模型。

根据典型采购设备的 LCC 分解方法，首先把地铁车辆的 LCC 分解为采购费、运用费、维修费、不可用费和处置费五项。主费用项目可分解为

$$C_t = C_{GZ} + C_{SY} + C_{WX} + C_{BKY} + C_{CZ} \tag{10-11}$$

式中 C_t 为寿命周期费用；C_{GZ}为采购费；C_{SY}为运用费；C_{WX}为维修费；C_{BKY}为不可用费；C_{CZ}为处置费。

1. 采购费用项目分解

采购费是指在地铁车辆采购过程中发生的各种费用，主要包括地铁车辆采购费、保障（包括运用、维修）资源投资费（运用维修资料、维修设备、工具等）、运用维修人员初始培训费几项，这些费用都属于一次性费用，有时后两项费用已含在第一项费用之中，为便于计算和分析，这里将它们分开表示。采购费用 C_{GZ} 可分解为

$$C_{GZ}=C_{GCL}+C_{GSB}+C_{GZL}+C_{GPX} \tag{10-12}$$

式中 C_{GCL} 为地铁车辆采购费；C_{GSB} 为维修设备和工具费；C_{GZL} 为运用维修资料费；C_{GPX} 为初始培训费。

2. 运用费用项目分解

运用费用一般包括能耗费、耗品费、运用人员工资和运用管理费几项。该项费用属重复性费用，需要根据利率进行折算。对于地铁车辆而言，能耗费一般与能耗效率和单位电能价格有关。耗品通常在日常保养中定期更换或补充，且耗品的更换和补充由维修人员进行，为计算方便，常把耗品费作为维修材料费计入维修费中，因此这里地铁车辆的运用费不再包含耗品费。运用人员工资一般比较明确，如果各种方案中人员工资的差别不大，在方案比较时，为简化计算也可省略不计。运用管理费 C_{SY} 包括产品运用后勤管理费和运用人员培训费等。运用费用可分解为

$$C_{SY}=C_{SNH}+C_{SGZ}+C_{SGL} \tag{10-13}$$

式中 C_{SNH} 为能耗费用；C_{SGZ} 为运用人员工资；C_{SGL} 为运用管理费。

3. 维修费用项目分解

在地铁车辆寿命周期费用中，维修费是最繁杂的一项，维修费可分为预防性维修费、修复性维修费和维修管理费。预防性维修又分为各种不同的修理级别，如日常保养、月检、年检、架修、大修等。在修复性维修中，根据故障后果严重程度不同，又分为两种情况：有些轻微故障不影响运用，可在方便的时候进行维修；另一些故障后果比较严重，直接影响运用，需要立即维修，这可能要产生不可用费和一些加班工时费用。维修管理费用 C_{WX} 包括维修后勤管理费和维修人员培训费。维修费用项目分解为

$$C_{WX}=C_{WYF}+C_{WXF}+C_{WGL} \tag{10-14}$$

式中 C_{WYF} 为预防性维修费用；C_{WXF} 为修复性维修费用；C_{WGL} 为维修管理费用。

（1）预防性维修费用

在各种预防性维修中，有些部件需要定期更换或修理，有些部件需做定期检查，然后根据检查结果决定是否更换或修理，其中检查工作主要包含工时费，部件修理或更换工作不仅包含工时费还包含材料费。预防性维修费用 C_{WYF} 又可分解为

$$C_{WYF}=C_{WYGS}+C_{WYCL} \tag{10-15}$$

式中 C_{WYGS} 为预防性维修工时费；C_{WYCL} 为预防性维修材料费。

（2）修复性维修费用

修复性维修是指故障后的修理工作，与部件的平均故障间隔时间有关，取决于产品可靠性的高低。在修复性维修中，除产生材料费和工时费外，还要支付某些特殊附加费用，

如加班费、各种应急管理费。因此,修复性维修费用 C_{WXF} 项目可分解为

$$C_{\mathrm{WXF}} = C_{\mathrm{WXGS}} + C_{\mathrm{WXCL}} + C_{\mathrm{WXFJ}} \tag{10-16}$$

式中 C_{WXGS} 为修复性维修工时费;C_{WXCL} 为修复性维修材料费;C_{WXFJ} 为修复性维修附加费。

(3)维修管理费用

维修管理费中包括与维修相关的行政、财务、维修设备管理、配件供应、仓储及发放、培训等各项费用,该项费用与管理机构设置有关,应结合实际情况进行分解,不再赘述。

维修费用是地铁车辆寿命周期费用中非常重要的一项费用,常常在总费用中占有较大比例,维修费用的计算需要大量维修数据支持,如维修工时、部件或材料的价格等。维修费用还与地铁车辆的可靠性、维修性密切相关,产品的可靠性高会延长平均故障间隔时间,减少维修保养次数;而好的维修性会减少维修工时、缩短维修停时、降低维修技术等级和劳动强度,这些都会大大降低维修费用。提高地铁车辆的可靠性和维修性、合理减少维修费用是降低其寿命周期费用的一个重要途径。地铁车辆维修策略和维修方式的合理选择对于降低其寿命周期费用也是非常重要的,如采用以可靠性为中心的维修(RCM)和可信性维修(DCM)分析方法对维修对象、维修方式、维修工作类型及维修间隔期进行优化,可以达到减少维修费用和停时,降低寿命周期费用的目的。

4. 不可用费用项目分解

不可用费是指产品由于故障中断运用,所丧失的产品运用收益费用,还包括由于中断服务造成的其他费用损失,如由于某列地铁车辆故障阻塞线路,造成其他地铁车辆晚点所引起的损失;车辆救援所发生的费用;乘客赔偿费用;未来客流减少等潜在损失。为计算方便,常根据产品故障后引起的不可用费用大小不同,将其分为几个等级,分别计算再累加。可建立如下不可用费用 C_{BKY} 模型。

$$C_{\mathrm{BKY}} = \sum_{i=1}^{k} N_{\mathrm{BKY}i} C_{\mathrm{BKY}i} \tag{10-17}$$

式中 $N_{\mathrm{BKY}i}$ 为产品寿命周期内第 i 个等级故障发生次数;$C_{\mathrm{BKY}i}$ 为第 i 个等级故障平均不可用费;k 为划分的故障等级数。

5. 处置费用项目分解

处置费用主要是指地铁车辆运用到报废寿命时的残值,该项费用数额一般不大,有时可以忽略。

为了结构清晰起见,将地铁车辆 LCC 分解结构列成表 10-4。

表 10-4 地铁车辆寿命周期费用分解结构

费用分解结构号	费用项目	符　号	费用分解结构号	费用项目	符　号
1	采购费	C_{GZ}	1.4	人员初始培训费	C_{GPX}
1.1	地铁车辆采购费	C_{GCL}	2	运用费	C_{SY}
1.2	维修设备和工具费	C_{GSB}	2.1	地铁车辆能耗费	C_{SNH}
1.3	运用维修资料费	C_{GZL}	2.2	运用人员工资	C_{SGZ}

续上表

费用分解结构号	费用项目	符　　号	费用分解结构号	费用项目	符　　号
2.3	运用管理费	C_{SGL}	3.3.2	设备管理费	C_{WGSB}
3	维修费	C_{WX}	3.3.3	配件管理费	C_{WGPJ}
3.1	预防性维修费	C_{WYF}	3.3.4	人员培训费	C_{WGPX}
3.1.1	预防性维修工时费	C_{WYGS}	4	不可用费	C_{BKY}
3.1.2	预防性维修材料费	C_{WYCL}	4.1	运营损失费	C_{BYY}
3.2	修复性维修费	C_{WXF}	4.2	线路影响费	C_{BXL}
3.2.1	修复性维修工时费	C_{WXGS}	4.3	救援费	C_{BJY}
3.2.2	修复性维修材料费	C_{WXCL}	4.4	赔偿费	C_{BPC}
3.2.3	修复性维修附加费	C_{WXFJ}	4.5	潜在损失费	C_{BQZ}
3.3	维修管理费	C_{WGL}	5	处置费	C_{CZ}
3.3.1	行政财务费	C_{WGXZ}			

三、地铁车辆LCC估算

下面以某城市地铁车辆为例，估算其寿命周期费用。

（一）采购费用

该型地铁车辆以四辆为一编组，平均一列编组的采购费用约为4 093.3万元。

（二）运用费用

根据有关运用情况，在330 km/天、12万km/年、额定负荷和100％再生制动条件下，4节编组列车运行30年能量消耗为2 934万kW·h，若每度电按0.8元计算，则地铁车辆每编组30年的能耗费为2 347.2万元。每年的能耗费用约为78.24万元。

司乘人员工资可参照中等城市平均工资水平计算，这里假定每人每年按5万元计算，司乘工作按两班制、每班两人计算，则每年司乘人员工资约为20万元。

需根据一条线路上所有地铁车辆的总运用管理费，分摊计算出一列车辆编组的运用管理费。根据有关调研资料，暂定一列地铁车辆编组的年运用管理费用为10万元。

年利率按5％、物价上涨率按年2％计算，综合考虑两种因素，年利率可取3％。则一列地铁车辆编组运用费用动、静态费用计算结果见表10-5。

表10-5　地铁车辆编组寿命周期运用费用计算结果　　万元

费用项目	能耗费	人员工资	运用管理费	合　计
费用值	78.24	20	10	108.24
30年静态值	2 347.2	600	300	3 247.2
30年现值	1 533.5	392	196	2 121.5

（三）维修费用

如前所述，维修费用是一项很重要、但也是很繁杂的费用，它包括预防性维修费用、修复性维修费用和维修管理费用。其中预防性维修费用取决于预防性维修方案和计划，产品供应商一般会在合同中明确给出，因此依据地铁车辆的维修合同条款，可对预防性维修费用进行估算。修复性维修费用取决于地铁车辆按照规定的预防性维修要求进行维修保养后所获得的运用可靠性，由于地铁车辆即使按照合同有关规定进行预防性维修保养，仍可能发生不可预知的故障，出现故障后维修产生修复性维修费用。由于不同地铁车辆的性能、维修要求、可靠性、维修性不同，相应的维修管理费用也不同，地铁车辆的维修管理费用可在现有地铁车辆维修管理费用的基础上进行估算。下面分别讨论上述几种维修费用项目。

1. 预防性维修费用

在地铁车辆的采购合同中，已明确给出了其各系统的预防性维修要求，下面分别计算各系统的预防性维修费用，并对各系统的费用结构和比例做初步分析。

(1)空调系统预防修费用估算分析

在维修合同中，各系统的预防性维修要求分为两级。第一级是维修间隔期小于或等于一年的各类维修保养工作，在该级维修要求中，明确给出了各类维修工作对维修工时的要求。该级维修保养费用见表 10-6。第二级是间隔期大于一年的维修工作，主要是 5 年一次的架修和 10 年一次的大修工作，架修和大修费用见表 10-7，在维修要求中既给出了维修工时也给出了维修材料费。预防修费用见表 10-8。

表 10-6　四辆编组列车空调维修保养费用表

项　　目	每车人小时					备　注
维修间隔期	2 周	2 月	3 月	6 月	12 月	
空调滤尘网检查		0.07				
空调机组清扫与检查					3	
每车每年总计(人小时)		6×0.07=0.42			3	
每列车每年工时总计　(0.42+3)×4=13.68(小时)						
每列车每年人工费总计　13.68×40=547.2(元)						
每列(4 节)车 30 年全寿命工时费用静态值　13.68×40×30=16 416(元)						

表 10-7　四辆编组列车空调机组架修、大修费用表

项　　目	每列(4 节)车人小时		每列(4 节)车材料费用		备　注
维修间隔期	5 年	10 年	5 年	10 年	
拆装空调机组并调试试验	190	190			
空调机组清扫	60	60			
蒸发器、冷凝器翅片矫形	50	50			
风机、电机分解检修	150				
各配线检修	40	40			
压缩机电机绝缘检查	50	50			
风机轴承检查	80	80			
蒸发器、冷凝器内部及外部清洗	80	80			

续上表

项　　目	每列(4 节)车人小时		每列(4 节)车材料费用		备　注
电气控制柜检查	50	50			
导线检查	40	40			
电机更换		150		4 000×32=128 000	
滤尘网更换	10	10	200×24=4 800	200×24=4 800	
总　计	800	800	4 800 元	132 800 元	
每列车 30 年各级维修工时费及材料费(元)	800×40×3=96 000	800×40×2=64 000	4 800×3=14 400	132 800×2=265 600	
每列车各级维修费用	每次 5 年修费用:36 800		每次 10 年修费用:164 800		
每列车 30 年工时及材料费用静态值(元)	工时 96 000+64 000=160 000　材料 14 400+265 600=280 000				
每列车 30 年各级维修费用静态值(元)	5 年修费用:110 400　10 年修费用:329 600				

根据上述计算结果,可以得到空调系统每年预防维修保养费、架修费用、大修费用,其中大修费用包含了架修费用。四辆编组列车空调机组预防修费用见表 10-8。

表 10-8　四辆编组列车空调机组预防修费用表

维修级别	年维修保养(C_1)	架修(C_5)	大修(C_{10})	合计(占比)
每年(次)维修费用(元)	547	36 800	164 800	
30 年内维修次数	30	3	2	
30 年工时费用(万元)	1.64	9.6	6.4	17.64(0.39)
30 年材料费用(万元)	0.0	1.44	26.56	28(0.61)
30 年费用静态值(万元)	1.64	11.04	32.96	45.64
30 年费用现值(万元)	1.07	7.30	21.39	29.76

由表 10-8 计算结果可知,空调系统 30 年寿命周期费用静态值为 45.64 万元,其中工时费用约占 39%、材料费用约占 61%。在工时费用中,架修、大修工时费用比例较高,年检以下的保养费用比例较小,说明空调设计可靠性较高,并且对安全性没有太大影响,不需过多的日常保养。在材料费用中,大修材料费用较高,主要是大修时电机的更换费用。

由于地铁车辆的寿命周期较长,因此在计算空调系统的 LCC 现值时,应同时考虑利率和物价上涨率的影响,这里取利率 $i=0.05$、物价上涨率 $\gamma=0.02$,按照以下公式可以计算表 10-8 中各项费用的现值。

30 年寿命周期保养费用现值:$\sum_{k=1}^{30} C_1(1+\gamma)^k/(1+i)^k = 1.07$ 万元

30 年寿命周期架修费用现值:$\sum_{k=1}^{3} C_5(1+\gamma)^{5k}/(1+i)^{5k} = 7.30$ 万元

30 年寿命周期大修费用现值：$\sum_{k=1}^{2} C_{10}(1+\gamma)^{10k}/(1+i)^{10k} = 21.39$ 万元

从表 10-8 可以看出，受数据资料限制，四辆编组列车空调维修保养费用不包含材料费，这是不符合实际的，其结果造成空调维修保养费用偏低。在后面的其他系统中也存在此问题，最后应综合考虑此因素，对费用数值做适当修正。

(2)门系统预防修费用估算分析

与空调系统的预防性维修要求相同，门系统的预防修要求也分为两级。第一级是维修间隔期小于或等于一年的各类维修保养工作。第二级是维修间隔期大于一年的各类维修工作，主要包括 5 年一次的架修和 10 年一次的大修工作。门系统预防修费用见表 10-9。

表 10-9　四辆编组列车门系统预防维修费用表

维修级别	年维修保养	5 年修	10 年修	合计(占比)
维修费用(元)	1 300	48 120	597 200	
30 年内维修次数	30	3	2	
30 年内工时费用(万元)	3.9	0.55	2.42	6.87(0.05)
30 年内材料费用(万元)	0.0	13.89	117.02	130.91(0.95)
30 年费用静态值(万元)	3.9	14.44	119.44	137.78
30 年费用现值(万元)	2.54	9.54	77.5	89.58

由表 10-9 可知，门系统 30 年寿命周期费用静态值为 137.78 万元，其中工时费用约占 5%、材料费用约占 95%。在工时费用中，年检以下的保养工时费用比例最高，表明门系统由于涉及地铁车辆运行安全，需要注意日常保养，而架修或大修时主要是更换相关零部件，不需做太多的检查和测试工作，因此工时费用比例较低。在材料费用中，大修材料费用较高，主要由于门系统驱动电机和控制装置的更换费用较高。

(3)制动和风源系统预防修费用估算分析

与空调系统的预防性维修要求类似，制动和风源系统预防修费用见表 10-10。

表 10-10　四辆编组列车制动及风源系统预防修费用表

<table>
<tr><th>维修级别</th><th>年维修保养</th><th>2 年维修保养</th><th>5 年修</th><th>10 年修</th><th>合计(占比)</th></tr>
<tr><td>维修费用(元)</td><td>3 120</td><td>480</td><td>463 490</td><td>464 130</td><td></td></tr>
<tr><td>30 年内维修次数</td><td>30</td><td>15</td><td>3</td><td>2</td><td></td></tr>
<tr><td>30 年工时费用(万元)</td><td>9.36</td><td>0.72</td><td>8.30</td><td>5.66</td><td>24.04(0.10)</td></tr>
<tr><td>30 年材料费用(万元)</td><td>0.0</td><td>0.0</td><td colspan="2">182.07(闸片)+
35.84(压缩机油及耗损件)</td><td>217.91(0.90)</td></tr>
<tr><td>30 年费用静态值(万元)</td><td>9.36</td><td>0.72</td><td colspan="2">231.87</td><td>241.95</td></tr>
<tr><td>30 年费用现值(万元)</td><td>6.11</td><td>0.47</td><td colspan="2">152.12</td><td>158.7</td></tr>
</table>

由表 10-10 计算结果可知，制动系统 30 年寿命周期费用静态值为 241.95 万元，其中工时费用约占 10%、材料费用约占 90%。在工时费用中，大修工时费用比例最低，由于制

动系统涉及地铁车辆运行安全，需要加强日常维修保养，所以年维修保养工时费用比例较高。在材料费用中，制动系统闸片的更换费用高达182.1万元。

(4)转向架预防修费用估算分析

与空调系统的预防性维修要求类似，转向架预防修费用见表10-11。

表10-11　四辆编组列车转向架预防性维修费用表

维修级别	年维修保养	5年修	10年修	合计(占比)
维修费用(元)	5 408	11 200	542 080	
30年内维修次数	30	3	2	
30年工时费用(万元)	16.22	3.36	2.82	22.4(0.175)
30年材料费用(万元)	0.0	0.0	105.6	105.6(0.825)
30年费用静态值(万元)	16.22	3.36	108.42	128
30年费用现值(万元)	10.60	2.22	70.35	83.17

由表10-11计算结果可知，转向架系统30年寿命周期费用静态值为128万元，其中工时费用约占17.5%、材料费用约占82.5%。在工时费用中，年维修保养工时费用比例最高，说明转向架系统由于涉及地铁车辆运行安全，需要加强日常保养，而在架修或大修时主要是更换相关零部件，不需做太多的检查和测试工作，因此工时费用比例较低。在材料费用中，大修材料费用较高，主要由于转向架中橡胶件和车轮的更换费用较高。

(5)电气电子设备预防修费用估算分析

与其他系统的预防性维修要求类似，电气和电子设备预防修费用见表10-12。

表10-12　四辆编组列车电器和电子系统预防修费用表

维修级别	年维修保养	5年修	10年修	15年修	合计(占比)
维修费用(元)	7 000	135 800	710 200	1 252 800	
30年内维修次数	30	2	2	1	
30年工时费用(万元)	21.00	0.42	0.48	0.45	22.35(0.07)
30年材料费用(万元)	0.0	26.74	141.56	124.83	293.13(0.93)
30年费用静态值(万元)	21.00	27.16	142.04	125.28	315.48
30年费用现值(万元)	13.73	18.19	92.17	80.42	204.51

由表10-12计算结果可知，电气系统30年寿命周期费用静态值为315.46万元，其中工时费用约占7%、材料费用约占93%。在工时费用中，年维修保养工时费用比例最高，说明电气系统由于涉及地铁车辆运行安全，日常保养的工作量较大，而在架修、大修和15年修时主要是更换相关零部件，不需做太多的检查和测试工作，因此工时费用比例较低。在材料费用中，大修和15年修材料费用较高，主要由于受电弓、集电靴、控制器、控制单元等的更换费用较高。

(6)车钩和缓冲器预防修费用估算分析

与其他系统的预防性维修要求类似，车钩和缓冲器预防修费用见表10-13。

表 10-13 四辆编组列车车钩和缓冲器预防修费用表

维修级别	年维修保养	5年修	合计(占比)
维修费用(元)	3 120	32 900	
30年内维修次数	30	5	
30年工时费用	9.36	1.12	10.48(0.41)
30年材料费用	0.0	15.33	15.33(0.59)
30年费用静态值(万元)	9.36	16.45	25.81
30年费用现值(万元)	6.12	10.79	16.91

由表10-13计算结果可知，车钩缓冲器30年寿命周期费用静态值为25.81万元，其中工时费用约占41%、材料费用约占59%。在工时费用中，年维修保养工时费用比例最高，说明车钩缓冲器由于涉及地铁车辆运行安全，需要加强日常保养，而在架修时主要是更换相关零部件，不需做太多的检查和测试工作，因此工时费用比例较低。在材料费用中，只有架修材料费用，主要是易损件更换费用。

(7)车体及内置设施

该部分主要包括地铁车辆车体、车窗、地板、座椅、扶手及相关设施等。根据调研情况，该部分系统或零部件的使用寿命一般较长，故障率较低，故障后果较轻，通常采用故障后再维修的修复性维修方式，因此，基本不产生预防修费用。这里不再对该部分做预防修费用估算。

(8)预防性维修费用估算分析

前面讨论了地铁车辆各系统的预防修费用估算和分析，预防修费用是很重要的一部分费用，在寿命周期费用中占有较大比例。下面从整列编组的角度对各系统的预防修费用进行静态和动态分析。

表10-14列出了四辆编组地铁车辆各系统、各级预防修费用静态分析的数值，并计算了各费用单元的比例，可以得出如下结论：

表 10-14 地铁车辆各系统预防修费用静态值 万元

项　目	空调系统	门系统	制动风源	转向架	电气电子	车钩缓冲器	合计(占比)
保养费用静态值	1.64	3.9	10.08	16.22	21.00	9.36	62.2(0.070)
比　例	0.026	0.063	0.162	0.261	0.338	0.150	1.0
架修费用静态值	11.04	14.44	139.05	3.36	27.16	16.45	211.50(0.236)
比　例	0.052	0.068	0.658	0.016	0.128	0.078	1.0
大修费用静态值	32.96	119.44	92.82	108.42	142.04	0.0	495.68(0.554)
比　例	0.066	0.241	0.187	0.219	0.287	0.0	1.0
15年修费用静态值	0.0	0.0	0.0	0.0	125.28	0.0	125.28(0.140)
比　例	0.0	0.0	0.0	0.0	1.0	0.0	1.0
各系统预防修合计费用	45.64	137.78	241.95	128	315.48	25.81	894.66
比　例	0.051	0.154	0.270	0.143	0.353	0.029	1.0

①各系统预防性维修费用相对比例分析。从表10-14可知，30年寿命周期内四节编组车辆的预防性维修费用静态值合计为894.66万元。各系统预防修费用由高到低依次为电气电子(0.353)、制动风源(0.270)、门系统(0.154)、转向架(0.143)、空调系统(0.051)、车钩缓冲器(0.029)。从费用比例看，电气电子和制动风源系统的预防修费用最高，其次是门系统和转向架的预防修费用，空调和车钩缓冲器的费用比例最小。

②各级预防性维修费用相对比例分析。地铁车辆的预防性维修分为四级：间隔期一年以下的保养、5年一次的架修、10年一次的大修和15年检修(仅对电子电器系统)。由表10-14可知，各维修等级费用比例由高到低分别为大修(0.554)、架修(0.236)、电气系统15年修(0.140)、保养(0.070)，大修的维修次数不多，但费用比例很高，主要表现在大修时许多零部件需更新，导致材料费大幅增加。

③各系统保养费用相对比例分析。由表10-14可知，各系统保养费用由高到低依次为电气电子(0.338)、转向架(0.261)、制动风源(0.162)、车钩缓冲器(0.150)、门系统(0.063)、空调系统(0.029)。从费用比例看，电气电子和转向架系统的保养费用比例最高，其次是制动风源和车钩缓冲器的保养费用，空调和门系统的费用比例最小。

④各系统架修费用相对比例分析。由表10-14可知，各系统架修费用由高到低依次为制动风源(0.658)、电气电子(0.128)、车钩缓冲器(0.078)、门系统(0.068)、空调系统(0.052)、转向架(0.016)。从费用比例看，制动风源系统和电气电子的架修费用比例最高，其次是车钩缓冲器、门系统和空调系统，转向架的费用比例最小。

⑤各系统大修费用相对比例分析。由表10-14可知，各系统大修费用由高到低依次为电气电子(0.287)、门系统(0.241)、转向架(0.219)、制动风源(0.187)、空调系统(0.066)。从费用比例看，电气电子的大修费用比例最高，其次是门系统、转向架和制动风源，空调的费用比例最小。

⑥总工时费与材料费的比较。地铁车辆编组寿命周期内各系统预防修工时和材料费用静态值列于表10-15中。由表10-15可见，在寿命周期费用静态值中工时费用占11.6%，材料费用占88.4%。其中工时费用约为103.77万元，若每小时工时费用按40元计算，每人每天按8小时工作日计算，则四辆地铁编组车辆寿命周期内维修总工时约折合3243个人工作日。

表10-15　地铁车辆各系统预防修工时和材料费用静态值　　万元

项　目	空调系统	门系统	制动风源	转向架	电气电子	车钩缓冲器	合　计
工时费用静态值	17.64	6.87	24.04	22.4	22.35	10.48	103.77
比　例	0.020	0.008	0.027	0.025	0.025	0.012	0.116
材料费用静态值	28	130.91	217.91	105.6	293.13	15.33	790.88
比　例	0.031	0.146	0.244	0.118	0.328	0.017	0.884
预防修费用静态值	45.64	137.78	241.95	128	315.48	25.81	894.65
比　例	0.051	0.154	0.270	0.143	0.353	0.029	1.0

⑦各系统工时费用比较。由表10-15可知，从各系统的工时费用比例看，制动风源系

统、转向架、电子电器等系统由于比较复杂且涉及地铁车辆运行的安全性，维修工时费较高。在工时费用中，有些属于日常保养工时费用，另一些属于架修、大修时的工时费用，如门系统的工时费用主要是日常维护工时费用，架修、大修时主要进行零部件更换，工时费用并不高；而空调系统的工时费用主要是在架修和大修时发生，其日常维护工时费用不高。各系统内的费用结构和比例情况可参考前面的估算分析结果。

⑧各系统材料费用比较。由表 10-15 可知，材料费用比例看，电气电子系统的材料费用最高，其他系统由高到低依次为：制动风源系统、门系统、转向架、空调系统、车钩缓冲器。这些材料费用大部分属于大修材料费，如大修时需要更换的受电弓、集电靴、控制单元、闸片、橡胶件等的材料费用都较昂贵。

上面对四辆编组地铁车辆及各系统预防修费用进行了估算和分析，为简便起见，估算时没有考虑资金的时间价值，得到的费用属于静态值。但地铁车辆的寿命周期长达 30 年，为了更科学地评估费用，必须考虑资金的利率，即进行 LCC 动态估算。

在进行 LCC 动态估算时，一般以年为时间单位，将寿命周期内各年发生的费用折现为基准年的现值，再进行评价分析。通过前面的分析可知，地铁车辆的预防修主要包括以下几个等级：周期不超过 1 年的年维修保养；2 年一次的维修保养（仅限于制动风源系统）；5 年一次的架修；10 年一次的大修；15 年一次检修（仅限于电气系统）。根据前面估算结果，可将各级预防修费用汇总成表 10-16。

表 10-16　地铁车辆各级预防修费用表

项　　目	年保养	2 年保养	5 年架修	10 年大修	15 年修
空调系统(元)	547	0.0	36 800	164 800	0.0
门系统(元)	1 300	0.0	48 120	597 200	0.0
制动风源(元)	3 120	480	463 490	464 130	0.0
转向架(元)	5 408	0.0	11 200	542 080	0.0
电气电子(元)	7 000	0.0	135 800	710 200	1 252 800
车钩及缓冲器(元)	3 120	0.0	32 900	32 900	0.0
合计(万元)	2.05	0.048	72.83	251.13	125.28
30 年内静态值合计(万元)	61.5	0.72	204.90	502.26	125.28
30 年内现值合计(万元)	40.16	0.47	133.81	325.87	80.41
总现值(万元)：580.72			总静态值(万元)：894.66		

⑨四辆编组地铁车辆预防修费用修正

从表 10-16 计算结果看，一列编组车辆的预防性维修费用总现值仅为 580.72 万元，与 4 093.3 万元的采购费和 2 121.5 万元的运用费用相比明显偏小。分析其原因主要有以下几方面：

a. 年维修保养费用偏低。在前面的费用资料中，年维修保养费中都没有包含材料费，这显然是不合理的，根据目前某城市地铁 1 号线年维修保养情况，一列编组车辆年维修保养费用约为 6 万元。考虑到本例为四辆编组，费用应有所降低，出于保守考虑，这里仍假定为6万元。

b. 架修费用偏低。根据前面费用资料计算出的一列编组车辆架修费用为72.83万元。目前某城市地铁1号线一列编组车辆架修费用约为200万元，考虑到本例为四辆编组，架修费用可暂定为150万元。

修正后的预防修费用数据及其寿命周期费用动、静态分析结果列在表10-17中。

表10-17 地铁车辆各级预防修费用动静值

项　目	年保养	5年架修	10年大修	15年修
费用(万元)	6	150	251.13	125.28
30年内静态值合计(万元)	180	436.42	502.26	125.28
30年内现值合计(万元)	117.6	285.13	325.87	80.41
总现值(万元):809.01			总静态值(万元):1 243.96	

2. 修复性维修费用

前面讨论了地铁车辆各系统的预防性维修费用，预防修方案一般在地铁车辆交付运用前由供货商和用户共同协商制定，方案确定后，相应的预防修费用也基本确定。因此，可以说预防修费用属确定性费用。修复性维修是指地铁车辆在运用中发生故障后，针对该故障进行的维修，而故障的发生具有随机性，它取决于地铁车辆的运用可靠性。因此，修复性维修费用取决于地铁的故障情况，具有随机性。

根据故障后果的严重程度，修复性维修分为两种情况：

(1)某些潜在故障和后果轻微的功能故障发生后，基本不影响地铁车辆的正常运营，可在方便的时候(如定期维修保养时)进行维修，这种修复性维修费用结构同预防修费用相同，只包含维修工时费和材料费，为计算方便，可以计入预防修费用中考虑。

(2)另有一些功能故障发生后会影响地铁车辆的正常运营，需要立即进行维修，这就要求车辆段等维修部门制定专门的生产计划，对人员、材料、配件、管理做出专门安排，以便迅速修复故障，使该车辆尽快投入运营。该种修复性维修费用中不仅包含了工时费和材料费，还包括人员加班费等附加费用。

此处主要考虑第二种修复修费用的估算方法。为了估算地铁车辆各系统的修复性维修费用，首先根据经验确定各系统的主要故障模式，然后确定针对各故障模式进行修复性维修所需要的工时费、材料费及可能的附加费。根据以可靠性为中心的维修(RCM)理论，大部分复杂系统的故障规律都遵循故障率近似为常数的原则，即地铁车辆在正常使用的寿命周期内各种故障模式的故障率应是稳定的。因此，只需确定各故障模式在寿命周期内每年的平均发生频次。在此基础上就可以估算某系统在寿命周期内每年的修复性维修费用。

通过表10-18可以方便地估算各系统的修复性维修费用。

按照表10-18可以得到地铁车辆各系统年修复性维修费用、累计静态值、累计现值等数值。根据需要可对该系统做进一步费用结构和比例分析。

表 10-18　地铁车辆某系统各故障模式年修复性维修费用表

项　　目	故障模式 1	故障模式 2	故障模式 3	故障模式 4	…
工时费					
材料费					
附加费					
年平均发生次数					
费用合计					
30 年费用合计					
30 年费用现值					

上面给出了计算修复性维修费用的一般方法，该方法要求在对各系统故障分析的基础上，收集大量费用数据。由表 10-17 知，四辆编组地铁车辆的年预防维修保养费用约为 6 万元，根据已有地铁车辆的运营经验，年修复性维修费用约为预防修费用的 2 倍，因此，可假定年修复性维修费用为 12 万元，则寿命周期内修复性维修保养费用静态值为 360 万元，现值约为 235.2 万元。

（四）地铁车辆维修管理费用

根据费用结构，地铁车辆的维修管理费包括行政财务费、设备管理费、配件管理费、人员培训费等费用，这些费用是车辆段针对其所有地铁车辆的维修管理费用，需要分摊到每列地铁车辆及其系统上。由于各车辆段的维修管理方式不同，其维修管理费用结构会有所不同，可根据具体情况在已有费用结构基础上做适当修改。由于维修管理费用属重复性费用，因此应给出各系统的年平均维修管理费。在此基础上可计算维修管理费用的 30 年静态值及其现值。填入表 10-19 中。

表 10-19　地铁车辆各系统维修管理费用表

项　　目	空调系统	门系统	制动及风源系统	转向架	电气电子系统	车钩及缓冲器	车体及内置设施
行政财务费							
设备管理费							
配件管理费							
人员培训费							
合计费用							
30 年费用静态值							
30 年费用现值							

根据相关调研资料，假定年维修管理费用为 5 万元，则寿命周期内维修管理费用为 150 万元，折算现值为 98 万元。

（五）不可用费用

1. 不可用费用类别

如前所述，不可用费用是指由于地铁车辆服务中断造成的各种费用损失，其中包括：

(1)由于服务中断所丧失的地铁运营收益费用；

(2)某列地铁车辆故障阻塞线路，造成其他地铁车辆晚点所引起的损失；

(3)车辆救援所发生的费用；

(4)乘客赔偿费用；

(5)中断服务对地铁运营信誉的影响，由此造成未来客流减少等潜在损失。

地铁车辆的不可用费与其可靠性、维修性有关，如地铁车辆的可靠性高，则中断服务故障少，不可用费用较少；同样，若维修性好，则地铁车辆故障后能很快得到修复并重新投入运营，使地铁车辆中断服务的时间较短，从而不可用费用较少。由于不可用费用与地铁车辆故障后果的严重程度有关，为计算方便，常根据地铁车辆故障后果不同，将其分为几个等级，分别计算不可用费，再累加。

2. 不可用费用等级

根据地铁车辆故障的严重程度和不可用费用多少，由低到高可分为以下几个等级。

(1)晚点费用

列车因故障在线路上停车时间超过 3 min，对商业运行和信誉造成影响。晚点是最常见的故障，它产生的不可用费包括以下三部分：

①在 70%满负荷状态下，四辆编组列车乘客约为 640 人，平均晚点时间按 5 min 计算，则旅客总延误时间为 3 200 min，折合 53.3 h。若每工时费用按 40 元计算，则旅行延误费为 2 133 元，该项费用也可看作旅客赔偿费。

②晚点会对线路造成一定影响，每次晚点的线路影响费可按 2 000 元计。

③此外，晚点还会对地铁车辆的运营信誉造成不良影响，每次晚点的平均潜在损失费用可按 1 000 元计。由于晚点几乎没有中断商业运营，因此，一般不会造成运营损失，也不会发生救援费用。

(2)疏散乘客费用

乘客下车，列车空载返回车辆段。这里应考虑四部分不可用费用：

①旅客旅行的延误费用或赔偿费用，其中包括乘客的退票费、旅行延误费、各种损失赔偿费等。若人均按 10 元计算，一列编组列车平均按 640 名乘客(约为满载荷的 70%)计算，则赔偿费用约为 6 400 元。

②由于占用线路影响其他地铁列车正常运行，产生线路影响费用。线路影响费用平均可按 5 000 元计算。

③由于地铁车辆需要返回车辆段进行维修，被迫中断运营，产生了运营损失费，运营损失费可按 10 000 元计算。

④这种故障常会对地铁的商业信誉带来较坏的影响，这种潜在损失可按 5 000 元计算。由于地铁车辆尚能空车返回车辆段不需救援，故不发生救援费用。

(3)救援费用

救援分两种情况：

①本列车动力丧失，可由后面的列车推回车辆段，不需要请求工程救援车，但后面列

车需要乘客下车转乘，该情况将产生后面列车旅客的赔偿费用，可把该费用看作工程救援费用。

②本列车无法运行，必须依靠工程救援车救助，这种情况将产生工程救援费，且由于占用线路时间较长，线路影响费用较高。综合考虑上面两种情况，救援的不可用费用包括赔偿费、线路影响费、运营损失费、潜在损失费和工程救援费用。其中赔偿费、运营损失费和潜在损失费可仍按前面数额计算。而救援故障的线路占用时间较长，相应的线路影响费用也较高，可按 1.5 万元计算。工程救援费用可按 5 000 元计算。

3. 不可用费用分配

针对上述各类故障，有关规定明确要求，地铁车辆的平均服务故障间隔时间(MTBFS)不小于 3 500 h，则平均服务故障率为 1/3 500，根据可靠性分配方法，暂按照各级故障的发生概率比为 1∶10∶20 进行分配。

(1)晚点的平均故障率为 1/4 025，平均故障间隔时间为 4 025 h(167.7 d)，30 年中共发生 65.3 次，不可用费用静态值约为 33.5 万元；平均每年发生 2.176 次，平均每年晚点故障的不可用费用静态值为 1.117 万元。

(2)疏散乘客的平均故障率为 1/40 250，平均故障间隔时间为 40 250 h(1 677.1 d)，30 年中共发生 6.5 次，不可用费用静态值约为 17.2 万元；平均每年发生 0.218 次，平均每年疏散乘客故障的不可用费用静态值为 0.574 万元。

(3)救援的平均故障率为 1/80 500，平均故障间隔时间为 80 500 h(3 354.2 d)，30 年中共发生 3.3 次，平均每年发生 0.11 次。不可用费用静态值约为 13.7 万元。平均每年救援故障的不可用费用静态值为 0.455 万元。

将各级不可用费用汇总于表 10-20 中。

表 10-20　地铁车辆编组不可用费用表

项　　目	晚　　点	疏散乘客	救　　援
旅客赔偿费(元)	2 133	6 400	6 400
运营损失费(元)	0.0	10 000	10 000
线路影响费(元)	2 000	5 000	15 000
潜在损失费(元)	1 000	5 000	5 000
工程救援费(元)	0.0	0.0	5 000
不可用费合计(元)	5 133	26 400	41 400
年平均发生次数(次)	2.18	0.218	0.11
年平均不可用费(万元)	1.117	0.574	0.455
年不可用费合计(万元)	2.146		
30 年静态不可用费合计(万元)	64.38		
30 年不可用费现值(万元)	42.06		

各类故障造成的年不可用费用约为 2.146 万元，30 年不可用费静态值合计 64.38 万元，折合现值 42.06 万元。

（六）处置费用

地铁车辆的处置费可根据有关设备折旧规定和地铁车辆具体情况计算，一般数值较小，为计算方便此处暂定为40万元，折算现值为16.51万元。

四、四辆编组地铁车辆LCC估算结果

将前面计算得到的寿命周期各年发生的采购费、运用费、维修费、不可用费和处置费填入表10-21，并进行折算、累加得到四辆编组地铁车辆LCC静态值和总现值。其中对应费用年金最低的年限为地铁车辆的经济寿命。

表10-21　四辆编组地铁车辆LCC表

项　目	0	1	2	3	4	5	…	29	30
采购费用									
运用费用									
维修费用									
不可用费									
处置费									
年费用合计									
费用现值									
静态值累计									
现值累计									
费用年金									

汇总前面的费用计算结果，可以得到表10-22，分析各费用比例情况，若某项费用比例不正常，可对其做进一步研究，直到找到费用失调的原因。通过对某些关键费用因素采取措施，可以合理降低寿命周期费用。

从表10-22可以看出，采购费用比例最高，其次是运用费用和维修费用，不可用费用和处置费用的比例较低。

表10-22　四辆编组地铁车辆LCC汇总

万元

费用项目	采购费用	运用费用	维修费用	不可用费	处置费	合　计
费用静态值	4 093.30	3 247.2	1 753.96	64.38	−40	9 118.84
静态值比例	0.448 9	0.356 1	0.192 3	0.007 1	−0.004 4	1.0
费用现值	4 093.30	2 121.5	1 142.21	42.06	−16.51	7 382.56
现值比例	0.554 4	0.287 4	0.154 7	0.005 7	−0.002 2	1.0

第三节　我国内燃机车 LCC 建模与分析

一、我国内燃机车特点及运用维修状况

为了适应铁路运输的不同需求，我国开发研制了多种型号的内燃机车，按照电传动方式可分为直流电传动和交流电传动内燃机车，交流电传动又可分为交-直-交和交-交变频两种传动方式，目前投入运用的国产内燃机车主要为交-直-交传动内燃机车。

按照柴油机缸径可分为 240 系列内燃机车和 280 系列内燃机车；按照柴油机缸数可分为 8 缸机、12 缸机和 16 缸机；按照用途可分为客运机车、货运机车和调车机车，其中客运机车又分为普通客运机车和快速客运机车。下面以 DF_{4D}型客运内燃机车（图 10-16）为代表，讨论其结构和运用维修特点。

图 10-16　DF_{4D}型内燃机车

（一）内燃机车结构功能特点

1. 基本参数

用途：干线客、货运；

轨距：1 435 mm；

传动方式：交-直流电传动；

轴式：Co—Co；

轮径：1 050 mm；

轴重：23 t（允许误差＋3%）；

整备质量：138 t（允许误差＋3%）；

通过最小曲线半径：145 m；

机车标称功率：2 425 kW；

构造速度：（客）145 km/h，（货）100 km/h；

持续速度：(客)39 km/h，(货)24.5 km/h；

起动牵引力：(客)302.6 kN，(货)480.48 kN；

持续牵引力：(客)214.8 kN，(货)341.15 kN；

柴油机型号：16V240ZJD；

柴油机装车功率：2 940 kW；

主发电机型号：TQFR-3000E；

硅整流装置型号：GTF-5100/1250；

牵引电动机型号：ZD109B；

车钩型式：TB 1595—85 下开式；

转向架轴距：1 800×2 mm；

机车全轴距：15 600 mm；

机车外形尺寸(长×宽×高)：21 100 mm×3 309 mm×4 755 mm。

2. 结构功能特点

根据内燃机车的主要功能和结构，按照系统、子系统、设备、组件或部件 4 个层次，自上而下对内燃机车的结构和功能进行分解，在每一层次上根据其故障是否影响机车安全和运用为标准，筛选出该层次的重要功能系统或产品，对于非重要功能系统或产品则不必做继续分解和分析。

(1)第一层：机车总体分解

机车总体如图 10-17 所示，可划分为 8 个系统：

①柴油机及辅助系统；②主发及整流装置；③牵引系统；④车体及走行系统；⑤空气制动系统；⑥电器仪表及线路系统；⑦安全监控系统；⑧空调及采暖系统。

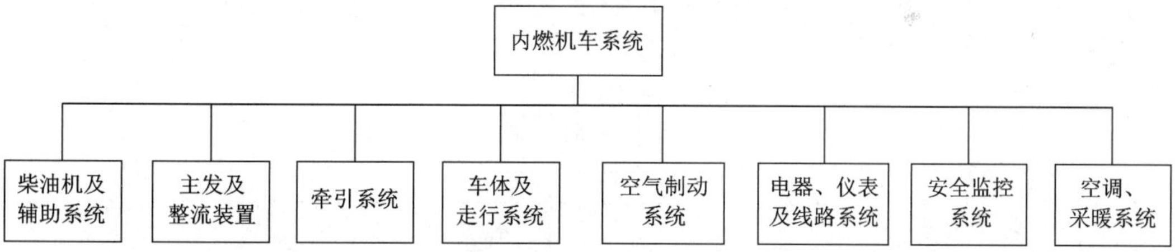

图 10-17　内燃机车总体结构分解

在上述 8 个系统中，空调及采暖系统对内燃机车的运用和安全没有直接影响，可作为非重要功能系统处理，其余 7 个系统中任何一个出现故障都可能影响机车的安全或运用，因此均属于重要功能系统。

(2)第二层：重要功能系统分解

①柴油机及辅助系统如图 10-18 所示，按其功能和结构可划分为：运动件、固定件、传动系统、燃油系统、机油系统、进排气系统、水冷系统、空冷系统、预热系统等 9 个子系统。

在上述 9 个子系统中，任何一个都可能发生影响机车正常运用的故障，因此均属于重要功能系统。

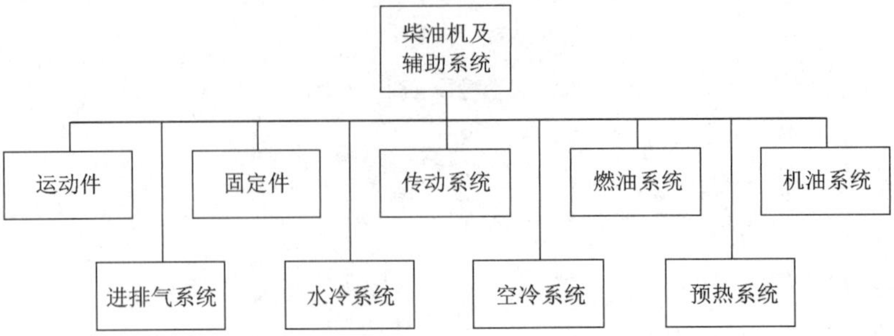

图 10-18 柴油机及辅助系统结构分解

②主发及整流装置如图 10-19 所示,可划分为:主发电机、牵引整流柜和励磁整流柜。

图 10-19 主发及整流装置结构分解

主发电机与柴油机相连,是将柴油机发出的机械能转化为电能的装置。牵引整流柜是内燃机车主电路整流设备,它将主发电机发出的三相交流电转换成直流电,供给牵引系统。励磁整流柜为励磁电路整流设备,将励磁电机发出的三相交流电转换成脉动直流电,供主发电机励磁用。上述系统对于内燃机车运行均必不可少,属重要功能系统。

③牵引系统如图 10-20 所示,可划分为:逆变器(交流传动机车)、牵引电机、励磁电机和启动电机。

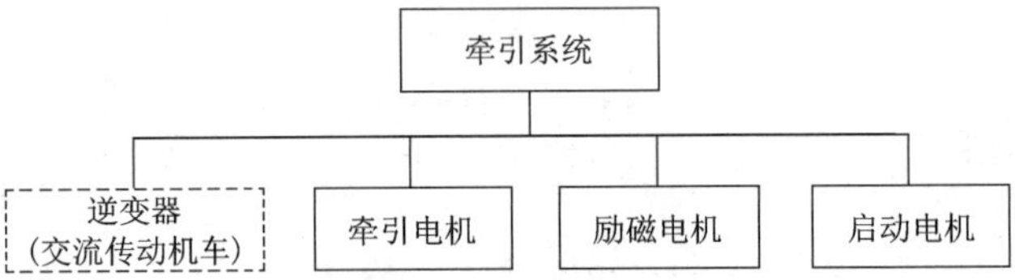

图 10-20 牵引系统结构分解

在交-直-交传动机车上,逆变器将牵引整流柜输出的直流电转换成三相变压变频交流电,给交流牵引电机供电;在直流传动机车上,没有逆变器装置,牵引整流柜输出的直流电直接驱动直流牵引电机。牵引电机、励磁电机和启动电机是保证牵引系统正常运行的必要设备,因此上述部件模块均属重要功能系统。

④车体及走行系统如图 10-21 所示,可划分为:车体、转向架、车钩及缓冲装置。

上述子系统不仅可能发生影响机车正常运用的故障,而且可能会带来安全性隐患,因此都属于重要功能系统。

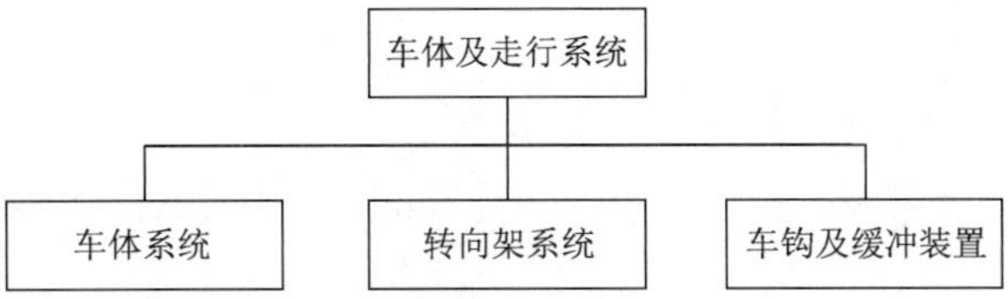

图 10-21 车体及走行系统结构分解

⑤空气制动系统如图 10-22 所示，可划分为：空气压缩机、电空制动机、风缸及管路、基础制动装置。其中空气压缩机用于产生压缩空气，电空制动机为制动信号的发出和控制装置，风缸及管路用于压缩空气的存储和传输，基础制动装置为执行机构。显然，上述系统和装置均为影响安全的重要功能系统。

图 10-22 空气制动系统结构分解

⑥电器、仪表及线路系统如图 10-23，可划分为：机车电器、电测仪表、微机、蓄电池、电气线路 5 个子系统。

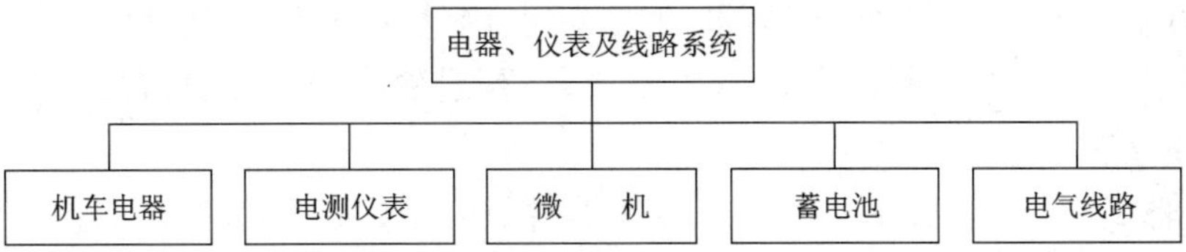

图 10-23 电器、仪表及线路结构分解

在上述 5 个子系统中，任何一个都可能发生影响机车正常运用的故障，因此也都属于重要功能系统。

⑦安全监控系统如图 10-24 所示，可划分为：轴温报警装置和运行监控装置。轴温报警装置负责监测内燃机车系统的轴温度，并向机务人员发出警报。运行监控装置则负责监控整个内燃机车系统的运行状态，两者均是系统的重要功能系统。

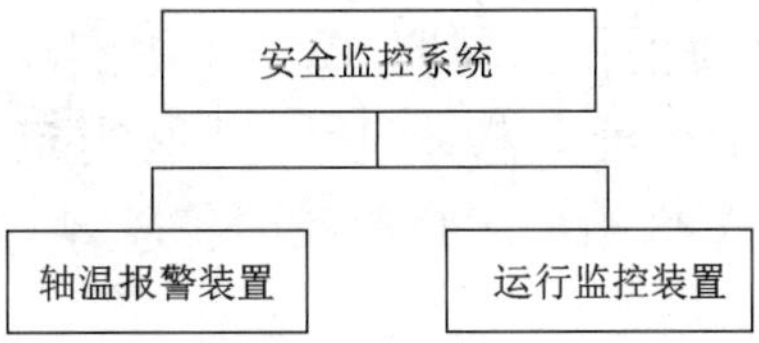

图 10-24 安全监控系统结构分解

(3)第三层：子系统划分

随着内燃机车系统分解层次的不断深入，部件范围和数量会显著增大，下面仅对重点研究的几个系统做进一步分解。

①柴油机及辅助系统

a. 运动件:活塞、连杆、曲轴、减振器、凸轮轴、进排气门及其驱动装置。

b. 固定件:机体、缸盖及附件、缸套、轴瓦等。

c. 传动系统:启动变速箱、静液压变速箱、万向轴、传动轴、联轴节、齿轮传动装置、泵传动装置等。

d. 燃油系统:燃油箱及管路、燃油滤清器(包括粗、精滤清器)、燃油泵、高压油泵、喷油器、燃油调控系统等。

e. 机油系统:油底壳及机油管路、机油滤清器(粗、精、离心、增压器机油滤清器)、主机油泵、启动机油泵、辅助机油泵、机油热交换器等。

f. 进排气系统:空气滤清器、进排气管路及稳压箱、增压器、中冷器等。

g. 水冷系统:冷却水箱及管路、高低温水泵、散热器等。

h. 空冷系统:静液压系统及冷却风扇、通风机等。

i. 预热系统:锅炉、风机、水泵、燃油泵、喷油及点火装置、辅助机油泵。

②车体及走行系统

a. 车体系统:车体、车架、排障器、牵引装置、车体通风装置、车体设备等。

b. 转向架系统:构架、轴箱及轴承、轮对、一二系弹簧、油压减振器、拉杆及牵引杆装置、电机悬挂及驱动装置等。

c. 车钩及缓冲装置:车钩、钩尾框、缓冲器、前后从板、钩尾销、尾框托板、均衡梁、车钩提杆等。

③主发及整流装置

a. 主发电机:转子装配、定子装配、刷架装配、内外密封环、滚动轴承等。

b. 整流装置:功率半导体器件、牵引整流装置、励磁整流装置、冷却装置。

④牵引系统

a. 逆变器(交流传动机车):功率半导体器件、驱动单元、功率模块、控制单元、冷却装置等。

b. 牵引电机:机座、换向器、主极装配、换向极装配、刷架装配、电枢、滚动轴承等。

c. 励磁电机:定子、转子、电枢绕组、励磁绕组、风扇、轴承、前后轴承盖等。

(二)内燃机车运用维修特点

我国内燃机车采用的检修方式仍然是传统的计划预防修,即针对不同的检修级别规定明确的检修周期,机车运用到规定的时间或走行里程,就进行相应级别的检修。目前客、货运机车根据走行里程制定检修周期,调车机车按照运用时间规定检修周期。表 10-23 给出了目前我国普通客、货运内燃机车和调车机车的检修级别和检修周期。

表 10-23 我国内燃机车预防性维修级别和检修周期

维修级别	普通客货运机车	快速客运机车	调车机车
辅 修	2～3 万 km	2.5～4 万 km	2～3 个月
小 修	4～6 万 km	5～8 万 km	4～6 个月

续上表

维修级别	普通客货运机车	快速客运机车	调车机车
中　修	23～30 万 km	23～30 万 km	2.5～3 年
轻大修	—	70～90 万 km	—
大　修	70～90 万 km	160～180 万 km	7～9 年

机车的辅、小修和中修工作一般在机务段完成，机车大修工作通常在相关机车大修工厂进行，随着检修级别的提高，检修范围和检修停时都是逐渐增加的，内燃机车段修规程和大修规程是上述检修工作的主要依据和验收标准。

快速客运机车是指机车构造速度为 140 km/h 以上的客运内燃机车，主要指 DF_{4D}客、DF_{11}、DF_{11G}等型号机车。与普通机车相比，快速客运机车的运行速度较快，相同时间内完成的运行里程较多，电器、电线路等主要与运用日历时间有关的部件状态较好，为了避免上述部件的过度维修，专门针对快速客运机车设置了轻大修级别。

二、内燃机车 LCC 建模

（一）产品结构分解

根据内燃机车的结构和功能特点，将其分解为柴油机及辅助系统、发电机、整流装置、牵引电机、辅助传动装置、车体及转向架、空气制动系统、机车空调及采暖系统、电器及电子装置等系统，根据需要，各系统可进一步分解为子系统及零部件。由于本文主要对内燃机车整机的寿命周期费用进行评价分析，不再对各系统做更详细的分解。

（二）寿命周期阶段划分

根据国际标准 IEC300-3-3 的规定，一般产品的寿命周期都可划分为以下六个阶段：论证、设计和开发、生产、安装、运用和维修、报废。根据分析目的不同，可在不同阶段对产品进行寿命周期费用分析和评价。由于铁路运用部门不涉及机车的研发和生产，机车寿命周期可划分为采购、运用、维修、报废几个阶段，其中运用、维修阶段最长。内燃机车的预计使用寿命为 20～30 年，其间要经历多次辅修、小修、中修、大修等修程，为费用计算方便，一般以年为单位，对寿命周期进行划分。

（三）费用项目分解

费用目录是费用分解矩阵的一项重要内容，它首先把寿命周期费用分解为几个主费用单元，建立主费用模型；再将各主费用单元分解为子费用单元，建立子费用模型；根据需要还可对子费用单元继续分解并得到相应的费用单元模型。最后将各费用模型汇总得到寿命周期费用模型。

内燃机车寿命周期费用包括采购、运用、维修、报废等阶段的各项费用。首先可把内燃机车的寿命周期费用分解为采购费、运用费、维修费、不可用费、处置费等五项主费用项目，即

$$C_t = C_{GZ} + C_{SY} + C_{WX} + C_{BKY} + C_{CZ} \tag{10-18}$$

式中　C_t 为寿命周期费用；C_{GZ}为采购费；C_{SY}为运用费；C_{WX}为维修费；C_{BKY}为不可用费；C_{CZ}为处置费。

1. 采购费用

采购费用是指内燃机车的采购费用，对于铁路运用部门而言，该费用数值明确，且不必做进一步分解，一般发生在寿命周期的起点。

2. 运用费用

内燃机车运用费用一般包括燃油费、耗品费、乘务员工资、运用管理费等几项，运用费用 C_{SY} 可分解为

$$C_{SY}=C_{SRY}+C_{SHP}+C_{SGZ}+C_{SGL} \tag{10-19}$$

式中 C_{SRY} 为燃油费；C_{SHP} 为耗品费；C_{SGZ} 为乘务员工资；C_{SGL} 为运用管理费。

在内燃机车运用费中，燃油费占有很高比例，其他项目费用所占比例较低，且相差不大，为计算简便，在对不同机型运用费用比较时，可仅计算燃油费。

3. 维修费用

在寿命周期费用中，维修费 C_{WX} 是最繁杂的一项，可分为预防性维修费、修复性维修费和维修管理费，即

$$C_{WX}=C_{WYF}+C_{WXF}+C_{WGL} \tag{10-20}$$

式中 C_{WYF} 为预防性维修费；C_{WXF} 为修复性维修费；C_{WGL} 为维修管理费。

按照目前的内燃机车维修制度，预防性维修又可分解为

$$C_{WYF}=C_{WYKJ}+C_{WYFX}+C_{WYZX}+C_{WYDX} \tag{10-21}$$

式中 C_{WYKJ} 为出入库检查费；C_{WYFX} 为辅小修费；C_{WYZX} 为中修费；C_{WYDX} 为大修费。

修复性维修费是指机车故障后的维修所发生的费用，与机车可靠性和故障率密切相关。

4. 不可用费用

不可用费是指机车由于故障中断运用所丧失的运用收益费用，还包括由于中断运用造成的其他费用损失，如：机车发生机破阻塞线路，影响其他列车正常运行而造成的损失。提高内燃机车的可靠性是降低其不可费用的主要途径，通常在内燃机车的研发、生产阶段，以较少的资金投入改善机车可靠性，可以在运用、维修阶段获得很大的收益。

5. 处置费用

处置费用主要是指内燃机车运用到报废寿命时的残值，根据残值的收益和支出情况，该数值可能为正或负值。

（四）内燃机车 LCC 计算方法

在不同时刻支付的相同金额，其费用价值并不相同，这便是资金的时间价值。资金的时间价值通常用利率来衡量，即单位时间（如：年）内所得利息与本金的比值。考虑资金时间价值的费用计算称为动态费用计算，由于内燃机车的寿命周期较长，一般在计算其寿命周期费用时，采用动态费用计算法。其计算公式为

$$F_n=P(1+i)^n \tag{10-22}$$

式中 F_n 为费用终值；P 为现值；n 为寿命周期；i 为年利率。

如果把内燃机车的寿命周期费用看成是一块“面包”，则图 3-1 中模型把“费用面包”

从三个方向进行切片形成小的"面包单元",即费用单元。在费用计算和分析时,既可在费用"面包片"上进行(如对机车某系统进行费用分析),也可在费用单元上进行。在计算机车寿命周期费用时,只需把上述费用"面包片"或费用单元进行累加和汇总。

第四节 LCC在瑞典X2000型高速动车组中应用

一、X2000型高速动车组的基本特征和主要技术参数

1. 基本特征

瑞典铁路X2000型高速动车组采用了高速摆式列车技术,具有如下三大技术特点:

(1)采用主动式倾摆车体技术

当列车头部进入线路曲线部位时,安装在列车第一个转向架上的传感器发出信号,计算机即根据此信号经计算发出相应指令,通过液压伺服系统,使后面的客车车体依次及时地向曲线内侧倾摆适当的角度,克服列车通过曲线产生的离心力,改善了旅客的舒适性。也就是说,倾摆式车体的设计,使X2000型列车比传统列车通过曲线时速度提高30%~40%,旅客舒适度没有降低。

(2)采用径向自导向转向架技术

普通转向架的车轴之间永远保持平行,而径向转向架由于轴箱悬挂系统采用柔性橡胶-金属人字形弹簧,使转向架通过曲线时,两根车轴可自动调整成径向位置,从而有效地减少了轮轨之间的冲角和横向作用力,保证通过曲线时的安全性。

(3)采用三相交流传动技术

这也是世界上高速列车普遍采用的先进技术。采用交直交异步电机传动技术不仅提高了列车牵引与制动功率,也降低了列车质量和转向架簧下质量,改善了接触网供电质量和列车运行品质,减少了维修工作量。

2. 主要技术参数

X2000型高速动车组主要技术参数见表10-24。

表10-24 X2000型高速动车组主要技术参数

参数名称	数值或型式	参数名称	数值或型式
最高速度	210 km/h	操纵尾车定距	14.5 m
轨　距	1 435 mm	车辆高度	3 800 mm
供电电压、频率	15 kV、162/3 Hz	车体宽度	3 080 mm
列车总长度	140 m	地板面高	1 260 mm
列车质量(空载)	321 t	动力车车轮直径(新/旧)	1 100/1 040 mm
列车总重(满载)	343 t	拖车车轮直径(新/旧)	880/820 mm
动力车自重	73 t	常用制动减速度和制动距离	1.1 m/s^2,1 560 m
头等、二等拖车自重	47 t	紧急制动减速度和制动距离	1.4 m/s^2,1 190 m
二等拖车与餐车合造车自重	49 t	动力车制动装置	再生+盘型+踏面清扫

续上表

参数名称	数值或型式	参数名称	数值或型式
操作尾车自重	55 t	拖车制动装置	盘型＋磁轨
最大侧向加速度(轨道平面)	1.85 m/s^2	动力车长度	17.6 m
牵引系统	三相交流、异步牵引电机	拖车长度	24.95 m
持续额定功率	3 260 kW	尾车长度	22.26 m
最大功率	4 000 kW	客车车厢噪声(200 km/h)	小于 65 dB(A)
最大牵引力	160 kN	司机室噪声(200 km/h)	小于 70 dB(A)
动力车定距	9.5 m	车体主要材料	不锈钢
拖车定距	17.7 m		

二、X2000 型高速摆式列车技术及其发展

(一)高速摆式列车的发展

从 1960 年开始，瑞典铁路就对运行速度超过 160 km/h 的列车进行了先期技术和经济方面的调研。1969 年出版的报告指出，出于瑞典人口稀少和地理结构的特点，铺设新的平直轨道在经济上是完全不可行的，必须寻求其他的解决方法。因此，采用什么样的方法能够使列车供高速运用，而又不降低安全性和舒适度水平，自然成为瑞典铁路调研的重要内容和高速列车科研工作的努力方向。显然，高速列车在通过曲线时运行速度受到限制，这是由于列车以过高的速度通过曲线时，车辆离心力过大，会造成列车脱轨，轮缘过度磨损。因此必须研制高速摆式列车，客车车体在通过曲线时自动向内倾摆，以平衡离心力的增加。同时，还必须使转向架保持安全，保证轮缘不过度磨损。瑞典铁路通过研究认为，列车运行速度在 135 km/h 时轮缘磨损已相当高。高速摆式列车产生的另外问题是，高速和客车车体倾斜引起的复杂化，将使受电弓和悬链线相互碰撞。因此，研制摆式列车成为瑞典铁路高速化过程中的重要任务。

有关上述技术问题的开发，瑞典铁路与 ASEA 公司(后来更名为 ABB 公司)签订合作协议，对一列旧的动车组进行改造，换上新的转向架和动力装置，使其成为一个适宜的滚动试验台。

1. 倾摆系统

对三种不同的倾摆系统进行了试验：1975 年的气动系统，1978 年的具有静液压轴承的液力倾摆系统和 1982 年具有摆式装置的液力倾摆系统。在对第 3 种方案进行了一些改进以后，将其应用在瑞典铁路已向 ASEA 公司订购的 X2000 型客车样车上(图 10-25)。

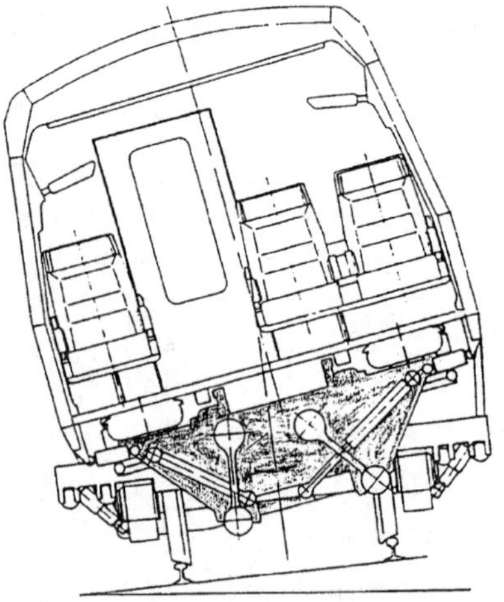

图 10-25　X2000 型高速列车上的倾摆机构

2. 径向转向架

一种“软”径向转向架(图10-26)也作为X1级动车组转向架的基础在同步开发。一种人字形橡胶堆、一种新型减震装置和一种空气弹簧的二级悬挂是改造的主要对象。

3. 受电弓安装和控制方案

至少对三种不同形式的受电弓安装和控制方案进行了研究:有线制导、框架安装和框架制导的受电弓。选择框架制导应该是最好的。但是,由于最终选择的列车组方案是一个没有倾摆结构的纯机车,因此这种方案没有被安装在X2000型列车上。

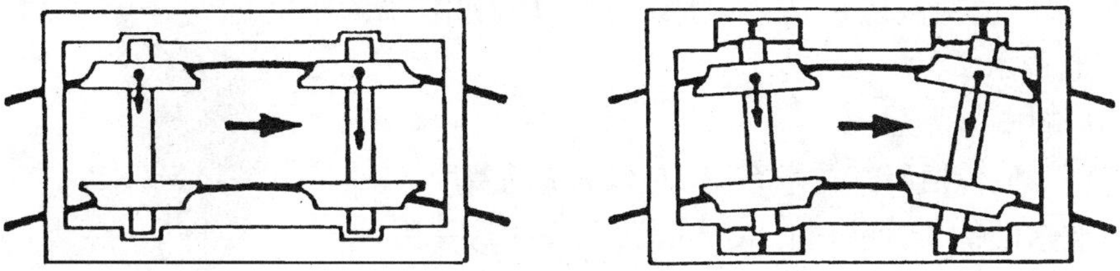

硬转向架　　　　软转向架

图10-26　“软”径向转向架

(二)X2000型动车组的发展进程

X2000型动车组包括1台动力车、1台操纵车、4节中间车,其中1节为酒吧车。最大运营速度为200 km/h,最高速度为210 km/h。列车长度为140 m,列车质量约为340 t(包括乘客),最大轴重为17.5 t。动力车由4台三相异步电机驱动,每台电机的持续功率为815 kW(共计3 260 kW,即4 400 hp)车体最大有效倾角6.5°,最大倾摆率4°/s。主动倾摆系统可减小离心力80%。

X2000型动车组的发展进程如下:

- 1969瑞典铁路先期研究介绍;
- 1973瑞典铁路与ASEA公司协议进行试验列车X15的研究工作;
- 1981决定启动采办过程;
- 1982招标;
- 1983接受投标,但是无人达到所有的技术要求;
- 1984修改招标书;
- 1984接受新的投标,评标开始;
- 1986签订20列车组合同;
- 1990第一列X2000型动车组投入运用;
- 1993签订另外14列车组合同(短列车方案)。

三、X2000型动车组采购中LCC的应用

瑞典铁路曾经应用寿命周期费用技术进行X2000型高速动车组的采办工作。这意味着,车辆系统在技术-经济寿命期间的所有相关费用单元都被考虑。这个寿命期限被定为20年,它被认为是整个系统的“最佳时期”。有人认为还可以再用4年,过一些年再对

车辆进行重造或报废。

(一)基本概念

1. 简单的LCC模型

如前所述,LCC表示一个系统在其寿命周期内发生的总费用。如果忽略采办费用,就是寿命保障费用(LSC)的概念。对于LCC模型来说,根据瑞典铁路的经验,在一个铁道机车车辆系统中,采办、维修和运用费用的比例大约各占1/3。因此,一个最简单的LCC模型可用采办、运用、维修费用各占三分之一来表示(图10-27)。

简单的LCC模型可以包括:采办费用、运用费用、维修费用和其他费用。

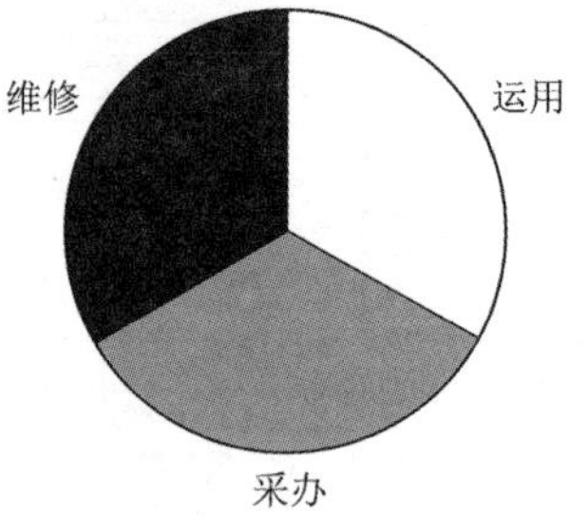

图10-27 最简单的LCC模型

(1)采办费用

采办费用不但包括所有技术系统、列车系统的费用,还包括必要的维修设备、文件资料、人员培训和备件的费用,还可能包括其他相关的费用。例如,如果你选择国外的供货商,则与选择国内供货商相比在差旅费上有很大的差别。

(2)运用费用

除了能源消耗费用以外,运用费用一般还包括日常维护和清洁费用。应该指出的是,到目前为止我们还没有把司机和列车员的费用包括在计算中。原因是计算不是基于预算目的,而是为了在数个不同的投标者中选择最合适的方案。这样,就可以不考虑人员费用,因为他们通常是相同的。

(3)维修费用

维修费用分为预防性维修(从每周检查到10或12年后的大修)和修复性维修(修理)。由于系统故障对运用造成的结果千差万别,因此,故障应进行分类,例如:①停在线路上的故障;②在车间非计划维修的故障;③其他故障。

(4)其他费用

其他费用有诸如列车由于维修而不能用于交通运输的停机费用或者由于交通故障而发生的费用,例如有时乘客必须选择其他的运输方式或者必须为列车取消或延迟得到经济补偿等。

2. 为何应用LCC技术

在对一个装备方案进行经济分析对比时,不能只看其价格高低,而应采用LCC技术对其整个寿命周期内的经济性进行分析。让我们举一个例子来说明这个问题,对于两个技术当量系统A和B,从经济性的观点出现对它们进行比较选择。B系统价格比A系统高50%,但是另一方面,维修和运用费用却低75%,见表10-25。

表10-25 A、B系统费用

类　别	A	B
采购费用	100 000	150 000
每年维修费用	20 000	15 000
每年运用费用	20 000	15 000

如果A、B系统寿命均为10年，则发生费用总计见表10-26。

表10-26 A、B系统LCC对比

名　称	A	B
采购费用	100 000	150 000
每年维修费用	20 000	15 000
每年运用费用	20 000	15 000
寿命周期费用	500 000	450 000

当LCC用于采购过程时，重要的是要将注意力集中于维修和运用费用，而不要对系统的价格给予过多的关注。这对于铁路机车车辆是非常重要的，因为维修和运用费用两者约占LCC的三分之二，而采办费用只占三分之一。因此，当应用LCC方法时，极大的兴趣可能将集中于系统的可用性上。从长期运用的观点来看，价格高的系统可能比价格低的系统便宜，如图10-28所示。

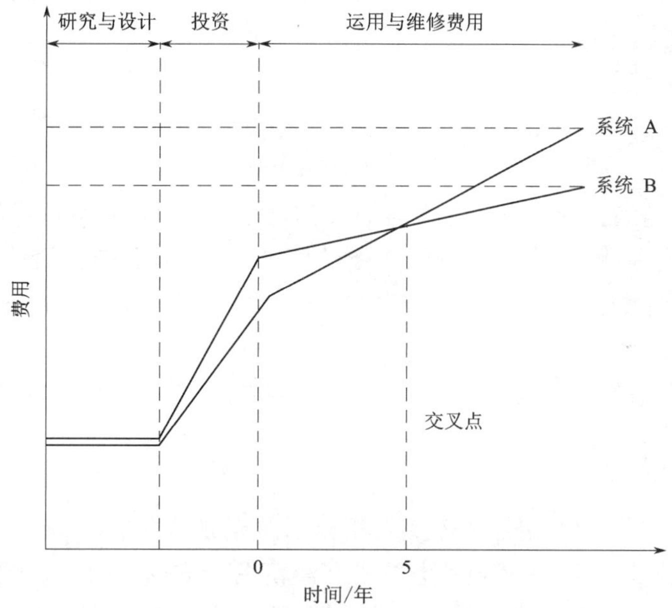

图10-28 两种产品费用的对比

两个系统发生费用情况如图10-28所示。系统的经济性的好坏显然取决于系统的使用寿命，此处比较昂贵的系统B在使用寿命超过5年时更便宜。只有在系统寿命低于5年的情况下，系统A才是适宜的。

(二)应用LCC方法进行采购

1. 应用LCC方法进行采购的程序

应用LCC方法进行采购过程的主要步骤有：建立LCC模型；确立运用剖面；招标；招标的评估与补充；与投标者谈判；具有LCC承诺的合同；合同的修改(如果需要)；交货；

验证。

(1)建立 LCC 模型

在建立 LCC 模型时,明智的做法是对一个与所购买的系统相似的现有系统进行预研究。其原因是:

①模型验证;

②建立招标书中可靠性要求的参考基准,以及投标评估中的可靠性和 LCC 参考基准;

③LCC 项目团队的培训。

(2)运用剖面

运用剖面必须清楚地界定,因为它是系统可靠性和维修所必需的重要基础。如果能够证明系统被应用的线路与约定的不一致,则供货商可以拒绝可靠性和 LCC 方面所做的承诺。

(3)投标评估

第一轮的投标评估一般都会出现一些数据的缺失,或可能被怀疑的数据,因此在数据得到补充后需要重新评估。

(4)谈判

谈判的目的在于得出一份包括被承诺的 LCC 数值,最好还有可靠性方面的承诺。

(5)合同修改

合同的修改是常规而不是例外,特别是对有问题的系统进行如此详细的描述,就像在 LCC 采办中那样。因此,修改必须按照双方约定的修改步骤进行,否则就容易存在损害某一方利益的风险。

(6)承诺的验证

所有的合同保证均须验证完成,如果验证成功通过,则供货商在可用性和 LCC 方面的承诺就可到此结束。

2. 招标

当 LCC 应用于采办时,招标者需要对招标书做充分的准备,须涉及下列事宜:

(1)LCC 评估原则。评估必须考虑技术和经济两个方面。投标者数据的遗漏或供货商所供数据隐匿着对产品质量承诺的失误,都会成为投标被拒绝的理由。

(2)供货商对产品可用性的责任。必须执行可用性程序,这也就意味着在工程阶段应不断地对所选择的技术解决方案进行分析。

(3)供货商必须阐明对所供产品做出的承诺。

(4)列车的运用剖面。

(5)应对所期望的维修组织进行描述。如果投标者没有指明所需的维修资源或设备,而所供列车的维修又需要这些资源或设备时,那么投标者就应该在其投标书中补充阐明。

(6)必须在招标书中给出 LCC 计算模型,列出用户要求给出的所有参数清单。

(7)计算用的计算机软件一般应由用户提供,使双方都使用相同的软件。

(8)数据对于评估是必需的,因此应该包含在投标书中,必须详细列举说明。

3. 供货商提供的 LCC 数据

大量数据是计算所必需的,包括:

(1)列车投资数额等;

(2)材料结构和/或备件明细,可以综合在一个明细中,或分开在两个单独的零部件明细中;

(3)修复性维修计算所需要的数据有故障率、修理时间、故障级别、所需的车间资源等;

(4)预防性维修程序和所需的车间资源;

(5)维修的零部件及其所需的资源。

4. 用户计算

用户自然应该根据 LCC 模型进行计算,也应该根据在其他列车上得到的经验,与诸如修复性维修、预防性维修、零部件维修和车间资源方面的经验进行比较。通常,还要求投标者给出建议,例如关于适宜的备件供应方面的建议。瑞典铁路也应用不同的计算机模型对备件进行优化选择。

5. 合同

合同自然还应包含有关项目实现方面的法律条款,例如修改步骤和承诺保证。但是,一个承诺如果不能实施和验证,则这样的承诺价值不大。这个问题应该在招标要求中给出一个大概的解决办法,并将执行的步骤在合同中约定。

承诺保证应包括不允许超过的 LCC 值,还有可用性、可靠性、维修性等方面的承诺,例如最大停车故障次数和计划外车间维修。还应要求平均或最大修复时间方面的承诺。

除了这些承诺以外,自然还有传统技术方面的承诺,它们不会受其他承诺的影响。

6. 验证

关于验证方面应该指出的是,验证是一个宽广的概念,它不只包含与 LCC 有关的概念,自然还有传统的交货之前的验证,图纸和技术说明书的仔细审查,新零部件的型式试验和生产期间的检验等。

LCC 验证意味着在一个正常运用的合理期间内,要非常仔细地跟踪列车。为了验证可靠性,要仔细地记录所有的事件,并做好履历。用户要与供货商一起确定事件是否算得上相应的事故或不是。自然,供货商只能对来自列车本身的故障负责。维修性(例如修理时间)可以通过对随机抽样的几种故障进行试验性修理来验证。预防性维修验证活动执行起来耗费巨大,用户至少还应保有对供货商给出的某些数据进行验证的权力。如果要求验证的数据被证明是正确无误的话,则条款应该规定要求方另行付费。否则,每一方为自己各自付费。

能源消耗应该被验证。不论理论还是实际上,它们都对寿命周期费用有重要的影响。

7. LCC 方法的效益

用户的效益是显而易见的，他们得到了比在合同签订时所规定的产品好得多的产品。供货商为了实现承诺而更好地工作，特别是在可用性方面。对不同选择方案的所有相关费用都进行了计算，并希望合同包含影响 LCC 特性方面的承诺。

同样，该方法也表明了供货商获益的可能性，他们得到了用户使用这种产品并如何估计各种费用方面的丰富知识。供货商可以从经济方面来评价产品的可用性，从而得到一个评价不同技术解决方案的工具。最后，供货商还证明他们完全能够生产这样优秀的产品，从而提高了产品在市场上的竞争力。

（三）X2000 采购合同签约过程

1. LCC 预研究

由于当时还没有铁道机车车辆系统 LCC 方面的经验，因此在一个与采办要求相类似的现有系统上进行预研究是非常必要的。另外，LCC 小组的新成员也须经过培训。

原来的高速列车方案是一列由 6 节客车组成的电动车组：2 节操纵车、2 节动力车和 2 节中间客车。一列样车由 2 台电力机车和 6 节客车组成，以便粗略地保持牵引装置和内部设备相同的总数量。省略了两套转向架组，保持了走行部的总数量。同时增加了一些餐饮设备，以便与高速列车提供的服务设备相一致。

采用这种方法，虽然在建立材料结构方面比较容易，但仍有最耗时的工作，这就是要补充这种样车零部件等级的相应数据。最重要的数据是故障率、修理时间、价格和有关预防性维修方面的信息。那时，计算机系统的管理主框架只能用于机车，甚至对于机车应用也不合意。对于一些次要的问题常常不记录报告，特别是对于那些不止一次出现的情况。因此，除了主系统以外，还需补充一些发生在一个车间内的相同问题，以便在可靠性重要信息方面互相交叉印证。另外，我们还必须从车间查阅大量的关于客车的工作单，以便得到有关客车的修理统计数字。在大概得知客车系统总修理工作量在这个车间的详细情况以后，就能够建立客车的总故障率。最后，制定出车辆的预防性维修计划表格，并将其与其他典型的瑞典铁路数据，诸如车间的工时率、材料运输费等一起编辑到 LCC 的输入数据文件中去。

同时还进行了各种不同的计算，有：

（1）可用性。可用性首先分析 LCC 计算中的所有以故障率和修理时间表示的输入数据，而且还要能够识别处理过的零部件的最大故障修理时间，或由于不可用原因而发生的零部件最大故障修理时间。

（2）备件优化。备件优化的目的是得知投资到备件上需要多少钱，才能保持列车满意的可用性。

（3）可用性仿真。可用性仿真在一个较大的计算机程序上完成，这个程序最初是为 X2000 项目而开发的。这个程序被称为 SIDRIX。另外，还考虑了如下事宜：①列车时刻表；②列车可用性特点；③车间资源，诸如工作小时和各种线路设备；④车辆备件数量；

⑤每周所允许的被取消的列车车次。

以上计算都极大地丰富了对这类列车系统特性的认识，使之能够对LCC模型做一些调整。另外，不仅在招标书中规定了可靠性要求，而且还为投标评估结束后与供货商的谈判提出了问题。

2. 招标和第一次评估

招标的准备确实是一项费时的工作。招标信函就有厚厚的两大本，包括25个附件，其中4个直接与LCC程序有关，描述了包含在标书中的计算模型和数据、对可用性程序的要求和对验证的要求。这4个附件基本上是基于瑞典国防部门运用技术说明书“文件包”而写成的。文本的主要结构已经采取了保险措施，以防不重要的先决条件或要求被遗忘。

招标邀请书在1982年7月发出，投标书在1983年2月收到。回答投标者的询问花了一些时间，于当年3月份开始评估。工作在几个小组内同时开展，每个小组都有自己特殊的任务。LCC项目就是这些小组中的一个。

幸亏检查清单，包括所有对投标者的要求都早有准备，可以要求一个星期左右就寄出。以后就是紧张的分析和评估，并掺杂着与投标者的讨论。但是遗憾的是，没有一个投标者能满足招标书的要求，无论是在技术上，还是在接受可用性和LCC保证承诺方面。技术问题主要是轴重太大，不足以达到设计要求的运行时间和座位数。因此，必须拒绝所有的投标者，并准备新的招标书。列车方案由现在的6节电动车组改为具有2节动力单元和6节中间车辆的列车。新的投标在12月份收到，第二次评估开始。

3. 第二次评标

这次可以看到修改产生了效果，各个投标者以更大的努力来进行可用性和维修方面的准备工作。虽然承诺看起来很难，但是投标者还是以估计和计算的方式给出了他们的数据。投标者的这种不确定性意味着我们必须进行一些敏感性分析，估计投标者是以过低的固定百分比，来估计所有的故障率和预防性维修带来的影响。

整个项目以新的要求完成了商业评估。LCC评估结果包括两部分：一部分是基本部分；另一部分是与传统列车方案进行了新的比较。

后来又发现，瑞典铁路最有利的解决方案必须再一次改变，高速列车由2节动力车加6节中间客车改为1节单独的动力车加5节客车，其中1节是操纵车。

4. 补充招标和评估

第二次招标评估发现的问题和进行的商业研究，使得我们必须发出一次补充招标，这是在1985年4月进行的，在一个月以后收到了回复。

由于只有1节动力车，因此必须采用异步电机，以达到设计所要求的运行时间，这是因为异步电机与相同尺寸的传统电机相比具有较大的功率。

经过整套的反复计算，仍然没有得到所希望的保证，因此又进行了具有高故障率和维修需求的选择计算。这样的可用性仿真结果导致了高故障率和更换故障车所需的时间较长，从而需要太多的备用列车。在这个阶段，我们对Stockholm-Gothenberg和Stockholm-Malmö 线路所设计的系统进行了计算。时刻表规定，每年需 3 000 个单程，不少于1 500 万走行公里。预计这个总系统应具有 36 列列车和 3 列备用列车。但是，可用性仿真计算表明，从最坏的情况出发，将需要多达 12 列备用列车，这自然是不能接受的。因此产生了许多问题和讨论。能否降低故障车的更换时间？是否可以在车站附近的整备站台上进行更多的修理，而不需要列车入厂修理？最后，针对备用列车数量降低的问题进行了分析评估，不同的评估结果表明，一个可接受的解决方案在内部达成了一致。

5. 合同

正式的谈判开始于 1985 年 9 月。根据招标书和评估期间的修订，拟定了合同的草稿。然后与每个领域的专家一部分一部分地进行谈判讨论。正如所预料的那样，供货商的承诺和其他的保证，耗费了谈判最多的时间，特别是有关可用性和 LCC 方面的条款。修订的合同草稿终于在各个部分之间达成了一致，最后一轮的谈判于 1986 年夏季完成，谈判经历了无数个夜晚，最后在 1986 年 8 月 29 日达成了合同签字。交货包括 20 列动车组和两组备用列车、维修设备、技术资料和备件。

(1)可用性和 LCC 承诺

合同包含的有关可用性和 LCC 的承诺为：

①停车故障的数量每百万公里不得超过 12 次。此处停车的定义是：在线路上停车超过 15 min，不能重新启动(合同中指明的是，停车故障每百万公里 11 次)。

②到达终点站以后的非计划进车间的故障次数不得超过 750 次(合同指明的是 450 次)。

③不得超过根据各方同意的 LCC 模型计算得出的 LCC 值的 10%。该 LCC 模型及程序得到各方的一致赞同。

④如果没有一个验证执行上述承诺情况的程序，那么这些承诺就是一句空话，因此合同须表明合同者具有承担可靠性、维修性和 LCC 验证的任务。合同还包括合同者执行可用性程序的义务。这就意味着，在工程阶段需要不断地对可靠性、维修性及其对 LCC 的影响进行分析。

(2)维修分析

合同还包括维修分析，它分为 6 个步骤进行，并与列车设计同时逐步进行。维修分析应该包括：①必要的维修设备；②必要的劳动力；③必要的工作间歇时间；④备件的消耗；⑤必要的文件资料；⑥必要的培训。

根据最终的状态(即验证开始时确定的所有数据)所制定的维修计划和工时范围见表 10-27。

维修分析的另外一个结果是在预防维修和修复性维修之间取得平衡。总的维修劳动力每 1 000 km 预计为 8 工时，其中预防维修为 624 工时，占 78%；修复性维修为 1.76 工时，占 22%。

表 10-27　维修计划和工时范围

检修等级	运行里程(10^3 km)	工　时
检　查	6.25	5.7
检修Ⅰ	25	11.1
检修Ⅱ	100	18.4
检修Ⅲ	300	288
检修Ⅳ	600	452
大修 1	1 200	1 036
大修 2	3 600	3 407

四、运用和维修经验

商业运行在 1990 年 9 月于 Stockholmh 与 Gothenburg 之间的线路上开始，只采用交货的一节列车组进行。问题是存在的，但总的来说结果是成功的。当时，运行时间并不比按规定路线运行的其他列车短很多，如果安排传统的列车则晚到时间少于半个小时。于是有人认为 X2000 有些多余，没有必要为这些 X2000 多付钱。就在大约 5 个月以后，第二列动车组交货。在整个运营中仅有的一列动车组停运，其原因是列车的紧急制动手柄放错了位置。

由于线路和信号逐渐得到改善，而且又经过一年多时间在计划的最大性能情况下运用，运行时间达到 2 h 59 min。

到 1993 年 3 月，已接受交货 14 列列车组，在 3 条线路上运用：

(1)Stockholm-Gothenburg：平时每天 16 次，星期六 2 次，星期日 8 次；

(2)Stockholm-Karlstad：平时每天 6 次，周末 4 次；

(3)Stockholm-Linköping：平时每天 8 次，周末 2 次。

目前的运营情况表明，系统的可靠性比预想的要好得多，尽管还有一些问题仍然需要一个最终的审定方案。这些问题是冬季的耐用性(倾摆机构一直很容易被大雪阻塞)，减震器在接近维修间隔期终点时的运行稳定性。

(一)合同验证

合同验证首先包括可靠性保证的所有验证(图 10-29)，而且还包括 LCC 值的验证。由于故障率和修理时间对总费用有很大的影响，因此一致同意这两个参数应该被验证。

可靠性验证应该在系统开始运用就进行。在第 3 列车组交货时开始，并按计划进行 6 个月。如果所承诺的可靠性在 6 个月末还不能被验证，则验证期应该以两个月为周期推移，直至得到所保证的可靠性。

如果验证出现最坏的结果，所承诺的可靠性就将被修改；如果验证期被推迟几次以后还无法达到目标可靠性，那么经济补偿形式的惩罚就将是最终的结果。

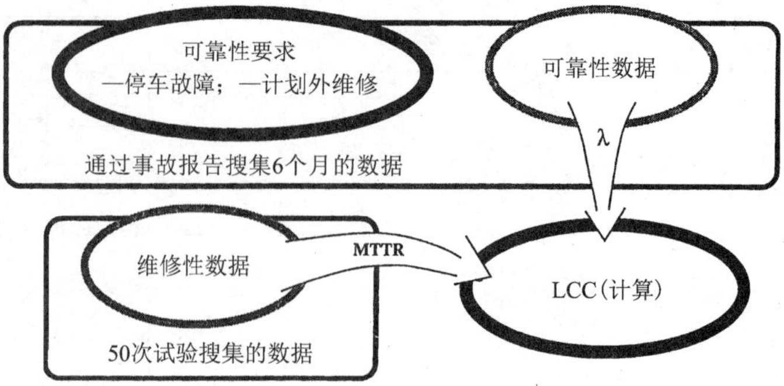

图 10-29　X2000 型高速列车可靠性和 LCC 验证

1. 可靠性验证

建立了一种特殊的表格，以报告验证期间所发生的所有事件。表格为一组，包括原始记录和一个复印件，列车组的每个列车都有自己的一组表格。列车乘务员和车间人员都须学会如何报告。一观察到某些异常，就应该填入表格。当车间人员完成一项修理后，他们也应该完成记述所有工作的报告，然后应该拿出原始报告，并送给验证主管。复印件应该存档。

(1)可靠性要求如下：

①每百万公里停车故障最多 12 次；②每百万公里计划外车间维修最多 750 次。

(2)可靠性验证结果是：

①1.7 停车故障/百万公里；②100 计划外车间维修/百万公里。

2. 维修性验证

一致同意随机抽取 50 个故障进行试验一修理，并记录修理时间。25 个故障须在实际发生的故障报告中选择，其余 25 个则在资料数据库中选择。平均修复时间的数值应由这些试验对象的预测修理时间计算出，并在修理以后与验证修理时间所计算出的平均 MTTR 值相比较。验证值与预测值做商得到数据库中所有修理时间的修正系数，见式(10-23)，从而建立起一个验证的 MTTR 值。

$$修正系数=\frac{\sum_{n=1}^{50}(数量\times 故障率\times MTTR_{试验})}{\sum_{n=1}^{50}(数量\times 故障率\times MTTR_{预计})} \tag{10-23}$$

试验修理主要在 1992 年 5 月的 13 天中进行。所记录的修理时间与预测的相同，将每天计算的修正系数累积起来，就可以看出修正系数的值在试验进行到一半时就已稳定，这表明结果的可信赖度是好的，再进一步试验—修理也不会明显地改变修正系数。

按照式(10-23)计算出的修正系数为 0.55，也就是说，验证的修理时间仅为预测的 55%，如图 10-30 所示。

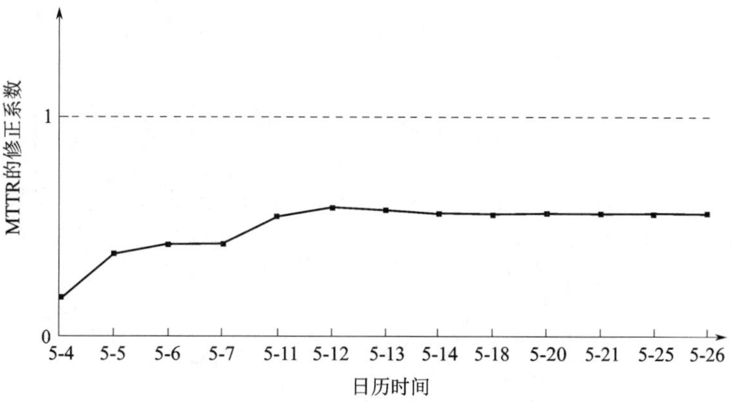

图 10-30　维修性修正系数的变化

3. LCC 验证

对 LCC 值的要求是:验证的 LCC 不应超过合同规定值的 10%。

在 LCC 验证时所采用的参数是:可靠性验证期间所经历的总故障率(λ)和验证的平均修复时间(MTTR)。

LCC 的验证结果如图 10-31 所示。图中 LCC 以 LSC 表示并进行规格化处理,两者相差一个固定值,即 LSC 为 LCC 减去采购费。LCC 验证结果值比预期值还要好,大约是承诺水平的 85%。

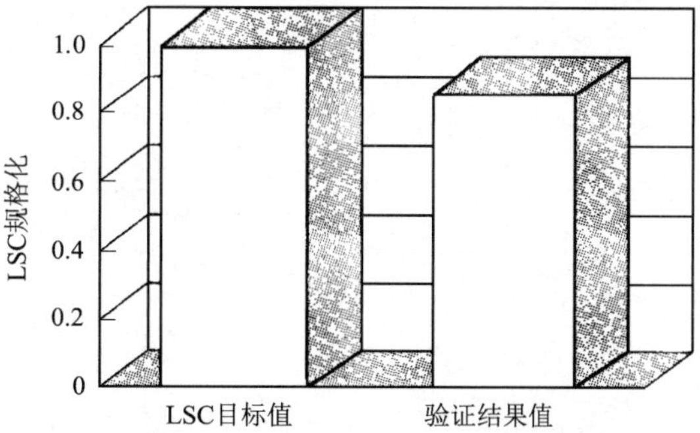

图 10-31　LCC 指标(LSC)的验证结果

(二)运用和验证的其他结果

所有事件的报告都要不断地交由双方验证主管审阅,并将其分为"相关"和"不相关"两类。一个事件被认为是不相关,则是由于该系统的运用没有按照技术要求,或操作不当,或是第二次故障或相关设备没有包含在交货中。

1. 列车故障率曲线

图 10-32 中的曲线表示出浴盆曲线的初始阶段可能是什么样,不仅仅能够表示出其影响的强烈程度,还成功地展现了经过改进工作的最终状况,诸如内部车门系统在交货以前没有详细地进行验证,因此被总结在附加的故障报告中。

还可以看出，只有大约三分之一的事件被分类为相关事件，这表明报告观察结果较好的，几乎没有遗漏什么重要的事件。

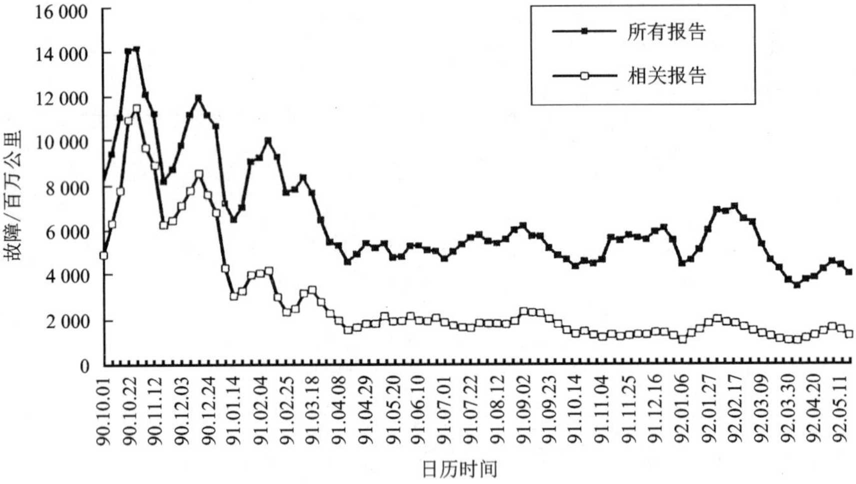

图 10-32　故障率—日历时间曲线

2. 各个子系统故障率

图 10-33 表示出不同子系统预测和验证的故障率，可以看出哪些系统状态比预测的坏或好。外部设备、餐饮、水、转向架和制动系统令人失望，而内部、车门、倾摆系统、信息系统和空气供给系统比预期的要好。

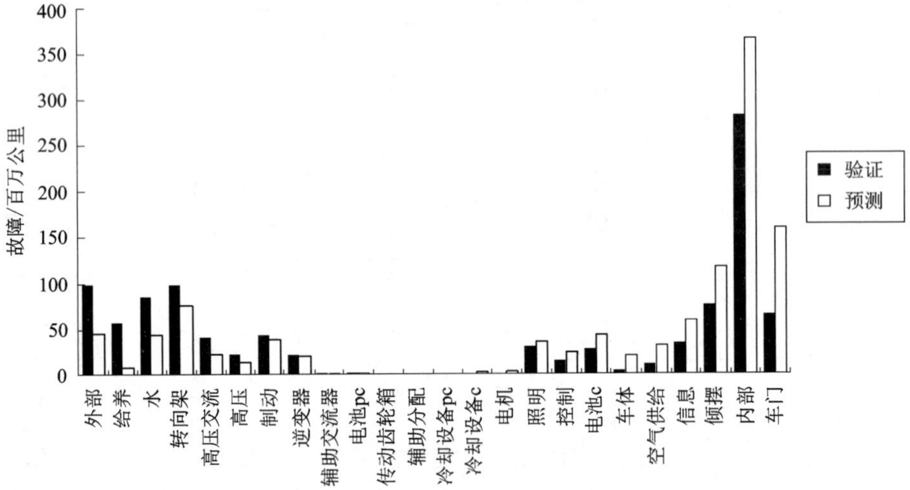

图 10-33　各个子系统的故障率

3. 关键子系统的故障率曲线

每个关键子系统（例如倾摆系统和车门系统）的故障率发展也被持续地跟踪，如图 10-34 和图 10-35 所示，因此可以对一些故障率的趋势进行鉴别，以便及时提出一些报警线。

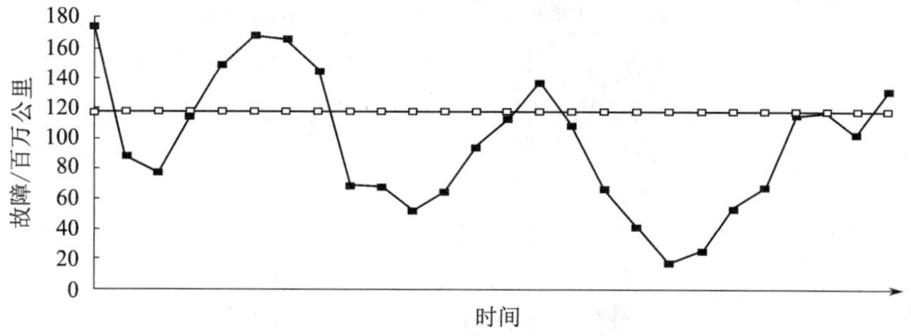

图 10-34 倾摆系统的故障率

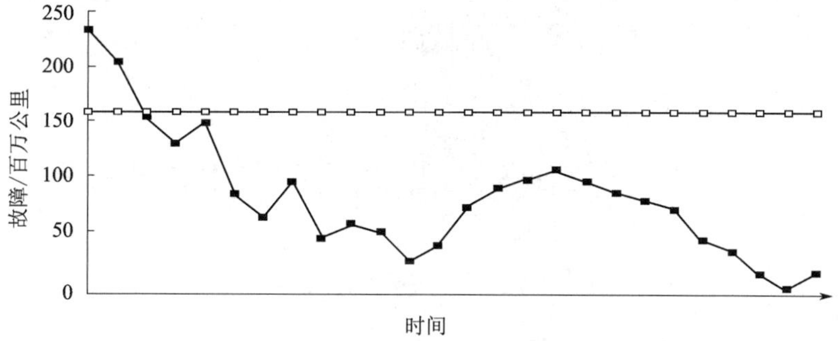

图 10-35 车门系统的故障率

4. 列车及其子系统的故障状况

值得注意的是,列车故障不但要看验证期间的故障率,而且还要看列车运用前两年的故障状况。结果表明,X2000 型动车组总故障数目仍然与预测的一样多,甚至还要稍低些。停车故障的数量虽然增加了一些,达到每百万公里 5.2 次左右,但仍然低于承诺的水平。计划外车间维修的数量减少到每百万公里 85 次左右。

故障率较高的 5 个子系统是:

(1)内部设备　　　　278/百万 km;

(2)转向架　　　　　100/百万 km;

(3)外部设备　　　　92/百万 km;

(4)供水和卫生设备　82/百万 km;

(5)倾摆机构　　　　74/百万 km。

(三)维　　修

当仅有一列动车组交付使用开始商业运营时,运输中存在薄弱环节,因而导致故障。这就迫使用户晚上加班进行预防性维修,查找故障原因。解决方法是极其简单的:将大的检修分解为一些小的检修活动,每一个活动耗时足够短,使其能够在列车正常的服务休息时间内很好地完成。这种系统称为 SPLIT。在此之前,为什么没有人"发明"它呢? 虽然可能已经完成了一些事先必须具备的先决条件,但是这样的一个系统是否能够正常工作,还需进行实际考验。这种系统实际上是一个能够记录、存储大量列车各种活动数据的计算机系统。由 Gothenburg 维修项目队负责维护管理的 X2000 型动车组 SPLIT 系统正是这样的一个系统，他们控制着 X2000 的维修，由位于 Stockholm 的 Hagalund 运输车间执行。计算机是一台 PC 机，它负责管理主系统和分散在全国各地列车的工作。有专人在操作台上，行使控制所有维修的职责。因此，这台本地计算机系统能够很好地规定和完成整个维修的职责。

五、总　　结

瑞典铁路和供货商 ABB 公司都确认，双方从 X2000 型高速动车组采办过程中，使用 LCC 方法取得了巨大的收获和成就。通过从合同到验证整个过程持续和系统地分析，取得了丰硕的成果，而最终得到的是一种经济、可靠的高速列车。无可置疑的是，所取得的低故障率和缩短故障修复时间的成绩，都是通过控制 LCC，或者更准确地说是控制 LSC 的结果。

第五节　LCC 在德国 ICE 型高速动车组研究中的应用

一、LCC 在 ICE3 型高速列车设计中的应用例

1. 采用 LCC 进行动力集中和动力分散式对比

德国从 1970 年开始进行高速铁路和高速列车的研究和试验，1982 年开始修建高速铁路，并在 ICE 试验型的基础上，开发和批量生产 ICE1 型高速列车，于 1991 年投入运用。ICE1 是由 2M＋14T 组成的电动车组。1992 年，为提高列车利用率而变更列车编组，将 ICE1 一分为二，改进设计成 1M＋6T＋1 控制头车组成的 ICE2 型“短编组”动车组，于 1997 年交付运用。如前所述，这两种型式的高速列车均为传统机车牵引模式的动力集中型，是为德国铁路运用的。1997 年，为建成欧洲统一的高速铁路网，由欧洲铁路联盟制订的新《欧洲高速铁路联网高速列车技术条件》开始生效。文件中规定，进入欧洲高速铁路网的高速列车必须在满足最高速度 330 km/h、线路坡度 40‰的情况下，将轴重限制在 17 t 以下，并要求增加座位数目等。显然，动力集中型的 ICE1 和 ICE2 满足不了这些要求，它们的轴重分别为 20.1 t 和 19.4 t。出于市场竞争的需要，德国生产的高速列车必须采用动力分散型。2000 年，德国重新设计的 ICE3 型高速列车交付运用，这种采用动力分散型的 ICE3 型列车与 ICE1 和 ICE2 相比，增加了旅客定员数量，列车每米座位数从 1.9 个增加到 2.1 个，因此运营时具有更好的每座位一公里经济效益。同时，整个列车质量趋于均匀分布，因此降低了最大轴重，动轴轴重降低到 14 t，并获得了更好的牵引特性。还提高了再生制动的利用率，制动功率达 8.2 MW，最大制动力为 300 kN，相当于 ICE2 的 2 倍，节省了能源，降低了盘形制动的耗损和维修费用。寿命周期费用(LCC)的研究结果见表 10-28。由表 10-28 可以看出，ICE3 型高速列车的功率较大，消耗能源较多，其牵引的质量和座位较多，维修费用也较高，因此 ICE3 的 LCC 比 ICE2 高出 10%左右，但由于座位增加了 20%，而使每座位的寿命周期费用 LCC 减少 9%。

表 10-28 德国高速列车 ICE2 型与 ICE3 型 LCC 的对比

序 号	项目名称	ICE2	ICE3
1	动力配置方式	动力集中型	动力分散型
2	功率/MW	2×4.8	16
3	质量(空车)/t	814	900
4	可利用列车长度/m	306(80%)	341(86%)
5	全寿命/年	25	25
6	每年运行公里/万 km	55	55
7	采购费用(以 ICE2 型为 100%)/%	100 (20.2%LCC)	118 (21.5%LCC)
8	运用费用(不包括能源费) (以 ICE2 型为 100%)/%	100 (47.5%LCC)	104 (45%LCC)
9	能源费用(以 ICE2 型为 100%)/%	100 (11.3%LCC)	125 (13.5%LCC)
10	维修费用(以 ICE2 型为 100%)/%	100 (21%LCC)	105 (20%LCC)
11	总 LCC(以 ICE2 型为 100%)/%	100	110
12	平均每一座位的 LCC (以 ICE2 型为 100%)/%	100	91

2. ICE3 制动系统的选择

德国在 ICE3 型高速动车组设计时非常重视维修，要求维修简单、低耗费和 LCC 优化。在评价和选择技术结构方案时，不断考虑 LCC。有时看似列车采购费增加，但 LCC 却得到很大节约。这方面的一个很好例子是 ICE3 制动系统的决策。起初认为比较现实的方案是列车采用两个制动系统，即空气制动(盘形制动)和电阻制动，但最终决定增加第三种涡流制动方案，尽管它使投资成本提高、质量增加，但由于涡流制动能无磨损地工作，产生很低的维修耗费，因此列车整个 LCC 与采购费相比将有很大节约。空气制动系统磨损件，主要是制动闸片和制动盘的消耗明显降低。ICE3 运行制动时所需的制动功率在整个速度范围内均可由电阻制动和涡流制动无磨损地提供，而盘形制动只有在特殊情况下，例如在紧急制动或无法采用涡流制动的旧线路上采用，当然还有在其他制动系统失灵情况下作为安全备用手段。

二、作为德国铁路公司机车车辆战略决策的有力工具

将 LCC 方法作为德国铁路公司机车车辆简统化决策的工具，对各种用途的机车车辆进行了 LCC 对比，得出德国铁路公司运输生产的战略决策：在所有的运用范围内，可以用 7 种机车车辆系列的 12 种型号来覆盖，取代原有 70 种左右的机车车辆。LCC 对比研究表明，在高速运输范围内，具有两种可供选择的方案，一种是每半列车具有最多 400～500 座席的动车组方案，另一种为具有两节独立车头的双层列车方案，其容量为每半列车

600 座席；在基础运输范围内，主要涉及城际列车的采购，速度为 200 km/h 以下的列车采用动力集中牵引是最佳的解决方案；在地区运输范围内，对于 100～350 座席的列车，最佳方案是动力分散式动车组；对于 500 座席以上的范围，采用双层列车最佳；对于 350～500 座席的列车，两种方案很接近。对于城市快速列车，动力分散式动车组是最佳方案。对于干线电力机车，需要的速度为 140～200 km/h，功率为 5.6～6.4 MW。干线内燃机车的速度为 140～160 km/h，功率为 2.2 MW。

附录A　术语及缩略语

一、术　　语

1. 安全规章主管部门(safety regulatory authority)

通常是有责任规定或同意这些安全要求且保证轨道交通符合这些要求的国家政府机关。(IEC 62278:2002,GB/T 21562—2008)

2. 安全计划(safety plan)

一组适合于组织机构、责任、工序、活动、能力和资源实现的时间调度活动、资源和事件的文档,它们一起保证达到规定合同或工程关于安全性要求。(IEC 62278:2002,GB/T 21562—2008)

3. 安全论据(safety case)

产品符合规定安全要求的书面说明。(IEC 62278:2002,GB/T 21562—2008)

4. 安全完整性(safety integrity)

在所规定的条件下,系统在规定的时间内实现所需安全功能的可能性。(IEC 62278:2002,GB/T 21562—2008)

5. 安全完整性等级(SIL)

一种离散的等级,用以规定分配给安全相关系统的安全功能的安全完整性要求。安全完整性等级的数值越高,则其等级越高。(IEC 62278—2002)

6. 安全性(safety)

免除不可接受的风险影响的特性。(IEC 62278:2002,GB/T 21562—2008)

7. 不可用时间(down time)

产品处于停机状态的时间间隔。(IEC 62278:2002,GB/T 21562—2008)

8. 采办(acquisition)

武器系统或其他系统供应品、劳务(包括建筑)的方案构想、立项、设计、研制、试验、签订合同、生产、部署和后勤保障,旨在满足国家防务需求,完成或保障军事任务。(美防务采办术语和缩略语—89)

9. 产品(item/product)

一个非限定的术语,用来泛指任何元器件、零部件、组件、设备、分系统或系统,可以指硬件、软件或两者的结合。(GJB 451—90)

用于描述任何制品的非限定术语,包括系统、器材、零件、部件、装置、附件等。(GJB 431-88、MIL-STD 781C-81、MIL-STD 280A-69)

作为研究、研制、试验与评价的结果而生产(制造)的硬件或软件。也称最终产品。

(防务采办术语-98)

可以表示系统、分系统、设备、组件、部件等的通用术语，它根据每项任务来取名。产品可以包括技术状态产品和指定作为被测单元的组件。(MIL-STD 2165-85)

用于表示任何单元或制品(包括材料、零件、部件、设备、附件或配件)的非专用术语。(MIL-STD 1309C-83)

10. 初始投资(initial investment)

一个项目的初始投资费用。(ISO 15663-2:2000,GB/T 19829.2—2005)

11. 费用分解结构(cost breakdown structure)

与某个组织机构用来记录和报告费用的方法有关的结果。(ISO 15663-1:2000,GB/T 19829.1—2005)

12. 费用构成(cost element)

某个方案的寿命周期费用中参与具体工作的可识别部分。(ISO 15663-1:2000,GB/T 19829.1—2005)

13. 费用结构分解(structured breakdown of costs)

与方案有关的费用构成列表，其结构按费用获取或应考虑费用获取和记录的方式编排。(ISO 15663-1:2000,GB/T 19829.1—2005)

14. 费用剖面(cost profile)

在产品的整个寿命周期内或者部分时间内，以图或表的形式表示各种费用的分配。(IEC 300-3-3)

15. 费用事项(cost issue)

其变化将不会对方案的寿命周期费用产生重要影响的费用构成。(ISO 15663-1:2000,GB/T 19829.1—2005)

16. 费用主导因素(cost driver)

是寿命周期费用(LCC)的组成因素之一，并且对寿命周期费用有很大影响。(IEC 300-3-3)

17. 分配(apportionment)

系统的 RAMS 要素在组成系统的各部分间进行分解的过程，以给各部分提出单独的目标(IEC62278:2002,GB/T 21562—2008)

18. 风险(risk)

导致伤害的危害发生概率及伤害的严重程度。(IEC 62278:2002,GB/T 21562—2008)

19. 固定费用(fixed cost)

不随工作量变化而变动的费用。(ISO 15663-1:2000,GB/T 19829.1—2005)

20. 轨道交通主管部门(railway authority)

对运营轨道交通系统的管理者负有全部责任的机构。(对总系统或其部件和寿命周期活动而言，主管部门的责任有时分摊给一个或多个团体或组织，例如：

——系统的一个或多个部件拥有者或代理商；

——系统操作员；

——系统的某一部件或多个部件的维护者等。

以上分配以法定文件或合同为依据，因此在系统寿命周期的早期阶段，应明确规定这些责任。(IEC 62278:2002,GB/T 21562—2008)

21. 轨道交通支承工业(railway support industry)

表示整个轨道交通系统、子系统和组成部件的供应商的通用术语。(IEC 62278:2002,GB/T 21562—2008)

22. 故障模式(fault mode)

相对于给定的规定功能，故障产品的一种可能状态。(IEC 62278:2002,GB/T 21562—2008)

23. 关键费用因素(cost driver)

其变化将对方案的寿命周期费用产生重大影响的主要费用构成。(ISO 15663-1:2000,GB/T 19829.1—2005)

24. 后勤保障(logistic support)

在所需的LCC下准备和组织用来操作和保持系统工作在规定可用性水平下的所有资源。(IEC 62278:2002,GB/T 21562—2008)

25. 回收期(payback period)

初始资本投资通过赚得的净收入积累而得到回报的年限。(ISO 15663-1:2000,GB/T 19829.1—2005)

26. 净现值(net present value)

所有贴现费用和收入的总和。(ISO 15663-1:2000,GB/T 19829.1—2005)

27. 可靠性(reliability)

产品在规定条件下和规定时间区间(t_1,t_2)内完成规定功能的能力。(IEC 62278:2002,GB/T 21562—2008)

28. 可靠性和维修性规划(reliability and maintainability programme)

用书面形式写出的一组时间调度活动、资源和事件，适用于组织结构、责任、工序、运行情况、能力和资源的实现，它们一起保证达到规定活动或项目关于可靠性和维修性的要求。(IEC 62278:2002,GB/T 21562—2008)

29. 可靠性增长(reliability growth)

产品持续地改进可靠性能措施表征的一种状态。(IEC 62278:2002,GB/T 21562—2008)

30. 可用性(availability)

在要求的外部资源得到保证的前提下，产品在规定的条件下和规定的时刻或时间区间处于可执行规定功能状态的能力。(IEC 62278:2002,GB/T 21562—2008)

31. 敏感性分析(sensitivity analysis)

为确定最终结论是否对假定条件变化敏感，对寿命周期费用分析结果进行检验的过

程。(ISO 15663-1:2000,GB/T 19829.1—2005)

32. 配置管理(configuration management)

用技术和管理来指挥和监控的一门学科,来证实一个项目配置的功能和物理特性,控制这些特性的改变、记录和汇报改变的过程、实现状态以及证实与特定的需求相一致。(IEC 62278:2002,GB/T 21562—2008)

33. 评估(assessment)

根据调查取证,对产品的适用性进行评价。(IEC 62278:2002,GB/T 21562—2008)

34. 评审(audit)

用来决定对一个产品的要求是否符合计划安排、有效实施和是否适用于指定目标的系统化和独立考核。(IEC 62278:2002,GB/T 21562—2008)

35. 确认(validation)

用客观证据及检验来确定是否满足指定的预期用途的特定要求。(IEC 62278:2002,GB/T 21562—2008)

36. 任务(mission)

系统执行的基本工作的目标说明。(IEC 62278:2002,GB/T 21562—2008)

37. 容许风险(tolerable risk)

轨道交通主管部门可以接受的产品最大级别的风险。(IEC 62278:2002,GB/T 21562—2008)

38. 失效率(failure rate)

产品在瞬间 T 失效并位于指定的时间区段$(t,t+\Delta t)$内,其条件概率与时间间隔 Δt 的比例当 Δt 趋近于 0(假设在该期间的起始时刻工作正常)时所得到的极限值(如果存在)。(IEC 62278:2002,GB/T 21562—2008)

39. 失效模式(failure mode)

故障时与运行状况有关的指定项目故障原因的预计或观察结果。(IEC 62278:2002,GB/T 21562—2008)

40. 失效原因(failure cause)

在设计、生产或运用期间导致故障的原因。(IEC 62278:2002,GB/T 21562—2008)

41. 寿命周期(life cycle)

从产品的论证到产品报废的整个时期。(IEC 300-3-3)

一项设备或一项功能从研究开始到废弃的全部发展阶段。(ISO 15663-1:2000,GB/T 19829.1—2005)

42. 寿命周期费用(life cycle cost)

产品在寿命周期内发生的所有费用之和。(IEC 300-3-3)

某一具体功能和设备在其整个寿命周期内所发生全部费用的贴现累计总和。(ISO 15663-1:2000,GB/T 19829.1—2005)

43. 寿命周期费用分解结构(life cycle cost breakdown structure)

组成寿命周期费用的各种分解的费用成分。(IEC 300-3-3)

44. 寿命周期费用分析(life cycle costing)

在产品的整个寿命周期内或者部分时间内,对它的寿命周期费用进行评估的经济分析过程。(IEC 300-3-3)

对两个或多个不同方案的寿命周期费用差异进行评估的过程。(ISO 15663-1:2000,GB/T 19829.1—2005)

45. 寿命周期费用模型(life cycle cost model)

费用构成和寿命周期费用差异之间的数学关系。(ISO 15663-1:2000,GB/T 19829.1—2005)

46. 调试(commissioning)

在验证系统或产品满足规定要求之前拟采取的活动的总称。(IEC 62278:2002,GB/T 21562—2008)

47. 修复(restoration)

产品在故障发生后再次能执行规定功能的事件。(IEC 62278:2002,GB/T 21562—2008)

48. 修理(repair)

修复性维修的一部分,是在该项目上实施的人工作业。(IEC 62278:2002,GB/T 21562—2008)

49. 危害(hazard)

对人造成潜在伤害或对环境造成潜在损害的物理状况。(IEC 62278:2002,GB/T 21562—2008)

50. 维修(maintenace)

为保持和恢复产品处于能执行规定功能的状态所进行的所有技术和管理工作,包括监督活动。(IEC 62278:2002,GB/T 21562—2008)

51. 维修策略(maintenace policy)

用作某一产品的维修梯队、契约层和维修作业层之间的相互关系的说明。(IEC 62278:2002,GB/T 21562—2008)

52. 维修性(maintainability)

在规定条件下,使用规定程序和资源进行维修时,对于给定使用条件下的产品,在规定的时间区间内,能完成规定的实际维修工作的能力。(IEC 62278:2002,GB/T 21562—2008)

53. 系统寿命周期(system life cycle)

从系统的构思开始到系统不能再运用而退役或淘汰的时间内所发生的活动。(IEC 62278:2002,GB/T 21562—2008)

54. 系统性失效(systematic failure)

在某些特定的环境下或某些特定的输入组合情况下,在任何阶段的安全寿命周期活动中由于错误产生的失效。(IEC 62278:2002,GB/T 21562—2008)

55. 现值(present value)

除初始投资以外的项目现金流的现值。(ISO 15663-2:2000,GB/T 19829.2—2005)

56. 效益(benefit)

资本资产的新增部分,营业收入或工程项目环境的改善。(ISO 15663-1:2000,GB/T 19829.1—2005)

57. 修复性维修(corrective maintenance)

故障识别后,使产品恢复到能执行规定功能状态所实施的维修。(IEC 62278:2002,GB/T 21562—2008)

58. 验证(verification)

用客观证据及检验来确定是否满足规定要求。

59. 一致性(compliance)

产品的特性或参数满足规定要求的证明。(IEC 62278:2002,GB/T 21562—2008)

60. 约束成本(committed costs)

不可消除或甚至不能消减,同时对盈利或组织机构的目标无重大影响的那些固定的成本。(注:可以把约束成本看作耗费于研究目的的费用。)(ISO 15663-1:2000,GB/T 19829.1—2005)

61. 约束条件(constraint)

项目从外部或内部所施加的限制条件,如果超出了该限制条件,方案将会落选。(ISO 15663-1:2000,GB/T 19829.1—2005)

62. 预防性维修(preventive maintenance)

为了防止功能降级、减少失效概率而实施的定期或根据预定判据进行的维修。(IEC 62278:2002,GB/T 21562—2008)

63. 预算(budget)

作为项目费用控制机制由管理层或用户认可的测算值。(ISO 15663-1:2000,GB/T 19829.1—2005)

64. 运行费用(operating expenditure)

用于操作和维修,包括与后勤和备件有关的费用。(ISO 15663-2:2000,GB/T 19829.2—2005)

65. 资本投资(capital expenditure)

用于购买、安装和投产运行某个资本资产的资金。(ISO 15663-2:2000,GB/T 19829.2—2005)

66. 资产(asset)

某个组织机构拥有的资源,通常用于产生收益或增值。(ISO 15663-1:2000,GB/T 19829.1—2005)

67. 资产寿命周期(asset life cycle)

某个组织机构拥有的具体资源从发现或采购起到废弃时的时间间隔。(ISO 15663-

1:2000,GB/T 19829.1—2005)

68. 资产阶段(asset phase)

资产寿命周期中具有某一特定意义的独立阶段。例如详细设计。(ISO 15663-1:2000,GB/T 19829.1—2005)

二、缩略语

CAPEX	资本投资
CAIV	以费用为独立变量
CALS	持续采办与后勤保障
CBA	费用—效益分析
CLS	综合后勤保障系统
DCM	可信性维修
DTC	按费用设计
EN	欧洲标准
EPIC	工程、采购、安装和投产运行
FMEA	故障模式和影响分析
FMECA	故障模式影响及危害度分析
FTA	故障树分析
FV	终值
GJB	国家军用标准
H,S&E	健康,安全和环境
IEC	国际电工委员会
IRIS	国际铁路工业标准
IRR	内部回报率
ISO	国际标准化组织
LCS	大型复杂系统
MIL-STD	美国军用标准
NPV	净现值
OPEX	运行费用
PEED	前期工程设计
PI	利润指数
PV	现值
RAMS	可靠性、可用性、维修性和安全性
RCM	以可靠性为中心的维修
SBC	费用结构分析
TTE	工具和试验设备

UNIFE	欧洲铁路工业协会
WACC	加权平均资本费用
WLC	全寿命周期费用

附录 B　复利系数表

附表 1　复利系数表($i=5\%$)

时间/年	整付本利和系数 $(1+i)^n$ $(F/P,i,n)$	整付现值系数 $\frac{1}{(1+i)^n}$ $(P/F,i,n)$	等额支付本利和系数 $\frac{(1+i)^n-1}{i}$ $(F/A,i,n)$	偿还基金系数 $\frac{i}{(1+i)^n-1}$ $(A/F,i,n)$	资金回收系数 $\frac{i(1+i)^n}{(1+i)^n-1}$ $(A/P,i,n)$	等额支付现值系数 $\frac{(1+i)^n-1}{i(1+i)^n}$ $(P/A,i,n)$
1	1.050	0.952 4	1.000	1.000 00	1.050 00	0.952
2	1.102	0.907 0	2.050	0.487 81	0.537 81	1.859
3	1.158	0.863 8	3.152	0.317 21	0.367 21	2.723
4	1.216	0.822 7	4.310	0.232 01	0.282 01	3.546
5	1.276	0.783 5	5.526	0.180 98	0.230 98	4.329
6	1.340	0.746 2	6.802	0.147 02	0.197 02	5.076
7	1.407	0.710 7	8.142	0.122 82	0.172 82	5.786
8	1.477	0.676 8	9.549	0.104 72	0.154 72	6.463
9	1.551	0.644 6	11.027	0.090 69	0.140 69	7.108
10	1.629	0.613 9	12.578	0.079 50	0.129 50	7.722
11	1.710	0.584 7	14.207	0.070 39	0.120 39	8.306
12	1.796	0.556 8	15.917	0.062 83	0.112 83	8.863
13	1.886	0.530 3	17.713	0.056 46	0.106 46	9.394
14	1.980	0.505 1	19.599	0.051 02	0.101 02	9.899
15	2.079	0.481 0	21.579	0.046 34	0.096 34	10.380
16	2.183	0.458 1	23.657	0.042 27	0.092 27	10.838
17	2.292	0.436 3	25.840	0.038 70	0.088 70	11.274
18	2.407	0.415 5	28.132	0.035 55	0.085 55	11.690
19	2.527	0.395 7	30.539	0.032 57	0.082 75	12.085
20	2.653	0.376 9	33.066	0.030 24	0.080 24	12.462
21	2.786	0.358 9	35.719	0.028 00	0.078 00	12.821
22	2.925	0.341 9	38.505	0.025 97	0.075 97	13.163
23	3.072	0.325 6	41.430	0.024 14	0.074 14	13.489
24	3.225	0.310 1	44.502	0.022 47	0.072 47	13.799
25	3.386	0.295 3	47.727	0.020 95	0.070 95	14.094
26	3.556	0.281 2	51.113	0.019 56	0.069 56	14.375
27	3.733	0.267 8	54.669	0.018 29	0.068 29	14.643
28	3.920	0.255 1	58.402	0.017 12	0.067 12	14.898
29	4.116	0.242 9	62.323	0.016 05	0.066 05	15.141
30	4.332	0.231 4	66.439	0.015 05	0.065 05	15.372

附表 2　复利系数表($i=6\%$)

时间/年	整付本利和系数 $(1+i)^n$ $(F/P,i,n)$	整付现值系数 $\frac{1}{(1+i)^n}$ $(P/F,i,n)$	等额支付本利和系数 $\frac{(1+i)^n-1}{i}$ $(F/A,i,n)$	偿还基金系数 $\frac{i}{(1+i)^n-1}$ $(A/F,i,n)$	资金回收系数 $\frac{i(1+i)^n}{(1+i)^n-1}$ $(A/P,i,n)$	等额支付现值系数 $\frac{(1+i)^n-1}{i(1+i)^n}$ $(P/A,i,n)$
1	1.060	0.943 4	1.000	1.000 00	1.060 00	0.943
2	1.124	0.890 0	2.060	0.485 44	0.545 44	1.833
3	1.191	0.839 6	3.184	0.314 11	0.374 11	2.673
4	1.262	0.792 1	4.375	0.228 59	0.288 59	3.465
5	1.338	0.747 3	5.637	0.177 40	0.237 40	4.212
6	1.419	0.705 0	6.975	0.143 36	0.203 36	4.917
7	1.504	0.665 1	8.394	0.119 14	0.179 14	5.582
8	1.594	0.627 4	9.897	0.101 04	0.161 04	6.210
9	1.689	0.591 9	11.491	0.087 02	0.147 02	6.802
10	1.791	0.558 4	13.131	0.075 87	0.135 87	7.360
11	1.898	0.526 8	14.972	0.066 79	0.126 79	7.887
12	2.012	0.497 0	16.870	0.059 82	0.119 28	8.384
13	2.133	0.468 8	18.882	0.052 96	0.112 96	8.853
14	2.261	0.442 3	21.015	0.047 58	0.107 58	9.295
15	2.397	0.417 3	23.276	0.042 96	0.102 96	9.712
16	2.540	0.393 6	25.672	0.038 95	0.098 95	10.105
17	2.693	0.371 4	28.213	0.035 44	0.095 44	10.477
18	2.854	0.350 3	30.906	0.032 36	0.092 36	10.828
19	3.026	0.330 5	33.760	0.029 62	0.089 62	11.158
20	3.207	0.311 8	36.786	0.027 18	0.087 18	11.470
21	3.400	0.294 2	39.993	0.025 00	0.085 00	11.764
22	3.604	0.277 5	43.392	0.023 05	0.083 05	12.042
23	3.820	0.261 8	46.996	0.021 28	0.081 28	12.303
24	4.049	0.247 0	50.815	0.019 68	0.079 68	12.550
25	4.292	0.233 0	54.864	0.018 23	0.078 23	12.783
26	4.549	0.219 8	59.156	0.016 90	0.076 90	13.003
27	4.822	0.207 4	63.706	0.015 70	0.075 70	13.211
28	5.112	0.195 6	68.528	0.014 59	0.074 59	13.406
29	5.418	0.184 6	73.640	0.013 58	0.073 58	13.591
30	5.743	0.174 1	79.058	0.012 65	0.072 65	13.765

附表 3 复利系数表($i=7\%$)

时间/年	整付本利和系数 $(1+i)^n$ $(F/P,i,n)$	整付现值系数 $\frac{1}{(1+i)^n}$ $(P/F,i,n)$	等额支付本利和系数 $\frac{(1+i)^n-1}{i}$ $(F/A,i,n)$	偿还基金系数 $\frac{i}{(1+i)^n-1}$ $(A/F,i,n)$	资金回收系数 $\frac{i(1+i)^n}{(1+i)^n-1}$ $(A/P,i,n)$	等额支付现值系数 $\frac{(1+i)^n-1}{i(1+i)^n}$ $(P/A,i,n)$
1	1.070	0.934 6	1.000	1.000 00	1.070 00	0.935
2	1.145	0.873 4	2.070	0.483 09	0.553 09	1.808
3	1.225	0.816 3	3.215	0.311 05	0.381 05	2.624
4	1.311	0.762 9	4.440	0.225 23	0.295 23	3.387
5	1.403	0.713 0	5.751	0.173 89	0.243 89	4.100
6	1.501	0.666 3	7.153	0.139 80	0.209 80	4.767
7	1.606	0.622 7	8.654	0.115 55	0.185 55	5.389
8	1.718	0.582 0	10.260	0.097 47	0.167 47	5.971
9	1.838	0.543 9	11.978	0.083 49	0.153 49	6.515
10	1.967	0.508 3	13.816	0.072 38	0.142 38	7.024
11	2.105	0.475 1	15.784	0.063 36	0.133 36	7.499
12	2.252	0.444 0	17.888	0.055 90	0.125 90	7.943
13	2.410	0.415 0	20.141	0.049 65	0.119 65	8.358
14	2.579	0.387 8	22.551	0.044 34	0.114 34	8.745
15	2.759	0.362 4	25.129	0.039 79	0.109 79	9.108
16	2.952	0.338 7	27.888	0.035 86	0.105 86	9.447
17	3.159	0.316 6	30.840	0.032 43	0.102 43	9.763
18	3.380	0.295 9	33.999	0.029 41	0.099 41	10.059
19	3.617	0.276 5	37.379	0.026 75	0.096 75	10.336
20	3.870	0.258 4	40.996	0.024 39	0.094 39	10.594
21	4.141	0.241 5	44.865	0.022 29	0.092 29	10.836
22	4.430	0.225 7	49.006	0.020 41	0.090 41	11.061
23	4.741	0.210 9	53.436	0.018 71	0.088 71	11.272
24	5.072	0.197 1	58.117	0.017 19	0.087 19	11.469
25	5.427	0.182 4	63.249	0.015 81	0.085 81	11.654
26	5.807	0.172 2	68.677	0.014 56	0.084 56	11.826
27	6.214	0.160 9	74.484	0.013 43	0.083 43	11.987
28	6.649	0.150 4	80.698	0.012 39	0.082 39	12.137
29	7.114	0.140 6	87.347	0.011 45	0.081 45	12.278
30	7.612	0.131 4	94.461	0.010 59	0.080 59	12.409

附表 4　复利系数表(i=8%)

时间/年	整付本利和系数 $(1+i)^n$ $(F/P,i,n)$	整付现值系数 $\frac{1}{(1+i)^n}$ $(P/F,i,n)$	等额支付本利和系数 $\frac{(1+i)^n-1}{i}$ $(F/A,i,n)$	偿还基金系数 $\frac{i}{(1+i)^n-1}$ $(A/F,i,n)$	资金回收系数 $\frac{i(1+i)^n}{(1+i)^n-1}$ $(A/P,i,n)$	等额支付现值系数 $\frac{(1+i)^n-1}{i(1+i)^n}$ $(P/A,i,n)$
1	1.080	0.925 9	1.000	1.000 00	1.080 0	0.926
2	1.166	0.857 3	2.080	0.470 77	0.560 77	1.783
3	1.260	0.793 8	3.246	0.308 03	0.388 03	2.577
4	1.360	0.735 0	4.506	0.221 92	0.301 92	3.312
5	1.469	0.680 6	5.867	0.170 46	0.250 46	3.993
6	1.587	0.630 2	7.336	0.136 32	0.216 32	4.623
7	1.714	0.583 5	8.923	0.112 07	0.192 07	5.206
8	1.851	0.540 3	10.637	0.094 01	0.174 01	5.747
9	1.999	0.500 2	12.488	0.080 08	0.160 08	6.247
10	2.159	0.463 2	14.487	0.069 03	0.149 03	6.710
11	2.332	0.428 9	16.646	0.060 08	0.140 08	7.139
12	2.518	0.397 1	18.977	0.052 69	0.132 69	7.536
13	2.720	0.367 7	21.495	0.046 52	0.126 52	7.904
14	2.937	0.340 5	24.215	0.041 30	0.121 30	8.244
15	3.172	0.315 2	27.152	0.036 83	0.116 83	8.559
16	3.426	0.291 9	30.324	0.032 98	0.112 98	8.851
17	3.700	0.270 3	33.750	0.029 63	0.109 63	9.122
18	3.996	0.250 2	37.450	0.026 70	0.106 70	9.372
19	4.316	0.231 7	41.446	0.024 13	0.104 13	9.604
20	4.661	0.214 5	45.762	0.021 85	0.101 85	9.818
21	5.034	0.198 7	50.423	0.019 83	0.099 83	10.017
22	5.437	0.183 9	55.457	0.018 03	0.098 03	10.201
23	5.871	0.170 3	60.893	0.016 42	0.096 42	10.371
24	6.341	0.157 7	66.765	0.014 98	0.094 98	10.529
25	6.848	0.146 0	73.106	0.013 68	0.093 68	10.675
26	7.396	0.135 2	79.955	0.012 51	0.092 51	10.810
27	7.988	0.125 2	87.351	0.011 45	0.091 45	10.935
28	8.627	0.115 9	95.339	0.010 49	0.090 49	11.051
29	9.317	0.107 3	103.966	0.009 62	0.089 62	11.158
30	10.063	0.099 4	113.283	0.008 83	0.088 83	11.258

附表 5 复利系数表(i=10%)

时间/年	整付本利和系数 $(1+i)^n$ $(F/P,i,n)$	整付现值系数 $\frac{1}{(1+i)^n}$ $(P/F,i,n)$	等额支付本利和系数 $\frac{(1+i)^n-1}{i}$ $(F/A,i,n)$	偿还基金系数 $\frac{i}{(1+i)^n-1}$ $(A/F,i,n)$	资金回收系数 $\frac{i(1+i)^n}{(1+i)^n-1}$ $(A/P,i,n)$	等额支付现值系数 $\frac{(1+i)^n-1}{i(1+i)^n}$ $(P/A,i,n)$
1	1.100	0.909 1	1.000	1.000 00	1.100 00	0.909
2	1.210	0.826 4	2.100	0.476 19	0.576 19	1.736
3	1.331	0.751 3	3.310	0.302 11	0.402 11	2.487
4	1.464	0.683 0	4.641	0.215 47	0.315 47	3.170
5	1.661	0.620 9	6.105	0.163 80	0.263 80	3.791
6	1.772	0.564 5	7.716	0.129 61	0.229 61	4.355
7	1.949	0.513 2	9.487	0.105 41	0.205 41	4.868
8	2.144	0.466 5	11.436	0.087 44	0.187 44	5.335
9	2.358	0.424 1	13.579	0.073 64	0.173 64	5.759
10	2.594	0.385 5	15.9387	0.062 75	0.162 75	6.145
11	2.853	0.350 5	18.531	0.053 96	0.153 96	6.495
12	3.138	0.318 6	21.384	0.046 76	0.146 76	6.814
13	3.452	0.289 7	24.523	0.040 78	0.140 78	7.103
14	3.979	0.263 3	27.975	0.035 75	0.135 75	7.367
15	4.177	0.239 4	31.772	0.031 47	0.131 47	7.606
16	4.595	0.217 6	35.950	0.027 82	0.127 82	7.824
17	5.054	0.197 8	40.545	0.024 66	0.124 66	8.022
18	5.560	0.179 9	45.599	0.021 93	0.121 93	8.201
19	6.116	0.163 5	51.159	0.019 55	0.119 55	8.365
20	6.728	0.148 6	57.275	0.017 46	0.117 46	8.514
21	7.400	0.135 1	64.003	0.015 62	0.115 62	8.649
22	8.140	0.122 8	71.403	0.014 01	0.114 01	8.772
23	8.954	0.111 7	79.543	0.012 57	0.112 57	8.883
24	9.85	0.101 5	88.497	0.011 30	0.111 30	8.985
25	10.835	0.082 3	98.347	0.010 17	0.110 17	9.077
26	11.918	0.083 9	109.182	0.009 16	0.109 16	9.161
27	13.110	0.076 3	121.100	0.008 36	0.103 26	9.237
28	14.421	0.069 3	134.210	0.007 45	0.107 45	9.307
29	15.863	0.063 0	148.631	0.006 73	0.106 73	9.370
30	17.449	0.057 3	164.494	0.006 08	0.106 08	9.427

附表 6　复利系数表($i=12\%$)

时间/年	整付本利和系数 $(1+i)^n$ $(F/P,i,n)$	整付现值系数 $\frac{1}{(1+i)^n}$ $(P/F,i,n)$	等额支付 本利和系数 $\frac{(1+i)^n-1}{i}$ $(F/A,i,n)$	偿还基金系数 $\frac{i}{(1+i)^n-1}$ $(A/F,i,n)$	资金回收系数 $\frac{i(1+i)^n}{(1+i)^n-1}$ $(A/P,i,n)$	等额支付 现值系数 $\frac{(1+i)^n-1}{i(1+i)^n}$ $(P/A,i,n)$
1	1.120	0.892 9	1.000	1.000 00	1.120 00	0.893
2	1.254	0.797 2	2.120	0.471 70	0.591 70	1.690
3	1.405	0.711 8	3.374	0.296 35	0.416 35	2.402
4	1.574	0.635 5	4.779	0.209 23	0.329 23	3.037
5	1.762	0.567 4	6.353	0.157 41	0.277 41	3.605
6	1.974	0.506 6	8.115	0.123 23	0.243 23	4.111
7	2.211	0.452 3	10.089	0.099 12	0.219 12	4.564
8	2.476	0.403 9	12.300	0.081 30	0.201 30	4.968
9	2.773	0.360 6	14.776	0.057 68	0.187 68	5.328
10	3.106	0.322 0	17.549	0.056 98	0.176 98	5.65
11	3.479	0.287 5	20.655	0.048 42	0.168 42	5.938
12	3.896	0.256 7	24.133	0.041 44	0.161 44	6.194
13	4.363	0.229 2	28.029	0.035 68	0.155 68	6.424
14	4.889	0.204 6	32.393	0.030 87	0.150 87	6.628
15	5.474	0.182 7	37.280	0.026 82	0.146 82	6.811
16	6.130	0.163 1	42.753	0.023 39	0.143 39	6.974
17	6.866	0.145 6	48.884	0.020 46	0.140 46	7.120
18	7.690	0.130 0	55.750	0.017 94	0.137 94	7.250
19	8.613	0.116 1	63.440	0.015 76	0.135 76	7.366
20	9.646	0.103 7	72.052	0.013 88	0.133 88	7.469
21	10.804	0.092 6	81.699	0.012 24	0.132 24	7.562
22	12.100	0.082 6	92.503	0.010 81	0.130 81	7.645
23	13.552	0.073 8	104.603	0.009 56	0.129 56	7.718
24	15.179	0.065 9	118.155	0.008 46	0.128 46	7.784
25	17.000	0.058 8	133.334	0.007 50	0.127 50	7.843
26	19.040	0.052 5	150.334	0.006 65	0.126 65	7.896
27	21.325	0.046 9	169.374	0.005 90	0.125 90	7.943
28	23.884	0.041 9	190.699	0.005 24	0.125 24	7.984
29	26.750	0.037 4	214.583	0.004 66	0.124 66	8.022
30	29.960	0.033 4	241.333	0.004 14	0.124 14	8.055

附表7 复利系数表($i=15\%$)

时间/年	整付本利和系数 $(1+i)^n$ $(F/P,i,n)$	整付现值系数 $\frac{1}{(1+i)^n}$ $(P/F,i,n)$	等额支付本利和系数 $\frac{(1+i)^n-1}{i}$ $(F/A,i,n)$	偿还基金系数 $\frac{i}{(1+i)^n-1}$ $(A/F,i,n)$	资金回收系数 $\frac{i(1+i)^n}{(1+i)^n-1}$ $(A/P,i,n)$	等额支付现值系数 $\frac{(1+i)^n-1}{i(1+i)^n}$ $(P/A,i,n)$
1	1.150	0.869 6	1.000	1.000 00	1.150 00	0.870
2	1.322	0.756 1	2.150	0.465 12	0.615 12	1.626
3	1.521	0.657 5	3.472	0.287 98	0.437 98	2.283
4	1.749	0.571 8	4.993	0.200 27	0.350 72	2.855
5	2.011	0.497 2	6.742	0.148 32	0.298 32	3.352
6	2.313	0.432 3	8.754	0.114 24	0.264 24	3.784
7	2.660	0.375 9	11.067	0.090 36	0.240 36	4.160
8	3.059	0.326 9	13.727	0.072 85	0.222 85	4.487
9	3.518	0.284 3	16.786	0.059 57	0.209 57	4.772
10	4.046	0.247 2	20.304	0.049 25	0.199 25	5.019
11	4.652	0.216 9	24.349	0.041 07	0.191 07	5.234
12	5.350	0.186 9	29.002	0.034 48	0.184 48	5.421
13	6.153	0.162 5	34.352	0.029 11	0.179 11	5.583
14	7.076	0.141 3	40.505	0.024 69	0.174 69	5.724
15	8.137	0.122 9	47.580	0.021 02	0.171 02	5.847
16	9.358	0.106 9	55.717	0.017 95	0.167 95	5.954
17	10.761	0.092 9	65.075	0.015 37	0.165 37	6.074
18	12.375	0.080 8	75.836	0.013 19	0.163 19	6.128
19	14.232	0.070 3	88.212	0.011 34	0.161 34	6.198
20	16.367	0.061 1	102.44	0.009 76	0.159 76	6.259
21	18.822	0.053 1	118.810	0.008 42	0.158 42	6.312
22	21.645	0.046 2	137.632	0.007 27	0.157 27	6.359
23	24.891	0.040 2	159.276	0.006 28	0.156 28	6.399
24	28.625	0.034 9	184.168	0.005 43	0.155 43	6.434
25	32.919	0.030 4	212.793	0.004 70	0.154 70	6.464
26	37.857	0.026 4	245.712	0.004 07	0.154 07	6.491
27	43.535	0.023 0	283.569	0.003 53	0.153 53	6.514
28	50.066	0.020 0	327.104	0.003 06	0.153 06	6.534
29	57.575	0.017 4	377.169	0.002 65	0.152 65	6.551
30	66.212	0.015 1	434.745	0.002 30	0.152 30	6.566

附表 8　复利系数表($i=20\%$)

时间/年	整付本利和系数 $(1+i)^n$ $(F/P,i,n)$	整付现值系数 $\frac{1}{(1+i)^n}$ $(P/F,i,n)$	等额支付本利和系数 $\frac{(1+i)^n-1}{i}$ $(F/A,i,n)$	偿还基金系数 $\frac{i}{(1+i)^n-1}$ $(A/F,i,n)$	资金回收系数 $\frac{i(1+i)^n}{(1+i)^n-1}$ $(A/P,i,n)$	等额支付现值系数 $\frac{(1+i)^n-1}{i(1+i)^n}$ $(P/A,i,n)$
1	1.200	0.833 3	1.000	1.000 00	1.200 00	0.833
2	1.440	0.694 4	2.200	0.454 55	0.654 55	1.528
3	1.728	0.578 7	3.640	0.274 73	0.474 73	2.106
4	2.047	0.482 3	5.368	0.186 29	0.386 29	2.589
5	2.488	0.401 9	7.442	0.134 38	0.334 38	2.991
6	2.986	0.334 9	9.930	0.100 71	0.300 71	3.326
7	3.583	0.279 1	12.916	0.077 42	0.277 42	3.605
8	4.300	0.232 6	16.499	0.060 61	0.260 61	3.837
9	5.160	0.193 8	20.799	0.048 08	0.248 08	4.031
10	6.192	0.161 5	25.959	0.038 52	0.238 52	4.192
11	7.430	0.134 6	32.150	0.031 10	0.231 10	4.327
12	8.916	0.112 2	39.581	0.025 26	0.225 26	4.439
13	10.699	0.093 5	48.497	0.020 62	0.220 62	4.533
14	12.839	0.077 9	59.196	0.016 89	0.216 89	4.611
15	15.407	0.064 9	72.035	0.013 88	0.213 88	4.675
16	18.488	0.054 1	87.442	0.011 44	0.211 44	4.730
17	22.186	0.045 1	105.931	0.009 44	0.209 44	4.755
18	26.623	0.037 6	128.117	0.007 81	0.207 81	4.812
19	31.948	0.031 3	154.740	0.006 46	0.206 46	4.843
20	38.338	0.026 1	186.688	0.005 36	0.205 36	4.870
21	46.005	0.021 7	225.026	0.004 44	0.204 44	4.891
22	55.206	0.018 1	271.031	0.003 69	0.203 69	4.909
23	66.247	0.015 1	326.237	0.003 07	0.203 07	4.925
24	79.497	0.012 6	392.485	0.002 55	0.202 55	4.937
25	95.396	0.010 5	471.982	0.002 12	0.202 12	4.948
26	114.476	0.008 7	567.378	0.001 76	0.201 76	4.956
27	137.371	0.007 3	681.853	0.001 47	0.201 47	4.964
28	164.845	0.006 1	819.224	0.001 22	0.201 22	4.970
29	197.814	0.005 1	984.069	0.001 02	0.201 02	4.975
30	237.377	0.004 2	1181.883	0.00 085	0.200 85	4.979

参 考 文 献

[1] 董锡明. 机车车辆运用可靠性工程[M]. 北京:中国铁道出版社,2002.
[2] 董锡明. 机车车辆维修基本理论[M]. 北京:中国铁道出版社,2005.
[3] 董锡明. 轨道列车可靠性、可用性、维修性和安全性(RAMS)[M]. 北京:中国铁道出版社,2009.
[4] 董锡明. 现代高速列车技术[M]. 北京:中国铁道出版社,2006.
[5] 董锡明. 高速列车维修及其保障技术[M]. 北京:中国铁道出版社,2008.
[6] 董锡明. 现代技术装备维修理论与实践:在轨道列车系统上的应用[M]. 成都:西南交通大学出版社,2009.
[7] 罗云,张俊迈,吴奕亮,等. 设备寿命周期费用方法及其应用[M]. 北京:海洋出版社,1992.
[8] 日比宗平. 寿命周期费用评价法:方法及实例[M]. 北京:机械工业出版社,1984.
[9] 黄训江. 以费用为独立变量的装备寿命周期费用评价与管理[M]. 北京:科学出版社,2012.
[10] 廖祖仁. 产品寿命周期费用评价法[M]. 北京:国防工业出版社,1993 .
[11] 刘晓东. 装备寿命周期费用分析与控制[M]. 北京:国防工业出版社,2008.
[12] 金家善,耿俊豹. 寿命周期费用技术与循环经济[M]. 武汉:湖北科学技术出版社,2009.
[13] 韩景倜. 航空装备寿命周期费用与经济分析[M]. 北京:国防工业出版社,2008.
[14] 朱松山,唐大德,陈桂明,等. 武器装备经济基本理论[M]. 北京:国防工业出版社,2002.
[15] 傅家骥,仝允桓. 工业技术经济学[M]. 3 版. 北京:清华大学出版社,1996.
[16] 国防科学技术工业委员会. 装备费用—效能分析:GJB 1364—92[S]. 北京,1992.
[17] Weapon System Effectiveness Industry Advisory Commttee. Chairman’s Final Report:Air Force System Command[R]. 1965.
[18] TRUEMPI A. 铁道机车车辆的寿命周期费用[J]. 机车车辆维修简报,2000,20:22-37.
[19] GEYER K K. 开发、分析及设计中的寿命周期费用[J]. 机车车辆维修简报,2000,(20):37-47.
[20] GRUEBLER G. 奥地利联邦铁路机车车辆维修采用寿命周期费用/以可靠性为中心的维修方法[J]. 机车车辆维修简报,2001,23:42-53.

[21] 国际标准 IEC 300-3-3:寿命周期费用分析[S]. 机车车辆维修简报,2002,26:35-53.
[22] KJELLSON U. 瑞典高速列车 X2000 寿命周期费用和可靠性验证[J]. 机车车辆维修简报,2002,26:53-61.
[23] KJELLSON U. 机车车辆寿命周期费用接口软件模型[J]. 机车车辆维修简报,2003,31:69-75.
[24] 欧洲铁路工业协会 LCC 工作组. 机车车辆寿命周期费用术语和定义[J]. 机车车辆维修简报,2004,33:24-59.
[25] 欧洲铁路工业协会 LCC 工作组. 整个铁路系统 LCC 的术语和定义[J]. 机车车辆维修简报,2004,36:43-69.
[26] 董锡明. 机车车辆寿命周期费用[J]. 机车车辆维修简报,2005,37:1-31.
[27] SCHULT H. 以 COMBINO 为例说明 RAMS/LCC 数据的验证方法[J]. 机车车辆维修简报,2005,38:35-49.
[28] GEYER K K. 开发、分析及设计中的寿命周期费用[J]. 机车车辆维修简报,2000,20:37-47.
[29] SCHULT H. 机车车辆的 RAMS/LCC[J]. 机车车辆维修简报,2005,40:31-49.
[30] STRAUSS P. 德国铁路寿命周期费用四阶段模型:铁道机车车辆使用寿命总费用的分析方法[J]. 机车车辆维修简报,2006,42:32-38.
[31] ALFTER R. 近郊列车 Regio Sprinter 的低成本和寿命周期费用优化:车体和驱动部件开发和维修费用的最低化[J]. 机车车辆维修简报,2006,43:71-84.
[32] 王华胜. 内燃机车寿命周期费用模型与分析[J]. 机车车辆维修简报,2007,47:69-80.
[33] HOLDEN G. 机车车辆资产管理方面寿命周期费用的若干问题[J]. 机车车辆维修简报,2008,49:60-71.
[34] 阮镰,章国栋. 工程系统的规划与设计[M]. 北京:北京航空航天大学出版社,1991.
[35] FABRYCKY W J,BLANCHARD B S. Life-Cycle Cost and Economic Analysis[Z]. New Jersey,1991.
[36] BROWN R J,YANUCK R R. Introduction to Life Cycle Costing[M]. Fairmont Press,1984.
[37] BLANCHARD B S. Design and Manage to Life Cycle Cost[M]. Portland,Oregon:M/A Press,1978.
[38] EMBLEMSVAG J. Life-Cycle Costing:Using Activity-based Costing and Monte Carlo Methods to Manage Future Cost and Risks[M]. New Jersey:John Wiley&Sons,Inc. 2003.
[39] DHILLON B S. Life Cycle Costing:Techniques,Models and Applications[J]. London:Gordon and Breach Science Publishers,1989.
[40] KIRK S J,DELL'LSOLA A J. Life Cycle Costing for Design Professionals[M]. McGraw-Hill,Inc,1995.

[41] BROWN R J, YANUCK R R. Life Cycle Costing: A Practical Guide for Energy Managers[M]. The Fairmont Press, 1980.

[42] FLANAGAN R, NORMAN G, MEADOWS J, et al. Life Cycle Costing: Theory and Practice[M]. 1989.

[43] BORSSABAINE H A, KIRKHAM R J. Whole Life-Cycle Costing: Risk and Risk Responses. Blackwell Publishing, 2004.

[44] BLANCHARD B S. Engineering Organization and Management[M]. New Jersey: Prentice-Hall, Inc., 1976.

[45] 肖彦君,杨润栋. 用寿命周期费用法选择城轨车辆车体材料的探讨[J]. 电力机车与城轨车辆,2003,26(5):17-20.

[46] DANISL P R. Aircraft Design: A Conceptual Approach[M]. Amererica Institute of Aeronautics, 1992.

[47] STEWART R D. Cost Estimating[M]. New York: John Wiley & Sons, Inc., 1982.

[48] Bureau of Labor Statistics. Employment and Earnings, States and Areas[Z]. Washington, 1939.

[49] Engineering Costs and Production Economics[J]. 1989.

[50] THUESEN G J, FABRYCKY W J. Engineering Economy[M]. 7th ed. New Jersay: Prentice-Hall, Inc., 1989.

[51] PAHL G, BEITZ W. Engineering Design: A Systematic Approach[M]. Ken Wallace. London: Springer, 2005.

[52] BELVOIR F. Glossary of Defense Acquisition Acronyms and Terms[M]. Virginia: Defense Acquisition University Press, 1989.

[53] 李鸣,王厚铿,郭会中. 装备采购经济问题分析[M]. 北京:国防工业出版社,2009.

[54] 周林,王君. 军事装备管理预测与决策[M]. 北京:国防工业出版社,2007.

[55] 郝杰忠,杨建军,杨若鹏. 装备技术保障运筹分析[M]. 北京:国防工业出版社,2006.

[56] 陈庆华,郭全魁,宋华文. 装备运筹学教程[M]. 北京:国防工业出版社,2007.

[57] 甘茂治等. 军用装备维修工程学[M]. 2版. 北京:国防工业出版社,2005.

[58] 孔繁柯等. 军用车辆运用工程[M]. 北京:国防工业出版社,1993.

[59] NOWLAN F S, HEAP H. Reliability-centered Maintenance[M]. Virginia: National Technical Information Service, 1978.

[60] RESNIKOFF H L. Mathematical Aspects of Reliability-centered Maintenance[M]. California: Dolby Access Press, 1979.

[61] MOUBRAY J. Reliability-centered Maintenance[M]. 2nd ed. New York: Industrial Press, 1997.

[62] PALSSON L, WAAK O. An Applied Technique for LCC Improvements: Case Histories[C]//Proceeding of 17th SOLE Symposium. Boston, 1992.

[63] PALSSON L,AKSELSSON H. Life Cycle Costing in the Swedsh Railways[C]//Proceedings of the Institution of Mechanical Engineers Part D Transpnt Engineering,1985.
[64] BORGHAGEN L,BRINKHAGEN L. LCC:Procurement at the Swedish State Railways[J]. Reliability & Maintainability Symposium,1984,38:349-358.
[65] 梁庆卫,等. 鱼雷寿命周期费用分析[M]. 北京:国防工业出版社,2013.
[66] 国防科学技术工业委员会. GJB 1371—92:装备保障性分析[S]. 北京,1992 .
[67] 中华人民共和国国家质量监督检验检疫总局,中国国家标准化管理委员会. GB/T 21562—2008/IEC 62278:2002:轨道交通　可靠性、可用性、可维修性和安全性规范及示例[S]. 北京:中国标准出版社,2008.
[68] 中华人民共和国国家质量监督检验检疫总局,中国国家标准化管理委员会. GB/T 19829. 1—2005/ISO 15663-1:2000:石油天然气工业　寿命周期费用分析　第 1 部分:方法论[S]. 北京:中国标准出版社,2005.
[69] 中华人民共和国国家质量监督检验检疫总局,中国国家标准化管理委员会. GB/T 19829. 2—2005/ISO 15663-2:2000:石油天然气工业　寿命周期费用分析　第 2 部分:方法论和计算方法应用指南[S]. 北京:中国标准出版社,2005.
[70] 中华人民共和国国家质量监督检验检疫总局,中国国家标准化管理委员会. GB/T 19829. 3—2006/ISO 15663-3:2001:石油天然气工业　寿命周期费用分析　第 3 部分:实施指南[S]. 北京:中国标准出版社,2006.
[71] 金祖平. 外国海军舰船寿命周期费用分析[M]. 北京:海洋出版社,1991.
[72] 中国人民解放军总装备部. GJB/ Z 20517—98:武器装备寿命周期费用估算[S]. 北京,1998.
[73] 中国人民解放军总参谋部. GJB/Z 20456—97:电子对抗装备寿命周期费用估算[S]. 北京,1997.
[74] 中国人民解放军总参谋部. GJB/Z 20463—97:军用雷达寿命周期费用估算手册[S]. 北京,1997.
[75] 国防科学技术工业委员会. GJB 1909. 1—94:装备可靠性维修性参数选择与指标确定要求　总则[S]. 北京,1993.
[76] 国防科学技术工业委员会. GJB 368A—94:装备维修性通用大纲[S]. 北京,1994.
[77] 国防科学技术工业委员会. GJB 1391—92:故障模式、影响及危害性分析程序[S]. 北京,1992.
[78] 国防科学技术工业委员会. GJB 1371—92:装备保障性分析[S]. 北京,1992.
[79] 中国人民解放军总装备部. GJB 4051—2000:地地战略导弹武器装备维修费用分析方法[S]. 北京,2000.
[80] 陈光. 基于全寿命周期费用的城市轨道交通工程设备选择[J]. 城市轨道交通研究,2003(5):26-29.

[81] 宋太亮.装备保障性系统工程[M].北京:国防工业出版社,2002.
[82] 张恒喜,郭基联,董彦非.现代飞机效费分析[M].北京:航空工业出版社,2007.
[83] 李明,刘澎.武器装备发展系统论证方法与应用[M].北京:国防工业出版社,2000.
[84] 广州地下铁道总公司、铁道科学研究院机车车辆研究所.直线电机转向架全寿命周期成本研究报告[R].2005.
[85] 李南.工程经济学[M].北京:科学出版社,2001.
[86] 宋贵宝,沈如松,周文松.武器系统工程[M].北京:国防工业出版社,2009.
[87] 孙怀玉.实用价值工程教程[M].北京:机械工业出版社,1999.
[88] 防务系统管理学院.风险分析与管理指南[M].军用标准化中心,译.北京:航空工业出版社,1992.
[89] 王汉功,甘茂治.装备全系统全寿命管理[M].北京:国防工业出版社,2003.
[90]《可靠性维修性保障性术语集》编写组.可靠性维修性保障性术语集[M].北京:国防工业出版社,2002.
[91] 中国国防科技信息中心.国防采办词典[M].北京:国防工业出版社,2001.
[92] 康熊,等.赴瑞典培训报告[R].北京:铁道科学研究院,1994.
[93] 吴添祖.技术经济学概论[M].北京:高等教育出版社,1998.
[94] 浙江大学数学系高等数学教研组.工程数学概率论与数理统计[M].北京:人民教育出版社,1979.
[95] 约瑟夫·M·朱兰.质量控制手册[M].上海:上海科学技术文献出版社,1979.
[96] 董锡明.轨道交通系统安全工程[M].北京:中国铁道出版社,2014.
[97] 董锡明.轨道交通安全风险管理[M].北京:中国铁道出版社,2014.
[98] 本书编委会.现代武器装备持续采办与全寿命支持:CALS[M].北京:航空工业出版社,2007.
[99] 董锡明.国际铁路工业标准 IRIS 02:2009 轨道交通行业质量管理体系:IRIS 标准核心工具与方法及文件案例[M].北京:中国铁道出版社,2011.
[100] 董锡明.国际铁路工业标准 IRIS 02:2009 轨道交通行业质量管理体系:IRIS 标准解读与应用[M].北京:中国铁道出版社,2011.
[101] 王华胜,文礼,申恩福,等.电力机车寿命周期费用分析及软件开发[J].电力机车与城轨车辆,2007,30(4):52-56.
[102] 王华胜,李忠厚,郭金福,等.内燃机车寿命周期费用模型与分析[J].内燃机车,2007(9):10-14.
[103] 徐循元,周虹伟,王华胜.客车寿命周期成本模型研究[J].铁道机车车辆,2008,28(1):51-53.
[104] 王华胜,文礼,李忠厚,等.内燃机车寿命周期费用建模与实例分析[C]//中国设备管理协会寿命周期费用委员会第八次年会论文集.武汉,2008,93-98.
[105] 王华胜,刘立志,文礼,等.动车组寿命周期费用模型及影响因素分析[C]//中国设

备管理协会寿命周期费用委员会第九次年会论文集. 上海,2010,134-138.
[106] 王华胜. 高速动车组寿命周期费用软件开发[C]//中国设备管理协会寿命周期费用委员会第十次年会论文集. 西安,2012:255-258.
[107] 王华胜. 铁道机车车辆寿命周期费用方法及应用综述[C]//第十一届全国寿命周期费用技术学术会议论文集. 武汉,2015:62-69.